1 MONTH OF FREE READING

at

www.ForgottenBooks.com

By purchasing this book you are eligible for one month membership to ForgottenBooks.com, giving you unlimited access to our entire collection of over 1,000,000 titles via our web site and mobile apps.

To claim your free month visit: www.forgottenbooks.com/free1204212

* Offer is valid for 45 days from date of purchase. Terms and conditions apply.

ISBN 978-0-331-73293-1
PIBN 11204212

This book is a reproduction of an important historical work. Forgotten Books uses state-of-the-art technology to digitally reconstruct the work, preserving the original format whilst repairing imperfections present in the aged copy. In rare cases, an imperfection in the original, such as a blemish or missing page, may be replicated in our edition. We do, however, repair the vast majority of imperfections successfully; any imperfections that remain are intentionally left to preserve the state of such historical works.

Forgotten Books is a registered trademark of FB &c Ltd.
Copyright © 2018 FB &c Ltd.
FB &c Ltd, Dalton House, 60 Windsor Avenue, London, SW19 2RR.
Company number 08720141. Registered in England and Wales.

For support please visit www.forgottenbooks.com

M. TULLI CICERONIS

SCRIPTA QUAE MANSERUNT OMNIA.

RECOGNOVIT

C. F. W. MUELLER.

PARTIS II VOL. II

CONTINENS

ORATIONES PRO TULLIO, PRO FONTEIO, PRO CAECINA, DE IMPERIO CN. POMPEI, PRO CLUENTIO, DE LEGE AGRARIA, PRO C. RABIRIO PERD., IN CATILINAM, PRO MURENA, PRO SULLA, PRO ARCHIA POETA, PRO FLACCO, CUM SENATUI GRATIAS EGIT, CUM POPULO GRATIAS EGIT, DE DOMO SUA, DE HARUSPICUM RESPONSO.

EDITIO STEREOTYPA.

MCMVIII
LIPSIAE
IN AEDIBUS B. G. TEUBNERI

ADNOTATIO CRITICA.*)

De codicibus orationis pro Tullio, palimps. Taurin. et Ambros., nihil attinet dicere, nisi in illo post Peyronum et Kellerum pauca legisse P. Kruegerum (Herm. V p. 146 sq.), quae illos fugerant. Editiones infra nomino Baiteri, Kayseri, Klotzi Teubner. alteram.

P. 2. 1 *reciperat.* Bait.; nam sic cod. A p. 6. 1 et 17, T p. 8. 25, 9. 29, 11. 24 et 27 et 34, 12. 5 et 7, *recup.* A. p. 3. 30, 4. 25, T 15. 13. In ceteris oratt. edd. saepissime taciti scripserunt *recup.*, in Verr. cod. V semel habet *recip.* p. 296. 36, cod. Lag. 29 p. 481. 7, at Iordan. p. 244. 13 ed. Or. eundem cod. et B semper habere *recip.* ait falso; mihi hoc uno loco notatum est. In Caecin. raro, sexiens, cod. E et partim T *recip.* habere dicuntur, multo saepius *recup.*; cf. ad. p. 108. 22. — P. 3. 19 *Tulli* et sim. in his quoque oratt. opt. codd., *Tullii* edd.; ad. p. 75. 27. — P. 3. 31 *ne* Momms. auct. add. Kays. — P. 4. 4 *quicquam* constanter scr., *quidq.* Bait. tac., *quicq.* p. 12. 3, 117. 3, 393. 18, pro Font. Halm. et Kays. quater *quicq.* e codd., Klotz *quidq.* ut semper, pro Caec. sexiens cod. T, semel pal. P, p. 59. 22, *quicq.*, semel ille, ut videtur, p. 47. 11, *quidq.*, ubi E habet *quicq.*, quamquam Baiter. et Iordan. in ipsa adnot. exceptis duobus locis de codd. tacent., pro Cluent. Baiter. semper

---

*) Paucis diebus ante quam hanc plagulam accipio corrigendam, postquam ipsae orationes typis iam expressae sunt, adfertur ad me Madvigi Adversar. vol. III; quo vellem antea uti potuissem. Non tam doluissem plures etiam quam iam nunc a Madvigio aliisque emendationes mihi praereptas esse (si quid ipse inveneris, si idem alii ante in medium protulerint, illis adsignare honestum esse iudico) quam haud pauca magis emendata edere me posse gavisus essem. Nunc cogor, quicquid novi Madvig. ad has orationes attulit, in adnotationem addere et, si qua vel ego vel alii eodem modo correxerant, iis Madvigi *quoque* nomen adscribere.

tac. *quidq.*, pro Mur. p 311. 18 et 26, 326. 7 et 9 Halm. I tac. *quicq.* et sic fere omnes Lagg., Halm. II *quidq.*. pro Sull. 360. 17 *quicq.* T, p. 463. 13 omnes, 464. 27 PG, 472 21 G, 477. 29 P; ad p. 94. 21, 184. 30, 285. 37, 349. 8; pro Quinct. p. 6. 36. — P. 5 3 *omnis* cod. A, *homines* Bait. — P. 5. 23 ; *ut quod* Huschkio auct. Kays. — P 7. 15 *respondet* ne quis corrigendum putet, v. ad Verr. p. 235. 6, infra p. 110. 11, 140. 17, Div. II 65. 134. — P. 8. 1 *ex vicinitate Thurina* Pluyg. Mnem. VII p. 208, *ea vicin. tum illa* cod. A, edd. — P. 8. 23 *in hoc iudicio* cf. p. 11. 19 et 26, 68. 20 et 23, 529. 19; 12. 27, 70. 1 et 6. — P. 8. 31 *posset* Kays.; cf. p. 469. 5. — P. 8. 32 *hoc* scr., *haec* cod. T, edd.; cf. p. 60. 9, 81. 30, 104. 8 et 164. 17 (*hoc* W), 208. 1, 215. 25 (*hoc* S), 228. 12 (*haec* 6 Lgg.), 230. 27 (*hec* 5 Lgg.), 272. 23 (*haec* cd), 290. 12 (*hoc* pauci), 296. 18 (*hoc* 10 Lgg.), 305. 30 (*hec* G Wrampelm. test.), 312. 33 (*hoc* T Lg. 26), 326. 4 (*hoc* omnes, etiam G¹, praeter Lgg. 9, 65), 364. 7, 416. 23 (*hoc* S), 448. 5 (*hoc* V), 458. 5 et 533. 36 (*hoc* W), 488. 9. 491. 32 (*hoc* P¹ corr.); ad Verr. p. 222. 14; cf. ad p. 249. 25. — P. 9 10 sq. *inter. hoc modo* cod. (Krueger.), Klotz., *inter. hoc exemplo* Madv. p. 1434 Or., Kays., *intercedere* (sic cod. T) *hoc interdicto* Bait. — P. 9. 11 *L. Claud.* Kays. err. — Ib. *[DE] DOLO* Kays. — P. 9. 14 sq. *Si, ubi — — sic defendam, ut vi* Kays, Klotz., *Sicut — — si defendam, vi* cod. T, Bait. — P. 9. 17 *equidem* Halmio auct. Kays., Klotz., *quidem* cod., Bait. — P. 9. 18 *at Claud.* Kays. — P. 9. 20 *deiceretur* cod. T, Kays., *deiic.* Bait., Klotz. *Abicio, deicio* etc. constanter script. in codd. paulo melioribus ut Tegerns. pro Caec. (p. 495. 16 Or.) et pro Sulla, Gemblac. pro Archia, Vatic. pro Flacco, Paris. 7794, plerumque etiam in detorr.; nam noli confidere testimonio editorum ed. Or. II, qui saepius taciti *abiiciunt* et sim. scripserunt; velut in Mur. omnibus locis aliquot codd. *abicio* et sim. habent ut p. 319. 9 G. — P. 9. 21 *datur Claudio, cum ita* Beier., *Claudio cum* in pal. legit P. Krueger., ... *Claudi . . u . . .* Peyron. et sic Bait., *valet Claudii causa,* si Huschk., Kays., Klotz. — P. 9. 24 *posteriori* cod. T, Kays. — P. 9. 26 *ut vi deiceretur* Kellero auct. del. Bait. — P. 9. 33 *omnia, et* edd ; cf. p. 10. 17. — P. 10. 4 *eum in iudicium* legit P. Krueger., litterae *eum in iu* Peyrono non apparuerunt. — P. 11. 2 *nec. est, bona mehercule! Si* Madv. p. 1434 Or., Adv. III p. 113, Klotz., *nec. est. Hoc solum* (sic cod.), *bona meh. fide, si* Huschk., Bait., *nec. est. hoc solum? bona meh. res, si* Beier., Kays. — P. 11. 15 *sint* Madv. p. 1434 Or., Adv. II p. 196 n., Klotz., *essent* cod. T, Bait., Kays. — P. 11. 22 *addidisset* Huschk., Madv. l. l.; ad p. 337. 26. — P. 11. 23 *cum* Poyron., Bait., Kays., in cod. legit Krueger., *atque* Keller., Klotz. — P. 12. 14 *debeat* Bait. auct. Kays., Klotz., *debet* cod., Bait. — P. 13. 4 *quidlibet?* — P. 13. 5 sqq. *vel non — vel precario mirum est si* Cic. hic posuit, non post v. *probare iudici potuerit.*

ADNOTATIO CRITICA.

— P. 13. 14 *luci* cod. T, *luce* ut v. 21 et 35 Bait., Kays., Klotz.
— P. 13. 36 *defendit* cod. T, Bait, Klotz., *defendet* Bait. auct.
Kays.; cf. p 4. 2, 216. 3, 264. 18, 289. 5 (*provideritis* aliquot codd.), 371. 1, 428. 10, 454. 37 sq., 458. 21, 474. 32, ad S. Rosc. p 76. 4, Off¹. 1882 p. 66. 8. — P. 14 14 *qui* Rufin, Klotz., Bait., Kays — P. 14. 23 *iudicaretur, tu* Kays. — P. 14. 33 *quis, i at* Kays. — P. 15. 1 *familiam* G. Mueller. progr. Goerlitz.²1878 p. 13 n. 10, *familiam Tullii* Madv Advp III p. 118, *familia* cod. et edd. — P. 15. 4 *cotid.* cod. T, Kays., Klotz., *quotid.* Baiter. et Halm. in ed. Or. II semper. *Cotid.* aut *cottid.* saepe meliores codd. in his oratt. habere dicuntur, saepe falso non dicuntur, velut pro Cluent. septiens de codd. tacetur, semel p 104 35 ex uno cod. Salisb. affertur *cotidianis*, sed p. 116. 30 Bait.: 'cotidie S ubique', pro Caec. Tegerns. (et palimps. Taur.) non solum p. 42. 2, 55. 2, 68. 35 *cotid.* habet, sed etiam p. 68 20, de imp. Cn. P. cod. Hildesh. (et Palat. 1525) non solum p. 75. 18 et 37, sed etiam 88. 5, pro Mur. *cotid.* Halm. scriptum ait in Guelf. rb. 305 p. 308 5. 318. 23, 323. 9, 333. 85, non ait p. 331. 16, Zumpt.: '*quotid.* omnes codd. praeter 25 m. pr. et 26.' Non credimus igitur nec bis in Catil., p. 264. 9 et 295. 20, omnes codd. habere *quotid.* (cod. a profecto non, habet, cod. A certe altero loco *cotid.* ut uterque p. 250. 27) nec semel pro Flacco p 403. 18. ubi W *cotid.* Ad Quinct. p. 6. 3. — P. 15 frgm. 1 Victorini Baiter. p. 102, Iuli Victoris, Mart. Cap. p. 94. 19 Kayser. ab Huschkio conflata in ipsa orat. 9 23; Grilli locum Kays. vol. XI p. 1. — P. 15. 31 sq. *vim hom. arm. factam* Bait. — P. 16. 7 *an* vulg., Kays., *iam* Eyssenh., Halm. — Pragm. 2 et 3 om. Kays., frgm. 4 habet vol. XI p. 37 n. 31.

Inter orationis pro Ponteio mscr. libros exceptis particulis palimpsesti Vatic. unus ita excellit Vatic., ut ceterorum nulla sit auctoritas. Eum librum Reifferscheid. denuo excussit suaque opera ut uterer liberalissime permisit. V. p 24. 1, 10, 27. 16, 32. 26.

Fragmenta disposuit A. R. Schneider diss. Lips. 1876: 'Quaestionum in Cic. pro Font. orat. capita IV'. Fragm. 1 habet Kays. vol. XI . 2 n. 18, frgm. 2 (quod spectat ad § 17) ib. n. 19, frgm. 3p(*huius* edit. P. III vol. III p. 345 n. 17, Kays. XI p. 86 n. 16) n. 23 et ut Halm. et Klotz. in ipsa or. 4. 10, fragmenta Cusana sumpta a Ios. Kleinio 'Uber eine Handschr. des Nicolaus von Cues', Berl. 1866 p. 57 p 1 sq., frgm. 12 in orat 4. 8 et vol. XI p 2 n. 21, frgm. 13 vol. XI p. 2 sq. n. 22, in orat. 4. 9. — P. 18. 3 *quid est* Klotz. Fleckeis. ann. 1867 p. 193, Kays., *quidem* cod., Klein. — P. 18 7 *cuiquam* cod!, Kays., *inquam* Sauppio auct. Klein. — P. 18. 9 *dicendo*

Meiser. Fleckeis. ann. 1866 p. 626, Kays., *dividendo* cod., **Klein**.
— P. 18 25 *arbitrabuntur* coni. Bentl. (Zangemeister. Mus.
Rhen. 1878 p. 473), *quod illi — arbitrab.* Ciceroni dat Klein.
— P. 18. 31 *latam a Metello* susp. Momms. 'Münzgeschichte'
p. 383 n. 55. — P. 18. 35 *repraendis* cod., *reprehend.* edd.; infr.
p. 65. 13, 123. 22, (280. 28 *comprens.* k et Lag. 21,) 405. 3,
419. 35, 461. 19, 533. 16, 535. 23, de Legg. p. 402. 30, Verr. p.
375. 11. — P. 19. 2 *inducere* Madv. Adv. III p. 120 sq. n. —
P. 19. 15 *Aquileiense* Momms., Kays., Klotz., *Aquiliense* cod.,
Halm. — P. 19. 25 *omnes* Madv. p. 1436 Or., Klein., Kays. —
Ib. *si qui in hoc g. q. acc. sunt* Klein., Kays., *seighoc g. q. accusatos et* cod., *qui hoc g. q. accusati sunt* Madv. p. 1436, *si qui
tenentur hoc g. q., accusatos et* Momms., Halm., *si quos in hoc
g. q. accusatos et repr. videmus, convinci videmus* Klotz., *si qui
accusati sunt, in hoc gen.* Schenkl 'Zeitschr. f. Öst. Gymn.', 1867
p. 456 sq. — P. 19. 35 *quicquid* Kays. et sic opt. codd. p. 64. 8,
70. 10, 98. 30 sqq., 99. 9, 503. 23, MF p. 185. 8, S 202. 27,
a A 289. 37, P² 521. 23, *quidquid* tac. scr. Halm. et Bait. hic,
p. 144. 25, 165. 12 sq., 210. 25, 255. 27; ad p. 119. 32, S. Rosc.
p. 61. 27. — P. 20. 24 *suspitio* Kays., Klotz. constanter, *su-
speicio* hic cod.; fere septuaginta locis *suspic.* script. in codd.,
suspit. cod. a p. 250. 7 (A *sedicionum suspic.*), pro Mur. EG et
dimidia pars Lgg. p. 304. 18, 308. 33, pro Sull. T 345. 24, 360.
28, 364. 22, pro Flacc. S 420. 12 et 423. 1, non 391. 23, Paris.
443. 2 et 4, 518. 10, 529. 23, in quo est etiam *nestio* et sim.;
ad Quinct. p. 10. 15. — Ib. *reperiatur* corr. Madv. Adv. III p. 120.
— P. 20. 26 sq. *L. Sullae in Ital. maximi exercitus civ. diss. de
iudiciis* Niebuhr., Halm., Klotz., *L. Sullae max. ex. in Italia
civ. diss. de iud.* Halm. auct. Kays., *in Italiam civitas dissid. vi, non
iud.* Schenkl 'Zeitschr. f. Öst. Gymn.' 1867 p. 456. — P. 21. 18
partim del. Madv. Adv. II p. 197, quod 'non tria tempora
tresve rerum ordines distinguantur, quasi, quae modo imperatores Rom. perpetraverint, seiuncta sint a bellis hac memoria
gestis, sed duo, eorum, quae hac memoria ante Fonteium acta
sint, et eorum, quae ipso praetore.' Mihi tria bellorum genera
plane distingui videntur. — P. 21. 23 *dicion.* cod. V, Kays.,
Klotz., Halm. corr. p. 1436, *dition.* tac. Bait. p. 202. 31 et
215. 8; v. p. 224. 5, p. Quinct. p. 2. 35. — P. 21. 29 *populi
Rom. copiis atque praemiis* Madv. p. 1436 Or., Kays., *p. R.
copiisque* (*q;* in ras. m. 2) *remis* cod. V, *populo Romano †
copiisque remis* Halm., *populo Rom. copiis praebendis* Klotz. —
P. 21. 31 *maximus* potius quam *atque* Klotz. — P. 22. 10
Quid col. Narbonenses? edd., sed v. 16 ut nos, item p. 45. 24;
ad p. 87. 5, 203. 14, 400. 10, 414. 2, 463. 9, 478. 27, p. Quinct.
p. 28. 1. — P. 22. 15 † *laudatio* Klein., del. Pluyg. Mnem. VII

p. 199. — P. 22. 28 sq. *qui huius — possint* cod. S, Kays. — P. 22. 35 *exierunt* add. Pluyg. Mnem. VII p. 199, Kays., nihil deesse videtur Halmio, lac. signum pos. Klotz. — P. 23. 12 *videntis* cod. V, Halm., Klotz., *videant* S, Kays. invitus, credo, Madv. Adv. III p. 122. — P. 23. 13 *si cesseritis* add. (cf. 15. 35 ex.), poteram etiam *nisi restiteritis* aut sim., lac. hab. Halm., Kays., Klotz., *vincentibus, eos autem oppugnari, quibus oppressis* Madv. Adv. III p. 121, *oppressis* habet cod. S. — P. 23. 33 *quas exscr.* del. Kahnt. progr. Ciz. 1829 p. 10 sq. — P. 24. 1 *L. A. G. CANNINIO LEG. AB* (non A) *C. FONTEIO LEG.* cod. V, *L. A. A C. ANNIO LEG. A C. FONTEIO LEG.* edd. *Ab* (abs) et *a* permut. in codd. paene innumerabilibus locis; ad. p. 110. 16, 208. 11 et 21, 223. 28, 236. 25, 258. 20, 268. 8, 290. 23, 301. 37, 314. 7, 316. 37, 322. 22, 328. 27, 330. 24, 364. 22, 420. 13, 423. 14, 426. 30, 445. 12. — P. 24. 10 *sed inita iam ac proposita* Kays., Klein., Klotz., *sed in Italia iam hac prop.* Halm. in cod. V esse opinati *in Italiam ac prop.*, in quo est *hac in Italiam ac prop.* — P. 24. 11 *Romam* codd., inde Klotz. *Roma cum.* — P. 24. 13—18 cod. V ad verbum expressi, nisi quod is v. 15 habet *secrodunt*, Halm. scr.: *Segoduni Porcium et Munium ternos, Volcalone Servaeum binos et victoriatum, atque in his locis Segoduni et Volcalone ab iis port. esse exact., si qui Ebromago — — Tolosae Oduluscantum — exegisse*, Kays. et Klotz. fere ut nos; v. Wesenberg. Obs. in Sest. p. 26. — P. 24. 23 *maximum* add. Pluyg. Mnem. VII p. 197, Kays., Klein., *et invidiam* (sic codd.) *vel maximam* Saupp. ind. Gotting. hib. 1867 p. 6, *et invidia crevisse* Klotz. — P. 24. 24 *divulgari* Pluyg., Kays., *divulgare* codd., Halm., Klotz. — P. 25. 9 *sapientiam iud. valere existimatis, videte, ne* Fleckeis. Philol. II p. 67. Sic aut similiter (*adferre censetis*) Ciceronem scripsisse apparet; *sapientiam iudicis, videte ne* Halm., *sapientia iudicis tenet* (sic cod. S), *videte ne* Kays., *sapientia iud. tenet, multo — sunt* (cod. S) Klotz., *sapientiam iudicis, ne multo — sunt* Ern. auct. Schenkl. 'Zeitschr. f. Öst. Gymn.' 1867 p. 456 sq. soloece. — P. 26. 2 *vero* Gulielm., Klotz. — P. 26. 4 *virtutis* H. A. Koch. progr. Port. 1868 p. 5 cf. p. 92. 3, *virtutibus* codd. et edd. — P. 26. 15 *[iudicium]* Momms. auct. Kays., *iudices* vulg. — P. 26. 16 *de accusatore debere iudicare* Kays. Non accusatorum fidem elevat Cic., sed testium. Ergo v. *de accusatore* secl. *Iudicare* est 'iudicem esse'. — P. 26. 24 *iudicem* del. Madv. p. 1437 Or., secl. Kays., Klein., quibus 'perversum' videtur sic dicere: *satis erit eum, qui huic muneri* (iudicandi) *praesit, non surdum iudicem esse*. Latinos dicere solere *praeest surdus iudex* potius quam *is, qui praeest, est surdus iudex* quis nescit? — P. 26. 29 *maxime* Klotz. probab. — P. 26. 35 Exempli causa *profero aliquam* Krafferti emendationem: *Aqui-*

VIII ADNOTATIO CRITICA.

tani frumentum; v. p. 21. 37. — P. 27. 16 *quantopere* cod. V, non *quanto opere*, ut scr. edd.; ad p. 190. 30, Off. p. 2. 27, S. Rosc. p. 71. 12. — P. 27. 33 *Hoc intell.* Bak. Schol. hypomn. V p. 180, Klein. — P. 27. 34 sq. *rocem et* del. cens. Bak., Klein., *et audaciam* Pluyg. Mn. VII p. 199, Kays. — P. 28. 22 *hos*, non *eos*, Klotz., *nos* cod. V. — P. 28. 23 *hom. caede* Pluyg. Mn. VII p. 200, Kays.. Klotz., † *scelere* Klein. *Hominum scelus est caedes.* — P. 28. 33 *iugulare* scr., *iurare* cod. V. Halm., cum cruce Kays. susp. *coniurare*, *stare* Cobet. Mnem. II p. 423, *condemnare* Klotz., *peierare* H. A. Koch. progr. Port. 1868 p. 5, *Gallis credere* cod. S, vulg.; cf S. Rosc. 10 ex. 29, Mil. 11. 31 cet. — P. 29. 10 *Hi* cod. S, Kays., Klotz., *hii* V, *Ii* Halm., *qui* Pluyg. Mnem. VII p. 201. — P. 29. 17 *adulesc.* cod. V ut plerumque mell. codd., Paris. 7794 'fere semper' (Halm. p. 835. 12), Kays., *adol.* Halm. et Bait. et Klotz. *Adol.* in codd. scriptum esse testantur edd. saepe pro Cluent., aliquotiens de imp. Cn. P. (p. 95. 20), pro Rab. (p. 276. 17), pro Mur., pro Sulla, pro Flacco, saepe falso testari scimus velut p. 41. 25, 84. 6 et 10, 95. 24, 96. 6, 197. 18, 209. 20, 253. 32 (a et A *adul.*), 304. 8, 379. 32, 380 36, 382. 8, 383. 25; Quinct. p. 4.24. — P. 29. 18 sq. *vir. bonor. test.* del. cens. Madv. Adv. II p. 197. — P. 29. 29 *idem* scr., *id* cod. V, *ii* S, edd. P. 96. 16 *eius* TH, 149. 33 *eos* omnes praeter P, 169. 26 *eum* T, 183. 15 *id* T, 299. 6 *hiis* G, 347 2 *eos* T dett., 424. 34 *eam* omnes; 89. 22 *idem* F, 114. 21 *eodem* (*die*) MF. 267. 7 *eiusdem* d, 275.36 *eosdem* 9 codd., 350.18, 453. 26 *eodem* S et 9 Lgg., 494. 29 MV, 498. 8 *eadem modestia* GMV ex ea *mod.*, nam *t* in cod. P in ras.); ad p. 213. 34, 300. 9, 302. 34, 449. 26, Fin. p. 195. 3, Off. p. 106. 19, Verr. p. 349. 11. — P. 29. 30 post *oppugnarunt* deesse locum de defensoribus Fontei probabiliter coni. Pluyg. Mn. VII p. 198, asteriscis appositis signif. Kays. — P. 30. 9 *reliquias* codd., Kays. coni. *nationis Allobrogum reliquias*; an *reliquias suas?* — P. 30. 17 sqq. *Volunt — — ostendere?* Madv. Adv. II p. 198 (em. Liv.² p. 229 n.), *Volunt — ostendere.* Halm., *ut velint — ostendere.* vulg. P. 30. 29 *versatus, in honor.* edd. — Ib. sq. *potestatibus,* * *in imp. ger.* sic Kays., Klotz. Momms. auct., qui v. c. *obtinendis* intercidisse existimat. — P. 30 32 *aut a crudelitate* post *petulantia* add. Fluyg. cf. p. 31. 25, Kays. — P. 30. 33 *at certe f.* scr., *at commode f.* Halm., Klein., *atdeficta* cod. V, *at tamen f.* cod. S, Klotz., Kays. — P. 30. 37 *[Scaurum]* Kays. — P. 31. 8 non *ad lubid.* esse in cod. V testatur Reiffersch, sed *ad libid.*, et v. 25 *lubid.* corr. m. 2 ex *libid.* et p. 35. 15 syllab. *lubi* in ras. m. 2, *lubid.* Halm — P. 31. 17 *[quod erant plures]* Pluyg. Mnem. VII p. 220, Kays., Klein. — P. 31. 19 *[in]* Bak. Schol. hyp. V p. 180, Klein ; ad p. 60. 17, 234. 18, 286. 3, 292. 6, 393. 36, 443. 3, 468. 1, p. 485. 25, S. Rosc. p. 63. 19. — P. 32. 6 *[Tu-*

sculo] Bak., Schol. hyp. V p. 181, Kays. — P. 32. 12 *[a qua
interfectus est]* Pluyg. Mn. VII p. 201, Kays. — P. 32. 19 *leniter* Klotz.; cf. p. 40. 8, ad Acad. p. 77. 5. — P. 32. 22 *Fuit
olim* Momms., Bak. Schol. hyp. V p. 82, Klein. — P. 32. 26
fortissimis autem hom. scr. (*homin. fort.* Or.); nam in cod. V non
est *hominibus autem*, sed *autem hom.*, in S *aut hom.*, † *hominibus
autem* Halm., *hom. * autem* Kayser., *imperatoribus autem* Klotz. —
P. 32. 30 *improviso* Lamb., Kays., Klein.; *inpr.* cod. V. — P. 32. 35
reperistis Kays. — P. 33. 8 *intendite* H. I. Mueller. Symb. crit. II
p. 10. — P. 33. 13 *condonare* Faërn, Halm., Kays., *condemnare*
codd., Klotz.; p. 141. 31 opt. codd. *condemnat.* — Ib. *malitis* codd.,
Halm. — P. 33. 16 de v. *Video* v. Halm. ad Verr. V 27. 69 et
nos ad Verr. p. 454. 12, N. D. I 32. 90. — P. 33. 26 *non* omiss.
in cod. V testis est etiam Reiffersch. Ea particula in his oratt.
om. in omnibus codd. p. 61. 1, 63. 33, 148 15, 251. 30, 292.
36 (,409. 2), 523. 27, in mell. p. 20. 34, 40. 15, 76. 37, 87. 36,
88. 18 (H), 283. 23, 289. 6 (a), 353. 31, 356. 30, 527. 17, in
aliis vel singulis vel pluribus 40 locis. addita 25 locis; praeterea v. ad p. 55. 17, 113. 8, 117. 29, 213. 20, 250. 29, 296. 17,
332. 21, 356. 34, 418. 28, 431. 23, 433. 1, 435. 32, 468. 2, 473. 30,
485. 29, 496 24; p. Quinct. p. 31. 31. — P. 34. 9 *[dux — Gallorum]* Bak. Mn. VIII p. 115, Kays., Klein. — P. 35. 16 *praeest*
Madv. Op. II p. 198 haud scio an recte, v. 17 sq. *gesserint*
Klotz.; ad Q. Rosc. p. 86. 1, infr. p. 64. 4, 189. 21 et 25, 211.
15 et 18, 215. 27 sq., 445. 22 sq.

Ex orationis pro Caecina iis codd., qui satis noti sint,
(nam Vaticani Pal. 1525 in Sullana utilissimi exigua pars
diligenter excussa est) optimos esse Tegerns. T et Erfurt. E
inter omnes constat. Sed uter eorum melior sit, non convenit
inter edd. Iordanus quidem in 'Commentatione de cod. Teg.
orat. Tull. pro Caecina' Lips. 1848 p. 5 'de cod. Erf. praestantia nullam posse restare dubitationem' affirmat, 'Tegernseensem autem ut ceteris praestantiorem, ita Erfurtensi paulo
esse inferiorem'; ego dubium esse posse nego, quin Teg. multo
sit praeferendus, id quod facile probatur non tam iis locis,
quibus T solus vera habet (velut p. 45. 24 *proterrui*, 46. 14
nervos, 46. 23 *cognomen*, 53. 5 et 65. 23 *alicunde*, 56. 9 *restituisse*, 56. 10 *modo*, 59. 30 *orationem*, 61. 8 *si, ut*, 61. 10 *revellit*, 61. 26 sq. *testem tamen*, 62. 21 *quae*, 62. 27 *nobis*, 62.
29 *fieri*, ad 63. 24, 63. 30 *quod*, 64. 30 *facere*, 64. 37 *deiectus*,
66. 1 *hunc*), E falsa, quam iis, quibus uterque depravatus est.
P. 45. 33 T habet *sepissimi* (i. e. *se pessimi*), E *saepissimi*, rell.
saepissime, 53. 4 T *querıculo* (*quae periculo*), rell. *quae ridiculo*,
60. 19 T *defende* (*defendebat*), E *defendes*, rell. *defendis*, 61. 36 T
se at ue (*statue*), rell. *esse*, 62. 18 T *mina tua* (in *manu tua*),

ADNOTATIO CRITICA.

rell. *cum omnia tua*, 66. 20 T *interit (interdixit)*, E *intererit*, 67. 10 T *deiecti sinus (Telesinus)*, rell. *deiecisti* aut *deiecistis*, 69. 7 T *se (sine)*, rell. om., 70. 5 T *asscriptio* (p. 1439 Or.), E *ab scripto*, all. *abscriptio, descriptio, abscripta*, 70. 7 sq. T *tuo auitem (tuum aut te)*, cett. et vulg. *tuum aut item te*, 70. 9 sq. T *eateris qua inter (fateris; qua in re)*, E et all. *ea teris quae inter*; v. p. 39. 4, 9, 17, 45. 1 et 35, 46. 19. Expressit paulo diligentius suum exemplar cod. E (nam multa omissa sunt in T (ad. p. 41. 13), non multa vel casu vel neglegentia depravata, aliquotiens verborum ordo turbatus (p. 61. 2)), sed expressit exemplar simile, aliquanto tamen deterius eo, quod repraesentat codex T; nam vix ullus locus invenitur, quo E solus, n n T quoque, ceteris omnibus praestet, nisi forte singularis praestantiae documentum habendum est, quod p. 51. 34 unus E habet *statuerunt*, 60. 9 *haec*, 68. 26 *quispiam*. Verum tamen, ne quid dissimulare videar, cod. T haec habet insignia monda: p. 48. 1 *poterimus (ponamus)*, 50. 5 *ac reservati (adservati)*, 56. 27 *quispiam (quisquis*, propter v. 25), 61. 30 *urbe (civitate)*, 70. 29 *sua lege (suum ius*, in E *ius* superscr.), 72. 21 *studio (consilio)*. Bene de hac orat. disput. C. M. Francken. Mnem. N. S. IX 1881 p. 247—272.

P. 37. 4 *faciunda* cod. E, Aq. Rom., Mart. Cap., Bait., Klotz., *facienda* rell. codd., Quintil., Kays.; etiam p. 52. 26 T *faciend.* — P. 37. 6 *discepturi* Graev., Bait., Kays., *decept.* codd. ET, *decert.* rell., Iord., Klotz. Q. Rosc. 2 ex. 7 omnes codd. habent *deiecta* pro *disi.*, infr. p. 172. 26 S *decess.*, 312. 37 G *deseram*, 431. 17 plures *despicere*, 500. 6 PV *demedio* etc.; ad p. 185. 14, 231. 36, 399. 14. — P. 37. 17 sq. *A. Caecina — perterritus profugerit* coni. Madv. Fleckeis. ann. 1856 p. 120 sq., post v. *profugisse* add. *iactat* aut *videt* Francken. p. 258. *Caecinam profugisse, nos inferiores non futuros, se superiorem discessurum* est *ut tum in re praesenti Caecina profugerit* (i. e. *inferior discesserit), sic nunc, si —, in iudicio nos inferiores futuros, sin —, se superiorem discessurum*; ad p. 39. 21. — P. 38. 29 *tamen* pro *tum* cod. E all. ut saepe Wrampelmeyeri Wolfenb. all., Bait.; ad Verr. p. 181. 12. — P. 38. 35 *in* del. Bak. Mnem. VIII p. 116, dubit. Kays. in adn. — P. 39. 4 *quodque* cod. T, Kays., Klotz., *quod* rell. codd., Bait. Partic. *que* in his oratt. vel. om. vel add. amplius sexagiens; ad p. 103. 4, 195. 7, 223. 35, 225. 13, 234. 29, 237. 35, 251. 29, 254. 31, 281. 23, 282. 22, 283. 18, 285. 10, 301. 4, 315. 14, 355. 12, 380. 29, 416. 5, 451. 30, 464. 22, 535. 33, Verr. p. 110. 25. — P. 39. 9 *ut id* cod. T, Bait., Klotz., *uti* vulg. — P. 39. 15 *videretur* Pluyg. Mn. VII p. 208, Kays., Klotz., *videtur* codd., vulg.; ad p. 43. 4, 56. 29 (.58. 32 omnes codd. *praeter pal.* P *pertinet*), 62. 18, 62. 29, 71. 11, 79. 13, 87. 28,

104. 17, 126. 4, 139. 7, 140. 31, 144. 36, 146. 18, (159. 7 *est*
codd.,) 160. 16, (162. 25 *potuerunt* codd. praeter ST,) 186. 1,
200. 5 et 15, 203. 3, 210. 34, 215. 27, 222. 25, 230. 29, 258.
20 (. 285. 34 *obtulerunt* A b c all., 290. 12 *sint* d), 291. 31,
301. 13 sq., 302. 25, 307. 4 sq., 308. 8, 312. 1 et 2, 318. 11,
320. 36, 328 21, 395. 29, 410. 21, 469. 30, 520. 23, S. Rosc. p. 44.
12; de indicat. orat. obl. ad p. 63. 7. — P. 39. 17 *quaesisse*
cod. T, Kays., *aquisisse* E, *aquisiuisse*, *acquisisse* all., *anquisisse*,
verb. in oratt. inusit., Gulielm., Bait., Klotz. — P. 39. 21 sqq
quod, *cum omnia — reperta sint* Lamb., Bak. Mnem. VIII
p. 116, Kays., Francken. p. 259 supervac.; nam hoc: *ideo quod
omnia reperta sunt, gravius dissolutum est* idem valet, estque ex
eo genere, de quo cum multi, tum accuratissime diss 'ruit Madv.
Em. phil. p. 25—53, quod ut restituerent, Lamb. aliique
p. 236. 12 v. *cum* del. voluerunt. Verrr. II 53. 131 quoque
Bak. scribend. cens. *propter hanc causam, quod, cum omnes
Siculi conferant.* Cf. rep. I 45 69 m., II 1. 2, hic p. 37. 17
sq., 187. 13, 199. 31 (, 356. 34), 378. 22, ad 399. 23, 479. 9,
486. 33, Q. Rosc. ex. — P. 39. 22 *poeniend.* Klotz., Kays. nulla auctoritate. - P. 39. 25 *alterum vel nocentiss.* Francken.p. 259 sq.
— P. 39. 31 *vindicanda erat; eadem* Francken. p. 260. — P. 39. 35
Si quis q u i d Francken. ib., *Si quis, quod* codd. (rell. praeter
P om. *si* v. 36) et edd. — P. 40. 3 *tardior?* Iord, *tardior.* vulg.;
ad S. Rosc. p. 44. 24, infr. ad p. 60. 14, 137. 23, 148. 8, 169. 25,
170. 33, 179. 10, 195. 7, 196. 35, 204. 8, 205. 7, 209. 6, 210. 8,
213. 13, 214. 20, 23, 34, 218. 35, 230. 33, 252. 10, 270. 1, 305.
7, (13,) 315. 3, 331. 8, 332. 15, 337. 13, 365. 4, 377. 31, 436.
14, 465. 29, 467. 26, 468. 34, 470. 27, 476. 17 et 22, 481. 20, 487. 20,
529. 25; 55. 8, 155. 6, 477. 36, 238. 17, 185. 2. — P. 40. 8 *leviore*
plerique codd., Klotz., *leniore* (- ri) aliquot dett., Bait., Kays.; v.
Verr. II 44. 109 ex., supr. p. 32. 19, infr. v. 23. — P. 40. 11 *tamen*',
is scr., *iudicem*', *tamen* edd. — P. 40. 16 *[praetor]* Kays. —
P. 40. 23 *lenior.* hic Klotz. quoque et opt. et plerique codd., pal. P
laenior. — P. 40. 30 sqq. *alterius morae causam* (p. 312. 31) et del.
v. 32 sq. *causam* Francken. p. 260. — P. 40. 36 *et ius* (*et uis,
et is, et*) codd., Klotz., q. v. p. XXXVI, *eius* Bait., Kays. —
P. 41. 7 *probatiss. sibi fem.* Francken p. 260 sq. — P. 41. 9
[Caesenniae] Kays. — P. 41. 13 *[dos]* Kays., abest a cod. T
ut multa; cf. p. 43. 35, 46. 10, 55. 5, 68. 6, 69. 13. — P. 41.
26 *argenti aurique, matri* Francken. p. 261 prob. — P. 41. 36
intro dabat opt. codd., Bait., Klotz., *intrudebat* all., Kays., *obtrudebat* Francken. p. 261; cf. p 192. 30. — P. 42. 1 *e* Iord.,
Kays. err. — P. 42. 2 *cognostis* Weisk., Bait., Klotz., *cognoscitis* codd, Iord., Kays.; ad p. 89. 2, 92. 7, 98 17; 112. 30 *cognosset* unus P, *cognoscet* M, *cognosceret* STF, 154. 27 *cognosce*
TM, *cognoscere* FW, 172. 17 'cognosset (vel cognoscet) STFM',

ADNOTATIO CRITICA.

352. 23 *noscent* V, 511. 30 *cognoscitis* MVW. — P. 42. 6 sqq. sic distinxi orat., ut *Is Aebutius* dicatur fuisse *Caesenniae* non *propinquus*, non *amicus a viro traditus*, sed *voluntarius amicus — coniunctus*, vulg. sic interp.: *Is Caes. fuit Aebutius. Ne forte quaer., num propinquus? Nihil alienius. Amicus* —. — P. 42. 11 *oportun.* codd. TE, p. 91. 32 TH, 221. 9 non solum EF, sed etiam S et 8 Lgg., 164. 2 Bait. tac. *oppurt.*; ad S. Rosc. p. 53. 21. — P. 42. 22 sq. *illius? Illius hoc munus* Francken. p. 261. — P. 42. 33 *si qui forte non audissent, ii (hi)* Momms., *qui non audisset, is — posset* Bait., Kays., *vel* Klotz., *hic — posset* Wesenb. Obs. in Sest. p. 2 sq. n. 2, *is, his, iis, hiis, ii — possent* codd. — P. 43. 4 *avertit* Kraffert. progr. Aurich. 1883 p. 115; quasi vero non multo invidiosius Cic. adversarium ipsum illud argumenti loco proferentem faciat, quam si se certum scire simularet V. p. 39. 15. — P. 43. 26 *ac cont.* susp.; ad Verr. p. 441. 14, quamquam ibi omissa sunt Ac. II. 11. 34 *ac compr.*, de or. I 2 8 *ac gub.*, III 15. 57 *ac quaer.*; v. infr. p. (54. 36,) 75. 33, 85. 36; 224. 17, 276. 34. P. 293. 3 codd. bis *ac cruc.*, 453. 1 GSV *ac gloria*, 514. 20 *simulae* Cn. G, vulg., *simul ad* PEMW, 530. 26 *ac cons.* M, Cael. 29. 68 Harl. *ac clar.*, Balb. 24. 54 vulg. *ac grav.*, Pis. 39. 95 p. m. MS *ac consc.* — P. 43. 29 *Itaque illis* Kays.; ad p. 393. 1, 421. 3, S. Rosc. 37. 33; p. 431. 7 mell. codd. *itaque.* — Ib. *ille iis* Klotz., quod 'pronomine, quod ad Sex Aebutii personam pertineat, opus sit'. V. vel infr. 8. 21 et 23, Cluent. 8. 24 ex., 14. 40 m., p. 408. 25 sq., Cael. 21. 52. — P. 43. 34 *tuus* potius quam *istius* Hotom., Francken. p. 261 sq. probab. — P. 43. 35 *[hoc est]* Kays., om. cod. T; ad p. 41. 13. — P. 44. 5 *conlocuntur* cod. T, *collocuntur* E, *conloquuntur* aut *colloq.* edd.: infr. ad p. 56. 22, 266. 35, 489. 9, 529. 21; 202. 19, 330. 2; Verr. p. 300. 6. — P. 44. 7 *ex* codd., *a* Bait., Kays., Klotz. Caes. G. V 21. 2 *non longe ex eo loco oppidum abesse*, Plaut. Rud 266 *hinc imus haud longule ex hoc loco.* — P. 44 27 *derecto* scr., *dir.* edd., *decreto* cod. T, item p. 204. 19 codd.; ad p. 300. 24, 332. 26, Q. Rosc. p. 84. 32. — P. 44. 29 *ei voce clara* Klotz., *et voce cl.* codd. TE, *et clara voce ei* Bait. auct. Kays. — P. 44. 30 *ord. transisset* Francken. p. 262, quod ordo nihil circumdet. — P. 45. 1 *conferunt una amici* vulg., Bait., Kays., *confer una meieci* cod. T, *una* om. aliquot dett. codd., Klotz., q. v. p. XXXVII. Similiter p. 71. 1 T habet *tam ne re* (i. e. *manere*), roll. *tamen manere.* — P. 45. 12 *istius* cod. Par. k, Kays., non v. 19 nec p. 38. 13, 39. 15, 17, 40. 29, 63. 32, 73. 15 cett.; v. Klotz. p. XXXVI sq., nos ad Verr. p. 162. 3. Raro in hoc vol. ea pronomina permutata sunt, *ille* pro *iste* script. p. 280. 35 in uno cod. (in pluribus *his*), 283. 7 in tribus codd. b i s, *quos Halm.* sequi solet, 392. 36 in TW, 404. 14 in omnibus praeter

ADNOTATIO CRITICA.

V; p. 72. 27 Book. *istius*, 165. 3 Halm. *isto*, 172. 32 Lamb. *istum*; ad p. 154. 25, 285. 16, 309. 6, 361. 15, 415. 31. — P. 45. 19 *qui* Lehmann. Herm. 1880 p. 569 sq, *Quid — — recuperatores?* vulg. Sed non recte id. ib. v. 15 del. *in*. — P. 45 35 *servo se imper.* Kays., Klotz., *servos imp.* cod. T, *servo imp.* vulg. Item p. 471. 23 *diceres* codd. Pron. *me* om. p. 99. 13 omnes codd. praeter EV, 192. 32 SM, 250. 21 a A, 251. 11 a, 252. 30 ςA, 253. 3 gh, 253. 24 o, 254. 17 r, 256. 2 o, 286. 5 h, 300. 28 et 35 CE, 352. 14 omnes, 444. 34 PG, 449. 26 PW, 451. 26, 453 16 omnes, 454. 4, 455. 5 mell., 456. 20 W, 460. 28, 468. 18, 497. 19 GMV, 468. 32, 485. 16, 507. 12 G, 488. 7 P^1, 492. 12 omnes praeter P, 498. 11, 511. 5 omnes, 515. 3 M, 527. 25 W, *te* om. p. 47. 33 T, 221. 30 S, 251. 1 a A. 251. 23 d, 251. 25 bs, 253. 17 b, 253. 19 di, 255. 27 l, 255. 34 C, 256. 1 e, 278. 19 gp. 322. 20 Lgg. 26 et 65, 458. 32 W, 489. 37 omnes, 530. 10 PMW, *se* om. p. 49. 33 k, 52. 15 dett. omn., 77. 16 plerique, 90. 32 H, 110. 11, 116. 26, 140. 16, 141. 33 T, 154. 15, 157. 29, 177. 1 ST, 267. 26, 277. 29 singuli, 282. 20 tres, 284. 19 quattuor, 292. 27 a (fall. Halm.) et l, 302. 13, 517. 5 omnes, 348. 9 B, 362. 30 plerique, 405. 28, 514. 7, 516. 8 W, 456. 20, 471. 23 dett., 464 33 GW, 472. 30 G, 497. 19 P^1, 534. 13 PW, 534. 34 MP^{2}W (P^1 *nise* pro *nisi se*), 535. 19 sup. lin. P, *nos* p. 65. 3 soli TE habent, *vos* om. 94. 15 TH, omnes p. 440. 23, 453. 9 E; *me* add. p. 404. 13 (*me agere* STW), 453. 9 omnes, 490. 12 P, *te* add. p. 253. 28 complures, (319. 28 omnes,) 436. 16 E, 488. 1 P^{1}V, *se* add. p. 153. 19, 154. 13, 290. 1, 453. 37. V. ad p. 97. 23, 109. 22, 113. 36, 125. 28, 138. 13, 148. 1, 163. 9, 196. 14, 269. 23 et 35, 325. 12, 352. 14, 353. 25, 412. 29, 467. 6, 468. 29, 484. 3, 485. 5, S. Rosc. p. 51. 19. — P. 46. 10 *[sui]* Kays., om. cod. T; ad p. 41. 13. — P. 46. 14 *servos* cod. T, Bait., Kays., *armatos* rell., Klotz. — P. 46. 16 *[hoc est mort. minaretur]* Kays., om. dett. codd., del. Bait. p. 1438, Madv. Fleckeis. ann. 1856 p. 122. — P. 46. 19 *aliquando* cod. T, Klotz., *aliquo* vulg., utrumque rect. — P. 46. 25 *[Phormio]* Bak. Mn. VIII p. 184, Kays. — P. 46. 30 *Fidecul.* codd. TE all., Kays., sed idem p. 139. 13, 141. 22 sq., 142. 32, 143. 9 sq. e codd. *Fidic.* — P. 47. 19 *obstaret* Halm., Bait., Klotz., *optaret* codd., Iord., *causa postularet* Kays. probab. — P. 47. 20 *modo id errare* coni. Kays., *in eo errare* progr. Landsberg. 1865 p. 18, sed opus non est; v. comment. ad Off. p. 27. 19. — P. 47. 22 *duos* de Bait. coni. Kayser., *suos* del. Francken. p. 262, *servos solos?* — P. 47. 26 *quid* codd., *quod* Schuetz., Bait., Kays., Klotz., item (praeter Klotz.) p. 48. 28, non item p. 49 25, 61. 30, 310. 10; v. S. Rosc. p. 46. 3, Div. II 2. 6, Off. II 2. 7, Quinct. 20. 63 m., Phil II 15. 38 ex., III 10. 26 ex.; multo saepius in epist. dubitatur; cf. p. 89. 5, 330. 15. — P. 48. 3 *res in aperto posita* Francken.

p. 259. — P. 48. 21 sqq. *cupio, qui* Madv. Adv. III p. 123 n., *cupio. Qui* edd., *Qui — cum manu fuerit — — non habes*'? (v. 29) Francken. p. 263. *Manum facere* Cic. bis dixit in Verr. — P. 48. 34 *ut* del. Lamb., Bait., Klotz., Kays., sed hic scr. *hoc et 'excidisse videtur*', inquit, '*commisisse existimabitis, ut*'; Francken. p. 253 in. add. *tanta eos fuisse stultitia*. — P. 49. 2 *Quoniam* vulg., *qm* cod. T, *quō* E, *cum*, *quomodo*, *quando* rell., *cum* Kays. male. Eadem fere est varietas p. 37. 9, 65. 1 et 17, 198. 35, 199. 15; p. 42. 15 et 67. 29 T *qm*; ad p. 60. 17, 179. 31, 203. 9 et 10. — P. 49. 5 *nullo modo deiectum* Kays., *nullum deiectum* cod. T. — P. 49. 12 *Quid id ad* Ern., Bait., Kays., *qui ad* cod. T (ad Verr. p. 183. 12), *Quid? ad causam —, quid? ad rest.* Klotz. — P. 49. 14 sq. *civile? [aut ad — animadversionem?] Ages iniuriarum?* Bait., *civile? an ad atrocis rei not. — animadversionem ages iniuriarum?* Kays., *civile aut ad praetoris notionem — iniuriarum?* Klotz. Videtur Cic. dicere volle non ad restituendum actorem, sed ad notandam atque animadvertendam iniuriam eius pertinere actionem iniuriarum. — P. 50. 3 *non eris* Klotz. cf. p. 51. 25 et 54. 6, cod. T om. *non fueris*; cf. p. 57. 25. — P. 50. 19 *in iudicio* Pluyg. Mn. VII p. 108 sq., Kays.; infr. p. 138. 12, ad Quinct. p. 3. 9. — P. 50. 22 sq. *defendet* Klotz., *defenderet* cod. T. — P. 50. 27 *si qui obst. arm. hom., vi mult.* Francken. p. 263 sq., *in eum, qui* coni. Bak., *cum eo, qui* Kays.; cf. p. 5. 19, 440. 22 sq. et 27, 476. 37. — P. 50. 29 sqq. *vim, ut — — possim? Quid* (v. 34) Madv. Fleckeis. ann. 1856 p. 122, Kays., Klotz., *vim? Ut — — possim:* quid vulg. — P. 51. 9 *[dissolvi] hoc [interdictum]* Kays., *[est peric. — interdictum]* Francken. p. 264. — P. 51. 15 *ius atque actionem in mentem — non venisse constituere* aut *actionem constituere in —* Ciceronem scripsisse existimo. — P. 51. 18 *Hocine* dici Francken. p. 259. — P. 51. 22 *sauciatus* Ern., Kays., *saucius* codd.; quod qui tuentur, eius modi exemplis defendi putant, in quibus *occisi* aut *amissi* aut *fugati* et *saucii* comparantur, quasi eo probetur *nemo saucius est* idem esse quod *nemo tum sauciatus* aut *saucius factus* (p. 15. 15) *est*. — P. 51. 24 *loquamur* codd., Bait., Klotz., *loquimur* Bak. Mn. VIII p. 184, *loquemur* Kays. — P. 51. 30 *sed etiam, et multo* Francken. p. 259. — P. 51. 31 *[formidine — perterritum]* Kays.; Seyff. Lael. p. 438, Off. ed. 1882 p. 12. 1. — P. 52. 28 *cum* Kays., om. codd., Bait., *quod* Klotz., *tum ut stat. trst. disc., ut opt.* Francken. p. 248. — P. 52. 35 *ut primum* Lamb., Francken. p. 264, *ut primo* codd., recc. edd.; *primo* cod. S p. 122. 24, F 152. 12, h 270. 28, WT 397. 37, W 520. 14, *primum* t p. 279. 8, GM 500. 1; ad p. 217. 27, 278. 3, S. Rosc. p. 62. 34. — P. 53. 3 *recessisset* del. Francken. p. 264. — P. 53. 15 *[magna]* Pluyg. Mn. VII p. 209, Kays. — P 53. 16 *proterr.* Bait., Kays., *perterr.* codd, Klotz. P. 47. 36 omnes codd., p. 45. 24 omnes praeter T,

p. 50. 7 omnes praeter T E, p. 506. 34 M V habent *perterr.*, et omnino nullae praepositiones, ne *prae* quidem et *pro* et *per* nec *re* et *de*, tam saepe permutatae sunt quam *pro* et *per*; p. 179. 18, 183. 19, 204. 14, 264. 26, 297. 37. — P. 54. 3 *Ain* cum all., tum Madv. Fleckeis. ann. 1856 p. 122, Boot. Att. IV 5. 1, Kays., Klotz., *An* codd., Bait. — P. 54. 5 *exquiris* scribnd. videtur aut *expendis* cum Franck p. 265. — P. 54. 17 *[deiectus esse quisquam]* Bak. Mnem. II p. 424 et VIII p. 184 sq., Kays., Bait. p. 1438 Or.; v. ad Off. III 27. 100 ed. 1882, infr. p. 192. 4, 450. 1, Verr. II 23. 56, III 41. 94 in., V 89 in. 101, cf. ad p. 378. 33. — P. 54. 35 *iudicii aut stipulationis* Klotz. cf. Legg. I 4. 14 ex., Madv. apud Francken. p. 272, Adv. III p. 122, *iudicia aut stipulationes* codd., Bait., *[iudicia — aut]* pacti Kays. — P. 54. 36 *aut conv.* cod. Vind. nescio quis, Ascens., Lamb., ac vulg.; ad p. 43. 26, p. Quinct. p. 15. 14, infr. p. 70. 8, 89. 36, 290. 8, 367. 1, 398. 12, 518. 32, 537. 26, 217. 13 *aut* Ussing. P. 77. 36 *ac* codd. FB, 153. 11 FM, 269. 35 bd, 355. 17 Dresd., *atque* p. 137. 2 T, 536. 20 M; *aut* p. 68. 34 codd. praeter T E, 85. 15 H, 97. 11 TH, 254. 13 g b, 22 b, 25 A, 254. 31 e, 294. 27 s, 316. 31 E, 356. 4 T, 360. 8 (*aut discipl.*) omnes praeter T, 410. 30 (*aut dici ac fingi*) W, 431. 6 GS, 476. 2 dett., 497. 4 GMW, 516. 7, 519 22 W. — P. 55. 2 *et famil.* rell. codd., Bait, *et* om. T, Klotz., secl. Kays. *Et* aut add. aut om. non rarius quam in sup. vol. (p. 44. 17), amplius ducentiens; v. ad p. 70. 22, 79. 12, 109. 21, 113. 25, 126. 25, 133. 5, 153. 36 (*et ex*), 218. 1 (*ut et*), 232. 9, 235. 17, 253. 16, 267. 33, 275. 14, 277. 11, 280. 20, 283. 23, 34, 297. 36, 299. 7, 311. 37, 314. 1, 7, 315. 16, 337. 15, 340. 4, 341. 25, 348. 1, 352. 3, 355. 12, 367. 33, 372. 30, 416. 5, 444. 18, 458. 34, 460. 20, 464. 22, 471. 25, 474. 37, 488. 35, 489. 31, 494. 17, 498. 37, 500. 30, 504. 5, 509. 34. — P. 55. 5 *[nostris]* Kays., om. cod. T; ad p. 41. 13. — P. 55. 8 sqq. *omnium! Non — — auctoritatibus?* (v. 11) edd.; v. supr. p. 40. 8, Lehmann. Herm. 1880 p. 570. — P. 55. 17 *non modo mort.* scrbnd. videtur; ad p. 66. 15, 296. 17, 302. 29, 349. 3, Verr. p. 225. 32, de or. II 72. 294; supr. p. 33. 26. — P. 55. 27 *ipsis* cod. T, Bait., om. rell. — P. 55. 31 sq. *ita in iure* Madv. Adv. II p. 198, III p. 123, *tam vere* codd., edd. — P. 56. 3 *verbis ipsis ius* Lehmann. Herm. 1880 p. 570, *verbis ipsius const.* cod T. — P. 56. 4 *util. omnem* cod. T, Kays., Klotz., omn. *ut.* vulg. — P. 56. 10 *probare iis* Bait. auct. Kays., Klotz., *probares* codd. T E, *probari iis* vulg., Bait. — P. 56. 16 *quin* del. cens. Madv. Adv. II p. 198, III p. 123, Francken. p. 265, an *cum?* — P. 56. 17 sqq. *sit. Verbum — cogit. At vero* aut *; at vero* edd. — P. 56. 20 sq. *respuit — putat* Kays. — P. 56. 22 *loc.* bis cod. E, altero loco T quoque; ad p. 44. 5. — P. 56. 24 *ut* del. Francken. p. 265 sq.; v. Madv. Fin. p. 415. — P. 56. 29 *gerant* codd., Bait., Klotz., *gerunt* Bait. auct.

ADNOTATIO CRITICA.

Kays. cf. p. 57, 9; ad p. 39. 15. — P. 57. 3 *qui deiectus est, tantam vim* Bak. Mn. VIII p. 185, *eandem* del. Francken. p. 266. — P. 57. 9 *id* add. plures, ante *quaeri* Schuetz., post *quod* suas. Iord., Bait. p. 1438, scr. Kays., Klotz. — P. 57. 10 *deiecerit potius quam fecerit* all., Klotz. — P. 57. 16 *ei* Halm. p. 1438, Hirschfeld. Fleckeis. ann. 1871 p. 203 sq. (aut *hi*), Kays., *et* codd., Bait.; *servi* del. vulg., Klotz. scr. *tamen, ut ipsi servi, tuae.* — P. 57. 37 et 58. 6, 214. 13, 217. 33, 218. 28, 228. 17, Verr. III 11. 28 ex. *glaeb.* Klotz., codd. nusquam. — P. 58. 3 *verbis* pro *vocibus* Bak., Kays.; v. Varr. l. L. IX 42 ex., X 29 ex. — P. 58. 6 *cespites* codd. TE, Bait. — P. 58. 16 *armatiss.*, de quo dubitatum esse video, adfert August. in arto V p. 495. 12 K. — P. 58. 26 sq. *[quod — iudicarentur]* Kays. — P. 58. 29 *iudicaretur* 'edd. Venetae antiquiss. tres', Bait. — P. 58. 34 *alio auxilio* Bak. Mn. VIII p. 185, *alio modo, consilio eodem [periculo]* Kays. — P. 59. 8 sq. *iuris vis atque auctoritas retin.* Francken. p. 266. — P. 59. 32 sqq. *defendant, si contra — contenditur: tum solent —; tum illud* Kays. — P. 60. 2 sine cruce Klotz., *boni* duo codd Vind., Bait., *[bonique]* Kays., *aequi bonique* aut *boni aequique* coni. Bait., fort. *honesti viri* (aut *hominis*) aut *boni viri atque (aequique) iudicis;* ad p. 234. 12. — P. 60. 9 *haec* cod. E, Bait., *hoc* rell., Kays., Klotz.; ad p. 8. 32. — Ib. *interdictum* (sic codd.) — *vindicavisse* Momms. auct. Bait., *vindicavi* codd., *vindicari* cod. Par. e, Lamb., Wesenb. Obs. in Sest. p. 26 sq., Madv. Fleckeis. ann. 1856 p. 122, Kays., Klotz. — P. 60. 14 *oportere.* Bait.; ad p. 40. 3. — P. 60. 17 *cum idem* vulg., *quod idem* codd., Bait., Kays., Klotz.; ad p. 49. 2, 80. 3, 179. 31, 337. 24, 464. 35 cet. — Ib. sq. *id aliqua — tu nulla* Kays.; Seyff. Lael. p. 179, Off. I 18. 61 ed. 1882, ad p. 31. 19. — P. 60. 25 *hoc qui* cod. T, Klotz., *qui hoc* vulg. — P. 60. 27 *non* unus cod. interpol., Naug., *nec* codd., i. e. οὐδέ; 'quidni enim idem licuerit Ciceroni', inquit Iordan., 'quod et alii iique boni scriptores fecerunt?' Klotzio 'satius esse videtur statuere excidisse hinc aliquid quam *nec* pro *non* sine idonea causa scriptum esse.' *Neque* pro *non* multi codd. dett. habent p. 284. 1, 395. 3 *nec* omnes praeter schol. — P. 60. 37 sq. *quippiam* cod. T, Kays., Klotz., *quidpiam* Iord. et Bait. tac. Quo uno praeterea loco legitur in hoc vol., p. 326. 13, codd. habent *quippe iam*; ad Verr. p. 228. 19. — P. 61. 1 *non* 'add. iam Nic. Ang.', om. Klotz. pos. interrog. signo post v. *iudicatum;* ad p. 33. 26. — Ib. sq. *statutum est* Klotz., Madv. Adv. III p. 123 sq., *statuunt* codd., Bait., *statuerunt* Madv. Fleckeis. ann. 1856 p. 122, *[statuunt, si]* Kays. — P. 61. 2 *plac. Mucio* cod. T, Kays., Klotz.; v. 27 sq. nemo ex T scr. *eius modi nihil est* nec 34 sq. *numquam factum esse* (p. 1439 Or.) nec 51. 25 *et occisio exercitus maximis facta non erit spe vos pulsos* nec 56. 17 *modo*

ADNOTATIO CRITICA.   XVII

non nec 67. 35 *tuis aedibus*; cf. p. 62. 2 (*neque gratiae cuiusquam*), 64. 3 et 82, 67. 13, 70. 14 et 22, 71. 23, 72. 5. — P. 61. 7 *ius*, non *iuris*, Madv. Fleckeis. ann. 1856 p. 122, Kays. — P. 61. 25 *[iudici]* Kays. *Bonus vir iudex* dictum ut *rex dominus*, Cael. 26. 63 *viri boni testes*; cf. infr. p. 237. 19, 239. 37, 306. 27, 335. 12. 473. 30, 482. 3, 509. 6, 539. 23. — P. 61. 27 *in iure civili* Kraffert. progr. Aurich. 1883 p. 115. — P. 61. 35 *factum [creatum]* e codd. (*vel creatum* rell. praeter T) Bait., Kays. — Ib. *crede aut ne crede* Klotz. — P. 61. 36 *Statue* Madv. Fleckeis. ann. 1856 p. 123, Kays., Klotz., *se at ue* cod. T, *esse* rell., om. vulg. — P. 62. 10 *Quid* Madv. l. l., Kays., quasi vero quid sit ius civile describatur ac non quale sit. — P. 62. 15 *acceptum* Madv. apud Francken. p. 272, Adv. III p. 124, del. *aut* v. 14, *accepturum* codd. et edd., ut p. 60. 35 (non 34) *iudicaturum* T. — P. 62. 18 *quae in manu* Madv. ib., *quae mina* cod. T, *quae cum omnia* rell. codd., *quaecumque* Lamb., Bait., *quae patrimonia* Kays., *quae dominia* Klotz.; cf. p. 300. 35. — Ib. *sint* codd., *sunt* Wesenb. auct. Bait., Kays., Klotz.; ad p. 39. 15. — P. 62. 19 *parum est comm. ius civ.* Or., Wesenb., Madv., *parietum comm. ius si civ.* codd., *parum comm. ius est civ.* Momms., Bait., Kays., *parum est comm. ius, si civili* Klotz. — P. 62. 29 *sit* codd., *est* Bait., Kays., Klotz.; ad p 39. 15, 174. 7. — P. 63. 2 *dimittetur* codd., Kays., Klotz, *dimittitur* 'vulg. inde ab Asc. 1511', Bait. Cum alibi, tum post praeceptum (*debetis*) futurum eandem vim habet quam apud nos coniunct. imperf.; ad N. D. p. 54 21, Seyff. Lael. p. 454 sq., Off. III 6. 26 ex. ed. 1882; cf. p. 80. 16, 470. 27, 519. 22. — P. 63. 7 *constat* cod. T, Bait., Klotz., *constet* rell. codd., Kays.; ad p. 81. 17, 104. 17, 144. 36, 189. 21, 201. 28, 228. 13 (codd. *sit*), 230. 18 et 29, 410. 21, 471. 11. De coniunct. orat. pend. ad p. 39. 15. — P. 63. 11 *revocabuntur* vulg., *revocantur* codd., Klotz. Codd. habent v. 9 *restitueretur*, v. 12 *constitueretur* et *praescribere*. — P. 63. 17 *Iuris si* Bait. p. 1439, Klotz., *tu res si* codd., *Iuris* Madv. auct. Bait., *sin iuris* Kays. — P. 63. 23 *intorq.* cod. T, Bait. p. 1439, Kays., Klotz., *torq.* vulg. — P. 63. 24 sq. *utrae voces — videantur* e cod. T Bait. p. 1439, Kays., Klotz., *et viliores esse videantur* rell. codd., cum cruce Bait. — P. 63. 33 *Non* Nauger., vulg., *Nec* Klotzio auct. invitus, ut videtur, Kays., om. Klotz.; ad p. 33. 26. *Cuius auct. dict. est ab illa causa concedi oportere, nimium non oportere, non vereor* Francken. p. 267. — P. 64. 3 *promptam expositamque pop. R.* e cod. T Klotz. (ad p. 61. 2), *expeditamque* Francken. p. 267. — P. 64. 4 sqq. *praebuerit, qui ita iustus sit — sit ingen.* (v. 8) Madv. Fleckeis. ann. 1856 p. 123, Kays. Inconstantia modorum multo minus notabilis quam p. 35. 16. — P. 64. 8 *tam incorrupta* scr., *ut ab uita* (corr. *inita*) cod. T. (i. e. fort. *ac tanta*), *ita prompta* rell. codd.,

XVIII ADNOTATIO CRITICA.

Bait., Kays., *ita sincera* Klotz. — P. 64. 12 sqq. scr., *quod est in cod. T, rell. codd. habent cur vos al. contra me* et ita Bait. cum cruce, Kays. *cum vos aliquem contra me sent. dic., cur meum auct. vos pro me app., vestrum non nom.*, Klotz. *cur vos aliquem c. me sent. dic., quum meum auct. vos pro me app., nostrum nom.* Apparet hoc velle Ciceronem: *Miror, cur vos, cum aliquem aliquid contra me sentire dicatis, eum auctorem vestrum non appelletis, nostrum nominetis.* — P. 64. 14 *QUIBUS* vulg., *Omnibus* codd., Klotz. — P. 64. 18 *instituere* Francken. p. 268. — P. 64. 24 *ex omni memoria antiq.* Pantagath., Kays., *etiam illa materia aequitatis* codd., Klotz., cum cruce Bait., *(est enim illa materia aequitatis)* Madv. Adv. III p. 124 sq. — P. 64. 26 *et boni* cod. T, Klotz., *bonique* E, vulg., *boni* aliquot dott. Noviens *que* pro *et* in his oratt. dett. codd. habent, plerumque singuli, octiens *et* pro *que*, p. 103. 4 omnes (aut om.) praeter P; ad p. 197. 15, 297. 36. — P. 64. 32 *armatis hominibus* cod. T, Klotz.; ad p. 61. 2. — P. 65. 1 aut del. *is* aut corr. *in quem se rest.* Francken. p. 254. — P. 65. 3 *impugnare* id. p. 268. — P. 65. 11 sq. *Nego defendi oportere* id. p. 268 sq. — P. 65. 13 cōprendi cod. T, *comprehendi* vulg.; ad p. 18. 35. — P. 65. 24 *decreto* codd., Kays., Klotz., *edicto* Quint. IX 3. 22, Lamb., Bait.; p. 66. 11 *decreto* codd., Klotz., *edicto* Lamb., Bait., Kays. — P. 66. 15 *[non]* scr.; ad p. 55. 17. — P. 67. 13 *duas res* cod. T, Kays., Klotz.; ad p. 61. 2. — P. 67. 19 sq. *sive ex quo sive a quo loco. Iam hoc EO RESTITUAS simplex est* Francken. p. 269. — P. 68. 6 *tu et v.* 11 *iam* om. cod. T, secl. Kays.; ad p. 41. 13. — P. 68. 18 sq. *ubi tum esset; iam posse concedis eum, qui possideat, qui non poss.* Francken. p. 269. — P. 68. 28 *Negas — Ostendo* del. Ussing. apud Madv. Adv. II p. 199 male; ad Verr. p. 319. 27, cf. hic p. 57. 5 sqq., 284. 20. — P. 68. 31 *sponsionis* cf. p. 14. 28. — P. 68. 32 *esse sic deiectum* Kays. — P. 69. 5 *sponsione* opt. codd., Bait. — P. 69. 9 *[bonis]* Bak. Mn. VIII p. 186 sq., Kays. — P. 69. 12 *inermus* cod. E, Bait., Kays., *inermis* rell. codd., Klotz. P. 48. 23 *solus* T, 58. 10 TE *inermos*, 58. 26 PTE et plerique *inermi*, 59. 3 *inermis* 4 dett.; ad p. 109. 22. — P. 69. 13 *igitur*, v. 28 *eodem iure* om. cod. T, secl. Kays. (p. 41. 13), v. 31 *tu* del. Kays., om. codd. praeter T. — P. 69. 22 *ipsum restitutum quam* Francken. p. 269. — P. 69. 25 *ea mortua post v. conductione* id. p. 270 in. — P. 69. 34 sq. *id quod tibi de am. [in his de C. Aquilii] sent. resp. et aeq. esse omnibus videbatur?* Klotz., *[† et aequum]* Bait., *his de Aquilii sententia responderat? Est aequum. At enim* Madv. apud Francken. p. 272, Adv. III p. 125. — P. 70. 1 *in candem legem* codd. praeter T; cf. ad p. 8. 23. — P. 70. 3 *Ecquid* Pluyg. Mn. VII p. 209 sq., Kays., Francken. p. 270 fort. recte, non necess. (cf. p. 333. 10), nec

ADNOTATIO CRITICA. XIX

ferri non posse non v. 4 assentior Franckeno. Potest Cic. sic argumentari velle: Dicet aliquis nihil esse, quod non populus iubere aut vetare contra ius possit. Quod ita esse nego aioque non posse omnia iubere populum; nam, si posset, non in omnibus legibus ascriberetur non posse [contrarium sequi apparet]. Sed ut concedam nihil esse, tamen, si quid tale iusserit populus, id ratum futurum nego. — P. 70. 5 *ipsa* ascr. Kays. prob.; ad S. Bosc. p. 38. 28, in hoc vol. *ipse* pro *iste* scr. in codd p. 103. 30, 153. 22 ST, 147. 23 T, 149. 37 omn., 270. 3 plerisq., 328. 33 Lg. 26, 397. 28, 404. 7 W, 410. 11 omn. praeter V et 'vet.' cod. Henr. Steph., *iste* pro *ipse* p. 170. 28 ST; p. 200. 28, 316. 21. — P. 70. 8 *aut te* Klotz., *aut item te* vulg. et codd. praeter T, in quo est *tuo autem*, i. e., ut opinor, *tuo aut te*. — Ib. *atque* codd. praeter TE, Kays., Klotz, *aut* TE, Bait.; ad p. 54. 36. — P. 70. 14 *adimi civitas*, v. 22 *civitas adempta* Klotz. e cod. T; ad p. 61. 2. — P. 70. 22 *[et]* Kays.; ad p. 55. 2. — P. 70. 23 *posse* cod. T, Lehmann. Herm. 1880 p. 570, *potuisse* vulg.; cf. p. 150. 31. — P. 70. 31 *[aut imperiti]* Kays. — P. 70. 32 *certo scio* Iord. auct. Bait., Kays., credo Klotz. — P. 71. 1 *voluisse* (*valuissent* k, *voluissent* a) pro *potuissent* codd., fort. *iis licuisset.* — P. 71. 11 *nolit* Klotz., Madv. Adv. III p. 125 n., *noluit* vulg.; cf. v. 13 sq., 157. 24, 169. 24; ad p. 89. 15. — P. 71. 19 *proferunt* cod. Kelleri k, Or., Bait., Kays, *profuerunt* (*profuerint*) rell. codd., *protulerunt* all., Klotz. — P. 71. 21 et 'ubique' *exilium* cod. T, *exsil.* recc. edd. et sic tac. edd. p. 111. 7, 165. 27 (W *exul.*) et 31, 167. 1, 256. 16 et 20, 257. 7, 258. 19, 267. 1 et 21 et 26 et 37, 268. 7 et 22 et 25, cett. locis omn. codd. *exilium* et *exul*, etsi saepius non testantur edd., ut Paris. 7794 et Vatic. in Phil. (p. 1241. 12 Or.), p. 239. 1, 243. 5 cod. Reiffersch., 253. 24, 257. 5, 19, 20, 266. 34, 267. 10, 34 a, constanter A, semel *exsul* p. 255. 19, 320. 3 omnes, 325. 35 certe omn. Lgg.; ad Verr. p. 328. 11. — P. 71. 23 *quia* Iord., Bait., Kays. — Ib. *aliquam poenam* cod. T, Kays., Klotz.; ad p. 61. 2. — P. 71. 33 *Non quum* Klotz. invitus, credo. — P. 72. 3 *non quod* plerique codd. dett., Iord., Klotz. — P. 72. 5 *esse civitatem* cod. T, Klotz.; ad p. 61. 2. — P. 72. 15 *Ardeates* Beloch 'Der italische Bund' p. 157; v. Francken. p. 271. — P. 72. 31 sq. *ne inique contendere aliquid q. ne dissolute relinquere* Momms., Klotz., Kays. (*dissolutius rem rel.*), *neque* (*nec, ne, atque* dett.) *contendere* (*contenderit* dett.) *aliquid* (*aliud*) *quam ne dissoluti* (*dissolute*) *relinquere* codd., *ne quid cont. acrius q. ne dissolute rel.* Madv. Fleckeis. ann. 1856 p. 123, *atque contenderit, quam ne dissolutius rem rel.* Buit. — P. 72. 33 *vereretur* (*ueretur*, *ueretur*) codd., Bait., Klotz., *veritus sit* Lamb., Kays.; ad p. 190. 35. — P. 72. 35 sq. *huic homini* scr., *ui homini* cod. V, *virtuti homini* (*hominis, hominum*) dett. codd., *homini hoc* T, *huic* coni. Iord.,

b*

ut homini huic Halm., *homini* edd. — P. 72. 37 *[virtute cognita]* Kays., Madv. Adv. III p. 126 sq. — Ib. sq. *amplissimo tot. Etr. nomine* Garat., Bait., Klotz., *amplissimi totius se turi re nomine* T, *ampl. se tutire nom. tocius* V, *amplissimum tot. Etr. [hominum]* Madv. Fleckeis. ann. 1856 p. 124, Kays., *amplissimis et vetere nomine negotiis* Madv. apud Franck. p. 272, del. *et* Adv. III p. 126. Emendatus non est locus. — P. 73. 3 *est* Halm., Kays., Klotz., *sit* cett. codd., Bait., *offenderim si* T. *Sit* pro *est* habent codd. p. 62. 18, 79. 22, 138. 15, 165. 23 (W), 210. 25, 211. 32, 222. 4, 228. 18, 285. 16, 493. 26 (om. PW), 527. 12 (GE, *nuper* P¹), *est* pro *sit* p. 11. 13 incert., 159. 7, 287. 4; *sunt* pro *sint* p. 70. 36, 79. 30, 85. 31, 92. 14, 103. 3, 194. 33, 200. 1, 214. 24, 275. 13, 284. 23, 317. 17, 398. 14, 419. 1, 501. 22, 529. 25, *sint* pro *sunt* p. 146. 18, 186. 7, 229. 30, 312. 11, 392. 26, 530. 29, 538. 25; ad p. 222. 4; 200. 15, 203. 3, 210. 34, 217. 11, 328. 21, 329. 1, 474. 33; 146. 18, 189. 21, 323. 20, 471. 11; 62. 18, 194. 33, 202. 12, 395. 29, 474. 29. — P. 73. 12 *quaeri, utrum* Klotz., *quaerit* codd.

Pompeianae orationis codicibus Baiter. usus est praeter particulam palimps. Taurin., in qua sunt tres §§ 41—43, Erfurt. E, Palat. 1525 V, Tegerns. T, Fuldensi F, Bern. n. 254 B, Werdensi W, 'quem delibavit magis quam exhausit Gulielmius', membranis Colon. Gulielm. C vel Basilio. Cb vel Hittorp. Ch, 'vetusto' monasterii Parcens. 𝔓, 'quem cum ed. Manutiana a. 1554 contulit eiusque margini adscripsit Levinus Torrentius.'

Quoniam eorum, quae e codd. W, C, 𝔓 proferuntur, non satis certa fides est, V 'quasi alterum exemplum est cod. Erf.', 'permultis tamen mendis depravatum', F et B in deteriorum numero sunt habendi, paene omnia sunt in Erf. et Teg., et cum in hoc tantum extrema pars orationis servata sit, recte Baiterus in prioribus 46 §§ plurimum omnium uni tribuit Erf.; atque etiam in posterioribus paragr. praeferre solet Erfurtensem, quamquam ibi non multum discrepant codd. E et T. Nos singulari Halmi beneficio nacti sumus collationem codicis cuiusdam Hildeshemiensis (H) integri, cuius tanta similitudo est cum Teg., ut detrimentum mutilati Tegern. prope sarcire videatur. Nam quamquam Halm. a § 47 non omnia tam diligenter quam antea, in extremis §§ pauca exscripsit, tamen tot tantaque summae cognationis documenta notavit et in litteris ad me datis commemoravit, ut dubitari non possit, quin T et H tam gemini codd. sint quam qui maxime, velut p. 91. 9 sq. uterque cod. habet *non solum*, 93. 26 *clausium*, 94. 15 *per ipse*, v. 23 *unius*, v. 37 sq. *dissensio quo quod*, 95. 9 *dicam* om. et *at* pro *atque*, v. 28 *virtute gravitate*, 96. 19 *dignita*, v. 26 *deligistis*, v. 32 *et isti*, 97. 6 *tanto*, v. 37 *et qui-*

ADNOTATIO CRITICA. XXI

bus auctoris quibus, 99. 11 tutumque. P. 93. 28 H quoque habent иае existimant, 95. 22 pcem potius quam praeesse (p. 1440 ed. Tur.), nescimus, differre inter se T et H Halm. his paucis locis significavit: p. 90. 32 H om. se, 92. 1 amantissimus om., 92. 20 dixi, 92. 29 capiebant, 93. 5 aliquit, 93. 32 uos ut F, 93. 34 videremini ut C. Sed quamvis idoneus codicis Teg. vicarius sit Hild., tamen non multum proficimus, nam in hac quidem orat. Erf. non modo nihil cedit ulli alii cod., sed fere praestat ceteris omnibus.

Praeter Baiteri, Kayseri, Klotzi editiones infra nominare soleo Halmi nonam Weidmann. a. 1881, Eberhardi alteram Teubn. a. 1883, Heini Halens. a. 1883.

P. 74. 3 sq. visus est q. r. cod. H. — P. 75. 9 umquam ab quā cod. H, om. fuit et iis. — P. 75. 11 et 25 ex H; ad p. 77. 1. — P. 75. 14 .qr. H. — P. 75. 16 mandandas H. — P. 75. 18 et 87 cotid. H; ad p. 15. 4. — P. 75. 21 his H. — P. 75. 23 dixerunt H. — P. 75. 25 oratione H. — P. 75. 26 potest H. — P. 75. 27 et 77. 25 et 84. 21 Pompei H ut E semper, V p. 84. 21 et 99. 2, Halm., Eberh.; ad p. 3. 19. — P. 75. 33 atque H, quae permutatio est creberrima, in hoc vol. amplius quinquaginta locis; ad p. 81. 25, 86. 1, 180. 27, 194. 8, 295. 21, 298. 11, 314. 33, 351. 13, 367. 4, 450. 5. — P. 75. 34 mitridate H. — P. 75. 36 arbitratur cett. codd., arbitrantur E et n expuncta V, recc. edd.; cf. ad p. 323. 35. — Ib. quibus Rom. H. — P. 76. 7 lullis H. — P. 76. 15 dilig. H, item 83. 26, sed p. 91. 30 adigendus, 96. 26 deligistis; p. 194. 37 dilig. cod. S, 197. 10, 226. 18 F, 309. 16 C, 316. 17 G M¹ et 5 Lgg., 393. 26 cod. Cusan., 458. 22 W, 466. 32 PW; ad S. Rosc. 36. 1. — P. 76. 16 eni b. huius m. H ut W, et enim omnes praeter p 'teste Modio' et V, quae nulla est auctoritas, om. edd.; ad Ott. p. 35. 17 ed. 1882, p. 90. 24. Voc. enim non raro omissa. in codd. (23 locos numeravi), non multo rarius addit. (19 loc.); ad p. 117. 3, 181. 34, 182. 4, 294. 15, 346. 15, 403. 19. — P. 76. 19 uos H. — P. 76. 21 sq. pro qua magna & multa maiores uestri gravia bella H. — P. 76. 28 uobis est H. — P. 76. 29 [Mithridatico] Bak., Kays. — Ib. suscepta H. — P. 76. 33 litterarum om. codd. CF, Bait., Eb. substit. innumerabiles, secl. Kays. — Ib. omnes add. Bonnet. diss. Bonn. 1872 thes. XI. — P. 76. 34 curavit potius quam denotavit codd. EVH fort. recte, mandavit ℬ. — P. 76. 36 et ita regnat om. H. — P. 76. 37 ut se ponto H; ad p. 33. 26. — P. 77. 1 ex H solus, EV et (rell. e) ut p. 75. 11 et 18 et 25, 77. 34, 79. 24 bis, 82. 25, E 77. 16 et 79. 24 etc.; ad p. 381. 25. — P. 77. 5 sylla ut 84. 30 — munera H. — P. 77. 7 seperat. H. — P. 77. 9 egerunt Ciceronem scripsisse non credo, fort. regem represserunt, fregerunt aut sim. — P. 77. 10 preterea H. — P. 77. 14 postea cum Beneck., Hein., Klotz, postea quam codd., Bait., Halm., Hoffmann 'Zeitpartikeln'

p. 47, *[postea] cum* de Bait. coni. Kays., Eberh. *Postea est postquam omne tempus ad comparationem novi belli contulit.* P. 126. 5 sq. codd. STFM *ante quam*, 169. 28 omnes *posteaquam*, 173. 19 omnes praeter ST *postea — cum*; ad Verr. p. 423. 9, infr. 431. 15. — P. 77. 16 *potuisset* codd. recte, vulg., *posset* Fleckeis., Halm., *potuit* Eberh. De coniunctivo ad Verr. p. 256. 16, add. infr. p. 155. 26, Att. XVI 16 B 9, de or. I 38. 175 m., frgm. ep. E I p. 292. 8; de tempore ad S. Rosc. p. 54. 9. — Ib. *et se* om. H. — Ib. *bosforanis* H ut E, *Bospor.* edd. praeter Klotz.; infr. p. 314. 29. — P. 77. 17 *finitumis* H, *finitim.* vulg. — P. 77. 21 *marique terra* H. — P. 77. 22 *destr.* H ut EV. — P. 77. 24 *firmamenta* H. — P. 77. 25 *gri. pompei* H, ceteris locis, ut T 'semper' (p. 532. 9 et 18 Or.), *gn.*; ad Verr. p. 181. 25. — P. 77. 33 *ac ficta* H quoque. — Ib. *e uestri* H; ad p. 123. 33. — P. 77. 37 *nostris* cod. E, vulg., *vestris* HV, Halm., om. rell. codd. — P. 78. 1 *civium Rom. milibus* H et rell. codd. praeter EV, Halm. — Ib. *et uno* H; ad p. 85. 36. — P. 78. 4 *extinct.* codd. EVH, *exst.* edd. Talia alibi non commemoro. — P. 78. 8 sq. *civ. Rom. imminut. et vitam ereptam* H et rell. (*immin.*) praeter EV, Halm., *imminut. civ. R. et erept. vit.* EV, vulg. — P. 78. 9 *negleg.* H (*neglig.* EV), etiam 91, 21 (de p. 80. 1 nihil not.), *intelleg.* p. 78. 28, 81. 9 et 31, 88. 30, T 99. 14; in Cluent. et aliis oratt. saepe Bait. et Halm. tac. per i. In Catil. cod. a plerumque *intelleg.*, ad p. 376. 21, pro Flacc. V *negleg.*, post redit. P constanter *intelleg.* et *negleg.*; p. Quinct. p. 6. 6. — P. 78. 14 *ui quod* H. — P. 78. 16 *expulsus est* codd. praeter EV, Halm. — P. 78. 23 *id se* H. — P. 78. 27 *ritimum* H. — P. 78. 29 *quo loqui libere* H. — P. 78. 35 *urbe** H. — P. 79. 1 *hi* H. — P. 79. 5 *etolis* H. — P. 79. 6 *prouocatus* H. — P. 79. 7 *imperi* H. — P. 79. 10 *his* H. — P. 79. 11 *uo* pro *uero* H. — P. 79. 12 *p iu et* om. H; ad p. 55. 2. — P. 79. 13 sq. *exportentur* codd. EVH, Klotz., Hein., *exportantur* vulg.; ad p. 39. 15, 174. 7. — P. 79. 15 *ad belli* H ut W; p. 149. 14 *ad* pro *et* omnes praeter P, 4S2. 22 *et* pro *ad* P²GMW (aut P¹), 51. 4 *et si et hanc* T. Cael. 20. 50 ex. scrbnd. *ad hunc defendendum facultatem dabit* scil. *nobis*, codd. *et huic defendendum* (*·di*), edd. *ei sui defendendi, etiam huic ad defend., etiam huic defendendi sui.* — P. 79. 16 *non mo a* H; p. 27. 16 *ne mo* V¹. — P. 79. 17 *calam.*, v. 19 *in* om. H. — P. 79. 20 *adventus* pro *metus* H¹. — P. 79. 22 *sit* H; ad p. 73. 3. — Ib. *pecuaria relinquitur* Pluyg. Mnem. IX p. 324 sq., Kays., Eberh., *pecua* (Serv. Verg. G. III 64) *relinquuntur* Bait., Halm., Hein., Klotz., *pecora relinquentur* codd. EVH, *pec. relinquuntur* rell. — P. 79. 24 *scripti scriptura* H. — P. 79. 27 *igitur* cod. Cb, Bait., Kays., Klotz., Eberh., om. cett. codd., Halm., Hein. — P. 79. 29 *neque exig.* H¹; p. 371. 9 *nec*, 404. 13 *neque* W, 319. 17 *atque inf.* E ψ Lg. 20; ad p. 465. 21.

— P. 79. 30 *pter ossunt* H. — P. 79. 32 *salinis* etiam H, *silvis* all., Richter. progr. Rastenb. 1861 p. 7 cf. Mil. 9. 26. — P. 79. 33 *portibus* H cum B, p. 93. 22 THB, cf. p. 219. 29, ad p. 399. 19. — P. 79. 36 *conservaritis* codd. EV, vulg., *conservaveritis* rell. codd., Halm. Aliquanto saepius dett. codd. addere solent syllabas *ve* et *vi* quam demere, ut p. 82. 31 H solus *confirmav.*, 83. 33 *superav.*, 98. 8 B *accommodav.*, 205. 16 F *implev.*, 344 5 W *cognov.*, 368. 13 BW *laudav.*, 430. 16 E *recuperav.*, 488. 12 W *privar.*, 487. 34 GM et 525. 29 G *collocav.*, 515. 9 G *oppugnav.*, 539. 17 EM *iudicaver.*; ad p. 98. 17, 184. 7, 231. 28, 257. 16, 259. 1, 260. 4, 276. 33, 291. 31, 298. 8, 314. 6, 377. 25' 379. 13' 392. 18, 398. 30' 404. 11, 408. 33, 451. 6, 460. 28, 461. 26. — P. 80. 2 *ergo* H. — P. 80. 3 *cum ad* H; ad p. 60. 17. — P. 80. 13 *naui* H; ad Verr. p. 290. 24. — P. 80. 16 *Est* codd. EVH℞, vulg., *Erit* rell. codd., Halm.; cf. p. 63. 2, 92. 7, 94. 25, 180. 10, 202. 2, 214. 20, 215. 33, 231. 7, 273. 28, 292. 34, 307. 32, 324. 11, 353. 37, 398. 1. P. 58. 2 codd. habent *dicis*, item 501. 3 pro *dicitis*, all. *dicetis*, 95. 5 *dico* codd. praeter ETV, 150. 34 *dico* ST, 65. 11 *venio* codd. praeter ET, 107. 23 *debetis*, 138. 35 *reperitur* omnes praeter P, 464. 28 *respondeo* G; p. 284. 36 aliquot *postulabo*, 347. 2 *respondebo* TW, 368. 8 *concedetis* dett., 502. 11 sqq. *loquar — disputabo* omnes. — Ib. sq. *[eorum]* Eberh. — P. 80. 19 *illud primum* codd. praeter E, Halm. — P. 80. 20 *omissis* scr cf. p. 92. 9, 271. 32 sqq., ad Off. p. 54. 8, *amissis* codd., Bait., Klotz., cum cruce Halm., Hein., *nos publica his amissis [vectigalia]* Momms., Kays., *rem p. ipsam illa vectig.* Eberh., *rem p. amissa vectig. posse* H. A. Koch., *nos amissa vectigalia posse* Cornelissen., *novis publicanis amissa vect.* A. Mosbach. Fleckeis. ann. 1884 p. 55 sqq., *nos publicanorum bonis (fortunis) amissis vectigalia ipsa posse* coni. Halm., all. al. — P. 80. 24 sq. *id quidem certe* 'W (teste Lambino)', vulg., *id quod certe* codd. FB, *certe id quidem* EVH℞, Halm. — P. 80. 28 *Ne enim* H; p. 208. 18. — P. 80. 35 sq. *ne non* scr., *non* H, *num* rell. codd. et edd. non melius quam p. 98. 20. *Num* pro *non* habent p. 40. 19 T, 148. 3 FM, ad 259. 10, 304. 18 Lg. 86, 328. 12 M, 333. 29 *largitionum* (aut *largitione*) omnes pro *largitio non*, 324. 7 BW; *nunc* pro *non* p. 31. 31 (S *nunc mel.*), 66. 15 *non modo nunc* omnes praeter k, 92. 36 (non 34) TH, 136. 15 T; *non* pro *num* 330. 25 et 28 Lg. 1, 353. 16 W, 368. 25 omnes praeter ET, 417. 11 FW, 420. 11 ST, 502. 33 G. Arus. Mess. p. 479. 1 *Cicero de imperio Pompei: incumbite ad id bellum, Quirites.* — P. 81. 1 sq. *coniunctae* om. etiam H. — P. 81. 4 *autem* pro *enim* H ut p. 82. 28 ℞ etc.; ad p. 285. 28, S. Rosc. p. 40. 35, Heerdegen. Mus. Rhen. 1883 p. 246 sq. — P. 81. 6 *elabor.* Bak., Kays.; cf. ad Verr. p. 151. 84. — P. 81. 7 *ea* Buttm., Kays., Halm., Eberh., *a* codd. praeter V, Klotz., om. V, Bait. — P. 81. 8 *Adque* H. — P. 81. 11 sq. *Mithridati* cod. W, Kays., Klotz., Eberh., *mitridati* H, *Mithridatis* rell.

codd., Bait., Halm., Hein.; ad p. 82. 25, Verr. p. 332. 10. —
P. 81. 14 *citinorum* H. — P. 81. 15 *obpugn.* H. — P. 81. 16 sq.
obsidiosis H. — P. 81. 17 *liberarit* Momms., Klotz.; ad p. 63. 7.
— P. 81. 19 *atque odio* cod. Ch, Bait., Kays., Klotz., om. cett.
— P. 81. 21 *multis pdiis* H. — P. 81. 23 *sinopem atque amy-
sum* H. — P. 81. 25 *atque* ed. Asc., Halm.; ad p. 75. 33. —
Ib. *puntie capp.* H. — P. 81. 26 *clausas* H quoque. — P. 81. 28
subplicem H. — P. 81. 30 *haec* codd. E V, edd. praeter Eberh.,
hoc rell. codd.; ad p. 8. 32; *opinor concessi laudis* Eberh. —
P. 81. 31 *itaq; ut hoc vos* H (ad p. 188. 9), *hoc* om. W Ch ℬ F,
Bait. — P. 81. 35 *magnum esse* codd. E V, edd. praeter Halm.,
esse magnum rell. codd., Halm. — P. 82. 2 *fratri* H. — P. 82. 3
his H. — P. 82. 6 *maximam* om H. — P. 82. 7 *aut a — aut
ipse* coni. Eberh.; cf. p. 340. 1, ad p. 212. 26. — P. 82 11 *illum
meta in pers.* H; *a perseq.* Klotz. — P. 82. 12 *retardavit* codd. praeter E V, Halm. Similiter *reserv.* p. 50. 5 T (*ac reserv.* pro *asserv.*),
171. 24 codd. praeter S T, *retinere* 107. 32 S T (*ten.* P), 395. 7 S,
ad p. 491. 13, *renunt.* 110. 25 M, *repugn.* 179. 9 S, *relevare* 265. 4,
268. 9 plerique, *requirebam* Pis. 9. 19 omnes praeter pal. T, quin
etiam *religio* pro *legio* Vatic. Phil. 111 3. 7 in. etc., quamquam
eadem partic. aliquando fals. om. ut p. 109. 14, 132. 16, 162.
4, 226. 1 (S M Lgg., Zumpt.), 520. 24 (*ferent.* P). — Ib. *tygra-
nes* H. — P. 82. 18 *his* H. — P. 82. 19 *temperandas* H, *tentand.*
Bait., Halm. constanter, *tempt.* E V, Kays., Eberh. et sic. plerumque mell. codd., nihil adnot. p. 167. 37, 195. 19, 237. 31, 389.
20; ad S. Rosc. p. 37. 8. — P. 82. 20 *opinio vehemens* H. —
Ib. *per animos* codd. praeter E V, Halm.; cf. p. 164. 18. — P. 82. 21
barbarum H. — P. 82. 23 *exercitum esse* codd. praeter E V, Halm.
— P. 82. 25 *Tigrani* cod. Ch, Kays., Klotz., Eberh.; cf. p. 81. 11.
— P. 82. 26 *acceperat* H. — P. 82. 29 *his* H. — P. 82. 32 *ex
eo numero, qui* C. Fr. Mueller. (errant Eberh. et Hein.) Phil.
XXXVII p. 574, *eo num., qui* Hein., *[et eorum — collegerant]*
Beneck., Bait., Kays., Eberh. — P 82. 33 *auxiliis advent.* H.
— P. 82. 34 *Nam* cod. ℬ, Seyff. schol. Lat.³ I § 22. 4 b p. 37,
Halm., Eberh., Hein., *iam* E V, vulg. (*hoc iam* rell.), *IN* H. *Iam*
pro *nam* est in omnibus codd. p. 133. 27, in E 442. 4, in W 540.
20, *nam* pro *iam* in T p. 39. 29, in V 484. 10: infr. ad p. 117. 18,
121. 30, 126. 2, 471. 26, Verr. p. 216. 8. — P. 82. 37 *his* codd.
E H, Halm. — P. 83. 10 *L. Luculli* del. Madv., Bait., Halm.,
Hein., *[Luculli]* Kays. (*L.* om. E V), H habet *L Luculumperatoris*.
— P. 83. 11 *se ex* et *Hinc* H. — P. 83. 13 *his* H. — P. 83. 14
quod rell. codd., Halm., Eberh., Hein., Klotz., *qui* C ℬ F, Bait.,
Kays. — P. 83. 15 *veteri* H quoque. — P. 83. 16 sq. *confectis* fort.
recte Ald., Halm., Eberh., Madv. 'Kleine Schriften' p. 374 sq. n. 2
stipendia laboriosa esse negans (nam quid est aliud negare Latine
dici posse homines *stipendiis confectos* pro *militiae laboribus?*) et

scire se profitens eius modi milites hic non intellegi. — P. 83.
17 *M.'* om. H quoque. — P. 83. 20 sq. *nationis* H. — P. 83.
26 *diligendü* H; ad p. 76. 15. — P. 83 31 *Cn.* om. H. — P.
83. 35 *Ergo — quatuor* H. — P. 83. 37 *facilitatem* H; cf. p.
87. 12. — P. 84. 2 *e puerit.* codd. WC, edd. praeter Halm., *e*
om. rell. codd., Halm.; ad p. 89 13, 102 9, 104. 27, 106. 36, 153.
36, 200. 2, 212. 15, 264. 9, (267. 34,) 279. 30, 302. 5, 304. 35, 333.
16, 353. 14, 361. 11, 382. 29, 415. 32, 426. 22, 447. 2, ad Quinct.
p. 16. 36. Praeterea fere quadraginta locis falso non repetitae
sunt praepositiones (*ad, in, de, a, ex,* singulis binisve locis
sine, pro, per, ob), falso repet. quattuordecim locis (*de, in, ad,
per, pro*). Cod. H om. *atque pueritiae — exercitum.* — P. 84. 5
fuit summi plerique codd., Kays., Klotz., Eberh., Hein., *summi
fuit* WC℈H, Bait., Halm. — P. 84. 6 et 10 *adul.* H; ad p. 29. 17.
— P 84. 12 *est* om. H; p. 144. 25. — P. 84. 13 *belli esse* codd.
praeter EV, Halm. — P. 84. 15 sq. *[mixtum — nationibus]* Halm.
auct. Kays., Eberh., Hein.; *civibus* Graev., Klotz. — P. 84. 25
uullo H. — P. 84. 26 sq. *in peric. — providento* om. H. — P. 84. 32
cunctam H. — P. 84. 36 *iter* om. H. — Ib. *internitione* H ut
WChbE, p. 284. 22 *internet.* a, *internec.* A, 351. 18 *internit.*
S, *internic.* TV, edd., 481. 8 *internet.* P, *internec.* Bait., 480. 15
innociuom P, *interneciv.* Bait. — P. 85. 3 *taetro* om. H. — P.
85. 6 sq. *testes iā om̄f uero om̄f sunt ore* H, *testes nunc vero
iam omnes orae* edd., *nunc* om. codd. praeter EVC, Halm. —
P. 85. 8 *horis* H. — P. 85. 11 *fuit* om. H. — P. 85. 13 et 29
hyeme H. — P. 85. 15 *aut disp.* H; ad p. 54. 36. — Ib. *nūquam*
H. — P. 85. 16 sq. *omnibus — aut* om. H. — P. 85. 27 *hosce* Halm.,
mare clausum per hosce ann. dicam fuisse codd. C℈TB, *mare cl.
per hosdem ann. f. d.* F. — P. 85. 28 *brundiso* H. — P. 85. 29 *summa
hieme* codd. praeter EV, Halm. — P. 85. 31 *sunt* H; ad p. 73. 3.
— P. 85. 32 *im* H. — P. 85. 33 *potestate* H. — Ib. sq. *colo-
fonem* H. — P. 85. 36 *et spir.* codd. praeter EH et Gell., Halm.,
Hein. Permutatio particularum *et* et *ac* non rarior in hoc vol. quam
in priore (ad p. 2 5); ad p. 43. 26, 78. 1, 89. 19, 106. 5, 185. 13,
195. 2, 215. 14, 253. 13, 265. 31, 266. 2, 267. 33, 270. 16, 278. 35,
284. 13, 288. 28, 294. 10 (, 323. 33), 337. 27, 341. 25, 355. 29 sq., 367.
11, 380. 21, 425. 34, 460. 20, saep. al. — P. 85. 37 *potestatem*
Gell., Kays., Klotz.; ad Verr. p. 119. 6 — P. 86. 1 *ignoratis
vero* H cum FB. — Ib. *atque* H quoque; ad p. 75. 33. — P. 86. 4
gesserant et v. 5 *hostiense* H ut EV. — P. 66. 6 *illa tabem* H.
— P. 86. 10 *tantane* cum rell. H. — P. 86 13 *ii* om. codd.
EV℈, Halm., Eberh., Hein., *hi* H; cf. p. 93. 14. — P. 86. 14 *ho-
stium* H. — P. 86. 16 *praetereun* H. — P. 86. 18 *tot brevi* H.
— P. 86. 20 sq. *nondum — mori post venit* v. 22 H quoque.
— P. 86. 22 *in* Hotom., Halm., Eberh., Hein., *inde* codd., Bait.,
Kays., Klotz. — P. 86. 25 sqq. *et Galliam omnemque Graec. mediis*

ADNOTATIO CRITICA.

om. H; *Transalpina* Ch E V, Bait., Halm., Klotz., Hein., secl. Garat. auct. Kays., Eberh, *Cisalpina* rell. codd. — P. 86. 33 sq. *huius imp. ac pot. se diderunt* H. — P. 87. 2 *apparuit* H. — P. 87. 5 *Quid?* Halm., Eberh., Hein., *Quid ceterae* Bait., Kays., Klotz.; ad p. 22. 10. — P. 87. 11 *omnibus in* codd praeter E V, Halm. — P. 87. 12 *felicitate* etiam H; cf. p. 83. 37. — P. 87. 16 sq. *possumus imper.* codd. praeter E V, non Halm. — P. 87. 18 *ueniant* H. — P. 87. 23 *derel.* H. — P. 87. 26 *uoluerit de se* H. — P. 87. 28 *ventum est* Halm., Kays , Klotz., Eberh.; ad p. 39. 15. — P. 87. 29 *per* om. H. — P. 87. 31 *fecerit* H. — P. 87. 34 *ad ibrerinis* H. — P. 87. 36 *inp* et om. *non* H; ad p. 33. 26. — P. 88. 6 *p̄feruntur* H; ad p 53. 16. — P. 88. 7 *afferetur* H. — P. 88. 11 qua cod. ꝓ, Halm., *quali* F, Bait., Kays., Klotz., qualis E V W C b H, *qua ille* Halmio auct. Eberh., Hein. — P. 88. 16 *ee res ceteros* H. — P. 83. 18 sq. *Nä menitas* H. — P. 88. 19 *oblitas* H. — P. 88. 24 *omnes quidem nunc in his locis gn.* H. — P. 88. 26 *incipiant* H. — P. 88. 31 *maioris et hac temp.* H. — P. 88. 32 *habeamus* H ut E V. — P. 88. 35 *ut is et v.* 36 *facilitate — videatur* (?) om. H. — P. 89. 2 *cognoscitis* H ut ꝓ F; ad p. 42. 2. — P. 89. 8 *dubitavit — hinc tantum bellum hoc* H. — P. 89. 13 *atque imperio* (p. 84. 2) *militare* H. — P. 89. 14 *ille* om. H. — P. 89. 16 *ministr.* H ut B. — P. 89. 17 *existimant — sciam* H. — P. 89. 20 *et f.* P, *ac f.* C (p. 85. 36), *fame* H, *famae* rell ; ad p. 447. 14. — P. 89. 20 *certa ratione* H — P. 89. 27 *repletisque* H. — P. 89. 31 *huius* codd., Klotz., del. Halm., Hein. — P. 89. 34 *utilitas* H. — P. 89. 35 *hǫc* pro *ex* H. — P. 89. 36 *conscientia* H. — Ib. *ac* an *aut* habeat H, non possum cognoscere ex Halmi collat. — P. 89. 37 *ex* codd. praeter C, Klotz., Eberh., Hein., *in* C, Bait., Kays., Halm.; ad p. 464. 25. — P. 90. 8 *inflatum* cod. ꝓ, Halm. nescio an recte. P. 105 27 cod. W *inflata*, p. 468. 32 *inflammare* vulg. — P. 90 17 sq. *communi Cretensium* cod. Cb, *a communi Cretensium* Gulielm., Kays. — P. 90. 22 *usque ad* H cum E. — P. 90. 23 sq. *[eum] quem [Pomp. leg. s iud.]* Eberh. — P. 90. 24 *indic.* H. — Ib. *erat semper mol.* codd. E V, *erat permol.* Klotz., *erat mol.* codd. Cbꝓ, Halm., Eberh., Hein., *semper erat mol.* rell. codd., *per erat mol.* H. J. Müller. Symb. crit. II p. 10. — P. 90. 26 *iudicare* cod. F, Bait. — P. 90. 29 *vulituras* codd. TH (p. 1440 Or.). — P. 90. 30 *existum.* codd. TH, *existim.* rell. — P. 90. 32 *se* om. H (p. 45. 35). — P. 91. 5 *quo de* etiam H. — P. 91. 13 *obed.* Bait. tac., item p. 55 5, Halm. p. 242. 18, at in Pis. 34. 84 *oboed.* — P. 91. 21 *sit ita* codd. E V, Bait., Kays., Halm., Hein., *ita sit* rell. codd., Klotz., Eberh. — P. 91. 32 *oport.* codd. TH, *opport.* vulg.; ad p. 42 11. — Ib. *is* H. — P. 92. 7 *cognoscetis* cod. Monao. d, Bait., Kays., Halm., Eberh., Hein., *cognoscitis* rell. codd., *cognostis* Klotz.; ad p. 42. 2, 80 16. — P. 92 11 et 93. 21

idem codd. THV, *eidem* non modo Kays. et Eberh., sed etiam Halm. et Hein., *iid.* Bait., Klotz. — P. 92. 15 *unum digniss.* codd. praeter EVTH, Halm. — P. 92. 22 *idem* etiam H; ad p. 206. 21. — P. 92. 36 *Carthag.* (*Chartag.* T, *charthaginesium* H, *cartaginens.* EV) hic ut plerumque codd., p. 93. 12 *carthag.* THE, *cartag.* V, p. 95. 12 *carthag.* T, *Karthag.* edd.; ad p. 180. 24, 297. 2, 313. 20, 516. 17, Verr. p. 200. 31. — P. 93. 2 sq. *quae civ., inquam, a. t. t., quae tam* Halm. auct. Eberh., Hein., *quae civ. umquam a. t. t., tam* codd., Klotz., *quae civ. umq. a. t. t., quae tam* P. Manut., Bait. et add. sed Pluyg. Mn. IX p. 325, Kays., *quae [civitas] umquam a. t. t., tam* Halm. — P. 93. 11 *Persemque* codd. EVTH, Halm., *Persenque* rell. (Klotz. p. XLIX sq.). — P. 93. 18 *in Aegaeo mari* del. O. Mueller. Herm X p. 118. — P. 93. 25 '*quem nobis* scr.' Kays. p. XVI. — P. 94 14. sq. *[in hoc — constituit]* Eberh. — P. 94. 21 et 97. 34 *quicquam* T (de H nihil adn.), *quidq.* Bait. tac. et Halm.; ad p. 4. 4. — P. 94. 25 *ascribitur* (*adscr.*, ETH *asscrib.*) codd., Bait., Kays., Klotz., Halm., i. e. 'ego mea sententia ascribo', *ascribetur* Heumann., Pluyg. Mn. IX p. 325 (p. 80. 16), *iure ascribitur* Eberh., Hein.; cf. 293. 17. — P. 94. 33 *eo* codd. praeter F, Klotz., om. F, Halm., Eberh., Hein., secl. Kays. — Ib. sq. *[vos sp. hab. esse]* Bak., Cobet., *[spem hab. esse]* Eberh. — P. 95. 34 *ut post essent* inser. Fleckeis. auct. Halm., Hein. — P. 96. 18 *ferundum* codd. EV, vulg, *ferend.* rell. codd., Halm. — P. 96. 30 *iis* codd. TH, Bait., Kays. (*eis* ut semper), Klotz., *his* rell. (*hiis* V), Halm., Eberh., Hein. — P. 96. 34 sqq. *Atque — gaudeant* (98. 7) a Cic. abiudic. multi. — P. 97. 23 *[se]* Heum. auct. Kays., del. Bait. (p. 45. 35). — P. 97. 24 sq. *qui — oppidor.* unus cod. Cb, edd. — P. 97. 33 *imperatores* Gertz. Stud. crit. in Sen. dial. p. 137 sq. n., *praetores* codd. et edd. — P. 97. 34 *neque nos* Lamb., Eberh. — P. 97. 37 *et quibus iact., quibus* codd. T (p. 1440) H, Klotz., Halm., Eberh. — P. 98. 12 sq. *nemo esse* unus cod. E (V om. *nemo*), Bait., Kays., Halm., Eberh., Hein. — P. 98. 17 *cognovistis* codd. EV, Bait., Kays., Halm., Eberh., Hein., *cognostis* TH, Klotz. haud scio an recte, *cognoscitis* rell. codd.; ad p. 42. 2, 79. 36. — P. 98. 20 *responderene* scr., *videte, ut horum* v. 18 sq. codd., Bait., Kays., Klotz., *vid., num* Asc., Halm., Hein. (cf. ad p. 80. 35), *horumne* Madv., *[quare videte]* Eberh., om. F. — P. 98. 27 sq. *videamus — praeficiendo* om. codd. TH (p. 1440 Or.), *[quantam — videmus]* Eberh. — P. 98. 30 et 99. 9 *quicquid* cod. T ('ubique'), Kays., *quidquid* rell.; ad p. 19. 35. — P. 99. 10 *ego omne me* codd. EV, Kays., Eberh., *omne ego me* TB, Bait., Klotz., Halm., Hein., *omne me* F.

Cluentianae orationis praeter eas particulas, quae in palimps. Taurinensi P servatae sunt, meliores codd. non habemus quam Salisburg. no. 34 (Monac. 15734, non 35) et Laurent. T. Nam, quos praeterea adhibuit Bait., Faesul. F et Laurent. M 'omnium antiquissimus', quocum fere congruit Helmstad. Wrampelmeyeri W (progr. Clausthal. 1881 p. 1—9), ne illis quidem pares sunt auctoritate; quamquam erret, si quis illis multo plus confidat quam his. V. ad orat. p. Flacco.

P. 102. 9 *[ac sine]* Garat. et Halm. auctt. Bait., Kays.; ad p.84. 2. — P. 102. 10 *iudices* Mart. Cap. 523, Aq. Rom. 10 p. 25. 14, Klotz., om. codd., Quintil. non modo IX 2. 19, sed etiam IX 4. 75, Bait., Kays. — P. 102. 11 *illam* om. Quint. IX 2. 19, inclusisse se ait Kays. p. XVI. — P. 102. 32 sq. *[nisi — iudicabimus]* Kays. — P. 102. 33 *ac* codd. praeter ST, Klotz., om. ST, Bait., Kays.; ad p. 222. 17. — P. 103. 4 *meque* praeter pal. P habet etiam Grill. p. 599. 9 H. (qui locus falso a me quoque B 31 p. 289 inter fragmenta relatus est), *me* ST (ad p. 39. 4), *et me* FMW; ad p. 64. 26. — P. 103. 6 *a me* Lamb., *animo* codd., Bait., secl. Kays., *a me aequo animo* Klotz. — P. 103. 11 *benivol.* 'codd. ubique', ergo etiam p. 167. 32 (W), 175. 10 et 36, ubi nihil adnot.; nam cett. locc., 275. 3 codd. a A et sine dubio plures, 317. 26 fere omnes, 331. 5 EGM, 428. 23 Arus., 441. 33 GES, 452. 24, 456. 4 omnes, 456. 15 PS, 468. 14 codd. praeter P (?), 493. 28 PGW habent *beniv.*, *benev.* edd.; ad S. Rosc. p. 34. 22. — P. 103. 30 *[veteris]* ipsius (sic codd. ST) Kays.; ad p. 70. 5. — P. 103. 37 *suum* om. codd. ST, Bait., Kays. — P. 104. 17 *descendit?* ad S. Rosc. p. 53. 36, Fin. p. 269. 30, N. D. p. 11. 7; rep. I 42. 65 p. m. *attulerit* cod., hic p. 57. 19 *coëgerit* aut *cogerit* complur., 161. 14 *dixerit* ST, 353. 10 *responderit*, 356. 3 *perstrinxerit* T, 376. 34 GE, 462. 6 *fuerit* W, 516. 8 *senserit* E. 522. 16 *suspexerit* M, 525. 37 *permouenit* P; ad p. 39. 15, 63. 7; 165. 14, 231. 28, 285. 32, 376 34, 432. 25, 469. 26. — P. 104. 22 *[satis facere]* Bait., Klotz., om. codd. ST, Kays. — P. 104. 27 *[pro]* vivo Lamb. auct. Kays, *pro* om. cod.W; p. 84. 2. — P. 105. 3 *Avitus* Klotz. constanter contra codd. — P. 105. 26 *continebat* codd. ST, *se contin.* Bait. auct. Kays.; ad p. 201. 20. — P. 105. 28 *non pudicitia* om. codd. ST, Kays., secl. Bait. — P. 105. 32 *delin iri* codd. STFW, Kays., Klotz., *delen.* M, Bait., p. 110. 33 *delin.* omn. codd.; ad p. 331. 11, Verr. p. 384. 18. — P. 105. 35 *pellicat.* Bait. tac., p. 176. 11 *pellex*; Off. p. 65. 4. — P. 106. 3 *solatium* Bait. tac., item 217. 2, 381. 1 (Gembl.), Helm. 304. 16, 371. 12, sed p. 84. 18 et 37 (e cod.V, *solatia* S) *solac.*; p. Quinct. p. 15. 24. — P. 106. 5 *et praecl.* codd. ST, recc. edd.; ad p. 85. 36. — P. 106. 7 *coepit, victrix fil.* Classen., Klotz., *coepit: victr. fil.* Bait., *coepit; victrix fil. [non libidinis]* Kays. — Ib. *itaque* om. codd. ST, Bait., Kays., serv. Klotz. — P. 106. 26 *in ipsa* codd. praeter ST, Bait.; ad p. 84. 2. — P. 107. 1 *de-*

pellenda codd praeter ST (*evitanda* W), Kays. fort. recte. —
P. 107. 4 *non possunt* — *non arbitror* Bak. Mnem. VIII p. 115
male. — P. 107. 10 *reticeri* codd. ST, Bait., Klotz., quod non
intellego — P. 107. 12 *accusatio* codd., Classen., Klotz., del.
Madv. auct. Bait. — P. 108. 5 *diffid. rebus suis* Arus. Mess.
p. 468. 6, errat Keil — P 108. 22 *reciper.* cod. P, *recup.* rell.
codd., edd ; *recip.* p. 80. 20 C 'teste Modio', 169. 21 ST, 321.
25 Lgg. 10 et 25 MC, ex P Halm. et Bait. p. 430. 16, 438.
14, 444. 34, 445. 24, 447. 24, 448. 16, 454. 28, 456. 20, 486.
35, 510. 32, 516. 15, bis *recup.*, 526. 32 et 537. 33, et sic tac.
edd. p. 40. 21, 109. 3, 145. 20, 184. 13, 203. 3 et 29, 215 20,
363. 25, 371. 15, 409. 1, 410. 34. In vol. I bis codd. et edd.
recip., S. Rosc. 48. 139 et 49. 141; div. Caec. 22. 72 vetus cod.
Lamb. *reciperare*, Lg. 29 *recipere*, Verr. III 97. 226 Lg. 42
recipiatis. Vatic. Philipp. 14 locis habet *recip.*, 8 *recup.*; cf. ad
p. 2. 1. — P. 108. 30 *iis* Garat., Bait., Kays. (*eis*), *his* (*hiis* ut
saepe W) codd., Class., Klotz.; cf. Div. I 35. 77 ex. — P. 109. 13
Galliam codd. ST, *agrum Gallicum* cett., edd. — P. 109. 21
et sceler. cod. W, Lamb., Kays., Klotz; ad p. 55. 2. — P. 109.
21 sq. *[numquam — legibus]* Bait., om. codd. ST, Kays., *numquam se iudiciis* om. W. — P. 109. 22 *inermum* cod. M, Bait., *in larinum* W; ad p. 69. 12. — Ib. *se inim.* codd. ST, Bait., Kays., *[se]*
Klotz.; cf p. 125. 28, 45. 35. — P. 110. 16 *Apuli* codd. MW, Klotz.,
Teanopuli F (*Teano* ST indidem ortum), om. Kays., secl. Bait.
— Ib. *ab* cod. M, opt. cod. Arus. Mess. p. 455. 27 (*ab a larino*
del. a), *a* vulg.; ad p. 24. 1. — P. 110. 18 *publicis* codd. praeter
ST, Klotz., om Kays. — P. 110. 19 sq. *misera nihil mali* codd.
ST, Bait., Kays. — P. 110. 32 *optime* codd. STW, Bait., Kays.
— P. 110. 34 *Itaque ceteri* codd. FMW fort. recte ut p. 61. 21,
quamquam ab edd. commode conferuntur p. 28. 3 et 172. 34. —
P. 110. 35 *esse solent* codd. ST, Bait., Kays. — P. 111. 2 *iis*
codd. ST, Bait., Kays. (*eis*), *his* FMW, Klotz. — P. 111. 9 *a
me* om. codd. ST, Bait. — P. 111. 13 *omnes* ante *oderant* add.
codd. ST, Bait., Kays., secl. Klotz. — P. 111. 22 *huius* codd.
FMW, Klotz. — P. 111. 29 *fuisset* codd. ST fort. recte; ad
p. 174. 7. — P. 111. 31 *mori* codd. FMW, Klotz.; ad p. 171. 36.
— P. 111. 33 *tam* om. codd. ST, Bait., Kays. — P. 111. 34
vocemque codd. FM, Klotz. — P. 112. 13 *propriam* codd. FMW,
Klotz., om. ST, Bait., Kays. — P. 112. 14 sq. *nihil ei clausum*
secl. Bait., quod omittat cod. S¹, qui om. potius *claus. nihil*;
nihil ei sanctum Bait. tamquam ex S, secl. Kays., *nichil sanctum
nichil et clausum* W. — P. 112. 18 sq. *secundis* codd. FMW, Klotz.,
'recte om. ST' (Bait.), Kays. — P. 112. 35 *praegnas* cod. M,
Bait., Kays. — P. 113. 8 *non longe* codd. ST, Kays.; ad p. 33. 26.
— P. 113. 10 *nondum* Playg. Mn. IX p. 326. — P. 113. 25 *et*
cod. P, Bait., Klotz., om. FM, Kays., *fuit recenti quam* ST,

ADNOTATIO CRITICA.

recens fuit quam W; ad p. 55. 2. — P. 113. 36 *se* add. Momms., Klotz.; ad p. 45. 35. — P. 114. 7 sq. *ubi pernoctarat, ibi* scr., *ubi pernoctaret, ibi* cod. P, Bait., Klotz., *ibi pernoctaret, ibi* ST, Classen., *ibi pernoctaret et ibi* FM, *ibi pern. et ibidem post.* W, *ibi pernoctaret, ibidem* Kays. — P. 114. 12 *ipse* transp. Kays. v. 13 post *Avillius.* — P. 114. 14 sq. *Asuvius autem ab eo [brevi illo tempore] quasi in hortulos [iret]* Kays., *iretur?* — P. 114. 15 *haren.* codd. STM, *aren.* edd.; p. 214. 10 codd. EF et 8 Lgg. *har.* — P. 114. 25 *illic* (ante *c*) codd. ST, Classen., Bait., Kays. — P. 114. 33 *sed ex* codd. FMW, Klotz. — P. 114. 35 *convitiis* Klotz., Kays. semper. Sic cod. S p. 128. 30, p. 304. 33 E et 7 Lgg., ib. 35 G et 7 Lgg., Halm. I, 379. 6 G, 458. 28, 464. 1 P; p. Quinct. p. 20. 3. — P. 114. 36 *[tum] rem* Kays., quod in codd. ST est *Itaque tum cum,* 'malim utrumque abesse' Bait. — P. 115. 1 *tam manif.* codd. ST, Kays. — P. 115. 10 *[per — plurimos]* Lamb. auct. Bait., Kays. — P. 115. 11 *curari velle* et v. 12 *omnes suos* codd. ST, Bait., Kays. — P. 115. 14 *[circumforaneum]* Kays., *foranum* codd. ST. — P. 115. 15 *HS* vulg., Kays., Klotz., om. codd. (?, W *h's ecce*), Bait., *duo milia* codd. STF, ∞∞ M. — P. 115. 17 *qui* codd. FMW, Classen., *cum* ST, Bait., Kays., Klotz.; v. Sisbye Op. phil. ad Madv. p. 239. — P. 115. 27 *eum similem sui* codd. FM, Klotz., *eum similem,* om. *sui,* W. — P. 115. 34 *iudicabat* codd. FMW (hic corr. ex *iudicavit*), Arus. p. 452. 15 et 457. 13, Klotz., *iudicavit* ST, Classen., Bait., Klotz. — P 116. 2 *salvo capite suo* codd. FMW, Klotz. — P. 116. 3 *alter. erat* om. codd. T¹FW, Kays., hoc et tertium *erat* del. Pluyg. Mn. IX p. 326; ad p. 144. 25. — P. 116. 4 *at tamen* codd. FM, Class., Klotz., *ac tamen* W; p. 131. 8. — P. 116. 35 *demov.* codd. FMW, Klotz.; ad p. 182. 32. — P. 116. 37 *[atque audacissimi]* Bait., om. cod. S¹, Kays. — P. 117. 3 *enim* codd. FMW, Klotz., om. ST, Kays.; ad p. 76. 16. — Ib. *in* cod. W, Arus. p. 479. 8, Klotz.; cf. p. 369. 22. — P. 117. 10 *veneno* del. Lehmann. Herm. 1880 p. 571. — P. 117. 18 *Nam* id. ib. p. 524. 30, Madv. Adv. III p. 128 n. veri sim., necess. non magis quam p. 141. 25, ubi Goer. *nam* (Hand. Turs. III p. 146. 25); ad p. 82. 34. — P. 117. 21 *turpem esse* codd. FM, Klotz., *esse* om. W. — P. 117. 29 *non ign., [sed]* scr., *non ign. et* Kays., *ignob., sed* codd. FMW, Bait., *non ign., sed* ST, Klotz.; ad p. 33. 26. — P. 118. 7 *Proh* codd. STFW (*proch*), Classen., Klotz., p. 524. 34 etiam Kays. e Klotzi ed. 1852, ubi cod. E *per,* PW *peri,* G *pro*; p. 21. 13 (praeter S), 86. 9, 532. 5 (praeter Klotz.) codd. et edd. *pro.* — P. 118. 14 *manifesteque* codd. ST, Classen., Klotz., Kays.; p. 276. 6 in uno, 281. 19 in plerisque codd. idem mendum. — P. 118. 27 *idem* aut *idem illud* (imp. peric.) Lehmann. Herm. 1880 p. 571. — P. 119. 2 *ipsi quidem* codd. ST, Bait., Kays. — P. 119. 3 *iis* om. codd.

ST, Bait. — P. 119. 17 *quotiens — totiens* codd. STFW, Kays., Klotz., *quoties — toties* Bait., qui idem ceteris locis praeter p. 194. 30, ubi codd. FSM *totiens* habent, *totiens, quotiens, viciens* (p. 420. 4 sq.) cet. scribere solet, quae formae nusquam non sunt in mell. codd., etiam p. 385. 10, non solum 381. 13, 15, 18, in Gembl.; v. p. 238. 24, p. Quinct. p. 2. 4. — P. 119. 20 *implere* om. codd. ST, Kays. — P. 119. 22 *omnia aut delend* videtur aut corrigend. (*omnino?*) — P. 119. 32 sq. *quidquid* codd., Klotz., *quidque* Bait., Kays.; v. Madv. Fin. p. 646; ad p. 19. 35. — P. 119. 35 *cum Hab. fuissent* Kays. — P. 120. 9 *factas insidias* codd. FMW, Klotz. — P. 120. 18 *Quinctilius* Classen., Klotz., *Quintius* aut *Quinctius* codd. — P. 120. 23 sq. *tota accusatione* abesse malim. — P. 121. 6 *[id]* Momms. auct. Kays. — P. 121. 30 *Nam* Pluyg. Mn. IX p. 326, Kays., Madv. Adv. III p. 128 n., *Iam* codd., vulg.; ad p. 82. 34. — P. 121. 37 *agitur causa* codd. FMW, Klotz., om. S, Kays., inter vv. *paucis verbis* inser. T. — P. 122. 10 sq. *accus*. tuetur Klotz. — P. 122. 33 *nunc* codd. FM, Klotz., om. T, *nunc ego omnia* S, *nunc omnia* W. — P. 123. 4 *[per se]* Lamb. auct. Bait., Kays. — P. 123. 17 sq. '*Nempe — voluit.*' '*Ecquid* Madv. Adv. II p. 199 probab. — P. 123. 22 *deprensus* cod. T, *deprehens*. vulg.; ad p. 18. 35. — P. 123. 32 *accusatoris* codd. ST, Classen., Klotz., Kays. — P. 123. 33 *de* cod. S, Bait., Kays., *abs* FM (*ab* W', Classen., Klotz.; cf. ad Verr. p. 366. 11; infr. p. 163. 12 *de sect.* FMW (ut 167. 22), 167. 15 et 171. 19 *de* ST, *ex* FM, 256. 19 *de urbe* t, *de turba* A, 541. 3 *e caelo* GE, ad p. 77. 33, 201. 14, 354. 33, 541. 3; 280. 31. — Ib. *Acci* cod. S, Classen., Klotz., Kays., *Atti* TFM 'sic fere ubique', Bait., *actii* W. — P. 124. 5 *Fabricium* codd. ST, Classen, Kays. — P. 124. 16 *esse corr.* codd. FMW, Quintil., Klotz., *corr. esse* ST, Bait., Kays. — P. 124. 23 *non* codd. ST, Classen., Kays., *nemini* rell. — P. 124. 26 sq. *potius eum — quam illum* Kays. — P. 124. 27 *bis iis caus.* Klotz., Bait. recte, ut videtur, *bis his c.* W, *iis* om. codd. ST. — P. 124. 28 *inimicus* codd. ST, Quintil., Rufinian., Bait., Kays., *iniquus* FMW, Klotz; cf. Verr. p. 261. 13. — P. 124. 29 *esse iudic.* codd. FM, Quintil., Klotz., *iud. esse* ST, Bait., Kays., *esse* om. W. — P. 125. 28 *se* codd. STF, Bait., Kays., Klotz., om. M, Classen.; cf. p. 109. 22, 45. 35. — P. 125. 29 *donis et que* add. codd. FMW, Klotz., om. ST, Bait., Kays. — P. 125. 32 *[sententia absolutus]* Baitero auct. (p. 1441) Kays., om. Garat. ex suo cod. et W; ad p. 252. 1. — P. 126. 2 *Nam* Pluyg. Mn. IX p. 326; ad p. 82. 34. — P. 126. 4 *sint* codd. praeter S (de W tacet Wrampelm.) fort. vere (p. 39. 15), *aliq. sint* FM, *aliquando* om. W. — P. 126. 6 et 25 et 134. 1 *sexcent.* Bait. e codd., ut videtur, p. 20. 8 Balm. *sesc.* e cod. P; ad S. Rosc. p. 60. 23. — P. 126. 15 *suis eum* codd. ST, Bait., Kays., *eum suis* FMW, Klotz. — P. 126. 25 et HS codd. FMW,

ADNOTATIO CRITICA.

Klotz.; ad p. 55. 2. — P. 126. 28 Miror nemini nec hic aut p. 27. 32 aut 168. 36, ut paene omnibus 325. 29, *huius modi* nec p. 60. 26 aut 155. 23 *hoc* corrigendum visum esse; ad S. Rosc. p. 38. 20. — P. 126. 31 *reddund.* cod. T, p. 127. 9 ST, Klotz., Kays., *reddend.* cett., Bait., p. 128. 13 *aperiund.* T. — P. 127. 2 *miserrimus* (sic codd. TW) *in loculis* (sic Ern.) *ante inanissimis* Kays. — P. 127. 8 *fieri non* codd FMW, Klotz.; cf. 143. 10, 414. 29. — P. 127. 31 *blandissime* codd. FMW, Klotz., Kays. — P. 128. 7 *[sese — destit.]* Madv. auct. Kays.; ad p. 215. 1. — P. 128. 17 *pronuntiare* Baiteri codd. et W, *pronuntiari* 'cod. S. Victoris, Palat. sec. et sext., Francianus prim. Graevii', edd. — P. 129. 20 *statuerent?* Sic Madv. Adv. III p. 128 n. — P. 129. 35 *clamabat* cod. P, Kayser., *clamitabat* rell.; cf. p 141. 15 — P. 129. 36 *esse iud.* codd. PFMW, Bait., Klotz., *iud. esse* ST, Kays — P. 130. 13 *a* om. cod. P, Bait., Kays.; cf. Verr. p 172. 33 — P. 130 30 *[praeditus]* Bait., om. codd. ST, Kays. P. 130. 34 *[qui i. q. praefuerat]* Kays. — Ib. *esse iniect.* codd. ST, Bait., Kays. — P. 131. 1 *poenit.* Bait. tac. et Klotz., item p. 154. 18 et 198. 24 (ubi SM *penit.*), at *paenit.* Bait. tac. p. 418. 4, 427. 19 et 21, ex Ambr. p. 6. 21, p. 464. 31 et 533. 33 ex P, Halm. tac. p. 296. 31 (A *penit.*), 326. 3 (3 Lgg. *penit.*), 327. 21 (2 Lgg. *paen.*, 10 *pen.*); ad Verr. p. 119. 26. — P 131. 8 *Ac* codd., Klotz.; ad p. 116. 4, 217. 35, 230 18, 348. 10, 506. 15; *ac* fals. codd. 250. 13 d, 258. 37 A, 391. 24, 410. 35 et 37, 449 13, 455 33, 470. 26, 520. 35 et saepius W (ib. 34 *atque*), *at* 263. 15 A all., 301. 4 nonnulli, 359. 22 BW, 411. 32, 488. 22, 508. 25 al. W, 427. 15 F, 443. 23 GS, 475. 1 GMV, 514 11 GM; ad Verr. p 113. 25. — P. 131. 27 *abs. fuisset* codd. ST, Classen., Bait., Kays., *abs. esset* rell.; infr. p. 155. 35 idem codd. ST *fuisset actum*. — P. 132. 9 *vobis indicibus* Nettleship 'Iournal of phil.' 1879 p. 248. — P. 132. 15 *cur, cum* codd. ST, *cur* om. FM. — P. 132. 16 *cui* codd. FMW, *cui quod* S, *quod* T, *qui* Classen, recc. edd.; fort. *si*; sed corrupt. est etiam v. 15. — P. 132. 25 *patiamini* ?od. T, vett. edd., Kays. fals. — P. 133. 5 *[istam — fabulam]* Classen., Bait., om. codd. ST et add. *est* Kays.; *conc. et grat.* codd., Bait.; p. 55. 2, 447 14. — P. 133. 18 *[fuit]* Bait., om. codd. ST. — P. 133. 27 *ut* codd. FMW, Classen., Klotz., Kays., iis ST, *is* Bait. — P. 133. 37 et 134. 5 *sexdecim* ex ed. Ascens. (habet etiam W) Classen., Klotz. — P. 134. 6 *discr.* Kays., *descr.* cott.; ad p. 216. 28, 219. 9, 223. 3, 252. 14, 277. 19, 358. 13, 395. 12, 401. 14, 463. 1, 482. 22, 505. 6, *descr.* p. 62. 22, 183. 30, 203. 16, 267. 15, 281. 4, 369. 11, 403. 8, 413. 33, 540. 15. Semel p. 540. 16 est *discr.* in cod. P², in M *districta*, p. 482. 22 *dissens.*; ad Quinct. p. 14. 1. — P. 134. 11 *[ista res]* Garat., Bait., Kays. — P. 134. 23 *disputo, iudices*, Garat., Klotz. — *P. 134. 31 Ad quam* codd. STW, Klotz., *at ad quam* de Bait.

ADNOTATIO CRITICA. XXXIII

coni. **Kays.** — P. 135. 5 *[iam]* Bait., om. codd. ST, Classen., Kays.; ad p. 140. 26, 164. 30, 249. 8, 257. 28, 273. 20, 330. 31, 333. 36, 351. 3; praeterea saepe om. codd. — P. 135. 30 *tum* cod. T, Classen., Bait., Kays., *cum* S, *tunc* FMW, Klotz. *Tunc* in omnibus codd. esse dicitur p. 27. 27, 159. 19, 219. 19, 342. 34, viginti locis variant codd.; ad p. 159. 19, 160. 11, 223. 7, 376. 18, 408. 33, 487. 37, p. Quinct. p. 6. 24. *Nunc* pro *num* scriptum est cum alibi tum p. 182. 14 in omnibus codd., 470. 30 in PW. — P. 135. 33 *seditione* Kays. tac. ut olim Klotz., *seditiones* codd. ST. — P. 136. 9 sq. interp. Madv. Adv. II p. 199, edd. *Quid? conferam Sullamne cum Iunio?* — P. 136. 15 *prudens* codd., Klotz., Kays., item p. 72. 20, 361. 36 paene omnes, 72. 25 T, 119. 20 et 24 ST, 130. 2 MW, 201. 33 EFP, 229. 7 EF, ib. 35 EFPSM, 269. 4 t, 326. 37 *Evψ*, 459. 15 G; p. 129. 25 ST *impud.*; ad p. 205. 11, 392. 25, 422. 8, 423. 23, 435. 29. — P. 136. 24 *[et humanitate]* Bait., om. codd. ST, Kays. — P. 137. 7 *[iudicem]* Bait., Kays. Garat. auct., *iudices* Klotz.; cf. *testis* p. 26. 16, 396. 5, *scriba* cett. 200. 29. — P. 137. 23 fort. *dicas?*; ad p. 40. 3. — P. 138. 10 *retinuit* codd. FM, Klotz. — P. 138. 12 *in illo iud.?*; ad p. 50. 19. — P. 138. 18 *se* om. codd. ST, Classen., Bait., post *accepisse* ins. Bait. auct. Kays.; ad p. 45. 35. — P. 138. 22 *omnes eius* codd. PFM, Bait., Klotz., *eius omnes* ST, Kays. — P. 139. 7 *sit* codd., *est* Halm., Bait., Kays., Klotz.; ad p. 39. 15. — P. 189. 26 *iudicandam pecuniam, qua capta* Rau., Klotz., *Causam nusq. Stai. ea de re lege dixit* Madv. Adv. III p. 127 sq. — P. 139. 37 *si is* cod. T, Classen., Kays., Klotz., *is* SF (MW lacunam habent), *si* Halm., Bait. — P. 140. 1 *constaret* Lamb. recte, ut opinor; ad p. 509. 1, S. Rosc. p. 69. 7. — P. 140. 17 sq. *respondit?* Baiteri codd., *respondet?* 'Francianus primus', edd.; ad p. 7. 15. — P. 140. 26 *[iam]* Bait., om. codd. ST, Classen., Kays.; ad p. 135. 5. — P. 140. 31 *hi* codd. ST, Classen., Klotz., Kays., *ii* Bait. — Ib. *fecerint* cod. F; ad p. 39. 15. — P. 141. 2 *illa* Torrent., Madv. Adv. III p. 129 n., *ita* codd., edd., del. Pluyg. Mn. IX p. 326 sq. et scr.: *cognita est — quaerit.* — P. 141. 15 *agente* codd. STF, Classen., Bait., Kays., *agitante* M (*agitande* W), Klotz.; cf. ad p. 129. 35. — P. 141. 28 *ignoratio* codd. FMW, Bait. — P. 142. 9 *Atqui* Klotz., *at* Kays.; ad p. 194. 2, 215. 24, 313. 22, 353. 26, S. Rosc. p. 68. 15; p. 404. 22 *atqui* Lamb., ib. v. 28 Camp., 334. 4 cod. χ, 381. 23 dett., 455. 87 7 Lgg., 517. 9 vulg.; p. 232. 3 *atque* EF 7 Lgg. — P. 142. 10 *suis illis ipsis fuit* codd. FMW, ut videtur, Bait., *illis et fuit* om. ST, *suis ipsis fuit* Classen., Kays., *fuit illis ipsis* de Bait. coni. Klotz. — P. 142. 13 *etiam* om. codd. FMW, Classen., Bait. Septendecim locis hanc partic. om. in codd. numeravi, tredecim add.; ad p. 207. 27, 272. 11, 292. 2, 304. 25, 418. 32, 459. 33, Verr. p. 216. 18. — P. 142.

16 *Et iam* codd. praeter S, *Etiam* S, recc. edd. — P. 142. 32 sq. *absolutus est* cod. S, Kays. — P. 142. 33 *quaero* codd. FMW, Kays., om. codd. ST, Bait., *quaeso* Klotz. fort. vere. — P. 142. 36 *omnibus* om. cod. S (T?), Classen., Kays. — P. 143. 3 *aliquis* codd. FM, Bait. — P. 143. 5 *potuit* codd. FMW (*aliquis* F, Classen., om. W), *potuerunt* cod. Lamb., Bait., Klotz., *putaretur* ST, *putabitur* Kays. — P. 143. 7 *qui sit* codd. ST, Kays., *quis* FMW. — P. 143. 9 *cuiquam* Madv. Adv. II p. 199 sq., III p. 128 (*quoiquam*), *in quemquam* codd., edd. — P. 143. 10 *obiecta non* codd. FMW, Klotz.; cf. ad p. 127. 8. — Ib. *aut quicquam* Madv l. l., *aliquid* codd. et edd. — P. 143. 32 *cetero iudicio* Pluyg. Mn. IX p. 327, Kays. — P. 144. 12 *ab isdem* Madv. Adv. II p. 200. — P. 144. 19 sq. *cum huiusce periculo ceterorum* codd. ST, Kays., i. e. ut officiorum ratio ita conservata esse videatur, ut in hunc inde periculum redundet. — P. 144. 25 *necessitudo est* codd. FMW, Klotz., *necessitudo* Bait., Kays., *consuetudo* ST; ad Cat. M. p. 156. 11, Q. Rosc. p. 83. 30, ib. 3. 9 ex., 4. 10, 17. 50, div. Caec. 5. 18, Verr. III 92. 214 m., hic p. 39. 24 sq., 187. 9 sqq., 253. 14 sq., 266. 25, 412. 35 sqq., 474. 11, ad 221. 1, *sit* p. 48. 18, *erat* p. 116. 3, 492. 14, Q. Rosc. 9. 26 ex., *fuit* p. 342. 32 sq., Verr. III 38. 87, *essent* hic p. 266. 8, *esse* p. 92. 12, 134. 19, 301. 27, ad p. 290. 25, S. Rosc. 35. 100 in., div. Caec. 14. 45, Verr. II 14. 36 m.; cf. ad p. 215. 1. Omiss. *est* in codd. amplius octoginta locis, add. fere duodecim; ad p. 84. 12, 191. 23, 205. 26, 208. 30, 212. 37, 230. 30, 242. 30, 245. 29, 292. 20, 294. 34, 317. 35, 342. 4, 350. 19, 359. 27, 367. 21, 379. 28, 410. 33, 416. 16, 432. 29, 494. 29, 535. 19, ad S. Rosc. p. 59. 19. — P. 144. 36 *possum* codd. praeter ST fort. recte; ad p. 39. 15, 63. 7. — P. 145. 9 *unum illud* cod. S, Kays., *illud unum* rell. — P. 146. 5 *selectos* codd. praeter ST, Momms. C. I. I p. 65 XVIII; cf. p. 145. 30 cet. — P. 146. 6 *sibi numquam* codd. ST, Bait. — P. 146. 18 *sint* cod. T non fals.; ad p. 39. 15 et 73. 3. — P. 146. 24 *Si quia* cod. S, Bait., Kays., *Si quia subscr.* om. TW, *Si ideo, quia* rell. codd. (?), Klotz. — P. 146. 30 *gladium* om. cod. S, Kays. — P. 146. 36 *aliquod* om. cod. T, Kays., secl. Bait., post *Cluentio* habet *aliquid* S. — P. 147. 4 sq. *coni. cum re esse* cod. S, Kays., *coni. esse cum re* T, Klotz., *cum re coni. esse* rell. — P. 147. 26 *graviss. dicant* cod. F, Klotz. — P. 148. 1 *se* add. Kays., Klotz., *reliquisse* scr. S, *reliquissent* M; ad p. 45. 35. — P. 148. 8 *iudicant;* scr. (poteram etiam *iudicant?*; ad p. 40. 3), item Madv. Adv. III p. 128 sq., *pecunia? Dicant* codd. et edd. (*pecunia dicant:* Classen., Klotz.). — P. 148. 15 *non* add. Graev., Kays., Madv. Em. Liv.[1] p. 579 n. 1; ad p. 38. 26. — P. 148. 20 *sortito* Classen., Kays., *sortitio* codd. ST, *sortitione* vulg. — P. 149. 17 *et turpit.* (cf. p. 303. 9), v. 20 *a trib. sedit.* om. cod. P, Kays. —

ADNOTATIO CRITICA. XXXV

P. 149. 33 *illa* om. Klotz., quia 'in cod. palimps. videtur *iudicia* solum scriptum esse', et Kays. — P. 150. 8 *dixerunt* 'codices omnes', *dixerint* edd.; ad Verr. p. 250. 29, add. p. 496. 19, Tusc. I 44. 107, Serv. in fam. IV 5. 4 m., fam. XI 16. 2 ex., XII 3. 2 p. m. — P. 150. 13 *relinquit* Lamb., Bait., Kays. — P. 150. 31 *posse* Madv. Adv. III p. 129 n.; ad p. 70. 23. — P. 150. 32 *tota* om. codd. ST, Kays., defend. Classen., Klotz. — P. 151. 4 *Itaque* codd. praeter ST, Klotz. — P. 151. 20 *censorium* codd. ST, Quintil. V 13. 33, *censorum* edd. ut p. 147. 3 sq. quoque codd. MW et Prisc. I p. 393. 7, infr. p. 527. 20 *censoris* (*censores*) codd.; cf. ad Verr. p. 404. 13, infr. ad 472. 8. — P. 152. 16 *trib. pl.* codd. praeter ST, Classen., Klotz., om. ST, Kays. — P. 152. 21 sq. *sua natura* codd. praeter ST, Rufinian. p. 44. 27 et Victorin. p. 251. 36, Klotz., *nat. sua* ST, Bait., Kays. — P. 152. 35 *in illo temp.* codd. praeter ST, Klotz.; p. 460. 13 *in quo* W. — P. 153. 13 sq. *auctoritate nostra* codd. SM (non W), Bait. — P. 153. 24 *Cn.* Schuetz., Classen., Klotz., Kays., *C.* codd. ST, codd. Quintil VI 3. 44 (*Cn.* Halm.), Bait., *L.* codd. FMW. — P. 153. 36 *et ex* codd. SW, Klotz., Kays., *ex* T, *et* FM, Bait.; ad p. 84. 2, 55. 2, 264. 9, 267. 33, Verr. 143. 11. — P. 154. 10 *assedimus* Bait., Kays. errore, ut videtur. — P. 154. 25 *ista* codd. praeter ST, Classen., Klotz., *ita* ST, Kays., *illa* Halm., Bait.; ad p. 45. 12. — P. 155. 1 *dixti* Klotz., *dixi* codd. Quint. V 13. 47. — P. 155. 5 *nostros* codd. ST, Classen., Kays., *nobis* rell. et Quint., Bait., Klotz. — P. 155. 6 *deferat?* Klotz., Kays.; ad p. 40. 8. — P. 155. 7 *autem* codd. praeter ST, Quintil., Classen., Klotz., om. ST, Kays., secl. Bait.; cf. p. 164. 28, ad Off p. 8. 21 ed. 1882. — P. 155. 8 *et* codd. ST, *sed* rell. (item ut p. 117. 32; 156. 34 et 256. 18 plerique *sed*, 512. 4 omnes praeter M *et*, 84. 12 *et vict.* EV), Bait., Kays., *[sed]* Klotz., om. Quint.; ad p. 250. 36, 451. 13. — P. 155. 10 sq. *legis fecerim* codd. ST, Bait., Kays. — P. 155. 15 *fortassis* codd. ST, Bait., Kays.; ad p. 176. 37. — P. 155. 16 *propulsari?* — P. 155. 25 *ut ne sese* codd. praeter ST (*ut necesse* W), Klotz. In voc. *se* et *sese* var. codd. p. 43. 33, 87. 15, 128. 7, 159. 3, 189. 17, 252. 18 (*se* a A), 279. 16, 361. 7 (*se* BW), 394. 14 (*se* W); 205. 14, 242. 8, 260. 3 (*sese* A), 271. 36, 407. 11, 514. 7; ad Verr. p. 218. 28. — P. 155. 26 *viderentur* codd. praeter ST, Klotz., fort. recte; ad p. 77. 16. — P. 156. 13 sq. *legibus — servimus* cod. P, Bait., Kays., *legum — servi sumus* rell., Classen., Klotz. nescio an vere. — P. 156. 28 sq. *de ambitu* cod. P et rell. praeter ST, Bait., *ambitus* ST, Classen., Klotz., Kays.; cf. S. Rosc. 22. 61 ex., 28. 76 ex., Cael. 4. 10 ex., Balb. 5. 11, hic p. 137. 27, 368. 32, nusquam *sceleris causam dicere.* — P. 157. 24 *noluit* cod. T, Bait., Kays., *nolit* rell., *nolit?* Classen.; cf. p. 71. 11. — P. 157. 37 *enim* cod. T, Kays., *ego* rell. — P. 158. 2 *te a me desiderare* codd. ST, Classen.,

c*

XXXVI   ADNOTATIO CRITICA.

Klotz. — P. 158. 7 *recusavit*, *ne* Bait., Kays., *accusavit ut* codd. (ad S. Rosc. p. 80. 6, Rab. Post. 6. 14 cod. Ambros. C 121 inf. *ut laboraret*, hic p. 165. 26 *ut opp.* W, 536. 16 *ut reos* M; *ne* pro *ut* p. 234. 13 Reiffersch. cod., 305. 31 G, Sest. 4. 11 PG; ad p. 304. 13), *recus., quin* Lamb., Klotz. — Ib. *quo* Lamb., Klotz., *cum* codd., Bait., Kays. — P. 158. 17 *in* cod. F, om. ST, edd.; cf. ad p. 323. 16. — P. 159. 19 *Tunc* ante *c* codd. et edd.; ad p. 135. 30. — P. 159. 20 sq. *ceteriq. eiusd. ord.* Klotz., Madv. Adv. II p. 200, *ceterique ciuscemodi* aut *huiusc. ord.* codd., *equestrisque ord.* Classen., Bait., Kays. — P. 159. 24 *reputarent* Madv. Adv. II p. 200, *recusarent* codd., edd. — P. 160. 7 *[insignia]* Gulielm. auct. et *[exercitus]* Bait., Kays.; v. Manut. — P. 160. 11 *tum* codd. FM, *tamen* ut saepe W, *tunc* ST, edd.; ad p. 135. 30. — P. 160. 16 *teneretur* codd. FMW, Klotz., *tenetur* ST, Bait., Kays.; ad p. 39. 15, 174. 7. — P. 160. 24 *ipsum* cod. T, ut videtur, Bait., Kays., *se* S, Klotz., om. (post ·*sisse*) FMW, Madv. Adv. II p. 200. — P. 160. 31 *qua senat.*, om. *lege*, codd. ST, Bait., Kays.; v. in hoc vol. p. (31. 11,) 50. 20, 60. 12, 64. 33 (, 70. 37), 87. 1, 118. 35, 123. 36, 134. 35, 156. 37, 170. 29, (185. 21,)·205. 18, 219. 24 (, 220. 36, 221. 8), 243. 10 sqq., 245. 10, 250. 17, 251. 13 (, 263. 35, 277. 33), 284. 24 (, 313. 10, 314. 29, 317. 24), 354. 36 (, 358. 10), 361. 34, 409. 12, 410. 31, 419. 17 (, 421. 34, 440. 33), 451. 20, 467. 19, 468. 1, 473. 28, (474. 27,) 485. 16, 490. 20, 498. 15, 517. 10, 519. 33, 524. 22 et 30, 529. 35, 535. 7; 6. 5; et, ne credas Draegero Synt. II' § 471 p. 472 ex., p. 8. 32 sq., 10. 10 sq., 13. 32 sq., 59. 5 sq., 134. 30, 139. 30 sqq., 243. 13, 280. 23 sqq., 439. 18 et 21, 454. 32 sq., 524. 24. — P. 161. 30 *meminisse se hominem* add. post *iudicis* codd. ST, unc. secl. Kays., Klotz. — P. 162. 2 *ac iudicis* (*iudicis* codd. STW) *sapientis?* — P. 162. 28 *me necess.* codd. ST, recc. edd. — P. 162. 27 *Decidio* codd. STF, Klotz., *Decitio* MW (*de citio*), Bait., Kays. — P. 162. 29 *dixistis* Manut., Bait., *dixisti* codd. FMW, Classen., Klotz., Kays., *dixit* ST; cf. v. 20 sqq., 163. 22, 164. 32, 165. 18, 169. 20 cet. — P. 163. 5 *Florio* codd. praeter ST, Bait. — P. 163. 9 *deberi* codd. FMW, *debere se* Lamb.; ad p. 45. 35. — P. 163. 19 *vobis* Baiteri codd. (*nobis fortasse hiisdem* W), recc. edd.; v. Madv. Adv. II p. 201. — P. 163. 27 *vitam* potius quam *causam* codd. praeter ST, Klotz. — P. 164. 1 *C.* om. codd. ST, Klotz., Kays. — Ib. *Cappadocem* codd. ST, Classen., Klotz., *Capacem* vulg. (*cauponem* W). Illud cognomen est *C. Iuli Felicis* C. I. II 224 p. 28, *Q. Fabi Q. lib.* ib. 3903 a p. 524. - P. 164. 6 *[At heres est Cluentius]* om. in codd. STF (W *aut her. est cl.*) inser. ante *Intestatum* Bait. — P. 164. 18 *per* om. codd. praeter ST, Bait.; v. Verr. III 42. 100 m.; supr. p. 69. 20, Balb. 22. 50 p. m.; cf. p. 82. 20. — P. 164. 26 *in illa freq.* codd. *praeter ST et Quint.* IX 3. 37, Klotz. — P. 164. 28 *[autem]* Momms.

ADNOTATIO CRITICA. XXXVII

auct. Bait.; ad p. 155. 7. — P. 164. 30 *iam* om. codd. ST, Bait., Kays.; ad p. 135. 5. — P. 164. 34 *[persp. cetera]* Kays. — P. 165. 14 *habeat* codd. FMW, vulg., *habuit* ST, *habuerit* Klotz., Kays. (**ad p. 104. 17**). — P. 165. 20 *inter ipsos* om. codd. ST (*inter eos* MW), Kays. — P. 165. 28 *Sin* codd. praeter ST, Bait. — P. 165. 34 *vitae Hab.* codd. praeter ST, Klotz. (*Avitus*). — P. 166. 6 *ad* codd. ST, *apud* edd.; cf. Phil. XIV 12. 32; ad p. 227. 2, 255. 36. — P. 166. 11 *mors eripuit* codd. praeter T (qui aut ante aut post addunt *aliud*), Bait. — P. 166. 12 *ven. per quem* codd. praeter ST, Klotz. — P. 166. 32 *quodsi* codd. ST, *si* edd.; v. Seyff. Schol. Lat. I³ § 75 p. 181. — P. 167. 2 *C. Quinctilium* codd. praeter ST, *C. Quinctium* Kays. — P. 167. 5 *valente* codd. praeter ST haud scio an recte; ad Off. p. 17. 35. — P. 167. 21 *[Sassia]* Beck. auct. Bait., Kays. — P. 168. 2 *et vi torm.* sine uncis Bait., *a vi torm.* Klotz. — P. 168. 5 *[post]* Kays. tac.; v. progr. Landsberg. 1865 p. 14. — P. 168. 7 *aversari* Manut., Klotz. — P. 169. 24 *possitis* Madv. Adv. II p. 200 sq. prob.; ad Verr. p. 320. 4; cf. ad p. 71. 11. — P. 169. 25 *? pos.*; ad p. 40. 3. — Ib. ** *atque* Kays. — P. 169. 28 *posteaquam* codd., Classen., Hoffmann 'Zeitpartikeln' p. 47; ad p. 77. 14. — P. 169. 31 *detulit* Momms., *tulit* codd. et edd. — P. 169. 32 *denuo* Halm., Kays., *denique* codd., vulg. — P. 169. 33 *at* Lamb. prob.; ad p. 239. 25. — P. 169. 36 sq. *Itane tandem mulier* vulg. — P. 170. 7 *es. An* Bait. — P. 170. 8 *hoc* om. codd. praeter S, Klotz. — P. 170. 18 *fuit* codd. praeter ST, Klotz., om. ST, Kayser. — P. 170. 22 sq. *An id, quod* Bait., in quo recte quaerit Madv. Adv. II p. 201 quid audiatur et unde pendeat sententia infinita corrigitque *An id vobis dicendum est, quod* tam fals. quam Fin. V 10. 28 ex. del. *ut*. Accommodatur oratio ad interposita verba *id quod vobis dicendum est* potius quam progreditur sic, ut erat instituta: *An, cum de furto quaereretur, tum Strato dixit de veneno?*; v. ad Off. I 7. 22 ed. 1882 et cf. ad p. 190. 35. — P. 170. 29 sq. *littera nulla* codd. praeter ST, Klotz., Kays. — P. 170. 33 *videretur.* edd.; ad p. 40. 3. — P. 171. 12 *qui — nominatim* (sic ST) Bait. auct. Kays., Klotz., *quis* codd., Bait. — *nominate* cod. F, ut videtur, Bait., *nominat* M. — P. 171. 24 *reserv.* codd. praeter ST, Klotz.; ad p. 82. 12. — P. 171. 25 *[Stratone et Nic.]* Pluyg. Mn. IX p. 327, Kays. — P. 171. 36 *servi* codd. ST, Bait., Kays. — Ib. malim *emor.*; ad p. 111. 31. — P. 172. 27 sq. *scelerum omnium* codd. ST, Classen., Kays., *scelere omni* rell., Arus. p. 457. 8. — P. 172. 30 *filio* cod. T, om. rell. codd., edd. — P. 172. 34 *Itaque apud ?*; ad p. 110. 34. — P. 172. 36 *videmus* cod. M, ut videtur, Bait. haud scio an recte. P. 98. 29 cod. F, 282. 30 Bx habent *vidimus; videmus* 220. 25 EPSM, 384. 1 mell., Verr. IV 58. 129 omnes, III 76. 177 Lg. 42; Lael. p. 176. 7 (, Verr. 333. 24), Balb. 11. 28. — P. 173. 29 Lari-

natem illim scr. Philol. XVII p. 516 (ad p. 460. 25), fort. melius
Pluyg. Mn. IX p. 327 sq. *Larinatem illa, Larino atque illam*
codd. et edd. ineptissime, ut recte ait Madv. Adv. II p. 201,
qui ipse scr. *Larino atque illim* non multo aptius, ut mihi
videtur. — P. 173. 32 *possit* 'Classenii codd. sex', Bait., Kays.;
ad p. 191. 35, 312. 11, 324. 15, 366. 33, 397. 7, 486. 16, 501. 10,
540. 3, Verr. p. 115. 20. Praeterea *posset* (*possent*) pro *possit* fere
viginti locis scr. in codd., totiens contra. — P. 174. 4 *nostrorum* Baiteri codd., Kays., Klotz. — P. 174. 7 *putet* codd., Bait.;
ad p. 62. 29, 79. 13, 111. 29, 160. 16, 186. 1, 189. 27, 200. 5, 15,
202. 12, 203. 3, 205. 30, 222. 25, 243. 5, 258. 20, 291. 31. 301. 25,
308. 8, 309. 8, 312. 11, 318. 11, 357. 28, 375. 16, 402. 24, 430. 10, 448.
16, S. Rosc. p. 68. 27. Falso indic. in relat. sententiis habent
codd. p. 75. 26 praeter EV, 88: 2 F, 214. 24 E et 7 Lgg., 283.
28, 441. 25 sqq. omnes, 285. 5 multi et opt. — P. 174. 18 sq.
parentium cod. T, p. 107. 2, 265. 18, 430. 11 nullus; ad S. Rosc.
p. 53. 13. — P. 174. 28 *non* Madv., Kays., Klotz., *in* codd.,
vulg., item p. 307. 2 et 316. 17 cod. G *in*, 366. 35 W *in* pro
non ad; ad p. 367. 8, 414. 29. — P. 175. 15 *Appulo* Klotz., item
p. 236. 17, 280. 1, sed *Apul.* p. 110. 16, 144. 9, 264. 22. — P. 175.
23 *iis* codd. ST, Bait. Ne haec quidem permutatio prorsus
insolita est. P. 60. 5 compl. codd. *eve*, 145. 1 et 173. 15 ST,
250. 15 aliquot, 340. 26 W, 365. 4 BW, 365. 24 omnes praeter
TBW *eius*, 264. 9 A, 277. 25 et 280. 30 a A *iis*, 281. 37 w *ea*,
398. 8 S *ii*; ad p. 196. 10, 214. 25, 243. 15, 268. 28, 305. 5,
308. 8, 309. 11, 321. 31, 322. 35, 369. 2, 521. 31. — P. 176. 10
nomen et del. Madv. Adv. I p. 89 sq.; ad Par. p. 205. 32. —
P. 176. 12 *uti* cod. T, Klotz., Kays. — P. 176. 37 *fortassis* codd.
ut 155. 15 ST, Sest. 5. 12 omnes praeter schol. Bob., Balb.
37. 61 W, Verr. II 43. 107 m. Lg. 29 AB. Si mell. codicibus uteremur, ne hic quidem, ut opinor, scribi oporteret.

De lege agraria orationum archetypum optime reprae-
sentare solet codicum Erfurt. E, Erlang. F, Pithoeani P,
omnium optimi, consensus, e quibus E, quem Baiterus saepe
unum ceteris omnibus praetulit, quae singularia habet, libra-
rius finxit, velut p. 181. 11 *vendant*, 186. 6 *perspiciamus*, 210. 8
iubeat, 24 *iniuriam* (*contumeliam*), 216. 25 *emitur* (*habent*), 221. 32
capua locare ante (FSM *capua et locreanti*, P *capua et locrea-
rati*). 'Lectiones ad marginem exempli Aldini 1554 a Torrentio Levino nescio unde enotatas' T, ubi discrepant a Lago-
marsinianis, 'coniecturis contineri maiore ex parte infelicibus'
recte statuit H. Schwarzius in Misc. phil. diss. Lips. ed.
Tubing. 1878 p. 8 sq. n. 2. 'Cod. Francianus primus Graevii
(G) docte passim interpolatus' et inutilis est. Hos potissimum
libros adhibuit Bait. in ed. Or. II; qui non sufficiunt; nam multa,

ADNOTATIO CRITICA. XXXIX

quae, qui nulla nisi Baiteri editione utatur, non possit non coniectura inventa putare, in illis tantum codd. corrupta inveniuntur, in aliis vel integra vel minus depravata extant, ut p. 187. 8 ad v. *vulnera, multa* adnot. Bait.: '*multa vulnera* EFP; *vulnera* (om. *multa*) A [ed. Asc.]. Emendatum est iam in ed. Aldina.' At *vulnera multa* habent codd. SM et 6 Lgg., idemque et plerique Lgg p. 198. 15 *designari. et is (designaretis* EF, *designaretis is* P), 199. 31 *si*, quod om. EFP, 202. 4 *herculantea* (7 Lgg.), non *herculentea* ut EFP, cett. Horum codd., Salisburg., nunc Monac. n. 15784, eiusdem, qui Cluentianam habet (S), et Ambros. Part. sup. C 96 (M) 'collatione commentarium criticum suppleverunt' Balm. et Bait. in ed. Or. II p. 1441—1447, quo subsidio adiuti facile careremus Lagomarsianis codd. a Zumptio adhibitis, etiamsi non constaret cupidius illum quam diligentius operam navasse. V. Fr. Richter. in Fleckeis. ann. 1863 p. 251—272.

P. 178. 3 frgm. 2 *Capuam — devincient* om. Bait. (q. v. ad p. 633. 33 Or.) et Klotz., Kays. adfert. vol. XI p. 3 a Mart. Cap. — P. 178. 9 *omnis* coni. Bait., scr. Halm., Kays., *communis* codd. Aquilae, *colonis* all., Klotz. — P. 179. 4 *[occulte]* Ruhnk. auct. Kays. — P. 179. 9 *his* Zumpt., Kays., Klotz. — Ib. *oppugn.* Pluyg. Mn. VII p. 347, *rep.* cod. S (ad p. 82. 12). — P. 179. 10 *restitistis.* Bait.; ad p. 40. 3. — P. 179 11 *vinul.* codd. FSM 7 Lgg., *vinol.* vulg.; ad Cat. M. p. 147. 6. — P. 179. 14 *helluo* codd. SM Lgg. (*hellico* F, *bello* Lg. 9), Klotz., *heluo* rell. *Hell.* infr. est in codd. p. 434. 34, 467. 13, 503. 7, Sest. 11. 26 m., 25. 55 ex., 52. 111, prov. cons. 5. 11 ex., 6. 14 ex., Pis. 10. 22, 17. 41, Phil. II 26 ex. 65, XIII 5. 11, Fin. III 2. 7 ex. — P. 179. 18 *proscribit* Naug., Bait., Klotz., *perscr.* codd., Kays.; quasi vero vectigalia interpretari velit 'auctionem publicorum bonorum'; ad p. 53. 16. — P. 179. 19—21 *Agros — adferet* del. H. Schwarz. progr. Hirschberg. 1883 p. 3 sq. non recte, opinor. — P. 179. 25 *[numerata]* Wundero auct. Bait., superscr. in E 'interpretandi causa', inquit Madv. Adv. II p. 203 n. — P. 179. 30 sq. *tamen consume sane* codd. SM 5 Lgg., Kays., Klotz, *tamen consume* F, *cons. sane tamen* E, *cons. sane* 5 Lgg., Bait. — P. 179. 31 *quod* Or., Bait., *quoniam* codd. (i. e. EF(P)SM 10 Lgg.), *cum* Wunder., Richter. p. 265, Klotz. (*quum*), *quando* Lg. 9, quem fere ducem sequi solet Zumpt., Kays.; ad p. 49. 2 et 60. 17. — Ib. *quando quidem* cod. Lg. 9, Zumpt., Kays.; p. 415. 4. — P. 180. 10 *dubitabitis* cod. Lg. 9, Zumpt., Kays. et p. 91. 25 V et corr. E (ad p. 80. 16), *dubitastis* Pluyg. Mn. 1868 p. 347. — P. 180. 13 *quo adf. iter* Zumpt., Richter. p. 269, Klotz. ut S. Rosc. 48. 140, *quod adf. iter* Ussing., Bait., Kays., *quoad fecerit (quo affecerit* F) codd. — P. 180. 16 et 32 (hic codd.) *iubet* Richter. p. 260 ex. — P. 180. 17 *quos* Lamb., Pluyg. Mn. 1858 p. 348, Kays.; cf. p. 206. 16. — P. 180. 20 *[qui Persen vicit]* Pluyg. Mn. 1858 p. 348 sq. et 1881 p. 131, Kays. probab. — P. 180. 24 sqq. *Carthag.* codd. SM 'semper' et Lgg., item v. 27 (etiam E *Cartag.*), 219. 26 et 28, 220. 27, 221. 5, 222. 32, *Karth.* vulg.; ad p. 92. 36. — P. 180. 25 *vero* cod. E, Bait., om. rell. — P. 180. 27 *ac* codd. praeter E, *atque* E, Klotz., Bait., Kays.; ad p. 75. 33. — P. 180. 29 *oblata aliqua religione* Halm. p. 1441 sq. Or., Klotz., *ad oblatam al. religionem (regionem)* codd., Kayser., Richter. p. 269, *ob obl. al. rel.* nescio quis apud Or., Bait., *adeo oblata al. religione* H. Alanus Observat. p. 8 sq. — P. 181. 12 *in* om. cod. S. — P. 181. 21 *immitt.* cod. E (*immitantur* F, *immutantur* P), Bait., Klotz., *mitt.* SM Lgg., Kays., Richter. p. 255 non bene comparans p. 210. 6. — P. 181. 23 *rerum omn.* cod. E, Bait. — P. 181. 29 *sponsiones* Pithoeus, Klotz. — P. 181. 34 *enim* codd. EFP, om. SM Lgg., Kays.; ad p. 76. 16. — P. 182. 4 *enim* codd. E Lg. 9, Zumpt., Bait., Klotz., om. rell. codd.; ad p. 76. 16. — P. 182. 9 sq. *attinet* codd. SM 16 Lgg. T, Zumpt., Kays., v. 12 *putat* Zumpt., Kays.; v. Richter. p. 259, ad p. 194. 33. — P. 182. 14 *tam* vulg., Bait., *tandem* codd., Zumpt., Kays., Richter. p. 269, *tandem tam* Klotz. — Ib. *nummus usquam* cod. Lg. 9, Zumpt., Kays. — P. 182. 18 *audite* semel codd. SM Lgg., Zumpt., Kays. — P. 182. 20 *pervenerit* cod. E, Bait., Klotz., Richt. p. 258 cf. p. 209. 25, *pervenit aut pervenerit* PSM Lgg. (*pervenit aut pervenit* F), Zumpt., Kays. — P. 182. 27 sq. *suscepere* (e vers. sup., *suscipere* 6 Lgg.). *Idcirco* codd., Bait., *suscipere*. idc.* Kays., *suscipere*** idcirco* Klotz., *suscipient* Zumpt., *suscipere ausi sunt* aut *audebunt* Richter. p. 270. — P. 182. 31 *pecuniae habeat* ex uno cod. E Bait. — P. 182. 32 *referat* cod. F, Bait., *def.* rell., Richter. p. 258. *Deferre* fals. hab. codd. ST p. 133. 21, Lg. 9, Zumpt. p. 209. 27, S 338. 8, *denunt.* omn. 196. 3, B 372. 16, *depell.* multi 297. 19, *deport.* G. 210. 16, *depugn.* T 53. 19, *depreh.* Lg. 42 FM Verr. III 20. 51 ex., *decubare* omnes praeter V φ Verr. III 25. 61 ex.; *revoc.* F p. 88. 18, *referre* ST 102. 34, multi 276. 36, 2 Lgg. 277. 3, *repreh.* unus 273. 4, dett. 323. 1, *reiecimus* compl. 275. 10, *remov.* CE 3 Lgg. 334. 19, *repuli* V 349. 22; ad p. 116. 35, 506. 12, Verr. p. 303. 5, infr. 217. 31. — P. 182. 33 *ut* del. non Bait. primus, sed iam vett. edd., Klotz. ed. 1853, *[ut]* Kays., non intell. Zumpt., *in* cod. S, Lamb. all. — P. 182. 37 *pecunia* Richter. p. 272, Klotz., *pecuniam* vulg. — P. 183. 3 *[vendere]* Pluyg., Kays. — P. 183. 7 *igitur* cod. E, Baiter.; cf. p. 202. 27; p. 294. 15 tres codd. habent ut saepiss. *ergo* pro *ego*, idque alius mutavit in *igitur.* — P. 183. 19 *persp.* codd. EF, Bait., Klotz., *prosp.* SM Lgg., Zumpt., Kays.; ad p. 53. 16. — P. 184. 6 *coloniis* ut 183. 36

codd., Kays., Klotz., Richter. p. 269, *colonis* all., Bait. probab., item 201. 8; cf. p. 178. 4, 219. 13, 224. 16. Etiam p. 185. 9 E 5 Lgg., 215. 12 FSM 6 Lgg. habent *coloniis*, 280. 2 fere omnes *coloniis, quas*, 272. 18 a *colonii*; p. 215. 19 E, 270. 4 5 codd. *colonis*. — Ib. sq. *neminem id nostrum cuius modi esset* cod. Lg. 9, Zumpt., Kays. — P. 184. 7 *existimavistis* codd. EF, Bait. (*existimatis* 6 Lgg.); ad p. 79. 36. — P. 184. 12 *verum ne* cod. E, Bait. — P. 184. 27 *modesti* cod. Lg. 9, Zumpt., *modeste* 'quomodo ferri possit', non intellegens, Kays., Richter. p. 264. — P. 184. 29 *concilium* Richter. p. 262 ut p. 220˙ 6. — P. 184. 30 *quicquam* codd. non solum EF, sed etiam SM Lgg. (unus *quitquam*), *quidq.* Bait., Klotz.; ad p. 4. 4. — Ib. sq. *in urbe* codd. EFP, Bait., Klotz., om. SM Lgg., Zumpt., Kays. — P. 184. 32 *[fuit]* Bait. (sed v. p. 1442), om. cod. E. — P. 185. 2 *videretis?* vulg.; ad p. 40. 3. — P. 185. 4 *nata esse ibi ex* cod. Lg. 9, Zumpt., Kays.; *[haec]* Bait. — P. 185. 13 *uc Stell.* codd. S 6 Lgg., Zumpt., Kays.; v. Richter. p. 259, ad p. 85. 36. — P. 185. 14 *diminut.* codd., Kays., Kl$_0$tz.; p. 19. 24, 340. 27, 359. 30, 420. 25 *demin.* omnes edd., 284˙ 11 *dimin.* omnes codd. Cic. et Prisc. II p. 61. 2 et 16 et p. 96. 10, p. 531. 5 PGW; ad p. 37. 6, 194. 25, 293. 25. — P. 185. 16 sq. *gravissima et verissima* non modo codd. EF, sed etiam SM Lgg., Klotz. — P. 185. 20 *vectigal* om. codd. S¹ Lg. 9, Zumpt., secl. Kays. — P. 185. 23 *hoc solum* cod. Lg. 9 et all., Zumpt., Kays. — P. 185. 29 *nobis* cod. Lg. 9 all., Zumpt., Kays. — P. 185. 30 *nostra* cod. S, Kays., Richter. p. 259. — Ib. *retinendum* codd. SMLgg., Zumpt., Kays., *retinendā* F; *aut in — retinenda* del. H. Schwarz. progr. Hirschberg. 1883 p. 3; v. Richter. p. 255 sq. cf. p. 184. 12. — P. 186. 1 *cogitarint* codd., Klotz., *cogitarunt* Lauredan., Bait., Kays. haud scio an vere; ad p. 39. 15, 174. 7. — P. 186. 7 *sunt* codd. SMLgg., Klotz., Kays., *sint* EF, Bait.; ad p. 73. 3; cf. p. 205. 37, 389. 13, S. Rosc. p. 62. 8. — P. 186. 10 sq. *deductionibus* Kays., Klotz., Richter. p. 272 cf. II 34. 92, *deditiom.* codd., *sedit.* vulg. — P. 186. 13 *metu* codd. S Lg. 9 all., Zumpt., Kays. — P. 186. 26 *ostendero* om. codd. S¹M 6 Lgg., Zumpt., Kays.; v. Richter. p. 259. — P. 186. 32 *ullam rem* cod. E, Bait. — P. 186. 35 *aliud* codd. Lg. 9 all. S corr. ex *aliquid* (*aliquid* etiam PM 4 Lgg., unus *illud*), Zumpt., Kays. *Alios* omnes codd. p. 174. 16, *alia* item p. 209. 3, M 334. 20, *aliunde* omnes praeter T 53. 5, 65. 23; *aliquid* p. 168. 30 STF, *aliqua* 50. 11 T, 124. 24 codd. praeter STF, *aliquam* 406. 4 codd. praeter V; ad p. 327. 20, 404. 7. — P. 186. 37 *patres conscripti* cod. G, Bait., Klotz., *p. R.* (*p. r., populum r., populo Romano*) codd., *populi Rom.* Zumpt., Kayser., Richter. p. 261; ad Verr. p. 180. 4, nec rarius talia in his oratt. permutata sunt; ad p. 198. 12, 215. 28, 220. 23, 224. 21, 228. 33, 231. 30, 240. 34, 271. 33, 288.

10, 400. 16, 506, 33. *Resp.* pro *patres conscr.* p. 260. 7 d, *P. C.* pro *pop. Rom.* 295. 31 r, *rep.* pro *P.* 370. 20 S, *rep.* F, *r. p.* B pro *Quirites* p. 81. 31 (ad p. 188. 9), *r. (rei) p.* pro *pop. Rom.* 228. 33 codd. praeter P, 231. 30 praeter GT, 250. 23, 283. 23 aliquot, 266. 22 Vw, 288. 19 A (*reip.*) all., 289. 16 multi, 290. 17 e, 292. 6 aliquot, 295. 30 sq. w, 295. 31 multi, 360. 9 omnes praeter T, *p. R.* pro *r. p.* 185. 19 sq. E, 221. 6 EF, 225. 21 F, 226. 14 omnes, 266. 20 aliquot, 284. 12, 297. 37 t, 376. 21 GEP, 532. 26 E, *P. R.* (*p. R., p. r., populus* r., *Po. Ro.*) pro *praet.* (*urban.*) p. 10. 11 T, 45. 4, 52. 30, 65. 19 E, 68. 3 multi, 199. 27 EP 6 Lgg., 222. 22 EFM 8 Lgg., 250. 12 brs, 260. 24 a, 416. 2 omnes, *rei p.* pro *practor* (*urban.*) 260. 24 d, 398. 32 S, *PR.* aut *pr.* pro *pop. Rom.* 135. 23 sq. PF (*praetor* M), 250. 23, 259. 5, 283. 23, 290. 17, 292. 13 A (ut *cr.* pro *civ. Rom.* p. 291. 26 sq.), 464. 16 G, *pater* pro *pop. Rom.* 324. 28 G, *per* pro *praetor* 256. 5 a (all. *postea, tribun. pl.*), 418. 14 Crat., *P. R.* et *praetore* pro *pro* (*cons.*) 379. 1 PEG, *P. R.* pro *praesidio* 322. 14 G, *primo* pro *populo* 405. 31 W, *per* pro *publ.* 491. 11 omnes, *rei. p.* (*r. p.*) pro *rei* 162. 17 FM, 361. 33 W, 466. 31 GMV, 469. 13, 491. 5 omnes, *r.* pro *r. p.* 225. 2 EFSM 8 Lgg., 458. 19 V, 458. 24 et 515. 5 (etiam W), 532. 3 (etiam GE), 532. 26 P, *r. p.* post *publ.* add. 208. 27 EP, *rem* add. ante *P.* v. Halm. ad p. 842. 6 Or., *R.* post *pop.* add. 292. 11 aliquot, 441. 11 E, *R.* post *praetores* add. 279. 27 l u w, *p. c.* ante *reliquis* add. 260. 19 b o i s all. (all. *que*), *r.* post *popul.* om. 235. 1 Lgg. fi (, 301. 4 de G fals. testatur Fleckeis.), 386. 3 G (ante *res*), 442. 13 GSLgg., 506. 33 omnes, *rem. p.* om. omnes p. 492. 37 (ante *recr.*), 493. 34. — P. 187. 1 *rei p. minitantem* coni. Richter. p. 272 cf. p. 193. 11. — P. 187. 13 sq. *a me dicuntur* codd. ELg. 9 (*dicentur*), Bait., Zumpt., Kays. — P. 187. 17 *deliciis* cod. Lg. 9, Lamb., Kays., Klotz.; v. Richter. p. 264, Madv. Adv. II p. 203 sq. n. — P. 187. 20 *ipsum me* cod. Lg. 9, Zumpt., Kays. — P. 187. 27 *longo* om. Kayser. invitus, ut videtur; cod. E habet *interv. longo*.

De lege agraria orat. II.

P. 188. 2 *ei* codd. FSM, Kays. ut semper, Klotz, *ii* EP(?) 10 Lgg., Bait., *hi* Lg. 9, Zumpt. — P. 188. 3 *oration.*, non *contion.*, codd. TSM 6 Lgg., Zumpt., Kays.; v. Richter. p. 259. — P. 188. 9 *Mihi quidem* codd. SM 6 Lgg., Zumpt., Kays., *mihique* EFP 5 Lgg. Sic *que* aut *q.* pro *Quirites* idem fere codd. p. 191. 36 (*quae* 4 Lgg., om. E, *quir.* SM 7 Lgg.), 194. 16 (om. SMLgg.), 195. 33 (om. ESMLgg.), 212. 30 (P?), 231. 37, plurimi 310. 8, 81. 31 *itaq*; H, 262. 1, 263. 35, 268. 4, 279. 8, 280. 7, 286. 7 A, *quidem* ad p. 208. 18, *quia* 198. 24 omnes praeter Lg. 9, *quin* 455. 16 PW, *quam* GEV, *quare* 211. 8 F, *qui* .R. 453. 13 P (ad p. 186. 37), *qui rem p.* aut *qui R. p.* 453. 32 omnes, *quod*

217. 36 omnes, 310. 8 duo, *quoque* 213. 30 SMLgg., 273. 29 B; *Quir.* pro *que* p. 283. 19 i, 284. 33 bs, pro *quae* 296. 9 d, pro *populoque Rom.* 287. 11 bs, *Quir.* om. pars codd. p. 191. 36, 194. 16, 195. 33, 198. 24, 231. 37, 263. 10, 19, 35, 266. 33, 267. 1, 273. 9, 279. 18, 282. 28, 283. 15, 285. 28, add. 280. 13 post *quod*, ib. 17 post *conferatur*, 282. 1, 284. 16, 286. 13 plurimi, etiam A (.*q*.); ad p. 194. 16, 195. 33, 204. 20 et 23, 208. 18 et 23, 212. 30, 225. 30, 231. 37, 234. 12, 263. 10, 19, 35, 267. 1, 270. 14, 279. 18, 282. 1, 28, 283. 15, 284. 16, 447. 9. — P. 188. 11 *disciplinaque* Kays. fort. recte; Cael. 30. 72 unus pal. Ambr. habet *disciplinae*, cett. *disciplinis*. — P. 189. 1 *ipso autem* cod. E, Bait. — P. 189. 8 *sim singularique* iudicio cod. Lg. 9, Zumpt., Kays. — P. 189. 9 *[ipse — erit]* Pluyg. Mn. 1858 p. 351, Kays. — P. 189. 16 *Nec* ex uno cod. E (Zumpt. tac.) edd.; ad p. 192. 11, 206. 6, 217. 12, 251. 6, 255. 13, 288. 28, 385. 9, 421. 22, 437. 20. *Nec* pro *neque* praeterea dett. codd. p. 72. 5, octiens F in or. de imp. Cn. P., 147. 21, 217. 26, 255. 17, 264. 22, 319. 17, 455. 28, *neque* pro *nec* 112. 20, 136. 30, 139. 23, 221. 15, 255. 17 et 18' 297. 19 bis, 326. 34, 405. 22, *necque* V p. 410. 11 et al. — Ib. sq. *quod ipsum est per se* (*se* etiam codd. SM6Lgg., *ipsum* om. E) cod. Lg. 9, Zumpt., Kays.; ad p. 155. 25. — P. 189. 18 *[nobiles]* Kays., *pauci consules in hac civ. facti* cod. Lg. 9, Zumpt. — P. 189. 21 *sint* ut v. 25 *petierint* Ern., Klotz.; ad p. 63. 7, 73. 3. — P. 189. 24 *[autem]* Bait., om. cod. E. — P. 189. 25 *petierunt* ex uno cod. g. 3' Zumpt., Kays. ut v. 21 *sunt*; ad p. 35. 16. — P. 189. 27 *possimus* codd. EF, Bait., Richter. p. 256, *possumus* SMLgg., Zumpt., Kays., Klotz.; ad p. 174. 7. — P. 189. 29 sqq. Mira de hoc loco prorsus emendato disputant Zumpt., Richter. p. 266, Schwarz. 'Miscell. phil.' p. 13 sqq. Ad *occasionem* non usitate, sed ut par esset ei, cui oppositum est, *ad diem*, rectissime eodem modo dictum est quo Iust. XII 1. 6, Tac. Hist. I 80 *in occasionem*, et quo Cic. dicere solet *ad spem*, infr. p. 211. 4 sq. *ad avaritiam*. — P. 189. 34 *post annis* codd. EPLgg. 1, 7, Bait., Klotz., Richter. p. 256, *post multis annis* F, *posthabitis* SMG9Lgg., Zumpt., Kays. — P. 189. 37 *tacitam* H. Schwarz. 'Miscell. phil.' p. 16 sq. et progr. Hirschberg. 1883 p. 4. — P. 190. 1 *[unam]* scr. e. v. 5 adscit., *vivam iam vett.* edd., Bait., ut Cael. 22. 55 Pluyg. corr. *viva vox*. — P. 190. 3 *diribitio* Richter. p. 267, *tribus* codd. (in Lg. 9 lac.) Bait., Klotz., secl. Kays. — P. 190. 5 *vox univ. populi Rom.* Kays. p. 1442 Or., *voce universi P. R.* codd. EFP (de Lgg. nihil adnot.), *voce universus populus R.* vulg., etiam Kays. in edit. — P. 190. 11 *neque noct. neque diurnae* cod. Lg. 9, Zumpt., Kays. — P. 190. 30 *magno opere* Bait., Kays., Klotz., *ego* codd. sequor; ad p. 27. 16. — P. 190. 32 *[id]* Bait., Kays. (*dicto [id], sic enim* cod. E), *id* om. Lg. 9, Zumpt. — P. 190.

35 sq. om. *facere* — *ut*, p. 191. 3 *esse* cod. T, Bait., *facere possum, ut* — *sim* vulg. edd. ignari scilicet, quam late pateat attractionis ratio. Simil. Lael. 1. 2 *meministi, quod utebare, cum dissideret, quanta esset*; nusquam enim alibi Cic. dixit *memini, quanta esset*; supr. p. 52. 25 *vetus est, cum veniretur, si conspexissent, ut discederent*, 72. 29 *is homo est, ita se probatum voluit, ut laborarit, ne videretur, nec vereretur*, 151. 17 *eius modi est, ut ille, cum exheredaret, quem oderat, ei filio adiungeret*; cf. ad p. 170. 22, 301. 26. — P. 191. 4 *rei* potius quam *verbi* add. Klotz. — P. 191. 5 *Vers. enim in re* Klotz., *in eo* Lamb., fort. *in re publ.* — P. 191. 7 *dum* H. Schwarz. 'Miscell. phil.' p. 17 prob.; ad p. 281. 24, 451. 37. — P. 191. 14 *otium vestrum* ex uno cod. E Bait. — P. 191. 17 *ictu alicuius novae cal.* Karsten. Mnem. 1878 p. 286 non melius quam p. 41. 10 Lamb. voluit *temporibus difficillimae solutionis* aut quam p. 198. 32 *unorum comitiorum potestas* contrar. *binis comitiis* aut 257. 22 *inportunorum sceleratorum manus* aut 271. 27 *eiectorum* aut 275. 23 *reliquorum* aut 399. 13 *superiorum* aut 217. 12 *omnium praesidia oppidor.* aut 292. 24 *miserorum acervos civium* aut 365. 15 *reliquae constantia vitae* aut 371. 23 *aeterni memoria dedecoris*; ad p. 448. 8, 489. 30, Verr. p. 244. 13, cf. p. 302. 36, 371. 12. — Ib. *suspicione ac metu: perturb.* Gebhardto auct. Bait., *suspitione ac . . .* Richtero p. 269 auct. Klotz., *suspicione ac** [*perturb. — iudicatarum*] Kays. prob. — P. 191. 18 sq. *perturb. iud., infirm. rerum iudicatarum novae dom.* Bait., Klotz., *perturbationes iud., infirmationes rer. iud.* H. A. Koch. progr. Port. 1868 p. 6. — P. 191. 23 [*consulem*] Karsten. Mn. 1878 p. 298, Pluyg. Mn. 1881 p. 132 prob. — Ib. *est enim* cod. F (*est* om. E; ad p. 144. 25), Bait., Klotz. — P. 191. 30 [*et maiores vestri*] Kays., om. cod. Lg. 9, [*et vos — vestri et*] Karsten. Mn. 1878 p. 298, melius Klotz. *et mai. vestri . . . et fort.*, codd. defend. Richter. p. 267. — P. 191. 32 [*praesertim — dign.*] Karsten. l. l. — P. 191. 35 *uti* codd. EFP, Bait., Klotz., rell. *ut.* — Ib. *possimus* 3 Lgg., Pluyg. Mn. 1858 p. 352, Zumpt., Kays.; ad p. 173. 32. — P. 192. 2 *cara atque accepta* Cornelissen. Mn. 1878 p. 308. — P. 192. 11 *neque* cod. Lg. 9, Zumpt., Kays.; ad p. 189. 16. — P. 192. 12 *sed si* codd., *sed* Garat., Bait. Innumerabilia sunt exempla eius usus, de quo Madv. Fin. p. 328. — Ib. *quiddam* Nauger., Bait., Kays., *quidem* (aut *quid est*) codd., Klotz., Richter. p. 269. — P. 192. 13 *simulata nobis* Karsten. Mn. 1878 p. 302. — P. 192. 17 *amicissimos* cod. Lg. 9, Zumpt., Kays. — P. 192. 18 *plebei* cod. T, *plebi* rell. codd., Klotz. (is etiam v. 25, non 193. 5 cet.), Kays., *plebis* Bait. — P. 192. 34 *illam* codd. PG 7 Lgg., Klotz. — P. 193. 2 *tum rebus* Klotz., *in reb.* codd., *nos reb.* Zumpt. — P. 193. 5 *valde* scr., *tandem* codd., Klotz., del. Lamb., Bait., *concitata iam pridem ex-*

spectatione Kays. — Ib. *exspectatur* Gulielm., Bait., Richter. p. 269 (aut *contionem exspectabam* fort. vere), *exspectata* (*exp.* S M Lgg. 'semper') codd., Zumpt., *est exspectata* Klotz. — P. 193. 14 *in pridie Idus* Madv. Adv. II p. 204, *in primis* codd., edd. — P. 193. 20 *Tametsi, qui* Lamb., Bait., *Tametsi* cod. P, *tamen si qui* rell. codd., Zumpt., Richter. p. 269, Klotz., *tametsi, si qui* Kays. fort. recte. — P. 193. 24 *ad me legem* Bait. e cod. E (*ame*), *[ad me] leg.* Kays. Baitero auct. — P. 193. 25 *vobis ratione* codd. S M 6 Lgg., Zumpt., Kays.; *asseveratione* Lamb. prob. — P. 193. 29 *naturali quodam discidio* Pluyg. Mn. 1858 p. 352, *[neque discidio]* H. A. Koch. progr. Port. 1868 p. 6 sq. (cf. Balb. 13. 30 ex.), *studio* pro *discidio* cod. Lg. 9, Zumpt., Kays. — P. 194. 2 *possem* Kraffert. progr. Aurich. 1883 p. 116 fort. recte. — Ib. *Atqui* Laured., Bait., Kays., Klotz.; ad p. 142. 9. — P. 194. 5 *reges* del. H. Schwarz. 'Misc. phil.'p. 18. — P. 194. 8 *ac nom.* unus cod. Lg. 9, Zumpt., Kays.; cf. p. 75. 33. — P. 194. 11 *populi Rom.* 4 codd. Lgg., Zumpt., Kays.; cf. p. 192. 11. — P. 194. 13 sq. *tribunos — quos* cod. E, Bait. — P. 194. 16 *Quirites* Pithoeus, Bait., Klotz., Richter. p. 256, *que* codd. E F P, om. rell., Kays.; ad p. 188. 9. — P. 194. 19 *nolite* 3 codd. Lgg., Zumpt., Kays. — P. 194. 20 *[vestrorum]* Bait., om. cod. E, *vestrum* M Lgg. praeter 9. — P. 194. 21 *lab. vestro* codd. S M 6 Lgg., Zumpt., Kays. — P. 194. 25 *demin.* codd. E (superscr. i) S M 4 Lgg., Bait., *dim.* F Lg. 9, Kays., Klotz.; ad p. 185. 14. — P. 194. 29 *legum ac rerum* solus cod. Lg. 9, Zumpt.; Kays. — Ib. *duxerint* cod. E Lg. 24 corr., Klotz. — P. 194. 33 *sunt?* codd. E F P Lg. 9, Bait., Zumpt.; ad p. 73. 3, 182. 9. — P. 195. 2 *ac,* non *et,* unus cod. E, Bait.; ad p. 85. 36. — P. 195. 3 *Huic* Ern., H. A. Koch. progr. Port. 1868 p. 7. Klotz., qui non videntur respexisse voc. *potissimum* — P. 195. 6 *fortuito* cod. Lg. 9, Kays., Klotz., *fortuitu* roll. codd., Bait. — P. 195. 7 fort. melius *vocare?* et v. 12 *supplicari?*; ad p. 40. 3. — Ib. *QUE* om. codd. E G 2 Lgg., Bait.; ad p. 39. 4. — P. 195. 10 *quem* potius quam *quod* Koch. progr. Port. 1868 p. 7 recte, ut opinor, ferri non posse ratus *quod — creari — in eo;* fort. *creari* corrupt. v. c. ex *dari* aut *agi.* — P. 195. 18 *hominem codd.* F S M, *virum* E, reco. edd.; Zumptio tacenti non credo. — P. 195. 24 *[proprium]* Kays., om. cod. Lg. 9, Zumpt. (*proprium semper* 5 Lgg.) — P. 195. 28 *populo* om. cod. E, Bait. — P. 195. 30 *potest, tamen* Kahnt. progr. Ciz. 1829 p. 5 sq., Bait., Kays., *poterat potestate* codd., *potest [populo], tamen* Klotz., *poterat potestve* coni. Richter. p. 270, *potest, arte quadam erip.* Cobet. Mn. 1881 p. 132. — P. 195. 33 *Quirites* vulg., Bait., Klotz., *que* cod. F, *q.* P, om. rell., Kays.; ad p. 188. 9. — P. 195. 35 *habere com. decemv.* codd. S M 6 Lgg., Zumpt., Kays. — P. 196. 7 *[tribus]* Pluyg. Mn. 1858 p. 358 sq.,

Kays. haud scio an recte. — P. 196. 8 sq. *[ab eodem R. eductae]*.
Pluyg. ib. (aut *vocatae* pro *eductae*), Kays. — P. 196. 10 *hi*
codd. SM, Kays., Klotz., *ii* Bait. tac.; ad p. 175. 23. — P. 196.
14 *se* codd. FP (ante *putent* G), Bait., Klotz., om. rell. codd.,
Zumpt., Kays.; ad p. 45. 35. — P. 196. 27 *ac* del. Pluyg. Mn.
1881 p. 132 (ad p. 222. 17). — P. 196. 30 *evocavit* unus cod.
E, Bait. — P. 196. 33 *modo* add. Philol. XIX 1862 p. 327 et
Fleckeis. ann. 1864 p. 280, Madv. Adv. II p. 204. — P. 196. 34
arbitrarer codd. SMLgg. ortum ex eo, quod est in EFP, *ar-
bitrar*, Kays., Klotz.; ad p. 198. 1. — P. 196. 35 *exceptione*
Nauger., Bait., Klotz., *susceptione* cod. P, *suspicione* (*suspit.*
SM 7 Lgg.) rell., *suspitione periculi* Kays. — Ib. sqq. fort. *tollentur? — petet?* cet.; ad p. 40. 3. — P. 196. 37 *quae* codd. ELg. 9,
Klotz., Kursten. Mn. 1878 p. 285 male, *idem quos* Kays. prob.
— P. 197. 5 *[huius]* Kays., om. cod. Lg. 9, Zumpt. — Ib. *com-
municantur atque* Pluyg. Mn. 1858 p. 354 sq. — P. 197. 7 *ex-
cogit.* Pluyg. ib. p. 355 sq.; malim *haec cogit.* — P. 197. 15
marique codd. ET unus Lg., Bait.; ad p. 64. 26. — P. 197. 20
[ac legibus] Bait., Kays., om. cod. E. — P. 197. 30 sq. *funditus
libert. vestr. hac lege tolli* cod. E, Klotz., Kays., Zumpt. tac. —
P. 197. 32 *[cupiditatis]* Bait., Kays., om. cod. E, *cupidi atque
audaces* Gulielm., *cupidi impudentis* Koch. progr. Port. 1868
p. 8, *cupiditate* Schuetz. Seneca quidem dixit *vultum furoris*
Med. 396, Quintil. decl. *vultum quietis, modestiae frontem, pectus
odiorum*, Ciceronem non credo, quamquam dixit *iracundiae vox*
p. 392. 1, *interdictum sceleris, vocem furoris* 483. 1, *maledictum
crudelitatis* 492. 6. — P. 198. 1 sqq. *acciperetis* (6 Lgg., ut
videtur; nam Zumpt. turbavit) — *crearetis* (sic omn. codd.) —
putaretis (nullus cod.) Zumpt., Kays., *crearitis* all., Klotz. Identidem talia permutari: *crearem* et *creem* exemplis demonstravi
ad Verr. p. 163. 26; add. ex hoc vol.: P. 39. 9 multi codd. *de-
monstraretur*, v. 11 *arbitrarentur*, 109. 35 omnes, 137. 3 STFMW,
160. 26 FMW, 366. 33 B, 428. 2 W *arbitraretur*, 192. 21
EFTSM 6 Lgg. *arbitrarer* (cf. 196. 34), 404. 32 SW *arbitraremur*, 132. 36 T *obtemperaret*, 222. 6 Lg. 7 *appellarentur*, 257.
6 *donarent* fere omnes codd. corrupt. ex *donent* pro *duint*, 350.
19 *postularet* BW, 396. 10 S *adversarentur*: ad p. 219. 36, Acad.
p. 89. 2. — Ib. *ut* codd. Lgg. 9, 26, Zumpt., Kays. — P. 198 10 *novo
more* (i. e. *novom*) codd. SMLgg. (partim *novo in more*), Kays., *nova*
F. — Ib. *ut ei cur.* Lamb., Bait., Kays., *uti* om. in 5 Lgg. ait
Zumpt. — P. 198. 11 *cui* codd. EFLgg. omnes (?), Bait., Klotz.,
Kays. — P. 198. 12 *populi Rom.* paene omnes codd. (*p. r.*),
om. 5 Lgg., Bait.; ad p. 186. 37. — P. 198. 15 *ab* 'cum Er-
nestii operis O' et Kays. — P. 198. 24 *Nunc una illa prima*
'Madvigio auctore Ussing.', *Nunc* (*Nam* E, *nostra* 5 Lgg.)
quia (om. F, *Quirites* Lg. 9 solus) *prima illa* (*illa prima* ELg. 1,

ADNOTATIO CRITICA. XLVII

Bait., Kays.) codd. (ad p. 188. 9), *priora illa* H. Schwarz. progr.
Hirschberg. 1883 p. 4 sq. — P. 198. 25 *[centuriata et tributa]*
Kays. — P. 198. 29 *sinitis* codd., *tenetis* Lamb., Klotz. — P. 198. 35
hab. potestatem codd. SM 6 Lgg., Zumpt., Kays. — P. 198. 36
legem de his codd. ELg. 1 corr., Bait.; *ferri de iis curiatam.
Quam* Pluyg. Mn. 1858 p. 356 et 1881 p. 132. — P. 199. 2
si is codd. EFLg. unus, Bait. (quae Zumpt. scribit, intellegi
non possunt; videtur voluisse scribere *sin*), *suis* P, inde natum
si is. — P. 199. 16 sq. *quod hab.* — *creati* del. Karsten. Mn.
1878 p. 297. — P. 199. 18 sq. *[fundamentisque]* Bait., om.
cod. E, etiam *ab his initiis* deleri vult Karsten. l. l. p. 293, *itaque*
coniunctionem esse ratus in *atque* mut. H. Schwarz. 'Miscell. phil.'
1878 p. 19 (ad p. 43. 29) *his* in *iis* corrigere, credo, oblitus.
— P. 199. 19 *rem* add. Kays. auct. Klotz. recte (p. 22. 4 et
398. 5 de certa re gesta *agitur*), *cum regnare coep.* Pluyg.
Mnem. 1858 p. 357, H. A. Koch. progr. Port. 1868 p. 8 non
bene. — P. 199. 20 *nostrum* codd. SM 10 Lgg., Zumpt., Kays.;
v. Richter. p. 256. — P. 199. 26 *exaestuamus* Pantagath., *exa-
gitamus* Halm., *expostulamus* Pluyg. Mnem. 1858 p. 357 et
Haupt. Op. II p. 369 (idem etiam v. 24 *tamen* in *tam* mutand.
censet fort. vere, necess. nullo modo), 'scribendum est *ritu-
perandum exist.*' H. A. Koch. progr. Port. 1868 p. 8; cur non
v. c. *reprehendendum* aut *non ferendum?* — P. 199. 27 *lege
curiata* codd., Bait., *tribunis pl.* *legi* cur. Pluyg. Mn. 1858
p. 357 'cum Turnebo et P. Man.' —*legi* P. 199. 31 sq. *consuli —
licet* del. Karsten. Mn. 1878 p. 299 sq.; inscite (ad p. 39. 21).
— P. 199. 32 *hic, cui* ed. Asc., Richter. p. 270, *huic, cui* codd.,
vulg., *hic,* del. *cui vet. interc.*, Ern. — Ib. *intercedere, ei* scr.,
intercedendi codd., *intercedere* Man., Kays., *intercedi* Turneb.,
Bait., Richter. p. 270, Klotz. — P. 200. 2 alter. *ad* om. codd.
Lgg. 3, 9, Zumpt., Kays.; ad p. 84. 2. — P. 200. 5 *acceperunt*
cod. Lg. 9, Zumpt., Kays.; ad p. 39. 15 et 174. 7. — P. 200.
8 sq. *auspicia — habere. Pullar. eodem* Momms. ('Staatsrecht'
I¹ p. 18 n. 2), *[auspicia] — habere pullar.* Bait., Kays., *auspicato — hab. pull.* Or., Richter. p. 269 ex., *ad auspicia* Graev.,
Klotz., *auspicii* vulg. — P. 200. 11 sq. *ipsa lex* cod. E, Bait.
— P. 200. 13 *esse creatos* codd. SMLgg., Zumpt., Kays. —
P. 200. 15 *est* Bait., Klotz., Richter. p. 269 ex.; ad p. 39. 15,
174. 7, 73. 3. — P. 200. 21 *cibariis* scr., *centuriis* codd., secl.
Bait., Kays., *centunculis* Klotz., cetera Ussing., Richter. p. 270
ex., *vecturis* H. A. Koch. progr. Port. 1868 p. 8, *servitiis* Zumpt.,
centumvirali Momms. — P. 200. 22 *ianitores* codd., *iam lictores*
Lg. 9, *iam finitores* coni. Richter. p. 266. — P. 200. 23 *vicenos*
Momms., prob. Pluyg. Mn. 1858 p. 342, *in annos* codd. et edd.
— Ib. *singulis* scr. (*in singulos?*), *singulorum* cod. E, Momms.,
singulos rell. codd. et edd. — P. 200. 26 *ipsum* del. H. A. Koch.

progr. Port. 1868 p. 8 et H. Schwarz. 'Miscell. phil.' 1878 p. 19, *istam* Richter. p. 272 (ad p. 70. 5). *Ipsam* est 'meram', 'nudam'; ad Off. p. 64. 6 et 155. 16 ed. 1882, Eberh. Arch. 6. 13, ib. 11. 9 *ipsa vita*, Brut. 41. 152 *ipsius iuris scientiae*, Ac. II 16. 49 *ipsa capita*, Verr. III 20. 53, IV 26. 57 et saepiss. *ipsum genus*, cf. Off. I 5. 15, infr. p. 463. 22. — P. 200. 31 *ferundus* codd. EFM9Lgg., Klotz., Kays., *ferendus* SLg. 9, Bait., Zumpt. — P. 200. 32 *At persp.* Kays., *Nunc persp.* Richter p. 272 cf. p. 183. 19. — P. 200. 36 *de* post *-dae* add. codd. et edd., del. Madv. Adv. I p. 38. — P. 201. 4 *iis* codd. PSM6Lgg., Bait., *is* F, *his* E 5 Lgg., Klotz., Zumpt., Kays. — P. 201. 6 *et* cod. E, Bait., Klotz., *ut* F, *vel* SMLgg. non 'bene defens.' a Zumptio, ut Schwarzio videtur 'Misc. phil.' p. 19 n., del. Pluyg. Mn. 1881 p. 132. — P. 201. 8 *colonis* Turn., Bait.; ad p. 184. 6. — P. 201. 10 *vendendorum* H. Schwarz. 'Miscell. phil.' 1878 p. 21, *vel dand.* codd. praeter E, Kays., *dandor.* E, Bait., *adimend.* Zumpt., *vel dandor. vel adimend.* Ern., Klotz. — Ib. sq. *datur, cum velint; Romae* Bait., Klotz., recte interp. Zumpt., Kays.; v. Richter. p. 270 et Madv. Adv. II p. 204, *cum velint* del. Pluyg. Mn. 1858 p. 359. — P. 201. 14 *de cons.* codd. SMLg. 9, Klotz., Kays.; ad p. 123. 33. — P. 201. 15 *iudicent, iudicium quaest. perm.* Pluyg. Mn. 1858 p. 359, *iud., quaestionem, si velint, finitori perm.* H. Schwarz. coni. 'Misc. phil.' p. 11. — P. 201. 20 sq. *si — contineretur* codd. SLg. 9, Klotz., Kays., Richter. p. 264, *se — contineretur* M9Lgg., *se — contineret* EFP, *se, si — contineret* Bait.; cf. p. 105. 26, 223. 27 sq. — P. 201. 22 *imp. vestr.* codd. SM6Lgg., Kays. — P. 201. 23 *quoad* Richter. p. 272 cf. p. 375. 8 recte, ut videtur; ad p. 252. 16. — P. 201. 24 *ignota* Madv. Adv. II p. 204. — P. 201. 26 *alter. eis* codd. SM9Lgg., Kays. (*eis liceat* e Lg. 9), *ea* EFP, Bait., Klotz. — P. 201. 28 *sint* Ern., Pluyg. Mn. 1858 p. 360 in.; ad p. 63. 7. — Ib. *postve ea* Richter. p. 269 sq. cf. Verr. I 41. 106 ex., Klotz., Madv. Adv. II p. 205, *postea* codd., Zumpt., Kays., *aut postea* Crat., Bait. — P. 201. 29 *est tam* cod. E, Bait. — P. 201. 34 *nominatim* ante *audet* transp. coni. H. Schwarz. 'Misc. phil.' p. 23 n.; cf. p. 205. 22. — P. 202. 1 'Post v. *urbe* lacunae signum posuit Ussing.', item Klotz. recte, ut videtur, *partim per. perf., partim urbis ornamenta* Lamb., *partim omnium causa, partim peric.* Alanus 'Observ. in loca aliquot Cic.' 1863 p. 9. — P. 202. 2 sq. *Accedet — accedent* Bait. e *suis* codd., Klotz., *accedit* (SMLgg.) — *accedunt* (Lg. 9) Zumpt., Kays. — P. 202. 11 sq. *numquam facta* et v. 13 sq. *permittitur potestas* ex uno cod. E Bait., Kays.; *facta numquam sint* (*sunt* codd. et edd.) 'auctore Madv. Ussing.', quod mihi ipsi quoque nullo auctore corrigendum visum esse *non memorarem*, nisi Bait. adderet: 'Suspicor tamen Madvigium non h. l. suasisse coniunctivum, sed p. 619. 25' (201. 28). *Fingit senatus coss., quae nulla sunt* recte dicitur, *potestas permittitur senatus coss. fingendorum, quae nulla sunt* non recte; ad p. 73. 3, 174. 7. — P. 202. 19 *consecuntur* codd. E F 2 Lgg. (*secuntur* unus), *consequ.* vulg.; ad p. 44. 5. — P. 202. 20 *iactum* codd., Bait. — Ib. *quae* del. Richter. p. 272 cf. p. 229. 20 sq. — P. 202. 21 post *aedif.* add. *aliudve quid* Pluyg. Mn. 1858 p. 360. — P. 202. 23 *putasset* codd., Klotz. — P. 202. 27 *ergo* codd. S M Lgg., Zumpt., Kays.; ad p. 183. 7. — P. 202. 33 *Primum enim h. q.,* qui cod. Lg. 9, Zumpt., Kays., *primum hoc q. enim qui* rell. codd., *numqui* potius quam *ecqui* Richter. p. 268, Klotz. — P. 202. 34 *decemv. non possint* cod. E, Bait., Kays. — P. 202. 37 *idem* codd., Zumpt., Kays. — P. 203. 3 *est* cod. Lg. 9, Zumpt., Kays., Pluyg. Mn. 1858 p. 362, Richter. p. 264, Karsten. Mn. 1878 p. 259 fort. recte; ad p. 39. 15, 174. 7, 73. 3. — P. 203. 8 *existim.* omnes codd., Zumpt., Kays. — Ib. *de quo* Madv. Em. Liv.¹ p. 135, Adv. II p. 205 n.; v. ad Off. p. 35. 10 ed. 1882, Inv. I 45. 84 *quod contra dici possit,* Lucr. III 690 *quod fieri totum contra manifesta docet* res. — P. 203. 9 *quoniam* Baiteri codd., 7 Lgg., Bait., Richter. p. 261 ex., Klotz., *quod idm* T S, M in marg. ab ead. m, 4 Lgg., Zumpt., Kays.; cf. ad p. 49. 2. — P. 203. 10 *quam* codd. praeter E T, in quibus est *quum,* Klotz., Kays., Richter. l. l., *quoniam* Ern., Bait. — P. 203. 14 *Quid Mytilenae?* et v. 18 sq. *Quid — Aegyptus?* edd.; ad p. 22. 10. — P. 203. 16 *discr.* Buechel., Kays., Richter. p. 272 fort. recte; ad p. 134. 6. — P. 203. 18 *inclusae* Pluyg. Mn. 1858 p. 362 sq., Kays., Richter. p. 272 fals.: ad p..323. 35. — P. 203. 21 sq. *Alexandri* cod. S, Zumpt., Kays. (*Alexandriae* Lg. 9), v. 28 *Alexandro* idem edd. (*Alexandrino* Lg. 9); v. Madv. Adv. II p. 203 n. — P. 203. 28 *tum* del. Halm. p. 1444, *tum, quum* coni. Klotz. p. LXVII, Madv. Adv. II p. 205. Nemo temptavit Off. II 25. 75. — P. 204. 1 *[ceteris]* Bait., om. cod. E. — Ib. *utrum* Putean., Klotz., Bait., *verum* codd., Kayser., Richter. p. 269. De difficultate, non de veritate iudicii quaeritur. Verum nec ambitione corruptum fore iudicium ne intellegi quidem posse dicit Cic. — P. 204. 8 *reperitur* codd. praeter 3 Lgg., Klotz.; fort. *reperietur?*; ad p. 40. 3. — P. 204. 10 *tum* codd. (*tamen* T, Lg. 9 *eum*), Bait., cum cruce Klotz., *cur* Pluyg. Mn. 1858 p. 364, Kays. (coni. *Primum quaero* aut *Primum tum quaero, cur), num* Zumpt., prob. Karsten. Mn. 1878 p. 294 sq. Ferrem, si scriptum esset *Primum de populi R. hereditate decemv. iudicabunt* aut *tribuno pl. placet, ut de p. R. her. — iudicent.* — P. 204. 14 *prospic.* Klotz., *persp.* vulg.; ad p. 53. 16. — P. 204. 15 *Ptolom.* codd. E F 9 Lgg. (*phtolomeo, ptholomeo, ptolomeo,* duo Lgg. *Ptholem.*), *Ptolem.* vulg.; ad p. 400. 18, 456. 9, Verr. p. 227. 16. — P 204. 19 *tum* codd. E P Lg. 13, Kays., Klotz.,

Richter. p. 261, *cum* F S M 10 Lgg., Bait., *cur non iterum directo*
Pluyg. Mn. 1858 p. 364. — Ib. *derecto* scr., decreto codd. praeter
T, Zumpt., Kays., *directo* T, Bait., Klotz.; ad p. 44. 27. — P.
204. 20 *qui etesiis* Gulielm., Bait., Kays., *quietis iis* (*his*) codd.,
Quirites, ii Manut., Zumpt., Klotz. (ad p. 188. 9). — Ib. *[regnum]* Kays., *partum* coni. Pluyg. Mn. 1858 p. 364 sq. — P.
204. 21 *caecis ten.* cod. Lg. 9 (*cecis*), Zumpt., Kays., Klotz.,
Richter. p. 264 ex., Karsten. Mn. 1878 p. 286. — P. 204. 23
animisq. Laured., Kays., *nnaque* codd. E S M Lgg., *atque* F, *una,
Quirites* Turn., Bait., Klotz. (ad p. 188. 9), *mentibus vestris, Quir.*
Schuetz. cf. p. 364. 4, *Namque leg. nostr.* Alanus Obs. p. 9. —
P. 204. 24 *vestros* codd. S M 6 Lgg., Zumpt., Kays. — P. 204. 31
[totum] Kays., Klotz., om. codd. S M Lgg. — P. 205. 3 *dicere
poterit?* H. Schwarz. 'Misc. phil.' p. 22. — Ib. *At* codd. S M 6 Lgg.,
om. edd. — Ib. *populo* Pluyg. Mn. 1858 p. 365, Kays., Richter.
p. 272. — P. 205. 7 sqq. *omnia? — quaestui? — opprimendos?*
Klotz., Bait.; ad p. 40. 3. — P. 205. 10 *quis* 3 codd. Lgg., Zumpt.,
Kays. — P. 205. 11 sq. *imprudente* Laured., Bait., Kays., Klotz.
(*si impr.* err.); ad p. 136. 15. — P. 205. 18 *non permittit tantum*
Pluyg. Mn. 1858 p. 365. — P. 205. 21 *nobis* codd. S M Lgg.,
Zumpt., Kays.; v. Richter p. 256. — P. 205. 22 *nomin.* del.
H. Schwarz. 'Misc. phil.' p. 23 sq.; ad p. 201. 34. — P. 205. 23 sq.
'Prius *quam* delevit Ussing., alterum delendum censet Mommsenius', neutr. probab., nec melius Kays. voluit *cuius — praedicat.* nec Halm. (p. 1444 Or.) *quamquam.* — P. 205. 24 *[praeconi]* Kays., om. cod. Lg. 9, Zumpt. — P. 205. 26 *luxur. est*
Lamb., Bait., Kays., Klotz., Richter. p. 270; ad p. 144. 25. —
P. 205. 30 *reliquerint* rell. codd., Zumpt., *reliquerunt* F M 5 Lgg.,
Bait., Kays., Klotz., Richter. p. 261; ad p. 174 7; 70. 3, 253.
33, 282. 17, 295. 10, 302. 21, 397. 23, 404. 20, 475. 32, 477. 30,
496. 20, 'Zeitschr. f. d. G. W.' 1879 p. 23 sq. — P. 205. 33
muniment. H. Schwarz. 'Misc. phil.' p. 24 cf. p. 214. 32; v. p.
206. 28. — P. 205. 37 *arbitrentur* Lamb. all.; ad p. 186. 7. —
P. 206. 6 *neque* 2 codd. Lgg. T, Zumpt., Kays.; ad p. 189. 16.
— P. 206. 7 sq. prius *illo* del. Pluyg. Mn. 1881 p. 132, alterum
om. Lg. 9, Kays. all., Madv. Adv. II p. 203 n. — P. 206. 9 *hanc totam*
codd. S M Lgg., Zumpt., Kays. — P. 206. 12 *comparari* codd. S M Lgg.,
Zumpt., Kays., om. Bait., Klotz. — P. 206. 15 *Aperens.* Zumpt. cf.
Plin. V 100 et Ptol. V 3. 3, Kays., Klotz., *Ager.* codd., vulg. — Ib.
Eleusanum Zumpt. cf. Strab. XIV 6 p. 671 (ubi est Ἐλαιοῦσα
νῆσος), Kayser., Richter. p. 270, Klotz. — P. 206. 16 *clar. vir.*
ante *P. Serv.* cod. Lg. 9, Zumpt., Kays., post Klotz. — P. 206.
20 *[item]* Kays., om. cod. Lg. 9, Zumpt. — Ib. sq. *locati sunt,
certiss.* Karsten. Mn. 1878 p. 302 sq. — P. 206. 21 *item* Zumpt.,
Kays., Richter. p. 270, *idem* codd., Klotz., *eidem* Lamb., Bait.;
ad p. 92. 22, 303. 24, 308. 13 cet., Verr. p. 221. 27. — P. 206.

28 *decert.* codd. SM 6 Lgg., Zumpt., Kays., *cert.* rell. (unus Lg. *e cert.*). — P. 206. 31 *[regios]* Kays. — P. 206. 32 sqq. *agros Mithridatis, qui — fuerunt* edd., — *sunt* H. Schwarz. 'Misc. phil.' p. 24. — P. 206. 36 *[Mithridates]* Kays. — P. 207. 7 *decemviri* cod. Lg. 9, Zumpt., Kays. — P? 207. 8 *ut si* H. Schwarz. progr. Hirschberg. 1883 p. 6 non necess.; cf. Pis. 28. 69. Marc. ext. — P. 207. 18 *TU* om. codd., Zumpt., Kays. — P. 207. 19 *lege mea* cod. E, Bait. — Ib. sq. *adhibebit, cum in* Richter. p. 272. — P. 207. 26 sq. *veneat — locetur, sed* Schwarz. progr. Hirschberg. 1883 p. 6 fals. — P. 207. 27 *verum etiam* Ald., Klotz., Kays; ad p. 142. 13. — P. 207. 31 *illis* Pluyg. Mn. 1858 p. 366, 'Coni. Tull.' progr. Regim. 1860 p. 22, Kays., *aliis* codd., vulg.; ad p. 494. 26; saepius contra, p. 5. 23 *illis* cod. A, 152. 30 omnes *illorum*, 196. 25 *illos*, 279. 16 complures *illis*, 401. 30 W *illud quidd.*, 458. 29 P *ilis*, W *illis*; ad p. 427. 27, cf. 463. 22. — P. 207. 36 *viderint* codd., Bait. — P. 208. 1 *cum stult. — tum imp.* cod. Lg. 9, Zumpt., Kays., *tam — quam* Klotz. — Ib. *hoc* codd. TSM 6 Lgg., Zumpt., Kays.; ad p. 8. 32. — P. 208. 2 *qui haec con.* cod. E, Bait. — P. 208. 8 *effrenat.* Bait., *refren.* codd. FP, *refrenandam* cett., Klotz., Kays., Richter. p. 269; cf. p. 223. 25, 382. 35, 404. 28, 514. 22, 521. 9, 536. 16 et 36. — P. 208. 9 sq. *aut illo* del. Nauger., Bait., *hoc excelso ex loco* Boot. 'Observ. crit. ad M. T. C. epist' Amstel. 1880 p. 6 cf. fam. II 5. 1. — P. 208. 10 scr. *frequentia; venire.* — P. 208. 11 *a nobis* codd. SM 7 Lgg., Klotz., *ab nobis* ed. Iunt., Bait., Kays., *ab uobis* EP, *a vobis* F 4 Lgg.; ad p. 24. 1. — Ib. *alienari* 4 codd. Lgg., Zumpt., Kays. — P. 208. 14 *sua auctione* ex uno cod. E Bait. — P. 208. 18 *non vobis*, Quir. scr., *ne vobis quidem* (ad p. 188. 9) codd., Zumpt., Klotz., *[ne] vobis [quidem]* Kays., *vobis* Laured., Bait., i. e. *non modo vobis arbitris non vendent, sed ne praecone quidem teste. Ne* pro *non* p. 27. 16 cod. V, 80. 28 H, 283. 26 5 Lgg. dett., *non* pro *ne* p. 57. 14 omnes, 102. 8 *si non*, 165. 29 W, 433. 37 E, 496. 29 GMV. — P. 208. 21 *ante* codd. FLg. 9, Zumpt., Kays. — Ib. *a* codd. S² Lgg., Zumpt., Kays.; ad p. 24. 1. — P. 208. 23 *eique* Madv. Fin. p. 677, Bait., Kays., *sicque* codd. (unus Lg. *sitque*), *sic, Quir.* Richter. p. 271 in., Klotz. (ad p. 188. 9). — Ib. *vectig. pergrande* cod. E, Bait. — P. 208. 29 *rei* add. Pluyg. Mn. 1858 p. 567 et 1881 p. 133, Kays., Klotz.; cf. p. 215. 27. — P. 208. 30 *ipsam* Alanus Obs. p. 9, *saepe* codd. (*semper* S), *sane* Laured., Man., fort. *aequit. rei ipsius, reapse* Madv. Adv. III p. 129 non bene. — Ib. *est* add. Madv., Bait., Kays., om. codd. (*quid haec impud.* EFSM Lgg. praeter 9), Klotz.; ad p. 144. 25. — P. 208. 34 *avitis suis* Richter. p. 271 cf. p. 217. 34, Klotz., *amircissimis* cod. P, *amicissimis* plerique rell., Kays., *amoeniss.* Lg. 9 (*amen.*) et marg. S, Zumpt., *se moveri amoeniss. sedibus* Karsten. Mn. 1878 p. 287. — P. 208. 37 ceteri H. A. Koch.

d*

progr. Port. 1868 p. 9. — P. 209. 2 *publ. esse possessoribus ipsis videatur* coni. Halm. p. 1444 Or., *quem qui possident, publicum esse fateantur* H. A. Koch. l. l. et sic iam vett. edd., † *qui publ. esse fat.* Kays. Cf. ad Verr. p. 468. 2, infr. p. 231. 16, 315. 3. — P. 209. 3 sqq. *excipietur — valuerint* Pluyg. Mn. 1858 p. 367, v. 6 *addicuntur* H. Schwarz. progr. Hirschberg. 1883 p. 7, neutr. probab.; cf. p. 214. 20. — P. 209. 5 *dilectu* codd. SM 6 Lgg. (unus *dictu*), *delictu* E, *delectu* edd. ut p. 148. 22; ad Verr. p. 244. 14, hic p. 264. 8, 271. 3 (*del.* plerique et A); 318. 3 (*del.* 7 Lgg. dett.), 351. 16 (V *dil.*), 459. 18. — P. 209. 6 *addicentur?* scr. indignationis nota, *addicentur.* edd. (ad p. 40. 3). — P. 209. 8 *teget* non dubito quin corruptum sit; *demit* aut *tollit?* — P. 209. 15 *Cuicuimodi* — Madv. Adv. II p. 205, *Quid? cuius modi est illud? Tollitur* codd. et edd.; cf. ad p. 404. 18. — P. 209. 16 *accipitur* Pluyg. Mn. 1858 p. 368, Kayser., Richter., Madv., *excipitur* vulg. — P. 209. 19 *indignor* Klotz., *indico* vulg. — P. 209. 23 *Aggerit, add.* Pluyg. Mn. 1858 p. 368. — P. 209. 25 *quos id cumque* idem et iam ante Klotz., *quodcumque* codd., *quod ad quemque* Richter. p. 271 ex. cf. p. 182. 20. — P. 209. 29 post *gess.* add. *comparatam* Richter. p. 272 cf. p. 182. 25. — P. 209. 31 *nunc* cod. S, Laured., Bait., *nunc iam* Pluyg. Mn. 1858 p. 368 sq., *nullum* cett. codd., Klotz., Zumpt., Kays., correctum fort. ex *num* corrupto ex *nunc* (ad p. 231. 28), *illud, nunc illud, liberum, solutum, solorum* all., *Rulli* coni. Richter. p. 270. — P. 209. 36 *Hinc* codd. MTLgg., Kays.; cf. p. 182. 32. — P. 210. 8 *debeat.* edd.; ad p. 40. 3. — P. 210. 16 *praecipui* Or., Bait.; ad Verr. p. 356. 26, add. infr. p. 519. 34, fam. IV 14. 4 *ut ne quid tibi praecipue timendum putes*, VI 2. 2 ex., 4. 2 ex.; cf. ad p. 221. 17. — P. 210. 22 *nostros* codd. FSMLgg., Zumpt., Kays.; v. Richter. p. 259. — P. 210. 25 *cum hoc animo sit* (*sit* codd.; ad p. 73. 3) Manut. et plerique vett. edd., *quum hoc an. est* Klotz. — P. 210. 27 *perficiat* codd., Bait. — P. 210. 34 *est* Lamb., Bait., Kays., Klotz., Richter. p. 269 ex. haud scio an recte; ad p. 39. 15, 73. 3. — P. 211. 27 *nunc vos* ex uno cod. E Bait., Kays. — P. 211. 35 *ex agris* Lamb., *legibus agrariis agris publ. possessoribus ademtis* Pluyg. Mn. 1858 p. 370. — P. 211. 37 *fateor* cod. Lg. 9, Zumpt., Kays., Klotz., om. cett. — P. 212. 8 *Casilinas* Camill. Peregrin., Bait., Klotz., *casinas* cod. S, *ancasianas* rell., *Acerranus* Zumpt., Kays. (*Ancerr.*) — P. 212. 9 *ager* del. Lamb., Bait. — Ib. *ab alia Venafr.* Kays. prob. — P. 212. 15 *in* om. codd. SMT 5 Lgg., Zumpt., Kays., Pluyg. Mn. 1858 p. 371; ad p. 84. 2. — P. 212. 17 *Apuliam* Sigon., Manut., Bait., *Italiam ultimam* coni. Richter. p. 266, *Liguriam* Ant. Augustin.; an *Silam silvam?* — P. 212. 22 *Verat.* codd. SM 7 Lgg. EF (hic *veracione*), Bait., *Nerat.* G (*nenatiane* Lg. 9), Zumpt., Kays., Klotz. — P. 212. 26 *aut* codd. SMT 7 Lgg., Zumpt., Kays. P. 51. 4 cod. T *et si et hanc*, 61. 27

idem *et tab.*, 126. 37 codd. praeter ST *et non*, 266. 36 3 Lgg. *et etiam*, 330. 34 E *et crim.*, 450. 29 S et 11 Lgg. *et pop.*; ad p. 82. 7, 290. 8, 340. 1, 367. 1, Verr. p. 125. 14. — P. 212. 30 *Quir.* Klotz., Bait., *que* codd. EF, *quoque* S M Lgg., Zumpt., Kays.; ad p. 188. 9. — P. 212. 31 *invenietur* Lamb., Zumpt., Kays., *inietur* codd. GSM 7 Lgg., *inhibetur* EFP2Lgg. — P. 212. 32 *nostra* cod. Lg. 9, Zumpt., Kays. — P. 212. 37 *ratio est* Richter. p. 272 (ad p. 144. 25). — P. 213. 2 *[qui]* Kays., om. cod. Lg. 9, Zumpt.; ad p. 220. 30, 272. 30, N. D. p. 55. 7, cf. ex maximo numero hic p. 217. 24 *et quem*, 253. 14 *et quod*, 462. 28 *sed qui*, 128. 5 *quique*, 511. 11 sq. *cuiusque*. — Ib. *extim.* Klotz., Bait., *pertim.* cod. Lg. 9, Zumpt., Kays., *expertim.* rell. codd. — P. 213. 13 fort. *tradant?*; ad p. 40. 3. — P. 213. 18 *et oppresso* cod. Lg. 9, Zumpt., Kays., Klotz., *ex oppr.* SM 2 Lgg., *expresso* EFP 5 Lgg., *et presso* Halm., Bait. (ad p. 381. 25). — Ib. *gratissima lege* Halm., Bait. — P. 213. 20 *[non]* Kays., om. cod. F, quod non puto intellegi posse; ad p. 33. 26. — P. 213. 21 *[plurimo — quaesita]* Kays. — P. 213. 28 *stridorem ac vim* Pluyg. Mn. 1858 p. 372. — P. 213. 29 *emptus* codd. ELg. 9, Zumpt., Kays., Karsten. Mn. 1878 p. 288. — P. 213. 30 *vobis* ed. Iunt., Klotz., Kays. recte, ut videtur. — P. 213. 34 *illud* scr. (Seyff. Lael. p. 358 in.), *idem* codd. (*id ipsum* T), *istud* vulg., *id* 2 Lgg., Klotz., Bait., Kays.; ad p. 220. 37, 29. 29. — P. 213. 36 *verbo* post *enim* add. Hervag., vulg., Bait., Klotz., Richter.; cf. 191. 4. — P. 214. 6 *Salapin.* vulg., Bait. — Ib. *pestilenti uligine* Pluyg. Mn. 1858 p. 372, *pestilentibus paludibus* H. A. Koch. progr. Port. 1868 p. 9, multo melius Schwarz. progr. Hirschberg. 1883 p. 8 *pestilentia a finitoribus.* — P. 214. 7 *Aut* Turneb., Pluyg. Mn. 1858 p. 372, Kays., *At* codd. (*at si* F), Bait., Richter. p. 272, Klotz. — P. 214. 11 *Iam quam* Madv. Adv. III p. 129 n. non prob. — P. 214. 15 *pecunia* cod. G (*pecunio* P), Bait., Klotz. fort. recte. — P. 214. 20, 23, 25 fort. melius *?* ponitur; ad p. 40. 3. — P. 214. 20 *adducuntur* codd., Klotz., Kays., *adducentur* vulg., Bait.; cf. ad p. 209. 3, 215. 33, 80. 16. — P. 214. 25 *his* codd. FSM 7 Lgg., Bait., Kays., *iis* cett., Klotz.; ad p. 175. 23. — P. 214. 28 *qui* om. codd. (*est plane rectius et quo*), *plane qui* Zumpt., *aut* pro *est* Klotz. — P. 214. 31 *[id. in locis]* Kayser. — P. 215. 1 *possint* codd. SMLgg. (4 *posse*), om. Bait., Klotz., Kays. (hic invitus, ut videtur; idem recte dubitare videtur de codd. EF); v. Verr. p. 240. 33, hic p. 8. 10 sqq., 45. 10 sq., 49. 25 et 28, 58. 4 et 10, 125. 32, ad 128. 7, 147. 26 et 29, ad 242. 29 sq., 246. 27 et 29 sq., 293. 19, (320. 11,) 325. 36, 412. 36, (473. 23 sq.,) Sest. 10. 23 ex., 17. 40, 65. 137 ex.; cf. ad p. 144. 25. — P. 215. 9 *opibus et praesidiis* Kays. non magis laudab. quam Karsten. Mn. 1878 p. 303 v. 6 *atque opibus et cop.* aut *vectig. omnibus atq. cop.* — Ib. *cogitet* codd. EM 5 Lgg., Bait., Kays., *cogitent* PGS 6 Lgg. (*cogent* F), Zumpt., Richter. p. 260 sq., Klotz. — P. 215. 12

agros codd. SMLgg., Pluyg. Mn. 1858 p. 373 in., Kays., *agrum* Bait. tac., Klotz. — P. 215. 14 *ac* codd. TSM 6 Lgg., Zumpt., Kays.; ad p. 85. 36. — P. 215. 16 sq. *[omnem pec. — id est],* v. 18 *[vestram libert.]* Kays., *omnem pec. habebunt, iidem omnia oppida colonorum maxima multitudine* Richter. p. 271 cf. I 6. 17, H 27. 72, *omnem pec., maximam mult. obtinebunt, iidem* Lamb., Bait., *multitudinem* ...... *iidem* Klotz. — P. 215. 22 *orbi* codd. M 5 Lgg., Kays., *orbe* EFP 5 Lgg., Klotz., *orbis* S Lg. 9, Bait.; p. 467. 3 cett. — P. 215. 24 *Atqui* codd. EF 5 Lgg., Klotz., Karsten. Mn. 1878 p. 291, *Atque* SMGT 5 Lgg., *at* Lg. 9, Kays., Richter. p. 264 ex. (ad p. 142. 9), del. Ern., Bait. haud scio an recte (ad p. 222. 17); certe eae particulae non cohaerent cum interrogatione *Quid poss. dicere?* In mentem venit *ornatissimam Italiae. Quid.* — P. 215. 25 *vestro prius* codd. E 5 Lgg., Bait., Klotz. — P. 215. 27 *rei* Kays., om. cett.; cf. p. 208. 29. — Ib. sq. *delectetur (-tentur)* codd., *delectatur* vulg.; ad p. 35. 16, 39. 15. — P. 215. 28 *rei p. dign.* Or., Baiter.; v. Richter. p. 260 (hic p. 228. 33). — P. 215. 33 *sumunt* plerique codd., Kays., Klotz., *sument (summent)* 5 Lgg., vulg., Bait.; ad p. 80. 16, 214. 20. — P. 215. 37 *maiorive* Richter. p. 262, Klotz., *si mai.* cod. T, Bait., Zumpt., *aut mai.* vulg., Kays. — P. 216. 3 *fert* codd., Klotz., Kays. (qui p. 1445 Or. etiam p. 215. 36 *Si erit* scribend. cens.), *feret* Nic. Angel., Bait.; ad p. 13. 36. — P. 216. 7 *firmari praes.* cod. Lg. 9, Zumpt., Kays. — P. 216. 22 *Romulia* cod. Lg. 9, Klotz., Zumpt., Kays. — P. 216. 24 *contumacia* scr., *contumelia* codd. et edd. — P. 216. 27 sq. *ut — cogitet* Richter. p. 272 cf. § 75 in., *et — cogitat* vulg. — P. 216. 28 sq. *discr.* Kays., Richter. p. 272, *descr.* vulg.; ad p. 134. 6. — P. 216. 29 *Aniens.* cod. Lg. 9, Zumpt., Kays. — P. 217. 8 *vos* codd. TSM 5 Lgg., Zumpt., Kays. — P. 217. 9 *iuvabant* Richter. p. 272. — P. 217. 11 *cum — sit, ut tutum* scr., *sit* codd., *est* Klotz., Bait., Kays. (ad p. 73. 3, 323. 20), *ut cum* codd. praeter T, *ut et* T, Bait., Kays., *ut* ed. Iunt., Klotz.; cf. p. 85. 19. — P. 217. 12 *nec* cod. Lg. 9, Zumpt., Kays.; ad p. 189. 16. — P. 217. 15 *de* Laured., Klotz., Zumpt., Kays., Madv. Em. Liv.[1] p. 135, om. codd., Bait. — P. 217. 16 *id, quod* codd. G, unus Lg., Klotz., Kays. sine ulla necessitate. — P. 217. 25 *ea iter qui* scr. 'Coniect. Tull.' 1860 p. 20, *qui ea iter* Kays. del. *quem* (v. progr. Landsberg 1865 p. 14), *pariter qui* codd. FSMG 10 Lgg., *pariter* Lg. 9, *iter qui* T, *per iter qui* E, Bait., *per Italium iter qui* Klotz. (cur non *per Europam?*), *per eum iter qui* Schuetz., Richter. p. 271. — Ib. *[externi homin.]* Kays. — P. 217. 26 *vester esse* cod. P (qnamquam in eodem etiam *vestrum esse* ait Bait.), Bait., *vester* Lg 9, ed. Iunt., Ka s., *vestrum esse* G, *vestrum* rell., Klotz. — P. 217. 27 *Primum* cod. E, Halm. p. 1445, Klotz., Kays, Richter. p. 258; ad p. 52. 35. — P. 217. 29 *increp.* codd. GSM 6 Lgg., Zumpt.,

Kays. — P. 217. 30 *ad urbem* cod. Lg. 9, Zumpt., Kays., Karsten. Mn. 1878 p. 288; cf. p. 216. 4. — P. 217. 31 *de ferri* scr., *perfi* S et Baiteri codd. praeter F, in quo est *perreferri*, edd., *praef.* M 9 Lgg., *pervenire* coni. Ern. P. 373. 5 B *pervenire*, 146. 12 S T *praescind.*, 278. 7 omnes codd. *praecep.*, 297. 19 a *praepuleris* (non *prep.*); ad p. 264. 26, 182. 32. — P. 217. 34 *avitis his* Kays. — P. 217. 35 *Ac* ed. Ald., Klotz.; ad p. 131. 8. — Ib. *quantum* Halm., Pluyg. Mn. 1858 p. 373, *tantum* vulg. — P. 217. 36 *Quirites? Cum* Bait., sed iam ante Klotz. ed. 1853 (ad p. 188. 9), *quod, cum (tum)* codd., *[quod] cum* Madv. auct. Kays., *diligentiam, quod ... quum* Klotz., *Quid? cum* —? Richter. p. 270. — P. 217. 37 *is* om. codd., Bait., Klotz. De P. Lentulo v. Gran. Licin. p. 15. — P. 218. 1 *uti* Zumpt., Kays., *ut et* codd. S M Lgg.; ad p. 55. 2. — P. 218. 7 *commovit* ** Pluyg. Mn. 1858 p. 373 sq., Kays. — P. 218. 9 *At idem* codd. S et Lg. 9, Momms., Kays., Klotz., *at (ad) fidem* rell. codd. praeter G, ut Mur. p. 336. 10 codd. *fide in* aut *fidem in* aut *fidem vel* pro *eidem*, i. e. *idem* (Lachm. Lucr. p. 24), *Atqui idem* Laured., Bait., Karsten. Mn. 1878 p. 285. — P. 218. 11 *nobis* Klotz. — P. 218. 31 *tradatur* codd., Klotz.; cf. ad p. 383. 10, Verr. p. 196. 32. — P. 218. 35 *?* posui; ad p. 40. 3. — P. 219. 1 *maletis* codd. S M Lgg. (*malletis*), Zumpt., *malueritis* F, *malitis* E, Klotz., Bait., Kays. — P. 219. 5 *nihil pertineat* codd. praeter Lg. 9, Klotz., *pert. nihil* Lg. 9, Zumpt., Kays., *nihil perveniat* Lamb., Bait.; v. ad Off. p. 23. 12 ed. 1882. — P. 219. 9 *discr.* Kays., *descr.* vulg.; ad p. 134. 6. — P. 219. 10 *paululum ex uno* cod. E Bait.; infr. p. 223. 24 idem cod. E et Lg. 3 *paululum*; ad p. 252. 15, p. Quinct. p. 17. 4. — P. 219. 20 *Capuam* ed. Asc., Bait., *Capua* codd. EFSM 10 Lgg., *Capuae* Lg. 9, vulg. — P. 219. 23 *vestram* codd. praeter 5 Lgg., Zumpt., Kays. — P. 219. 30 *[ita]* Bait., Kays., *iam* Klotz., *in fruct. insulas* Zumpt., quod reprehendit O. Hein. 'Quaest. Tull.' 1862 p. 10, *Italiae ac* cum Lauredano Lamb.; an *infesta?* — P. 219. 36 *separarentur* codd. Lgg. 1, 7 m. 2, Nauger., Bait. fort. recte; ad p. 198. 1. — P. 220. 3 *consultatum* Lamb., Bait. — P. 220. 6 *[senatum]* Bait., om. cod. T, *magistratus et publicum* coni. Halm. p. 1445 cf. v. 28. — Ib. *concilium* Richter. p. 262 ut p. 184. 29. — P. 220. 23 *rei publ.* pro *populi Rom.* cod. Lg. 9, Zumpt., Kays., Klotz., Karsten. Mn. 1878 p. 289 cf. de or. I 34. 159 et *rei publ.* locum nescio quem; quasi vero dubium sit, quin sic recte dicatur; ad p. 186. 37. — P. 220. 25 *totam Cap.* cod. Lg. 9, Zumpt., Kays. — P. 220. 30 *[qui]* Lamb., Bait., Kays.; cf. ad p. 213. 2. — Ib. *omnia ante* codd. E Lg. 9, Bait., Zumpt., Kays. — P. 220. 33 *esset ortum* scr., *exortum* codd., Klotz., *esset exort.* Bait. p. 1445, Kays., *exortum ac natum esset* Nic. Angel., vulg., Bait.; cf. ad p. 221. 1. — P. 220. 37 *eu urbe* 7 codd. Lgg., Zumpt., Kays. P. *128. 29* cod. F *eo*, 154 27 S T *ea*, 208 2 F, 273. 18 tres *id,* 286. 15 b*s eorum,* 346. 13 B *eius,* 358. 32 omnes praeter T, 527. 37 W *eo,* 360. 22 B *ea;* ad p. 293. 22; 213. 34, 418. 12, 450. 15, 465. 23. — P. 221. 1 sq. *est cogit.* mell. codd., Baiter., Klotz., Richter. p. 256, *excog.* SMLgg., Zumpt., Kays.; cf. p. 220. 30, de repet. *est* ad p. 144. 25, p. 119. 5; 275. 37 sqq. ter *esse.* — P. 221. 2 *gesta* om. cod. Lg. 9, Zumpt., Kays. — P. 221. 3 *Perse* idem. — P. 221. 12 *malis* vix ferend. videtur; requir. *improbis, pravis, vanis, seditiosis,* cod. F *bonis.* — P. 221. 17 *publicus* Pluyg. Mn. 1858 p. 375; ad p. 210. 16. — P. 221. 19 *, non discordia* Pluyg. ib., Kays. probab. (cf. tamen p. 316. 21), *non cont.* — *discord.* om. cod. Lg. 9, Zumpt. — P. 221. 21 *arrogantem* codd. EF3Lgg., Klotz.; cf. p. 223. 5. — P. 221. 26 sq. *omnibus urbe* cod. E, Bait., *omnibus urbis* Klotz. ed. 1837, Kays. — P. 221. 27 *electis* Madv. Em. Liv.[1] p. 155 n. et Adv. II p. 205, *eiectis* codd. praeter Lg. 26, qui habet *exectis, exsectis* edd.; ad Tusc. p. 389. 16, Verr. p. 193. 25. Quod Madv. in Adv. dicit ('quoniam in Erf. *urbe* scribitur, apparet ad *eiectis* additum esse, sublatoque vocabulo molesto scribendum esse: *nervis omnibus electis urbem*'), probabile esset, si ab Erf. cod. ceteri descripti essent, aut si Erf. propius abesset a communi origine ac non suo arbitratu orationem emendare soleret. — P. 221. 30 *atque ausp. M. Bruti* cod. Lg. 9, Zumpt., Kays., Richter. p. 268 coni.: *repreh. visa sunt ut P. Rullo omina illa atq. ausp. M. Bruti.* — P. 221. 37 *colonia modo deducta* scr., *colonia deducta* Richter. p. 272, *coloniam deductam* vulg. — P. 222. 3 *illa* cod. Lg. 9, Zumpt., Kays., Karsten. Mn. 1878. p. 289. — P. 222. 4 *est* Wesenb. ad Sest. p. 45 auctore Bait., Madvigio Opusc. II p. 222 Klotz., Richter. p. 265, *sit* codd. ELg. 13, *sunt* F, *sint* 4Lgg., *fuit* SM6Lgg., Zumpt., Kays.; cf. Madv. Em. Liv.[1] p. 321 sq.; ad p. 73. 3. — P. 222. 5 *in ceteris* cod. Lg. 9, Zumpt., Kays. — P. 222. 9 *Decuriones anteib.* Pluyg. Mn. 1858 p. 376. — P. 222. 10 *urbanis* codd. EF, Klotz., Kays., om. SMLgg., Bait. — P. 222. 11 *duabus* codd. (*facibus* FPM7Lgg.), *[duobus]* Klotz., bini Zumpt., Kays., *fascibus. Tum erant* coni. Richter. p. 271. — P. 222. 16 *ferend.* unus cod. E corr., Bait. — Ib. *ut (et, aut) grandi* codd. praeter G, Zumpt., Kays., *vei* (i. e. *vi*) *grandi macie* (genet.) *torrid.* I. Stowasser. 'Wiener Studien' IV 1881 p. 279. — P. 222. 17 *atque abiect.* Lamb., Bait. haud scio an vere. P. 136. 7 cod. P *cont. abiect.,* 142. 29 T, 219. 18 E, 225. 33 Ital. codd., 281. 20 opt. codd., 296. 4 e, 436. 13 EF om. *atque,* 209. 37 T om. *ac;* addit. *atque* p. 106. 6, 166. 5, 271. 34, 273. 29, 275. 32, 286. 9 (*ac in vestra* 11 codd.), 290. 22; ad p. 102. 32, 196. 27, 215. 24, 224. 17, 297. 36, 328. 6, 392: 17, 438. 1, 451. 30, S. Rosc. p. 38. 9. — P. 222. 18 *cum Camp.* Pluyg. Mn. 1858 p. 376, Kays. supervac. — Ib. *supercilio* vulg., *praesidio* codd. (*predio* S), Zumpt., *fastidio* Richter. p. 270 cf. p. 185. 5.

ADNOTATIO CRITICA.

— P. 222. 20 *Iubell.* 3 codd. Lgg., Bait., *iubellos* EFPLg. 3; vid. Zumpt. — P. 222. 23 *[Roma]* Bait., Kays., ille e cod. E *qui hinc [Roma].* — P. 222. 25 *prospexerunt* Zumpt., Kays. e Lg. 9 (*perspexerunt*); ad p. 39. 15, 174. 7. — P. 222. 31 *ad vitae consuetudinem* cod. G, vulg., *a vita consuetudine* cett. codd., *ac vitae consuetudine* Zumpt., Kays., Richter. p. 270, *nat. loci et a vitae consuetudine* ed. Hervag., Lamb. — P. 222. 36 *montani* codd. SMLgg., Kays., om. EFP, Bait., Klotz. — P. 223. 3 *discr.* Kays., Richter. p. 272, *descr.* vulg.; ad p. 134. 6. — P. 223. 5 *Campana nata* scr. (cf. p. 221. 21), *capta* opt. codd., quod defend. Madv. Fin. p. 655 et Wesenb. Obs. in Sest. p. 44 n. 1, *apta* plerique rell., Zumpt., Kays., Karsten. Mn. 1878 p. 290, *acta* Lgg. 9, 13, *nata* S, Bait., *orta* Klotz. — Ib. sq. *qua — postularunt* Richter. p. 264, Klotz., *quae — postularunt* codd. EFP, *quae — postulavit* SM 10 Lgg., Bait., *qua — postulavit* Lg. 9, Zumpt., Kays., Karsten. Mn. 1878 p. 289. — P. 223. 7 *tunc* codd. et edd.; ad p. 135. 30. — P. 223. 8 *cum numerum* 9 codd. Lgg., Zumpt., Kays.; v. Richter. p. 271. — P. 223. 15 *praeclarissime sita* Bait., *prae illis plateis* Kays., *praeclarissimis viis* Klotz., *prae latis suis viis* Halm. p. 1446, *prae illa Seplasia* Pluyg. Mn. 1858 p. 376, *prae villis semotis* Richter. p. 271, *prae illis spatiis* Haupt. Op. II p. 369. — P. 223. 17 *[non]* Kays., 'cum ed. Iunt. om. Or.' — P. 223. 19 *Veios* pro *Labicos* Zumpt., Kays., Richter. p. 268, *uicos* codd. EPMLgg., *Lauicos* S. — P. 223. 25 *iuncti, effer. singulares* Madv. Adv. II p. 206, *iuncti secum ferentur (feruntur* F) *singularis* mell. codd., nisi quod opt. P potius habet *cuncti*, quod recepi, *longius efferentur. Singularis homo* rell., edd., *longius*, ... *ecferentur* Klotz.; ad p. 208. 8. — P. 223. 27 sq. *cancellis se et reg. — continet* Richter. p. 272 cf. de or. I 12. 52, *spatiis et reg. — continetur* Madv. l. l., *facilis (facili*, i. e. *cacell*, P 5 Lgg.) *esset (sese* SM 7 Lgg., *se unus) — continetur (continet* Lg. 9) codd., *facile sese reg. — continet* edd.; cf. ad p. 201. 20. — P. 223. 28 *a* codd. SLg. 9, Zumpt., Kays.; ad p. 24. 1. — P. 223. 30 *aedibus* Klotz.; ad p. 346. 1. — Ib. *luxuriae* Nauger., Bait. — P. 223. 35 *eandemque* codd. SM 9 Lgg., *quandam* Klotz., *eam denique* Richter. p. 263 (ad p. 39. 4). — P. 224. 3 *auctor.* 2 codd. Lgg., vulg., *act.* rell. codd., *decoctor.* Buechner. progr. Schwerin. 1866 p 4. — P. 224. 4 † *ea expleretis nova, ut urbi Capuam ad cert.* Kays., *vectig. omnia expl. novo importunissimorum satellitum restrorum praesidio et Capuam novam urbi ad cert.* Buechner. l. l. p. 5 sq. — P. 224. 5 *dicionem (ditionem*; ad p. 21. 23) Pluyg. Mn. 1858 p. 378 et 1881 p. 133, *[iuris] dic.* Kays., *iuris dictionem* codd. (*iuridicion.* E, *iuridict.* F), vulg. — P. 224. 10 sq. *tamen — ut et totam* § 99 a Cic. abiudicat Pluyg. Mn. 1858 p. 30, Kays. et *in hac rursus v. 19 [vestris urbibus]* omiss. in Lg. 9 et a

ADNOTATIO CRITICA.

Zumptio (v. Richter. . 268). — P. 224. 17 *ac quam multis vider.* et suo nomine et propterea suspect. (ad p. 43. 26); fort. *quam multas vid.* (ad p. 222. 17). — P. 224. 20 sqq. *quovis praes.* — *improb. civis tutatum victoria atque* Kays., nam *quovis* aliquot Lgg. ridicule (*cuius* Bait., Klotz., *quoius* EFSM Lg. 9 et 13, *quo ius* Lg. 39, *quous* P), *tutatum victoria* Lg. 9, *tutati sumus victoria* Zumpt., Karsten. Mn. 1878 p. 290, *Cn. Pomp., praesidium saepe rei p. c. a. h. et c. i. civ. atque victorem,* Buechner. progr. Schwerin. 1866 p. 3 sq.; v. 21 *populus Rom.* pro *rem publ.* vett. edd., Baiter. (ad p. 186. 37); v. 22 *praemio victoriae* Richter. p. 265, *victorem* codd. EFG, *victoriam* P. — P. 224. 24 *depravari* Madv. Adv. II p. 207, *delacerari* Buechner., *declarari* codd. et edd. — P. 224. 25 *vi conlata manu* coni. Richter. p. 263, codd. EF *vel laeta (leta)*, PSM *velata manu.* — P. 224. 33 *nemo in sen.* Richter. p. 269 et voluit Klotz. (v. p. LXX, scr. *nemo senatum*), *non in senatum* codd., Zumpt., Kays., *non senatus* Nic. Angel., Bait. — P. 225. 8 *[mei]* Kays., om. cod. Lg. 9, Zumpt. — P. 225. 10 *modo si* codd. EFP, *modo ut* SMGLgg., Klotz., Zumpt., Kays., Richter. p. 269, *modo* Bait.; fort. *modo vita suppeditet*; cf. Brut. 27. 105, 32. 124 ex., 70. 245, Phil. III 6. 15 m. — P. 225. 11 *summis* * * *ab istorum † periculis* Kays., *periculis* add. codd. Lgg. 3, 9, *si possum ab istorum sc.* Klotz. neque melius Richter. p. 263 sq. (*summis adhuc periculis — defendi*) neque Buechner. progr. Schwerin. 1866 p. 6 neque Karsten. Mn. 1878 p. 304. Mihi tale quid desiderari videtur: *summis periculis obicere malo quam non rem p. ab ist.* aut: *quam ego sum is cos. qui miliens profundere malim quam non rem p.* — P. 225. 12 *profiteor?* — P. 225. 13 *diligentique* cod. Lg. 9, Zumpt., Kays.; ad p. 39. 4. — P. 225. 14 *Ego non sum is cos.?*; certe *Ego is consul —?* integrum non videtur. — P. 225. 15 *tribunum pl.* cod. G, Bait., *tr. pl.* rell. codd., *tribunos pl.* unus E, Klotz., Kays. — Ib. *pertimesc.* cod. Lg. 9, Zumpt., Kays. — P. 225. 18 *enim* pro *cum* cod. G, Bait. — Ib. *armatus sim* ins. Zumpt., Kays., Richter. p. 264 e cod. Lg. 9, in quo est. *armatus sim signisque.* — P. 225. 19 *ornatus* codd. SMLgg., Zumpt., Kays. (*ornatus, imperio, auct.*), *exornatus* EF, Bait. (*exorn., imp., auct.*), Klotz. (*exorn. sim, vestra auctor.*). — P. 225. 20 *posse* codd., cum cruce Kays., *possum* Zumpt., *porro* Richter. p. 271, del. Lamb., Bait., improb. omnia; fort. *speroque me posse vobis, Quir., auct.* (ad p. 188. 9). — Ib. *adiutoribus* coni. Madv. Adv. II p. 207 probab. — Ib. *hominum* Zumpt., Kays. dubito an recte. — P. 225. 29 *libertatem* potius quam *tranquillitatem* Rein. progr. Eisenach. 1841 p. 3. — P. 225. 33 *odio est* Madv. Philol. II p. 142, Ussing., Bait., Kays., *ociosi (ot.) codd.,* Klotz. — Ib. *quietiss. atq. otiosiss.* Madv., Kays., *fecissemus (facessimus* P) *atque* (om. SM 6 Lgg.) *ociosissimos (ociosos* EFPG) codd., *aeque otiosos* Ussing., Bait., *quibus otiosi otium fecissemus, aeque otiosos* Klotz., Buechner. prog. Schwerin. 1866 p. 6, *otiosi odium facessimus* ** *atque otiosos* Richter. p. 271 sq. — P. 225. 37 *ius* Kays., Klotz., Madv. Adv. III p. 129, *hos* codd. praeter S, *honus* S, vulg., Baiter. — P. 226. 2 — 11 *[Nam si — conflarent]* Kays.; v. Richter. p. 271, Madv. Adv. II p. 207 n. — P. 226. 4 *ex* Madv. Phil. II p. 142, Bait., Klotz., *sed* codd. EFP, *sub* rell., *ab* Zumpt., *non ex laborum requiete, sed ipso otio* Richter. p. 271. — Ib. *quo vos fortuna meliore eritis* Momms., Koch. progr. Port. 1868 p. 9, *quo vos fortunam regitis* codd., Kays., *quam vos fortunati eritis* Madv., Klotz., Bait., *quanto vos fortunatiores eritis* Halm. — Ib. sqq. *si in hoc statu — tenueritis* scr. (aut *si hunc statum — otiumque*), *si hunc statum quem habetis esse* (*esset* S) *non ignoravi non* (*an* S 4 Lgg., unus *ante*) *quaesitum sed vita partum* (*partim* F, *parctum* 3 Lgg.) *ocium ten.* codd., Kays., *si hunc statum, quem habetis, non ignavia quaes., sed virtute partum ten.* Madv., Klotz., Bait., in quo nec ferri posse puto *statum habetis* nec probabiliter deleta esse vocc. *esse* et *otium*. — P. 226. 6 sqq.: *quod ego ea conc. — hominibus, qui nos in cons. inimicissimos fore † actibus* Madv., Bait. — P. 226. 8 sq. *quos in cons. inimicos esse et animis et corp. actibus providi : omn. prosp. sane et revoc.* Klotz. — P. 226. 12 sq. *hodierna* codd., Klotz.; sic 103. 29 W, 274. 4 et 283. 1 terni codd., 294. 2 omnes praeter b *irs*, 296. 8 praeter alios etiam A, 296. 12 duo, 296. 18 tres, *hesterna* 267. 1 opt. codd., *postera* 231. 30 χ, *qua* 440 G. — P. 226. 15 *recipio [polliceor]* scr., *recepto* (F, *repeto* P 2 Lgg., *reperto* E 3 Lgg., om. S M 6 Lgg.) *polliceor* codd., *polliceor* edd. (*vero polliceor* Zumpt.), *ac comperto poll.* Richter. p. 271. P. 278. 7 idem verb. (*sibi — recepissent*) in omn. codd. corrupt. in *praecip.*

Orat. III de lege agraria.

P. 227. 2 *ad vos* scrbnd. videtur; ad p. 166. 6; p. 451. 14 codd. praeter 2 Lgg. et Oxon. H *apud* (*aput* W) *vos deferebatur*. — P. 227. 3 *nostrae* codd. S M Lg. 9, Zumpt., Kays. — — P. 228. 6 sq. *probaro* cod. Lg. 9, Ern., Kays. — P. 228. 10 *Septimiis, Turraniis* Madv. Adv. III p. 129 sq. — P. 228. 11 *commodo vestro* codd. S M 5 Lg., Zumpt., Kays. — P. 228. 14 *Sullanis* Richter. p. 272 supervac. — P. 228. 19 *his* codd. EF Lg. 1, Klotz., Kays. — P. 228. 33 *pop. Rom.* cod. P, Laured., Klotz., Bait., *rei p.* (*r. p.*) rell. codd., Zumpt., Kays., Richter. p. 269; 'nam annus rei publicae', inquit Zumpt., 'dicitur annus *reip.* gerendae'; ad p. 186. 37. — Ib. *profess.* Man., Klotz., Bait., Kays., *conf.* codd., Zumpt.; idem mendum in teste multo completiore, Vatic., Pis. 29. 72. — P. 229. 8 *si cui* scr., *civi codd.* EP, *cui* F G S M Lgg., Bait., *cum* Ald., all., Klotz. (*quum*), Kays., *civi uger, cum civi*, v. 10 sq. *ademptus — datus* (sic codd.) Richter. p. 271. Cf. Off. II 22. 79 *plures sunt ii, quibus improbe datum est, quam illi, quibus iniuste ademptum est* (aliquid), infr. 277. 19. — P. 229. 10 *habet* ed. Hervag., sed *habet in*, et sic vulg., Bait., Richter. p. 272, *inhibet* codd., *imbibit* Or., Klotz., Kays. — P. 229. 12 *Cn. Carbonem cons.* Zumpt. e cod. Lg. 9, Richter. p. 265. — P. 229. 29 *Sullana* codd. SMLgg. (*syll.*), Bait., Kays., *sullanus* EP, *sillanis* F, *Sullanas res* ut p. 231. 16 coni. Bait., scr. Klotz., prob. Richter. p. 272, *Sullae acta* Pluyg. Mn. 1858 p. 381 et 1881 p. 133. — P. 229. 32 *Sullani ipsi n. postulant* Pluyg. Mn. 1858 p. 381, Kays.; Richter. p. 272 cf. p. 231. 15. — P. 229. 37 sqq. *Ita l. est.* '*Ut mel. — fund. Arpinas?*' *Id quaeris, id enim caves* Richter. p. 272 ex., *ita lata est, ut mel. — fundus Arp.; id enim caves* vulg. — P. 230. 1 *meliore iure* Pluyg. Mn. 1858 p. 381, Kays., *melior* codd., vulg. — P. 230. 2 *Irpin.* codd. praeter Lg. 9, Bait. — P. 230. 9 *meliore* codd. M6Lgg., Zumpt., Kays.; v. Richter. p. 259 ex. — P. 230. 13 *cogat* codd., Zumpt., Klotz.; ad p. 63. 7. — P. 230. 16 *in eius m. causa* Madv., Klotz. — P. 230. 18 *Ac* codd. FSM, Klotz., Bait.; ad p. 131. 8. — P. 230. 23 *repente* (*repentino*) *novus* coni. Richter. p. 272 ex. — P. 230. 29 *possideret* Ern., Bait., Kays., Klotz. prob.; ad p. 39. 15, 63. 7; *possedit* coni. Richter. p. 270. — P. 230. 30 *est* add. Baiter., Kays.; ad p. 144. 25. — P. 230. 31 *eiecit* codd., Zumpt., Richter. p. 269, Klotz.; ad p. 123. 38. — P. 230. 33 *tollentur?* ?; ad p. 40. 3. — P. 231. 3 *Ac iam quaero* coni. Mad. Adv. II p. 207. — P. 231. 4 [*Africa*] Kays., om. codd. SMLgg., Zumpt. — P. 231. 5 *quaesiverunt* potius quam *reliq.* codd. SM5Lgg., Zumpt., Kays., om. EFP. — Ib. post *reliq.* lac. sign. Klotz. hac lege deesse ratus cum Lamb. — P. 231. 7 sq. *intelligitis* codd. ELgg. 9, 24, Zumpt., Kays. (*intellegitis*); ad p. 80. 16. — P. 231. 15 *sanciri* me auct. Kays. superv.; Richter. p. 272 cf. p. 230. 18. — P. 231. 16 *qui his* Richter. p. 271, Klotz., *quia his* Pluyg. Mn. 1858 p. 382 et 1881 p. 133, Kays., *quibus* codd., Bait. — Ib. † *criminor* Kays.; cf. ad p. 209. 2. — P. 231. 28 *promulgarit* Graev., Klotz., *promulgavit* codd., *promulgaverit* all., Bait., Kays.; ad p. 79. 36, 104. 17. — Ib. *docebo* Madv. Adv. II p. 207 sq., cui coniecturae sentiens sine dubio obstare pron. *ipse* contrarium esse dicit pronomini *ille*, cui contrarium est *ego*. — Ib. *nunc, ego* Momms., Klotz., Madv., *num ego* codd., vulg.; cf. ad p. 135. 30, 209. 31. — P. 231. 29 *Sullanum possess.* Kays., Richter. p. 271. — P. 231. 30 *res publ.* pro *pop. R.* codd. praeter GT, Zumpt., Kays., Klotz., v. 35 sq. idem ex uno Lg. 9, cf. 217. 22; ad p. 186. 37. — P. 231. 32 *Denique* Bait. o cod. E; ad p. 453. 11, 461. 7; p. 336. 10 E, 522. 10 W *denique*, 392. 31 TW *dein*. — P. 231. 36 *dimov.* codd. SM6Lgg., Zumpt., Kays., p. 217. 22 Zumpt. ex Lgg. 7 et 9; ad p. 334. 19, 37. 6. — P. 231. 37 *Quir.*

Klotz., Bait., *que* codd. EFP, om. SMLgg., Zumpt., Kays.; ad
p. 188. 9. — Ib. *in hoc enim vos err.* Nauger., Bait. — P. 232. 9
et coram scr. ut p. 216. 19, *coram et* codd. SM5Lgg., Bait., Kays.
(i. e. fort. *cor. mecum*); ad p. 380. 16; *et* om. EFP 6 Lgg., Richter.
p. 261, Klotz.; ad p. 55. 2.

Pro C. Rabirio perduellionis reo orationis praeter
exigua fragmenta, quae in duobus palimpsestis Vatic.
p. 239. 8 *expectatio* — 240. 2 *si mihi es* et § 32—38 extant,
recentioribus tantum codicibus usus est Halm. , Salisb. S
eodem, qui Cluentianam habet et de lege agr., tredecim Lagomars. a—n, 'aliquot locis' sex Oxonn., quorum omnium nullus
praeter ceteros bonitate excellit, pravitate Lg. f, i. e. Lg. ille
nonus, qui Zumptio aliisque in oratt. agrariis et pro Muren.
praestantissimus visus est, et Lg. k et Oxon. T.

P. 234. 11 sq. *vitaeque* (-*quae*) pleriq. codd., om. *que* S3Lgg.,
unus Ox., Halm. ('potest etiam genitivus velut *morum* intercidisse'; ad p. 315. 14, 353. 31, 363. 3, ad Verr. p. 372. 24), Kays.,
vitaeque turpitudo, 'quod etiam in Lgg. plerisq. extare videtur',
vulg. (ad p. 303. 9), *vitae, Quirites*, Klotz. (ad p. 188. 9). — P. 234.
18 sq. *[in his — evertendis]* Ern., Kays.; cf. ad p. 31. 19. —
P. 234. 29 *eaque qui* Bak., Kays.; ad p. 39. 4. — P. 235. 2
nisi rest. Halm., Kays., Klotz., vott. edd. *quam*, quod esse
dicitur in Lgg. abef, om. rell.; cf. ad p. 474. 8, Seyff. Lael.²
p. 129. Verr. IV 27. 63 dett. codd., etiam Lg. 29, *nihil aliud
quam id quod*, supr. p. 97. 2 ETV *nihil aliud nisi*, rell. (de H
nihil adnot.) — *quam*, 372. 3 cod. B *nihil aliud quam*, Sest. 67.
141 codd. *non aliud sit quam*, scrbnd. videtur *laudabilius sit q.*,
Pis. 20. 47 ex. *quid est aliud furere quam* cod. S, Phil. II 4. 7 3 dett.,
Att. IX 5. 3 Klotz. melius *nihil aliud agi*, nisi *ut* quam Bait.
'quam'. Sed Non. p. 437. 29 ex epist. ad Hirt. lib. VII adfert
(p. 298. 19 ed. nostrae) *cum nobilitas nihil aliud sit quam cognita
virtus*. — P. 235. 17 sq. *et vita* cum Bakio — *et salus* cum ed.
Iunt. all., Kays. (ad p. 55. 2); cf. (Verr. act. I 2. 4, IV 43. 93, infr.
p. 480. 13 sqq., 505. 3 sqq.,) 436. 36, 441. 15. — P. 235. 19 *ut
adhib*. Pluyg. Mn. 1881 p. 133; cf. p. 336. 25. — P. 235. 24
circulum cod. Ox. T, cod. Torrent., Lamb. ex uno suo cod.,
Halm., *articulum* etiam cod. Laur. Lg. 39 a Reiffersch. collatus
non opt.; v. Klotz. p. LXXIII. — P. 235. 26 Iam inde ex hoc loco
et Halm. et Bait. scribere incipiunt *condition.* plerumque tac.,
ut antea *condic.*, nisi quod p. 384. 5 in S (in Gembl. est *condit.*),
405. 22 in V *condic.* esse Bait. testatur. In Catil. certe p. 267.
28, 274. 10, 285. 14, 295. 10 cod. A *condit.*, A *condic.* In ed.
Weidm. Halm. postea scr. *condic.*, item rell. reco. edd. Hic et
238. 34, 239. 8, 245. 6 Reiffersch. cod., pro Mur. Lg. 65 (Zumpt.
ad p. 325. 3) semper habet *condict.* ut ille p. 236. 5 suspict.

p. 323. 14 et 32, 325. 3 *condic.* omn. Lgg., ut videtur. — P.
235. 29 *[hoc]* Ern., Kays. — P. 235. 84 *[crimen]* Bak., Pluyg. Mn.
IX p. 329, hic ibid. et Mn. 1881 p. 133 etiam v. 36 *[Macer]* et 236. 2
sq. *[C. Curtius]*. — P. 236. 3 *Curius* cod. Ox. T, Halm., sed p. 1136.
24 et 1447 Or. repreh. Eadem varietas p. 400. 11 et 438. 8. — P.
236. 9 sq. *[tam]* et *[quam]* Garat. (p. 1447 Or.), Kàys., *Quid
enim est tam veri sim., quam* codd., Halm., *tam non veri sim.
quam* Ern., *Quid enim? est tam veri sim. [quam]* Klotz. — P.
236. 12 *[cum]* Lamb., Halm., Kays. (ad p. 39. 21), defend.
Pluyg. Mn. IX p. 329 sq. recte; eodem modo dictum est quo
v. 8. — P. 236. 17 *[vicinitatis]* Bak, all., Kays., *Campanae
vic.* Man., Halm., Klotz. — P. 236. 23 *perscr.* Man., Halm.
Kays.; cf. p. 488. 22. — P. 236. 25 *a* cod. f. 'ut videtur', Kays.;
ad p. 24. 1. — P. 236. 34 *[id]* Beck. auct. Halm., Kays. *Id* positum est, ne v. *quod utinam sustulissem!* ad *crimen* referrentur. —
P. 236. 35 *utinam* tollend., i. e. *si id iudicium sustulissem, hoc
non crimen, sed testimonium meae laudis esset*, tuetur Klotz., *ut*
ex 'libro Torrentii' Halm., Kays. — P. 237. 10 *vincula* codd.
Tk, Halm. *Vincla* in Verrin. constanter (undeciens) mell. codd
excepto uno loco; eandem formam habent hic p. 183. 16 omnes codd.
praeter F2 Lgg., 258. 35 a A all., 375. 23 G, 412. 9 S, 529. 1 (*vinda*
W, *unda* E) et Sest. 39. 85 PG, Vat. 9. 21 S, Planc. 11. 27 TE,
ib. 30. 72 E, Rab. Post. 14. 39 pleriq., Scaur. 3. 4 ex. cod.,
Dei. 7. 22 Ambros. DGS, 8. 23 Ambr. CG, Phil. X 9. 18, XI 3. 7 m. V,
vincul. Verr. I 3. 7, hic p. 61. 10, 71. 27, 78. 6, 147. 11, 156. 7, 169.
17, 205. 32, 256. 10, 290. 27 et 34, 292. 4, 327. 3, prov. cons. 14. 34
p. m., Balb. 15. 34 m., Planc. 2. 5 m., Lig. 7. 21 p. m. — P.
237. 19 *trib. pl., custos* vulg. (ad p. 61. 25), *trib. pl. es, custos*
Kays. — P. 237. 28 *[tu hor. libert.]* Kays., *[horum]* Bak. — P.
237. 30 *invisit.* coni. Halm. p. 1447 (non recte, ut videtur,
idem p. 49. 31), scr. Kays., *inus.* vulg.; ad p. 541. 14, Divin.
p. 180. 9, Halm. ad Phil. XI 1. 2 p. 1354. 11. — P. 237. 33
nam unus cod. Lg k, Kays. — Ib. *[haec tua]* Bak., Kays.
— P. 237. 34 *et* Reiffersch. cod., i. e. *ei.* — P. 237. 35 *que*
id. cod. (qui etiam p. 234. 22 habet *succurrereq*; et p. 239. 15
teq;, utroq. loco *q*; del. m. 1; v. ad p. 39. 4), *quae* rell. (?),
Klotz., del. all., Halm. — P. 238. 3 ..... *Quae verba* Klotz., ...
[quae verba, Quirites] Kays., *quae verba* om. cod. Ox. T. —
P. 238. 10 *[tui]* Ern., Kays. — P. 238. 13 *simili virtute* scr.
(cf. Phil. I 6. 13, XIV 14. 38), *similis viri* codd., edd., *simili
iure* Beck., Schuetz., *simili vi* coni. Halm. — Ib. *[patrui]* Bak.,
Kays. — P. 238. 14 *fratris, si* Schuetz., Halm., *si perseq. fratris
sui* codd., *fratris sui, si* vulg., Klotz., *[fratris sui] si* Bak.
auct. Kays. — P. 238. 16 *[patruus vester]* Ern., Kays.; v. Wirz.
Fleckeis. ann. 1879 p. 183 n. 4. — P. 238. 17 *reliquerat?* recc.
edd.; ad p. 40. 3. — P. 238. 18 Kays., Klotz., v. 24 Halm.,

Kays, Klotz. add. C. — P. 238. 23 *esse* codd. Lgg. fl (*est* duo all.), Halm., Kays., om. rell., Klotz.; ad p. 252. 19, 257. 31, 258. 18, 263. 15, 277. 32, 282. 36, 290. 11 et 25, 291. 34, 295. 3, 301. 14, 304. 10, 311. 24, 357. 22, 424. 8, 530. 4, Verr. p. 191. 5. Fere sexag. locis in hoc vol. vel singuli vel plures codd. om. cae, viginti add. plerumque singuli. — P. 238. 24 *milies* Halm. *miles*, *illi es* codd. (*in dies* f, *ille enim illi* k); ad p. 119. 17. — P. 239. 14 *T. Lab.* codd. praeter V, Klotz.; cf. p. 240. 8. — P. 239. 20 *[publica]* Kays., om. codd. fi l n et cod. Torrent. (cf. ad p. 186. 37). — P. 239. 23 *[crimine]* Kays. *Crimen Saturnini* (*occisi*) paulo aliter, sed non audacius quam *crimen maiestatis*, *pecuniae*, *auri* cet.; Seyff. Lael.² p. 190, cf. *Clodianum crimen* Mil. 25. 67 al. — P. 239. 25 *Et* codd., Klotz.(: *et*), at Turn., Halm., Kays. recte, si interp. ut vulg. : *at id* — : *ego autem* (et *at* pro *et* script. p. 55. 24 in plerisq. codd., 77. 2 in V, 326. 12 in G; ad p. 169. 33, 352. 31, 405. 16). — P. 239. 37 *vocem, ind.* edd.; ad p. 61. 25. — P. 240. 19 *praetores omnes* Klotz., *omnes praetores* 'ante Manutium Turneb. et Ant. Augustin.' (ad p. 186. 37). — P. 240. 22 *aede Sancus* egregie emend. Momms., *ede sui ancus* codd. S g m et Reiffersch., de cett. non constat, *aedificiis* plerique, ut videtur, vulg., cum cruce Kays. — P. 240. 30 sqq. *quem ne vos ipsi quidem [qui hos — nunc sunt]* Bak. et add. *iam* ante *ne* Kays., *qui — sunt* del. etiam Cobet. Mn. 1861 p. 163, *quem etiam — in incid. vocatis, laudatis* Klotz., *laudare consuevistis* vett. edd., Halm., om. rell. — P. 240. 34 pro Pluyg. Mn. 1881 p. 133, *Romanorum* codd., Klotz., secl. Ern., Halm., Kays.; ad p. 186. 37. — Ib. sq. *[patrum — aetatis,] qui tum* Bak., Kays., † *quae tum* Halm. Mihi in mentem venit: *at quorum eq., pro di imm.! Patrum nostrorum. At cuius auctoritatis? Quae* (i. e. *quorum auctoritas*). — P. 241. 6 *evocassent* Budaeus, Garat., Kays. — P. 241. 12 *innixus* Pluyg. Mn. 1860 p. 330, 1861 p. 133 ut p. 540. 10 vett. edd. — P. 241. 21 *prius cum* om. Klotz., Kays. — P. 242. 29 sq. aut hic aut v. 31 del. *condemnatus est* Madv. Adv. III p. 130; ad p. 215. 1. — P. 242. 30 *est; [et]* Halm. auct. Kays., *est.* Etiam Klotz., *est* om. 4 Lgg.; ad p. 144. 25. — P. 243. 1 *habes* cod. f, Halm., *tu habes* rell., *tu* corr. m. 1 *habes* Reiffersch. cod. — P. 243. 5 *attulit* Bait. auct. Kays.; ad p. 174. 7. — P. 243. 6 *rates* Pithoe., Kleyn. Observ. in Cic. fam. p. 4, Kays., *rationes* vulg. — P. 243. 11 *es et* scr., *esses* codd., Klotz., *es* Bait. auct. Halm., Kays. — P. 243. 13 *eam cum in iud. vocas, [an] non intell.* Ravio auct. Kays.; ad p. 160. 31. — P. 243. 15 *iis* 6 Lgg., 'ut videtur', Lamb., Klotz., Kays; ad p. 175. 23. — P. 243. 25 *maximi* Bak., Kays. — P. 243. 34 *de* Lamb. auct del. Kays. — P. 244. 3 sqq. *mortui et C. Marii, inquam, quem v. p. p., parentem vestrae libertatis possumus dic.* Pluyg. Mn. 1860 p. 330 sq. et 1881 p. 134 *del. sceleris — condemn.* — P. 244. 18 *[quoniam — caret]* Bak.,

Kays. — P. 245. 5 *qua [re] si* Torrentio auct. Kays. — P. 245.
6 *honestiorem — cond.* sorbnd. videtur. — P. 245. 12 *hi* cod.
k, Halm. — P. 245. 29 *qui est auct.* Halm. (ad p. 144. 25). — P.
246. 7 *vellent* Halm., *volunt* vulg. — P. 246. 27 † *perhorrescit*
Halm., Kays.; ad p. 215. 1. — P. 246. 32 *sepulchro* Halm. tac.,
sepulcro hic et cott. locis Klotz., Kays., et sic p. 177. 3, 494.
15, 498. 22, 499. 1, ubi G, 528. 10, ubi P *sepulchr.*, Bait. tac.,
at idem tac. *sepulchr.* p. 382. 37 (sic cod. G, qui idem 385. 20
simulachra, Klotz., Kays., Halm., Eberh. *sepulcr.*), 424. 13, ubi
W certe *sepulcr.*, Halm. 449. 24 contra PG; Vatic. in Phil.
sepulchr.; ad S. Rosc. p. 40. 18. — P. 247. 4 sqq. om. Kays.

In orationibus in Catilinam recensendis Halm. usus est
quadraginta fere libris mscr., quo ex numero viginti librorum
partim a Lagom., partim ab ipso aliiisve collatorum 'integram dedit lectionum diversitatem, selectam reliquorum.' Praestant inter hos Medic. a, Benedictobur. b, Medic. c,
Indersdorf. i, 'lectiones a Pithoeo ad margines exempli ed.
Lamb. a. 1581 adscriptae' p, Salisb. s, Tegerns. t, Egmont.
u, 'cod. Car. Steph.' ϛ; ceteri onerant magis quam sublevant
editoris operam. Sed illorum quaeritur quae sit ratio quaeque
dignitas. Atque Halmium quidem manifestum est in ed. Turic.
maxime secutum esse codicem a, postea praetulisse codd.
bois, velut in ed. Weidm. ex solis his libris scr. p. 263. 1
cum ex urbe est expulsus, 278. 34 sq. ex b c s *propter vim man.
atque depr. sceleris*, 297. 14 ex b i s *quia hostes*, 287. 7 ex b s
om. *liberis* cett. Sententiam fortasse non mutasset, si et cod.
a non tantum ex Lagomarsini sedula magis quam diligenti
opera cognitum habuisset, et si cod. Ambros. A a Baitero
excussum (Philol. XX p. 338 sqq.) adhibuisset. Ego utor collatione illius cod. a Paulo Vollerto exeunte a. 1879 meo
rogatu facta, ex qua, quantum is cod. inter ceteros excellat,
magis etiam apparet; non quo mendis vacet (v. p. 255. 23,
281. 20, ib. 30 *videretur*, 285. 12 *huius imperii*) aut nullo proprio
vitio inquinatus sit (v. p. 250. 12, 253. 35), sed paene nulla in eo
inveniuntur licentiae corrigentis vestigia (p. 252. 28, 255. 26
urbem totam), et vitia nec numero nec genere cum ceteris
sunt comparanda. Codicis b (et cognatorum) interpolationum
commemoro haec exempla: p. 264. 14 *praetoris nostri*, ib. 15
in curia, 268. 2 *sed timidum*, 270. 5 *quas Faesulas*, 272. 21
man. fortissimam certissimamque, 283. 6 *contra senatum salutemque*, 284. 32 *civesque omnes incolumes*, 290. 5 *dissipatum* b¹, 292. 2
non posse, 292. 13 *exsolvitis*. Minus depravati sunt idem codd. his
locis: p. 288. 11 *miserrima* A b i s, vel *miseria* vel *misera* cett.
(*miserima* duo), 293. 3 non om. ut a A *dolore et cruc. noc. suum*
(, 293. 31), 295. 6. At cod. a aut solus aut cum paucis sui

ADNOTATIO CRITICA. LXV

similibus, in primis A et ς, his maxime locis integrior est:
p. 249. 23 (cett. praeter Bad *Catil. vero*), 253. 30, 254. 31, 255.
34, 256. 6 et 7 et 10 (*ipse* ay Lg. 11, *ipsum* rell.) et 22, 257. 6,
259. 16, 261. 3, 262. 3, 266. 5, 272. 11, 291. 18, 30, 31, 292. 13 et
3, 293. 15. V. C. A. Lehmann. Herm. 1879 p. 625 sq.

P. 249. 2 *nos* om. solus Iul. Victor p. 439. 24 (de Donat. Ter.
Eun. I 1. 10 dubia res), Halm. II (i. e. ed. Weidm. XI 1882), Eberh.
(ed. Teubn. IV 1882), Hein., habent codd. omnes, unus post
dudet, bs all. post *quam diu* (ad p. 252. 22), Pomp. Comment. T.
V p. 133. 16, Schem. dian. p. 72. 23 Ha., Halm. I, Kays., Klotz.
— P. 249. 7 *voltus* cod. A ut 252. 10 *volnero* etc., Kays. semper.
— P. 249. 8 *iam* om. codd. bls, Halm. II, secl. Klotz.; ad p. 135. 5.
— Ib. *omnium horum* et v. 16 *viri fortes* codd. bs all., Halm. II,
Klotz., Hein. — P. 249. 10 *quid* del. coni. Richter. progr. Rastenburg. 1861 p. 15. — P. 249. 20 *omnes* habent codd. aA, om. bis,
recc. edd. — Ib. *iam diu* habent codd. aA., om. bs, Halm. II,
Eberh., secl. rell. reco. edd. — Ib. *amplissum.* cod. A et sic fere
constanter. — P. 249. 25 *praetereo*, ..., *quodque Servil.* Eberh.,
nam Cic. codd. habent *praetereo quodque* (sic aA) aut — *quod
Quintus*, codd. Pomp. Comment. T. V p. 299. 30 et 300. 16
praetereo quaeque. De plurali *illa* v. v. c. Verr. III 4 in. 7,
14. 36 in., IV 23. 51 (p. 384. 34), Att. XIV 6. 1, ad Acad.
p. 66. 1, cf. ad p. 8. 32. — P. 250. 1 *et grave* om. codd. Aς. —
P. 250. 12 cod. a non habet *prona* pro *praetorem*, sed *pretorem prona mors, [mors ac]* Wundero auct. Kays. — P. 250.
13 *vero* om. cod. a all., Halm. I, Kays, Eberh., serv. A bs all.,
Halm. II, Klotz., Hein. — P. 250. 15 *huiusce* cod. a et multi
all., Halm. I, Kays., Eberh., Hein., *huius* bcs all., Halm. II,
Klotz., *eius* A4Lgg. (ad p. 175. 23). — P. 250. 17 *interfectum
te* codd. bs all., Halm. II, Klotz., Hein., *interf. esse te* c. — P.
250. 21 codd. a A habent *sed iam me* (ad p. 347. 20). — P. 250.
26 *videtis* habent codd. aA 5 all. — P. 250. 29 *non* om. aliq.
dett. codd., H. Rumpf. progr. Francof. 1868 p. 29 sqq., aut sic
aut *non erit verend.* Mayhoff. Fleckeis. ann. 1869 p. 799 sq.
Credo, erit verendum est *non erit verendum, non erit ver., ne
non dicant* est *spes erit eos dicturos.* — Ib. *hoc potius* complur.
codd. dett., Halm. I, Kays. — P. 250. 34 *inprob., inmort.*
etc. cod. A fere semper. — *nemo tam perd.* praeter cod.
d etiam A. — P. 250. 36 *sed vives* Weisk., Madv., Halm. II;
ad p. 155. 8. — P. 250. 37 *nunc* om. multi codd. et edd., habent
etiam aA. — Ib. *obsessus* codd. aA all., Ha. I, Eberh., *oppressus* pleriq. codd., Kays., Klotz., Halm. II, Hein.; cf. ad p. 498. 14.
— P. 251. 4 *Catilina* om. codd. a A; ad p 256. 21. — P. 251. 5
coeptus (coptus) pleriq. codd., Halm. II, Eberh., Hein., coetus
A all., Halm. I, Klotz., Kays. — P. 251. 6 *neque* codd. bcs,

Halm. II, Hein.; ad p. 189. 16. — P. 251. 7 *[tuae]* Halm. I,
Kays., om. codd. A tu 6 dett. — P. 251. 16 *tam atrox* om. codd.
a A ϛ. — P. 251. 18 *optumat*. cod. a, *optim*. vulg. — P. 251. 24
sq. *tu* pleriq. codd., *te* b s x et a (ex sil.), Halm. II, Klotz.,
del. v. 25 *te*, quod om. codd. b s, A cum multis post *contentum*
colloc.; ad p. 45. 35. — P. 251. 26 *te* codd. a A 3 Lgg., *tu* all.,
tu te b s all., Halm. II, Hein. — P. 251. 28 *sensisti n* in cod. a
esse non not. Vollert. fort. err., nam est in A et ϛ, *sensistine*
vulg.; cf. p. 495. 32. — P. 251. 29 *[meis]* Ern. auct. Kays. —
Ib. *vigiliisque* codd. b c s all., Klotz., Halm. II, Hein.; ad p. 39. 4.
— P. 251. 30 *quod non* Halm., Kays., Eberh., Hein. (ad p. 33. 26),
quin Madv., Klotz. — P. 251. 32 *mecum tandem* codd. A b c s
all., Halm. II, Klotz., Hein. — P. 252. 3 sq. *quam rem p. hab.?
in qua urbe viv.?* codd. b s all., Don. Ter. Ad. IV 5. 51, Mart.
Cap. 505, Klotz., Halm. II, Hein. — P. 252. 6 *nostr u m* codd. b i s t u ϛ
all., Halm. II, qui cf. dissimile p. 255. 15 (add. 254. 7, 272. 30, 274. 1,
287. 1, 288. 13); similius est p. 289. 10, ubi item in aliquott. codd. est
vestrum, Mil. 34. 92, Ter. Ad. 331, Liv. VII 9 ex., VIII 7. 7. —
P. 252. 8 *Hosce* codd. b c s all., Halm. II, Klotz. — Ib. *[consul]*
Halm. I, Kays., om. codd. k p ϛ, Halm. II. — P. 252. 9 *quos
iam dudum ferro* Klussmann. 'Tulliana' 1877 p. 18 e cod. e,
qui quam non sit 'optimus', hoc ipso loco docet, cum habet
interrogo et om. *ferro*. — P. 252. 10 *!* posui, poteram etiam *?*;
ad p. 40. 3. — P. 252. 14 *discr*. Buechel., Kays., Klotz., Halm. II,
Eberh., Hein.; ad p. 134. 6. — P. 252. 15 *paululum* codd. b c s
all., Halm. II, Klotz., Hein.; ad p. 219. 10. — P. 252. 16 *quoad*
mihi item ut Hirschf. scrbnd. videtur; ad p. 201. 23. — P. 252.
19 *lecto* praeter cod. ϛ, Prob., Claud. Sac. etiam cod. A; eadem
varietas p. 358. 18, Pis. 27. 67 ex. — Ib. *esse* pleriq. codd.,
etiam ϛ A b c s t, Klotz., Kays., Halm. II, Eberh., Hein., om.
a all. Idem voc. om. b v. 15 ante *exit*., ϛ ib. ante *etiam*,
b s v. 24; ad p. 238. 23. — P. 252. 22 *mane* om. unus cod. r,
Halm. I, Kays., secl. Halm. II, Eberh., Hein., credo, non modo
quod supervacaneum videatur, sed etiam quod codd. varient
(unus habet post *ad me*, quinque ante *ad me*), quod in hac
orat. ita passim fit, ut nihil valeat. — P. 252. 28 *te impia
tua* cod. a. — P. 252. 31 *dum* om. codd. a A (hic *liberaberis*
pro *me* — *liberabis*). — P. 253. 12 *denique* pleriq. codd.,
Halm. II, Klotz., om. a A r ϛ, Eberh. — P. 253. 13 *et* codd. a A
all., *ac* vulg.; ad p. 85. 36. — P. 253. 16 *et* om. codd. a A;
ad p. 55. 2. — P. 253. 20 *[tuorum comitum]* Halm. II, Eberh.,
Hein., *tuorum omnium* Binsfeld 'Festschrift' Coblenz 1882
p. 5 sq. — P. 253. 21 sq. *imperante me* codd. b s, Halm. II,
Klotz., Hein. — P. 253. 29 *iniusta viae* cod. a. — P. 253. 30
in fama Ant. August., recc. edd. praeter Klotz., *infamia* cod.
a, *infamiae (tuae)* cett., quod def. Klotz. — P. 253. 32 *abfuit*

cod. a. — P. 253. 35 sq. *locum* (sic etiam A d p ς) *vacuum fecisses*, non *vacuefecisti*, cod. a. — P. 254. 9 *spiritus caeli* Eberh., v. 10 *horum esse* Eberh., Kays. falso de cod. a (is habet *celi /p/* et ex. sil. *esse horum*) testimonio credentes. — P. 254. 14 *tuum* om. cod. a all., non A, Halm. I, secl. Kays. — P. 254. 15 *Ac tamen* Boot. ad Att. VI 1. 2. — P. 254. 17 *postea* om. Halm. I, Kays., Eberh. a cod. a abesse falso (ex sil.) rati. — P. 254. 17 alterum *quotiens* om. etiam cod. a, *quotiens vero* praeter multos all. habet etiam A. — P. 254. 18 *voluisti* potius quam *coactus es* codd. b c s all., Halm. II, Klotz. — P. 254. 21 *[agis, nihil]* om. codd. b s all., Halm. II, Klotz., tuetur Eberh. fort. recte. — Ib. *nihil moliris* om. ex Halmi codd. unus ς, praeterea A, Halm. II, Klotz. — P. 254. 22 *tibi iam* etiam cod. a ex sil., *iam tibi* A. — P. 254. 23 *sica ista* codd. b c s all., Halm II, Klotz., Hein. — Ib. *vero* paene omn. codd., Halm. I, Kays., Eberh., Hein., om. non modo d et 'cod. Col.', sed etiam a (ex sil.) et A, Halm. II, Klotz. — Ib. sq. *aliquo casu* codd. b c s, Halm. II, Klotz. — P. 254. 24 *[tamen — potes]* Heumanno auct. reco. edd. praeter Klotz., qui scr. e 2 Lgg. *diutius carere*, om. Halm. II, dubitat Luterbacher. 'Jahresber. in Zeitschr. f. d. G. W.' 1883 p. 24 ex. — P. 254. 31 *totque* codd. a d et Parcens., Eberh. (comma del. iussus typoth. obsecutus non est), *tot ex* (*ex tot*) cett. (ad p. 39. 4). — P. 255. 2 *hoc* codd. b c s all (*tibi hoc* w), Halm. II, Klotz., Hein., om. a A all., Halm. I, Kays., Eberh. — Ib. *ferund.* etiam cod. a, *ferend.* vulg. — P. 255. 8 *oculis omnium* codd. b c s all., Halm. II, Klotz., Hein., *omnium* om. 2 codd. — P. 255. 13 *nec* codd. b s soli, Halm. II, Klotz.; ad p. 189. 16. — Ib. *tu, opinor,* Cobeto auct. Kays., Eberh. — P. 255. 15 *odit ac* om. codd. a A. — P. 255. 16 *diu nihil te* Halm. II, Klotz., Eberh., Hein., et sic cod. A, *te* (aut *de*) *nihil* 5 codd. Lgg., Halm. I, Kays., *diu de te nihil* a all., *diu nihil de te* b s all., *nihil diu* c, *de te diu nihil t.* — P. 255. 23 *negleguendas* cod. A (*uertendas* ad p), v. 24 *ad uincend.* a A, *perfringundasque* a, v. 25 et 30 *ferund.* A. — P. 255. 28 *timere* — *videre* Richter. progr. Rastenb. 1861 p. 16. — P. 255. 31 *si falsus* cod. A. — P. 255. 33 *ita* om. codd. b c s, Klotz., Halm., Kays. — P. 255. 36 *ad* praeter cod. a et ex Baiteri sil. A (*apud* cott.; ad p. 166. 6) non modo Serv. Verg. A. I 24, Pomp. Comm. T. V p. 278. 21, Cledon. T. V p. 77. 7, sed etiam Serv. Comm. T. IV p. 442. 15, Serg. Expl. ib. 517. 22, Audac. Excerpt. VII p. 354. 28 (*ad Marcum Lepidum*, cett. grammatici *ad Marcum Laecam*, *ad M. Laepidum* cod. a). — P. 256. 1 *domui* Klotz. e codd. l et 3 Lgg., p. 257. 32 e codd. d l or 5 Lgg., 260. 23 e codd. b r t 1 Lg. (*domi sue* a), 267. 2 *sua sponte*, 267. 20 e codd. r t 3 Lgg. *ignorans etiam* a *habere domui suc.* — P. 256. 8 *quia* codd. a A. — P. 256. 6 *optum.* codd. a A, *optim.* vulg., simil. plura. — Ib. *Marcellum* codd. praeter a A (om. M) et duos all., Klotz., Kays. — P.

LXVIII ADNOTATIO CRITICA.

256. 7 *cust. te* codd. praeter a et 8 all., Klotz., *[te]* Halm. I, Kays.; ad p. 45. 35. — P. 256. 16 *sibi* codd. bcs all. (*placere sibi* A et tres). Halm. II, Klotz., Hein., om. a all., Halm. I, Kays., Eberh. — P. 256. 21, non v. 20, a cod. ς abesse videtur voc. *Catilina*, nam illic om. etiam a A ut p. 251. 4. — P. 256. 22 bis *et quid* cod. a, non *et quidem*, item A. — P. 256. 27 *senatus iure opt.* cod. A, Halm. I, Kays., Eberh. in cod a (et 3 all.) *esse rati*, in quo non esse *iure opt. sen.* non testatur Vollert. — P. 256. 33 *stant circum* codd. bcs all., Halm. II, Klotz., Hein. — P. 256. 37 sq. *iam pridem vastare* codd. bcs all., Halm. II, Klotz. — P. 257. 5 *ullum* om. 6 codd. dett. (ilstuw), Kays., Halm. II, Klotz., Eberh., Hein. — P. 257. 6 *duent* cod. a, *donent* Aς, *donarent* plerique. — Ib. *etsi* multi codd., in quibus bs, Halm. II, Klotz., Hein. — P. 257. 16 *revocaverit* 6 codd. dett., Quint. IX 3. 62 ex., Halm. II, Klotz., Hein.; ad p. 79. 36. — P. 257. 19 sq. *si id feceris* om. codd. Aς. — P. 257. 26 *isse* codd. a A 17 Lgg., unus ex Halmi codd. sup. lin., Halm. I, Kays., *esse* rell. — P. 257. 28 sq. *cui iam sciam* scr. (ut v. 27 *a quo iam sciam*); nam omn. codd. praeter v, 'ut videtur', habent *cum sc.*, non *cui sc.*, et mell. codd. praeter a om. *iam*, *cum sciam iam* a et compl., *cui sciam* reco. edd. (ad p. 135. 5). — P. 257. 31 *pernicios. esse* confido *ac fun. futuram* pleriq. codd., non a A, Halm. II, Klotz., Eberh., Hein.; ad p. 238. 23. — P. 257. 32 *[scelerum tuorum]* Halm. II, Eberh., Hein., *tuorum* om. codd. a A; cf. p. 267. 20. — P. 257. 33 *diutius carere* codd. bs all., Halm. II, Klotz., Hein. — P. 257. 35 sq. *dextram* codd. Abst. — P. 258. 5 *Nanctus* ex uno cod. t reco. edd., p. 481. 2 P. — P. 258. 16 *illam tuam* codd. bcstu all., Halm. II, Klotz., Hein., *illam praecl. tuam, tuam praecl. illam* all. — P. 258. 18 *esse* om. codd. bs soli, Halm.; ad p. 238. 23. — Ib *tum* om. multi codd. ut saepe ante *cum*, etiam A (non a), Charis. p. 226. 20, Dosith. T. VII p. 419. 4, Klotz. — P. 258. 20 *esset* codd. praeter bess, *est* bess, recc. edd.; ad p. 39. 15, 174. 7. — Ib. *abs* codd. bcstu all., recc. edd. praeter Kays., item 420. 13 dett. codd., 254. 25 *a te* eo; ad Verr. p. 265. 9, supr. p. 24. 1. — P. 258. 28 *sic loq.* Quint. IX 2. 32, Halm. II, Eberh., Hein., *[sic] loq.* Klotz. Isid. Origg. II 13. 1 (Rhet. p. 522. 3 Ha.) *Etenim si mecum patria mea, quae mihi vita mea multo est carior, loqueretur dicens.* — P. 258. 34 *Non* Lamb. et Madv. auctt. Kays. ut p. 106. 16 cod. W, ed. Asc., Lamb., p. 201. 31 nemo, Sest. 21. 47, 64. 134 ex., Cael. 14. 34 m., 24. 60 m., Planc. 26. 63 p. m. cett. Ern., Garat. Or., all.; ad S. Rosc. p. 57. 26, infr. 385. 22. — P. 258. 35 *vincla* codd. a A quattuor all., *vincula* rell., edd.; ad p. 237. 10. — P. 259. 1 *multarunt* omn. codd. praeter a (ex sil.) et 6 dett., Halm. II, Hein., *multaverunt* vulg.; ad p. 79. 36. — P. 259. 9 *invidiae de Matthiae* coni. Kays., Eberh., Hein. probab. — P. 259. 10

ADNOTATIO CRITICA. LXIX

num potius quam non recc. edd. praeter Klotz. in cod. a (et
3 all.) esse opinati, in quo ut in rell. esse *non* Vollerto tacenti
magis credo quam Lagomarsino contra testanti; ad p. 80. 35.
— P. 259. 20 *summi viri et clariss. cives* fere omn. codd.,
Halm. II, Klotz., Eberh., Hein., *summi et clar. viri* a (fallit
Lag.) et pauci all., Halm. I, Kays., quos secutus essem, praesertim cum p. 340. 33 sq. paene eodem modo, quod opt. codd.
habent, sic dilataverint dett.: *clar. viri atque ornat. civis*, nisi
cod. A haberet *summi et clar. viri civis* (cf. p. 432. 2, ubi P¹G
habent *summi viri et clariss. viri*). — P. 259. 24 *mihi* om. codd.
aAς 5 all., Halm. I, add. pleriq. codd., rell. edd. — P. 259. 26
semper fui codd. praeter aA et 5 all., Halm. I, Kays., Klotz.,
Hein. — P. 259. 32 *auctoritate* non codd. dς solum, sed etiam
aA, *auctoritatem secuti* rell., edd. — P. 259. 36 *factam esse*
etiam codd. aA. — P. 260. 4 *aggregarit* cod. a all., Halm. I, *aggregarit* A, Kays., Eberh., *aggregaverit* pleriq. codd., Halm. II,
Klotz., Hein.; ad p. 79. 36. — P. 260. 5 *iam* Pluyg., Bak.,
Eberh. — P. 260. 16 *biberunt* Madv. auct. Halm. II, Eberh.,
Hein., et sic codd. aA et, ut suspicor, plures, *biberint* vulg. —
P. 260. 19 sq. *vivis reliquis* codd. bcs all., Halm. II, Klotz.,
Hein. — P. 260. 22 *id* om. codd. aA all., Eberh., habent
pleriq. codd., Halm., Klotz., Hein. — Ib. *secern.* codd. aA all.,
disc. vulg. — P. 260. 25 *faces*, non *fasces*, v. 26 *sit*, ncn *sat*,
(ex sil.) cod. a. — P. 260. 27 *hoc vobis* codd. aAb all., Halm. I,
Kays., Eberh. (*hoc* om. all.), *vobis hoc* pleriq. codd., Klotz.,
Halm. II, Hein. — P. 260. 37 *Tum tu* bis et pleriq., non opt.,
codd., Halm. II, Klotz., Hein.; *Iuppiter* etiam aA. — Ib. sq. *[a
Romulo]* Tittler. Fleckeis. ann. 1857 p. 800, Kays. — P. 261. 3
aris subabsurde, ut mihi videtur, pleriq. codd., Halm. II, Klotz.,
Hein., om. aAorς, Halm. I, Kays., Eberh. — P. 261. 4 *[omnium]* Kays., Klotz., om. codd. bcs all., Halm., Eberh., Hein.,
de a non constat, A habet.

Oratio in Catilinam H.

P. 262. 3 *ferro flammaq.* potius quam cum omnibus paene
codd. *ferrum flammamque* recc. edd. magis Madvigi, ut videtur,
auctoritate commoti quam codicis a (Gemblacensem commemorant et 'non optimos libros') praeter Klotzium, qui recte
Madvigi argutias irridet. Non modo Val. Max. dixit III 2
ext. 3 *compedes*, Sen. contr. 19. 1 m. *catenas*, Fronto ep. M.
Caes. I 6. 2 p. 31 Nieb. (252 Nab.) *securim Tenediam*, Tac.
ann. IV 29 *robur et saxum minari*, ne poëtas afferam (Val. Fl.
I 337 *cratera*), sed ipse Cic. (p. 367. 11,) fam. XI 3. 3 *arma*. —
P. 262. 4 *minitantem* codd. aA quoque. — P. 262. 12 *perhorresc.*
codd. bcs scli, Halm. II, Klotz. — P. 263. 1 *cum ex urbe est expulsus* codd. bcis, Halm. II, *cum est ex urbe pulsus* Klotz.;

Arus. Mess. p. 494. 4 cod. opt. habet *cum est ex u. d.* (sic).
— P. 263. 2 *iustum* om. codd. b m s soli, Halm. II, secl. rell.
reco. edd. — P. 263. 10 *Quirites* habent codd. a A (om. c, *prostratusque est, Quir.* d l, *prostr. est* Lg. 20, *prostratusque ille
est* r), Halm I, *prostratusque est* codd. b s all., Klotz., Halm. II,
Kays., Eberh., Hein.; ad p. 188. 9. — P. 263. 13 *laetari mihi*
pleriq. codd., Halm. II, Klotz., Hein. — P. 263. 15 *omnes esse*
codd. b c s all., Halm. H, Klotz., Hein. (*esse* om. unus, post
oportebat duo; ad p. 238. 23, 252. 22). — P. 263. 19 *Quir.* om.
codd. b c s all., Halm., Kays., Klotz., habent a A (plene script.)
et multi alii, Sohem. dian. p. 73. 10 (om. *est*), Eberh., Hein.,
ante *culpa* cod. m, ante *non est* unus Lg.; ad p. 188. 9. — P.
263. 24 sq. *quam — putarent* del. Halm. 'cum Boϛ, Lag. 9,
uno Oxon.', om. etiam cod. a, non, ut ait Halm., vocc. *quam
multos* tantum (habet A), def. solus Klotz. — P. 263. 26 sq.
quam — faverent habent omn. codd., del. Halm. II, cett. secl.
praeter Klotz. — P. 263. 33 *tam* cod. a, *dum* b t, *cum* r. — P. 263. 35
Quir. ante *quam* om. cod. a (ut p. 266. 33) et 3 all., Halm. I, Kays.,
Eberh., *q* cod. A, ante *hostem* hab. 4 codd.; ad p. 188. 9. —
P. 263. 37 *illud* codd. a A et pleriq., Klotz., secl. Eberh., om.
rell., *illud etiam* ϛ. — P. 264. 1 *copias suas* codd. b c d s,
Halm. II, Klotz., Hein. — P. 264. 3 post *praetexta* codd. a
calumnia (*calūpnia* a non satis dilucido, *praetextata calumdia*
A), *[calumnia]* Eberh., *catamitum* Withof., Beier. frg. or. p. 112
vel *cillonem.* — Ib. *Munatium* codd. b s all., Halm. II, Klotz.,
Hein., *Minutium* a, *minucium* A, in marg. *monacium.* — P.
264. 7 *prae* Lamb. 'ex uno suo cod., in quo est *pro*', recc. edd.
praeter Klotz., qui scr. *et* e 'cod. Mureti', *ex* cod. — P. 264. 9
scrbnd. videtur *et prae his*, nam cod. a non habet *et his*, sed
cum multis all. *et ex his*, A *et ex iis*, all. *ex his* (ad p. 153.
36); ad p. 84. 2. — P. 264. 17 *[suos milites]* Richter., Eberh.,
Hein., *suos* om. 2 codd., o et k (hic *milites secum*), Halm. I,
Kays., all. codd. *suos secum milites, secum mil. suos, secum suos
viros milites* (ad p. 252. 22). — P. 264. 21 *quidquid cogitant* unus
cod. e (duo *quidquid cogitent*), Halm. I, Kays., *quid cogitant* a.
— P. 264. 26 *perlata* cum multi codd., tum a A, Halm. I,
Kays., Eberh. (*prol.* u; ad p. 53. 16), usitatius vocab. substit.
delata (ut p. 88. 15 cod. V) codd. b c s 8 all., Halm. II, Klotz.,
Hein.; cf. ad p. 217. 31. — P. 264. 28 *quid*, non *quidem*,
cod. a. — Ib. *Ne* habent etiam Charis. p. 228. 18, Diom. 394.
22, Dosith. T. VII p. 421. 19. — P. 264. 33 *[si]* Madv. anct.
Halm. I. — P. 265. 3 *urbis huius* codd. b c s, Halm. II, *huius
urb.* rell. codd. praeter a A p Lg. 21. — P. 265. 4 *relevata*
pleriq. codd. ut p. 268. 9, Halm. II, Klotz., Hein. (*recreata
mihi et relevata* unus); ad p. 82. 12. — P. 265. 15 *homine* om.
non cod. a solus, sed etiam A, tuentur edd. — P. 265. 16 *amabat*

ipse codd. bcs et 3 all., Halm. II, Klotz. — P. 265. 22 sq. *sed ullo* Momms., *sed ne ullo quidem* vulg., oport. saltem *ne in angulo quidem ullo* (Reisig-Haas. n. 361 ex.), et codd. omn. praeter unum r om. *quidem.* Simillime p. 273. 3 codd. aA all. *non modo factum, sed ne inceptum ullum.* — P. 265. 28 *esse fateatur* om. codd. Abis, Halm. II, secl. Eberh., Hein., quorum ille errat, ut opinor, et quod bis bonos codd. appellat, et quod corruptelae indicium esse dicit tempus *esse*; nam Ciceronem loqui de tempore praeterito. Fuerant sodales, intimi erant. — Ib. et omnibus locis *scena* Kays. et sic opt. codd. et infr. p. 316. 29, fere omnes 317. 12 et 15, sed 523. 29, 525. 3 et 5 P *scaen.*; ad Lael. p. 193. 19, infr. p. 378. 20. — P. 265. 31 *ac siti* codd. bcs all., Halm. II, Klotz., Hein.; *ac vigil.* complures codd. dett.; ad p. 85. 36. — P. 265. 32 *perferund.* codd. aA all., *perferend.* vulg. — P. 265. 34 *consumerentur* codd. bistu all., Halm. II. — P. 266. 2 *et tol.* codd. aA; ad p. 85. 36. — P. 266. 3 *caedes* codd. praeter a (*cedem*) A et 4 all., Halm. II, Klotz., Hein. fort. rect.; Pis. 16 38 *caedes* pal. V et M, *caedem* dett.; cf. p. 462. 22, 821. 2. — P. 266. 5 *deseruit* cod. a solus, om. cett. codd. et edd. — P. 266. 6 *lubido* hic etiam cod. a, A fere semper. — Ib. *manet* codd. bis 4 all. ut usitatius, Halm. II. — P. 266. 11 *mihi* om. codd. bis 6 all. (ne quis *mihi accub.* coniung.), Halm. II. habet Serv. non modo ad Aen. III 477 et V 391, sed etiam ad G. I 45. — P. 266. 21 *enim est* non cod. a (ex sil.), sed A. — P. 266. 30 *manare* Man., Lamb, Eberh. fort. recte. — P. 266. 33 *Quir.* om. codd. a ut p. 263. 35 et A; ad p. 188. 9. — Ib. sq. *in exsil.* (*exil.* aA, Halm. II; ad p. 71. 21) *eiectum* codd. praeter aA 3 all., Halm., Kays., Klotz., Hein., *in exil. a me eiect.* r, *eiectum esse Catil. in exilium* o (ad p. 252. 22). — P. 266. 35 *locuntur* codd. abcisu all., *loquuntur* A, *loquuntur* edd.; ad p. 44. 5. — P. 267. 1 *ivit* Graev., Eberh., *Quid ut* cod. a all., *quid ut qui cum, qui cum, qui ut, quievit, quid, quod, qui* (A), *ut* all., *atque ivit* Madv., Halm. II, Hein., *Quid? ut hest.* — *detuli, quo* Halm. I, Kays. (*detuli: quo*), *Quin hest.* Klotz. — Ib. *Quir.* codd. acd, Kays., secl. Eb., om. cett.; ad p. 188. 9. — P. 267. 3 *vocavi* ut usitatius codd. praeter aA et paucos all., Halm. II, Klotz., Hein. Similiter codd. habent p. 269. 35 et 280. 27 vel *sceler.* vel *conscel.*, alibi partim *locare, servare, sequi, figere, vincere, minari, vertere* etc., partim *colloc.* etc.; ad p. 389. 22. — P. 267. 14 *ubi fuisset* add. opt. codd., del. edd. — P. 267. 20 *scelerum* om. codd. ei 2 Pall., Halm. II, Klotz., *scelerum sacr.* bcos; cf. p. 257. 32. — P. 267. 22 *[Manlius]* Lamb. auct. Eberh. — P. 267. 33 *et* ante *ex* praeter 11 codd. Halmi et 5 Lgg. etiam aA, om. edd.; ad p. 55. 2, 156 36. — Ib. *ac belli* codd. A 5 7 dett., non a (ex sil.), Halm. I, Kays., Eberh., *et b.* rell., Halm. II, Klotz., Hein.; ad p. 85. 36. — P. 267. 34 *in* om. codd. aA 6 all.

fort. recte; ad p. 84. 2. — P. 268. 2 *miserum* etiam Ps. Ascon. p. 170. 1. — P. 268. 8 *ab* praeter cod. b etiam a A (uterq. *ab dis inmort.* ut plerumq., semel p. 252. 33 a *inm.*, A *imm.*; ad p. 276. 4), Eberh., *a* vulg. P. 276. 4 et 283. 20 plures codd. a quam *ab*; ad p. 24. 1. — P. 268. 9 *relev.* in cod. a quoque esse ut in A ς b multisque all. non testatur Vollert. (ad p. 265. 4). — P. 268. 26 *eo* om. Kays. — P. 268. 28 *iis* unus cod. h, Halm. I, Kays. (*cis*); ad p. 175. 23. — P. 269. 8 *Quid? ergo* Halm. I ut p. 318. 29. — P. 269. 11 *proferuntur* non cod. a (ex sil.), sed A; uterque v. 9 habet *putes* et om. *An.* — P. 269. 23 *consequi sc* pleriq. codd., Halm. II, Klotz., Hein., *se* om. ςe (ad p. 45. 35). — P. 269. 25 sq. *se id — consequi posse* pleriq. codd., Halm. II, Klotz., Hein., *id — se cons. posse* 6 Halmi codd. et 6 Lgg., Halm. I, Kays., *[se] id — [cons. posse]* Eberh., cod. a ab altero *consequi posse* v. 23 ad alterum v. 26 aberrans om. *arbitrantur — cons. posse*, duo Lgg. *posse consequi.* — P. 269. 28 sq. *maximam multitudinem* paene omn. codd., secl. Halm. II, Eberh., *maxuma multitudine* a, *maxima in multitudine* Lg. 9, Klotz., *in max. multitudine* Halm. I, Kays., *concordiam omnium cirium, adesse omnium ordinum max. mult.* Richter. progr. Rastenburg. 1861 p. 17, *in multitudine*, secl. *maxima*, H. A. Koch ad Sest. 45. 96, Hein.; v. Eberh. ad h. l. et Landgraf. 'Phil. Rundschau' 1883 p. 1611. — P. 269. 29 *cop. mil.* codd. praeter a A 4 all., edd. — P. 269 33 *cum summo* pleriq. codd., Halm. I, Kays., Klotz., Hein., om. *cum non solum* codd. b c s 4 all., sed etiam a A, Halm. II. — P. 269. 34 sq. *scelerata* codd. b c s multiq. all., Halm. II, Klotz, Hein., p. 280. 27 *sceleratiss.* paene omn. codd. praeter a A b c s; ad p. 267. 3. — P. 269. 35 *cons. se* codd. a A, *se cons.* rell. (om. *se* 8 Lgg.; ad p. 45. 35), edd. — P. 270. 1 *necesse.* Halm.: ad p. 40. 3 (*sit conc. nec.* a A). — P. 270 3 *iste est* codd. a A 2 all., Kays., Eberh., *est iste* 3 codd., *est ille* 2, *est ipse* plurimi, Halm, Klotz., Hein ; ad p. 70. 5. — P. 270. 4 *Hi* codd. a (*succedunt. Hi sunt*) A et pleriq., Eberh. om. bis 6 all., Halm., Kays., Klotz., Hein. — P. 270. 6 sq. *tamen insunt [coloni]* Eberh, Hein. — P. 270. 9 *praediis, lecticis* codd. praeter a A et paucos, Halm. II, Klotz.; *praesidiis* non a (ex sil.), sed A, verum p 269. 15 a *praesidiorum·* — P. 270. 12 *[iis]* Halm. I, Kays., om. cod. a et 7 all., non A, *his sit* o. — P. 270. 14 *Quirites* potius quam *utrosque* codd. praeter a A 2 Lgg. (c et duo *Quirites utrosque*, 10 *utrosq. Quir.*), Klotz.; ad p. 188. 9. — P. 270. 16 *et proscr.* codd. praeter a A 3 Lgg., Halm. II, Klotz., Hein.; ad p. 85. 36. — P. 270. 24 *proscriptionibus* codd. praeter a A 5 all., Halm. II, Hein. — P. 270. 25 *defetig.* codd. a (ex sil.) A (corr. *defnt.*) 7 all., Klotz., *defatig.* vulg.; *defatig.* edd. tac. p. 500. 6, Quinct. 13. 42, Phil. V 7. 20, *defet.* cod. P Sest. 37. 79 ex., T Planc. 4. 11 ex.; ad Cat. M. p. 144. 5. — P. 270. 28 *quam* add.

ADNOTATIO CRITICA. LXXIII

Halm. II, Eberh., Hein. — P. 270. 34 *facineros*. Klotz., *facinor.* codd., vulg. ut supr. p. 16. 22, sed *faciner.* cod. P p. 462. 13, 467. 14, 490. 25 idemque cod. semel pro Sest. (semel *facinor.*), semel in Vat., semel pro Cael. (semel cum o), Vatic. in Phil. ter. — P. 270. 36 *divelli ab eo* codd b s t u all., Halm. II, Klotz., Hein., unus cod. om. *ab eo*, alius hab. post *possunt*. — P. 271. 7 *antelucani scenis* cod. a. — P. 271. 8 cod. a *aleatores omnes, adulteri omnes, impuri impudicique vers.* — P. 271. 10 sq. *cantare et saltare* cod. b all., non cis, Halm. II, Hein., *cantare et psallere* (*sallere*) all., Klotz. — P. 271. 18 *Apenn.* Klotz., Kays., *Appenn.* etiam codd. a A. — P. 271. 28 *arces colon.* Garat., Eberh., Hein. — P. 271. 32 *rebus* codd. a A ς b i s et pauci all., schol., Arus. p. 509. 19, vulg., add. *omnibus* rell. codd., Hein. — P. 271. 33 *Romanis, [populo]* Halm. I, Klotz., nam cod. b *R. P.*, all. *populo Romano*, all. *populo*; *populo* om. a (*equites R.*) A ς c i s all., Halm. II, Kays., Eberh., Hein.; ad p. 186. 37. — P. 272. 5 *hinc denique* codd. a A quoque. — P. 272. 6 sq. *[virtutes omnes] — [cum vitiis omnibus]* Kays. — P. 272. 8 *copiae* etiam codd. a A. — P. 272. 11 *si* praeter cod. ς etiam a A praeclare, *etiam si* cett., edd. omnes; ad p. 142. 13. — P. 272. 15 *[dixi]* Eberh., om. 'cod. Mureti', Halm. I, Kays. — Ib. *custodiis vigiliisq.* pleriq. codd. (neu a nec A nec b o i s), Klotz., Kays. — P. 272. 22 *tamen* del. Halm. II. — P. 272. 25 *omnes eius* pleriq. codd. (non a A b c i), Halm., Kays., Klotz.; *omnis* a A. — P. 272. 30 *[qui]* Halm. I, om. codd. C (g h k) V (7 Lgg.); ad p. 213. 2. — Ib. *nostrum* pleriq. codd. (non a A b c s), Halm. II. — P. 272. 32 *nati* om. edd., habent codd., etiam A, praeter a b i s et paucos et Claudius Sac. T. VI p. 445. 15. — Ib. *non monitos eos* Claud. Sac., sed *mon. esse.* — P. 272. 33 *si cui adhuc* e paucis et dett. codd. Halm. I, Kays. — P. 273. 1 sq. *consulere sibi possunt* etiam a A codd. — P. 273. 5 *magistr. egreg.* codd. b c s, Halm. II, Klotz., Hein. — P. 273. 9 *Quir.* om. non solum codd. p ς, sed etiam a A (ad p. 188. 9); ib. *maxume res* a. — P. 273. 19 *videretur* cod. A, non a (ex sil.). — P. 273. 20 *vos iam* Halm. II, Klotz. e dett codd., *vos omnes iam* all.; ad p. 135. 5. — P. 273. 28 *defendent* codd. b s all., Halm. II, Klotz ; ad p. 80. 16.

Orat. in Catilinam III.

P. 275. 5 voc. *is* abesse a cod. a non commemor. Vollert. — P. 275. 6 *totae* codd. b i s, Klotz. — P. 275. 7 non *ac* cod. a, sed *a*. — P. 275. 12 *Quir.* non om. in cod. a (ex sil.). — Ib. *et quam manifesta* om. codd. a A ς t all., Halm. I, Kays. — P. 275. 14 *et ign.* codd. a A b c i u all., *et* om. vulg.; ad p. 55. 2. — P. 275. 32 *saluti*, non *salutis*, cod. a ex sil — P. 275. 37 *[cum litt. mandatisq.]* W. Meyer. Mus. Rhen. XXV p. 175 sq., Halm. II,

ADNOTATIO CRITICA.

Eberh., Hein., impr. Luterbacher. 'Jahresb. in Zeitschr. f. d. G. W.' 1883 p. 25. — P. 276. 1 *T.* non om. cod. a, sed habet *T. uolturtium*, A *esset uolturcium* (289. 27 τ *q avolturcio*), *Vulture*. Klotz. et sic a, ut videtur, 277. 12, 289. 27, non A. — P. 276. 2 *esse* post *ad Catil.* codd. b d s, Kays., Halm. II, Hein., *esse datas lit. ad Cat., datas esse ad Cat. lit.* all. — Ib. *[ad Catilinam]* Richter., Eberh. — P. 276. 4 *diis* cod. A ut plerumque, non a, *inmort.* uterq., ille constanter (ad p. 268. 8). — lb. *ut* om. aliquot dett. codd., Kays., Halm., Klotz., Hein., circumscr. Eberh.; cf. p. 56. 24 sq., 354. 12, 371. 25, Madv. Fin. p. 415, Verr. II 37. 90 (, IV 23. 51, Sest. 13. 29 ex.), prov. cons. 15. 37, Balb. 8. 20 p. m., Planc. 38. 92, Att. III 5, Acad. II 45. 139. — P. 276. 13 sq. *bipert.*, non *bipart.*, codd. a (ex sil.) A, Klotz., Halm. II, Hein., *bipart.* rell.; ad p. 401. 8; p. 453. 5 etiam Halm. et Kays. e cod. P *tripert.* — P. 276. 18 *re publ., praesidio* duo codd. ps (bw *r. p.*), Halm. I, Kays., Klotz., *quorum utor adsiduo in re p. praesidio* Richter. progr. Rastenb. 1861 p. 17, *opera* om. 5 Lgg. dett. — P. 276. 20 *Mulvium* codd. praeter g h t, Kays., Klotz., *[Mulvium]* Eberh., *bium* t, *cum* g h, Halm. I, del. Halm. II, Hein. — Ib. *Allobroges* codd. a A haud scio an vere. — P. 276. 22 *duc.* pro *educ.* non cod. a ex sil., sed A. — P. 276. 24 *Pomptini* codd. a quoque (ex sil.) et A; ad p. 426. 31. — Ib. sq. *[quae erat commissa]* Halm. I, Kays., om. codd. g h. — P. 276 30 *accersitus* fere omn. codd. (t *accersitur*, x *arcessitur*), Eberh., Hein., item codd. p. 289. 14 (praeter t), 293. 26 (praeter q, all. vel *arcessivit* vel *accersivit*), 110. 17 ST, 130. 7 STMW, non P, 445. 18 GS, 459. 22 GMW, 492. 9 GV, 524. 29 W, cett. looc. et codd. et edd. *arcess.* — P. 276. 32 *P. Lent.* Eberh., Hein. — P. 276. 33 *vigilaverat* dett. codd., Klotz.; ad p. 79. 36. — P. 276. 34 *ac clar.* codd. x 7 Lgg., Kays., Eberh. falso de a (ex sil.) testimonio decepti; ad p. 43. 26. — P. 276. 36 *deferrem* Halm. I, Kays. e paucis dett. (*referrem*, unus *rem deferrem*). — P. 277. 11 *et* om. opt. codd. a A bis; fort. *gladiorum* delend. — P. 277. 15 *ab Lent.* Kays. (errore, ut opinor), Eberh. — P. 277. 19 *discr.* Kays., Klotz., Eberh., Hein., *descr.* codd., Halm.; ad p. 134. 6. — P. 277. 23 *a P. lent.* etiam cod. a, *a plent.* A ut p. 280. 26. — P. 277. 24 *data* codd. a A i soli, ut videtur, *datam* b s, *datas* rell., Klotz. recte, credo; p. 278. 9 *deprehensae* verius puto, quamquam *deprehensa* plures etiam codd. habent (*deprehensi* t); ad p. 323. 35. — P. 277. 28 *haurisp.* in cod. a esse Vollert. non not., A *arusp.* — P. 277. 29 *illum tertium* codd. b c s, Halm. II, Klotz. — P. 277. 32 *esse annum* codd. praeter a A et paucos, Halm. II, Klotz., Hein., unus cod. om. *esse* (ad p. 238. 23), all. habent *esse hunc annum.* — P. 278. 3 *Primum* dett. codd., Halm. I, Kays.; ad p. 52. 35. — Ib. *Ceth. signum; cogn.* edd.; haud sane multum interest. — P. 278. 7

ADNOTATIO CRITICA. LXXV

legati eorum, v. 34 sq. *sceleris* post *depreh.* codd. bcs, Halm. II, Klotz., Hein. — P. 278. 35 *et depr.* codd. bs, Klotz.; ad p. 85. 36. — P. 279. 2 *tandem* Eberh., Hein., *statim* Binsfeld. Mus. Rhen. XXVI p. 305. — P. 279. 3 *[scriptae]* ante *sine* Halm. I, Kays., Klotz., om. codd. aA⟨bs. — P. 279. 4 *ex hoc* codd. bs, Halm. II, Hein. — P. 279. 6 non *et qui* cod. a, sed *et quid, etquid* A, *quid* e tribus Lgg. Halm. II, *et vide quid* e plerisq. codd. Klotz. — Ib. *tibi iam* codd. aAi et pauci, Halm. I, Kays., Eberh., *iam tibi* rell. — P. 279. 14 sq. *obstip.* codd. A (Marc. 9. 28 idem *obstup.*) bs et pauci, Halm. II, Klotz.; ad Verr. p. 164. 36. — P. 279. 16 *se* codd. bst pauci all., Halm. II, Klotz., Eberh., Hein.; ad p. 155. 25. — P. 279. 18 *Quirites* post *editis* add. pleriq. codd., etiam A (q.), Halm. II, Klotz., om. az 4 Lgg., Halm. I, Kays., Eberh., Hein.; ad p. 188. 9. — P. 279. 30 alter. *a* habent codd. a (ex sil.) A b c d all., Kays., Klotz., Hein., om. stu all., Halm. II, Eberh.; ad p. 84. 2. — P. 279. 33 *L. Stat.* habent codd. aA, idem *P. Gauinius*, idem omittunt v. 34 *qui*. — P. 279. 37 *Caepar.* Klotz. — P. 280. 2 *de* pro *ex* Halm. II. — Ib. *his (hiis* a) *coloniis, quas* etiam codd. aA; ad p. 184. 6. — P. 280. 7 *est usus* codd. a A (*ususque*; ad p. 188. 9), Halm. I (ex di lu et aliquot Lgg.), Kays., *usus est* pleriq. codd., Halm. II, Klotz., Eberh., Hein. — P. 280. 14 *verbis decreta* reco. edd. praeter Halm. I omnes nescio unde, certe a A habent *decreta verbis*, nec Halm. ullam varietatem adnot. — P. 280. 16 *[supplicationibus]* Halm. II, Hein., om. unus cod. x, non a (ex sil.), Kays., Eberh. — P. 280. 17 *geste* cod. a; cf. ad p. 296. 34. — P. 280. 19 *faciund.* codd. A (ut plerumq.) b is, Klotz., *faciend.* vulg. — P. 280. 20 *patefactus* 7 codd. Lgg., Halm. II dubit. aliquid intercidisse cum Richtero suspic., *patefacta* cod. a, *patefacta indiciis conscientia et* (sic codd. praeter abcis; ad p. 55. 2) *confessionibus suis* Lehmann. Herm. 1879 p. 625, *manifestis* Eberh. — P. 280. 21 *convictus confession.* Hein. — P. 280. 29 *existum.* scr. hic et alibi ex opt. codd. — P. 280. 33 sq. *somnium nec cassi nec* cod. a, *somnium nec .c. cassi* (lac. 16 fere litterar., in marg. *alipes*) *nec* A. — P. 281. 1 *et* pro *ei* praeter cod. s etiam aA. — P. 281. 2 sq. *neque ling. neq. man.* pleriq. codd., etiam A et schol., Halm. II, Klotz., Hein. fort. recte. — P. 281. 12 *vestris cerv.* codd. bcs, Halm. II, Klotz., Hein. — P. 281. 14 *exsilii* Kays. tac. — P. 281. 20 *inventa comprehensa (copr.* A) codd. aA, in ⟨ saltem deesse *atque* fertur; ad p. 222. 17. — P. 281. 23 *levissimeque* cod. a; ad p. 39. 4. — P. 281. 24 *dum* pleriq. codd, in quibus bois, Halm. II, Klotz., Hein. fort. recte; ad p. 191. 7. — P. 281. 28 *mutu atque* om. opt. codd. aA⟨. — P. 281. 36 *[omittam]* Eberh. — P. 281. 37 *ita multa* codd. bis all., Halm., Klotz. — P. 282. 1 *Quirites* post *certe* add. codd. dett., Klotz.; ad p. 188. 9. — P. 282. 5 non *et cum,* sed *et tum* cod. a itemque A.

LXXVI ADNOTATIO CRITICA.

— P. 282. 7 *liquef.; tactus est etiam* pleriq. codd., Serv. Verg. Ecl. 1. 17 (om. *etiam*), Kays. — P. 282. 9 *lactentem* dett. codd., Halm. I, Kays. — P. 282. 16 *dies decem* codd. bcs, Halm. II, Klotz., Hein., all. *decem per dies.* — P. 282. 20 *ante* praeter multos etiam cod. a. — P. 282. 22 *que* om. codd. aA (ad p. 39. 4); v. 23 *iam*, non *clam*, aAϛ, v. 25 *collocatum*, 26 *conlocav.* aA. — P. 282. 25 *[illud signum]* Kays. — P. 282. 28 *qui* cum bis cod. A, non a (ex sil.) — Ib. *Quir.* om. codd. aA all., Halm. I, Kays., Eberh.; Prisc. II p. 277. 11 *quis tam aversus a vero*; ad p. 188. 9. — P. 282. 36 *esse* om. codd. bs soli, Halm. II; ad p. 288. 23. — P. 282. 37 sq. i̅o̅ *factum* cod. a, i. o. m̅. *factum* superscr. *io op max* A. — P. 283. 5 *[et sen. et vos]* Kays., Klotz., Eberh., Hein., om. 'k et Lag. 46 soli', Halm. — P. 283. 6 *cogit. contra sal. omn.* codd. bcs, Kays., Halm. II, Klotz., Hein. — P. 283. 14 *immort.* non om. a, sed habet *inmort.*, om. *ducibus* ut A et p. — P. 283. 15 *Quirites* solus cod. a, ut videtur, Halm. I, Kays., Eberh., om. rell.; ad p. 188. 9. — P. 283. 16 sq. *[illa — iam]* Momms., Kays., Eberh., Hein., del. Halm. II, serv. Halm. I, *Iam vero illa All. soll. . . . . iam* Klotz.; *ab Lent.* codd. a (ex sil.) et A. — P. 283. 18 sq. *[et] ignotis, et barb. commissae[que]* Momms., *[commissaeq. litt.]* Eberh., *[commissoe litt.]* Kays., Hein.; nam *que* om. codd. bs (ad p. 39. 4). — P. 283. 23 prius *et* om. codd. aAbis all., non ϛ, edd. praeter Klotz.; ad p. 55. 2. — P. 283. 24 *maximarum* (*maxum.* a) codd. aAϛ all., Halm. I, Kays., Eberh., *ampliss.* bcs all., Halm. II, Klotz., Hein. — P. 283. 25 sq. *neglegere* non cod. a (ex sil.), sed A (*neglig.*) — *anteponere* uterq. — P. 283. 27 *factum esse* codd. bcs all., Halm. II, Klotz., Hein. — Ib. sq. *[praesert. — potuerint.]* Eberh. — P. 283. 34 ,*erepti* codd. aA all., Halm. I, Kays., Eberh. (hic *sine sanguine: sine exerc.*), om. bis, Halm. II, Hein., *et erepti* Klotz. (ad p. 55. 2). — P. 284. 3 *eiecit ex urbe* tuetur Klotz., del. Halm. II. — P. 284. 13 *et* cod. a ex sil. et pleriq., Klotz., Eberh., *ac* A ex sil. et pauci, Halm., Kays., Hein.; ad p. 85. 36. — P. 284. 15 sqq. *Atque illae tamen omnes dissensiones, quae non ad delend., sed ad commut. rem p. pertinebant* (e codd. bs) (*non illi — florere voluerunt), eius modi fuerunt* Halm. II; cf. Richter. progr. Rast. 1861 p. 17. Cod. A post *erant eius modi* v. 15 habet *florere si voluerunt quae non —* e v. 19, om. v. 19 *conflagr. — voluerunt*, a non om. v. 19 *hanc urbem*, sed verba *neque hanc urbem* e v. 18 sq. transp. v. 19 post *in hac urbe.* — P. 284. 16 *Quir.* om. codd. aA et pauci, Halm., Kays., Eberh., tuentur Klotz., Hein., Richt. l. l.; ad p. 188. 9. — P. 284. 20—23 *[Atque illae — diiudicatae sint]* Bloch., Madv., recc. praeter Halm. II; v. ad p. 68. 28. — P. 284. 29 *omnes salvi* dett. codd., Halm. II, Hein, *omnes* om. bis. — P. 284. 31 *infinita e caede* Momms., Hein. — *P. 284. 36 moniment.* codd. ϛbstu, 285. 2 Halmi codd.

omnes praeter h, v. 6 bistu all., Halm. II, p. 205. 33 EM, 209.
26 F ('ubique'), 220. 9 M, 224. 2 F, 384. 23 G (ad p 382 34),
456. 6, 499. 32, 528. 10, 539. 26 sq. P, reliquis 21 lucis codd.
sine varietate (?) *monum.*; ad Verr. p. 125. 34. — P. 285. 5 *possunt* et a et A codd. — Ib. *nostrae res* codd. a A et pleriq., *res
nostrae* b c s all., recc. edd. — P. 285. 8 *propagata* cum t cod.
a ut 289. 21 *patefacta*. — P. 285. 10 *uno[que]* Eberh., *uno* cod.
b, *uno quoque, eosdemque et uno, omnique* all.; ad p. 39. 4. —
P. 285. 16 *isti* Klotz., Kays.; ad p. 45. 12. — P. 285. 27 *[ipsi]*
Halm. I, Kays., om. codd. a A bis. — P. 285. 28 *enim* opt. codd.,
etiam vulg., *denique* Eberh.; fort. *autem*; ad p. 81. 4. — Ib. *in*
om. codd. a A b i all. (a A b s all. etiam *is*), Halm. I, Kays.,
Eberh., Hein. — P. 285. 32 *convorterit* codd. a A, *converterit*
vulg., *convertit* pauci dett., Kays.; ad p. 104. 17. — Ib. *provid.*
codd. praeter a A s b s, Klotz. — P. 285. 37 *quicq.* Halm. I tac. et
rell. edd. (et sic A ex sil.), *quidq.* Halm. II, Klotz.; ad p. 4. 4.
— P. 286. 1 *lubeat* etiam codd. a A, *lib.* Kays., Klotz., Eberh.
— Ib. *perficiam profecto* et optimi et pleriq. codd., *prof.
perfic.* codd. b i s et pauci all., recc. edd. — P. 286. 3 *in* om. codd.
bis soli, Halm., Kays., Klotz., Hein.; ad p. 31. 19, S. Rosc.
p. 62. 19. — P. 286. 8 *nox est* codd. b c s et pauci all., recc.
edd. praeter Eberh. — P. 286. 12 *faciund.* cod. A, *fatiund.* a,
faciend. vulg.

Oratio in Catilinam IV.

P. 287. 7 *liberis* om. codd. b s, Halm. II, *liberis vestris* multi
codd. — P. 288. 5 *sella curulis* del. Madv., all., Halm. — P. 288. 10
vos, patres conscr., popul. Hein. e vett. edd. errore, ut videtur,
nam *patres conscr.* non 'deest in non nullis codd.', sed in omnibus praeter 6 Lgg. dett., qui habent *populumque Rom. P. C,
et t,* in quo est *populum p. c.*; ad p. 186. 37. — P. 288. 15 *pro-
poneretur* esse in cod. a non not. Vollert. — P. 288. 19 *[prope]*
Eberh. ex compendio *P. R.* natum ratus; cf. p. 463. 6. — P. 288. 28
neque misera codd. b c s et pauci all., Halm. II, Klotz., Hein.; ad p.
189. 16. — P. 288. 29 *atque* codd. a A all., Halm. I, Kays., Eberh., *et*
rell.; ad p. 85. 36. — P. 288. 30 *praesenti* cod. i, Eberh. — P. 288.
37 *uti* Halmi codd. omnes, a (ex sil.) A, Kays., Halm. II, Klotz.,
Eberh., *ut* Halm. I, *ut ii* Halm. auct. Hein. — P. 289. 6, 7, 8 *qui* pro
quod aliquot codd. dett., v. 6 et 8, non 7, Klotz.; v. 6 *plebis* habent
codd. a A, *non* om. a. — P. 290. 8 *aut* cod. a et duo all., Eberh., *et*
A b c i s, Halm. II, Klotz., Hein., *ac* pleriq. codd., Halm. I,
Kays.; ad p. 212. 26, 54. 36. — P. 290. 11 *adhuc duas* edd. in
cod. a esse opinati, in quo est ut in A b c i t u et plerisque
duas adhuc (duas esse adhuc, duas adhuc, om. *esse,* all.). Fortasse post *duas* intercidit *dictas.* — P. 290. 17 *qui populum
Rom. tuetur* Klotz., del. Halm. II. — P. 290. 23 ab edd. a

sobol., habet etiam cod. a (ex sil.); ceteri, etiam A, a; ad p 24. 1 — P. 290. 25 *esse* om. mell. codd. et edd., ante *quietem* habent codd. mz Lg. 65 (ad p. 144. 25, 238. 28); fortasse scrbnd. *aut necessitate naturae aut ad laborum — quietem.* — P. 290. 33 *putet* codd., Halm. I. — P. 290. 34 *municipibus* pauci codd. dett., Kays., Klotz. — P. 291. 1 *possit levare* codd. bcs, Halm. II, Klotz., Hein. — P. 291. 4 *multos una dolores* de Kayseri coni. (p. 1447 ed. Or.) Eberh., Hein., *multas uno dolore* codd., Klotz., *multos uno dolores* Kays., *multos uno dolore dolores* Graev., Halm. I, *multas uno dolore animi atque corp. aerumnas* Halm. II. — P. 291. 6 *proposita* scrbnd. videtur. — P. 291. 9 *his* codd., *iis* Halmio auct. recc. edd. — P. 291. 11 *ego, patres conscr.* codd. bciqs, Halm. II, Klotz., Hein. — P. 291. 13 *rem p.* etiam codd. a (rē) A, v. 21 *in re publica* a. — P. 291. 18 *vindicat* potius quam *vincat* in cod. a ut in cett. esse Vollert. non commemorat. — P. 291. 22 *interesset* codd. aA quoque ex sil. — P. 291. 26 *Is et* codd. praeter ad, ut videtur, et reco. edd. praeter Halm. I, Kays., cod. a *sē*, Halm. I *sed*, Kays. *at is et.* — P. 291. 30 *quaesitori* codd. aA ex sil. — P. 291. 31 *decrerit* (*quod exortare et causa*) habet cod. a et cod. Lamb., *decreverit* A (all. *iudicaverit*; ad p. 79. 36), *decrevit* rell., Kays.; ad p. 39. 15, 174. 7. — P. 291. 34 *nullo modo esse* codd. bcs et 4 all., recc. edd., *esse* om. u; ad p. 238. 23. — P. 291. 35 *Sempr. leg.* del. Pluyg. Mn. 1881 p. 134. — Ib. *iussu* codd., Halm. I, Kays., Klotz. — P. 291. 36 sq. *ipsum illum largitorem* Eberh. probab., *[ipsum Lentulum]* Momms., Hein. — P. 292. 2 *iam appell.* Madv. Adv. II p. 208, Eberh.; ad p. 347. 20; *etiam* vel om. vel transpon. aliquot codd. (ad p. 142. 13). — P. 292. 6 *in perniciem* pauci codd. dett., recc. edd. omnes falso ut p. 521. 21 *in contumeliam*; cf. p. 293. 12, ad p. 31. 19, Seyff. Lael.[2] p. 45, 171 sq. cet. — P. 292. 12 sq. *[atque vos]* Kays. — P. 292. 13 *a* om. codd. bcs et pauci, edd. — Ib. *populo romano* cod. a, Hein., Klotz., Eberk, cett. plerique *p. r.* et sim. (*pr.* A., ad p. 186. 37), *populus Rom.* Halm. II, om. pauci codd., Kays. — Ib. *purgabo* scr., codd. aA verbo carent, *exsolvet* Madv., Halm., *exsolveritis* Kays., Klotz., *exsolvitis* codd. bcps, *exsolvetis* q, *exsolverim* Eb., Hein., *eripiam, liberabo, defendetis* all. codd. — P. 292. 20 *est enim* codd. bcrs 4Lgg., recc. edd., *est* om. tres codd.; ad p. 144. 25. — P. 292. 27 *se ex fatis sperasse* cod. A cum plerisque, *ex fatis se sperasse* complures dett., non a, Halm. I, Kays., Eberh., *a* om. *se* (ad p. 45. 35), *se sper.* (*sperare* bs) *ex fatis* bcs, Halm. II, Klotz., Hein. — P. 292. 28 *huic* codd. aA (ex sil.) cum schol. et b m. pr., non *hunc*. — P. 292. 31 *vexantium* etiam codd. aA. — Ib. *[virginum]* Halm. II, Hein., Eberh. — P. 292. 34 *praebebo* Arus. p. 486. 22 et codd. paene omnes praeter b, Klotz. fort. recte; ad p. 80. 16. — P. 293. 15 *lectissimae* etiam cod. a (ex sil.),

ADNOTATIO CRITICA. LXXIX

*** *** *** solus', A *electissumae*. — P. 293. 17 *iure* add. post *** ***.; cf. ad p. 94. 25. — P. 293. 19 *[dixit]* Eberh.; ad p. 215. 1. — P. 293. 22 *illo* codd. a A et plerique, *eo* bcis all., recc. edd.; ad p. 220. 37. — P. 293. 23 *viri clarissumi* et a et A. — P. 293. 25 *de summa rei p. dignitate minueretur* cod. a cum plerisque (nisi quod plures *de summa dignitate reip.*), i. e., ut opinor, *de summa r. p. di(gnitate)min.*, A *de summa rei p. Gallos*, om. *demin.* — *fundam.*; ad p. 185. 14. — P. 293. 26 *fundam. rei p.* plerique, non opt., codd., Halm. II, Klotz., Hein. — P. 293. 29 *Italiam totam* unus cod. a, Halm. II, Klotz., *totam* om. b. — P. 293. 31 *ac tam nefando* codd. bciqs, Halm. II, Klotz., Hein. — Ib. *severius* codd. a A et multi all. (*severe* bisw), *[nimis] aliq. severius* Eberh. fort. vere. — P. 293. 33 *crudeliores* codd. biqsz all., Halm. II, Klotz., Hein. — P. 293. 35 *videamur* codd. praeter Bbciqs 4 Lgg., etiam a (errat Halm.) A, Kays., Eberh., Hein., *videamini* rell. — P. 294. 5 *etiam multo* codd. a (ex sil.) bcqs 2 Lgg., Halm. II, Klotz., Hein., *multo etiam* vulg. — P. 294. 8 *generum, omnium* add. Putsch., Richter. progr. Rastenb 1861 p. 18, Halm. II, Eberh., Hein. — P. 294. 10 sq. *loci ac templi* codd. bis all., Halm. II, Klotz., Hein., *templi et loci* all. (ad p. 85. 36). — P. 294. 15 *enim* ante *in* add. codd. bis all., Halm. II, Klotz., Hein.; ad p. 76. 16; *in* om. etiam A. — P. 294. 19 *hic* om. codd. biqs 2 Lgg., Halm. II, secl. Hein. — P. 294. 25 sq. *confirmatam in consulatu* codd. bcqs, Halm. II, Hein., *in cons. meo confirm.*, *conf. in meo cons.* all., *consul. conf. meo*, del. *in*, prorsus ut Sest. 4. 9 Richter. progr. Rastenb. 1861 p. 18. — P. 294. 34 *enim est* codd. besz 2 Lgg., Halm. II, Klotz., Hein., *est* om. 4 codd. (ad p. 144. 25). — P. 294. 36 *hoc* om. codd. a A all., Eberh., tuentur Klotz., Halm. II, Hein. — P. 295. 2 *quia* in cod. a esse non testatur Vollert. — P. 295. 3 *vere* om. codd. bis, edd., post *hanc* habent complures, *uerum* A. — Ib. *esse* cod. a, ante *iudicant* A et plerique, post *iudicant* t, om. bimsu, edd.; ad p. 238. 23. — P. 295. 4 *nati loco* codd. a A et plerique, *loco nati* bcdisz, edd. — P. 295. 5 *[non — sed]* Eberh. — P. 295. 6 *huiusce ordinis hominesque* cod. a, *huiusce ordinis q. homines* A, *hosce ordines hominesque* i, *hosce homines* p, *huiusce ordinis homines* tu all., *hos et huiusce ordinis homines* all. etc., unde apparet non meliorem fuisse archetypum codicum bis, sed prudentius ab his inventum esse, quod vel verum vel veri simile esset. — P. 295. 12 *tantum* codd. bcs all., Halm. II, Klotz., Hein. fort. recte, om. rell. — Ib. *audeat* codd. A bcis, non a ex sil. — P. 295. 13 *communem* om. codd. a A et pauci, Halm. I, Kays. — P. 295. 16 *posse sollicitari* codd. bcs, Halm. II, Klotz. — P. 295. 21 *atque lectulum* codd. bcis 2 Lgg., Halm. II, Klotz., Hein.; ad p. 75. 33. — P. 295. 24 *nisi vero* codd. praeter Lg. 65, Klotz. — P. 295. 27 *sustentatur*, non *-tantur*, in

ADNOTATIO CRITICA:

cod. a quoque ex sil., *sustantur* A. — P. 295. 36 *studio, virtute* om. codd. aAς all., Halm. I, Kays., Eberh., secl. Hein. fort. reote. — P. 296. 3 *ignem illum* codd. bcis all., edd. praeter Kays. — P. 296. 7 aut *omnium vestrum* aut *omnibus* (sic compl. codd.) Richter. progr. Rastenb. 1861 p. 18. — P. 296. 8—10 *Habetis — datur* om. cod. a. — P. 296. 17 *[non]* Eberh., om. dett. codd., Halm. II, serv. rell., *nemo non modo non* cod. A; ad p. 38. 26, 55. 17. — P. 296. 26 *esse iudico turpem* cod. a et plerique, *esse turpem iud.* Art, *iud. esse turpem* bcs et pauci all., edd. — P. 296. 27 *contemptam et* add. codd. bis et pauci, Halm. II, om. rell. — P. 296. 32 *mihi* codd. bcs all. (all. dett. *mihi illi fortasse, illi fort. mihi*), Halm. II, Klotz., Hein., om. rell. — P. 296. 34 sq. *gestae — conservatae rei p.* codd. bs et pauci all., Halm. II, Klotz., Eberh., Hein., quod miror, praesertim cum etiam p. 280. 17 non modo cod. a habeat *geste*, sed etiam Bqz Lg. 65 *gestae* (sed *conservata re p.*) et Pis. 3. 6 omnes codd. *bene gestae — conservatae rei p., rei p.* autem saepe falso codd. habeant ut hic A. — P. 296. 36 *ille clarus* codd. bois soli, Halm. I, Kays. — P. 296. 37 *Annibal* codd. bsz4Lgg., Halm. I. — Ib. *ex* add. codd. bcs all., Halm. II, Klotz., Hein. — P. 297. 2 *Karthag.* (*Kartag.*) codd. eluw soli, edd.; ad p. 92. 36. — P. 297. 3 *Paullus* Halm. II, Klotz., item p. 313. 4 et 332. 4 contra codd. omnes; ad Verr. p. 160. 16. — P. 297. 14 *quia hostes* codd. bis soli, Halm. II, Klotz., Hein. — P. 297. 15 sq. *in amicitiam* codd. bcs soli, Halm, Kays., Klotz., Hein., del. Eberh. — P. 297. 27 *conduction*: cod. A, non a ex sil. — P. 297. 36 *et pro meis* codd. bcis all., Halm. II, Klotz. (ad p 55. 2), *ac pro meis* i (ad p. 222. 17). — Ib. *et pro hac* codd. bcs soli, Halm. II; ad p. 64. 26. — P. 297. 37 *perspic.* codd. Aswx, cod. Lamb., Klotz., Kays., Halm. II, *prosp.* a (errat Halm.) et pleriq. (ad p. 53. 16), *consp.* cipqr 7 Lgg., Halm I, Eberh., Hein. — P. 298. 2 *in* om. dett. codd., Klotz., Kays.; cod. a habet *in terris fixa.* — P. 298. 5 sq. *meum parvum* codd. bisu 2 Lgg., Halm. II, Klotz., Hein. — P. 298. 8 *conservaverit* aliquot dett. codd., Halm. II, *conservavit* bis all.; ad p. 79 36. — P. 298. 11 *ac templis* codd. Ars all., Halm. II, Hein.; ad p. 75. 33. — P. 298. 17 *[possit]* Heumanno et Madv. auctt. Eberh., Hein., om. Halm. II.

Orationis pro Murena 'non habemus codices saeculo XV vetustiores, omnesque ex uno exemplo derivati sunt, quod Poggius initio saeculi XV primus ex Germania in Italiam portasse dicitur.' Quorum codicum Halmius in recensione ed. Or. II maxime usus est tribus, Helmstadiensi 304, nunc Wolfenbuttelano 205, eo, quem Wrampelmeyerus in compluribus *commentationibus* tractavit, G (in all. oratt. W), Monao. 68 *E, Monac. 15734* (Salisb. 34) M, qui Cluentianam aliasque habet.

ADNOTATIO CRITICA. LXXXI

praeterea 6 Oxonienses, 4 Parisinos, 12 Lagomars. aliosque non
constanter adhibuit. Zumptius in ed. a. 1859 dedit 'varietatem
ctionis integram codicum Lagomarsinianorum quattuordecim,
arisini n. 6869 (P?), Monacensis n. 68 (E), Monacensis n. 15734
I), Helmstadiensis (G)'. Denique Wrampelmeyer. de cod. G
um alibi disseruit, tum in progr. Hannover. 1872 p. IX n.
leckeiseni collationem eius cod. correxit non sine fructu;
am, etsi in hac quoque oratione nullus codex ita inter ceteros
minet, ut omnes auctoritate superet, tamen Guelferb. inter
os est, qui minime librarii libidine depravati sint. Lagomar-
inianorum 'meliores' appello 10, 24, 26, 65. Saepe infra
commemorantur ex iis, qui nuper hanc or. tractarunt, Boot.
lnem. 1856 p. 347—364, Bak. Mn. 1860 p. 225—242, Pluy-
ers. Mn. 1861 p. 97—100, I. F. Camp. Fleckeis. ann. 1866
. 179—190, I. Voelkel. Fl. ann. 1876 p. 506 sq., Francken.
ln. 1877 p. 295—320, F. Richter. progr. Rastenburg. 1861
. 18—25.

P. 299.1 *Quod prec.* Quintil. IX 4. 107, Donat. Ter. Andr.
II 4. 3, Halm. II (i. e. ed. Weidm. III a. 1878), Hein., *Quae depr.*
odd., *Quae prec.* Halm. I, Kays., Klotz. — P. 299. 4 *fidei*
mb., Halm., Klotz., Hein., *fides* codd. G Lgg. mell., om. rell.
codd., Kays. — P. 299. 5 *idem* Boot. p. 356, Halm. II, Hein.,
eadem codd., Halm. I, Kays., Klotz. — P. 299. 7 *et* om. cod.
Lg. 13, Zumpt., Hein. (ad p. 55. 2). — P. 300. 9 *consulem* Boot.
p. 356, Halm. II, Hein., *consul ei* (*eum* Lg. 9, *eidem* H; ad p. 29.
19) codd., Halm. I, *consul ea* Lg. 24, Kays., *consul consulem*
Voelkel., Klotz., *consul nunc* (*eum*) Teuffel. Fleckeis. ann. XCIX
. 858. — P. 300. 24 *derig.* codd. Lgg. 10, 65, Kays., Halm. II, Hein.,
dirig. cett. codd., Halm. I, Klotz.; ad p. 44. 27. — P. 300. 26 *[Cato]*
Halm. II. — P. 300. 35 *in manum* scr. (*de manu in manum*?; cf.
. 62. 18), *una* codd. (*amōna* G, ut testatur Wrampelm.), cum cruce
Halm. I, Kays., cum asteriscis Hein. Richtero auct., q. v. p. 19,
del. Halm. II, *iam* Klotz., Boot. (aut *mox*) p. 356, *tanta* Ieep.
progr. Wolfenb. 1862 p. 2, *summa* Hirschfelder., *anno ineunte*
Weber. progr. Weimar 1871 p. 6 sq., *cui rei publicae a me*
una trad. Madv. Adv. III p. 130. — Ib. *tradetur* Bak., Kraffert.
progr. Aurich. 1883 p. 117 prob. Luterbach. 'Zeitschr. f. d.
G. W.' 1884 p. 171. — P. 301. 2 sq. *[consul]* Madv., Halm. I,
Kays., Hein., del. Halm. II. — P. 301. 4 *que* del. Francken. p.
311; ad p. 29. 4. — P. 301. 9 *e* Quint. V 11. 23, recc. edd. praeter
Klotz. et Kays. — P. 301. 10 *praedicere* Quint. codd. dett.,
Halm. I, Kays. — P. 301. 12 *adfert* codd. et Quint., Klotz. —
P. 301. 13 sq. *ingrediuntur* codd. E 2 Lgg., Kays.; ad p. 39. 15.
— P. 301. 14 *animo esse* codd. Lgg. 24, 65, Quintil., Klotz.,
Kays., *esse* om. M; ad p. 238. 23. — P. 301. 18 *tempestates*

rei p. cod Lg. 9, Halm. II, *rei p.* om. Quint., delend. cens.
Kays p. 1448 ed. Or. — P. 301. 25 *tuleram* Bak., coni. Kays.,
scr. Halm. II, Hein., *tulerim* codd., Halm. I, Kays., Klotz.; ad
p. 174. 7. — P. 301. 26 *abrogarim* Wesenb., Kays., Klotz.; ad
p. 190. 35. — P. 301. 31 *At* Wunder. progr. Grimm. 1856 p. 18,
Halm. II, Hein., *At negat Cato* Momms., *At negat — Cato,
Catilinam* Voelkel. probab., *Negat Cato* Boot. p. 355, *Negat —
Cato, Catil.* Hotom., Richter. p. 19 cf. p. 300. 26, 304. 31, 331. 4,
Negas Kays.; cf. p. 464. 27. — P. 301. 33 *ex* om. 4 Lgg., Klotz.,
Kays., *et* pleriq. codd. (ad p. 381. 25). — P. 301. 37 *a re p.* codd.
M 4 Lgg., Kays.; ad p. 24. 1. — P. 302. 5 alter. *ad* om. codd.
Ox. χ 6 Lgg. mell., Halm. II; ad p. 84. 2. — P. 302. 13 *se* add.
Klotz., Kays., Hein., ante *ferre* Lamb., Halm., *ferme* codd.
(*forme* Lg. 86 G Wramplm. test.); ad p. 45 35. — P. 302. 17
tum etiam, si Richter. p. 19, Lehmann. Herm. 1879 p. 626,
Hein. Nihil omnino interesset, nisi sequeretur *non est negl.*
Etiam ante *si* saepe definiri nequit ad condicionemne magis
referendum sit an ad consequens. Ne p. 376. 6 quidem *etiam*
minus pertinet ad haec *si non esset* quam ad *verum — putetis
asciscendum fuisse*; p. 392. 31 non minus recte scribetur *denique,
etiam si quae* et ib. v. 37 *ut, etiam qui Gr. nesciunt*; cf. ad
Seyff. Lael.² p. 397. — P. 302. 24 *L.* all., Kays., Halm. II,
Klotz., Hein., om. codd., Halm. I. — P. 302. 25 *es* Halm. II;
ad p. 39. 15. — P. 302. 27 *consulatum, adfui, nunc* om. codd.
praeter M Ox. H Lg. 9, Klotz. — P. 302. 28 *petis* cod. Lg. 9
(*petit* Lg. 65), Kays., Francken. p. 299. — P. 302. 29 *[non]* scr.;
ad p. 55. 17. — P 302. 34 *ab eo* e cod. G (*habeo* Wramp. test.)
Halm. I; ad p. 29. 29. — Ib. *superatus* Pluyg. Mn. 1881 p. 134.
Murenae amicitiam in petitione consulatus a Sulpicio superatam esse, i. e. plus apud Ciceronem valuisse Sulpici amicitiam, dictum est v. 18 sqq — P. 302. 36 *summae* Bak., Halm.
II, *summa* Lgg. 24, 65 et duo all., *summam* rell. codd. (etiam
superbiom 2 Oxonn. et 2 Lgg., duo *superbia*), Halm. I, Kays.,
Klotz., Hein. fort. rect.; ad p. 191. 17. — P. 302. 37 *infamiam*
Gulielm., Kays., Hein., *formam* codd. E Lg. 20. — P. 303. 6
sic et si ceperis codd. E C H all., *sic exceperis, excipies, ceperis, excipereris* cet. all., *quibus laboribus haec ceperis* Halm II,
Hein., *quibus laboribus expetieris* Hirschf., *sic et si ceperis
honores* Ieep. progr. Wolfenb. 1863 p. 1, *sic existimo, quibus
laboribus ea ceperis* Camp. p. 179, *sic existimo, summus honos
si tibi datus sit, quibus moribus eum ceperis* Richter. p. 19, *labores, quibus ea expetieris* Voelkel., *sic haec si ceperis, quos
praeterea labores susceperis* Francken. p. 311 sq., *sic istam, si cuperes, ea cum adeptus sis* Landgraf. 'Philol. Rundschau' 1883
p. 1162 in. et Philol. XLII 1884 p. 202, *sic censeo, quos labores
beneficii adipiscendi spe susceperis* Madvig. Adv. III p. 131 n.

— P. 303. 9 *inertiae nota* Lamb., Halm. I, *inert. macula* Weber. progr. Weimar. 1871 p. 7. — Ib. *turpitudo* codd., Halm. I, Klotz., del. Boot. p. 550, Halm. II, Hein.; cf. p. 149. 17, 234. 12. — P. 303. 14 *quisquam* Gulielm., Halm., Hein., quod Latinum esse negat Bak. p. 226, *quam* codd., om. all., Klotz., *unquam* Wrampelm., *homo* Bak., Kays., *nemo nec ind. nec mis.* Francken. p. 312. — P. 303. 19 *antea* post *veneris* inser. Kays., ante *ven.* Boot. p. 355. — P. 303. 24 *idem* Halm. II tac., Hein.; ad p. 206. 21. — P. 304. 4 *[illos]* Halm. I, om. cod. G solus. — P. 304. 9 *hostis* cod. G unus, *hostes* Halm. I. — P. 304. 10 *repud. esse* Lamb., Boot. p. 355, Halm. II, Hein.; ad p. 238. 23. — P. 304. 12 post *militaribus* add. *decorato* Boot. p. 353, *ornato* Francken. p. 312, potest etiam *suis* intercidisse. — P. 304. 13 *ut* codd. G mell. Lgg., Kays., Halm. II, Hein., *ne* unus M, Halm. I (sed v. p. 1448), Klotz. (*ne in*), Boot. p. 353, quod ferri posset, nisi sequeretur *paene, ne ut* codd. E 8 Lgg., *ut ne* Camp. p. 180; ad p. 158. 7. — P. 304. 25 *[etiam]* Halm. I ex uno cod. G; ad p. 142. 13. — P. 304. 35 *convivio* Lamb., Hein., *comissatione* Wrampelm. (*comitione q̄ temere* cod. G, i. e., ut opinor, *convitio neque tem.*), *aut scurr. aliquod convicium* Halm. II, *ex* om. codd. Ox. T χ 5 mell. Lgg. (ad p. 84. 2). — P. 305. 5 *id* potius quam *hoc* 8 codd. Lgg. dett., Klotz., Kays.; ad p. 175. 23. — P. 305. 7 *potest?* scr.; ad p. 40. 3. — P. 305. 9 *[et]* Kays. — P. 305. 10 *quaeque* pro *quamquam* e cod. G, ut videtur, Halm. I; *quamquam* in G quoque esse testatur Wrampelm. — P. 305. 13 *potest? Nihil, inquam* Halm. I (ad p. 40. 3). — P. 305. 14 *omnino. Iudicio sic* codd., Zumpt., Klotz. — P. 305. 16 *[in vita]* Ern. auct. Halm. I, Kays., Hein., del. Halm. II. — P. 305. 27 sq. *a te* Camp. p. 180, Klotz., Francken. p. 312, Halm. II, Hein., *neque abs te dign. vinci* Boot. p. 357. — P. 306. 2 *[et historicis]* Bak., Kays. — P. 306. 16 *sua* Halm. II, Hein., *sui* codd., Halm. I, Kays., Klotz. — P. 306. 20 *[novis hominibus]* Bak. auct. Kays., Bootio p. 350 Hein., Francken. p. 301, del. Halm. II. — P. 306. 22 *id agebam* pro *iacebant* Badham Plat. Euthyd. et Lach. p. LI, *me anteibant* Francken. p. 301. — P. 306. 26 *reteri* Prisc. I p. 339. 20, Klotz. — P. 306. 27 *filio, consule,* edd.; ad p. 61. 25. — P. 306. 32 *crimini?* — P. 306. 37 sq. *quemquam vestrum* Lgg. 10, 26, 65 et 6 all., Klotz., Kays., Hein. fort. recto. — P. 307. 1 *pares* codd. G M Lg. 9, Halm., Hein., *pari* (*pare* Lgg. 25, 26, 86) rell. codd., Klotz., Kays. fort. recte. — P. 307. 2 *locum* add. Momms., Halm. II, Hein., *primas* Richter. p. 19. — P. 307. 4 sq. *habet — est* Bak. p. 222, Pluyg. p. 97, Halm. II, Kays., Klotz.; ad p. 39. 5. — P. 307. 14 *transactum* coni. Halm. p. 1448 Or., scr. Hein., *traductum* coni. Matthiae. et Voelkel. — P. 307. 21 *omnibus* Richter. p. 19 cf. Sext. 3. 7, Halm. II, Hein. fort. reote, sed non magis necess. quam

LXXXIV ADNOTATIO CRITICA.

p. 317. 9 *omnes*; etiam p. 311. 20 codd. *homines.* — P. 307. 31 *[L. Lucullo]* all., Beneck. progr. Pos. 1833 p. 13 sq., Kays. — P. 307. 32 *loquar* codd. praeter M, Klotz.; ad p. 80. 16. — P. 307. 35 *ei* potius quam *huic* add. Klotz. — Ib. *impertiit* 'Lambini emendatio recipienda erat' Halm. p. 1448 Or., Klotz. — P. 308. 2 *parem* Bak., Halm. II, Hein., *pari* codd. (om. G), Halm. I, Kays., Klotz. — Ib. *eadem in* unus cod. Lg. 26, Klotz., Kays. — P. 308. 6 *Tot annos forum* Richter. p. 19 ex., *tot annis forum* Halm. II a Quintil. V 13. 27. — P. 308. 7 *ut, cum* codd., Kays., *et* Quintil. — P. 308. 8 *iis* codd. Lgg. 25, 65, Klotz.; ad p. 175. 23. — Ib. *habitarunt* codd. E 9 Lgg. dett., Quint., Pluyg. p. 98, Klotz.; ad p. 39. 15, 174. 7. — P. 308. 13 *idem* codd., Zumpt.; ad p. 206. 21. — P. 308. 16 sq. *potes dubitare* Zumpt., Voelkel, Hein., *potest dubitare* codd., *potest dubitari* vulg. — P. 308. 22 *[instituis]* Boot. p. 351, Kays., Voelkel. — P. 308. 24 *[et scil]* Bak. auct. Kays., Boot. p. 351, Voelkel., Francken. p. 310. — P. 308. 34 *conticisc.* codd. G Lg. 25, Halm. I, Kays. ut p. 436. 33 cod. P, *delitisc.* p. 10. 16 P, 58. 13 E, 538. 5 P; *contremisc.* 541. 13 edd., *contremesc.* P, 535. 4 *revivesc.*; ad Cat. M. p. 139. 29. — P. 308. 36 *diutius* post *te* add. Halm. II, post *versari* Richter. p. 20; v. Zumpt. p. XL in. — P. 309. 1 *dilexisti* Camp. p. 181, Halm. II, Hein., *didicisti* codd., Halm. I, Klotz., *diligis* Kays., Voelkel. (aut *quo* — *delectaris*); v. Seyff. Lael.² p. 221. — P. 309. 6 *ista* Halm. II, Kays., Hein., *illa* codd., Halm. I, Klotz.; ad p. 45. 12. — P. 309. 8 *concilient* Ern., Halm. II, Kays., Hein., *conciliant* codd., Halm. I, Klotz.; cf. ad Fin. p. 198. 9, Verr. p. 149. 34; hic p. 174. 7. — P. 309. 11 *his* codd. E M Lgg. praeter 8, 13, 65, Halm. II, *iis (eis)* rell. (?); ad p. 175. 23. — P. 309. 15 *[dicendi]* Boot. p. 351, Kays., Hein., del. Halm. II. — P. 309. 34 *petebatur* codd. E 7 Lgg. (*potebatur, putebatur*), all., Zumpt., Francken. p. 307, *petebantur* vulg. — Ib. sq. *[Cn. Flavius]* Bak., Kays. — P. 309. 36 *edisc.* codd. M S χ Lg. 9, non G, Halm. I, Kays., Hein., *disc.* (*elisc.* (sic G Wrampelm. test.), *elig.*) cett., Halm. II, Klotz. — P. 309. 37 *capsis* Madv., Halm., Hein., *causis* codd., Klotz. — Ib. *iuris consultorum* Klotz., Hein., *iuris consultis eorum* codd., *iuris consultorum eorum* Halm. II, *iure consultorum* Madv., Halm. I (ad p. 310. 11), *cautis iureconsultis eorum* Or., Kays., sed hic *[et ab — compilarit]*, *et ipsas capsas iuris consultorum sapientia comp.* aut *et ipsis capsis iuris cons. sapientiam comp.* Voelkel. — P. 310. 1 sq. *promulgata* codd. G Lgg. 26, 65, Halm. I; v. Francken. p. 307, infr. v. 28. — P. 310. 2 *agi lege* Kays., *lege posset agi* all. — P. 310. 9 et 13 et 312. 28 (hic except. G) *manu* codd., Zumpt., Kays. — P. 310. 11 *iuris cons.* omnes codd., Halm. II, Hein., *iure cons.* Klotz., Halm. I, Kays.; cf. 309. 37, 310. 31, 311. 24. — P. 310. 18 *[PRAESENTIBUS]* Halm. II, Hein., om. cod. Ox. χ, *suis utrique superst*

ADNOTATIO CRITICA. LXXXV

...Francken. p. 312 sq.; v. Luterbach. 'Zeitschr. f. d. G.
... p. 164. — P. 310. 25 *et haec † sed: ANNE* Kays., *et*
... Hirschf., *sed haec sed* pleriq. codd., alter. *sed* del.
...II, Hein. — Ib. *DICAS* a Gaio Halm. II, Hein., cod.
... 10 *dicus*, 26 *dius*, 65 *ditus*. — P. 310. 28 *promulg.* cod. G
... item ut p. 540. 37, Halm. I; v. v. 1. — P. 310. 31 *iuris*
. cod. Lg. 13 solus, Francken. p. 307 sq.; ad v. 11. — P.
1. 2 *alicuius iuris cons.* (*I. C.*) Francken. p. 313. — P. 311.
putarent codd. praeter Lg. 1 (propter praec. *ut*, item p. 313.
), Zumpt., Kays. — P. 311. 6 *post* Pluyg. p. 98 et Mn. 1881
135, Halm. II, Hein., *per* codd., vulg. (ortum, credo, ex *pos*).
P. 311. 9 sq. *[consularis]* Halm. II, Hein. cf. p. 309. 25. —
311. 11 sq. *gratiae — minus* vulg., Halm. I, Hein., *gratiae
minores* codd. praeter Lg. 9, in quo est *maiores*, unde Zumpt.
Kays. *gratiae — inanior est, gratia — minus* Halm. II,
... fort. rect. — P. 311 12 *in promptu* cod. Lg. 9, Zumpt.,
uyg. Mn. 1881 p. 135. — P. 311. 13 *gratiosum* Francken.
313. — P. 311. 15 *aliquam diu (aliquandiu)* codd. praeter
et Lgg. 9, 20. 25¹, Klotz.; v. Francken. p. 302. — P. 311.
iure cons. Halm. I; ad p. 310. 11. — Ib. *[esse]* Ern.,
.., Kays., Hein., del. Halm. II, Francken. p. 307; v. Sorof.
ogr. Potsd. 1861 p. 11; *me esse iur.* cod. G unus, Halm. I,
ris cons. me esse Lg. 24; ad p. 238. 23. — P. 311. 26
nos om. cod. G, Pluyg. p. 98 sq. — P. 311. 34 *antecellet*
dd. praeter Met Lg. 7 (unus *antecelleret*), Klotz.; ad Off. p.
. 12; Balb. 6. 15 *excelleat* codd. GE, Pis. 38. 94 *excellent*
... — P. 311. 37 *delapsi*, et *ut* Lamb., Kays.; ad p. 55. 2.
P. 312. 1 *potuerunt* codd. E 5 Lgg. dett., cod. A Quintil.
III 3. 79, Zumpt.; v. 2 *potuerunt* codd. EG 11 Lgg. dett.
0, 26, 65 *potuerint*), Zumpt., Kays.; ad p. 39. 15. — Ib. *nos
..*ntil., *non nullos* codd., Klotz., Halm. I, Kays., *apud nos* Cobet.
. 1860 p. 335 sq., Halm. II, Hein. supervac. *Apud nos fieri
..*rtet, quae *nos* videmus, contraria iis, quae *aiunt* fieri apud
ios. — P. 312. 2 *[eos]* Kays. — P. 312. 3 sq. *magna res
... Quint.* IX 3. 86; ad v. 31. — P. 312. 11 *possint* codd.
Lgg. 10, 12, Francken. p. 308, *possent* M (ad p. 173. 32), *possunt*
...; ad p. 174. 7, 73. 3. — P. 312. 13 *[boni]* Pluyg. Mn. 1881
135. — P. 312. 15 *autem virt.* Halm. II. — P. 312. 18 *adpos.
...*) Lamb., Halm. II, Klotz., Hein., *deposit.* rell. codd., secl.
.., Kays., *dispossit.* G, *dispos.* Halm. I. — P. 312. 20 *[aliqui
...novus]* Hein., *aliquo motu novo* Camp. p. 182, Halm. II.
Ib. *coëgit* Francken. p. 313, *coepit* vulg.; cf. ad p. 376. 14,
14. 21. — P. 312. 29 *[Sulpici]* Halm. I, Kays., om. unus cod. G.
. P. 312. 31 *ars potius* quam *res* unus cod. Ox. S, Halm. II.
... v. *à Bakio placuit* nec displic. Halmio corrig. *magna ars,
quo v. Luterb.* Zeitschr. f. d. G. W' 1884 p. 163, ad Fin. p. 254.

ADNOTATIO CRITICA.

37, hic p 40. 31, 83. 36, 309. 23, 321. 3, ad 368. 25, 381. 34, 417.
3, 541. 9 cet. — P. 313. 6 *clariss.* Klotz., Halm. II, Hein., *gratiss.*
codd.χ Lg. 13, Halm. I, Kays, *graviss.* rell. codd. — P. 313. 9 *rege*
Prisc. II p. 74. 21, Halm. II, Klotz., om. rell. recte. — P. 313. 10
aequa parta Kays. (Fleckeis. ann. 1860 p. 776), Halm. II,
Klotz., Hein., *aequa parata* Sorof. progr. Potsd. 1861 p. 12, *si
qua parta* codd., *aequiparata* Madv., Halm. I. — P. 313. 15
statuam omn. codd. praeter M, Zumpt., Kays.; ad p. 311. 3. —
P. 313. 16 *cum Scip.* serv. Klotz., del. Halm. II. — P. 313. 20
Carthag. omnes codd., ut videtur, praeter G, p. 324. 17 certe
Lgg. praeter 86, Halm. II, *Karth.* rell.; ad p. 92. 36. — P. 313. 22
putaret? — Ib. *Atque* Camp. p. 183, Hirschf.; v. 8 codd.
ECT5Lgg. *atque*; ad p. 142. 9. — P. 313. 25 *[regem]* Halm. I, om.
cod. G solus, *reg. nim.* del. Halm. II nescio cur, quamquam non
probo Franckenum p. 306 (*hunc, regem nimirum, antep.*); *regibus* v. 24 del. Richter. p. 20. — P. 313. 28 *cum bellum* (sic
codd.) *invexisset* Kays., Halm. II, Hein.; *totam* codd., Halm. I,
Kays., Klotz., *totum* Niebuhr., Halm. II, Hein., *cum bello invectum in Europam in Asia* Francken. p. 314, *cum bellum invectum t. i. A. confecisset* Lehmann. Herm. 1879 p. 626 sq. —
P. 313. 34 *[Sertorii — suis]* Bak., Kays. — P. 314. 1 *et prius*
del. Halm. II; ad p. 55. 2. — P. 314. 4 sq. *exstitisset* codd.,
Kays., Klotz. fortasse tolerab.; v. Richter. p. 20. — P. 314. 6
putavisset codd. E8Lgg. dett., Kays., Hein.; ad p. 79. 36. — P. 314.
7 *perempta ita* scr., *perfecta* codd. et edd., *ita perfecta* Halm. II.
Perfecta haec non intellego; *haec* non possunt non esse consilia regis. — Ib. *ab Lucullo* ex ed. Asc. Halm.; ad p. 24. 1.
— Ib. *et* add. Halm. II, Kays., Hein.; ad p. 55. 2. — P. 314. 15
Mithridates post *aliquando* add. Bak., Kays. — P. 314. 16 sq.
sibi (*si* Lgg. 65, 86; fort. *Tigrane*) — *bellum renov.* Richter.
p. 20 cf. p. 83. 20, *se — renov.* vulg., *se — adornarit* Halm. II,
Hein, *se — relevarit* A. Hoffmann. 'Zeitschr. f. d. G. W.' 1865
p. 946. — P. 314. 23 *[neque] tanta* Kays., del. *neque* Halm. II,
Hein.; ad Off. p. 135. 7 ed. 1882; *neque tanta gloria L. Luc.
profligasset* Richter. p. 20. — P. 314. 24 *conficiendi negotium*
Boot. p. 358, Halm. II, Hein., *conficiendum exitum* codd. praeter
M, Halm. I, Kays., Klotz., *conficiendi exitum* cod. M, all.,
Richter. p. 20, *eius belli exitum* Voelkel. — P. 314. 28 *depugnata?* — P. 314. 29 *Bosphor.* codd. praeter E (*bosfor.* Lgg. 24,
26, 65), Klotz., *Bospor.* vulg.; ad p. 77. 16. — P. 314. 31 *animum* potius quam *nomen* Camp. p. 183 prob. — P. 314. 32 *ipso*
codd. praeter GLg. 9, Klotz. — P. 314. 33 *atque* ex uno cod. G
Halm. I (ad p. 75. 33), *ac remotis* Francken. p. 314. — Ib. *[tamen]*
Kays.: v. Francken. p. 314. — P. 314. 35 *sollicitarat* Camp.
p. 184. — P. 314. 36 *expulisset* Ern. auct. Halm. II. — P.
315. 2 existim. (*extim.*) codd., Halm. I, Kays. — P. 315. 3 *tum*

ADNOTATIO CRITICA. LXXXVII

ante denique Man. auct. add. reco. edd. errore, ut opinor, praeter Halm. II; cf. vel p. 445. 9. — Ib. sq. *arbitraretur?* codd., Klotz. et Kays., sed hic add. v. 2 *a Pompeio* post *est*, *arbitraremur?* Lamb., Halm. II (hic retracto interrog. signo post *gesserunt*), Hein.; cf. ad p. 209. 2. — P. 315. 12 *in reliquis* Ern., Halm., Hein.; v. ad Off. p. 28. 12 ed. 1882. — P. 315. 14 sq. *agit. commutationesq. fluctuum* de Kays. coni. (p. 1448 Or.), nisi quod is *fluctus* voluit, Halm. II, Klotz., Hein., Francken. p. 308, *agit. commutationes fluctus* Quint. VIII 6. 49, *agitationesque fluctuum* codd. G χ ψ Lgg. praeter 9, 24, 26, qui non habent *que* (ad p. 39. 4, 234. 11 sq.; *quantos fluctus* Lg. 9, *quos fluctus* M), *agitationes fluctuum* Halm. I, Kays. — P. 315. 16 *interm. unus*, v. 17 *saepe et pert.* (ad p. 55. 2) Quintil., Halm. II. — P. 315. 24 *opibus* Heumann., Kays. — P. 315. 27 *Mallio* codd. E G M C ψ 3 Lgg. dett., Halm., *Manlio* 10 Lgg.; Kays., Klotz., Hein. — P. 315. 33 *ex* prius delend. censeo. — P. 315.35 *ita obscura causa* Lamb., Boot. p. 355 non prorsus necess.; v. Seyff. Lael.² p. 172 m., infr. p. 442. 6 *in ipsis dis – eosdem solemus venerari*. — P. 316. 1 *multum* Or. auct. add. Halm. II, Richter. p. 21, om. vulg., *consulatu tum, consulatum tum, consulatum, consulatu ut cum* (G Wrampelm. test.) codd. (Zumpti adnot. intellegi nequit). — P. 316. 9 *comes* codd., Zumpt., Kays. — P. 316. 10 *desiderarat* Ern. auct. Halm. II, Hein., *desiderabat* vulg. — P. 316. 13 *tum apud* codd. M et Lg. 26, Francken. p. 308 fort. rect.; cf. ad Verr. p. 156. 2. — P. 316. 15 sq. *[suffr. milit.]* Urlichs. Mus. Rhen. 1878 p. 153 sq., Hein.; v. Iw. Mueller. 'Jahresber.' VI vol. XII 1878 p. 215. — P. 316. 21 , *ipse cum* Zumpt., Kays., : *iste cum* Hein.; ad p. 70. 5. — P. 316. 24 *praerogativae* Zumpt., Kays., Halm. II, Hein. fort. vere; cf. p. 330. 36. — P. 316. 32 *Minus esse* Pluyg. Mn. 1861 p. 35. — P. 316. 37 *[sed]* Kays., *Et* Bak inscite. — Ib. *[ab delect. omni]* Bak., Kays.; *a delect.* codd. M Lg. 9, Zumpt.; ad p. 24. 1; *communi* (aut *inani*) Beneck. progr. Posn. 1833 p. 15, Halm. II, Hein., *omni* vulg., *ab relaxatione animi* Madv. Adv. III p. 131. — P. 317. 10 sq. *[non solum — fatentur]* Cobet. Mn. 1860 p. 336, Boot. p. 352, hic p. 351 sq. etiam v. 6 sq. *[quae ad lud. pert.]*. — P. 317. 18 *opera militari, sit par militari suffragatio urbana* all., Klotz. (malim cum Lamb. *sit par militari suffragationi urbana*), *forensis operae militari, militaris suffragationi urbanas* et p. 316. 28 *suffragationi militari* Voelkel. p. 507, *urbane* codd. G Lg. 9, *urbana* rell. — P. 317. 21 *istius sortem* 6 codd. Lgg. dett., Kays., Klotz.; ad p. 361. 15. — P. 317. 25 *offensione vitata* codd. praeter G (*offensionem vitata* Wramp. test.), Zumpt., Kays.; v. Francken. p. 309. — P. 317. 31 † *caten.* Kays., *tabularum* Zumpt., Hein., *tabellarum* Hammer. 'Blätter f. d. B. G. W.' 1878

p. 703, *calumniar*. Richter. p. 21, *calumniatorum* R. Hoche
Fleckeis. ann. 1861 p. 276, *rabularum* Voelkel., *calendariorum*
H. Netleship 'Iourn. of Phil.' VII p. 14, *latebrarum*? — P.
317. 33 *alienatus* Halm. II, Hein. — P. 317. 35 *est* Lamb. auct.
del. Halm. II, retin. cett.; ad p. 144. 25. — P. 318. 6 *ipse* codd.,
Kays., Klotz. — P. 318. 11 *intelligunt* codd. GMχ5Lgg. mell.,
recc. edd.; ad p. 39. 15, 174. 7. — P. 318. 16 *[Servius]* et v. 18
[consulatum] Halm. II, Kays., Hein.; cf. p. 319. 26. Miror
v. 17 *soli* intactum relinqui. — P. 318. 19 sq. *[et] agere [et
dicere]* Bak., Kays. — P. 318. 21 *accusatorem* Camp. p. 184,
Halm. II, Hein., *senatorem* codd., vulg. — P. 318. 29 *Quid? ergo*
Halm. I ut p. 269. 8, non 320. 9. — P. 318. 36 *denunt.* Bak., Madv.
Adv. II p. 208, *declam.* codd. et edd. — P. 319. 7 sq. *de candidato rumore* Ieep. progr. Wolfenb. 1862 p. 2, Kays., Halm. II,
Hein., *candidatorum* codd., vulg., *candidatorum animi intimorum*
Wrampelm., prob. Francken. p. 315, quod miror. — P. 319. 9
statim scr. (*statim facere aliquid et operam reservare* contraria),
testam (*testem, restam, textam, certam*) codd., *totam* Lamb.,
Halm. I, Hein., *molestiam omnem* Kays., *susceptam rem*, del.
aut, Klotz., *ut desertam* Halm. II, *molestam rem* Wrampelm.,
molestam rem totam Francken. p. 315, *certe eam rem abic. ac
suam op.* Richter. p. 21. — P. 319. 26 *[consulatus]* Rinkes or.
I Catil. thes. XXXIII, Boot. p. 351, Kays., Hein., del. Halm. II;
cf. p. 318. 8; Luterbacher. 'Jahresber.' in 'Zeitschr. f. d. G. W.'
1884 p. 164. — P. 319. 28 *[te]* Boot. p. 353, Kays., Halm. II,
Hein. probab.; ad p. 45. 35. — P. 319. 30 *si* add. Wunder.
progr. Grimm. 1856 p. 20, Halm. II, Hein., *existimans* Cobet.
Mn. 1860 p. 336, Boot. p. 353 (*aut sed vehem. errasti*), *existimasti — posse? Veh.* vulg. — P. 320. 9 *[haec]* Halm. I (sed v.
p. 1448), Boot. p. 349, om. cod. G solus. — P. 320. 11 *[tulit]*
Boot. p. 351; cf. ad p. 215. 1. — Ib. *proderat* Ern. auct.
Halm. II. — Ib. *Quid? illa* Lamb., Halm. II, Hein. prob. —
P. 320. 16 *civitatibus* codd. praeter GPSt.Vict., Kays. — P.
320. 19 *[occulta]* Bak., Boot. p. 349, Kays., om. cod. G. —
P. 320. 25 *Q.* add. Klotz., Halm. II, Hein. — P. 320. 36 *comparas* Lamb. auct. Kays.; ad p. 39. 15. — P. 321. 2 *secessiones* Camp. p. 186, Halm. II, Hein., *secessionem* vulg.; cf. ad
p. 266. 3. — P. 321. 3 sq. *creta ipsa candidatorum obscurior
evadere solet* scr., *creta ipsa suppeditavit* Franck. p. 316 (*obsc.
videri solet*), *evadere* Fr. Hankel. Comment. phil. sem. Lips. 1874
p. 282 (*spes cand.*), *certe ipsi candidatorum obscurior ei* (*obscuriores*
soli MT4Lgg.) *videre* (G, *videri* rell.) *solet* (*solent* idem qui
obscuriores et χ) codd., *certe ipsi † cand. vultus* (ed. Ven.)
obscurior ei videri solet Halm I, *certe ipsi † eand. obscuriores
videri solent* Kays., *esse ipsi candidato obscurior spes videri
solet* Klotz., *certe spes cand. obscuriores videri solent* Tischer.,

ADNOTATIO CRITICA. LXXXIX

Camp. p. 186, Halm. II, Hein., *ipse candor cand. obsc. eis videri solet* Iesp. progr. Wolf. 1862 p. 3, all. al., *cretae ipsae — obscuriores videri solent* Madv. Adv. III p. 182. — P. 321. 6 *ope milit.* Hein., *spe consulatus* Halm. II. — Ib. *tum* a G quoque cod. abesse testatur Wrampelm. — P. 321. 10 *percussi* codd. praeter E Lgg. 9, 20, 86 et paucos, Klotz., Kays. — P. 321. 11 *ipsius erat* codd. E Lgg. 20, 24, 25, 65, 86, Halm. II, *erat ipsius* roll. — P. 321. 15 *mihi vim* Camp. p. 186. — P. 321. 20 *percrebuiss.* codd., Klotz., *percrebr.* Halm., Kays., Hein.; ad Verr. p. 202. 7. — P. 321. 31 *iis* codd. E Lg. 20, Halm. I; ad p. 175. 23. — P. 321. 37 *cum*, non *si*, cod. M, Klotz., Boot. p. 348. — P. 322. 5 *nimium* scr., *tum* codd. M Lg. 9, *cum* mell. Lgg., *cur*, *cue* all., *qui* E 4 Lgg., *que* G, *cuncta* Halm. II, Hein., *timebant. Atque erup.* Momms., Halm. I, Richter. p. 23, *tim.: tum erup.* Klotz. et secl *tum* Kays., *tim.; itaque crup.* Boot. p. 358 sq., Francken. p. 309. — P. 322. 7 *ille idem* codd. E G Lgg. 20, 24, Halm. I. — P. 322. 13 sq. *[in campum]* Halm. p. 1449 Or. II, Boot. p. 354, Kays., Hein., del. Halm. II. — P. 322. 15 *aerata* Voelkel., *alata* Francken. p. 316. — P. 322. 19 *factum est* codd. G Lg. 1, Halm. I. — P. 322. 22 *a* codd. E Lg. 9, 20, Kays.; ad p. 24. 1. — P. 322. 34 *reliquus est* Halm. I ex uno cod. G, in quo est *relictus est*, *est relictus* cett. praeter M Lg. 9, qui om. *relictus*. — P. 322. 35 *iis* 4 codd. Lgg., Klotz., Halm. I, Kays. ad p. 175. 23. — P. 322. 37 *C.* edd. post Zumpt., *P.* Halm. I; *Postumio* ex ed. Asc. Halm. I, item p. 323. 26 et 35, 329. 11. — P. 323. 16 *in hunc* scr., *unum* codd., vulg., *ultimum* coni. Momms., *summum* Pluyg. Mn. 1881 p. 135, *unum post alterum* Camp. p. 186. — P. 323. 18 *ei* add. Balm. II, Kays., Hein., *relicta ei* Richter. p. 21, ... Klotz., *a maioribus* coni. Kays. p. 1449 Or., Camp. p. 186. — Ib. *parata* codd. praeter Lg. 65 ut Off. I 26. 92 p. m. praeter B, Phil. II 27. 65 ex. ag, Klotz., Kays., Hein. — P. 323. 20 *sint* codd. G γ Lgg. 24, 65, Halm., Kays., Hein., Francken. p. 309; ad p. 73. 3, 217. 11. — P. 323. 26 *accusare* ante *accusat* add. Halm. II. — Ib. *accusat P. Postumius* (ad p. 322. 37), *pat. am.* Halm. I invitus, ut videtur; codd. *acc. pat. am. tum postumus.* — P. 323. 29 *filius* Zumpt., Kays., Halm. II, Hein., *filii* codd. (*fil.* Lgg. 20, 25, 86, om. G), Halm. I, Klotz. — P. 323. 31 sq. *quamquam a — tamen ea* codd., Halm. I, Klotz., emend. Kays. — P. 323. 32 sq. *[nobilis]* Momms., *[nobis]* Halm. I, Kays., Klotz. ex ed. Ven., *nobis videbatur in hac c.* Camp. p. 186 sq., Halm. II, Hein., *nobilis erat in hac civitate*, del. *natus*, Francken. p. 317, *nobilitatem in hac civ. nactus est* Richter. p. 22. — P. 323. 33 *et* cod. Lg. 86, *ut* pleriq. codd., Zumpt., Klotz., *atque* Ox. T Lg. 24, Halm. I, Kays., Hein.; ad p. 85. 36. — P. 323. 34 *alienissimis, exitio* Richter. p. 22, Balm. II, Hein., *alienis exitio* codd. M Lg. 9, vulg., *alienissimo* 7 Lgg. mell., *alienis ex* mo G. — P. 323. 35

ADNOTATIO CRITICA.

deberet codd. praeter GMP, Klotz., Kays., *deberent* GMP, Halm., Hein.; ad p. 75.36, 203.18, 277.24, 364.35, 393.19, 464.14, Off. p. 44.17; p. 388.35 sq. *posita — defixa* coni. Halm. — P. 324.4 *ei est* Hein., Halm. II. — P. 324.11 *[illud]* Halm. I, om. unus cod. G; Francken. p. 309 'dubitat, an sententia explicativa post pronomen demonstr. *ne* aspernetur' sine causa. — Ib. *deprecor* cod. Lg. 65, Stangero auct. Kays.; ad p. 80.16. — P. 324.15 *prodesse possit* codd. GMPLgg.9,10, Kays., Hein. (*prodesse possint* Lg. 65, *prodesset* E7Lgg.); ad p. 173.32. — P. 324.22 *vim* om. codd. M¹Lg.9, Halm., Hein., Francken. p. 318, serv. Klotz., Kays., *[dignitatem]* Klotz., del. Kays. — P. 324.26 *nam ita trad.?* — P. 324.32 sq. *non maiorem aliquam auct.* Francken. p. 318; cf. Camp. p. 187. — P. 327.7 *non possum* coni. add. codd. MHLg.9, Klotz., Halm. I, Kays., Hein., *non audeo* Lg.24, *nolo* Boot. p. 350, Halm. II. — P. 325.8 *in re* post *forsitan* add. codd. MLg.9, Zumpt., Kays., ante *forsitan* unus Paris., *in te fors.* Lamb., Francken. p. 302. — P. 325.10 *sed* codd. Halmi, 8 Lgg., Halm. II, Kays., Hein., Francken. p. 303, *si* Lg. 26, *sed si* 5 Lgg., Halm. I, Klotz. — P. 325.11 *non te* del. Halm. I, *nonne verissime — videare?* Klotz. — P. 325.12 alter. *te* del. Halm. I; ad p. 45.35. — P. 325.17 *istuc* Ern., Klotz., Kays., Halm. II, Hein., *his (iis) tot* codd. (accessitis *tot* G Wrampelm. test.), *istoc* Richter. p. 22, *his dotibus* Halm. I; ad N. D. p. 94.26. — P. 325.18 *aut* del. Lamb. auct. Halm. II, Klotz. non recte; ad Off. p. 7. 9 ed. 1882. — P. 325. 20 *aut apud imperitam multitudinem* Kays. et del. *aut* Halm. II, Hein., *hab. ad imperitam mult.* Klotz. — P. 325.29 *huius modi* codd. GLgg.7,9,13 corr., 26 soli, edd. praeter Klotz. fals.; ad p. 126.28. — P. 325.31 *viri boni* Richter. p.22, Pluyg. Mn. 1881 p. 135 cf. hic p. 326.25. — P. 325.36 *[esse dicunt]* Bak., Kays., Halm. II non bene; ad p. 215.1. — P. 326.26 *esse genera* codd. GLgg.7, 24, Halm. I. — P. 326.34 *temperatior* codd. MCHST 6 Lgg., Hein. Eadem varietas Verr. IV 38.83, Vat. 1. 1 al.; infr. 392.14 *temperatiss.* codd. omnes, etiam Cusan., Pis. 10.22 *intemperatiss.* F, sed p. 193.9 *obsolentior* EFSM all., 407.14. *locuplentis* V, 472.28 *interroganti* PM, 506.7 *quaetante (qui aetate)* P, 588.14 *inconsiderantiss.* PGE, prov. cons. 4. 6 *referentissimam (refertiss.)* P, Balb. 5.12 *spectanti* PG. — P. 327.4. sq. *[aut non dixisses]* Kays. — P. 327.5 *si posuisses, mit.* Halm. II, *seposuisses (si pos.* solus G, non. om. anteced. *aut* Wrampelm. test.) *aut* (om. unus Lg. 20) *mit.* codd., Halm. I, Kays., Klotz., *si propos., mit.* Halm. p. 1449 Or. II, *si promisisses, mit.* Hein., *si potuisses, mit.* Hotom., *si posses, mit.* Niebuhr., *si dixisses, mit.* Camp. p. 188 sine dubio eadem de causa, qua Madvigio Fin. I 20. 70 p. 131 in Halmi emendatione, *ut mihi* videtur, certissima *saepe evenire videmus* 'non

ADNOTATIO CRITICA. XCI

placet post fieri subiectum aliud verbum'. V. fam. VI 1. 4 et
5, VI 21. 1, Inv. I 43. 80, 54. 104 ex., Top. 11. 50 ex., Tusc. I
30. 73, 36. 86, Verr. IV 51. 113 ex., Pis. ex., Phil. II 7. 17, infr.
p. 541. 2 sq.; 335. 5 sq. — P. 327. 10 *isti ipsi mihi* codd. M 9 Lgg.,
Klotz., Kays., Hein., *mihi isti ipsi* E 8 Lgg., *mihi* om. Lg. 24¹, 25,
ipsi mihi isti G, Halm. I secl. *ipsi, isti mihi* Halm. II. — P. 327.
15 *Nihil* edd. praeter Kays., qui Zumptio auct. ex Lg. 9 recep.
Nihil omnino, immo (*ymmo, imo*) cett. codd. (Lg. 24 *non, immo*).
— Ib. *gratiae concesseris* cod. Lg. 9 facili coniectura, Zumpt., Kays.,
Boot. p. 348 (aut *gratiae causa feceris*), Voelkel., Hein., *gratiae*
(*gratis*) *confeceris* codd., *gr. causa cesseris* Halm. I, *gr. c. feceris* ed.
Crat., Klotz., Halm. II, *nihil omnino gratiae cesseris* Francken.
p. 303. — Ib. sq. *insistito*, del. *gratiae*, e cod. Lg. 9 Zumpt.,
Kayser., Francken. p. 303. — P. 327. 17 sq. *in dissolv. sever.* del.
Halm. II, *[dissolv. sever.]* Hein., *in* del. Kays., *Etiam; sed tamen
in diss. sev. est laus* Halm. I, *Etiam, in diss. sev. est tamen laus*
Boot. p. 353 sq. — P. 327. 19 *sententiam* Garat. auct. del. Halm. II.
— P. 327. 20 *aliqua* codd. E 7 Lgg. 3 Ox. 2 Paris., Klotz., *alia*
rell., Halm., Kays., Hein. fort. rect.; ad p. 186. 35. — P. 327.
24 *sed fuit, ut* F. W. Schmidt. Fleckeis. ann. 1863 p. 517,
Wrampelm. progr. Clausth. 1878 p. 5 haud scio an recte. —
P. 327. 27 *Gallo* codd. et edd.; ad sen. p. 148. 34. — P. 327.
30 *consiorem* codd. Lgg. 9, 26, Halm. II, Hein., Francken. p.
303 sq. — P. 327. 35 *quoniam ab illo* Halm. I, *quam* — codd. G χ.
— P. 328. 6 *ac praeterm.* codd. M Lg. 9, Halm. I, del. Halm. II,
Hein., *praeterm.* tuetur Klotz. (ad p. 222. 17). — P. 328. 11 sq.
poenierim: poenivi cod. G, Klotz. ut p. 39. 22. — P. 328. 12 *ipse
Richter.* p. 22, *amb. vel ipse* Camp. p. 189. — P. 328. 14 *mercede
conducti* pleriq. codd., Halm. I, Klotz., *conducti* secl. Garat., Kays.,
Hein., del. Halm. II, *corrupti* mell. codd. Lgg. — P. 328. 16
[vulgo] Kays., serv. Halm. I, Klotz., del. Halm. II, Hein. —
Ib. *tributus* cod. Lg. 9, Halm. I. — P. 328. 20 *candidatus
Man.*, Halm. II. — P. 328. 21 *sin* codd. Lgg. 26, 86 P, Halm. II,
m G, *non ni*, test. Wrampelm. — Ib. *factum est* Klotz. auct.
rocc. edd. minime necess.; ad p. 39. 15 (,73. 3). — P. 328. 23
[incertum] Francken. p. 319. — P. 328. 24 *iudic.* codd. rectiss.,
Klotz., Halm. I, Kays., Hein., *indic.* Boot. p. 354, Zumpt., Halm. II,
vindicare Bak., *venditare* Francken. p. 319, *diiudic.* A. Hoffmann. 'Zeitschr. f. d. G. W.' 1865 p. 946. — P. 328. 27 *ab ex
uno* cod. G (*ut, doceat* P) Halm. I; ad p. 24. 1. — P. 328. 31 *consulatum petenti.*' *Solet fieri.* vulg., vel secl. vel del. Bak. auct.
rocc. edd. praeter Halm. I, Klotz. non modo non speciose, sed
etiam prave, ut opinor. — P. 328. 32 *[reverlenti]* Bak., Kays.
— P. 328. 33 *possum* codd. Halmi et 8 Lgg., Halm. I. — P. 329. 1
et Halm. p. 1449 Or. II, Kays., Halm. II, Hein.; ad p. 73. 8. —
P. 329. 7 *hic sedent* cod Lg. 13, ed. Ven., Halm. 1. — P. 329. 11 P.

ADNOTATIO CRITICA.

Postumius Halm. I; ad p. 322. 37. — P. 329. 16 *nullius* Zumpt.,
ullius codd., vulg.; ad Verr. p. 383. 27, Philol. XIX p. 327. —
P. 329. 19 *inquis* Voelkel., Hein. — P. 329. 25 *[candidates]*
Rinkes, Kays., Hein., del. Halm. II; *necess.* * *aut sectentur*
Boot. p. 352, *necess. cand. aut (non* M Lg. 9*) sect.* codd. — P.
329. 29 *ten. et non occ. amic.* Lamb., Kays. — P. 329. 35 *eorum
suffr.* codd. G Lg. 24, Halm. I, Francken. p. 310 male. — Ib.
si, ut suffragentur Lamb., Klotz., secl. *si* Kays., *tenue est, si ut
suffr.* (i. e. ad suffragandum), *nihil ual. gr.; ipsi enim* Boot.
p. 359, *sed, ut suffragentur* Halm. II, *sin autem suffragantur*
Voelkel., *si autem suffragantur* Hein., *si vel maxime suffragantur*
Francken. p. 310 non certius quam v. c. *si studiosius suffraga-
buntur, si erit (accedet) suffragatio* cet., *sive suffragatio* aut
sin suffr. Madv. Adv. III p. 132 sq. — P. 329. 36 *gratia. Ipsi
denique, ut* Klotz., Halm., *gratia ipsi; denique* Kays., Voelkel.
— P. 330. 2 *consecuntur* codd. M Lgg. 3, 9, 26, 65, 86, *consequuntur*
vulg.; ad p. 44. 5. — Ib. *hac opera* Kays., Hein. — P. 330. 3 sq.
[quae — sectatorum] Bak., Kays. — P. 330. 5 *L. Caesare*
Kays., *a L. Caesare* Lg. 9, Zumpt., *L. Caes. referente* Wirz.
diss. Tur. 1864; v. 'Litterar. Centralbl.' 1865 p. 993. — P.
330. 16 *[haec hom. ten. a s. tr. v. inst. adsequebantur]* ***
Kays., *adsequi* soli codd. GP, Halm. II, Hein. V. Richter. p. 23,
Voelkel. p. 507, Urlichs. Mus. Rhen. 1878 p. 154, Iw. Mueller.
'Jahresber.' VI vol. XIV p. 215 sq. — P. 330. 23 *[item]* Kays. tac.,
del. Halm. II, Hein. — Ib. sq. *mult. invita tua nimia dil.* — *conlecta* Madv. Adv. I p. 61, Halm. II, Hein., in quo non placet
tua nimia dilig.; malim *a te nimia dil.* aut *nimium diligenter
a te, a mult. in tuam nimiam diligentiam* — *coniecta* codd.,
Klotz., Halm. I, Kays., *a mult. in te tua nim. dil.* — *coniecta*
Francken. p. 319 sq. — P. 330. 24 *senat.* Ern., Halm., Hein.,
ab sen. codd. EG 10 Lgg., Klotz., *a sen.* M Lgg. 9, 18, 65,
[a] sen. Kays. (ad. p. 24. 1). — P. 330. 28 *dare? non, sed
tributim. Num ad prand. inv.* Camp. p. 190. — P. 330. 29
sed vulgo (passim] Halm. I, *passim* om. cod. Lg. 9, Kays.,
Halm. II, Hein., *Passim universos* v. 30 Klotz. — P. 330. 31
[iam] Halm. I, om. cod. G solus; ad p. 135. 5. — P. 330. 36
gladiatoribus Lamb., Boot. p. 348, Halm. II, Hein. probab.;
cf. p. 316. 24; *graditorium* cod. G Wrampelm. test. — P. 331.
8 *condemnetur.* edd. praeter Halm. II; ad p. 40. 3. — P.
331. 9 *tu summam* Lamb., Halm., Hein. — P. 331. 11 *delen.*
codd. G Lg. 26, Halm., Kays., Hein.; ad p. 105. 82. — P. 332. 9
ratione Klotz., Madv. Adv. II p. 208 sq., Halm. II, *rationem
off. ac temp., vic.* codd., vulg. — P. 332. 14 *[ut te adiuvet]*
Pluyg. Mn. 1881 p. 135. — P. 332. 15 fort. *tibi?*; ad p. 40. 3.
— Ib. sq. *Quid tandem ais? num me* Kays., *Quid tandem ais?
Tunc me e* codd. Lgg. 9, 24 Zumpt., cett. codd. *istunc*, non

ADNOTATIO CRITICA. XCIII

istuc, *Quid tandem vis? utrum me* Hirschf. — P. 332. 21 *etiamsi non noris* Camp. p. 190 (ad p. 33. 26), *etiam si noris* Lamb., Klotz., Halm. I, Kays., *etiam noris* codd. praeter corruptissimos Lgg. 9 et 24, *Sin etiam, cum noris* Halm. II, *Sin, etiam cum nor.* Voelkel., Hein., fort. *etiam quos non noris.* — P. 332. 22 *cur ante prensas* Or., Voelkel., *cur ante petis* Klotz., Halm., *cur nomen petis* Kays., Hein., *cur non ante petis* Camp. p. 190. — Ib. sq. *quam incerauit (nicer., uicer.)* codd., *quam insusurravit* ed. Orat., Halm. I, Camp. p. 190, *quam nomen citavit* Halm. II, *quam citavit* Richter. p. 23, *quam imperavit* Klotz., *quam nomen subiecit* Voelkel., *quasi incertum sit* Zumpt., Kays., Hein. e cod. Lg. 9, *in quo est quam incertum sit.* — P. 332. 23 *Quid? quod, cum adm.* Prisc. I p. 592. 2, Klotz., Kays., *aut (ad, a,* om. Lgg. 10, 13, 24, 65) *quid, cum (quom, quod, quomodo, quorum) adm.* codd., Halm. I, *aut quid adm., si tamen* Halm. II, Hein., *quid quod admoneris, si tamen* Voelkel. — P. 332. 24 *Quid, quod* Bak., Halm. II, Klotz., Hein., Voelkel., *quid (quidem, quid enim)* codd. praeter G Lg. 9, Halm. I, *quod* G Lg. 9, Kays. — P. 332. 26 *derig.* codd. P Lgg. 10, 13, Halm. II, *dirig.* vulg.; ad p. 44. 27. — P. 332. 27 *reperiuntur* Voelkel. — P. 332. 30 *comprobav.* Bak., Kays. — P. 333. 8 alter. *intus* del. Boot. p. 353. *Miror neminem sustulisse ad plures pertinet.* — P. 333. 10 sq. *ecquid* Bak., Pluyg. p. 99 sq. et Mn. 1881 p. 136, Halm. II, Hein., *quid* vulg.; ad p. 70. 3. — P. 333. 16 *in insid.* Halm.; ad p. 84. 2. — P. 333. 27 *duo 'Par. 4 et G'*, Halm. I, Klotz. — P. 333. 32 sq. *Atque sic* Richter. p. 23, Halm. II, *atque haec quae (que,* om. G) *si* (om. Lgg. 10, 13, 26 Pχ) codd., *cives* praeter I Lg. 9 semel, item Quint. IX 2. 18, Iul. Ruf. 14 p. 42. 31. — P. 333. 36 *vos moneo* Lamb., Klotz. — Ib. *est iam* 6 codd. Lgg. (*iam* om. Lg. 65; ad p. 135. 5; *est cum* Lg. 86), Klotz. — P. 334. 4 *quod* Kays. tac. fort. vere. — P. 334. 6 *in hest.* Halm. II; cf. p. 227. 10. — P. 334. 17 *interficere* Richter. p. 23, Halm. II, Hein., *interfici* codd., vulg. — P. 334. 19 *demovere* codd. G M 9 Lgg., Klotz., Kays., Halm. II, Hein., *demoveri* Lamb., Halm. I, *dimovere* Lg. 24, *dimoveri* Lg. 9 (ad p. 231. 36), *removere* C E Lgg. 20, 25, 86 (ad p. 182. 32). — P. 334. 26 *[non timent]* Pluyg. Mn. 1881 p. 136. — P. 334. 28 *D.* add. Hirschf., Halm. II, Hein. — P. 334. 32 *videris* add. Klotz., Madv., Kays., Hein., *videare* Halm. I, *esse videris, retin. adiut.*, del. *quid agatur,* Halm. II. — P. 334. 37 *negot. sustinendum aut exsequendum* Voelkel. — P. 335. 4 *de hac,* v. 8 *summum fur.* unus cod. G, Halm. I. — P. 335. 10 *ampliss. ex nulla auctoritate* e vett. edd. Klotz., Kays., Halm. II. — P. 335. 12 sq. *gladiator, hostis* (ad p. 61. 25), v. 20 sq. *in urbe, in foro* (cf. 459. 24) edd. — P. 335. 16 *unde fracti* aut sim. Pluyg. p. 100, *unde confecti* Voelkel. — P. 335. 27 *[periculum]* Boot. p. 352, Francken.

XCIV   ADNOTATIO CRITICA.

p. 304, om. cod. Lg. 9. — P. 335. 30 sqq. *Unus si (hic G) erit — — haec iam qui* Bak., Zumpt., Halm. II, Hein., *Si unus erit cos. et si — hunc qui impedituri sint a comitiis habendis, paratos esse iam videtis* Voelkel. — P. 335. 32 ** *[illa pestis imm.] manus import.* Halm. I, sine uncis Halm. II, Hein., ** *illa pest. imm., import. [Catilinae]* Kays., † *imp. Cat.* Klotz., : *illa pestis, illa manus inp. Cat.* Voelkel. — P. 335. 33 *prorumpet, qua poterit* *** *in agros* Halm. I, *pror., qua poterit, et iam minatur; in agros* Kays., *pror., quae perniciem iam diu bonis omnibus minatur: in agr.* Halm. II, *pror., quae populo Rom. ruinam minatur; in agr.* Hein., *pror. ac populo R. perniciem minabitur* Voelkel., codd. *prorumpet (perr.) qua p. r. (po. ro., po, poterit etiam) . . . . minatur (minabitur* Lg. 24), E Lg. 20 *qua . . . . minatur.* — P. 335. 34 *in rostris* cod. Lg. 24, Zumpt., Kays., Klotz., *in castris* M 10 Lgg., Halm. I, om. Lg. 10, vac. spat. EG 3 Lgg., *in urbe* Halm. II, *in vicis* Hein. — P. 336. 13 *[L. Murenae]* Pluyg. Mn. 1881 p. 136. — P. 336. 19 *vestram* add. Halm. auct. Kays., Halm. II, Klotz., Hein. — P. 336. 22 *cum Or.* auct. add. Halm. II, Klotz., Hein., *hoc eum cum honore, quo* Bak., Kays., *hunc ea in re* coni. Richter. p. 24. — P. 336. 24 *si L. Murena* Klotz., *si aut sic Mur.* codd. — P. 336. 25 *ut, si* Halm. I, v. 27 *ut sit* Boot. p. 360, Halm. II, Hein.; v. ad p. 235. 9. — P. 336. 28 *demisso animo* Bak., Kays., Hein., *demissis hominibus (omnibus* 3 Lgg., om. 4) codd., Halm. I, *demissis luminibus* Klotz. (Fleckeis. ann. 1865 p. 542), *demissioni* Richter. p. 24, *demissioni animi* Halm. II. — P. 336. 33 *coition.* Klotz. — P. 336. 35 *iniur.* Halbertsma Mn. 1878 p. 107, Halm. II, Hein., *invidiam* codd., vulg. — P. 337. 7 sqq. Difficile est, non grave, iudicium de interpunctione horum versuum. Edd. partim ita disting.: *matrem, quae — conspiciat? — appello, quem — privat? — partes, in quibus — gessit?* (Halm. I, Kays., Hein.), partim: *matrem? quae — conspiciat. — appello, quem privat? — partes, in quibus — gessit?* (Halm. II), partim *matrem? quae — conspiciat? — appello, quem — privat? — partes, in quibus — gessit?* (Klotz.) Cf. p. 372. 13, ad 377. 31, 378. 1, 382. 5, 393. 33, 406. 22, 415. 4, 476. 17, Seyff. Schol. I³ p. 161, Lael.² p. 334. Sunt etiam, qui scribant p. 397. 26 *solebat?*, omnes 404. 5 *litterarum! siquidem abstulerunt.*, nemo p. 295. 6 sq. *quid commemoro? quos.* — P. 337. 11 *eius* add. Halm. II, Hein., om. codd., Klotz., *Sed quid eius matr.* Kays. — P. 337. 13 *miser?* Klotz., Halm. I, Kays., *miser.* Halm. II, Hein.; ad p. 40. 3. — P. 337. 15 *et exerc.* ex omn. codd. praeter Lg. 9, *et res e* Lg. 24 Halm. I; ad p. 55. 2. — P. 337. 19 *florentissimum* Pluyg. p. 100 et 1881 p. 136 supervac. post *summo cum imperio.* — P. 337. 24 *cum (quom)* Richter. p. 25, Halm. II, Kays., Klotz., Hein., *quod* codd., Halm. I; ad p. 60. 17. — P. 337. 26 sq.

celebrarint — *concurrerint* Richter. p. 25, Halm. II, Hein., *celebrassent* — *concurrerint* codd. (nisi quod *concurrerent* habent EC ψ Lgg. 20, 86, *concurrent* 25¹, *concurrerant* 9), Halm. I, Klotz., *celebrarant* — *concurrerant* Boot. p. 349 in., Kays. P. 189. 25 *petissent* cod. E, 225. 17 omnes praeter E *iussisset*; 431. 2 sq, *revixerit* E, ad p. 11. 22. — P. 337. 27 *et amici* ex uno Lg. 9 Zumpt., Kays.; ad p. 85. 36. — P. 337. 28 *existet* Gulielm., Halm., Kays., Hein., *excidet* (*exciderit*) codd., *exstiterit* Klotz., *eo accidet* Boot. p. 348 ex. — P. 337. 33 *Lanuvino* (*Lanvino, Laminino* cet.) codd. praeter M¹ et G (*lanuio*), Klotz. — P. 337. 34 *causa tota* Halm. I, *tota* om. 8 codd., *causa* om EG5 mell. Lgg.

Sullanam orationem Halmius recensuit ex quinque maxime codicibus, Tegerns. T, Vaticano V (ab initio usque ad p. 355. 4 *meminisse*), Erfurtensi E (a p. 368. 17 *repetundis* usque ad finem), Bruxellensi B, cui simillimus est Wrampelmeyeri Helmstadiensis W (progr. Clausthal. 1881 p. 14—18), Salisburgensi S, ita, ut Tegernseensem ceteris praeferret. Ego paulo plus tribuo Vaticano.

P. 340. 1 sq. *aut ansa* — *aut post* Pluyg. Mnem. 1881 p. 136 probab.; cf. ad p. 82. 7, 212. 26. — P. 340. 4 *ut et [in]* Richter. e cod. V, *ut ampl. in* rell. codd. (ad p. 55. 2). — P. 340. 14 *perdomiti* Kays., *redomiti atque revicti* Reid. ed Cambridg. 1882. — P. 340. 22 *non uterer orationis* codd. TB (?) S, Halm., Kays., Richter., *orat. non ut.* etiam W. — P. 340. 24 *mihi et data* codd. TB, recc. edd. praeter Klotz., *mihi locis et data* dett. — P. 340. 25 sqq. *ut ille, iudices, quant.* — *deminuturum* .... Klotz. e dett. codd. (ad p. 354. 8), qui addunt vel *vidit* vel *putavit* vel *speravit*; v. Wunder. Plano. p. 169 sq. — P. 340. 37 *mihi* rell. codd. praeter V, in quo est *mihi me*, Reid. — P. 341. 1 *mihine* Kays. — P. 341. 11 *innocentiam P. Sullae* cod. V (*sille, syllo* T), Lehmann. Herm. 1880 p. 348 sq., *innocentem P. Sullam* vulg. — P. 341. 18 *est una ratio* cod. V, *una est ratio* dett. — P. 341. 23 *cum* cod. S, *quorum*, ortum ex *quom*, TVB, vulg., quod non intellego, *nollem? Quor ergo* Madv. Adv. III p. 133. — P. 341. 25 *ac magnis* codd. praeter T et B, Richter, *et magnis* T (ad p. 85. 36), rell. edd., partic. om. B (ad p. 55. 2); v. 24 cod. V *et honoris* et 345. 2 *et vultu*. — P. 341. 27 *in* cod. V solus, om. cett., Halm. II (i. e. ed. Weidmann. III a. 1878); p. 356. 23 *in* S, om. TB. — P. 341. 32 Q. om. cod. V, Halm. II, Klotz., Reid. — P. 342. 1 *quis iis horum* Garat., Halm., Klotz., Reid., *quis his horum* codd. T dett., Richter., *quorum* V, ut videtur, *quis horum* B, *quis horum hiis* W, *quis eis nostrum* Kays. — P. 342. 2 *ceteris in* codd. praeter V, Halm. II, Richter., Reid. — P. 342. 4 *est*

culpa dett. codd., Reid., *culpa est* T, rell. edd., *est* om. V ut
v. 29 et 346. 22 (cum T) et 352. 8 et *esse* v. 35; ad p. 144. 25.
— P. 342. 7 *nonne collegae* cod. V, Halm. II, Klotz. — P. 342.
11 *illud tantum* cod. T, edd. praeter Klotz., Richter. — P. 342.
19 *mea vita* cod. T, Halm., Kays., Reid. — P. 342. 21 *nec natura nec patria* cod. V. — P. 344. 1 *contra vos facta* cod. V,
Klotz. — P. 344. 13 *defensionis* codd. TB, Halm. I, Kays., Reid.,
om. cett. — P. 344. 32 *fuit Autronii* schol. Bob., Klotz., Halm.,
Reid. — P. 344. 36 *concursatione* Reid. — P. 345. 14 *mediocriter* Reid. — P. 345. 20 *legiones* codd., Halm. I, secl. F. C.
Wolffio auct. Halm. II, Kays., Klotz., del. Reid., *signa legionis*
all., Richter. — P. 345. 36 *ipse* cod. T contrar. *inmisso ab eo
Cornelio, ipsi* vulg. — P. 346. 1 *meis sedibus* cod. V, *meis aedibus*
Lamb., Kays., Richter. Fleckeis. ann. 1871 p. 425 (cf. p. 221. 11,
223. 30, 412. 11 *edibus* aut *aedibus* codd., 496. 30, 510. 2 *sedes* PGV,
511. 27 *aedes* M, 520. 21 *aedibus* G, Phil. II 28. 69), *sedibus meis*
vulg., etiam Richt. — P. 346. 14 *[patri et filio]* A. Riedenauer.,
Halm. II; v. Luterbacher. 'Zeitschr. f. d. G. W.' 1884 p. 165.
— P. 346. 15 *neque enim* malim; ad p. 76. 16. — P. 346. 22
causae adversata natura est Madv. Adv. III p. 133 sq., *est* om.
codd. VT. — Ib. *nec res nec homo* cod. V, *[nec homo] nec reus*
Pluyg., Kays., *nec res* del. Camp. progr. Greiffenb. 1860 p. 23.
— P. 346. 33 *a me videlicet* codd. praeter V, Halm. II, Richter.,
Reid. — P. 347. 8 *tibi hoc* codd. VW, Klotz., *hoc tibi* TS, rell.
edd., *tibi iam hoc* B. — P. 347. 9 *gravitate tanta* cod. V. —
P. 347. 15 *minime tibi necesse* cod. V, Klotz. — P. 347. 16 *Tarquinium et Numam et* fort. delend. — P. 347. 19 *esse me* codd.
et edd. praeter V et Klotz., *esse regem me* B. — P. 347. 20
etiam fort. ferri potest; malim tamen *iam* (*iam ante*, *duo
iam*?), *etiam alii* Camp. l. l. P. 250. 21 *etiam* codd. bis all.,
141. 29 omnes praeter ST, 345. 34 praeter VT; 73. 12, 459. 2
omnes *iam*, 441. 19 omnes praeter P, 490. 27 GMV; ad p. 292. 2.
— P. 348. 1 *et* codd. praeter V, Halm. I, Kays., Richter., om.
rell.; ad p. 55. 2. — P. 348. 5 *cave tu* codd. praeter V, Richter.
— P. 348. 10 *At* codd. VB, Klotz.; ad p. 131. 8. — P. 348. 13
a om. schol. Bob., Klotz. — P. 348. 16 et 18 *ne[que]* — *ne[q]ue*
Eberh. — P. 348. 22 sq. *utilitati magis* codd. et edd. praeter V
et Klotz. — P. 348. 24 *regem me* cod. T, Halm., Kays., Reid.
— P. 349. 3 *non modo non* Halmi codd. et W, edd., *non modo*
'alii' haud scio an recte; ad p. 55. 17. — P. 349. 4 *a* om.
Kays. et Eberh. sine dubio err. — P. 349. 8 *quicquam* cod.
T, Kays., *quidq.* rell.; ad p. 4. 4. — P. 349. 10 *si* codd. praeter
V, Halm., Reid. — P. 349. 19 *ipsum* om. codd. praeter V, edd.
— P. 349. 31 *esse bellum susceptum* cod. T, Halm, Kays., Reid.,
bellum videam esse susc. BW. — P. 349. 36 *modo solum* tuetur
Richter., *modo* om. cod. W (habet v. 35 *modo* pro *mihi*), Halm. II,

ADNOTATIO CRITICA. XCVII

Reid., *[eorum]* Eberh. — P. 350. 1 *magis etiam* cod. V. — P. 350. 4 *iis* Klotz., Halm. I, Kays., Richter., *hisce* BW, v. 5 *ipse ante his (iis) fundam.* codd. praeter V, Halm., Richter., Reid. — P. 350. 9 *[P. Lentuli]* Garat., Richter. — P. 350. 12 *[P. Lentuli]* Klotz. e dett. codd., *de vinculis* Ieep. progr. Wolfenb. 1862 p. 8, *de laqueo* Reid. — P. 350. 13 *erat illud* cod.T, Halm., Kays., Reid. — P. 350. 15 *[autem]* Halm. I, Kays., Richter., om. cod. T, Halm. II, Reid. — P. 350. 18 *[id]* Ern., Kays., Richter.; cf. Madv. Fin. p. 179; *idem* codd. BW; ad p. 29. 29. — P. 350. 19 *oratoris est* Reid. non bene (ad p. 144. 25). — P. 350. 25 *facis eius modi* cod. V, Klotz. — P. 351. 3 *attende iam* codd. praeter VT, Richter.; ad p. 135. 5. — P. 351. 6 *qui adestis [corporibus]* Klotz. ex 'aliquot dett. codd.', *qui adstatis* Reid. — P. 351. 13 *ac* cod. V, Klotz., Kays.; ad p. 75. 33. — P. 351. 17 *confectis* Baitero auct. Kays., *[atque confessis]* Pluyg. Mn. 1881 p. 137. — P. 351. 25 *quis* cod. B, non W, Reid. ut p. 355. 2 (, 353. 15). - - P. 351. 28 *rerum omnium* cod. V. — P. 351. 31 *actor* Or., Eberh.; cf. p. 531. 32. — P. 351. 36 *a me est* cod. V. — P. 352. 1 *virtute animi* cod. V, Klotz., Kays., *animi virtute* rell. — P. 352. 3 primum *et* om. cod. V, Lehmann. Herm. 1880 p. 349; ad p. 55. 2. — P. 352. 4 *a me forte* codd. praeter VBW, Richter. — P. 352. 5 *sua* codd. TVBW, Halm. I. — P. 352. 12 *oratione illa* cod. V, *orat. sua* Klotz., *sua orat.* Eberh. Garat. auctore. — P. 352. 14 *meus me dolor* scr. (cf. p. 488. 7, 496. 25), *meus dolor* cod. V, *dolor meus* rell. codd. (ad p. 45. 35), Halm. I, *dolor me meus* Or. auct. rell. edd.; ad p. 45. 35. — P. 352. 24 sq. *Quid tum? Cassius* Seyff. Schol. Lat. I² p. 98. — P. 352. 31 *At enim* Eberh.; ad p. 239. 25. — P. 352. 32 sq. *Sullae facere* cod. T, Halm. I, *Sullae* om. BSW. — P. 353. 14 *in indiciis et in quaest.* Richter., *in iudic. et in* (om. codd. BSW; ad p. 84. 2) *quaest.* codd. TVBSW, *in quaest. et ind.* schol. Bob., Klotz., Halm., Kays., *in quaest. et iud.* Reid. — P. 353. 15 *aliquis, sed* codd. praeter VTBW (in quibus est *aliquis et*), Kays., Richter., Reid.; cf. p. 351. 25. — P. 353. 18 *Quid ita? 'Ne ind.'* Lehmann. Herm. 1880 p. 349, *Quid ita? ne indicent?* vulg., *'Sublevat'. Apud Gallos? quid ita? ne indicent?* Richter. — P. 353. 23 aut *Quia* aut *Quod* scrbnd. videtur, *Quia* Madv. Adv. III p. 134 n. — P. 353. 25 *se nescire* codd. BW, Halm.; ad p. 45. 35. — P. 353. 26 *Atque* codd. VT, Klotz., Halm. I, Kays.; ad p. 142. 9. — P. 353. 27 *vim esse* codd. praeter V, Halm., Richter., Reid. — P. 353. 31 *quid purget aut purgetne* Lehmann. Herm. 1880 p. 572, *quid purgetne* cod. V (ad p. 234. 11). — P. 353. 35 *[me accusat]* Pluyg. Mn. 1881 p. 137. — P. 353. 37 *tribuam* codd. praeter T, Klotz.; ad p. 80. 16. — Ib. sq. *meo tantum* codd. praeter V, Richter. — P. 354. 8 *iudices* cod. B, Klotz., Halm. II, Reid., *vidi ut* BW, *vidi* T, Halm. I, Kays.,

Richter., om. V. P. 353. 20 sq. TBW *videlicet*, S *iudices*, V om., 366. 23 *videte* BW pro *iudices*; ad p. 340. 25, Verr. p. 214. 22. — P. 354. 17 *institui* schol. Bob., Kays. — P. 354. 27 *Quid deinde?* Klotz., Halm., Seyffert. Schol. Lat. 1² p. 99; cf. p. 230. 27, Q. Rosc. 16. 49, Verr. V 5. 10, Sest. 19. 43, Deiot. 9. 26. — P. 354. 30 *sed etiam descr.* Kays. errore, ut videtur. — P. 354. 32 *tota Italia* Madv. Adv. II p. 209, Halm. II, Reid., *totae Italiae* cod. V, Kays., Klotz, *toti Italiae* vulg. — P. 354. 33 *emisi* cod. Erf., Klotz., Kays., *dimisi* T, Halm., Richter., Reid., *divisi* rell. codd. e v. 32 repetit., inde fact. *dimisi*; sed etiam p. 404. 37 *demisso* aut *dimisso* codd. praeter V pro *emisso*; ad p. 123. 33. — P. 355. 2 *quis* ut 351. 25 Reid. — P. 355. 4 *comminisci* praeter Cobet. (p. 1449 Or.) coni. etiam Meerdervoort. et scr. Eberh. — P. 355. 12 *tibique* Meerdervoort. (ad p. 39. 4), *tibi* codd., Klotz., Halm. I, Kays., Richter., *et tibi* Halm. II, Reid. (ad p. 55. 2), *tibi autem* Pluyg., *tibi vero* Eberh., *cumque tibi* Huldric. — P. 355. 16 *cum aliquo familiari meo* Camp. progr. Greifenb. 1860 p. 24, *ut cum fam. tuo* coni. Richter. (Fleckeis. ann. 1861 p. 277), *mecum fam. tuo* Cobet. et Meerderv., *ut cum fam., ideo* Oehler. Phil. XIII p. 682, *ut cum fam. questus* Pluyg. Mn. 1881 p. 137, *ut cum familiarissimo questus* Eberh., incerta omnia. — P. 355. 27 *et tam* Garat., Richter., etiam codd. TW, Halm. I, Kays., *et* S, om. B, *tam* Halm. II, Klotz., Reid. — P 355. 30 *tamenne tam* Reid. — P. 356. 1 *oblitum me* codd. praeter BWT (hic om. *oblitum*), Richter. — P. 356. 8 *nota* Kraffert. progr. Aurich. 1883 p. 118; cf. v. 16. — P. 356. 9 *quia* Pluyg., Kays., Balm. II, Reid. non magis necess. quam v. 363. 33 aut v. 10 *aliquid putare esse amissum, quia est tibi remissum.* — P. 356. 10 *putare omnino a me* codd. praeter T, Richter., *omn. put. a me* Reid. — P. 356. 18 *[gratiam]* Pluyg., Camp., Kays. — P. 356. 25 *est umquam* codd. BW et Erf., 'ut videtur', Richter., *umquam* om. rell. codd. praeter T. — P. 356. 26 *cognovit* Lamb., all. haud scio an recte. — P. 356. 27 *sum* om. codd. praeter BW, Richter. — P. 356. 29 *ac ex* codd. praeter TB (hic *at* —, W *ac si etiam def.* e v. 31, om. *Immo* — *velis*), v. 30 ex cod. S (om. *non* ut T; ad p. 33. 26) Richter. ad p. 85. 36. — P. 356. 34 sqq. *At* — *non susc. (succ.*; ad p. 379. 19) cod. S, Balm. II, Reid., *aut* — *non susc.* T, *An* — *susc.?* (*succ.*) 'cod. Parcens. et H. Stephani' ('In M. T. Ciceronis quam plurimos locos castigationes' Paris. 1577 p. 88. Codex est impudentissime interpolatus), Klotz., Halm. I, Kays., Richter. (ad p. 33. 26), *An* — *non susc.?* BW 6 Oxonn., Madv. Adv. II p. 209 n. alterum membrum bimembris interrogationis: *mihi tu suscensebis?* inversa orationis forma expressum ratus (v. ad p. 39. 21), in quo *non* 'revocat ex codicibus fide dignis omnibus', *an* in nullo cod. 'fide digno' esse obliviscitur; cf.

[pater tuus] Rinkes Orat. Cat. I thes.
, Richter, Reid. Plures profecto etiam
cons. *parentis tui*, si sic stare possent
.uterbacher. 'Zeitschr. f. d. G. W.' 1884
rat codd. praeter TW Parc., Richter.,
. I, Kays., Klotz., *Atque erat* Halm. H,
— P. 357. 8 sq. *[quibus non irascebamini]*
. P. 357. 22 *potuisse esse* Reid. (ad p. 238.
Iadv. Adv. III p. 134 recte, ut videtur,
et (ex sil.) W. — P. 357. 24 *[Cornelium]*
— P. 357. 28 *indicet* codd. TW (*iudicet*)
; ad Verr. p. 320. 4 (, hic p. 174. 7); vel
est, quod dubitatis? — P. 358. 5 *et ut
cte ea* — *me consule]* Eberh. — P. 358. 18
e ., *descr.* codd., ut videtur, Halm. I;
8 delq. *tumultum?* '*Ita prorsus; interp.
. videmus deberi* (sic codd. praeter TBW)
ita familia coni. E. Eberh., *Poetellia
Horat.* p. 113 n. — P. 359. 12 *munere*
27 sq., † *Sed tamen in munere ser-
ays.*, Reid. et om. *in* Klotz., quod abest
rospicienda] Eberh. — P. 359. 13 *peric.* Pluyg. Mn. 1881 p. 137. — P. 359.
ta *auctoritate*', Richter., *est* om. codd.
; ad p. 144. 25. — P. 359. 29 sq. *[prae-
n.* 1881 p. 138; *di min.* cod. W, Richter.,
a se potius quam esse Lamb., Halm. II,
rit Huldric., Kays. — P. 360. 18 *vae-
.* 11 alter. *in* 'codd. Graevii, 3 Oxonn.',
, 84. 2. — P. 361. 13 *in* codd. TBW,
del. Reid. — P. 361. 15 *istis* Klotz.,
t cod. T, *illis* rell. codd., Richter. (ad
inc coniurat. ood. A, 280. 35 *his* pleri-
:. B; ad p. 317. 21. — P. 361. 35 *pro-
.chter.*, *-ret* S. — P. 361. 36 *videbatur*
62. 21 *errato veniam* (sic codd. praeter
hter. — P. 362. 28 sq. *e re publ. multa
multa* Richter., *egit de re p. multa* habet
t cett., *multa e rep. egit* all. — P. 363. 3
letz., Kays., emend. Madv. Adv. III p. 134
seditionisque afferebant; ad p. 234. 11.
., ut videtur, Klotz., Halm. I, Richter.,
. tac. et Klotz.; ad Verr. p. 171. 26. —
Eberh., Madv. Adv. II 209 sq., *num*
63. 19 *consul* O. Mueller. Herm. XII
'?), Klotz., Halm. I, Kays., *consulem*

Richter., Halm. II, Reid. soloece. — P. 363. 26 *tamen* pro *enim*
Saupp., Halm. II, Reid., *omnino* Eberh. — P. 363. 33 *quia accus.*
Reid.; ad p. 356. 9. — P. 364. 5 *omitt.* codd. praeter T, Richter.,
Reid. — P. 364. 7 *hoc* codd. praeter T et W (*haec numquam,
hoc unquam* B), Halm. II, Richter., Reid.; ad p. 8. 32. — Ib.
† add. — P. 364. 9 *in intemper.* Spengel., Richter. — P. 364.
22 *a* codd. praeter T, Kays., Richter.; ad p. 24. 1. — Ib. *a
vestra* cod. W, Kays., *a nostra* cod. Parc., Reid., *nostra* rell.
codd. praeter T; Madvigium Adv. III p. 135 'vehementer offendit
addita praepositio (*ab sua vita*); sed simpliciter eam delere
non audet.' — P. 364. 29 *e* codd. praeter TW, Kays., Richter.
E pro *ex* ad p. 77. 1, 197. 14 S, 274. 6 z, 277. 10 A, 282.
11 gr, 284. 5 d, 327. 26 Oxon. C, 349. 16 codd. praeter
VTB (*es* W), 354. 33 praeter V (*et*) T; *ex* pro *e* p. 137. 6 codd.
praeter ST, 263. 6 p, 263. 12 septem Lgg., 274. 6 dett.; ad
Verr. p. 213. 6. — P. 364. 30 *vi ornatum* Lehmann. Herm.
1880 p. 349. — P. 364. 33 malim *Cuius*, v. 34 *in manif.* (ad Verr.
p. 330. 15), v. 35 *ipsi.* — P. 364. 35 *convincerent* cod. S, Kays.,
Richter. non probab.; ad p. 323. 35. — P. 364. 36 *vita* cod. T,
Halm. II, Madv. Adv. II p. 536 n. (ad S. Rosc. p. 47. 30),
vitam BSW all., Halm. I, Kays., Richter., Reid., *vita vitam*
all., Klotz. fort. vere, *cum illo vitam* Eberh. — P. 365. 3 *videatur* Kays. — P. 365. 4 ? post *quaero* edd. non melius quam
p. 394. 9 *Comitatum dico?*, 397. 20 *queror?* aut Tusc. I 42. 102
Viros commemoro?, V 27. 79 *De hominibus loquor?* Rab. Post.
5. 10 cett. V. Seyffert. Schol. Lat. I² p. 71, supr. ad p. 40. 3.
— P. 365. 15 *reliquae* coni. Richter.; ad p. 191. 17. — P. 365.
19 *[quae]* Iordan. p. 1449 Or. II, Kays., del. Klotz., serv.
Halm. I, Richt., Reid., *Quae domestica celebr.* Pluyg., Halm. II.
— P. 365. 36 *tamen* transp. post *afuit* Fleckeis. ann. phil. 1866
p. 860, Halm. II. — P. 366. 33 *posset* cod. W, *possit* cett. codd.;
ad p. 173. 32. — P. 367. 1 *atque vixerunt* codd. praeter T et W
(hic *et vix.*; ad p. 212. 26), Richter., Reid.; ad p. 54. 36. — P. 367. 2
sq. *hominum gregibus — amicorum numero* Klotz. a. 1853, Richter.,
Halm. II, Reid. (coni. *coetibus* pro *gregibus*), *amicorum greg. —
homin. num.* cod. T, Halm. I, Kays., Klotz., *gregibus* (om. *amicorum* aut *hominum*) *— hominum num.* W, *homin. greg. — homin.
num.* rell. codd. — P. 367. 4 sq. *ac numer.* codd. praeter T (*a* B),
Halm. II, Richter., Reid.; ad p. 75. 33. — P. 367. 8 *si in* codd.
praeter T, Nipperd. Opusc. p. 174 sq., Madv. Adv. II p. 210 n.,
Richter., Halm. II, Klotz., Reid., *si non* cod. T, Halm. I, Kays.
(ad p. 174. 28), *si nos in* Richtero auct. Halm. olim. — P. 367. 9
deseret 'cod. Francii I', Halm. II, Richter., Reid., *deserit* pleriq.
codd., *deseruerit* cod. Victorian., Klotz., *deserviet* Halm. I, Kays.
— P. 367. 11 *ac e* dett. codd., qui habent *ac tormenta accusator*, Kays., Richter.; ad p. 85. 36. — P. 367. 21 *verissima est*

et grav. Halm. II, Reid. (ad p. 144. 25), *grav. et ver.*
cod. Parc. etiam W. — P. 367. 29 *disceptationibus* Mad
III p. 135. — P. 367. 33 *et* add. Iordan. p. 1449 Or. II
Halm. II, Richter., Reid., *vita et* Richtero auct. Klotz.; ad
— P. 367. 34 *ipse* cod. T, inde *per se* Momms., Halm. II, Re
367. 37 *saepe* pro *semper* Spengelio auct. Klotz. — P. 368
Madv. Adv. I p. 70, Halm. II, Reid., *dictum* vulg. — P. 368
dicuv. codd. TW haudquaquam spernend.; v. interpr. Tu
61. — P. 368. 25 *res* 'ein matter Ausdruck', inquit Richte
kaum Cicero's würdig'; ad p. 312. 31. — Ib. *patuit* su
mann. Herm. 1880 p. 350. — P. 369. 1 *dicere quisquam
solus* (*dicere* om. W), Klotz. — P. 369. 2 *his* codd. TW
Richter., *iis* rell.; ad p. 175. 23. — P. 369. 16 *Sed quid eg*
Reid. — P. 369. 22 *in* del. cens. Madv. 'Bemerkungen
Kuehner. Tusc. V 10. 30, supr. p 117. 3. — P. 369. 31 sq. q
codd. praeter TBW, Klotz. — P. 370. 4 *caput meum* codd.
E, Richter. — P. 370. 5 *patriae* codd., Reid. — P. 370. 31 /
Madv. Adv. II p. 210; cf. p. 84. 8 sq., 342. 37, 375. 15, 379.
— P. 370. 32 sqq. *persolvi — debentur* transp. aut v. 35 post
mus aut p. 371. 5 post *deducor* Ruhnk. (p. 1449 sq. Or
30 post *audivi* Eberh. — P. 370. 35 *fui, fui* Lehmann. He
p. 347 sq. non prob. — P. 371. 11 *habebit* Pluyg. (M
p. 138), Kays., Halm. II, Reid. fortasse vere, non neces
opinor; ne nunc quidem habet, quibus se, si libera
consoletur; ad p. 13. 36. — P. 371. 12 *reliquae* codd.
E, Halm. II, Reid., *reliqua* E, rell. edd.; Halm. p.
Verr. V 14. 35 (cf. ad p. 191. 17). — P. 372. 3 *et, si s*
edd. prave, *si* cod. W. — P. 372. 14 *maiorem caperes
solus*, Klotz., Halm. II, Reid. — P. 372. 24 *esse* cod. Parc.
(v. ed. Turic. p. 1450), Richter., Reid., *esset* rell. codd.
Klotz., *est* F. C. Wolff., Eberh. fort. vere. — Ib.
Halm. II, Reid. P. 184. 2 *arguere* cod. M, Balb. 26. 5
tur Bait. e cod. P, Phil. III 13. 32, IV 5. 12, VII
Halm. *urguere* e cod. Vat., sed idem Phil. VIII 9. 27
locis orationum (390. 31 frgm. Ambr.) *urgere*; ad Off. p
— P. 372. 30 in cod. B ut apud schol. omissum ess
et ante reiectione non credo, in W esse *et reiect.*
Wrampelm.

Orationis pro Archia optimus cod. est Gembla
nunc Brux. 5852, G, quem post Baiterum diligentissi
tulit et in edit. Parisina a. 1883 fere ad litteram e
Aem. Thomas. Baiterus praeter illum usus est Erfu
E et lectionibus Pithoei, P.

P. 375. 16 *possumus* optimi codd. GE; tolerabile
Stuerenb., Luterbach. 'Zeitschr. f. d. G. W.' 1884 p.

p. 174. 7. — P. 375. 23 *vinclum* cod. G, *vincul.* edd.; ad p. 237. 10.
— P. 376. 12 *in urbe* Rinkes Or. I in Catil. p. 10 sq., Hirschfeld. auct. Eberh. (ed. Teubner. a. 1878). — P. 376. 13 *affluenti*
cod. G; praeterea semel in oratt., Sest. 8. 18, cod. P; ad Divin.
p. 169. 3. — P. 376. 14 *coepit* all., Stuerenb., *contigit* codd.,
vulg.; cf. p. 312. 20. — P. 376. 15 *cunctaeque Graeciae* codd.
GEP, Klotz., Kays. — P. 376. 18 et 384. 4 *tunc* ed. Ascens.,
Kays.; ad p. 135. 30. — P. 376. 21 et rell. locis (378. 7, 381. 13)
negleg. cod. G, *neglig.* Bait., Klotz.; ad p. 78. 9. — P. 376. 22 *et
Locrenses* add. e p. 378. 19 Luterbach. 'Zeitschr. f. d. G. W.' 1883
p. 27. — P. 376. 31 *in domum* cod. P, Klotz. — P. 376. 32 *Et
erat* Eberh., *Sed erat* Hein., *Erat iam* Halm. (ed. Weidm. XI a.
1882), *Sit etiam* Richter. in Fleckeis. ann. 1862 p. 359 cf. Nep.
XXV 10. 3, *Specimen iam* Madvig., *Signum iam* Wesenb. Obs.
in Sest. p. 67, *Sed etiam* codd., Klotz., Kays., cum cruce Bait.,
Thom. — P. 376. 34 *favit* Madv., Halm., Landgraf. 'Philol. Anzeiger' 1883 p. 1611, Luterbacher. 'Zeitschr. f. d. G. W.' 1883
p. 27, *faverit* Weisk., *fuit* 9 codd. Lagg., Klotz., Bait., Kays.,
fuerit GE, cum cruce Thom. (ad p. 104. 17), *patuit* Madv., Eberh.,
affuit Ieep. progr. Wolfenb. 1863 p. 2. — P. 376. 36 Q. om.
Klotz., Kays. — P. 377. 9 et 22 *Heracliam* et *Heracliae* recc.
edd. praeter Thom., codd. urbem *Heracleam*, cives *Heraclienses* scribunt; ad Verr. p. 244. 31. — P. 377. 22 *Grati*
edd., codd. hic *gratis*, p. 379. 4 recte *gratti*; v. Buechel. Mus.
Rhen. 1880 p. 407. — Ib. *eum* ed. Asc., *tum* codd., Klotz.,
Bait., Kays., Thom., *tu eum* Halm., Eberhard. fort. vere. —
P. 377. 25 *audivisse* Thomas tac. sine dubio e cod. G, *audisse*
rell.; ad p. 79. 36. — P. 377. 28 *[venerunt]* Momms. auct. Kays.,
Eberh.; F. Richter. in Fleckeis. ann. 1862 p. 360 cf. Verr.
V 59. 154; cf. etiam Halm. ad Sull. 21. 61 in.; *Adsunt —
homines, — huius iud. — venerunt, — qui* Thom., Luterbach.
'Zeitschr. f. d. G. W.' 1883 p. 27. — P. 377. 29 *tabulas*, non
tabellas, in cod. G esse tac. testatur Thom. — P. 377. 31 ?
posui (ad p. 40. 3); poteram etiam: *publicas? quas — scimus
omnes*; nam est fere i. q. *At enim desideras. At Ital. bello interisse
scimus*; ad p. 337. 7, 378. 1. — P. 377. 32 *quae videmus* e cod.
G Thom. — P. 377. 32 *requirere* Cobet. (p. 1450 Or.), Eberh.,
Hein. — P. 378. 1 *habuit? Is qui* Richter. in Fleckeis. ann.
1862 p. 360 cf. S. Rosc. 28.76, Klotz., Eberh., Thom. Nihil
interest; ad p. 337. 7, 377. 31, cf. ad 382. 5. — P. 378. 3' *An
non* EP codd. solum, sed etiam G¹, Klotz., Halm., Eberh., *At
G²*, Bait., Kays.; cf. p. 356. 34. — P. 378. 13 *in* om. codd.,
Klotz., Bait., Thom., ante *his* Kays. — Ib. sq. *in nomen † A.
Licinii* e codd Thom. — P. 378. 18 *[gratuito]* Beneck., Madv. Adv.
II p. 210 ortum ratus, quod est in cod. G: *grauat in* superscr.
vel gratuito, ex eo, quod in GE esse Bait. dicit, *in g̅r̅a̅* pro

in Graecia. In G esse *Graecia* Thom. testatur. — P. 378. 19 *inpercicbant* cod. G. — P. 378. 20 *scenicis* cod. G¹, Kays., Thom.; ad p. 265. 28. — P. 378. 22 sqq. *[cum]* — *irrepserunt* (sic codd., *inr.* G) Eberh., *cum* — *irrepserunt* Klotz, Kays., Thom., *cum* — *irrepserint* Bait, Halm. P. 385. 19 sqq. *cum statuas* — *reliquerunt* ed. Asc., *cum* — *reliquerint* all.; ad p. 39. 21. — P. 378. 25 *nec*, v. 27 *proxumis* e cod. G Thom. non adfert. — P. 378. 27 *requiris scilicet. Est* Klotz., Kays. Non plus interest, quam ante adverbia velut *falso* punctumne ponas an comma; ad Off. p. 173. 28 ed. 1882. — P. 378. 33 *[ita]* Bait., Kays., *[pro cise]* Richter., Eberh., C. Fr. Mueller. Phil. XXXVII p. 575, del. Halm. fort. recte; v. tamen Madv. Fin. p. 158 sq., ad Acad. p. 70. 24, Quinct. 20. 36 ex., S. Rosc. 27. 73 ex., 42. 122, Verr. II 61. 150, III 81. 188 cet.; cf. ad p. 54. 17. Probabilius etiam del. *iis temporibus* H. I. Muellero auct. Symb. crit. II p. 10 sq. Halm., hic add. *is* ante *quem* cum C. Fr. Muellero l. l.; Eberh. v. 35 *is et testam.* — P. 378. 34 *quibus tu crimin.* ed. Asc., Kays., Thom., *quae* codd. GE. — P. 379. 9 sq. *excolamus* — *doctrina* post *doctrina* om. codd. EP, Eberh. fort. invitus. — P. 379. 12 *se ita* Klotz., Kays. — P. 379. 13 *his* codd., Klotz. — P. 379. 18 *avocarit*, non *avocaverit*, esse etiam in cod. G tac. testatur Thom.; ad p. 79. 36. — P. 379. 19 *succens.* e Thomae sil. cod. G. P. 356. 20 et 36 (etiam W) cod. T *susc.*, Verr. II 24. 58 ex. codd. *succens.*, Q. Rosc. 16. 46 ex. marg. Lamb., Verr. V 8. 19 ex. R *susc.* — P. 379. 26 *adeo* codd. GE, Klotz., *[ad]eo* Eberh., *idro* 11 Lgg., Kays., *id eo*, del. *hoc*, Madv. auct. Thom. — P. 379. 28 *est in me* Or., Thom.; ad p. 144. 25. — P. 379. 32 *persuos.* Lamb., Eberh. probab., quamquam errat Draeger. ad Tac. ann. XII 6. 3 (Suet. Tib. 32 ex., Fronto ep. M. Caes. III 6 ex. p. 44 Nab., Macr. VII 4. 32 cet.); cf. p. 42. 14. — P. 379. 33 *magno opere*, v. 34 *omnes*, non *omnis*, cod. G ex Thomae sil. — P. 380. 1 sq. *sunt omnes* cod. E, Klotz. — P. 380. 15 *quod* codd. GE, Klotz., Thom., *est certe, quod* Bait. auct. (p. 1450) Kays., *est, quod*, del. *certum*, Momms., Cobet. fort. vere; cf. ad p. 47. 26. — P. 380. 16 *sine doctrina et* Schuets., Halm., Eberh., *et sine doctr.* codd., Klotz., Bait., Kays., Thom. ut p. 382. 4 *et qui* codd. GE; ad p. 232. 9. — P. 380. 20 *h e* om. codd. praeter GE, Kays. — P. 380. 21 abl. *natura* in cod. G esse Thom. non testatur. — Ib. *atque inlustr.* dett. codd., Kays., Halm. II; ad p. 85. 36. — P. 380. 26 sq. *constantissimos* Spirid. Bases, Ἀθηναῖον 1880 p. 156, cf. v. 17 sq. — P. 380. 29 *[colendam]* Momms., Kays. fort. rect.; sed v. ad p. 39. 4. — P. 380. 33 *animi remiss.* vulg., *animadvers.* codd. GEP, *animi advers.* all., Klotz., Kays. — P. 380. 36 *at* om. dett. codd., Klotz., Kays. — P. 381. 1 *inped.* e cod. G Thom. non profert. — P. 381. 22 *non admirer* om. Thom. tac. — P.

381. 25 *ex* scr., *et* codd. et edd. Neque triplex *et aptum* videtur, et *constare re* apud alios inveni, apud Cic. non memini, neque vero *consistere re* recc. edd. puto recte Phil. II 22. 53 ex. et III 8. 19 ex. e Vatic. recepisse. Deciens in una orat. Pompeiana mell. codd. *et* pro *ex* habent (ad p. 77. 1), praeterea p. 5. 15 T, 40. 4 codd. praeter P, 42. 19 E¹, 65. 19 T, 115. 31 S, 175. 32 et rell., om. ST, 197. 5 S (plures *ei*), 264. 11 aliquot, 301. 33 G M T χ 6 Lgg., 314. 32 M, 328. 6 *et causa* E, 354. 33 V, 382. 1 omnes, 483. 22 P¹, 495. 10 omnes, 525. 9 *et etrasorum* W, 535. 3 *et fluctibus* G E. Multo rarius *ex* pro *et*, novem locos numeravi; p. 281. 13. — P. 381. 36 *Chii [suum]* Eberh. — P. 382. 5 *repudiamus* codd., Klotz., Thom.; *repudiabimus? praesertim cum — celebrandam.* Bait., Halm ut p. 360. 13, 384. 11 omnes, nemo 378. 15, 396. 14, 423. 29, 500. 31, 507. 19, var. 392. 11, 394. 22, 460. 7 critt., *repud.? — celebrandam?* Klotz., Kays., Eberh. Non plus interest quam p. 378. 1. — P. 382. 12 *praeconium facile* 'cum ed. Iunt. Lamb.', Balm. — P. 382. 19 sq. *mari terraque*, v. 23 *inlustr.* in cod. G esse ait Bait., Thom. non item. — P. 382. 28 *L. Lucullo* Stuerenb. auct. Eberh., Halm. — P. 382. 25 *natura et regione* Momms., Kays., Klotz. (ut fam. 1 7. 6, fere i. q. p. 219. 29 *natura ac loco*, 203. 15 *natura ac situ*, nisi quod *locus ac situs* magis, quo quid loco situm sit, *regio*, quas in partes spectet et quo pertineat, significat), *naturae regione* codd., cum cruce Thom., *natura regionis* Bait., Luterbach. 'Zeitschr. f. d. G. W.' 1883 p. 27, *natura egregie* Beneck., Halm., Eberh.; ad p. 447. 14. — P. 382. 29 *atque e* Halm., Thom.; ad p. 84. 2. — P. 382. 32 *est* Heumann., Garat., Halm., Eberh., *et* codd., Klotz., Bait., Kays., Thom.; cf. ad p. 405. 26. — P. 382. 34 *monim.* Kays. contra codd. ut 499. 25 et 500. 10, item contra cod. G 384. 23 *monum.*; ad p. 284. 36. — P. 382 35 *ecfer*. Stuerenb., *haec fer.* codd. GE, *effer.* vulg.; ad p. 208. 8. — P. 383. 1 *ex marmore: cuius* Momms., Halm., Eberh., *et marmoratis* codd. GE, *ex marmore. At iis* all., Klotz., Bait., Kays., Thom. — P. 383. 10 *eiciamus?* cod. G, Thom. ut p. 381. 35 *moveamur?*; cf. ad p. 218. 31, 527. 32. — P. 383. 16 *quo hominum nostrorum* Spirid. Bases, *Ἀθηναῖον* 1880 p. 156, *quomin' manū nostrarum* codd. GE. — P. 383. 30 *Mytil.* Bait., Kays., *mitil.* codd., *Mityl.* vulg. Sic scribi solet Brut. 27. 104, 71. 250, habet Med. fam. IV 7. 4, XVI 21. 5, Att. V 11. 6, at *Mytil.* Tusc. I 31. 77, Tim. 1. 2, hic p. 203. 14, Rab. Post. 10. 27 Halm. ex parte codd. (unus Ambros. et duo Laurent., quibus utor, *Mytil.*, alter Ambr. *mityl.*, tertius *mittil.*), Med. fam. VII 3. 5 ex., Att. V 11. 4; ib. VII 7. 6 *Metil.*, Bait. constanter *Mytil.* — P. 383. 37 *donaret et Gallos* cod. E, Klotz., Kays. — P. 384. 1 *videbamus* Thom., *videmus* codd. GE; ad p. 172. 36. — P. 384. 2 *quo epigr.* Kraffert. progr. Aurich. prob. Luterbacher.

eitschr. f. d. G. W.' 1884 p. 171; v. ad Off. p. 27. 19 ed.
82. — P. 384. 5 *sed* schol., edd. praeter Klotz., *sub* codd.,
otz. — P. 384. 14 *dederit* Fleckeis. ann. 1869 p. 91, Halm.,
erhard.. haud scio an recte. — P. 384. 17 sq. *in iis* Madv., Bait.,
ays., Halm., Eberh., *illis* codd., Klotz., Thom. — P. 384. 22 *Acci*
odd., Thom. (ad p. 3. 19), *Accii* vulg., *Attii* Bait.; ad Legg. p.
26. 1. — P. 384. 24 *huius urbis atque* Ald., Klotz., Halm., Eberh.,
uius atque cod. E, *huius aeque* G P, Thom., *huiusce* aliquot dett.
odd., Bait., Kays. — P. 385. 1 *adhortatus sum* cod. E, Halm.,
berh., *adortavi* G, *hortavi* P, *adoravi* S, *adornavi* Klotz., Bait.,
Kays., Thom. — P. 385. 3 non *una* pro *iudices*, sed $\overline{unu}$ esse
in cod. G testatur Thom. — P. 385. 4 *[et tam brevi]* Garat.,
Kays., Eberh. — P. 385. 9 bis *neque* Bait. sine dubio in cod.
G esse ratus, altero loco *nec* tac. cum cett. Thom. (ad p. 189. 16),
itemque, nisi fallit Thom., falso v. 10 *toties* Bait. e cod. G
adfert (ad p. 119. 17). — P. 385. 13 *dimetiendam* Lamb., Klotz.,
commetiend. Schuetz., Eberh. (progr. Bielefeld. 1872 p. 5). —
P. 385. 22 *non* Lamb., Thom ; ad p. 258. 34. — P. 385. 28
animi defend. Luterb. 'Zeitschr. f. d. G. W.' 1884 p. 166 cf. rep.
II 40. 67 ex., del. recc. edd. omnes, nisi ascribere solerent
vera. Hor. III 30. 6 *multa pars mei*, vix divinarem qua causa
commoti. An vero memoria ad aliquam corporis partem pertinere potest, aut ignoratur, quid sit 'ad nullam, aliquam cett.
rei partem pertinere'? — P. 386. 12 *a forensi aliena* Halm.,
Eberh., *aliena a forensi* H. A. Koch. progr. Port. 1868 p. 10 sq.,
forus a me codd., cum cruce Thom., *autem remota mea* leep.
progr. Wolfenb. 1862 p. 4, *autem remota a mea* Kays., *secus
ac mea* Klotz. — P. 386. 13 *ipso* Eberh. (progr. Bielefeld. 1872
p. 5 sq.), Thom., *ipsius* vulg.

In oratione pro Flacco Baiterus praeter Vaticanum
illum H 25, V, qui habet p. 404. 10—410. 15, et schol. Bo-
biensem B duobus codd. usus est, Salisburg. 34, nunc
Monac. 15734, S, eodem, qui in Fonteiana aliisque prae melioribus recte spernitur, in Cluentiana fere optimus est, et Bernensi 254 T. Nam P, 'vetus codex, e quo Levinus Torrentius paucas lectiones ad marginem editionis Manutianae a.
1564 exscripsit', in hac oratione non maiorem auctoritatem
habet quam in orationibus agrariis (T). Paulo plus tribuendum
videtur 'editioni Faërni rarissimae' Rom. 1563, F, quae con-
sentit cum V v. c. p. 404. 34 *aliqua relevavit* (*ex aliqua parte
relev.* ST), 407. 3 *Siloga* (*stola* ST); v. ad p. 414. 22, 416. 4, 427. 26.
Codd. S et T neuter alteri multum praestat dignitate. Cod.
Helmstad. n. 304 W simillimus Bernensi neque tamen ex eo
pendens, de quo Wrampelmeyer. progr. Clausthal. 1881 p. 14
—18, vel propterea *non inutilis* est, quod ceteri codd. non

ADNOTATIO CRITICA.

satis diligenter excussi sunt. P. 417. 22 *primum est in* — P. 420. 3 *cetera* in nullo cod. extare notum est. De codicibus multisque locis orationis disput. W. Oetling. progr. Hame'n. 1872.
P. 388. 23 *atque* * *institutae* Kays., *itaque institutae* Lehmann. Herm. 1879 p. 627; sed v. eund. in 'Wochenschrift f. klass. Phil.' 1884 p. 939. — P. 388. 24 *viris veteres et iustis*. Pluyg., Kays. — P. 388. 37 *providentiam* om. cod. S et schol., Bait., du Mesnil. — P. 389. 3 *compulsi* codd., Klotz., Kays., *corrupti* schol., Bait., Oetling. p. 10, du Mesn. — P. 389. 9 *alium* om. schol., edd., defend. Oetling. p. 10, H. Schuetz. 'Philol. Rundschau' 1884 p. 13. — P. 389. 13 *quod* cod. P, Schuetz. l. l. p. 13, *quid* vulg.; cf. ad p. 186. 7. — P. 389. 22 *Condemn.* solus schol., edd., *damnat.* codd.; ad p. 267. 3. — P. 389. 24 *pepulit* coni. Baiter., scr. Kays., Klotz., du Mesn., *repulit (reppulit)* codd., *expulit* vulg., Bait. — Ib. *Rapitur* codd. TW, Oetling. p. 12, du Mesn., *Repetitur* rell. — P. 389. 25 *fecit* Klotz. ad T. Vettium iudicem referens. — P. 389. 30 *f contendant utrum* Bait., *contendant* habet unus cod. S (*cont. utrum tum est tum*) et F, rell. *tum (aut) est utrum tum*, Madv. Advers. III p. 135 *mecum potius aestument, utrum*. — P. 390. 33 *ea d . . d . . ea . . f . . . no!* qui Bait., Kays., Klotz. (hic *no . . . . qui*) Peyrono auct., Mai scr. *ea . . . . vere . . . . dicis? qui*, etiam *ea* om. du Mesn. — Ib. *equidem* e codd. recc. edd., emend. Beier. — P. 391. 2 *quia suspiciose dici poterat, criminabare* Beier., Kays. — P. 391. 4 *aetatis potuit voluptate corrumpere* 'e scholiastae interpretatione supplevit' Bait., Kays. — P. 391. 26 *laudabatur* Pluyg. (Ma 1881 p. 138), Kays. — P. 391. 27 *qua vi* om. ed. F, Iordan. progr. Soest. 1868 p. 3 sq., Oetling. p. 15, du Mesn. fort. vere. — P. 391. 34 *tam multis decretis, tot homin. grat. laesa voluntate* H. A. Koch. progr. Port. 1868 p. 11. — P. 392. 3 *[turpe compendium]* Bremio auct. Kays., *re ad turpe comp.* Madv. Adv. III p. 135 sq. 'Vitiosam esse sententiam et orationem recte intellectum esse' ait Madv.; quid displiceat, video vitium esse non credo. — P. 392. 9 *hos testes* Ieep. (p. 1456 Or. II), Klotz., *hostes* codd. TW. — P. 392. 13 *nostri* ed. F, Klotz. (*uri* cod. Cus.) fort. rect. *Nos* et *vos* et sim. cum saepissime, tum in hac or. permut. p. 389. 16 *nobis* W, 388 34 sq. *nostra — nostris*, 398. 21 *nostrum* TW, 424. 18 *nostrar.* 427. 24 *nostri*; 405. 2 (etiam T), 414. 11, 415. 8, 422. 4, 33 *vobis* (415. 6 *mos*), 424. 21 et 24 *vos* W; ad p. 393. 35, 399. 17, 414. 27 424. 21, 426. 17, Verr. 121. 7. — P. 392. 17 *atque* om. P et Faërn. recc. edd., tuetur K. Lehmann. 'Wochenschrift' 1884 p. 940 sq. ad p. 222. 17. — P. 392. 18 *iudicavistis* 'S et decem codd. Lagom.' edd., *iudicastis* W et cett. fort. rect.; ad p. 79. 36. — P. 392 25 sq. *prudentes* (codd. STW) — *imprud.* (F) Klotz., du Mesn. ad p. 136. 15. — P. 393. 1 *Atque* pro *Itaque* Iordan. progr

Soest 1868 p. 7, Oetling. p. 20; ad p. 48. 29. — P. 393. 27 *[autem]* Kays., etiam Oetling. p. 12, Camp. progr. Greiffenberg. 1879 p. 11, Lehmann. Herm. 1879 p. 627 sq. (aut *autem etiam*, du Mesn. fals. cum Oetlingo, quod Bait. de v. 30 (17) dicit, huc (14) transferens; v. Madv. Fin. p. 844. — P. 393. 33 *putatis? quibus* Bait., Kays.; ad p. 337. 7. — P. 393. 35 *verba et ineptiae* Kays., du Mesn., *vestra tenebrae* codd. (W¹ om. *vestra*, W² add. *nostra*), Klotz., Madv. Adv. III p. 188 n., *verba, tenebrae* Pantagath., Bait., *religio ineptiae* Camp. progr. Greiffenb. 1879 p. 11 sq., *vestra tenebrae* K. Lehmann. Herm. 1879 p. 627. — P. 393. 36 *in del.* Kays. fort. recte, sed cf. ad p. 31. 19. — P. 394. 6 *servis* Garat., Kays., du Mesn., *verbis* codd., cum cruce Bait., *vinbus* Ioep. Fleckeis. ann. 1856 p. 295, Klotz. — P. 394. 9 *dico?* edd.; ad p. 365. 4. — P. 394. 20 *ut hoc totum om.* H. A. Koch. progr. Port. 1868 p. 11, *hanc vitam* W. — P. 394. 24 sq. *[schmaster]* Kays., om. schol. — P. 395. 12 comma post *centuriatim* pos. Bait. — Ib. *discr.* Kays., *descr.* rell.; ad p. 134. 6. — P. 395. 29 *sint* 'codd. noti omnes', Klotz., *sunt* ed. Asc., Bait., Kays., du Mesn.; ad p. 39. 15 (, 78. 3). — P. 395. 32 *initio Laelio* e cod. S recc. edd. — P. 395. 35 sq. *[paulo] ipse* Pluyg., Kays. — P. 396. 5 *testibus* Oetling. p. 20; ad p. 137. 7. — Ib. sq. *vobis, iudices, vidend.* Klotz., *vobis dividendum* cod. T et om. *vobis* W. — P. 396. 11 *largitionis* codd. TW, Bait. p. 1450, Oetling. p. 12. — Ib. sq. *viatici publici* ? — P. 396. 16 *ipsum imperii nomen* cod. S, Lehmann. 'Wochenschrift' 1884 p. 941, *nomen ipsum imperii* rell. — P. 396. 18 *imperii nomen* Camp. progr. Greiffenberg. 1879 p. 12, *nomen imperii* H. A. Koch. progr. Port. 1868 p. 11. — P. 396. 27 'Nihil deesse e scholiasta' (scilicet quod is nihil docet) 'docuisse Maius' videtur Klotzio, Bait., Kays. — P. 396. 31 sq. *rationes referre — inferre soleant* 'ex vestigiis lemmatum' Oetling. p. 10 haud scio an vere. — P. 397. 7 *possent* coni. Philol. XIX p. 626; ad p. 173. 32. — P. 397. 20 *queror?* edd.; ad p. 365. 4. — P. 397. 27 * *repreh.* Kays., *scite repreh.* Momms.; v. Schmalz. in Masi annal. 1884 p. 158. — P. 397. 35 *habeat* Camp. progr. Greiffenberg. 1879 p. 12 probab. — P. 398. 1 *[multum]* Bait., Kays., om. cod. S 'et multi alii', *omnium* 5 Lgg. — Ib. *dicit* ed. F, du Mesn., *dicet* codd. STW, Bait., Kays., Klotz.; ad p. 90. 16. — P. 398. 3 *[ipse]* Pluyg. (etiam Mn. 1881 p. 138), Kays. del. du Mesn.; *sophism.* hic et cett. locc. W. — P. 398. 12 *ac nunam* ed. Asc. nescio an recte; ad p. 54. 36. — P. 398. 19 *incitatis inimicis* Camp. progr. Greiffenberg. 1879 p. 12. — P. 398. 21 *[reliquis]* Kays., *[in posterum]* Karsten. — P. 398. 24 sqq. *cuius familia [qui primus — quae] usque ad hoc* Kays., *qui primus — cuius virtute* del. Oetling. p. 17 sq., *ex ea familia, cuius qui primus aut civis ex ea familia, cuius qui* Madv. Adv.

III p. 136. — Ib. *est factus* cod. S, Klotz., *factus est* cett. — P. 398. 27 *honoribus imperii* codd. STW, Klotz. — P. 398. 30 *degenerarit* ed. F, Klotz., *degeneravit* W, *degeneraverit* ST(?), Bait., Kays., du Mesn.; ad p. 79. 36. — Ib. sq. *quam maxime fl. in generis sui gloria* scr., *quod quam m. fl. in g s. gloriam* cod. S, *id quod m. fl. in g. s. gloria* TW, Bait.; Lehmann. 'Wochenschrift' 1884 p. 989, *in qua m. fl. g. s. gloriam* PF, Klotz., du Mesn. et del. *in* Kays. — P. 399. 1 *[acerrime]* Ruhnk. (p. 1450 Or.), Pluyg. Mn. 1881 p. 138, Kays., tuentur cett. — P. 399. 6 *querellas* Kays., du Mesn. contra codd., item p. 410. 17, 415. 27, 417. 9, 421. 31, sed p. 409. 13 et 34 Bait. e cod. V, 450. 34 Halm. e P (quater in Sest.; in prioribus oratt. *querimonias* dixit); ad Lael. p. 163. 15. — P. 399. 14 *discess.* Lamb., *decess* cett.; ad p. 37. 6. — P. 399. 17 sq. ter *nostri* codd. TW, Klotz., Kays., du Mesn., *vestri* S, Bait.; ad p. 392. 13. — P. 399. 19 sq. *portibus* codd. STW, Bait., *portubus* F, Klotz., Kays., du Mesn.; ad p. 79. 33. — P. 399. 23 *cum* fort. delend.; ad p. 39. 21. — P. 399. 25 *atque in re publica ad dignitatem omnia splendoremque* susp. Madv. Adv. III p. 137. — P. 399. 29 *At nulli* Schuetz. — P. 400. 10 *Quid postero anno?* edd., sed v. 5 et 414. 2 ut nos; ad p. 22. 10. — P. 400. 16 *populi Rom.* aut *rei publ.* add. Camp. progr. Greiffenberg. 1879 p. 12 recte, ut videtur; ad p. 186. 37. — P. 400. 18 *ptholomeum* cod. S, *Ptolem.* edd.; ad p. 204. 15. — P. 400. 20 *promuntur.* Kays., Klotz., du Mesn., *promunctor.* cod. S, (sic dett. Phil. I 3. 7 al., *promuntur.* V), *promuntor.* W, *promontor.* Bait.; ad Verr. p. 407. 26. — P. 400. 21 *littora* Klotz., item p. 509. 24 et constanter, hic cod. W, semel cod. R in Verr. V 40. 104 ex., G Sest. 67. 140. Sed pleriq. codd. male collati sunt. — P. 400. 28 *tu ipse* ed. F, *tu [ipse]* Klotz. — P. 401. 3 *occasio* del. Iordan. progr. Soest. 1868 p. 4, Oetling. p. 15, secl. du Mesn., *locus, tempus, occasio* Camp. progr. Greiffenberg. 1879 p. 12. — P. 401. 5 *convers. et moder.* ed. F, Klotz., Kays., du Mesn. — P. 401. 7 *id* om. cod. S et omnes Oxx., Bait., Kays., *[id]* Klotz., *ut id igitur* W. — P. 401. 8 *bipert.* ed. F, Klotz., *bipart.* rell.; ad p. 276. 13. — P. 401. 13 *reprehendenda* K. Lehmann. Herm. 1879 p. 628 scil. ut p. 400. 23, ubi diligentia est in vigilantia, hic in parsimonia; v. v. 16 *parcius.* — P. 401. 14, 16, 17 *discr.* Kays., *descr.* rell.; ad p. 134. 6. — P. 401. 18 sq. *[in provincias]* Garat., Momms., Kays., Klotz., du Mesn., *in provincia* 'sex codd. Lagg. et tres Oxx.', Bait. — P. 401. 22 *ut* add. 'Coni. Tull.' Regim. 1860 p. 22. — Ib. *onus* codd. TWP, F, Klotz., Oetling. p. 12, du Mesn., *genus* S, Bait., Kays. — P. 401. 28 *hac laude* Pluyg., Kays., du Mesn., *laudibus* Oetling. p. 20, magis placet *Equidem omni — laude.* — P. 401. 37 *superiorum* Pluyg., Kays. —

P. 402. 5 *Cita, praeco* Kraffert. progr. Aurich. 1883 p. 12, prob. Luterbacher. 'Zeitschr. f. d. G. W.' Jahresber. 1884 p. 171 non recte, opinor. V. 7 *Prodeant* anto *Procedit unus Ascl.*, *Proc. unus Ascl.* post *coegisti?* alii collocand. putant. — P. 402. 14 *data* dett. codd., *datum* STW, rocc. edd. — P. 402. 15 $\overline{CCVI}$ Bait., Kays., *CCVI* codd. STW, Klotz., du Mosn., *CCVI milia* F. — P. 402. 18 *CCVI milia* Bait., Kays., Klotz., du Mosn., *milia* om. codd. — P. 402. 24 *habuerint* codd. STW, *habuerunt* 'cod. Ozon. χ et Faërnus', recc. edd.; ad p. 174. 7. — P. 402. 26 *depreh.* Pluyg. Mn. 1881 p. 138; cf. vel p. 405. 3. — P. 403. 19 *[enim]* Momms., Kays. (ad p. 76. 16), *etiam* Pluyg. fals., fortasse *vero*. P. 269. 4 cod. e, 293. 2 p *enim* pro *vero*, 281. 4 z *Neque enim*, 271. 30 *enim* ς pro *ego, vero* 7 Lgg. — P. 403. 23 *obsign.* Lamb., Kays. — P. 403. 27 *quam* codd. TW, F, Klotz., Kays., du Mesn., *quantum* S, Bait. — P. 404. 4 *Speluncas* du Mesn., *spel.* vulg. — P. 404. 7 *aliquid esse causae* Madv. Adv. III p. 137 (ad p. 186. 35); nam 'in iis, quae praecedunt, nulla minima est causae significatio, ad quam referatur *aliud*.' Mihi videtur esse. — P. 404. 11 *putarunt* codd., etiam V, *putaverunt* a schol. reco. edd.; ad p. 79. 36. — P. 404. 18 *cuicuimodi* Schuetz., *huiuscemodi* cod. V (ante *cui cum tab.*), *cuiuscemodi* STW, *cuiusque modi* F, *cuiuscumque modi* Lamb., Bait., Klotz., du Mesn., *cuiuscumque* Kays. tac.; cf. p. 209. 15. — P. 404. 26 *convenit* Gulielm., Klotz.; cf. p. 39. 33 *Qui convenit esse?*, 406. 6, Mil. 20. 54 p. m. *qui convenit?* Sed Phil. III 6. 17 *Qui evenit, ut — ?* codd., *convenit* all., VII 2. 4 *Qui evenit, ut — ?* V, *convenit* dott. — P. 404. 28 *Atqui* Camp. progr. Greiffenberg. 1879 p. 12; v. ad p. 142. 9. — Ib. *ecferr.* Lamb., *haec ferertur* cod. V, *efferr.* vulg.; ad p. 208. 8. — Ib. sq. *efferretur magna — vestro, mortis* edd. — P. 404. 29 † *consensuque* Kays., sic enim codd., *concursuque* Pluyg. (etiam Mn. 1881 p. 138 sq.). — P. 404. 37 *[ac dicto testimonio]* Pluyg., Kays., Oetling. p. 6. — P. 405. 1 *At* cod. S, F, Klotz., Kays., du Mesn., *Ut* VTW, Bait. — Ib. *actionis* codd. praeter V, Kays. — P. 405. 3 *repraensus* cod. V, *reprehens.* vulg.; ad p. 18. 35. — Ib. *[con]victus* Kays. — P. 405. 6 *et* scr., *ut* vulg. Hae particulae cum saepe permutatae sunt, tum cod. W p. 412. 36 *ut eorum*, 413. 19 *et Graecorum*. — P. 405. 8 sq. *[testimonium]* Pluyg., Kays., du Mesn. Non videntur intellexisse, quid velit Cic., certe non intellexit Pluyg., cum Mnem. 1881 p. 139 scribi iussit *agit.* Is, qui *ante temperarit, nunc id agat*, est Flaccus; qui *nunc ne id agat*, Mithridates timere se simulat, *ut ad fals. avaritiae testimonium* (a Mithridate in se dictum) *verum maleficii crimen adiungat*, i. e. Mithridatem occidat. — P. 405. 16 *At* Bait., Kays., du Mosn., *et* codd., Klotz.; ad p. 239. 25. — P. 405. 24 *Lysania* cod. V, *Lysanias* vulg.; ad p. 406. 20, cf. ad Verr. p. 292. 4. — P. 405.

26 *damnatus est: bona* cod. V, schol., Klotz., Kays., Oetling. p. 6, du Mesn. P. 102. 12 *pars est* codd. S T M W, Soet. 58. 124 et eo ipso G, *et eo ipso* P, ad p. 882. 82; p. 459. 3 sq. necess. et P, Balb. 11. 27 *liberorum et popul.* codd., Phil. III 13. 82 idem cod. V bis in uno versu *urguendus et. Magna vis et.* — P. 406. 33 *Poles* codd. praeter V, Klotz. — P. 406. 1 *quaestoribus tribus* Klotz., Kays., du Mesn. nescio cur, *tribus* om. cod. V. — P. 406. 20 et 33 *Heraclidem* codd. T W, F, Kays., du Mesn., *Heraclidam* v. 20 S (V *haeraclidan*; ad Off. p. 38. 6), v. 33 V S schol.; 407. 23 *Heraclide* T F, Kays., *Heraclida* V S (etiam du Mesn., cod. W om.), 408. 21 *Heraclidaes* V, i. e. fort. *Heraclida* (ad p. 405. 24), quamquam idem 405. 14 *aeraclides* habet. — P. 406. 21 *adiudicat.* Krafft. progr. Aurich. 1883 p. 118, prob. Luterbacher. 'Zeitschr. f. d. G.W.' 1884 p. 171. — P. 406. 22 sqq. *Hermippus? — petivit? — sola est.* edd.; ad p. 337. 7. — P. 406. 26 *haec una* Pluyg., Kays. — P. 406. 33 *[Heraclidem]* Kays. — P. 406. 37 *de Publio Mec.* Urain., Bait., *de populo mec.* W. — P. 407. 3 *tum* pro *mutuam* codd. V T W, Klotz., du Mesn. — P. 407. 13 *discipulos* ante *adulesc.* add. Rau., Klotz., Kays., *discipulos*, non *adulesc.*, habent schol. et Arus. Mess. p. 465. 11. — P. 407. 16 *numum* Klotz. ut in vol. I constanter, hic invitus. — P. 407. 25 *illic* Pluyg., Kays. — P. 407. 32 sq. *veterem — meum* post *suae* v. 34 coll. Iordan. progr. Soest. 1868 p. 8, Oetling. p. 6. — P. 408. 9 sq. *causam ita detulit* add. ad Verr. p. 163. 29; infr. p. 509. 14. — P. 408. 23 *quaedam* del. du Mesn.; v. K. Lehmann. 'Wochenschrift' 1884 p. 940. — Ib. sq. *esset per vim, vend.* du Mesn.; v. Lehmann. l. l. — P. 408. 33 *tum F, tunc* schol., edd., om. V S (in W eadem lac. quae in T et all.); ad p. 135. 30. — Ib. scr. *delectarat, delectaverat* schol., Klotz., du Mesn.; ad p. 79. 36. — P. 408. 37 *[tu testem]*, p. 409. 11 *[studia et]* Kays., om. cod. S; ad p. 438. 1; de illis verbis assent. Iordan. progr. Soest. 1868 p. 5, Oetling. p. 6. — P. 409. 18 *Archidemi* Klotz. — P. 409. 28 *[mihi]* Kays., om. cod. S. — P. 410. 4 *vere* cod. V, Kays., H. Schuetz. 'Philol. Rundschau' 1884 p. 12; cf. p. 409. 21, ad Verr. p. 123. 10. — P. 410. 5 *ei* codd. praeter V S (de W tac. Wrampelm.), Klotz., om. V, edd. praeter Klotz., *enim* S. — P. 410. 8 *[Quo]* Kays. — P. 410. 10 *exsiluerunt* Henr. Steph. e 'vet.' libro I. ad p. 356. 34 l. p. 78, Klotz. — Ib. *contionis adumbratione (adumbrata specie)*, quod in cod. V est *contionis*, K. Lehmann. 'Wochenscrift' 1884 p. 941. — P. 410. 17 *istum dolorem* Kays. tac. similiter ac p. 418. 11 Crat. *istas*, 424. 16 cod. W *ita Catil.* — P. 410. 18 sq. *[a civitatibus]* Iordan. progr. Soest. 1868 p. 5, Oetling. p. 11, om. cod. T; v. Schmalz. in Mas. ann. 1884 p. 154, Seyff. Lael.² p. 324 sq., hic p. 325. 26 sq., Verr. I 5. 14 ex., Att. XII 16, Fin. I 6. 21, V 16. 44, N. D. I 26. 73, II 27. 67, 52. 129 ex. — P. 410. 21 *queran-*

tur e cod. S Kays. non minus recte; ad p. 89. 15 et 63. 7. Du Mesnili verba non intellego. — P. 410. 33 *est* codd. TW, F, Klotz., Kays., du Mesn., om. S 7 Lgg. 3 Oxx., Bait.; ad p. 144. 25. — Ib. et 411. 33 *fener.* Bait. tac., Klotz.; ad Verr. p. 262. 5. — P. 411. 23 *optimatum* Bait. tamquam e codd.; *summ* cod. habere -*tium* testatur Wrampelm. et silentio p. 413. 16, ubi Bait.: '*optimatium* S: *optimatum* ceteri'; p. 537. 4 -*tum* G. — P. 411. 26 *decreta vulgi* K. Lehmann. 'Wochenschrift' 1884 p. 943. *Delicta* dicit prava consilia ut p. 187. 17, 460. 36, cf. 186. 23. — P. 411. 29 sq. *[ex quibus — capiebat]* Iordan. progr. Soest. 1868 p. 5, Pluyg. Mn. 1881 p. 140, du Mesn., *ex qua — capiebat* Oetling. p. 15; v. H. Schuetz. 'Philol. Rundschau' 1884 p. 12. — P. 412. 1 *quin sciret (qui nesc.)* puto Ciceronem scripsisse. — P. 412. 5 *quantum* Kays. nescio an invitus. — P. 412. 9 *vincla* cod. S, *vincula* vulg.; ad p. 237. 10. — P. 412. 29 *[se]* recc. edd., om. codd. SW et Lgg. omnes; ad p. 45. 35. — P. 412. 34 *pulcrit., pulcre* cet. Klotz. constanter sua sponte, p. 447. 35 cod. P, Kays., alibi ut 497. 25 Kays. invitus; ad S. Rosc. p. 45. 22. — P. 412. 36 sq. *[et eorum — dicatur]* Kays., Karsten. Mnem. 1880 p. 109, om. post *dicatur* cod. S; ad p. 215. 1. — P. 413. 10 *tribunum militum* Gulielm., Kays., Klotz. — P. 413. 13 *iure,* quod dicit Baiter. p. 817. 17 esse in SA, ante *dicam* vett. edd. habent. Animadvertit id Wrampelm., sed gravius ipse turbavit in §§ 62 et 63. — P. 413. 23 *fere?* — P. 413. 24 *habebatur* codd. TW, F, Oetling. p. 13, du Mesn., *habetur* cett. — Ib. *Aeolis (eolis) — Doris* codd. TW, du Mesn., *Aeolis — Doriis* Klotz., *Aeoles — Dores* Bait., Kays., *eoli — dori* S. — P. 413. 29 *maximam* cod. S, Bait., Kays., *maritimam* rell., Oetling. p. 12 sq. — P. 413. 30 *generaret* codd. TW, *gentem* S, *augeret* F, *regionem* Klotz., du Mesn., *[illam gentem]* Bait., Kays., *regeret?* — P. 414. 1 *hoc vetus proverb.* 'cum Naugerio contra omnes codices FL', Kays., du Mesn. — P. 414. 2 sq. *Quid de tota Caria?* Kays., sine interp. Klotz.; ad p. 22. 10. — P. 414. 5 *faciundum* Klotz., Kays., du Mesn. — P. 414. 19 *illud est* unus cod. S, recc. edd., *est* om. W; cf. Divin. I 54. 122. — P. 414. 22 *Sic* ed. F, Klotz., du Mesn. (*Sic, subm.*). si TW (*si summ.*), om. S, Bait., Kays.; cf. div. Caec. 15 ex. 50, Sen. contr. 20. 9 *sic leviter,* Ter. Ph. 145 *sic tenuiter.* — P. 414. 27 *nostris* codd. TW, *vestris* F, om. S, recc. edd.; ad p. 392. 13. — Ib. *Hierosolymam* codd., *Hierosolyma* Ern., recc. edd.; ad Divin. p. 167. 3; Caes. b. civ. II 23. 2 *Clupeis,* 3 *Clupeam.* — P. 414. 29 *non hoc* ed. F fort. recte; ad p. 127. 8. — P. 414. 37 *quod in tam* 'vetus' liber Henr. Steph. l. ad p. 356. 34 l. p. 80, Klotz. — P. 415. 4 *crimen est?* Klotz., Bait., du Mesn.; ad p. 337. 7. — Ib. *quandoquidem* cod. S, Kays.; ad p. 179. 31. — P. 415. 5 sq. *indicatum* Pantagath., Bait. Iudicatum

fateri contrar. atque *iudicatum negare* p. 406. 12. — P
deprehens. 'vetus' H. Steph., Klotz. — P. 415. 12 ips
codd. SW (hic *per hunc c. luceum pudicum*), recc. edi
415. 13 *Adramyttii* Klotz., p. 400. 32 *Adramytenus*, B
316 *Adramyttenus, Adramytii* rell. — P. 415. 14 legati
Kays. tac. — Ib. † *non multum* Pluyg., Kays. — P. 41
victa. [quam deo cara, quod servata] Bernays. Mus. Rh
p. 464 sqq., Kays., *quod bello capta, quod servit* Mad
III p. 137. — P. 415. 31 *isto* cum ed. Victor. et F
fortasse dubitassem, nisi p. 404. 14 quoque codd. praet
haberent, *illo* STW, vulg.; ad p. 45. 12. — P. 415.
ante *Perg.* Bait., Kays., om. cod. S, F, non W; ad p.
P. 415. 35 *Tyriam eandem* Momms., Kays. — P. 416. 4
nidenses ed. F, Klotz., Kays., du Mesn., p. 418. 27, 30,
Crat., F, Klotz., du Mesn., *apollonienses* ST, *appoline*
Apollonidienses Lamb., Bait., p. 418. 27 sqq. etiam K
Iordan. progr. Soest. 1868 p. 6 sq. — Ib. *et fideliss.* Kl
Mesn. (ad p. 55. 2), *fidelissimosque* Lamb., Kays. (ad p
v. K. Lehmann. 'Wochenschrift' 1884 p. 941. — P. 4
codd. ST, Klotz., Kays., du Mesn., *hiis* suo more W,
— P. 416. 7 *liberos* codd. TW (*liberos non esset*) et corr. S
Kays., du Mesn., *liberis* Bait. — P. 416. 8 *[ex]* Bait.,
om. S, Kays.; cf. p. 390. 17. — P. 416. 16 *Longe es*
Kays.; ad p. 144. 25. — P. 417. 2 *mulieribus* codd
mulierculis F, Klotz., du Mesn., *mulierum* Pluyg., Ka
Off. p. 191. 4 ed. 1882 (ubi del. Sull. 87). — P. 417. 3
Or., Bait., Kays.; ad p. 312. 31. — P. 417. 20 *habere*
Kays.; ad Quinct. p. 9. 4, Att. XIV 8 ex., Fam. V 2
XIII 6. 4. — P. 417. 31 sqq. *intelligebas? Cum* —
mihi crede Bait. — Ib. *verba* om. all., Klotz., Kays., d
— P. 417. 35 *committebant. Ne* Bait., Kays. — P. 417
igitur Momms., Kays., *Isti igitur, isti* 'cum Naugerio
Mesn., *Igitur illi* ed. Crat., Bait., *Tui igitur illi* Klotz
[Pergameni] Kays. — P. 418. 12 *eius* 'cum Naugerio FL'
Kays., du Mesn., *illius* Crat., Bait.; ad p. 220. 37. — P.
tibi 'cum Naug. FL', du Mesn., om. Crat., Klotz., Bait
— P. 418. 21 *sed in latentem* schol. solus, Klotz., B
Mesn., secl. Kays. — P. 418. 25 † om Klotz., Kays., q
dem mulieri Romae datas apud Thyatiranos requis. R.
in 'Mélanges Graux' Paris. 1884 p. 10 n. 4. — P. 418. 28
occasione nonne facta du Mesn., *occasione facta — no*
Lamb., H Schuetz. 'Philol. Rundschau' 1884 p. 12 (a
26', *potestate facta* Lamb., *conversione facta* Gulielm., o
data Or. — P. 418. 32 *etiam* 'cum Naugerio FL', rec
praeter Baiter., om. Crat., Bait.; ad p. 142. 13. — Ib.
ed. F, du Mesn., *incensu* Nauger., *incensa* Crat., *in*

Lips. coll. Gell. VI 11. 9, Bait., Kays., Klotz.; dubia res. — P.
418, 37 neque in re neque in poss. ed. Hervag., Kays., du Mesn.,
nullo in iure neque re neque poss. Crat., nullo in iure neque in
re neque poss. cum Naug. F. — P. 419. 34 sqq. interp. Madv.
p. 1450 Or. II, *tui. Quod ornabat* — — *aut* **, *fortasse* —
excideres. Idcirco Decianum † *usque* Bait. — Ib. *facete* Lamb.,
Madv., Kays., Klotz., *facere* Crat., *facile* schol., Naug., Bait., du
Mesn. — P. 419. 35 *prenderat* schol., *prehend.* rell.; ad p. 18.
15. — P. 419. 36 *fecisset, ut tu — excideres* Manut., Bait., du
Mesn., *fecistis et tu et pop.* — *exciperes* Crat., *fecisti, ut te —
exciperes* Madv., Kays., Klotz. — P. 420. 1 *[haud veri simile]*
Madv., Kays., Klotz., *haud veri simile est* Bait., v. 2 *corruptum.*
Ita Bait., du Mesn. — P. 420. 2 *iudices* 'cum ed. Hervag. FL',
Klotz., Kays., du Mesn., om. Crat., Bait. — P. 420. 3 *velut* Bait.,
vel codd., cett. edd., quos secutus essem, nisi W haberet *vel
quod ut ayt luceyus.* — P. 420. 13 *abs* ed. F, om. W; ad p. 24. 1.
— P. 420. 27 *[illud]* Kays, om. cod. S. — P. 420. 30 *alter. L.*
om. Kays. et cod. W, ut videtur; nam utrum *L.* omissum sit,
non dicit Wrampelm. — P. 420. 34 *Vecti* ed. F, Klotz., Kays.
Vettii (et *Vettiae*) sunt in omnibus voll. C. I. L. innumerabiles, *Vectii* nusquam nisi vol. IX n. 3038 p. 285 'nomine vix
integro'. — P. 421. 1 sq. *non vis, non occasio* Man., du Mesn.,
Non vis, non impressio Camp. progr. Greiffenberg. 1879 p. 12,
non occasio, non vis (*ius* W) codd., vulg., *non occisio, non
vis* Klotz., Kays. — P. 421. 3 *Atque* Halm., Bait., *Itaque*
codd., vulg. P. 431. 7 vilissimi codd. EF sine dubio sua
sponte scrib. *atque*, boni *itaque*. Aliter atque du Mesn. *itaque* defend. K. Lehmann. 'Wochenschrift' 1884 p. 942 sq.;
ad p. 43. 29. — P. 421. 7 *[Extorquere]* Kays. fort. recte, praesertim cum aliud interpretamentum addant 'cum Naugerio
FLO': *Eripere, extorq.* — P. 421. 20 *orationi* Brem., all., Kays.,
religioni codd., Bait., Klotz., du Mesn. dubit., H. Schuetz. 'Phil.
Rundschau' 1884 p. 12 sq., *morigeratus est — religioni* H. A.
Koch. progr. Port. 1868 p. 11 sq. — P. 421. 22 *nec* cod. S,
Klotz.; ad p. 189. 16. — P. 422. 2 *vobis* codd. TW, F, du
Mesn., om. rell. — P. 422. 4 *iudicatur* Pluyg., Kays. prob.
— P. 422. 8 *pudens* Man., Bait., Kays., Lehmann. 'Wochenschrift' 1884 p. 940, *prudens* codd., Klotz., du Mesn.; ad p.
136. 15. — P. 422. 21 *accumulateq.* cod. S, Kays., Klotz. —
P. 422. 35 *civitate tam praecl.* Camp. progr. Greiffenberg.
1879 p. 12. — P. 422. 8 *[Minus — facit]* Kays., du Mesn., *ergo
minus lucr. f.* cod. W. — P. 423. 14 *a* codd. SW, Klotz.; ad
p. 24. 1. — P. 423. 20 sq. *Quis is est igitur? Ipse ille* Or. et,
nisi quod *Ille ipse* scr., F, Klotz., du Mesn., *scire, quis: ipse
igitur ille* cod. S, Bait., *quis is* (*qui sis*) *ipse igitur ille* TW
et plerique Lgg., Pluyg., Kays. (*qui sis*). — P. 423. 23 *prud.*

codd SWLgg. omnes 5 Oxonn., Klotz.; ad p. 136.
423. 37 *humer.* codd., Klotz., Bait., p. 445. 20, 472
14 Halm. et Bait. *umer.* e cod. P; ad Verr. p.
P. 424. 8 *convers. esse* ex ed. Asc. Klotz., Kays.,
ad p. 238. 23. — P. 424. 16 *est,* (aut *est:* aut *est;*
f. sunt. Nunc edd. — P. 424. 21 *nos* om. codd.
recc. edd., *vos* W (ad p. 392. 13). — P. 425. 30 *bo*
bus ed. F, Klotz. — P. 425. 34 *et de* Lamb. auc
Kays., du Mesn., *atque de re publica vestra* W; ad
— P. 426. 17 *nostrum* codd. TW, du Mesn., *vestrum*
p. 392. 13. — P. 426. 22 *Cat. ad caedem* Camp. progr.
berg. 1879 p. 12. — Ib. *et ad flamm.* codd. TW; a
— P. 426. 30 *a sen.* cod. S, Bait., Kays., du Mesn.; ad p
— P. 426. 31 *Pomptinio* cod. S, Klotz., du Mesn., *P*
pontimo TW. Praeter locc. a Bait. l. *pomptinus* est
Pis. 24. 58, freq. in epist., in C. I. VIII 1886 p. 221
p. 222, *Pontina* IX 1235; supr. p. 276. 24. — P. 427
bantur? nunc — — obsint. edd. — P. 427. 16 *id q*
SWLgg. omnes, Klotz. — P. 427. 26 sq. *cum* ed.
om. cett., *illam viam si sibi* Bait., Kays., du Mesn.
codd. TW, F, Klotz., du Mesn., *vident* S. Bait., Kay
Aliam viam sibi vident Madv. Adv. III p. 187 sq. (ad
— P. 427. 30 *his* cod. S, Baiter., Kayser., *hiis* W. — P. 427
bus integrum est] Pluyg. Mnem. 1881 p. 140. — P. 428. 3
codd. TF (*potuerunt* W) fort. rect.; sed v. ad Verr.

Fragmenta Klotz. P. IV vol. III p. 200, om.
Mesn.; Baiter. praeter ea, quae nos dedimus, add. b
inclusa: 'Isid. Origg. II 21. 29: *Paradoxon est, cum*
inopinatum aliquid accidisse, ut pro Flacco Cicero: cu
praedicator esse debuerit, eius periculi deprecatorem
tum', quae verba ad init. orat. spectare animadve
alterum v. hic p. 17 n. 2.

Quattuor orationum post reditum habitarum
longe praestantissimum esse constat Parisinum 77
que tamen assentior Halmio censenti 'paucas illas
meliores, quas alii codices habeant, felices hominum
emendationes, non ex fonte puriore deductas' esse.
cadere existimo in codicem E, Erlangensem 38,
'lectiones codicis Pithoeani ab Halmio iterum p
vium ex margine exempli Lambiniani, quod Heidelb
servatur, exscriptas', non omnino in G, Gembla
nunc Bruxell. 5345, et S, Salisburgensem, qui p
fere optimus est.

P. 429. 10 *enumer.* 5 codd. Lgg. S dubito an recte.
13 sq. [qua — iucundius] Halm., P sup. lin. habet m. 2, s

— P. 430. 10 *debemus* Lambin., 'cod. Franc. primus', Klotz., Kayser. Halmius coniunctivum interpretatur ὀφείλοιμεν ἄν; v. ad Tusc. p. 309. 30, 8. Rosc. p. 53. 13, Off. p. 176. 18 ed. 1882; hic p. 174. 7. — P. 430. 28 *facta* codd. EF soli, ergo inclinatis litteris scr., item *ut* v. 33. — P. 430. 30 *delituit* codd. EF, Halm. p. 1450, Kays., *deluit* P¹, Klotz., quam 'formam pro *delevit* esse usurpatam testatur Charis. p. 248. 4', *diruit* S, *delevit* GP¹, Halm. — P. 431. 2 *quam* Lamb., Halm., Kays., *cum* codd., Klotz. — P. 431. 12 *vos sententias* K. Lehmann. Herm. 1880 p. 354 probab. — P. 431. 15 sqq. *cum sing.* — *coepissetis* Spengel., *cum — coepistis* Kays.; cf. ad p. 77. 14. — Ib. *virtute et praestantissima* cod. G, Klotz., Kays. — P. 431. 23 *non arbitraretur* codd. EF non 'fort. corruptum ex *iam* (vel *tandem*) *arb*.', ut opinor, sed licenter ac stulte interpolat. (ad p. 33. 26). — P. 432. 3 *optimi viri, tribuni pl.* 'Or. contra codd. omnes praeter 4 Lagg. dett.', Kays. — P. 432. 25 *egit* om. cod. Erf., Klotz., *egerit* S (ad p. 104. 17). — P. 432. 29 *est* cod. E, Halm., Kays., *fuit* Or., Klotz., *prefuit. quo quanto* S: ad p. 144. 25. — P. 432. 34 *[post Romam conditam]* post *numquam* Kays., Klotz. e codd. EF. — P. 433. 1 *[non]* Wolfio auct. Kays., om. cod. E (ad p. 33. 26). — P. 433. 3 *[inimicus]* Halm., Kays., *non inim.* cod. S all. — P. 433. 4 *in me conserv. fuerit fut.* ex uno cod. G Klotz., Kays. — P. 433. 5 *scriptor.* Kays. tacit., item 496. 9. — P. 433. 7 *parvae* codd. GE, Halm. p. 1450, Klotz., *pravae* PSLgg. complures, Halm., Kays. — P. 433. 12 *a me* codd. praeter P, in quo *a* est sup. lin., Klotz. — P. 434. 24 † add. Quod Madv. coni. Adv. II 211 sq.: *nihil se intercedere diceret* om. v. *ne aperte — ediceret.* quae P² supra lin. habet, *neo magis satis facit*, quam quod ipsi mihi in mentem venerat: *nihil impediret.* — P. 434. 30 *blaesa voce* Gertz. Sched. crit. in Sen. dial. p. 139 n.; v. Gierig. Plin. ep. I 16. 4. — P. 435. 2 *iuris civilis prudentia — scientia* scr., *inconsulta* (cos. GS) *studium non dicendi* (*discendi* GS) *uitia* (*iura* S) codd., *vis consilii, non dicendi facultas, non scientia* Lamb. auct. recc. edd., *iuris studium, non dicendi, non rei militaris* codd. EF, vulg., *iuris scientia, non dicendi vis, non peritia* Madv. Adv. II p. 212. — P. 435. 29 *pudentiss.* cod. E, Halm.; ad p. 136. 15. — P. 435. 32 *nequaquam me quidem* scr., *me, quamquam* (*quandam* G) *me quidem* (*equidem* GS) *non* codd., Klotz., Halm., *lme quemquam, me quidem non — decepit?* Ieep. progr. Wolfenb. 1862 p. 5, Kays. (ad p. 33. 26). — P. 436. 8 *hoc tu* codd. EF (quorum nullus omnino usus est, nisi ut perversitas et temeritas librariorum illustretur), Halm., Kays., Klotz. — P. 436. 14 ? pos. Wolf., punct. recc. edd.; ad p. 40. 3. — P. 436. 16 *[sicut eras eo tempore]* Garat., Halm., *sicubi eras e. t.* Ieep. progr. Wolfenb. 1863 p. 2 sq. — P. 436. 21 *depellerent* vulg., *depu-*

CXVI   ADNOTATIO CRITICA.

lissem codd. EF et duo similes, Pal. IX et Lg. 9, *depulissent*
Lamb., Klotz. — P. 436. 32 *patereris* cod. G, Kays. sine dubio
ut multa e Klotzi ed. Teubn. priore. — P. 436. 36 *solvebantur*.
Uno aut *solv.: uno* edd. — P. 437. 1 *item ad* cod. E, Kays. —
P. 437. 16 *manum manu* codd. S 17 Lgg., Klotz., Kays., *manus
coiis* P. — P. 437. 20 *nec curiam* codd. PGS, *neque curiam*
rell., recc. edd.; ad p. 189. 16. — P. 438. 1 *ac studia* Halm.,
Klotz., *[studia]* Kays.; cf. p. 409. 11; ad p. 222. 17. — P. 438.
29 *quae* Kays. invitus, credo. — P. 438. 34 *convincam* scr., *non
vindicem* codd., edd., *non vindicem* Hotomann., *vindicem* Madv.
Adv. II p. 212; cf. ad p. 291. 18. — P. 439. 10 *revocavit* codd. praeter PS3 Lgg., Klotz. ut p. 445. 19 *revocarit* dett.; ad p. 82. 12. — P.
440. 2 *ab inferis* toll. Lamb., Madv. Adv. II p. 212 sq. — P. 440. 5
Metellum del. Halm., Klotz. — P. 440. 6 *honestus (honestissimus*
Madv.) *omnibus (bonis omnibus* Halm.), *sed luctuosus tamen*
Halm. in adn., Madv. Adv. II p. 213. *honestis omnibus, ne*
(*sane* G, om. S) *luctuosus tandem* codd. PGS, *molestus omnibus,
ipsi ne luctuosus quidem* EFPal. IX, vulg. — P. 440. 7 *divinitus
extitit* scr., *dimittit* (*dimittitur* S all.) codd., *extitit* EPal. IX,
edd. — P. 440. 8 *novum* scr., *unum* codd. PGS, Halm., *suum*
EF, Kays., Klotz., *unicum* coni. Halm., *divinum* H. A. Koch
progr. Port. 1868 p. 12. — P. 440. 22 *ne qui* cod. Erf., Klotz.,
neque sulla P¹. — Ib. *qui id* codd. GS, edd., *quid* P, sed litt.
d expuncta. — P. 440. 23 *vos grav.* cod. E, Klotz., Kays., *gra-
vos* Halm. (ad p. 45. 35). — P. 440. 27 *ut iis* Lamb., Halm.,
Kays., *iis, qui* all., Klotz.; cf. ad p. 50. 27. — P. 440. 37 aut *e o
die* aut del. Madv. Adv. II p. 213, *quo die* codd. et edd.; ad
p. 506. 18, et alibi identidem *cum* (*tum*) et *eum, co* et *eo* permutata inveniuntur. — P. 441. 7 *sicut* codd. praeter PEF, Kays.,
ita, ut EF, Klotz., om. P¹, *ut* P² sup. lin., Halm. — P. 442. 1 sq.
silere (cod. P¹) — *possum* Kays., *sileri* — *possunt* (P ut v. c. 447.
20 *sentiebant*) Klotz., Halm. — P. 442. 6 *in num.* Kays. tac.;
cf. rep. II 21. 37 m. — P. 442. 9 *omnis erit aetas mihi ad non*
eo solum nomine me quo Heumannum et Markland. offendit;
certe desideratur *conferenda* aut *vix satis* (*erit*) cet. — P. 443. 3
in hoc codd. PG 'et plerique', *ii hoc* de Halmi coni. Klotz.,
hoc E, Halm., *[in] hoc* Kays.; cf. 468. 1; ad 31. 19. — P. 443.
29 *remanendum [amplius]* Klotz. e codd. E et Pal. IX. — P.
444. 5 sq. *[imperatori]*, v. 7 sq. *[cum fuerit — doloris mei]* Garat.,
Halm., Kays. — P. 444. 11 *imminuam* codd. EF, Klotz. — P.
444. 17 *binorum* Madv. (Adv. II p. 213), Kays., Klotz., *divi-
norum* codd. PB, Halm. — P. 444. 18 *Nam et* codd. ELg. 19,
Klotz., Kays.; ad p. 55. 2. — P. 444. 34 *me per vos* codd. EF,
Klotz., *me* om. PG; ad p. 45. 35. — P. 444. 36 *deposcere*
Madv. Adv. II p. 214, *deposceret* vulg. — P. 445. 12 *ab* cod. E,
Klotz.; ad p. 24. 1.

In altera oratione post reditum habita Halmius praeter codd. PGES, quorum S est minime fide dignus, usus est Vaticano 1525, olim Palatino IX Gruteri, V, simillimo Erlangensi E, i. e. prorsus inutili. Nec multo maiorem fructum capimus ex Gudiano W, de quo Wrampelmeyer. progr. Clausthal. 1880 p. 16 sq., quamquam is codex in hac orat. proximus est Parisino.

P. 447. 2 *in univ.* codd. Lgg. plerique, Halm. probab.; ad p. 84. 2. — Ib. *f* add.; fort. *resideret* (ad p. 182. 32), *defigerent* Hotom. — P. 447. 5 *misericordia desideriumque* cod. G et dett., Klotz., *misericordiaque desiderium* PEVW, secl. *desiderium* Halm., Kays. fort. vere. — P. 447. 9 *Quare, etsi* Madv. Adv. II p. 214, *qui R. etsi* cod. P, *Quirites. Et si* rell., ut videtur, edd.; ad p. 188. 9 — P. 447. 14 *laetitia et vol.* mihi quoque scrbnd. videtur p. 372. 19; cf. ad p. 89. 20, 133. 5, 382. 25, 494. 31, Planc. 35. 82 p. m. *gloriae laude* codd. — P. 447. 25 *in incolumitate* dubit. scr. cum Halm., Kays., *incolumitatis* codd. praeter P¹, *incolumes* Lg. 25, Klotz., commendare nolo *iucunditatis*. — P. 448. 5 *Quorsum?* ut Klotz.; ad Verr. p. 365. 28. — P. 448. 7 *vestrorum* all., Klotz. (*nostrarum* cod. E), v. 8 *quae* 6 Lgg. (*qua* P¹, ut videtur), Klotz.; ad p. 191. 17. — P. 448. 16 *est* codd., Klotz., *esset* Ern., Halm., Kays. Subabsurde videri vult laudare beneficium populi Rom., laudat se ipsum, cum dicit ea tum, cum acciperet rem publ. (v. p. 191. 10), fuisse tempora, ut res publ. paene amitteretur (, nisi ipse fuisset), non ut amissa esset. — P. 448. 32 *populi* cod. W¹, non schol.; v. Ziegler. progr. Monac. 1873 p. 8. — P. 449. 2 sq. *aut Metell. liberi* codd. praeter P¹, P² sup. lin., tuetur Klotz. — P. 449. 5 *valerent* codd. S 3 Lgg., Klotz., Kays., *valent* rell. codd., *valebant* Halm. — P. 449. 12 sq. *in discessu* eodem modo dicitur quo p. 463. 24, 464. 9, 488. 34, de quo v. ad Off. p. 17. 9 ed. 1882. — P. 449. 22 *nam tanto* Halm. — P. 449. 26 *eodem me* unus cod. Lg., Klotz., secl. *me* Kays., *eo me* GEV 12 Lgg. (ad p. 29. 29), *me* 8 'et rell. Lagg.', *eo* PW (tolerabile, si scribas *Pro quo praesente* v. 24 sq.), *eodem* 'cod. Lamb.', Halm. (ad p. 45. 35). — P. 449. 27 *hic* tac. om. Klotz., Kays. — P. 449. 28 *adesse mihi, pietate* Halm., Kays. — P. 450. 5 *atque* dett. codd. nescio qui, Kays.; ad p. 75. 33. — P. 450. 14 *proficeret* codd. 'Barberinus 2, Lgg. 18, 23, 46', *perficeret* 7 Lgg. et 4 Oxx., *perficeretur* PGEVW (P¹ *perficet*'), Klotz., Kays. (ad p. 53. 16), *pervinceret* nolo commendare; commendat Madv. Adv. III p. 138. — P. 450. 19 *perfecit* cod. P¹, corr. ex *perfregit*, 8 Lgg. plerique, W ex sil., Halm., Klotz., *perfregit* GEV, Momms., Kays. — Ib. *illorum potius quam eorum* scrbnd. videtur; ad p. 220. 37. — P. 450. 21 *consule* hic add., item Madv. Adv. III p. 138, altero con-

sule, consule refer. Momms., Halm. et voluit Kays. (scr.: *alteri consule refer.*'). — P. 450. 34 *infrenati* H. A. Koch. progr. Put 1868 p. 12 cf. Pis. 19. 44, *irinati* PW, *irritagui* G, *irritati* ESV *irretiti* Crat., Klotz., Halm., Kays., *inligati* coni. Halm., devinxi F. W. Schmidt. Fleckeis. ann. 1874 p. 742. Fort. praestat illa *queati*. — P. 451. 2 *deorum* coni. add. Halm., om. edd., *solem* (*sole* GE) *de* codd. PGE, *de solempni de* W. — P. 451. *ornaveram* dett. codd., Klotz.; ad p. 79. 36. — P. 451. 8 *pedes eius* unus cod. Lg., Klotz., Kays. — P. 451. 13 *sed v luntate* scr., *et volunt.* codd. (*et* om. unus Lg.), *nulla: cum impediretur, voluntate* recc. edd., *et, cum var. rat. imped., vol* vulg.; ad p. 155. 8. — P. 451. 15 sq. *quantum interf.* — me Madv. Adv. III p. 138. — P. 451. 30 *reconciliationesque* H. Koch. progr. Port. 1868 p. 12, *ac rec.* Klotz., Madv. Adv. II p. 138 (ad p. 222. 17), *reconciliationes* cod. S, *reconciliatio* PGEV, Halm., Kays., *federare consiliatione* W; ad p. 39. 4. - P. 451. 33 *decertari* Klotz., *decertarent* codd. P¹ (sed corr. e dem m.) GEVW; cf. p. 481. 7. — P. 451. 37 *dum — absu* Halmio auct. Kays., *cum — absum* codd., *cum — afui* 'alique Lagg.', Halm.; ad p. 191. 7. — P. 452. 33 *[ab eodem]* Klot om. codd. S 11 Lgg., *ab eadem* mell. codd. — P. 453. 9 *me de* vett. edd., servant recc., *vos* om. cod. E, Kays., secl. Halm tuetur et *me* et *vos* Klotz.; ad p. 45. 35; v. Madv. Adv. III 139 n. — P. 453. 11 *denique* Crat., Klotz.; ad p. 231. 32. - P. 453. 29 *contione:* '*vestrum si* Halm., Klotz. — P. 453. 32 *ego tot* codd. S 14 Lgg., Klotz., Kays., *en ego* PGEVW 6 Lgg., H *ego* Halm. — P. 453. 34 *causam agente* coni. Halm., Wrampeln progr. Clausth. 1880 p. 17, *cum ag.* mell. codd. — P. 454. 4 3 codd. Lgg., Klotz., Halm., alii aliis locis, om. codd. PGEVW *[me]* Kays.; ad p. 45. 35. — P. 454. 13 *ideo* codd. PGEVW *id* 7 Lgg., Halm., *id mihi* S et rell. Lgg., Kays., *id vero* coni. Halm scr. Klotz., *id et* (aut *incolume*) *manet et perpetuo manebit?* P. 454. 16 *iis* cod. G corr. ex *is, his* rell. codd. et edd. no recte, credo. — P. 454. 26 *conservaret* codd. (*conservarit* P *conservasset* Man., Kays. — P. 454. 29 *amiserit* Weisk., Halm cf. v. 27. — P. 454. 34 *arte* Wolfio auct. add. Kays. tac. an *utar, pietate* vel ante *utar* vel post codd. S 13 Lgg., *facultat* Klotz., *lenitate* Lamb., *vi* Momms. post *consuevi*. — P. 45 37 sq. *permittet* 6 codd. Lgg., Klotz., Halm., Kays.; ad p. 1 36. — P. 455. 5 *nefarie me* 12 codd. Lgg., Kays., *me n* Klotz., *me* om. mell. codd., Halm.; ad p. 45. 35. — P. 455. *deberent* Ern., Halm., Kays., *debuerunt* codd., Klotz., Hof mann. 'Zeitpartikeln' p. 83. — P. 455. 10 sq. *singulorum fac nora* Halmio auct. (*facinora singulorum*) scr. (i. e. *singuloru generum*, nam *quorumque* non dicitur; dativus est *quibusqu facinorum singula* codd. PW, *facinora singula* rell. codd

ADNOTATIO CRITICA.　　　CXIX

facinora eorum singula Halm., Kays. non bene, *ea genera singula* Klotz. — P. 455. 12 *re p. bene gerenda* audacter scr. ut p. 458.1, *rem p. bene regendo* codd., *rem p. b. gerendo* edd. *Rem publ.* an *rei p.* an *re p.* habeant codd., nihil interest. V. 15 sq. *ratione repetenda* codd. P¹3Lgg.1Ox., Halm.. *ratione expetenda* EV, *rationem repetenda* G¹, *rationem repetendo* P et G corr. 8 W 18Lgg., Klotz., Kays. — P. 455. 24 alter. *meritis* om. codd. G E V 4Lgg., P *meri* 'in loco eraso scriptum, *tis* extra versum, sed pr. m.', secl. Halm., Kays., *quam opt. meritis* om. S15Lgg., de W tac. Wrampelm. — P. 455. 27 *leniri* Ieep. progr. Wolfenb. 1862 p. 6 sq., Kays., *teneri* codd., Klotz., Halm. — P. 455. 28 *ne* add. cod. Lg. 25, Kays., ante *bene* Halm., *quin* S15Lgg., Klotz., *ut bene mer.* Ieep. l. l., quod praefert Kays. in adn. — P. 455. 29 *verum neque* Ieep. (sed is *rependere verum neq.*), *utrücumque* cod. P, 'sed *cum* vetere manu deletum (*utrū* est in extremo versu)', *utrumque* rell., etiam W, *utique* Lamb., Halm., Kays., † *neque id rei p. repetere* (codd., *et repetere* W) *utrumque* Klotz. — P. 455. 32 sq. *in eo morum asperitas certe non reprehenditur scr., in eorum (meorum* EV) *apperte* (P¹, *aperte* rell.) *utitur* codd., cum cruce Kays., *in eo suo iure aperte utitur* Momms., Halm., *in eo vix reprehenditur* Klotz., *in ea re venia certe utitur* H. A. Koch. progr. Port. 1868 p. 12, *non fere reprehenditur* Madv. Adv. II p. 214. — P. 456. 5 sq. *nec ea — multa* Madv. Adv. II p. 214, *cum* (*tum et cum* W) *anima expirabo mea sed etiam cum me ulla* (PW, *cum nulla* GEV) codd., *neque solum me vivo, sed etiam, cum anima defecerit mea, multa* Halm., Kays., *non solum, quum anima spirabo mea, sed etiam quum me illa defecerit* Klotz. — P. 456. 11 *e re publ. ferenda* Ieep. progr. Wolfenb. 1862 p. 7, Kays.

In oratione de domo Baiterus usus est codd. Paris. P, Gemblac. G, Vaticano V, Mediceo plut. XLVIII 8 M, quorum secundum Parisinum optimus est Gemblac., deterrimus Vatic. Admodum neglegenter scriptus, sed non libidinose ut Vatic. atque etiam Med. interpolatus est Wolfenbuttel. W, de quo Wrampelmeyerus progr. Clausthal. 1880 p. 17—25. Saepe infra commemoro Lud. Langi 'Spicilegium criticum in Cic. orationem de domo' Lips. 1881 et Car. Ruecki dissert. Monac. a. 1881 'de M. Tulli Cic. orat. de domo sua ad pontif.'

P. 457. 3 *vos eosdem* dett. codd., Klotz. (ad p. 45. 35). — P. 458. 1 sq. *re p. bene gerenda* scr. ut p. 455. 12, *religionibus — interpretandis* Lang. p. 14 sq., *rem p. b. gerendo — religionibus — interpretando* codd., *rem p. b. gerendo — religionum ius — interpretando* Halmio auct. Bait., Kays., Klotz. — P. 458. 4 *in* ante *iudicio* colloc. Lang. p. 12, Rueck. p. 13 male, praesertim cum cod. P¹ habeat *causacerdotum*; Langio quidem eo minus probabile videtur *in* inter *causa et sacerd.* intercidisse. — P. 458. 19 *in* om. Baiteri codd., Bait. (*in furore* W, v. 18 *in pontifices* PW); *inproborum rei p.* P, *improborum amore bonorum rei p.* (rp. G, *rei* V) GVW, *improborum timore bonorum re p.* M. — P. 458. 21 *rescindentur* Rueck. p. 13; cf. infr. c. 37. 100 cet.; ad p. 13. 36. — P. 458. 34 *ipsa et dignitate rem p.* cod. M, Bait., Klotz., Lang. p. 5, *ipsa dignitate rei p.* GV (ad p. 55. 2) et P corr. (*ipsa*°, in quo idem fuisse videtur quod in W: *ipsam dignitatem reip.*), Kays., Rueck. p. 13 (ad p. 455. 12). — P. 458. 37 *aliud* dett. codd., Kays., *alias* PW, *alias* GV, *aliter* M, Bait., Klotz., ex quo non facile fieri potuit *alios*, facilius ex *aliud* (*alio*) ante *d.* — P. 459. 7 *tunc* Halmio auct. Kays., *tum* cod. P, *tamen* W, ut solet pro *tum*, *totum* GMV. — P. 459. 13 *primum* codd. GMV, Klotz. (i. e. *primo adventu*), *primam* PW, Bait., Kays. — P. 459. 16 *tu, funesta* Kays. tac. — P. 459. 21 *coëgisti* Lamb., Bait., Klotz., *curasti* codd. P²GMVW, Kays., *curisti* P¹ (ortum, credo, ex *cupisti*; cf. p. 312. 20), *exturbasti, expulisti* aut sim., del. *os cum — cedere*, Lang. p. 6 sq., improb. Rueck. p. 14. — P. 459. 24 *venire, in Capit. intrare* dett. codd., Kays. e Klotzi ed. priore; ad p. 335. 12. — P. 459. 29 *etiam in Capit.* indidem Kays.; ad p. 142. 13. — P. 459. 30 *scito* cod. Lg. 9, Wolf., Bait., *scio* codd., Klotz., Kays. — P. 460. 7 *vocarent* ex ed. Or. 1 Klotz., Kays.; *venirem?* cum Bait.; ad p. 382. 5. — P. 460. 12 *venerim* K. Lehmann. Herm. 1880 p. 354, Madv. Adv. III p. 139, *venirem* vulg. — P. 460. 13 *venisse* codd. (*venistis* P), Klotz., Kays., Madv. Adv. III p. 139, *venire* Garat., Bait. — Ib. sq. *ea res erat illa, de qua* Halmio auct. recc. edd. *recte, aures regatila de qua* cod. P¹, *aures re illa de qua* P², *aures erigere illa de qua* P³W, *res quae* GMV, *res illa talis erat, de qua* Or., *ea res erat itaque* Madv. Adv. II p. 215 'plane vitiosum habere pronominum *ea* et *illa* concursum' existimans. — P. 460. 15 *cos.* 'pro languido *eos* restituend.' censet Lang. p. 15, assent. Rueck. p. 14. — P. 460. 17 *his* codd. PM, Klotz., Kays. — P. 460. 18 † *ipsi non venirent* Bait., Klotz., *ipsis non venire licere* Ieep. progr. Wolfenb. 1862 p. 7 sq., Kays., impr. Lang. p. 15 sq., ipse scripsit *statuerunt — ipsi non venire, statuunt — ipsi non venire* vulg. Plura desunt. — P. 460. 20 *voluerunt* cod. V, Kays. a Klotzio. — Ib. *et gratam et iuc.* codd GM (ad p 55. 2), *ac grat. ac ioc.* W (ad p. 85. 36). — P. 460. 25 *illin* scrbnd. videtur; 'litteras *nc* in ras. habet P'; ad p. 173. 29, 532. 15 Quinct. p. 25. 24; v. 26 *putarent* scrbnd. videtur. — P. 460. 28 *exi stimassem* vulg., *aestimassem* W (non om. *me*), *aestimavissem* P² (ad p. 79. 36), om. P¹, *sensissem* GMV, recc. edd., *putarim* Halm ('vel *senserim*') et Lang. p. 16. — P. 460. 29 *remanserun* scr., rerunt codd. P ('t in ras., fuisse videtur rerum') et W, senserunt GMV, recc. edd., vett. non item aut illuc irem, non idem senserunt Lang. p. 16, timuerunt Halm. apud Rueck. p. 15, Wrampelm. p. 18. — P. 460. 29 An aliis cod. P³, vulg., an alias W, om. P¹, An eis M, Bait., Kays. (debeb. saltem illis ut 450. 15), anne is V, an meis G, An Klotz. — P. 461. 7 denique Halm., Cobet. Mnem. III p. 234, Bait., Klotz., de cod. P¹, deinde P²W, Kays., om. GMV; ad p. 231. 32. — P. 461. 19 reprendatur cod. P (idem p. 460. 33 repraeend.), reprehend. vulg.; ad. p. 18. 35. — P. 461. 21 nobis scr., uis codd., om. Bait., Quae vis add. ante quae causa vulg., Kays., Klotz., fuisse vis Lang. p. 17, impr. Rueck. p. 15. — P. 461. 25 illa vulg., Klotz., cum illis Halm., Kays.; illis ferri non potest. — Ib. binum del. edd. (denuo?), per annonae Madv. Adv. II p. 215, ob annonae vulg., binum nonae codd. PMV, om. G. — P. 461. 26 putasti scr., putavit codd. PMV, putavisti vulg.; ad p. 79. 36. — P. 461. 28 aviditatem Halm. apud Rueck. p. 15 sq., varietatem codd. et edd., avaritiam Graev., caritatem venditores Madv. Adv. II p. 215. — P. 461. 30 sub novum Arus. p. 509. 5, Klotz. — P. 462. 1 sq. senatum — oportuit Madv. Em. Liv.¹ p. 82, Adv. II p. 215, Kays., Klotz., senatus — potuit codd., vulg. — P. 462. 9 oblatum Iw. Mueller. apud Rueck. p. 16 cf. p. 480. 32, Acad. II 15. 48, delictum codd. (p. 496. 31 sublatos codd. pro subiectos), cum cruc. Bait., a te fictum Ieep. progr. Wolfenb. 1862 p. 8 cf. de or. I 25. 115 ex., Kays., Klotz., delicatum H. A. Koch. progr. Port. 1868 p. 12, adiectum Madv. Adv. I p. 18. — P. 462. 13 facinerosi cod. P, Klotz., facinoros. cett.; ad p. 270. 34. — P. 462. 22 caedem nulla auct. Klotz., Kays.; cf. ad p. 266. 8. — P. 463. 1 discr. Kays.; ad p. 134. 6. — P. 463. 3 iacta add. Rueck. p. 16 cf. p. 481. 4, in hac tanta materie Savels. progr. Essen. 1833 p. 13, Lang. p. 17. — P. 463. 6 paene om. Klotz., Kays., in ea re Lahmeyer. Philol. XX p. 504; cf. p. 288. 19. — P. 463. 9 sq. operarum K. Lehmann. Herm. 1880 p. 355, puerorum vulg.; quid puerorum Bait., Klotz.; ad p. 22. 10. — P. 463. 22 vilitatem pro illam rem Ieep. progr. Wolfenb. 1868 p. 3, illam del. Ern. — Ib. ipsam scr., illam codd., aliam Gesn., Lahmeyer., Rueck. p. 16 (p. 207. 31), solam Lang. p. 18, i. e. ipsam ('bloss, einfach', ad p. 200. 26, Tusc. I 45. 109 m.). P. 337. 28 ille cod. Ox. C, 361. 6 illi B, 368. 26 illa codd. praeter ET, 481. 7 illo illo S. — P. 464. 8 sq. tribuerunt Lang. p. 19, improb. Rueck. p. 17. — P. 464. 14 videatur cod. G, videantur rell. et edd.; ad p. 323. 35. — P. 464. 16 populi Rom. Lamb., Bait., p. R. aut PR. codd., populo Romano all., Klotz., Kays.; cf. ad p. 455. 12. — P. 464. 22 summique scr. (ad p. 39. 4), et summi Momms., recc. edd. (ad p. 55. 2), Terrorem maximum fuisse summi periculi Madv.

Adv. III p. 139; qui quod quaerit: 'quid est enim hoc, nemines negare *rem maximam* fuisse et *rem summi periculi a fame?* non intellego, quid eum offendat, nisi forte consulto ver[i] *fuisse* non iteravit. Mihi non nimis placet *terror maximi summi periculi*. — P. 464. 25 *ex* cod. P¹, Bait., Kays., in rel codd., Klotz.; ad p. 89. 37, Verr. p. 409. 12. — P. 464. 26 sq. [i] *flammaret: negat* Halmio auct. Bait., Kays. (Tertius est loc[u] trium illorum, qui p. 461. 19 sqq. propositi sunt); *negatis* Lahmey[e] Phil. XXII p. 699, *negas* Halm. apud Bait., *negant* id. ap[u] Rueck. p. 17; cf. p. 301. 31. — P. 464. 30 *sunt commissa* Klot[z] Kays. — P. 464. 31 *necesse est paenitere* dett. codd., Klotz., Kay[s] — P. 464. 32 *iis* scr., *his* vulg. — P. 464. 35 *quod* scr., c[u] vulg.; ad p. 60. 17. — P. 465. 6 *tamen possum* cod. V, Kay[s] e Klotz. ed. priore. — P. 465. 9 *Ptolom.* codd. (*ptholome*[u] GVW), *Ptolem.* edd.; ad p. 204. 15. — P. 465. 12 sq. *patroci*[i] codd., Lang. p. 3 sq.; v. Savels. progr. Essen 1833 p. 1[0] Rueck. p. 17. — P. 465. 20 post *ulli rei p.* addend. videt[u] *parti;* v. Verr. I 2. 5, V 15. 38, Sest. 22. 49, Mil. 15. 40, Phi[l] V 5. 15, rep. I 6. 10 cett. — P. 465. 21 *Neque* Halm., H. A. Koc[h] progr. Port. 1868 p. 12 sq., Rueck. p. 18, *Atque* codd., edd. (a[d] p. 79. 29); Kays. Naegelsb. auct. *atque — tuam?* — P. 465. 22 s[c] *etiam in ipso Catone.* scr. (*verum?*), sed *in ipso Catone, qui* Koc[h] l. l., *qui in ipso Cat.* codd. et edd., Kays. [*in ipso Cat.*], *quid i[n]* *ipso Cat.?* Momms. — P. 465. 23 sqq. *Quem tu — —, ad hu*[c] (v. 28) scr., *Catone, quem tu — — : ad hunc* edd. — Ib. *tu* [in] *eo negotio* Halm., Lang. p. 12, *tu in eo* codd. PGW, sed in 'ante vv. *in eo* erasa est una littera et litterae *i* et *o* sunt a co[r] rectore', *in illo* M (ad p. 220. 37), *meo*, om. *non*, V, *tu*, del. *in e[o]* Bait., Kays., *tum eo* Klotz. — P. 465. 29 *detulisti?* Kays., assen[t] Lang. p. 11; ad p. 40. 3. — P. 465. 35 *plebi* codd. P V, Bait., *belli* V *plebis* Klotz., Kays. — Ib. *deinde* Klotz., Kays. — P. 465. [] *quod [idem in posterum]* M. Cat. Klotz., Kays. e dett. cod[d] — P. 465. 37 *ei dicendi* Halm. apud Rueck. p. 19, *dicen*[di] Madv. Adv. II p. 216, *eidem querendi* aut *dicendi* Lang. p. 12 s[q] *idem* codd., *eidem* edd. — P. 466. 4 *finxisti* codd. P ('a mul[to] recentiore m. in ras.') GVW, Klotz., Kays., *misisti* M, p[r] *tulisti* Rufinian. p. 41. 4, Bait., *misisse finxisti* Lang. p. 13. P. 466. 11 *cum* add. Wesenb., Bait., Kays., Klotz., om. cod[d] Rueck. p. 19 sq. — P. 466. 12 sq. *visceribus aerarii* Mad[v] Adv. II p. 216 cf. p. 503. 8 spretum a Savelsio progr. Esse[n] 1833 p. 18, *ui Caesaris rebus actis* codd., *sui Caesaris reb*[us] *actis* edd. — P. 466. 27 *decretas* Lang. p. 19, *decreta* codd[.] del. Hotom., Bait., secl. Kays., *senatus decreta* Klotz. — [] 467. 6 *me* ante *audit.* add. dett. codd., Klotz., *modo* PG V *meo* M; ad p. 45. 35. — P. 467. 9 *imminutam* F. W. Schmid Fleckeis. ann. 1874 p. 741, Rueck. p. 20, *mutatam* cod[d]

mutam edd., mutilatam ed. Iunt., Ruhnk. Mnem. III p. 234.
— P. 467. 19 *ex lege* Halm., Bait., Kays., *exige* cod. P¹, *ex re*
rell., Klotz.; ad p. 160. 31. — P. 467. 26 ? *posui*, punct. edd.;
ad p. 40. 3. — P. 467. 27 *parricida* (sic codd. PGM, non W),
del. *fratric., soror.*, Lang. p. 9. — P. 468. 1 *in* delend. cens.
Wolf. ut p. 443. 3, Halm. apud Rueck. p. 20 sq.; ad p. 31. 19.
— P. 468. 2 *esset non coniuncta* Halm. l. l., Wolfio 'imperite
dictum' videbatur *laudandus essem, si viderer*. Ego intellegere videor, quod habent codd.: Si mea sententia non solum
ad Pompei dignitatem augendam pertinet, sed etiam ad utilitatem communem (quod laudabile esse apparet), certe etiam
laudandus essem, si in ea sententia nihil aliud egissem, nisi
ut hominem optime de me meritum remunerarer. Fort. intercidit *etiam.* — P. 468. 7 *amicitia consulari* Savels. progr. Essen.
1833 p. 21, Rueck. p. 21. — P. 468. 29 *me* add. Lahmeyer.
Phil. XXIII p. 113, post *sim* Lang. p. 13; ad p. 45. 35. —
P. 468. 31 *invidiosis* Lang. p. 21; ref. Rueck. p. 21 sq. —
P. 468. 34 ? pos.; ad p. 40. 3. — P. 469. 1 *patefaciend.* Kays.
e Klotz. ed. a. 1853. — P. 469. 5 *esset hominis* suas. Halm.
non melius quam p. 519. 22; cf. p. 8. 31. — P. 469. 26 *offenderit?*; ad p. 104. 17. — P. 469 30 *tulerat* Graev., Rueck.
p. 22; ad p. 39. 15. — P. 470. 14 sq. *non radic. — neque* codd.,
Madv. Adv. II p. 217 cf. p. 473. 28 sqq., *radic.* (L_*mb., cod. W)
— *neque* (Osiander) Bait., Klotz., *radic. — atque* Kays. a Klotzio.
— P. 470. 27 *ex ea* codd. GV, Klotz., *iam* P, Bait., Kays. — Ib.
filium? Bait.; ad p. 63. 2, 40. 3. — P. 471. 11 *sunt* codd. GM (ut
solet v. 14), Halm. apud Rueck. p. 22, *sint* PV, recc. edd.;
ad p. 73. 3, 63. 7. — P. 471. 18 *quis* Klotz., Kays. — P. 471. 25 *et*
add. vulg., Klotz., Kays. (ad p. 55. 2), *ut, si e patr. exeat, trib.*
Halm., Bait. Ferri posse asyndeton non nego. — P. 471. 26 sq.
obscurari, iam Lang. p. 21 (ad p. 82. 34). — P. 472 8 *pontificum*
codd., Bait., Kays. ut p. 508. 30, *pontificium* vulg., Klotz.; cf. ad
p. 151. 20, Cat. M. p. 144. 29. P. 507. 28 *pontificium colleg.* atque etiam *pontificium maximum* ib. 29 cod. P. — P. 472. 20
Infirmas igitur tu Madv. (Adv. II p. 217), Kays., Klotz., *Infirma sunt igitur tua* codd. (*tua* om. G) et add. *sententia* vulg.,
Bait. — P. 472. 27 sq. *a te interrogati* Momms., recc. edd., *te interrogati* cod. V, *te interroganti* PW (ad p. 326. 34), *te interrogante* M, *tibi interroganti* Lahmeyer. Phil. XXIII p. 113,
Wrampelm. p. 19. — P. 473. 1 *cum tamen ipse* inser. Lahmeyer. l. l. — P. 473. 20 *viros, princ. civ., aliq.* edd.; ad p. 61.
22. — P. 473. 29 *tuum* add. vulg., Klotz. (ante *tribun.*). om.
codd., Bait., Kays. — P. 473. 30 *tam fueris, inquam, lege* H.
A. Koch. Mus. Rhen. XIII p. 284. *tam in iure quam* (*in* add.
W) *lege* codd. PVW, cum cruce Bait., Kays., *non tam in iure
t. lege* M (ad p. 33. 26), *tam iure legeque* Car. Steph., Klotz.,

optimo iure, tam fueris, inquam, lege Lang. p. 13 sq., tam iur*
atque lege Halm. apud Rueck. p. 23. — P. 473. 31 *P. Ser*
vilius Halm. apud Rueck. p. 24, *Servilius* Lang. p. 32, *ullius*
cod. P¹, *rullius* P²G, *tullius* W, *tullus* M, *tulius* V, *Villius*
Bait., Kays., Klotz.; Kays. errore om. *quam*. Verba *quo exempli*
— *irrogari* allata esse a Festo p. 241 b 16 (restant litterae *de ca*
pite ci — *vetant* X) editores fugisse videtur. — P. 473. 35 *privi*
Scalig., Klotz. — P. 474. 8 *nisi* add., om. codd. (*alius* * P) *et edd*
(ad p. 235. 2), *ac* Halm. apud Rueck. p. 25 cf. p. 477. 3, *pro*
scribere del. Lang. p. 10. Colon, quod edd. habent ante *Ve*
litis, del., nam haec rogationis verba sunt subiecti loco, si
aliud nisi proscr. praedicat. — P. 474. 10 *re, etsi* Momms.
Bait., Lang. p. 6, *fecit si* codd., *fecit, etsi* vulg., Klotz., Kays
— P. 474. 24 *improdicta* Momms., Bait., Kays., *in prodicti*
codd. PG, *in praedicta* M, *proindicta* V, *pred*. W., *nisi prod*
vulg., Klotz. — P. 474. 26 *aut capitis iudicet* Lang. p. 14
impr. Rueck. p. 25. — P. 474. 27 *qua die* vulg., Kays. -
P. 474. 28 *cum* Lang. p. 24, impr. Rueck. p. 25. — P. 474. 2
sunt codd. MV, Klotz.; ad p. 73. 3. — P. 474. 32 *sustulerit* Halm
apud Rueck. p. 25 probab.; ad p. 13. 36, 469. 26. — P. 474. 33 *si*
Naegelsb., Bait., Kays., *est* codd., Klotz.; ad p. 73. 3. — Il
post *ita* suspicor intercidisse *constituta*. — Ib. *in iure scr*
in re codd. et edd., *in reo* Madv. Adv. II p. 217, impr. Ruecl
p. 25. — P. 474. 37 *et egentis* Halm., Bait. (*egentes*), Kays., *et gent*
cod. P¹, *egentis* P²GV, *gentis* W, *egentes* M, Klotz.; ad p. 55.!
— P. 475. 1 *putari* Madv. Adv. II p. 217, *putare* codd., edd. -
P. 475. 8 *multi egentes, sumpt., nob*. Bait., *multi, eg., sumpt*
nob. Klotz., Kays., *multi eg., sumpt. nob*. Rueck. p. 26, *au*
nobiles del. aut *nobiles ignobiles* scr. Lang. p. 10. — P. 475. 1
ferend. dett. codd., W, Klotz. — P. 475. 28 *quadruped*. cod*
dett., W, Klotz.; Parad. 1. 14 ex. — P. 475. 37 *socium* ou
Bait. — P. 476. 9 *scriptor* Kays. tac. ut p. 433. 5. — P. 47*
15 *quasi* Madv. Adv. II p. 217, *quae* codd., edd. — P. 476. 1
praedicatione Halm. p. 1451 Or.; cf. p. 475. 36. — P. 476. 17
pos. (ad p. 40. 3), poteram etiam v. 15 post *videatur*; ad p. 337.¹
— P. 476. 22 fort. praestat *est?*; ad p. 40. 3. — P. 476. 2
sortitore tulisti Madv. (Adv. II p. 218), Kays., Klotz., *sorti*
retulisti (*retulis* P¹) codd., Bait., *una sortitione tulisti* Halm
apud Rueck. p. 26. — P. 476. 29 *innocens* scr., *in bonis* cod*
PW (ex sil.), cum cruce Bait., *bonis* GM, Madv., Kays., *clari*
simus Lahmeyer. Phil. XXIII p. 540, *nobilissimus* Klotz., Ruec!
p. 26. — P. 476. 30 *consiliariis* Madvig., Kays., Klotz., *consular*
codd., Bait. — P. 476. 31 *plenum* add., *hominum* codd. PV
omnium M, *hominem fac. et stupr. omn. documentum* Bai
auct. coll. p. 503. 29 Kays., *hominem omnium fac. et stupr. d*
cumentum Klotz., *magistrum fac. et stupr. omnium* Halm. apu

Rueck. p. 26. — P. 477. 17 *Romam* Garat., Rueck. p. 26 sq., *Romas* (*roms, Roma*) codd., Bait. († *decess.*), *inde* Lamb., Klotz., Kays. — P. 477. 32 *luem* Georges Phil. XXXII p. 540 cf. p. 524. 24, *eluiem* cod. P¹. — P. 477. 36 sqq. *parabas? Cum — — quaerebas? Cum — — machinabare? Cum — reppulisti?* edd. 'Praestabit fortasse', inquit Wolf., 'deleri signa interrogationis', assent. Rueck. p. 27; ad p. 40. 3. — P 478. 16 *spectatos* H. A. Koch. progr. Port. 1868 p. 13, *speratos* codd. et edd., *perditos* Lahm. Phil. XXIII p. 71. — P. 478 27 sqq. *fuit? non dicam — natura: quid illa — milia? quid — senatus? quid — boni?* edd.; ad p. 22. 10. — P. 478. 36 *Iudiciumne? Causa tam turpis* scil., *homo* scr., *Iudicium in causa tam turpi?* scil. *homo* codd., edd., *Iudicium? in causa tam turpi scil.: an is homo — explicare?* Garat., Rueck. p. 27, *Iudicium? in causa tam turpi scil.; is scilicet homo* Madvig. Adv. II p. 218. — P. 478. 37 *qui causam* Klotz. — P. 479. 2 sq. *poteram, cuius — probarit?* edd.; ad p. 377. 31. Idem quod nos videtur voluisse Halm. apud Rueck. p. 27. — P. 479. 3 *absente* Madv. Adv. II p. 218, impr. Rueck. p. 27. — P. 479. 4 *omnes* add. Garat., H. A. Koch. progr. Port. 1868 p. 13 cf. p. 506. 25, Rueck. p. 27. — P. 479. 9 *At vero* Madv. Adv. II p. 219; ad p. 39. 21. — P. 479. 10 *privilegium, pertimui, ne, mihi praesenti si irrog.*, del. *multa*, Madv. Adv. II p. 219, quod nolim tam confidenter repudiare quam Rueck. p. 27, qui de *multa* cf. Mil. 14. 36 m.; sed v. ad Off. p. 189. 3 ed. 1882. — P. 479. 16 *At* Lehmann. Herm. 1880 p. 355. — P. 479. 23 sqq. *Quid mea — flectebant? Quid parvus — voluistis? Quid frater meus?* edd.; ad p. 22. 10. — P. 479. 34 *exprobro* Ern., Madv. Adv. II p. 219, *expromo* codd. et edd., Rueck. p. 27. — P. 480. 15 *internec.* Graev., Bait., *internic.* Kays., Klotz. (ad p. 84. 36), *innociuom* cod. P, *intestinum* GMW. — P. 480. 24 sq. *senatus consules vocabant* codd. PW, *senatus .c. volabant* G, *senatusconsulta volabant* M, *Senatum consules vocabant* recc. edd., *senatum consules lugere vetabant* Garat., *senatum consules non vocabant* Naegelsb., *sectores advolabant* Rau., *senatus, consules tacebant* Ieep. progr. Wolfenb. 1862 p. 9, *sarraca convolabant* Madv. Adv. II p. 219 sq., *Cenatum coss. vocabant* Halm. apud Rueck. p. 28. — P. 481. 10 *erat* vulg., Klotz., *fuisset* famosus ille cod. Lg. 9, Bait., Kays., om. mell. codd. — P. 481. 18 *dubitarem* (inicere me in medios hostes) *? Hoc meliore cond. essem* Madv. Adv. II 220. Mihi nec *dubitarem meliore cond. esse* 'perversum' videtur nec *pro re p. esse meliore condicione.* Halm. apud Rueck. p. 28 *dubitarem me devovere, qui hoc mel. cond. essem* aeque supervac. — P. 481. 20 *potuissem?* Klotz., Kays., *potuissem.* Bait.; ad p. 40. 3. — P. 481. 25 sq. *Quid ageres? non erat, ut, qui mihi socius laboris*

scr., † *quid ageres non erat, ut qui modus moribus* Bait.
Kays., *Quid ageres non erat nisi ut qui mihi dux in omnibus meis
rebus* 'vetus codex' Henr. Steph. 1. ad p. 356. 34 l. p. 96
Klotz., *Quod ageres, non erat, ut, qui laudis socius* Madv. Adv.
II p. 220. — P. 481. 26 sq. *Quid posses? extrudere ad Cypr. pe-
cuniam?* Madvig., *Quid? posses extr. ad Cypr. pecuniam:* Bait.
Kays., *Quid? eiicere posses? Non. Quid ergo? extrud. ad Cypr.
pecuniam:* cod. Steph., Klotz. — P. 481. 28 *hinc modo aman-
dandus est* scr., † *hanc modo amandas esse* e cod. P Bait.
Kays., *hanc modo amandatas esse* P²W², — *amandatis esse*
W¹, — *amandato esse* G, — *mandatam esse* M, *hic modo aman-
datus sit* Steph. cod., Klotz., *hunc modo amandemus* Madvig.
— P. 482. 3 *regis Armenii* Lahmeyer. Phil. XXIII p. 71 cf.
Att. II 7. 2. — Ib. *filium, hostem, capt.* edd.; ad p. 61. 25. —
P. 482. 12 sq. *compulerit* Halm. auct. Bait. p. 1451 Or., Kays.,
Klotz., *coniecerit* codd. P²GMW, Bait., om. P¹. — P. 482. 21 *mihi
[ac meis]* Bait., Klotz., *mihi acta est* codd. P¹ ('verba *acta
est* deleta sunt a pr. m'.) G, *michi acta esse* W, *mihi acta*
M. — P. 482. 22 *descript.* Madv. Adv. II p. 221 cf. p. 505.
6, *dissens.* codd. et edd.; ad p. 134. 6. — P. 482. 36 *legem* (post
illam) add. Lamb., Halm. apud Rueck. p. 28, om. vulg. —
P. 483. 7 *oreretur* Bait. p. 1451, Kays., Klotz., *ororetur* cod. P²
oriretur rell. codd., Bait. — P. 483. 11 sqq. Halm. p. 1451 et Rueck.
p. 28 sic distinx.: *iudicavit: quoniam quidem* (= sed quoniam) —
vetabatur, atque — — *vidit, homines.* — P. 484. 1 *quam transp.
post civitatem* Madv. Adv. I p. 51, Rueck. p. 29. Dubito. —
P. 484. 3 *Hic tu* — *exsulem me appell.* Madv. Adv. III p. 140
prob.; ad p. 45. 35. — P. 484. 6 *exilium* malim. — P. 484. 17
concilium Madv. Adv. III p. 140 n. — P. 485. 5 *ipse se vidit*
Faërn., Halm. apud Rueck. p. 29; ad p. 45. 35. — P. 485. 26
armanda scr., *emendanda* codd., cum cruce Bait., Kays., *expetenda* Klotz., *invitanda* Momms., *excitanda* Halm. apud
Rueck. p. 29. — P. 485. 29 *boni censent* H. A. Koch. progr.
Port. 1868 p. 13, † *negent* Bait. e codd. PGV, *non negent* M
Klotz., Kays. (ad p. 33. 26), *concedent* Halm., del. Madv. Adv. II
p. 221. — P. 486. 16 *posset* Klotz.; ad p. 173. 32. — P. 486.
19 *referri* Faërn., 'Coni. Tull.' Regim. 1860 p. 18, Madv.
Adv. II p. 221, Kays., *referre* vulg. — P. 486. 22 sq. *Latini
priusquam Latini erant* auct. coni. Madv. Fin.² p. 467. — P.
486. 28 *adigebantur* Halm., Bait., Kays., *faciebant* codd.
Klotz. — P. 487. 6 *in aes* add. Ant. Augustin., Halm. apud
Rueck. p. 29. — P. 487. 8 *qui* Bait., Kays., *quum* Klotz., Rueck.
p. 29, om. codd., vett. edd. (*potuit, propter* — *pernoctans*).
— P. 487. 18 sq. *rerum iudicatarum auctoritas* Madv. Adv. II
p. 221, *res tum iudicata* codd., *res iudicata* edd., *res iam iudicata* Halm. — P. 487. 20 ? pos.; ad p. 40. 3. — P. 487. 22 *pergra-*

tum Madv. (Adv. II p. 222), Kays., *per gratiam* vulg. Frequentissime in cod. P ut in Vatic. H 25 insertae vocales *i*, *e*, *a* cet. inveniuntur, ut p. 474. 15 *invidiorum* (inde G M V *invidiosorum*), 480. 17 *iniquos*, 482. 12 *domiumque* (*omniumque* G M), 484. 10 *peccatiolam* (*peccatio iam* G M), 487. 10 *gadiuius* (*gabinius* V), 489. 9 *quincitius*, 498. 11 *indominato*, 507. 28 et 29 *pontificium*, 510. 18 *centuriariumq.*, 522. 6 *cinnianiq.*, 525. 4 *obicieretur*, 521. 7 *grat°a*, ad p. 489. 21; 439. 18 *teromanino*, 477. 20 sq. *conatus*, 477. 35 *tuam* omnes, 492. 9 *exoratum*, 504. 2 *gentiliatu*, 554. 21 *profligatiq.* cett. *Per gratiam* Latine dici docuit Baeck. p. 80, id quod Madvigio ignotum non esse credo, *alicui legem ferre per gratiam* dici non docuit. — P. 487. 26 *ornatissimis* codd. G M V, Klotz., Kays., om. P (*anagnis*), Bait. — P. 487. 28 *usquam* Gulielm., Rueck. p. 30 cf. p. 488. 2. — P. 487. 31 *amplecteris* codd. M V¹, Klotz., *amplexeris* P G, Bait., Kays., *amplexaris* Halm. p. 1451, aut sic aut *amplecteris* Madv. Adv. II p. 222. — P. 487. 37 *tum* cod. M, *tunc* P G V, edd.; ad p. 135. 30. — P. 488. 4 sq. *tulit, homines — civibus. Non, ut* Bait., — *civibus; non* Kays., — *civ., non* Klotz. — P. 488. 7 *meo me* codd. praeter P¹, qui om. *me* (ad p. 45. 3), Klotz., *me meo* Bait., Kays.; ad p. 352. 14. — P. 488. 9 *haec* codd. P W (hic bis), Rueck. p. 80, *hoc* cett.; ad p. 8. 32. — P. 488. 13 *egregium, dissimilem vestri* Kays. e Klotzi ed. priore. — P. 488. 22 *proscr.* Graev., Rueck. p. 30; ad p. 236. 23. — P. 488. 29 *ipsis* om. Bait. errore, ut videtur. — P. 488. 35 et 489. 31 *et* om. Bait.; ad p. 55. 2. — P. 489. 9 *locuuntur* codd. P M V, *loquuntur* edd.; ad p. 44. 5. — P. 489. 21 *restituto* codd. P²W, Klotz., Madv. Adv. II p. 222 n., *restitutio* P¹G M V, Bait., Kays.; ad p. 487. 22. — P. 489. 24 *est iam* Klotz., Kays. e cod. G, in quo est *extat*. — P. 489. 30 *sempiterni* Madv. Em. Liv.¹ p. 100 n., Adv. 1 p. 58, Kays. ut p. 440. 32 veri sim.; sed v. ad p. 191. 17. — P. 489. 31 *et* del. Lamb., Halm., Klotz. — P. 490. 1 *quiescente* scr., † *petente* Bait., Kays. ex codd. P W, *ducente* G, *dicente* V, *detinente* M, *referente* Klotz., *patiente* Manut., Rueck. p. 30, *repetente* Halm., *non contradicente* Garat. — P. 490. 14 *in ipsa* Ern., Rueck. p. 30 prob. — P. 490. 16 *putas illum* Klotz., Kays. — P. 490. 18 *optant* (an *cogitant*?) malim. — P. 490. 21 *Placuleios* codd. G M V, Kays. a Klotz., etiam v. 26 *pulcrit.* (ad p. 412. 34). — P. 490. 31 *omnes homines ordinum* coni. Bait., Halm. p. 1451 cf. p. 294. 7 sq. prob. — P. 490. 35 *venerant* Ern., Rueck. p. 31 nulla causa. — P. 490. 86 *e re publ.* Madv. Adv. II p. 222 improb.; v. etiam Rueck. p. 31. — P. 491. 2 *publico* Garat., Madv. Adv. II p. 223, *populi* codd., edd. — P. 491. 3 *vis in Ti. Graccho* scr., *uis inti* cod. P¹, *uis intima* P²W, *uis* G M V, *vis *** recc. edd., *vis ultima* Man., *violentia* Momms., *uis in ciuis* Halm., *vis in Ti. Gracchum* coni. Bait., Rueck. p. 32, vis in

ADNOTATIO CRITICA.

tribuno pl. Ieep. Fleckeis. ann. 1860 p. 616, *virtus in Ti. Gracoho*
Madv. Adv. II p. 223. — P. 491. 5 *publica* recte del. Bait., Kays.
Halmio auct.; ad p. 186. 37. — P. 491. 6 *re gesta* Halm., Momms.,
Klotz., Rueck. p. 32. — P. 491. 13 *retinebat* codd. GMV (*odiunt*
P, *odium ue* W), Kays. e Klotz. ed. 1858; ad p. 82. 12. — P. 491.
23 *ducere* scr., *dicere* vulg.; recte *debeas* potius quam *soles*
Or. aliique scripserunt, cum servarent *dicere*. — P. 491. 25
ipsum scr., *ipsam* cod. P¹, *ipso* rell.; ad Verr. p. 288.22. —
P. 491. 33 *eius* scr., *illius* all., *ea* codd., *mea* Momms., recc.
edd., *et ea* Madv. Adv. II p. 223, *eaque* Halm. apud Rueck.
p. 32. — P. 492. 12 *Peccatine* — *me* Halm., Bait., Kays., *peccati me* — *me* cod. P¹, *peccati ad me conscientiam prof.* W,
peccati me — rell. codd., Klotz.; ad p. 45. 85. — P. 492. 16 *id*
Momms. auct. del. Bait., secl. Kays., quasi vero dici non liceat
iudicium propositum nullum fuit. — P. 492. 34 *considere*, 'hoc
est, aliquantisper conquiescere', Madv. Adv. III p. 140, *condere*
cod. P¹ (*concedere* P² M V W). — P. 493. 20 sq. *praetextos*
codd. PGV (*pretextu* W), Klotz., Kays. — P. 493. 23 *atque
ita pati, ut* Halm. apud Rueck. p. 32 sq., *atque ita, cum*
(*tum* P², *tum cum* V) codd., recc. edd., *atque ita, ut* vett. edd.,
neque vitare, cum Madv. Adv. II p. 223. *Ut* pro *cum* cod. T
p. 71. 27; ad p. 493. 34, 497. 3. — P. 493. 32 *dir.* codd. PV,
Bait., Kays., *disr.* GM, Klotz. P. 68. 34 *diiunct.* edd., *deiunct.*
codd., 77. 20 *disi.* fere omnes, 525. 12 *diiunct.* P, *dei.* M, *disi.*
GW, Klotz., 537. 11 *dii.* P³, *dei.* P¹, *disi.* GEMW, Klotz.; ad
Verr. p. 413. 34. — P. 493. 33 *furia atque ***, *audiat* scr., ut
suas. Bait. (p. 515. 17 *furiae et faces*), *Quare (dirump. licet
ista furia atque aud. — lacessivit,)* bis Bait., Kays., *Quare disr.
licet ista furia atque audiat — lacessivit:* bis Klotz., *furia, audiet* Madv. Adv. II p. 223 sq. — P. 493. 34 *rem publ.* add.
ante *servavi* Garat., Bait., post *serv.* Kays., Klotz.; ad p. 186. 37.
— Ib. *qui* Garat., Bait., Kays., Klotz., *ut* rell. codd., *qui ut* W, *cum*
Halm. apud Rueck. p. 33 (ad p. 493. 23). — P. 494. 15 *virtutis* scr.,
urbis codd., Bait., Klotz., sed ille: '*urbis* vel cum Ern. delendum est vel cum Naegelsb. scribendum *libertatis*', [*urbis*]
Kays., defend. Ieep. progr. Wolfenb. 1863 p. 5 n. 2 cf. p. 511.
32 sq. — P. 494. 16 *mihi* Halm., Klotz., *i* cod. P¹, om. rell. —
P. 494. 17 *et de me* vett. edd., Klotz.; ad p. 55. 2. — P. 494. 19
duritiem Kays. e Klotz. ed. 1853. — P. 494. 23 *aedem* add. Lamb.,
Bait., Kays. — P. 494. 26 *et, quia illud* L. Spengel. Phil. XI
p. 403, Momms. Herm. V 258 n. 2, Kays., Klotz., † *Et qui
aliud?* Bait.; ad p. 207. 31. — P. 494. 29 *est* add. Bait., Kays.
(ad p. 144. 25), post *eo* Klotz.; nam codd. MV *eodem* (ad p. 29. 29),
et videtur voluisse Bait., nam nunc permutatae sunt adnotatt.
— P. 494. 31 *est* cod. W solus. — Ib. sq. *facinus memoria
et nomine* codd. P²GMVW, Klotz., *facinus memoriae nom.*

P¹ (ad p. 447. 14), *facinoris memoria nomine* Bait., *facinoris memoria et nomine* imprud., ut opinor, Kays. — P. 495. 7 *M.* add. Momms., Klotz. — P. 495. 32 *in* add. all., Balm. p. 1451 ad p. 893 19 Or., Klotz. — Ib. *Huncin* codd. PMVW (*hunc in*), Bait., *huneine* G, Klotz., Kays.; cf. 251. 28. — P. 496. 6 *Aspicite* dupl. codd. GM, Klotz. — P. 496. 19 sq. *cum — amisit* codd., Klotz. recte (ad Verr. p. 250. 29, supr. p. 150. 8), *quoniam — amisit* Naegelsb., Bait., Kays., *cum — amiserit* Hoffmann. 'Zeitpartikeln' p. 72 sq. — P. 496. 22 *ab oculorum lesu*. progr. Wolfenb. 1863 p. 4. — P. 496. 24 sqq. *pio non potestis — — consecrasse*. Halm. apud Rueck. p. 33 fort. recte, *pio testis* cod. P¹; ad p. 33. 26. — P. 496. 25 *se dicat* codd GMV, *dicat se* PW, ut videtur, recc. edd.; ad p. 352. 14. — P. 496. 35 *relig. sempit.* Kays. — P. 497. 2 sq. *sine honesta — opinione* Halm. p. 1451, *si honesta — opinio* codd., *si hon. deest — opinio* Bait., Kays., *nisi hon. — opinio* vulg., Klotz. — P. 497. 3 sq. *ut — — fas esse arbitrere* scr., *cum — — arbitrare* codd., Klotz., cum cruce Bait., Kays.; ad p. 493. 23 — P. 497. 8 *funesta* scr. (p. 473. 22), *una* (om. GV) *iusta* codd., Klotz., *[una] iusta* Bait., Kays., *universa* Lamb., *iniusta* Ern., Rueck. p. 33, *inusta* Halm. — P. 497. 14 *[vim]* Momms., Bait., Kays., *unius* vulg., Klotz. — P. 498. 2 *Eam* codd. GMV, Klotz., om. P, Bait., Kays. — P. 498. 3 *totam* Halm. p. 1451, Rueck. p. 34; qui quod apparere ait 'Ciceronem dicere voluisse a Clodio libertatem funditus esse sublatam', id ipsum non minus valet *ex urbe tota quam — totam*; ad Off. ed. 1882 p. 59. 22. — P. 498. 4 *vetares* Halm., Bait. — P. 498. 11 *me indemn.* Halm. auct. Bait.; sed v. p. 1451. — P. 498. 14 *obsideres* Graev., Bait, *opsid*. Halm. apud Rueck. p. 34 probab Sest. 39. 84 *senatum possid.* cod. G, Balb. 2. 6 *ex. possessum* omnes codd.; cf. ad p. 250. 37, Phil. I 1. 3 m. — P. 498. 15 *indicium* Nielaender. progr. Krotoschin 1874 p. 37, *indicio* codd., edd.; ad Q. Rosc. p. 84. 31. — P. 498. 28 *tota e Gr.* vulg., Klotz., Kays. — P. 498. 37 *et* recte del. recc. edd.; ad p. 55. 2. — P. 499. 6 *ante un* Momms., Bait., Kays., *an ante* Halm. apud Rueck. p. 34. — P. 499. 16 *in suas* Halm. p. 1451, *tuas* codd. PGV. — P. 499. 33 *cogitavit* Lamb., Kays. — P. 500. 16 *in illis* coni. Bait., scr. Kays. — P. 500. 18 *Posuit [scilicet] Scat.* Klotz. — P. 500. 20 *quo* Lamb., Klotz., *qui* codd. (*quod* G², vulg.), *cui* Leon. Uster., Bait., Kays. — P. 500. 26 *tantam, tam* Halm., Bait., Kays., *tantam* cod. P¹, *tam* cett. codd., Klotz. — P. 500. 27 *voluntatum* imp. scribend. vid. cum Madv. Adv. III p. 140. — P. 500. 30 *et* om. cod. P¹, Bait., Kays.; ad p. 55. 2. — P. 500. 34 *Opus erat — auctoritate* L. Spengel. Philol. XI p. 403, Kays., Klotz. ('rectius scripsisset' Markl.), *Posuerat — auctoritatem* (sic codd.) *** sed tamen* Bait. — P. 501. 3 *magnam* add. ante *consec.* Lehmann Herm. *1880 p. 566.* — P. 501. 10 *posset* vulg. vett. edd.

ADNOTATIO CRITICA.

haud scio an rec'e; ad p. 173. 32. — P. 501. 13 *alium* add., *denique alium praeter illum adol.* Momms., lacun. sign. ante *adol.* po. Bait., Kays., *scientem* add. Lamb., *adulescente illo scientiorum quemq.* Lehmann. Herm. 1880 p. 566 sq., *non adolesc. quemq.* Madv. Adv. III p. 140 sq., prae qua emendatione meae me no paenitet. Non iam queritur, quod minimum sit, adulescentem sed illum potissimum adulescentem adhibitum esse. — P. 501 27 *aliquem* codd. praeter P¹, Klotz., *quem* P¹, Bait., Kays. — P. 501. 31 *et pontifex et trib.* Bait., *pont. et trib.* Kays., Klotz — P. 501. 36 *ipsis* Halm. apud Rueck. p. 35. — P. 501. *de caerim.* Halm. — P. 502. 14 *traditis* Madv., Kays., *praediti* (*pred.*) codd., *proditis* Naegelsb., Bait., *priscis* Klotz. — P. 502. *aeque* Bait. auct. Kays., Klotz., *paene* codd., Bait. — P. 502. *[civis] cuiusp.* Klotz — P. 503. 12 *omnium* om. Klotz. — P. 503. 14 *ea* cod. G², Klotz., Kays., *ei* rell. codd., om. Bait. (*opor ter ei* G¹). — P. 503. 21 *metum* Halm. auct. Kays., Klotz., Bait. — P. 503. 24 *tibi ludus* cod. V, Klotz., Kays. — P. 504. *et quid et qui [quo modo]* Kays. errore, ut videtur, Baiterum auctorem commemorans, nam in codd. non est *et quid et qi quomodo*, sed *et qui (quod* W) *quomodo*: ad p. 55. 2. — P. 50 8 *dedicabas? quo iure? qua lege? quo exemplo?* edd. — P. 50 12 *tam* Kays. sine dubio err. — P. 504. 22 *ipsi loco, quo* Bai auct. Kays., Halm. apud Rueck. p. 35, *ipsi si loco* codd., *ip ei loco, quo* Madv. Adv. I p. 36, *ipsi loco, si* Klotz., *ipsae, loco* Naegelsb., Bait. — P. 504. 23 *plebes* codd. GMV, Bait Kays., *plebs* PW, Klotz. — P. 505. 6 *discr.* Kays., *descr.* rell ad p. 134. 6. — P. 505. 7 *scrib.* Lamb., Madv. Adv. II p. 22 *descr.* Garat., *imperi adscr.* cod. P¹, *adscr.* edd., Rueck. p. 3 — P. 505. 30 *senatoriae dignitatis* Madv. (Adv. II p. 224), La meyer. Phil. XXIII p. 71, Klotz., *senatorum (senator* P¹, *sen torium* V, *senatus* GMW) *de dignitate* e codd. Bair., Kays. P. 506. 6 *dedicavit: tu* Klotz., *dedicari, signum Concordiae,* Naegelsb. — P. 506. 11 † *tamen* Bait., quod 'in P unum ve bum erasum est', *domestica, more vetere ad pontif. detulisse nunc novum* del. Halm. apud Rueck. p. 36, quod verba *tam instituto ceterorum* in P 'in inferiore margine addita sunt a 1 recentiore'. — P. 506. 12 *uterere* codd. PGVW, Klotz., Kay *ueterem* M. — Ib. *rettul* scr., *detul.* codd., edd.; ad p. 182. 8 — P. 506 13 sq. *[quodam atque inaudito]* Bait., Kays., o cod. P¹, Halm. apud Rueck. p. 36. — P. 506. 15 *Ac?* ad 131. 8. — P. 506. 18 *cum quo* scr., *cum eo* codd., *ut cum* edd.; ad p. 440. 37. — P. 506. 22 *facibus* codd., Madv. Ad III p. 141 n.; etiamne p. 263. 12? — P. 506. 28 *Ades* iterant cod P²W, Klotz., Kays. — P. 506. 33 *Rom.* add. vulg., Klotz., Kay om. mell. codd., Bait.; ad p. 186. 37. — P. 506. 36 *exsultare* H. *Koch. progr.* Port. 1868 p. 13, Halm. apud Rueck. p. 36,

ADNOTATIO CRITICA. CXXXI

scelere codd., Klotz., *excellere* Bait., Kays. — P. 507. 4 *viventis Ar*es. p. 484. 1, Klotz. — P. 507. 7 *in alieno delicto* H. A. Koch. progr. Port. 1868 p. 14. — P. 507. 24 *dedicandi* cod. M, Rueck. p. 36 cf. p. 508. 31, *iudic.* rell. — P. 507. 32 *recte posse* Kays. e priore Klotzi ed. — P 508. 4 *senatus sustulerit* vett. edd., Klotz., fort. *Qua quidem in re — fuerit.* — P. 508. 19 *visceribus eius, qui* Ieep. progr. Wolfenb. 1863 p. 4; cf p. 506. 7, 507. 5: *hisce rebus ut in* codd., cum cruce Bait., *eius civis aedibus, qui* Madv. (Adv. II p. 224), Kays., Klotz. — Ib. *urbem* cod. P¹, Ieep., Madv., Kays., Klotz., *urbe, quam* ¹*quod* W) cett. codd., Bait. — P. 508.21 *ac nequitiae nota, dolore* Ieep. l. L p. 5 cf. Verr. II 47. 115, *ad perpetuam notam doloris* H A. Koch. progr. Port. 1868 p. 14, *ad equitum notam, ad dolorem* ull., Klotz. — P. 508. 30 *iure pontificum* codd. G M V, Klotz., Kays. — P. 508. 36 *praeiri* Halm., Klotz., † *praere* Bait., Kays. e cod. P¹, *praecipere* P²GVW, *percipere* M, *praeberi* Momms. — P. 509. 1 *constaret* Lamb., *constarent* codd., edd.; ad p. 140. 1. — P. 509. 6 sqq. *valeret; nunc — — dicatur?* (v. 10) scr., *valeret, ne — — dicatur*, codd., recc. edd., *nedum* pro *ne* vulg. — Ib. *adulescens, novus sae., scr.* edd.; ad p. 61. 25. — P. 509. 14 sqq. *Delata tum res est — — celebrata* scr., *Delata est res — — celebrata* Wrampelm. p. 25, *Delatatum sunt — celebrata* cod. P, *delatastis — celebrata* W, *Delatum est — celebratum* rell. codd., Bait., *Delatum tum est — celebratum* vulg., Klotz. et secl. *tum* Kays.; v. supr. ad p. 408. 9, Fin. p. 143. 30. — P. 509. 17 *obscaen.* Klotz., item Cael. 29. 69. — Ib. *revocans* Madvig. 'Kleine Schriften' p. 373, *revocando* codd., edd. — P. 509. 34 *et* del. Bait., secl. Kays., Klotz. fort. rect., non necess.; ad p. 55. 2. — P. 510. 6 *indomito* Halm., Bait., *inito* codd., Klotz., Kays., *ignito* vett. edd. — P. 510. 7 sq. *metu perterritus* scr., *metu territus* H. A. Koch. progr. Port. 1868 p. 14, *metu exanimatus* Halm. apud Rueck. p. 37, *metus* codd., cum cruce recc. edd., *mentis* Madv. Adv. III p. 141, neque enim 'ullus minimus', inquit, 'in Clodio significatur metus', cuius *mentem di cura metuque terrebant* v. 3. — P. 510. 14 *soli* Lamb., Bait. probab. — P. 510. 24 *arbitrantur* Lamb., Klotz. — P. 510. 25 *hoc* om. Kays. — P. 510. 28 *ipsum* om. cod. P, Bait., Kays., secl. Klotz. — P. 510. 34 *hanc meam domum* Lehmann. Herm. 1880 p. 567. — P. 510. 35 *iam* Madv. Adv. II p. 224, prob. Rueck. p. 37, *tamen* codd., edd. — P. 511. 37 *patriae usu* Halm. apud Rueck. p. 37 cf. v. 24 et 30, *patriae visu* Ieep. progr. Wolfenb. 1862 p. 9, Kays., *patribus* codd. P W, *partibus* rell., Bait., Klotz. — P. 512. 10 sq. *nostrae memoriae* vett. edd., Klotz

Orationis de haruspicum responso codices idem sunt qui superioris, nisi quod apud Baiterum in Vaticani locum successit Erfurtens. E.

i*

CXXXII ADNOTATIO CRITICA.

P. 514. 9 *continui simul ac* sine interp. Bait. — P. 514. 22 *ecfren.* codd. PG, *effren.* edd.; ad p. 208. 8. — P. 515 11 *quique* codd. GEM, Klotz., hic v. 15 *etiam* pro — P. 515. 22 *meum* om. Kays. tac. — P. 515. 29 *nobilis* corrupt. — P. 515. 34 *[odio dignitatis]* Bait., Kays., om. codd. PW. — P. 516. 8 *sentit* Lamb., Madv. Adv. II p. 224 fort. rect.; v. tamen Seyff. Lael. p. 229. — P. 516. 17 *Carthag.* codd. PGW (*cartag.*), *Karth.* edd.; ad p. 92. 36. — P. 517. 1 *legum metum* Madv. Adv. III p. 141 cf. p. 514. 9 *periculum iudicii*; cf. potius v. 10 *duobus inceptis verbis.* — P. 517. 4 *ut cogitet* Halm. fort. vere (ad p. 405. 8). — P. 518. 3 *praemon.* cod. G, vulg, *prom.* PE, recc edd., *promov.* MW. — P. 518. 5 *scripulus* cod. P (v. 15 *arisp.*, 522. 31 *harisp.* cett.), recc. edd., p. 229. 11, S. Rosc. 2. 6 ex nemo. — P. 518. 6 *aliquoi* Madv. Adv. II p. 224, *aliquis* codd., edd. — P. 518. 27 sq. *urbe quicquam delere cuperet, vox interd.* Madv. Adv. II p. 225, nam in cod. P post voc. *urbe* est vacuum spatium et *maneret* sup. lin. add. m. 2. — P. 518. 28 *intercluderetur* Lamb. recte, ut videtur; dubitat etiam Madv. l. l., *interciperetur* Gulielm., *incideretur* l. Fr. Gronov. — P. 518. 32 *aut* Madv. Adv. II p 225, *ac* codd. (*servilia c. in luculli* W), edd.; ad p. 54. 36. — P. 519. 17 sqq. *iudicasse: quamquam — — quam plurimos; ita est — — iudicum. Religionis — fieri potest, quod — iniquum est: tamen* aut sim. edd.; v. ad Lael. p. 190. 9, supr. p. 518. 11 cet. — P. 519. 22 *iniquum esset* Halm. ut p. 469. 5 non bene; cf. ad p. 63. 2 — P. 520. 7 *hi* all., Klotz. — P. 520. 23 *esset* Ern.; ad p. 39. 15 — P. 520. 32 *poeniend.* codd. PG, Klotz., *puniend.* EMW, mun. Petr. Faber, Bait., Kays. — Ib. *putarit* Halm., Kays., Klotz., *putaret* codd., vulg. — P. 521. 3 *cum iam adtempt.* scrbnd. videtur. — P. 521. 4 *antea* all., Klotz. — P. 521. 9 *ecferr.* cod. P, *et ferr.* GE, haec *efferr.* M, *efficeret* W, *efferr.* edd.; ad p. 208. 8. — P. 521. 19 *respondissem: an* recc. edd. P. 521. 21 *inimici contumeliis* Madv. Adv. II p. 225, *inim. contumeliam* codd., *in inim. contumeliam* Bait. auct. recc. edd. tam vitiose quam p. 292. 6 *in perniciem.* — P. 521. 31 *iis* cod. M, Bait, Kays.; ad p. 175. 23. — P. 522. 3 *expiat.* Sigon., Bait, Kays., *explat.* cod. P¹, *explanat.* rell. codd., Klotz. — P. 523. 1 *est nisi est ex* Lehmann. Herm. 1880 p. 568 prob. — P. 523. 5 et 527. 27 *postul.* Klotz. *postulat.* codd. — P. 523. 15 *quando* non Ern. demum, sed iam Manut., Bait., Kays., *quanto* codd., Klotz. — P. 523. 27 *non* add. Philol. 1862 p. 327, cf. Lahmeyer. Phil 1864 p. 300 sq., om codd. et edd. (ad p. 33. 26). — P. 525. 2 *libera vi* coni. Madv. Adv. II p. 225 non prob., prob. *libero aditu* Adv. III p. 141 n. 2, *liberatus* codd P¹EM, *libertum* P², *libertam* W. — P. 525. 32 *[sacrificii]* Ern., Bait., Kays. — P. 526. 26 lac. signum add. Kays., Klotz., om. Bait., sed in adn.: 'Aut ante v. *alterum*

ADNOTATIO CRITICA. CXXXIII

(*Brogitarum*) *quaedam de Deiotaro exciderunt*, aut vv. *pecunia B. per te cum Schnetzio delenda sunt*', *appellatus alter. Eum* put. Ieep. progr. Wolfenb. 1863 p. 5 sq. — P. 527. 11 sq. 'Ernest. corrigit *quam* pro *quod*, atque inde usque ad verba *necesse est* parenthesin facit. Sed non sufficiunt haec, ut delinamenta ad rationem redigantur.' Wolf. *Quod referri necesse est breviter dictum est* i. q. *quod fieri necesse est, ut referatur.* — P. 527. 17 *non nulli ad me* vulg., Bait., *non* om. cod. P¹, *non nulli* om. W; ad p. 33. 26. — P. 527. 32 *neglegimus* scr., *negligimus* cod. M, vulg., *neglegemus* PG, Kays., *negligemus* EW, Klotz., Bait.; fort. praestat *neglegamus*. — Ib. *neglegemus* codd. P²G, *negligemus* MW, vulg., *neglegamus* P¹, recc. edd. (*neglig.* Klotz., Bait.); cf. ad p. 383. 10. — P. 529. 14 *his* cod. M, Klotz. — 529. 17 *in periurii crimen* Madv. (Adv. II p. 225 sq.), Kays. (turbatum est in adnot.), Klotz., *in periurium* (*periurio* W) *et te ipsum inprime* codd., cum cruce Bait., quamquam ipse quoque animadvertit syllabas *um et te ipsum* 'ex proxime antecedentibus male repetitas esse'. — P. 529. 19 sq. *subiuncta* codd. praeter E, Bait, *subiecta* E, Klotz., Kays. — P. 529. 21 sq. *locuntur* codd. GE, *loqunt.* P², *loquant.* P¹, *loquunt.* edd.; ad p. 44. 5. — P. 529. 25 dubium est, rectene hic *?* ponatur; ad p. 40. 3. — P. 529. 35 *impune possit* Momms., Kays. — Ib. *nemo* om. cod P¹, inter v. *Clodium* et *omni* inser. Halmio auct. Bait., Kays. — P. 530. 4 *dicit esse* codd. GE haud scio an recte; v. ad Divin. p. 233. 28, Off. ed. 1882 p. 84. 5, supr. p. 414. 8, Balb. 14. 36 ex., Planc. 26. 69 ex. Omisisse aliquem verbum multo veri similius est quam adiecisse; ad p. 238. 23. — P. 530. 11 *poena quae* scribnd. videtur. — P. 530. 14 *sororiis stupris* ingeniose H. A. Koch. progr. Port. 1868 p. 14. — P. 530. 18 *prope* om. codd. GEW, Kays. — P. 530. 30 *quam insania matric.* Ieep. progr. Wolfenb. 1862 p. 10. — P. 531. 7 *haberes* cod. M, vulg., *habueris* cett. codd., recc. edd., quasi vero certa spes sit Clodium oculos amissurum. — P. 531. 13 *divini numinis* H. A. Koch. progr. Port. 1868 p. 14, *diminuitis* cod. P, cum cruce Bait., Kays., *diminutis* P²GEW, *divinitus* M, Klotz. — P. 531. 14 *pecuniae* codd., Bait., *provinciae* vulg., Klotz., Kays., *ad unius imperium res redeat* coni. Lamb.; cf. p. 537. 20 sq. — P. 531. 15 *apulsus* codd. GE, *pulsus* P²MW, om. P¹, recc. edd., *exercitusque pulsi deminutique accedant* coni. Garat. — P. 531. 17 *hanc* om. cod. P, recc. edd. — P. 531. 31 *L.* om codd. PM, Bait. P. 532. 14 *L.* 'supra versum habet P²', om. M', v. 31 *P.* 'supra versum habet P¹', 533. 1 *C.* 'supra versum habet P¹', v. 5 m. 'in rasura habet P', om. W, 534. 32 *C.* om. PGEW cett.; v. infr. v. 34. — P. 531. 32 *actor* Madv. Adv. II p. 226, *auctor* cett.; cf. p. 351. 31. — P. 531. 34 *P.* om. cod. P, Bait.; ad v. 31. — P. 532. 32 *fuit et* Madv. Adv. II p. 226, *est*

ADNOTATIO CRITICA.

codd., edd. — P. 533. 10 *causa* codd. GEM, Klotz., om.
Bait., Kays. — P. 533. 16 *deprend.* codd. GW, *depraend.*
deprehend. edd.; ad p. 18. 85. — P. 533. 24 *senatus, senatus*
princ. 'codd. Lambini', Bait., Kays., *senatus senatus pr.* PW. —
P. 534. 5 sq. *nos non defensi putabamur* Madv. Adv. III p. 141 sq
defensi potius quam *defendi* codd. PGW, *defensum iri*
Halm. — P. 534. 19 *[saepe]* Klotz., om. cod. M, Kays. —
P. 535. 3 *ex* Klotz., *et* codd. GE; ad p. 381. 25. — P. 535. 8 s
quod caec. am. non vid. corr. Madv. Adv. III p. 142. —
P. 535. 19 *est* Wolf. auct. add. Kays., post *spe* Klotz.;
p. 144. 25. — P. 535. 23 *deprensa* cod. P, *deprehensa* vulg
ad p. 18. 35. — P. 535. 26 sq. *est ipse* cod. E (?), Klotz., Kay
— P. 535. 33 *quaeque* cod. E, Klotz.; ad p. 39. 4. — P. 53
15 *illum* codd. GE, *eum* coni. Bait., scr. Kays., Klotz., o
PM, Bait. — P. 536. 16 *ecfer.* et v. 36 *ecfren.* cod. P (*et fer*
GE, *afferebat* W), *effer.* et *effren.* edd.; ad p. 208. 8. — P. 53
26 *ac* scr., item Madv. Adv. III p. 142 n., *et* Lehmann. Herm
1880 p. 568 cf. Verr. act. I 12. ^{35} m. et III 30. 71, *aut* codd
edd.; ad p. 54. 36. — P. 538. 12 *nec cogit.* cod. M, Klotz.,
cog. GE. — P. 538. 32 *monemur* cod. M, Klotz., *monet* P, *mon*
W. — P. 539. 1 sq. *conquisitisque vitiis* codd. GEM, Klotz., *qu*
vitiis om. PW, *vitiis conquisitis* Bait., Kays. — P. 539. 23 *con*
sules, scel. sui socios, edd.; ad p. 61. 25. — P. 540. 2 sq.
haurire — posset (possit GE; ad p. 173. 32) codd. GEM, Klotz.,
Kays., *exhaurire* PW, *exhauriret* Halm., Bait. — P. 541. 3
codd. GE, Kays.; ad p. 123. 33. — P. 541. 9 *monstris* Madv.
Adv. III p. 142, sed ⟨*monstris*⟩ *mutis metuendisque* del *reb*
(miratur enim 'non animadversum ineptam esse in tali
metuendarum rerum mentionem' eodem fere errore, qu
Fin. V 16. 44 m. del. *rebus* 'inepte' res eas animum et corp
appellari existimans; v. Seyff. Lael. p. 195, ad Off. p 71.
ed. 1882, supr. ad p. 312. 31), *multis* codd., Klotz., H. A. Koch
progr. Port. 1868 p. 14 cf. Ov. M. XV 24 *multa ac metuend*
minatur, † *multis* Bait., Kays., *invisis* Momms. — P. 541.
cum maria Ieep. progr. Wolfenb. 1862 p. 11, *cum agri* codd
PGM, Bait., sed *cum agri atque* P² in ras. (*cum agr*
cum W), *cumque agris* E, *cumque agri* Klotz., Kays., *cum a*
Garat., vulg. - P. 541. 14 *invisit.* scr. dubit., *inuissit.* cod. P
inusit. vulg.; ad p. 237. 30.

M. TULLI CICERONIS
ORATIONIS PRO M. TULLIO
QUAE MANSERUNT.

ARGUMENTUM.

M. Tullius habebat in agro Thurino fundum a patre relictum, cui erat vicina alia possessio C. Claudi senato Et quamdiu hic quidem vicinum fundum possidebat, nulla finibus agrorum controversia erat. Postea vero fundum su vendidit P. Fabio, sordido homini, qui pecuniam in Asia Macedonia nescio quo modo quaesitam in fundo tuto pon properabat. Emit autem homo non minus stultus quam ava tam insano pretio, ut pecuniam potius abiecisse quam posui dici posset. Quod ut ipse sensit, circumspicere coepit, qu ad modum damnum suum repararet. Et primum quidem tot negotii eum paenitebat; fundum ergo iterum proscripsit, empt autem eum habebat cum Acerronio quodam, honesto, ut vi tur, viro. Cum igitur nemo ad emptionem accederet, h socio suo, ut eodem sine dubio aut maiore, quam quo i emerat, pretio fundum redimeret, persuasit. Persuasit aut eo facilius improbus homo, quod in tabella proscriptionis liciendorum emptorum causa maiorem fundi modum, qu ipsius erat, ut venalem designaverat, inclusa scilicet centu quadam Populiana, quae portio erat fundi Tulliani, sed ita, ut inscio ad suum fundum pertinere videretur. H fraus in proscribendo fundo admissa Tullio a procuratore mature Romam nuntiatur. Appellat Acerronium ibidem t agentem; nam Fabius in villa versabatur. Is a socio se fr datum ne somnians quidem tum sane adroganter, quod co modum fuit, respondit. At fines Fabius auctor Acerronio n dum demonstraverat. Mittit igitur ad procuratorem litte et ad vilicum *Tullius*, caverent a fraudibus Fabi et, si

posset, curarent, ne fines nisi se praesentibus Fabius demo(n)
straret. Huic domini voluntati obtemperantes petunt a Fab(io)
ut se, cum fines ostendere vellet, advocaret. Ille se factur(um)
negavit, illis absentibus fines demonstravit. Neque tamen h(?)
centuriam Populianam vacuam tradidit; nam cum servi M. T(ulli?)
tum, cum fines demonstrarentur et traditio perficeretur, e(?)
tenerent, ingredientes facile reppulerunt. Et Acerronius q(ui)
dem, quo modo potuit, se de tota re excusavit; mox e(n)
socii fraudes perspexit multumque postea sibi gratulatus (e?)
ubi ex negotio cum homine eius modi gesto semiustula(t?)
effugit. Fabius vero emptori de auctoritate obligatus et ace(?)
ferens, quod artes suae sibi tam male cessissent, dolo vim (e?)
dere Tullioque vindicandi sui gratia insignem calamitat(em)
infligere constituit. Adducit igitur in saltum homines elec(tos)
maximis viribus, armis instruit omnique violentiae generi (?)
suefacit, ceterum odium occulens, opportunitates nocendi cap(?)
turus. Interim etiam Tullius in Thurinum venit, sed pal(am)
non clam profectus, ut appareat non insidiarum et rixar(?)
causa, sed ut suum defenderet a vicini iniuriis, a quo q(?)
expectandum esset, res nuper gesta ostendebat, in fund(um)
suum se contulisse. Quo comperto Fabius fraudes suas p(?)
ventas iam intellegens occasionem non opperiri, sed i(?)
sibi facere vique aperta adversus Tullium agere statuit. C(?)
igitur quodam die servum Tulli in Populiana centuria a(?)
adverteret, quid ei in suo esset negotii, compellat. Serv(us)
si quid vellet disceptare, dominum adiret, respondet. Pr(o)
ciscitur igitur cum Acerronio (nam is quoque ibi tum er(?)
ad Tulli villam Fabius; rem exponit, Tullium suum ten(?)
vociferatur, id se vindicaturum iactat, appellat, ut aut i(?)
Tullium deduceret aut ab eo deduceretur. Tullius se deduc(tu?)
rum dicit; vadimonium Fabio Romam promissurum. Manet
ea condicione Tullius. Disceditur. Verum enim vero vim ill(am)
imaginariam iuris civilis praevenit Fabius vi armisque. P(ro?)
xima enim nocte, iam fere lux cum appropinquaret, veni(t)
in aedificium, quod erat in centuria Populiana, servi P. F(?)
introitum sibi vi manuque aperiunt, homines magni pr(?)
M. Tulli adoriuntur, caedem atrocem faciunt, tectum villa(m)
que disturbant. Nuntiatur res M. Tullio; qui confestim p(?)
patratum facinus, ut testatum fieret, ad amicos mittit iudiciu(m)
que id, in quo Cicero hanc orationem habuit, praeparat.

1
1
 Antea sic hanc causam agere statueram, recupe(ra)
 tores, ut infitiaturos adversarios arbitrarer tant(ae)
 caedem et tam atrocem ad familiam suam pertine(?)

Itaque animo soluto a cura et a cogitatione veneram, quod intellegebam facile id me testibus planum facere posse. Nunc vero posteaquam non modo confessus est vir primarius, L. Quin*ctius* . . .

[*Desunt versus sex octonarum denarum fere litterarum.*]

laborabam, ut, quod arguebam, id factum esse ostenderem; nunc in eo consumenda est oratio, ut ne adversarii, quod infitiari nullo modo potuerunt, cum maxime cuperent, id cum confessi sunt, meliore loco esse videantur. Itaque tum vestrum difficilius iudicium, mea facilis defensio fore videbatur. Ego enim omnia in tes*tibus* . . .

[*Desiderantur septem versus.*]

quid est facilius quam de eo, qui confitetur, iudicare? Mihi autem difficile est satis copiose de eo dicere, quod nec atrocius verbis demonstrari potest, quam re ipsa est, neque apertius oratione mea fieri, quam ipsorum confessione factum est.

Cum in hac re, quam commemoravi, mihi mutanda ratio defensionis . . .

[*Desiderantur septem versus.*]

minus diligenter illius existimationem quam rem M. Tulli viderer defendere. Nunc quoniam Quinctius ad causam pertinere putavit res ita multas, falsas praesertim et inique confictas, proferre de vita et moribus et existimatione M. Tulli, multis de causis mihi Fabius debebit ignoscere, si minus eius famae parcere videbor, quam antea consului. Pri . . .

[*Desiderantur sex versus.*]

. . ore putavit ad officium suum pertinere adversario nulla in re parcere, quid me oportet Tullium pro Tullio facere, homine coniuncto mecum non minus animo quam nomine? Ac mihi magis illud laborandum videtur, recuperatores, ut, quod antea nihil in istum dixi, probare possim, quam *ne in* eo reprehendar, quod hoc tempore respondeo. Verum et tum id feci, quod oportuit, et nunc faciam, quod necesse est. Nam cum esset de re pecuniaria controversia, quod damnum datum M. Tullio diceremus, alienum mea natura videbatur quicquam de existimatione P. Fabi dicere, non quia res postulare non videretur. Quid ergo est? Tametsi postulat causa, tamen, nisi plane cogit in gratiis, ad male dicendum non soleo descendere. Nunc cum coactus dicam, si quid forte dicam, tamen id ipsum verecunde modiceque faciam, tantum ut, quoniam sibi me non esse inimicum potuit priore actione Fabius iudicare, nunc M. Tullio fidelem certumque amicum esse cognoscat.

3
6 Unum hoc abs te, L. Quincti, pervelim impetrare (quod tametsi eo volo, quia mihi utile est, tamen abs te idcirco, quia aequum est, postulo), ut ita tibi multum temporis ad dicendum sumas, ut his aliquid ad iudicandum relinquas. Namque antea non defensionis tuae modus, sed nox tibi finem dicendi fecit nunc, si tibi placere potest, ne idem facias, id abs te postulo. Neque hoc idcirco postulo, quod te aliqui censeam praeterire oportere aut non quam ornatissime et copiosissime dicere, verum ut semel una quaque de re dicas; quod si facies, non vereor, ne dicendi dies eximatur.

7 Iudicium vestrum est, recuperatores, QUANTA PECUNIAE PARET DOLO MALO FAMILIAE P. FABI HOMINIBUS ARMATIS COACTISVE DAMNUM DATUM ESSE M. TULLIO. Eius rei taxationem nos fecimus; aestimatio vestra est; iudicium datum est in quadruplum.

4
8 Cum omnes leges omniaque iudicia, quae paulo graviora atque asperiora videntur esse, ex improborum iniquitate et iniuria nata sunt, tum hoc iudicium paucis hisce annis propter hominum malam consuetudinem nimiamque licentiam constitutum est. Nam cum multae familiae dicerentur in agris longinquis et pascuis armatae esse caedesque facere, cumque *ea consuetudo* non solum ad res privatorum, sed a

summam rem publicam pertinere videretur, M. Lucullus, qui summa aequitate et sapientia ius dixit, primus hoc iudicium composuit et id spectavit, ut omnes ita familias suas continerent, ut non modo armati damnum nemini darent, verum etiam lacessiti iure se potius quam armis defenderent; et cum sciret de damno 9 legem esse Aquiliam, tamen hoc ita existumavit, apud maiores nostros cum et res et cupiditates minores essent et familiae non magnae magno metu continerentur, ut perraro fieret, ut homo occideretur, idque nefarium ac singulare facinus putaretur, nihil opus fuisse iudicio de vi coactis armatisque hominibus; quod enim usu non veniebat, de eo si quis legem aut iudicium constitueret, non tam prohibere videretur quam admonere. His temporibus cum ex bello diu- 5/10 turno atque domestico res in eam consuetudinem venisset, ut homines minore religione armis uterentur, necesse putavit esse et in universam familiam iudicium dare, quod a familia factum diceretur, et recuperatores dare, ut quam primum res iudicaretur, et 11 poenam graviorem constituere, ut metu comprimeretur audacia, et illam latebram tollere: 'DAMNUM INIURIA'. Quod in aliis causis debet valere et valet(11) lege Aquilia, id ex huius modi damno, quod vi per servos armatos datum esset . . .

[*Desunt septem versiculi ternarum denarum fere litterarum.*]

ipsi statuerent, quo tempore possent suo iure arma 12 capere, manum cogere, homines occidere. Cum iudicium ita daret, ut hoc solum in iudicium veniret, videreturne vi hominibus coactis armatisve damnum dolo malo familiae datum, neque illud adderet 'INIURIA', putavit se audaciam improborum sustulisse, cum spem defensionis nullam reliquisset.

Quoniam, quod iudicium et quo consilio constitu- 6/13 tum sit, cognostis, nunc rem ipsam, ut gesta sit, dum breviter vobis demonstro, attendite. Fundum 14

habet in agro Thurino M. Tullius paternum, recu
peratores, quem se habere usque eo non moleste tulit
donec vicinum eius modi nactus est, qui agri fines
armis proferre mallet quam iure defendere. Nam P.
Fabius nuper emit agrum de C. Claudio senatore, cu
fundo erat adfinis M. Tullius, sane magno, dimidi
fere pluris incultum exustis villis omnibus, quas
quanti integrum atque ornatissimum carissimis preti
ipse Claudius . . .
      [*Desunt undecim versus.*]
15 clam circumscripsisse isti a consulari Macedonia
Asia. Etiam illud addam, quod ad rem pertinet: In
peratore mortuo pecuniam nescio quo modo quaesita
dum vult in praedio ponere, non posuit, sed abieci
Nihil adhuc m . . .
      [*Desunt versus decem.*]
7
16 . . am calamitate vicinorum corrigit, et quod stom
chum suum damno Tulli explere conatus est. Est
eo agro centuria, quae Populiana nominatur, recupe
tores, quae semper M. Tulli fuit, quam etiam pat
possederat . . .
      [*Desunt undecim versus.*]
posita esse et ad fundum eius convenire. Ac primu
quod eum negotii totius et emptionis suae paenitebi
fundum proscripsit; eum autem emptum habebat cu
socio Cn. Acerronio, viro op*timo*.   •
      [*Desunt undecim versus.*]
17 modum proscripsisse. Hominem appellat. Iste sa
adroganter, quod commodum fuit, respondit. Neqt
dum fines auctor demonstraverat. Mittit ad procu
torem litteras et ad vilicum Tullius . . .
      [*Desunt decem versus.*]
facturum negavit; illis absentibus fines Acerronio demc
stravit neque tamen hanc centuriam Populianam vacua
tradidit. Acerronius, quo modo potuit, se de tota re ex
      [*Desunt undecim versus.*]
8
18 . . mine eius modi semustilatus effugit. Adducit i

interea in saltum homines electos maximis animis
et viribus et iis arma, quae cuique habilia atque
apta essent, comparat, prorsus ut quivis intellegeret
non eos ad rem rusticam, verum ad caedem ac pugnam
comparari. Brevi illo tempore Q. Cati Aemiliani, ho- 19
minis honesti, quem vos nostis, duo homines occiderunt; multa alia fecerunt; passim vagabantur armati
non obscure, sed ut plane intellegere viderentur, ad
quam rem parati essent; agros, vias denique infestas
habebant. Venit in Thurinum interea Tullius. Deinde
iste pater familias Asiaticus beatus, novus arator et
idem pecuarius. cum ambularet in agro, animadvertit
in hac ipsa centuria Populiana aedificium non ita
magnum servumque M. Tulli Philinum. 'Quid vobis', 20
inquit, 'istic negotii in meo est?' Servus respondit
pudenter, at non stulte, dominum esse ad villam:
posse eum cum eo disceptare, si quid vellet. Rogat
Fabius Acerronium (nam ibi tum erat), ut secum simul veniat ad Tullium. Venitur. Ad villam erat
Tullius. Appellat Fabius, ut aut ipse Tullium deduceret aut ab eo deduceretur. Dicit deducturum se
Tullius, vadimonium Fabio Romam promissurum.
Manet in ea condicione Fabius. Mature disceditur. 9
Proxima nocte, iam fere cum lux adpropinquaret, ad 21
illud aedificium, de quo antea dixi, quod erat in centuria Populiana, servi P. Fabi frequentes armatique
veniunt; introitum ipsi sibi *vi* manuque patefaciunt;
homines magni pretii servos M. Tulli nec opinantes
adoriuntur; quod facile factu fuit, neque tam multos
neque repugnantes multi armati paratique occidunt
tantumque odii crudelitatisque habuerunt, ut eos omnes
gurgulionibus insectis relinquerent, ne, si quem semi-
vivum ac spirantem etiam reliquissent, minor iis honor haberetur; praeterea tectum villamque disturbant.
Hanc rem tam atrocem, tam indignam, tam repen- 22
tinam nuntiat M. Tullio *Philinus*, quem antea nomi-
nari, qui graviter saucius e caede effugerat. Tullius

statim dimittit ad amicos, quorum ex vicinitate Thurina bona atque honesta copia praesto fuit. Omnibus acerba res et misera videbatur. Cum amici in comm . . .

[*Desunt multa.*]

turbarunt.

Audite, quaeso, in eas res, quas commemoro, hominum honestorum testimonium. Haec, quae mei testes dicunt, fatetur adversarius eos vere dicere; quae mei testes non dicunt, quia non viderunt nec sciunt, ea dicit ipse adversarius. Nostri testes dicunt occisos homines; cruorem in locis pluribus, deiectum aedificium se vidisse dicunt; nihil amplius. Quid Fabius? Horum nihil negat. Quid ergo addit amplius? Suam familiam fecisse dicit. Quo modo? Vi hominibus armatis. Quo animo? Ut id fieret, quod factum est. Quid est id? Ut homines M. Tulli occiderentur. Quod ergo eo animo factum est, ut homines unum in locum convenirent, ut arma caperent, ut certo consilio certum in locum proficiscerentur, ut idoneum tempus eligerent, ut caedem facerent, id si voluerunt et cogitarunt et perfecerunt, potestis eam voluntatem, id consilium, id factum a dolo malo seiungere? At istuc totum 'DOLO MALO' additur in hoc iudicio eius causa, qui agit, non illius, quicum agitur. Id ut intellegatis, recuperatores, quaeso, ut diligenter attendatis; profecto, quin ita sit, non dubitabitis.

Si ita iudicium daretur, ut id concluderetur, quod a familia factum esset, si quae familia ipsa in caede interesse noluisset et homines aut servos aut liberos coëgisset aut conduxisset, totum hoc iudicium et praetoris severitas dissolveretur. Nemo enim potest hoc iudicare, qua in re familia non interfuisset, in ea re eam ipsam familiam vi armatis hominibus damnum dedisse. Ergo, id quia poterat fieri et facile poterat, idcirco non satis habitum est quaeri, quid familia ipsa fecisset, verum etiam illud, quid familiae dolo malo factum esset. Nam cum facit ipsa familia vim armatis coactisve hominibus et damnum cuipiam dat, id dolo malo fieri necesse est; cum autem rationem init, ut ea fiat, familia ipsa non facit, fit autem dolo malo eius. Ergo addito 'DOLO MALO' actoris et petitoris fit causa copiosior. Utrum enim ostendere potest, sive eam ipsam familiam sibi damnum dedisse, sive consilio et opera eius familiae factum esse, vincat necesse est.

Videtis praetores per hos annos interdicere hoc modo, *velut inter* me et M. Claudium: UNDE DOLO MALO TUO, M. TULLI, M. CLAUDIUS AUT FAMILIA AUT PROCURATOR EIUS VI DETRUSUS EST, cetera ex formula. Si, ubi ita interdictum est et sponsio facta, ego me ad iudicem sic defendam, *ut* vi me deiecisse confitear, dolo malo negem, ecquis me audiat? Non opinor equidem, quia, si vi deieci M. Claudium, dolo malo deieci; in vi enim dolus malus inest, et Claudio utramvis satis est planum facere, vel se a me ipso vi deiectum esse, vel me consilium inisse, ut vi deiceretur. Plus igitur *datur* Claudio, cum *ita* interdicitur, unde dolo malo meo vi deiectus sit, quam si daretur, unde a me vi deiectus esset. Nam in hoc posteriore, nisi ipse egomet deiecissem, vincerem sponsionem; in illo priore, ubi dolus malus additur, sive consilium inissem [,ut vi deiceretur], sive ipse deiecissem, necesse erat te dolo malo meo vi deiectum iudicari. Hoc persimile atque adeo plane idem est in hoc iudicio, recuperatores. Quaero enim abs te, si ita iudicium datum esset: QUANTAE PECUNIAE PARET A FAMILIA P. FABI *VI* HOMINIBUS ARMATIS DAMNUM M. TULLIO DATUM, quid haberes, quod diceres? Nihil, opinor. Fateris enim omnia et familiam P. Fabi fecisse et vi hominibus armatis fecisse. Quod additum est 'DOLO MALO', id te adiuvare putas, in quo opprimitur et excluditur omnis tua defensio? Nam si additum *id non esset ac tibi libitum esset ita defen-*

dere, tuam familiam non fecisse, vinceres, si id probare potuisses. Nunc, sive illa defensione uti voluisses sive hac, qua uteris, condemneris necesse est; nisi putamus eum in iudicium venire, qui consilium inierit, illum, qui fecerit, non venire, cum consilium sine facto intellegi possit, factum sine consilio non possit. An, quod factum eius modi est, ut sine occulto consilio, sine nocte, sine vi, sine damno alterius, sine armis, sine caede, sine maleficio fieri non potuerit, id

33 sine dolo malo factum iudicabitur? An, qua in re praetor illi improbam defensionem tolli voluit, in ea re mihi difficiliorem actionem factam putabitis?

14 Hic mihi isti singulari ingenio videntur esse, qui et id, quod mihi contra illos datum est, ipsi adripiunt et scopulo atque saxis pro portu stationeque utuntur. Nam in dolo malo volunt delitiscere, in quo, non modo cum omnia ipsi fecerunt, quae fatentur, verum etiam si per alios id fecissent, haererent ac tenerentur.

34 Ego non in una re sola, quod mihi satis est, neque in universa re solum, quod mihi satis est, sed singillatim in omnibus dolum malum extare dico. Consilium capiunt, ut ad servos M. Tulli veniant; dolo malo faciunt. Arma capiunt; dolo malo faciunt. Tempus ad insidiandum atque celandum idoneum eligunt; dolo malo faciunt. Vi in tectum inruunt; in ipsa vi dolus est. Occidunt homines, tectum diruunt; nec homo occidi nec consulto alteri damnum dari sine dolo malo potest. Ergo si omnes partes sunt eius modi, ut in singulis dolus malus haereat, universam rem et totum facinus sine dolo malo factum iudicabitis?

15
35 Quid ad haec Quinctius? Sane nihil certum neque unum, in quo non modo possit, verum putet se posse consistere. Primum enim illud iniecit, nihil posse dolo malo familiae fieri. Hoc loco non solum fecit ut defenderet Fabium, sed ut omnino huiusce modi iudicia dissolveret. Nam si venit id in iudicium de familia, quod omnino familia nulla potest commit

tere, nullum est iudicium, absolvantur omnes de simili causa necesse est, bona mehercule! Si hoc solum esset, tamen vos, tales viri, nolle deberetis maximam rem coniunctam cum summa re publica fortunisque privatorum, severissimum iudicium maximaque ratione compositum per vos videri esse dissolutum. Sed non id solum agitur . . .

hoc iudicium sic expectatur, ut non unae rei statui, sed omnibus constitui putetur. (*Priscian. VI 1. 5, I p. 197. 15.*)

ego intellego, et tamen dicendum est ad ea, quae dixit Quinctius, non quo ad rem pertineat, sed ne quid, quia a me praetermissum sit, pro concesso putetur. Dicis oportere quaeri, homines M. Tulli iniuria occisi sint necne. De quo hoc primum quaero, venerit ea res in hoc iudicium necne. Si non venit, quid attinet aut nos dicere aut hos quaerere? Si autem venit, quid attinuit te tam multis verbis a praetore postulare, ut adderet in iudicium 'INIURIA', et, quia non impetrasses, tribunos pl. appellare et hic in iudicio queri praetoris iniquitatem, quod de iniuria non addiderit? Haec cum praetorem postulabas, cum tribunos appellabas, nempe *ita* dicebas, potestatem tibi fieri oportere, ut, si posses, recuperatoribus persuaderes non esse iniuria M. Tullio damnum datum. Quod ergo ideo in iudicium addi voluisti, ut de eo tibi apud recuperatores dicere liceret, eo non addito nihilo minus tamen ita dicis, quasi id ipsum, a quo depulsus es, impetraris? At quibus verbis in decernendo Metellus usus est ceterique, quos appellasti? Nonne haec omnium fuit oratio, quod vi hominibus armatis coactisve familia fecisse diceretur, id tametsi nullo iure fieri potuerit, tamen se nihil addituros? Et recte, recuperatores. Nam cum perfugio nullo *constituto* tamen haec scelera servi audacissime faciant, domini impudentissime confiteantur, quid censetis fore, si praetor iudicet eius modi caedes fieri iure posse? An quicquam interest, utrum magistratus peccato defensionem constituant an peccandi potestatem licentiamque permittant? Etenim, recuperatores, non damno commoventur magistratus, ut in haec verba iudicium dent. Nam si id esset, nec recuperatores potius darent quam iudicem nec in universam familiam, sed in eum, *qui*cum nominatim ageretur, nec in quadruplum, sed in duplum, et *ad* 'DAMNUM' adderetur 'INIURIA'. Neque enim is, qui hoc iudicium dedit, de ceteris damnis ab lege Aquilia recedit, in quibus nihil agitur nisi damnum, qua de re praetor animum debeat advertere. In hoc iudicio videtis agi de vi, videtis agi de hominibus armatis, videtis aedificiorum expugnationes, agri vastationes, hominum trucidationes, incendia, rapinas, sanguinem in iudicium venire, et miramini satis habuisse eos, qui hoc iudicium dederunt, id quaeri, utrum haec tam acerba, tam indigna, tam atrocia facta essent necne, non utrum iure facta an iniuria? Non ergo praetores a lege Aquilia recesserunt, quae de damno est, sed de vi et armis severum iudicium constituerunt, nec ius et iniuriam quaeri nusquam putarunt oportere, sed eos, qui armis quam iure agere maluissent, de iure et iniuria disputare noluerunt. Neque ideo de iniuria non addiderunt, quod in aliis rebus non adderent, sed ne ipsi iudicarent posse homines servos iure arma capere et manum cogere, neque quod putarent, si additum esset, posse hoc talibus viris persuaderi non iniuria factum, sed ne quod tamen scutum dare in iudicio viderentur iis, quos propter haec arma in iudicium vocavissent. Fuit illud interdictum apud maiores nostros de vi, quod hodie quoque est: UNDE TU AUT FAMILIA AUT PROCURATOR TUUS ILLUM AUT FAMILIAM AUT PROCURATOREM ILLIUS IN HOC ANNO VI DEIECISTI. Deinde additur illius iam hoc causa, quicum

agitur: CUM ILLE POSSIDERET, et hoc amplius: QUOD NEC VI NEC CLAM NEC PRECARIO POSSIDERET. Multa 45 dantur ei, qui vi alterum detrusisse dicitur; quorum si unum quodlibet probare iudici potuerit, etiamsi confessus erit se vi deiecisse, vincat necesse est, vel non possedisse eum, qui deiectus sit, vel vi ab se possedisse vel clam vel precario. Ei, qui de vi confessus esset, tot defensiones tamen ad causam obtinendam maiores reliquerunt. Age illud alterum interdictum $\frac{20}{46}$ consideremus, quod item nunc est constitutum propter eandem iniquitatem temporum nimiamque hominum ...
[*Multa desiderantur.*]
boni debent dicere. Atque ille legem mihi de XII ta- 47 bulis recitavit, quae permittit, ut furem noctu liceat occidere et luci, si se telo defendat, et legem antiquam de legibus sacratis, quae iubeat inpune occidi eum, qui tribunum pl. pulsaverit. Nihil, ut opinor, praeterea de legibus. Qua in re hoc primum quaero, 48 quid ad hoc iudicium recitari istas leges pertinuerit. Num quem tribunum pl. servi M. Tulli pulsaverunt? Non opinor. Num furatum domum P. Fabi noctu venerunt? Ne id quidem. Num luce furatum venerunt et se telo defenderunt? Dici non potest. Ergo istis legibus, quas recitasti, certe non potuit istius familia servos M. Tulli occidere. 'Non', inquit, 'ad eam $\frac{21}{49}$ rem recitavi, sed ut hoc intellegeres, non visum esse maioribus nostris tam indignum istuc nescio quid, quam tu putas, hominem occidi'. At primum istae ipsae leges, quas recitas, ut mittam cetera, significant, quam noluerint maiores nostri, nisi cum pernecesse esset, hominem occidi. Primum ista lex sacrata est, quam rogarunt armati, ut inermes sine periculo possent esse. Quare non iniuria, quo magistratu munitae leges sunt, eius magistratus corpus legibus vallatum esse voluerunt. Furem, hoc est praedonem et latro- 50 nem, luce occidi vetant XII tabulae; cum intra parietes tuos *hostem certissimum* teneas, nisi se telo defendit,

inquit, etiamsi cum telo venerit, nisi utetur telo eo
ac repugnabit, non occides; quodsi repugnat, 'ENDO-
PLORATO', hoc est conclamato, ut aliqui audiant et
conveniant. Quid ad hanc clementiam addi potest, qui
ne hoc quidem permiserint, ut domi suae caput suum
sine testibus et arbitris ferro defendere liceret?

Quis est, cui magis ignosci conveniat, quoniam me
ad XII tabulas revocas, quam si quis quem imprudens occiderit? Nemo, opinor. Haec enim tacita lex
est humanitatis, ut ab homine consilii, non fortunae
poena repetatur. Tamen huiusce rei veniam maiores
non dederunt. Nam lex est in XII tabulis: SI TELUM
MANU FUGIT *MAGIS QUAM IECIT* . . .

Si qui furem occiderit, iniuria occiderit. 'Quam ob
rem? Quia ius constitutum nullum est. Quid, si se
telo defenderit? Non iniuria. Quid ita? Quia constitutum est. (*Iulius Rufinianus p. 40. 21 Halm.*)

tamen verum factum esset, tamen in eo ipso loco,
qui tuus esset, non modo servos M. Tulli occidere
iure non potuisti, verum etiam si tectum hoc in-
sciente aut per vim demolitus esses, quod hic in tuo
aedificasset et suum esse defenderet, id vi aut clam
factum iudicaretur. Tu ipse iam statue, quam verum
sit, cum paucas tegulas deicere inpune familia tua
non potuerit, maximam caedem sine fraude facere
potuisse. Ego ipse tecto illo disturbato si hodie po-
stulem, quod vi aut clam factum sit, tu aut per arbitrum restituas aut sponsione condemneris necesse
est; nunc hoc probabis viris talibus, cum aedificium
tuo iure disturbare non potueris, quod esset, quem
ad modum tu vis, in tuo, homines, qui in eo aedi-
ficio fuerint, te tuo iure potuisse occidere? 'At servus meus non comparet, qui visus est cum tuis; at
casa mea est incensa a tuis.' Quid ad haec respondeam? Ostendi falsa esse; verum tamen confitebor.

)stea? Hoc sequitur, ut familiam M. Tulli con-
ortuerit? Vix mehercule, ut corium peti, vix,
rius expostulari; verum ut esses durissimus,
dem usitato iure et cotidiana actione potuit.
)us fuit   , quid armatis hominibus, quid caede,
inguine?vi 'At enim oppugnatum me fortasse 55
it.' Haec est illorum in causa perdita extrema
itio neque defensio, sed coniectura et quasi di-
    Illi oppugnatum venturi erant? quem? Fa-
Quo consilio? Ut occiderent. Quam ob cau-
|uid ut proficerent? qui comperisti? et, ut rem
iam quam paucissimis verbis agam, dubitari
est, recuperatores, utri oppugnasse videantur,
    villam venerunt, an qui in villa manserunt?(56)
isi sunt, an ii, ex quorum numero saucius fac-
nemo? qui cur facerent, causa non fuit, an ii,
sse se confitentur? Verum ut hoc tibi credam, 56
e te, ne oppugnarere, quis hoc statuit umquam,
    concedi sine summo omnium periculo potest,
iure potuerit occidere, a quo metuisse se dicat
    posterius occideretur? (*Quintil. V 13. 21.*)

FRAGMENTA.

Illa superior species cum proposuerit, quid con-
id ipsum ad se inclinat, ut pro se faciat id, quod
rius confitetur, postea vero subiungit id, quod sit
roversia. Fecit hoc Cicero pro Tullio: Dicam,
vim factam a P. Fabi familia, adversarii non
    Hic proposuit, quod adversarii fateantur; deinde
ro se fecit dicendo: Damnum datum esse M. Tullio
s; vici unam rem. *Item adiunxit alteram par-*
qua confessionem docet, cum dicit: Vi homini-
natis non negas; vici alteram. *Post, quid in*
rsia sit, proponit, cum dicit: Dolo malo factum
de hoc iudicium est. (*Victorin. p. 209. 22 Halm.*)

— *Damnum datum Tullio et vi hominibus armatis*
familia P. Fabi constare dicit, in controversia a
esse, an dolo malo damnum datum sit. (*Iul. Vi*
p. 419. 24.) — Damnum passum esse M. Tullium
venit mihi cum adversario, vi hominibus armatis
gestam esse non infitiantur, a familia P. Fabi c
missam negare non audent; an dolo malo factum
ambigitur. (*Mart. Cap. 556 ex., p. 488. 23 Halm.*)
In obscuro genere quid facere debes? Ut docilem fa
auditorem, quod fecit in Tulliana: De hac re, in
iudicabitis. (*Grill. p. 604. 26.*)

2. Explicavi *legimus, ut est apud Ciceronem*
M. Tullio. (*Diomed. p. 372. 21.*) — *Cicero pro T*
explicavit *ait.* (*Macrob. de differ. T. V p. 607. 4 K*

3. *Voluntas legis quot modis consideratur? Tribus —*
Quid tertio? Cum exemplo multarum legum proba
praesentem quoque legem ita sentire, ut nos defendi
sicut M. Tullius fecit pro M. Tullio et pro A. Caec
(*Fortunatian. p. 107. 22 sqq. Halm.*)

4. *Ab eventu in fine (argumenta ducuntur), ut*
Tullius Cicero: Si iudicaveritis sine dolo malo p
familiam congregari, hominem occidi, omnibus fac
rosis eandem licentiam permiseritis. (*Iul. Victor*
p. 402. 20 Halm. 'Hunc locum primus ad orationem
Tullio recte videtur rettulisse Kellerus.' *V. fragm. B*
p. 289.)

M. TULLI CICERONIS
PRO M. FONTEIO ORATIO.

ARGUMENTUM.

M. Fonteius M. filius, eius, qui cum esset Q. Servilio praetori bello sociali legatus, interfectus est Asculi, perfunctus quaestura, legatione in Hispania et Macedonia, praetura urbana triennium, ut videtur, u. c. 680—682 Galliam Narbonensem pro praetore obtinuerat. Cum autem satis avare in ea provincia versatus esse videretur iniuriamque fecisse provincialibus, auctore potissimum Indutiomaro, principe Allobrogum, de pecuniis repetundis a Gallis a. u. c. 685 accusatus est actore causae M. Plaetorio, subscriptore M. Fabio. Defendit M. Fonteium M. Cicero altera iam actione hac ipsa oratione, cuius tamen non manserunt nisi partes quaedam nuper invento B. G. Niebuhri adauctae, quibus haec tria potissimum crimina, quod eos aere alieno Galliam oppresserit, quod quaestum fecerit in imperata viarum munitione, quod portorium vini instituerit, refellere studet.

FRAGMENTA.

1. *Pro Fonteio M. Tullius exsequitur, quod eius causa non sit eadem, quae Verris.* (Iulius Victor p. 400. 13 Halm.)

2. *Licet etiam principales quaestiones in principio praecerpere, sed praecursu solo atque tactu, non ut de his quaeri videatur, quo modo pro Flacco et pro Fonteio M. Tullius nihil agi illo iudicio, nisi ut magistratus in provinciis non audeant imperare sociis, quod ex usu rei publicae sit.* (Iul. Victor p. 423. 8.)

3. *Pervenit res usque ad aenigma, quale est Ciceronis in Plaetorium, Fontei accusatorem, cuius matrem dixit, dum vixisset, ludum, postquam mortua esset, magistros habuisse. Dicebantur autem, dum vixit,*

PRO M. FONTEIO ORATIO. FRAGMENTA.

infames feminae convenire ad eam solitae, post mortem bona eius venierant. (*Quintil. VI 3. 51.*)

4. Illud vero quid est? quam habet in se rationem, quam consuetudinem, quam similitudinem veritatis? quod ratio, quod consuetudo, quod rei natura respuit, id credendumne est? (*Cus. 1.*)

5. Numquid cuiquam iniquissimo disceptatori haec suspicio relinquenda est? (*Cus. 2.*)

6. Quid potest auctoritatis habere testis in dicendo suo testimonio falsa veris miscens? (*Cus. 3.*)

7. Hoc ipso argumento cetera testimonia repudiar debetis. (*Cus. 4.*)

8. Latebra mendacii. (*Cus. 5.*)

9. Cn. Pompeius eximia virtute et felicitate i Hispania bellum gessit. (*Cus. 6.*)

10. Industria et studio. (*Cus. 7.*)

11. Cn. Pompei, summi imperatoris et fortissin viri, gestum est subsidiis. (*Cus. 8.*)

12. Frumenti maximus numerus e Gallia, peditatu amplissimae copiae e Gallia, equites numero plurin e Gallia. (*Aquila Rom. 35 p. 33. 14, Mart. Cap. 53 p. 482. 2 Halm.*)

13. *Ut verum illud videatur, quod ait defender Fonteium Tullius, Gallos post haec dilutius es poturos, quod illi venenum esse arbitrabantur.* (*Amm Marc. XV 12. 4.*)

14. Quid pugnant, quid struunt, quid nituntur (*Cus. 9.*)

15. ... oportuisse an ita dissolvit, ut omnes alii di solverunt? Nam ita ego defendo M. Fonteium, iud ces, itaque contendo, post legem Valeriam latam .... te .. quaestore usque ad T. Crispinum quaestorem a ter neminem solvisse; hunc omnium superiorum, hui autem omnes, qui postea fuerint, auctoritatem di secutos. Quid accusas, quid reprendis? Nam quod tabulis dodrantariis et quadrantariis, quas ait ab Hi

tuleio institutas, Fontei officium desiderat, non possum existimare, utrum ipse erret an vos in errorem ducere velit. Quaero enim abs te, M. Plaetori, possitne tibi ipsi probata esse nostra causa, si, qua in re abs te
M. Fonteius accusatur, auctorem habet eum, quem tu maxime laudas, Hirtuleium; qua in re autem laudas Hirtuleium, Fonteius idem fecisse reperitur. Reprehendis solutionis genus; eodem modo Hirtuleium dissolvisse publicae tabulae coarguunt. Laudas illum, quod dodrantarias tabulas instituerit; easdem Fonteius instituit et eodem genere pecuniae. Nam ne forte sis nescius et istas tabulas existumes ad *diversam* veteris aeris alieni rationem pertinere, ob unam causam et in uno genere sunt institutae. Nam cum publicanis, qui Africam, qui Aquileiense por*torium* ... (*Fragm. I cod. Vatic. a Niebuhrio repert.*)

16. Si nulla pecunia numerata est, cuius pecuniae $\frac{4}{7}$ quinquagesima est? (*Iul. Victor. 6. 2 p. 397. 18 Halm.*)

17. ... cite ... Nemo, nemo, inquam, iudices, $\frac{2}{3}$ reperietur, qui unum se in quaestura M. Fonteio nummum dedisse aut illum ex ea pecunia, quae pro aerario solveretur, detraxisse dicat; nullius in tabulis ulla huius furti significatio, nullum in iis nominibus intertrimenti aut deminutionis vestigium reperietur. Atqui homines, si qui in hoc genere quaestionis accusati sunt, reprehensos videmus primum testibus; difficile est enim eum, qui magistratui pecuniam dederit, non aut induci odio, ut dicat, aut cogi religione; deinde, si qua gratia testes deterrentur, tabulae quidem certe incorruptae atque integrae manent. Fac omnis amicissumos Fonteio fuisse, tantum hominum numerum ignotissumorum atque alienissumorum pepercisse huius capiti, consuluisse famae; res ipsa tamen ac ratio litterarum confectioque tabularum habet hanc vim, ut ex acceptis et datis quidquid fingatur aut surripiatur aut *non constet,* appareat. Acceptas populo Romano pecunias omnes isti rettulerunt; si protinus

aliis aeque magnas aut solverunt aut dederunt, a
quod acceptum populo Romano est, id expensum c
piam sit, certe nihil potest esse detractum. Sin a
quid domum tulerunt, ex eorum arca, e ra ... (*Frag*
II cod. Vatic.)

18. Deorum hominumque fidem! testis non in
nitur in ducentiens et triciens sestertio! Quam m
torum hominum? Sescentorum amplius. Quibus
terris gestum negotium est? Illo, illo, inquam, lo
quem videtis. Extra ordinemne pecunia est dat
Immo vero nummus nullus sine litteris multis co
motus est. Quae est igitur ista accusatio, quae fa
lius possit Alpis quam paucos aerarii gradus asce
dere, diligentius Rutenorum quam populi Romani
fendat aerarium, lubentius ignotis quam notis utat
alienigenis quam domesticis testibus, planius se co
firmare crimen lubidine barbarorum quam nostror
hominum litteris arbitretur? Duorum magistratuu
quorum uterque in pecunia maxuma tractanda p
curandaque versatus est, triumviratus et quaestur
ratio sic redditur, iudices, ut in iis rebus, quae a
oculos gestae sunt, ad multos pertinuerunt, confec
publicis privatisque tabulis sunt, nulla significa
furti, nulla alicuius delicti suspicio referatur. His
niensis legatio consecuta est turbulentissumo rei
blicae tempore, cum adventu L. Sullae maxumi ex
citus in Italiam †civium dissiderent iudiciis ac legib
atque hoc rei publicae statu desperato qualis ... (*Frag*
III cod. Vatic.)

[1. 1] ... hoc praetore oppressam esse aere alie
Galliam. A quibus versuras tantarum pecuniar
factas esse dicunt? a Gallis? Nihil minus. A q
bus igitur? A civibus Romanis, qui negotiantur
Gallia. Cur eorum verba *non* audimus? cur eor
tabulae nullae proferuntur? Insector ultro atque in
accusatori, iudices; insector, inquam, et flagito tes
Plus ego in hac causa laboris et operae consumo

poscendis testibus quam ceteri defensores in refutandis. Audaciter hoc dico, iudices, non temere confirmo. Referta Gallia negotiatorum est, plena civium Romanorum. Nemo Gallorum sine cive Romano quicquam negotii gerit, nummus in Gallia nullus sine civium Romanorum tabulis commovetur. [2] Videte, quo descendam, iudices, quam longe videar ab consuetudine mea et cautione ac diligentia discedere. Unae tabulae proferantur, in quibus vestigium sit aliquod, quod significet pecuniam *M.* Fonteio datam, unum ex tanto negotiatorum, colonorum, publicanorum, aratorum, pecuariorum numero testem producant; vere accusatum esse concedam. Pro di immortales! quae haec est causa, quae defensio? Provinciae Galliae M. Fonteius praefuit, quae constat ex iis generibus hominum et civitatum, qui, ut vetera mittam, partim nostra memoria bella cum populo Romano acerba ac diuturna gesserunt, partim modo ab nostris imperatoribus subacti, modo bello domiti, modo triumphis ac monumentis notati, modo ab senatu agris urbibusque multati sunt, partim qui cum ipso M. Fonteio ferrum ac manus contulerunt multoque eius sudore ac labore sub populi Romani imperium dicionemque ceciderunt. [3] Est in eadem provincia Narbo Martius, colonia nostrorum civium, specula populi Romani ac propugnaculum istis ipsis nationibus oppositum et obiectum; est item urbs Massilia, de qua ante dixi, fortissimorum fidelissimorumque sociorum, qui Gallicorum bellorum pericula populi Rom. copiis atque praemiis compensarunt; est praeterea numerus civium Romanorum atque hominum honestissimorum. [2] Huic provinciae, quae ex hac generum varietate constaret, M. Fonteius, ut dixi, praefuit; qui erant hostes, subegit, qui proxime fuerant, eos ex iis agris, quibus erant multati, decedere coëgit, ceteris, qui idcirco magnis saepe erant bellis superati, *ut semper populo Romano parerent, magnos equitatus ad ea bella, quae tum in toto* orbe terrarum a populo Romano gerebantur, magnas pecunias ad eorum stipendium, maximum frumenti numerum ad Hispaniense bellum tolerandum imperavit. [4] Is, qui gessit, in iudicium vocatur, vos, qui in re non interfuistis, causam una cum populo Romano cognoscitis, dicunt contra, quibus invitissimis imperatum est, dicunt, qui ex agris ex Cn. Pompei decreto decedere sunt coacti, dicunt, qui ex belli caede et fuga nunc primum audent contra M. Fonteium inermem consistere. Quid? coloni Narbonenses quid volunt, quid existimant? Hunc per vos volunt, se per hunc incolumes existimant esse. Quid Massiliensium civitas? Hunc praesentem iis adfecit honoribus, quos habuit amplissimos; vos autem absens orat atque obsecrat, ut sua religio, laudatio, auctoritas aliquid apud vestros animos momenti habuisse videatur. [5] Quid? civium Romanorum quae voluntas est? Nemo est ex tanto numero, quin hunc optime de provincia, de imperio, de sociis et civibus meritum esse arbitretur. [3] Quoniam igitur videtis, qui oppugnatum M. Fonteium, cognostis, qui defensum velint, statuite nunc, quid vestra aequitas, quid populi Romani dignitas postulet, utrum colonis vestris, negotiatoribus vestris, amicissimis atque antiquissimis sociis et credere et consulere malitis an iis, quibus neque propter iracundiam fidem neque propter infidelitatem honorem habere debetis. [6] Quid? si maiorem etiam hominum honestissimorum copiam adferam, quae huius virtuti atque innocentiae testimonio possit esse, tamenne plus Gallorum consensio valebit quam summae auctoritatis hominum? Cum Galliae Fonteius praeesset, scitis, iudices, maximos populi Romani exercitus in duabus Hispaniis clarissimosque imperatores fuisse. Quam multi equites Romani, quam multi tribuni militum, quales et quot et quotiens legati ad eos *exierunt!* Exercitus praeterea Cn. Pompei maximus atque orna*tissim*us hiemavit in Gallia M. Fonteio imperante.

multos, satis idoneos testes et conscios
rtuna esse voluisse earum rerum, quae
aetore gererentur in Gallia? Quem ex
1 numero testem in hac causa produ-
quis est ex eo numero, qui vobis auc-
o nos iam laudatore et teste utemur.
etiam diutius, iudices, quin illud, quod 17
:oposui, verissimum sit, aliud per hoc
agi, nisi ut M. Fonteio oppresso testi-
quibus multa rei publicae causa invita sunt, segniores posthac ad imperan-
t, cum videatis eos oppugnare, quibus
ipuli Romani imperium incolume esse

im est etiam quaestum M. Fonteium 8
utione fecisse, ut aut ne cogeret mu-
iod munitum esset, ne improbaret. Si
munire omnes et multorum opera im-
erte utrumque falsum est, et ob vaca-
datum, cum immunis nemo fuerit, et ob
um multa improbata sint. [8] Quid? 18
optimis nominibus delegare possumus,
culpam in alios transferamus, sed uti
sti munitioni praefuisse, qui facile of-
praestare et probare possunt, tamenne
M. Fonteium iratis testibus freti con-
naioribus rei publicae negotiis M. Fon-
ir, et cum ad rem publicam pertineret
1 muniri, legatis suis, primariis viris,
no et C. Fonteio, negotium dedit; ita-
:; imperaverunt pro dignitate sua, quod
probaverunt; quod vos, si nulla alia
ris quidem nostris, quas exscripsistis,
latis certe scire potuistis. Quas si an-
, nunc ex nobis, quid de iis rebus Fon-
s suos scripserit, quid ad eum illi re-
;noscite. L. M. AD C. ANNIUM LEG.,

AD C. FONTEIUM LEG., L. A. AB C. ANNIO LEG., AB C. FONTEIO LEG. [9] Satis opinor esse perspicuum, iudices, hanc rationem munitionis neque ad M. Fonteium pertinere et ab iis esse tractatam, quos nemo possit reprehendere.

[5] Cognoscite nunc de crimine vinario, quod illi invidiosissimum et maximum esse voluerunt. Crimen a Plaetorio, iudices, ita constitutum est, M. Fonteio non in Gallia primum venisse in mentem, ut portorium vini institueret, sed hac inita iam ac proposita ratione Roma profectum. Itaque Titurium Tolosae quaternos denarios in singulas vini amphoras portorii nomine exegisse, † Croduni Porcium et Munium ternos victoriatos, Vulchalone Servaeum binos et victoriatos M, atque in his locis [sc. Croduni et Vulchalone] ab iis portorium esse exactum, si qui Cobiomacho, qui vicus inter Tolosam et Narbonem est, deverterentur neque Tolosam ire vellent, Elesio Duluscantum senos denarios ab iis, qui ad hostem portarent, exegissent. [10] Video, iudices, esse crimen et genere ipso magnum (vectigal enim esse inpositum fructibus nostris dicitur, et pecuniam permagnam ratione ista cogi potuisse confiteor) et invidia vel *maximum*; maxime enim inimici hanc rem sermonibus divulgari voluerunt. Sed ego ita existimo, quo maius crimen sit id, quod ostendatur esse falsum, hoc maiorem ab eo iniuriam fieri, qui id confingat. Vult enim magnitudine rei sic occupare animos eorum, qui audiunt, ut difficilis aditus veritati relinquatur.

DE CRIMINE VINARIO. DE BELLO VOCONTIORUM. DE DISPOSITIONE HIBERNORUM.

[6. 11] 'At hoc Galli negant'. At ratio rerum et vis argumentorum coarguit. Potest igitur testibus iudex non credere? Cupidis et iratis et coniuratis et ab religione remotis non solum potest, sed etiam debet. Etenim si, quia Galli dicunt, idcirco *M. Fonteius* nocens existimandus est, quid mihi

s est sapiente iudice, quid aequo quaesitore, quid
tore non stulto? dicunt enim Galli; negare non
sumus. Hic si ingeniosi et periti et aequi iudicis
partes esse existimatis, ut, quoniam quidem testes
.nt, sine ulla dubitatione credendum sit, Salus ipsa
rum fortium innocentiam tueri non potest; sin au-
in rebus iudicandis non minimam partem ad unam
mque rem existimandam momentoque suo ponde-
dam sapientiam iudicis ..., ne multo vestrae ma-
es gravioresque partes sint ad cogitandum quam ad
endum meae. [12] Mihi enim semper una quaque 22
re testis non solum semel, verum etiam breviter
errogandus est, saepe etiam non interrogandus, ne
irato facultas ad dicendum data aut cupido aucto-
as adtributa esse videatur; vos et saepius eandem
in animis agitare et diutius uno de teste cogitare
testis et, si quem nos interrogare noluimus, quae
usa nobis tacendi fuerit, existimare debetis. Quam
rem, si hoc iudici praescriptum lege aut officio
tatis, testibus credere, nihil est, cur alius alio iudice
lior aut sapientior existimetur. Unum est enim et
plex aurium iudicium et promisce et communiter
ltis ac sapientibus ab natura datum. [13] Quid est 23
tur, ubi elucere possit prudentia, ubi discerni stul-
auditor et credulus ab religioso et sapienti iu-
e? Nimirum illud, in quo ea, quae dicuntur a
tibus, coniecturae et cogitationi traduntur, quanta
ctoritate, quanta animi aequitate, quanto pudore,
anta fide, quanta religione, quanto studio existi-
tionis bonae, quanta cura, quanto timore dicantur.
An vero vos id in testimoniis hominum barbarorum 11
bitabitis, quod persaepe et nostra et patrum memo-
sapientissimi iudices de clarissimis nostrae civitatis
is dubitandum non putaverunt? qui Cn. et Q. Cae-
nibus, L. et Q. Metellis testibus in Q. Pompeium,
minem novum, non crediderunt, quorum virtuti, geri, rebus *gestis fidem* et auctoritatem in testimonio

cupiditatis atque inimicitiarum suspicio derogavit.
24 [14] Ecquem hominem vidimus, ecquem vere commemorare possumus parem consilio, gravitate, constantia, ceteris virtutis, honoris, ingenii, rerum gestarum ornamentis M. Aemilio Scauro fuisse? Tamen huius, cuius iniurati nutu prope terrarum orbis regebatur, iurati testimonio neque in C. Fimbriam neque in C. Memmium creditum est; noluerunt ii, qui iudicabant, hanc patere inimicitiis viam, quem quisque odisset, ut eum testimonio posset tollere. Quantus in L. Crasso pudor fuerit, quod ingenium, quanta auctoritas, quis ignorat? Tamen is, cuius etiam sermo testimonii auctoritatem habebat, testimonio ipso, quae in M. Marcellum inimico
25 animo dixit, probare non potuit. [15] Fuit, fuit illis iudicibus divinum ac singulare [iudicium] consilium, qui se non solum de reo, sed etiam [de accusatore,] de teste iudicare arbitrabantur, quid fictum, quid fortuna ac tempore adlatum, quid pretio corruptum, quid spe aut metu depravatum, quid a cupiditate aliqua aut inimicitiis profectum videretur. Quae si iudex non amplectetur omnia consilio, non animo ac mente circumspiciet, si, ut quidque ex illo loco dicetur, ex oraculo aliquo dici arbitrabitur, profecto satis erit, id quod dixi antea, non surdum iudicem huic muneri atque officio praeesse; nihil erit, quam ob rem ille nescio quis sapiens homo ac multarum rerum peritus ad res
12
26 iudicandas requiratur. [8. 16] An vero illi equites Romani, quos nos vidimus, qui nuper in re publica iudiciisque maximis floruerunt, habuerunt tantum animi, tantum roboris, ut M. Scauro testi non crederent; vos Volcarum atque Allobrogum testimoniis non credere timetis? Si inimico testi credi non oportuit, inimicior Marcello Crassus aut Fimbriae Scaurus ex civilibus studiis atque obtrectatione domestica quam huic Galli? quorum qui optuma in causa sunt, equites, frumentum, pecuniam semel atque iterum ac saepius invitissimi *dare coacti* sunt, ceteri partim ex veteribus bellis agro

multati, partim ab hoc ipso bello superati et oppressi.
[17] Si, qui ob aliquod emolumentum suum cupidius 27
aliquid dicere videntur, iis credi non convenit, credo
maius emolumentum Caepionibus et Metellis propositum fuisse ex Q. Pompei damnatione, cum studiorum
suorum obtrectatorem sustulissent, quam cunctae Galliae ex M. Fontei calamitate, in qua illa provincia
prope suam immunitatem ac libertatem positam esse
arbitratur. An, si homines ipsos spectare convenit,
id quod in teste profecto valere plurimum debet, non
modo cum summis civitatis nostrae viris, sed cum infimo cive Romano quisquam amplissimus Galliae comparandus est? Scit Indutiomarus, quid sit testimonium
dicere? movetur eo timore, quo nostrum unus quisque,
cum in eum locum productus est? [9. 18] Recordamini, iudices, quantopere laborare soleatis, non modo
quid dicatis pro testimonio, sed etiam quibus verbis
utamini, ne quod minus moderate positum, ne quod
ab aliqua cupiditate prolapsum verbum esse videatur;
vultu denique laboratis ne qua significari possit suspicio cupiditatis, ut, et cum proditis, existimatio sit
quaedam tacita de vobis pudoris ac religionis, et cum
disceditis, ea diligenter conservata ac retenta videatur.
[19] Credo haec eadem Indutiomarum in testimonio 29
timuisse aut cogitavisse, qui primum illud verbum
consideratissimum nostrae consuetudinis 'ARBITROR',
quo nos etiam tunc utimur, cum ea dicimus iurati,
quae comperta habemus, quae ipsi vidimus, ex toto
testimonio suo sustulit atque omnia se 'scire' dixit.
Verebatur enim videlicet, ne quid apud vos populumque Romanum de existimatione sua deperderet, ne qua
fama consequeretur eius modi, Indutiomarum, talem
virum, tam cupide, tam temere dixisse; non intellegebat se in testimonio nihil praeter vocem et os et
audaciam neque civibus suis neque accusatoribus nostris praestare debere. [20] An vero istas nationes 30
religione *iuris iurandi* ac metu deorum immortalium

in testimoniis dicendis commoveri arbitramini? q
tantum a ceterarum gentium more ac **natura** dis
tiunt: quod ceterae pro religionibus **suis bella s**
cipiunt, istae contra omnium religiones; **illae in bel**
gerendis ab dis immortalibus pacem ac **veniam pet**
istae cum ipsis dis immortalibus bella gessere

14 [10] Hae sunt nationes, quae quondam tam longe
suis sedibus Delphos usque ad Apollinem Pythi
atque ad oraculum orbis terrae vexandum ac spoli
dum profectae sunt. Ab isdem gentibus sanctis et
testimonio religiosis obsessum Capitolium est at
ille Iuppiter, cuius nomine maiores nostri vinctam

31 stimoniorum fidem esse voluerunt. [21] Postre
his quicquam sanctum ac religiosum videri potest,
etiamsi quando aliquo metu adducti deos placan
esse arbitrantur, humanis hostiis eorum aras ac t
pla funestant, ut ne religionem quidem colere poss
nisi eam ipsam prius scelere violarint? Quis e
ignorat eos usque ad hanc diem retinere illam imr
nem ac barbaram consuetudinem hominum immol
dorum? Quam ob rem quali fide, quali pietate exi
matis esse eos, qui etiam deos immortalis arbitren
hominum scelere et sanguine facillime posse plac
Cum his vos testibus vestram religionem coniun
tis, ab his quicquam sancte aut moderate dict

32 putabitis? [22] Hoc vestrae mentes tam cas
tam integrae sibi suscipient, ut, cum omnes le
nostri, qui illo triennio in Galliam venerunt, om
equites Romani, qui in illa provincia fuerunt, om
negotiatores eius provinciae, denique omnes, in Ga
qui sunt socii populi Romani atque amici, M. F
teium incolumem esse cupiant, iurati privatim et
blice laudent, vos tamen cum Gallis iugulare mali
Quid ut secuti esse videamini? voluntatemne homin
gravior igitur vobis erit hostium voluntas quam
vium? An dignitatem testium? potestis igitur i
tos notis, iniquos aequis, *alienigenas domesticis,*

dos moderatis, mercennarios gratuitis, impios religiosis, inimicissimos huic imperio ac nomini bonis ac fidelibus et sociis et civibus anteferre?

[11. 23] An vero dubitatis, iudices, quin insitas inimicitias istae gentes omnes et habeant et gerant cum populi Romani nomine? Sic existimatis eos hic sagatos bracatosque versari animo demisso atque humili, ut solent ii, qui adfecti iniuriis ad opem iudicum supplices inferioresque confugiunt? Nihil vero minus. Hi contra vagantur laeti atque erecti passim toto foro cum quibusdam minis et barbaro atque immani terrore verborum; quod ego profecto non crederem, nisi aliquotiens ex ipsis accusatoribus vobiscum simul, iudices, audissem, cum praeciperent, ut caveretis, ne hoc absoluto novum aliquod bellum Gallicum concitaretur. [24] Si M. Fonteium, iudices, in causa deficerent omnia, si turpi adulescentia, vita infami, magistratibus, quos ante oculos vestros gessit, convictis virorum bonorum testimoniis, legationibus flagitiose obitis, invisus suis omnibus in iudicium vocaretur, si in eo iudicio colonorum populi Romani Narbonensium, fidelissimorum sociorum Massiliensium, civium Romanorum omnium testimoniis tabulisque premeretur, tamen esset vobis magnopere providendum, ne, quos ita adflictos a vestris patribus maioribusque accepissetis, ut contemnendi essent, eos pertimuisse et eorum minis et terrore commoti esse videremini. [25] Nunc vero cum laedat nemo bonus, laudent omnes vestri cives atque socii, oppugnent idem, qui saepissime hanc urbem et hoc imperium oppugnarunt, cumque inimici M. Fontei vobis ac populo Romano minentur, amici ac propinqui supplicent vobis, dubitabitis non modo vestris civibus, qui maxime gloria ac laude ducuntur, verum etiam exteris nationibus *et* gentibus ostendere vos in sententiis ferendis civi parcere quam hosti cedere maluisse? [12. 26] Magna mehercules causa, *iudices, absolutionis* cum ceteris causis haec est, ne

quae insignis huic imperio macula atque ignom
suscipiatur, si hoc ita perlatum erit in Galliam, a
tores equitesque populi Romani non testimoniis
lorum, sed minis commotos rem ad illorum lubidi
iudicasse. Ita vero, si illi bellum facere conabui
excitandus nobis erit ab inferis C. Marius, qui I
tiomaro isti minaci atque adroganti par in bello
rendo esse possit, excitandus Cn. Domitius et Q. N
mus, qui nationem Allobrogum et reliquas suis ite
armis conficiat atque opprimat, aut, quoniam id
dem non potest, orandus erit nobis amicus meus
Plaetorius, ut suos novos clientis a bello faciendo
terreat, ut eorum iratos animos atque horribilis
petus deprecetur, aut, si non poterit, M. Fabium,
scriptorem eius, rogabimus, ut Allobrogum an
mitiget, quoniam apud illos Fabiorum nomen est
plissimum. Volunt isti aut quiescere, id quod
ac subacti solent, aut, cum minantur, intelleger
populo Romano non metum belli, sed spem triu
ostendere?

37 [27] Quod si in turpi reo patiendum non e
ut quicquam isti se minis profecisse arbitrarentur,
faciendum vobis in M. Fonteio arbitramini? de
homine, iudices, (iam enim mihi videor hoc prope c
duabus actionibus perorata debere dicere) de quo
homine ne ab inimicis quidem ullum fictum probr
non modo crimen, sed ne maledictum quidem aud
Ecquis umquam reus, praesertim in hac vitae ra
versatus in honoribus petendis, in potestatibus, ir
periis gerendis, sic accusatus est, ut nullum prob
nullum facinus, nulla turpitudo, quae a lubidine a
petulantia aut ab audacia nata esset, ab accusa
obiceretur, si non vera, at certe ficta cum a
17 ratione ac suspicione? [13. 28] M. Aemilium S
38 rum, summum nostrae civitatis virum, scimus ac
tum a M. Bruto. Extant orationes, ex quibus i
legi potest multa in illum ipsum Scaurum esse

falso; quis negat? verum tamen ab inimico dicta et obiecta. Quam multa M' Aquilius audivit in suo iudicio, quam multa L. Cotta, denique P. Rutilius! qui etsi damnatus est, mihi videtur tamen inter viros optimos atque innocentissimos esse numerandus. Ille igitur ipse homo sanctissimus ac temperantissimus multa audivit in sua causa, quae ad suspicionem stuprorum ac libidinum pertinerent. [29] Extat oratio hominis, ut opinio mea fert, nostrorum hominum longe ingeniosissimi atque eloquentissimi, C. Gracchi; qua in oratione permulta in L. Pisonem turpia ac flagitiosa dicuntur. At in quem virum! qui tanta virtute atque integritate fuit, ut etiam illis optumis temporibus, cum hominem invenire nequam neminem posses, solus tamen Frugi nominaretur. Quem cum in contionem Gracchus vocari iuberet et viator quaereret, quem Pisonem, quod erant plures: 'Cogis me', inquit, 'dicere: inimicum meum Frugi'. Is igitur vir, quem ne inimicus quidem satis in appellando significare poterat, nisi ante laudasset, qui uno cognomine declarabatur non modo quis esset, sed etiam qualis esset, tamen in falsam atque iniquam probrorum insimulationem vocabatur; [30] M. Fonteius ita duabus actionibus accusatus est, ut obiectum nihil sit, quo significari vestigium libidinis, petulantiae, crudelitatis, audaciae possit; non modo nullum facinus huius protulerunt, sed ne dictum quidem aliquod reprehenderunt. [14] Quodsi, aut quantam voluntatem habent ad hunc opprimendum aut quantam ad male dicendum licentiam, tantum haberent aut ad ementiendum animi aut ad fingendum ingenii, non meliore fortuna ad probra non audienda M. Fonteius quam illi, de quibus antea commemoravi, fuisset. Frugi igitur hominem, iudices, frugi, inquam, et in omnibus vitae partibus moderatum ac temperantem, plenum pudoris, plenum officii, plenum religionis videtis positum in vestra fide ac potestate, *atque ita, ut commissus sit fidei, permissus potestati*.

41 [31] Videte igitur, utrum sit aequius hominem honestissimum, virum fortissimum, civem optimum dedi inimicissimis atque immanissimis nationibus an reddi amicis, praesertim cum tot res sint, quae vestris animis pro huius innocentis salute supplicent, primum generis antiquitas, quam Tusculo, ex clarissimo municipio, profectam in monumentis rerum gestarum incisam ac notatam videmus, tum autem continuae praeturae, quae et ceteris ornamentis et existimatione innocentiae maxime floruerunt, deinde recens memoria parentis, cuius sanguine non solum Asculanorum manus, a qua interfectus est, sed totum illud sociale bellum macula sceleris imbutum est, postremo ipse cum in omnibus vitae partibus honestus atque integer, tum in re militari cum summi consilii et maximi animi, tum vero usu quoque bellorum gerendorum in primis eorum hominum, qui nunc sunt, exercitatus. **42** [15. 32] Quare si etiam monendi estis a me, iudices, quod non estis, videor hoc leviter pro mea auctoritate vobis praecipere posse. ut ex eo genere homines, quorum cognita virtus, industria, felicitas in re militari sit, diligenter vobis retinendos existimetis. Fuit enim maior talium virorum in hac re publica copia; quae cum esset, tamen eorum non modo saluti, sed etiam honori consulebatur. Quid nunc vobis faciendum est studiis militaribus apud iuventutem obsoletis, *fortissimis* autem hominibus ac summis ducibus partim aetate, partim civitatis discordiis ac rei publicae calamitate consumptis, cum tot bella aut a nobis necessario suscipiantur aut subito atque inprovisa nascantur? nonne et hominem ipsum ad dubia rei publicae tempora reservandum et ceteros studio laudis ac virtutis in- **43** flammandos putatis? [33] Recordamini, quos legatos nuper in bello L. Iulius, quos P. Rutilius, quos L. Cato, quos Cn. Pompeius habuerit; scietis fuisse tum M. Cornutum, L. Cinnam, L. Sullam, praetorios homines, belli *gerendi peritissimos*; praeterea C. Marium, P. Didium,

Q. Catulum, P. Crassum, non litteris homines ad rei militaris scientiam, sed rebus gestis ac victoriis eruditos. Age vero, nunc inserite oculos in curiam, introspicite penitus in omnis rei publicae partes; utrum videtis nihil posse accidere, ut tales viri desiderandi sint, an, si acciderit, eorum hominum copia populum Romanum abundare? Quae si diligenter attendetis, profecto, iudices, virum ad labores belli impigrum, ad pericula fortem, ad usum ac disciplinam peritum, ad consilia prudentem, ad casum fortunamque felicem domi vobis ac liberis vestris retinere quam inimicissimis populo Romano nationibus et crudelissimis tradere et condonare maletis.

[16. 34] At infestis prope signis inferuntur Galli in M. Fonteium et instant atque urgent summo cum studio, summa cum audacia. Video, iudices; sed multis et firmis praesidiis vobis adiutoribus isti immani atque intolerandae barbariae resistemus. Primum obicitur contra istorum impetus Macedonia, fidelis et amica populo Romano provincia; quae cum se ac suas urbes non solum consilio, sed etiam manu M. Fontei conservatam esse dicat, ut illa per hunc a Thraecum adventu ac depopulatione defensa *est*, sic ab huius nunc capite Gallorum impetus terroresque depellit. [35] Constituitur ex altera parte ulterior Hispania, quae profecto non modo religione sua resistere istorum cupiditati potest, sed etiam sceleratorum hominum periuria testimoniis ac laudationibus suis refutare. Atque ex ipsa etiam Gallia fidelissima et gravissima auxilia sumuntur. Venit huic subsidio misero atque innocenti Massiliensium cuncta civitas, quae non solum ob eam causam laborat, ut huic, a quo ipsa servata est, parem gratiam referre videatur, sed etiam quod ea condicione atque eo fato se in iis terris collocatam esse arbitratur, ne quid nostris hominibus istae gentes nocere possint. [36] Propugnat pariter pro *salute M. Fontei Narbonensis* colonia, quae per hunc

ipsa nuper obsidione hostium liberata nunc eiusdem
miseriis ac periculis commovetur. Denique, ut oportet
bello Gallico, ut maiorum iura moresque praescribunt
nemo est civis Romanus, qui sibi ulla excusatione
utendum putet; omnes illius provinciae publicani, agri
colae, pecuarii, ceteri negotiatores uno animo M. Fonteium atque una voce defendunt. [17] Quodsi tanta
auxiliorum nostrorum copias Indutiomarus ipse despe
xerit, dux Allobrogum ceterorumque Gallorum, nu
etiam de matris hunc complexu, lectissimae miseri
maeque feminae, vobis inspectantibus avellet atqu
abstrahet? praesertim cum virgo Vestalis ex alter
parte germanum fratrem complexa teneat vestramque
iudices, ac populi Romani fidem inploret; quae pr
vobis liberisque vestris tot annos in dis immortalibu
placandis occupata est, ut ea nunc pro salute su
fratrisque sui animos vestros placare possit. [37] O
miserae quod praesidium, quod solacium reliquum e
hoc amisso? Nam ceterae feminae gignere ipsae sil
praesidia et habere domi fortunarum omnium sociam
participemque possunt; huic vero virgini quid est pra
ter fratrem quod aut iucundum aut carum esse possit
Nolite pati, iudices, aras deorum immortalium Vesta.
que matris cotidianis virginis lamentationibus de v
stro iudicio commoneri; prospicite, ne ille ignis aete
nus nocturnis Fonteiae laboribus vigiliisque serv
tus sacerdotis vestrae lacrimis extinctus esse dicatu
[38] Tendit ad vos virgo Vestalis manus supplices easde:
quas pro vobis dis immortalibus tendere consuev
Cavete, ne periculosum superbumque sit eius vos c
secrationem repudiare, cuius preces si di aspernare
tur, haec salva esse non possent. Videtisne subi
iudices, virum fortissimum, M. Fonteium, parentis
sororis commemoratione lacrimas profudisse? C
numquam in acie pertimuerit, qui se armatus sae
in hostium manum multitudinemque immiserit, cu
in eius modi periculis eadem se solacia suis rel

quare arbitraretur, quae suus pater sibi reliquisset, idem nunc conturbato animo pertimescit, ne non modo ornamento et adiumento non sit suis, sed etiam cum acerbissimo luctu dedecus aeternum miseris atque ignominiam relinquat. [39] O fortunam longe disparem, 49 M. Pontei, si deligere potuisses, ut potius telis tibi Gallorum quam periuriis intereundum esset! Tum enim vitae socia virtus, mortis comes gloria fuisset; nunc vero qui est dolor victoriae te atque imperii poenas ad eorum arbitrium sufferre, qui aut victi armis sunt aut invitissimi paruerunt! A quo periculo defendite, iudices, civem fortem atque innocentem; curate, ut nostris testibus plus quam alienigenis credidisse videamini, plus saluti civium quam hostium lubidini consuluisse, graviorem duxisse eius obsecrationem, quae vestris sacris praesit, quam eorum audaciam, qui cum omnium sacris delubrisque bella gesserunt. Postremo prospicite, iudices, id quod ad dignitatem populi Romani maxime pertinet, ut plus apud vos preces virginis Vestalis quam minae Gallorum valuisse videantur.

M. TULLI CICERONIS
PRO A. CAECINA
ORATIO.

ARGUMENTUM.

M. Fulcinius, municeps Tarquiniensis, habuerat in matrimonio Caesenniam. Ei fundum in agro Tarquiniensi vendiderat, ut dos, quam numeratam acceperat, in eo fundo collocaretur. Aliquanto post Fulcinius ipse huic fundo uxoris continentia quaedam praedia atque adiuncta emerat. Filium e Caesennia susceperat Fulcinius. Eum moriens testamento fecerat heredem, usum et fructum omnium bonorum suorum uxori legaverat, ut frueretur una cum filio. Brevi tempore post M. Fulcinius adulescens mortuus erat; heredem fecerat P. Caesennium, uxori grande pondus argenti matrique partem maiorem bonorum legaverat. Cum esset auctio hereditaria instituta, statuerat Caesennia de amicorum sententia emere fundum illum Fulcinianum, qui fundo suo antiquo continens esset. Negotium datum erat Aebutio, qui eius negotia administrare consuerat. Ei e fundus, quem mandatu Caesenniae dicebatur emisse, addictus. Non ita multo post Caesennia A. Caecinae Volaterrano nupserat eumque moriens testamento fecerat heredem ex maxima parte bonorum, ex minima parte M. Fulcinium, libertum superioris viri, ex minore etiam Aebutium. Aebutius primum negaverat A. Caecinam heredem esse posse, quod a L. Sulla Volaterranis civitas esset adempta, tum eum fundum, quem Caesenniae mandatu dicebatur emisse, suum esse contendebat seseque sibi emisse. De hoc igitur fundo cum vellet A. Caecina moribus deduci, ut vi ista cotidiana facta interdictum praetore impetrare posset, factum est, ut eum, cum in fundum *ingredi* vellet, Aebutius non vi cotidiana, quae moribus *deduceret*, sed vi armata depelleret, hominibus coactis arm

tisque prohiberet. His rebus gestis P. Dolabella praetor anni
p. u. c., ut videtur, 685 interdixerat DE VI HOMINIBUS ARMATIS,
ut, unde deiectus esset A. Caecina, eo restitueretur. Aebutius
restituisse se dixerat, id est negaverat se iniuria deiecisse,
restituendum Caecinam non esse. In hanc rem sponsio facta
erat. De hac sponsione iam recuperatoribus, quos P. Dolabella
dederat, iudicandum erat. A. Caecinae causam M. Tullius susceperat, qui, cum recuperatores iam bis ampliassent, hac oratione iam tertium eius rem agit. Causa enim, quae per se
difficilis non esse videtur, propterea obscura erat, quod A. Caecina eiusque actor hoc contenderunt, interdictum DE VI HOMINI-
BUS ARMATIS sine ulla exceptione ita dari, ut, qui deiectus esset,
restitueretur, etiamsi non demonstraret se vere possedisse.
Quae quidem ratio vera videtur antiquo tempore habita esse.
Quod contra Aebutius eiusque actor contendit restituendum
tum demum Caecinam esse, si doceret suum esse fundum Cae-
senniamque re vera possedisse. Quam rationem posteriore tempore iuris consulti videntur secuti esse, qui M. Tullium in-
iustam causam defendisse pronuntiaverunt. Sed tamen M. Tullius hac ipsa oratione videtur vicisse Aebutium, non solum
quod conscriptam orationem edidit et commendavit, verum
etiam quod A. Caecina seriore etiam tempore eius patrocinium
praedicat; vid. Cic. ep. ad fam. VI 7. 4.

Si, quantum in agro locisque desertis audacia pot- 1
est, tantum in foro atque in iudiciis inpudentia va-   1
leret, non minus nunc in causa cederet A. Caecina
Sex. Aebuti inpudentiae, quam tum in vi faciunda
5 cessit audaciae. Verum et illud considerati hominis
esse putavit, qua de re iure disceptari oporteret, armis non contendere, et hoc constantis, quicum vi et
armis certare noluisset, eum iure iudicioque superare.
Ac mihi quidem cum audax praecipue fuisse videtur 2
10 Aebutius in convocandis hominibus et armandis, tum
impudens in iudicio, non solum quod in iudicium venire ausus est (nam id quidem tametsi improbe fit
in aperta re, tamen malitia est iam usitatum), sed
quod non dubitavit id ipsum, quod arguitur, confiteri;
15 nisi forte hoc rationis habuit, quoniam, si facta vis
esset moribus, superior in possessione retinenda non
fuisset, quis contra ius moremque facta sit, A. Cae-

cinam cum amicis metu perterritum profugisse; nunc quoque in iudicio si causa more institutoque omnium defendatur, nos inferiores in agendo non futuros; sin a consuetudine recedatur, se, quo impudentius egerit, hoc superiorem discessurum. Quasi vero aut idem possit in iudicio improbitas, quod in vi confidentia, aut nos non eo libentius tum audaciae cesserimus, 3 quo nunc inpudentiae facilius obsisteremus. Itaque longe alia ratione, recuperatores, ad agendam causam hac actione venio, atque initio veneram. Tum enim nostrae causae spes erat posita in defensione mea, nunc in confessione adversarii, tum in nostris, nunc vero in illorum testibus; de quibus ego antea laborabam, ne, si improbi essent, falsi aliquid dicerent, s probi existimarentur, quod dixissent, probarent; nunc sum animo aequissimo. Si enim sunt viri boni, me adiuvant, cum id iurati dicunt, quod ego iniuratus insimulo; sin autem minus idonei, me non laedunt cum iis, sive *creditur*, creditur hoc ipsum, quod no arguimus, sive fides non habetur, de adversarii testium fide derogatur.

2
4
Verum tamen cum illorum actionem causae considero, non video, quid inpudentius dici possit, cum autem vestram in iudicando dubitationem, vereor, n id, quod videntur inpudenter fecisse, astute et callid fecerint. Nam, si negassent vim hominibus armati esse factam, facile honestissimis testibus in re pe spicua tenerentur; sin confessi essent et id, quod null tempore iure fieri potest, tum ab se iure factum ess defenderent, sperarunt, id quod assecuti sunt, se i iecturos vobis causam deliberandi et iudicandi iusta moram ac religionem. Simul illud, quod indignis mum est, futurum arbitrati sunt, ut in hac causa n de inprobitate Sex. Aebuti, sed de iure civili iudiciu 5 fieri videretur. Qua in re, si mihi esset unius A. Ca cinae causa agenda, profiterer satis idoneum esse n *defensorem*, propterea quod fidem meam diligentia

m; quae cum sunt in actore causae, nihil
₃sertim aperta ac simplici, quod excellens
uiratur. Sed cum de eo mihi iure dicen-
l pertineat ad omnes, quodque constitu-
oribus, conservatum usque ad hoc tempus,
non solum pars aliqua iuris deminuta,
s ea, quae iuri maxime est adversaria,
mata esse videatur, video summi ingenii
non ut id demonstretur, quod ante oculos
si quis vobis error in tanta re sit ob-
potius me arbitrentur causae quam vos
;rae defuisse. Quamquam ego mihi sic 6
:cuperatores, non vos tam propter iuris
iamque rationem bis iam de eadem causa
am, quod videretur ad summam illius
m hoc iudicium pertinere, moram ad con-
quaesisse simul et illi spatium ad sese
ledisse. Quod quoniam iam in consuetu-
et id viri boni vestri similes in iudicando
ehendendum fortasse minus, querendum
₃tiam videtur, ideo quod omnia iudicia
idarum controversiarum aut puniendo-
ırum causa reperta sunt, quorum alterum
:opterea quod et minus laedit et persaepe
domestico diiudicatur, alterum est vehe-
, quod et ad graviores res pertinet et
am operam amici, sed severitatem iudicis
rit; quod est gravius, et cuius rei causa 7
ia constituta sunt, id iam mala consuetu-
um est. Nam ut quaeque res est tur-
maxime et maturissime vindicanda est,
ia existimationis periculum est, tardissime
ui igitur convenit, quae causa fuerit ad 3
a iudicium, eandem moram esse ad iudi-
quis, quod spopondit, qua in re verbo
uno, si id non facit, maturo iudicio sine
፥ *iudicis condemnatur*; qui per tutelam

aut societatem aut rem mandatam aut fiduciae rationem fraudavit quempiam, in eo quo delictum maius
est, eo poena est tardior? 'Est enim turpe iudicium'.
Ex facto quidem turpi. Videte igitur, quam inique
accidat, quia res indigna sit, ideo turpem existimationem sequi; quia turpis existimatio sequatur, ideo
rem indignam non vindicari. Ac si qui mihi hoc iudex
recuperatorve dicat: 'Potuisti enim leviore actione confligere, potuisti ad tuum ius faciliore et commodiore
iudicio pervenire; quare aut muta actionem aut noli
mihi instare, ut iudicem tamen', is aut timidior videatur, quam fortem, aut cupidior, quam sapientem
iudicem esse aequum est, si aut mihi praescribat,
quem ad modum meum ius persequar, aut ipse in
quod ad se delatum sit, non audeat iudicare. Etenim
si praetor is, qui iudicia dat, numquam petitori prae-
stituit, qua actione illum uti velit, videte, quam in-
quum sit constituta iam re iudicem, quid agi potueri
aut quid possit, non quid actum sit, quaerere. Verum
tamen nimiae vestrae benignitati pareremus, si ali
ratione ius nostrum recuperare possemus. Nunc ver
quis est, qui aut vim hominibus armatis factam reti
qui putet oportere aut eius rei leviorem actione
nobis aliquam demonstrare possit? Ex quo gene
peccati, ut illi clamitant, vel iniuriarum vel capit
iudicia constituta sunt, in eo potestis atrocitatem n
stram reprehendere, cum videatis nihil aliud actum ni
possessionem per interdictum esse repetitam? Verum
sive vos existimationis illius periculum sive iuris d
bitatio tardiores fecit adhuc ad iudicandum, alteri
rei causam vosmet ipsi iam vobis saepius prolato i
dicio sustulistis, alterius ego vobis hodierno die ca
sam profecto auferam, ne diutius de controversia nost
ac de communi iure dubitetis. Et si forte videb
altius initium rei demonstrandae petisse, quam r
ratio iuris et ius, de quo iudicium est, et natura caus
coëgerit, quaeso, ut ignoscatis. Non enim minus

borat A. Caecina, ne summo iure egisse quam ne certum ius non optinuisse videatur.

M. Fulcinius fuit, recuperatores, e municipio Tarquiniensi; qui et domi suae cum primis honestus existimatus est et Romae argentariam non ignobilem fecit. Is habuit in matrimonio Caesenniam, eodem e municipio summo loco natam et probatissimam feminam, sicut et vivus ipse multis rebus ostendit et in morte sua testamento declaravit. Huic Caesenniae fundum 11 in agro Tarquiniensi vendidit temporibus illis difficillimis solutionis; cum uteretur uxoris dote numerata, quo mulieri res esset cautior, curavit, ut in eo fundo dos collocaretur. Aliquanto post iam argentaria dissoluta Fulcinius huic fundo uxoris continentia quaedam praedia atque adiuncta mercatur. Moritur Fulcinius (multa enim, quae sunt in re, quia remota sunt a causa, praetermittam); testamento facit heredem, quem habebat e Caesennia filium; usum et fructum omnium bonorum suorum Caesenniae legat, ut frueretur una cum filio. Magnus honos viri iucundus mulieri fuisset, 12 si diuturnum esse licuisset; frueretur enim bonis cum eo, quem suis bonis heredem esse cupiebat et ex quo maximum fructum ipsa capiebat. Sed hunc fructum mature fortuna ademit. Nam brevi tempore M. Fulcinius adulescens mortuus est; heredem P. Caesennium facit; uxori grande pondus argenti matrique partem maiorem bonorum legavit. Itaque in partem mulieres vocatae sunt.

Cum esset haec auctio hereditaria constituta, Aebutius iste, qui iam diu Caesenniae viduitate ac solitudine aleretur ac se in eius familiaritatem insinuasset hac ratione, ut cum aliquo suo conpendio negotia mulieris, si qua acciderent, controversiasque susciperet, versabatur eo quoque tempore in his rationibus auctionis et partitionis atque etiam se ipse inferebat et intro dabat et in eam opinionem Caesenniam adducebat, ut *mulier imperita* nihil putaret agi callide posse, 5 13

14 ubi non adesset Aebutius. Quam personam iam ex cotidiana vita cognostis, recuperatores, mulierum adsentatoris, cognitoris viduarum, defensoris nimium litigiosi, contriti ad Regiam, inepti ac stulti inter viros, inter mulieres periti iuris et callidi, hanc personam imponite Aebutio. Is enim Caesenniae fuit Aebutius — ne forte quaeratis, num propinquus? — nihil alienius — amicus a patre aut a viro traditus? — nihil minus — quid igitur? ille, ille, quem supra deformavi, voluntarius amicus mulieris non necessitudine aliqua, sed ficto officio simulataque sedulitate coniunctus magis opor-
15 tuna opera nonnumquam quam aliquando fideli. Cum esset, ut dicere institueram, constituta auctio Romae suadebant amici cognatique Caesenniae, id quod ipsi quoque mulieri veniebat in mentem, quoniam potestas esset emendi fundum illum Fulcinianum, qui fundo eius antiquo continens esset, nullam esse rationem amittere eius modi occasionem, cum ei praesertim pecunia ex partitione deberetur; nusquam posse eam melius collocari. Itaque hoc mulier facere constituit mandat, ut fundum sibi emat, — cui tandem? — cui putatis? an non in mentem vobis venit omnibus illum hoc munus esse ad omnia mulieris negotia parati, sine quo nihil satis caute, nihil satis callide posset agi?
6
16 Recte attenditis. Aebutio negotium datur. Adest ad tabulam, licetur Aebutius; deterrentur emptores multi partim gratia Caesenniae, partim etiam pretio. Fundus addicitur Aebutio; pecuniam argentario promittit Aebutius; quo testimonio nunc vir optimus utitur sibi emptum esse. Quasi vero aut nos ei negemus addictum aut tum quisquam fuerit, qui dubitaret, qui emeretur Caesenniae, cum id plerique scirent, omnes fere audissent, *si qui forte non audissent, ii coniectura* assequi possent, cum pecunia Caesenniae ex illa hereditate deberetur, eam porro in praediis collocari maxime expediret, essent autem praedia, quae mulieri *maxime convenirent, ea venirent*, liceretur is, quem

Caesenniae dare operam nemo miraretur, sibi emere
nemo posset suspicari. Hac emptione facta pecunia
solvitur a Caesennia; cuius rei putat iste rationem
reddi non posse, quod ipse tabulas averterit; se autem
habere argentarii tabulas, in quibus sibi expensa pecunia lata sit acceptaque relata. Quasi id aliter fieri
oportuerit. Cum omnia ita facta essent, quem ad modum nos defendimus, Caesennia fundum possedit loca-
vitque; neque ita multo post A. Caecinae nupsit. Ut
in pauca conferam, testamento facto mulier moritur;
facit heredem ex deunce et semuncia Caecinam, ex
duabus sextulis M. Fulcinium, libertum superioris viri,
Aebutio sextulam aspergit. Hanc sextulam illa mercedem isti esse voluit assiduitatis et molestiae, si quam
ceperat. Iste autem hac sextula se ansam retinere
omnium controversiarum putat.

Iam principio ausus est dicere non posse heredem
esse Caesenniae Caecinam, quod is deteriore iure esset
quam ceteri cives propter incommodum Volaterrano-
rum calamitatemque civilem. Itaque homo timidus
imperitusque, qui neque animi neque consilii satis haberet, non putavit esse tanti hereditatem, ut de civitate in dubium veniret; concessit, credo, Aebutio, quantum vellet de Caesenniae bonis ut haberet. Immo,
ut viro forti ac sapienti dignum fuit, ita calumniam
stultitiamque eius obtrivit ac contudit. In possessione
bonorum cum esset, et cum iste sextulam suam nimium
aggeraret, nomine heredis arbitrum familiae her-
ciscundae postulavit. Atque illis paucis diebus, posteaquam videt nihil se ab A. Caecina posse litium terrore
abradere, homini Romae in foro denuntiat fundum
illum, de quo ante dixi, cuius istum emptorem demonstravi fuisse mandatu Caesenniae, suum esse seseque
sibi emisse. Quid ais? istius ille fundus est, quem
sine ulla controversia quadriennium, hoc est ex quo
tempore fundus veniit, quoad vixit, possedit Caesennia?
'Usus enim', inquit, 'eius fundi et fructus testamento

20 viri fuerat Caesenniae'. Cum hoc novae litis gen[us]
tam malitiose intenderet, placuit Caecinae de ami[co]-
rum sententia constituere, quo die in rem praesente[m]
veniretur et de fundo Caecina moribus deduceretu[r].
Conlocuntur; dies ex utriusque commodo sumitu[r].
Caecina cum amicis ad diem venit in castellum Axia[m],
ex quo loco fundus is, de quo agitur, non longe abe[st].
Ibi certior fit a pluribus homines permultos libero[s]
atque servos coëgisse et armasse Aebutium. Cum [id]
partim mirarentur, partim non crederent, ecce ip[se]
Aebutius in castellum venit; denuntiat Caecinae [se]
armatos habere; abiturum eum non esse, si accessiss[et].
Caecinae placuit et amicis, quoad videretur salvo c[a]-
21 pite fieri posse, experiri tamen. De castello desce[n]-
dunt, in fundum proficiscuntur. Videtur temere co[m]-
missum, verum, ut opinor, hoc fuit causae: tam teme[re]
istum re commissurum, quam verbis minitabatur, ne[mo]
8 putavit. Atque iste ad omnis introitus, qua adi[ri]
poterat non modo in eum fundum, de quo erat co[n]-
troversia, sed etiam in illum proximum, de quo ni[hil]
ambigebatur, armatos homines opponit. Itaque pri[mum]
cum in antiquum fundum ingredi vellet, quod ea p[ro]-
xime accedi poterat, frequentes armati obstiterun[t].
22 Quo loco depulsus Caecina tamen, qua potuit, ad eu[m]
fundum profectus *est*, in quo ex conventu vim fie[ri]
oportebat; eius autem fundi extremam partem ole[ae]
derecto ordine definiunt. Ad eas cum accederetur, is[te]
cum omnibus copiis praesto fuit servumque suum n[o]-
mine Antiochum ad se vocavit et clara voce imper[a]-
vit, ut eum, qui illum olearum ordinem intrass[et],
occideret. Homo mea sententia prudentissimus Ca[e]-
cina tamen in hac re plus mihi animi quam consil[i]
videtur habuisse. Nam cum et armatorum multitud[i]-
nem videret et eam vocem Aebuti, quam commemora[vi],
audisset, tamen accessit propius et iam ingrediens int[ra]
finem eius loci, quem oleae terminabant, impetum a[r]-
mati Antiochi ceterorumque tela atque incursum [re]

fugit. Eodem tempore se in fugam conferunt amici
advocatique eius metu perterriti, quem ad modum
illorum testem dicere audistis. His rebus ita gestis
P. Dolabella praetor interdixit, ut est consuetudo, DE
VI HOMINIBUS ARMATIS sine ulla exceptione, tantum
ut, unde deiecisset, restitueret. Restituisse se dixit.
Sponsio facta est. Hac de sponsione vobis iudicandum est.

Maxime fuit optandum Caecinae, recuperatores, ut
controversiae nihil haberet, secundo loco, ut ne cum
tam inprobo homine, tertio, ut cum tam stulto haberet.
Etenim non minus nos stultitia illius sublevat quam
laedit inprobitas. Inprobus fuit, quod homines coëgit,
armavit, coactis armatisque vim fecit. Laesit in eo
Caecinam, sublevat ibidem; nam in eas ipsas res, quas
inprobissime fecit, testimonia sumpsit et eis in causa
testimoniis utitur. Itaque mihi certum est, recuperatores, antequam ad meam defensionem meosque testis
venio, illius uti confessione et testimoniis; qui confitetur,
atque ita libenter confitetur, ut non solum fateri, sed
etiam profiteri videatur, recuperatores: 'Convocavi homines, coëgi, armavi, terrore mortis ac periculo capitis,
ne accederes, obstiti; ferro', inquit, 'ferro' (et hoc dicit in
iudicio) 'te reieci atque proterrui'. Quid? testes quid
aiunt? P. Vetilius, propinquus Aebuti, se Aebutio cum armatis servis venisse advocatum. Quid praeterea? Fuisse
compluris armatos. Quid aliud? Minatum esse Aebutium
Caecinae. Quid ego de hoc teste dicam nisi hoc, recuperatores, ut ne idcirco minus ei credatis, quod homo
minus idoneus habetur, sed ideo credatis, quod ex illa
parte id dicit, quod illi causae maxime est alienum?
A. Terentius, alter testis, non modo Aebutium, sed
etiam se pessimi facinoris arguit. In Aebutium hoc
dicit, armatos homines fuisse, de se autem hoc praedicat, Antiocho, Aebuti servo, se imperasse, ut in
Caecinam advenientem cum ferro invaderet. Quid loquar amplius de hoc homine? In quem ego hoc dicere,

cum rogarer a Caecina, numquam volui, ne arguas
illum rei capitalis viderer, de eo dubito nunc quo
modo aut loquar aut taceam, cum ipse hoc de se ir-
ratus praedicet. Deinde L. Oaelius non solum Aebutium cum armatis dixit fuisse conpluribus, verum etiam
cum advocatis perpaucis eo venisse Caecinam. De hoc
ego teste detraham? cui aeque ac meo testi ut credatis,
(10) postulo. P. Memmius sccutus est, qui suum non parvum
beneficium commemoravit in amicos Caecinae, quibus
sese viam per fratris sui fundum dedisse dixit, qua effugere possent, cum essent omnes metu perterriti. Huic
ego testi gratias agam, quod et in re misericordem se
praebuerit et in testimonio religiosum. A. Atilius et eius
filius L. Atilius et armatos ibi fuisse et se suos servos
adduxisse dixerunt; etiam hoc amplius: cum Aebutius
Caecinae malum minaretur, [hoc est mortem minaretur,] ibi tum Caecinam postulasse, ut moribus deductio
fieret. Hoc idem P. Rutilius dixit, et eo libentius
dixit, ut aliquando in iudicio eius testimonio crederetur
putaretur. Duo praeterea testes nihil de vi, sed de
re ipsa atque emptione fundi dixerunt; P. Caesennius
auctor fundi, non tam auctoritate gravi quam corpore
et argentarius Sex. Clodius, cui cognomen est Phormio
nec minus niger nec minus confidens, quam ille Te-
rentianus est Phormio, nihil de vi dixerunt, nihil praeterea, quod ad vestrum iudicium pertineret. Decimo
vero loco testis expectatus et ad extremum reservatus
dixit, senator populi Romani, splendor ordinis, decus
atque ornamentum iudiciorum, exemplar antiquae religionis, Fidiculanius Falcula; qui cum ita vehemens
acerque venisset, ut non modo Caecinam periurio suo
laederet, sed etiam mihi videretur irasci, ita eum pla-
cidum mollemque reddidi, ut non auderet, sicut meministis, iterum dicere, quot milia fundus suus abesset
ab urbe. Nam cum dixisset minus Iɔɔ, populus cum
risu acclamavit ipsa esse. Meminerant enim omnes
quantum in Albiano iudicio accepisset. In eum qui

dicam nisi id, quod negare non possit, venisse in consilium publicae quaestionis, cum eius consilii iudex non esset, et in eo consilio, cum causam non audisset et potestas esset ampliandi, dixisse sibi liquere; cum de incognita re iudicare voluisset, maluisse condemnare quam absolvere; cum, si uno minus damnarent, condemnari reus non posset, non ad cognoscendam causam, sed ad explendam damnationem praesto fuisse? Utrum gravius aliquid in quempiam dici potest quam ad hominem condemnandum, quem numquam vidisset neque audisset, adductum esse pretio? an certius quicquam obici potest, quam quod is, cui obicitur, ne nutu quidem infirmare conatur? Verum tamen is testis, 30 ut facile intellegeretis eum non adfuisse animo, cum causa ab illis ageretur testesque dicerent, sed tantisper de aliquo reo cogitasse, cum omnes ante eum dixissent testes armatos cum Aebutio fuisse complures, solus dixit non fuisse. Visus est mihi primo veterator intellegere praeclare, quid causae obstaret, et tantum modo errare, quod omnes testes infirmaret, qui ante eum dixissent: cum subito, ecce idem qui solet, suos solos servos armatos fuisse dixit. Quid huic tu 11 homini facias? nonne concedas interdum, ut excusatione summae stultitiae summae inprobitatis odium (11) deprecetur? Utrum, recuperatores, his testibus non 31 credidistis, cum, quid liqueret, non habuistis? at controversia non erat, quin verum dicerent. An in coacta multitudine, in armis, in telis, in praesenti metu mortis perspicuoque periculo caedis dubium vobis fuit inesse vis aliqua videretur necne? Quibus igitur in rebus vis intellegi potest, si in his non intellegetur? An vero illa defensio vobis praeclara visa est: 'Non deieci, sed obstiti; non enim te sum passus in fundum ingredi, sed armatos homines opposui, ut intellegeres, si in fundo pedem posuisses, statim tibi esse pereundum'? Quid ais? is, qui armis proterritus, fugatus, pulsus est, *non videtur esse* deiectus? Posterius de 32 verbo videbimus; nunc rem ipsam ponamus, quam illi non negant, et eius rei ius actionemque quaeramus.

Est haec res posita, quae ab adversario non negatur, Caecinam, cum ad constitutam diem tempusque venisset, ut vis ac deductio moribus fieret, pulsum prohibitumque esse vi coactis hominibus et armatis. Cum hoc constet, ego, homo imperitus iuris, ignarus negotiorum ac litium, hanc puto me habere actionem, ut per interdictum meum ius teneam atque iniuriam tuam persequar. Fac in hoc errare me nec ullo modo posse per hoc interdictum id assequi, quod velim; te uti in hac re magistro volo. Quaero, sitne aliqua huius rei actio an nulla. Convocari homines propter possessionis controversiam non oportet, armari multitudinem iuris retinendi causa non convenit; nec iuri quicquam tam inimicum quam vis nec aequitati quicquam tam infestum est quam convocati homines et armati. Quod cum ita sit resque eius modi sit, ut in primis a magistratibus animadvertenda videatur, iterum quaero, sitne eius rei aliqua actio an nulla. Nullam esse dices? Audire cupio, qui in pace et otio, cum manum fecerit, copias pararit, multitudinem hominum coëgerit, armarit, instruxerit, homines inermos, qui ad constitutum experiundi iuris gratia venissent, armis, viris, terrore periculoque mortis reppulerit, fugarit, averterit, hoc dicat: 'Feci equidem, quae dicis, omnia, et ea sunt et turbulenta et temeraria et periculosa. Quid ergo est? inpune feci; nam, quid agas mecum ex iure civili ac praetorio, non habes'. Itane vero? recuperatores, hoc vos audietis et apud vos dici patiemini saepius? Cum maiores nostri tanta diligentia prudentiaque fuerint, ut omnia omnium non modo tantarum rerum, sed etiam tenuissimarum iura statuerint persecutique sint, † ut hoc genus unum vel maximum praetermitterent, ut, si qui me exire domo mea coëgisset armis, haberem actionem, si qui introire prohibuisset, non haberem? Nondum de Caecinae causa disputo, nondum de iure possessionis nostrae loquor; tantum de tua defensione, C. Piso, quaero. Quoniam ita dicis et ita constituis, si Caecina, cum in fundo esset, inde deiectus esset, tum per hoc interdictum eum restitui oportuisse; nunc vero deiectum nullo modo esse inde, ubi non fuerit; hoc interdicto nihil nos assecutos esse: quaero, si te hodie domum tuam redeuntem coacti homines et armati non modo limine tectoque aedium tuarum, sed primo aditu vestibuloque prohibuerint, quid acturus sis. Monet amicus meus te, L. Calpurnius, ut idem dicas, quod ipse antea dixit, iniuriarum. Quid ad causam possessionis, quid ad restituendum eum, quem oportet restitui, quid denique ad ius civile? † aut actoris notionem atque animadversionem ages iniuriarum. Plus tibi ego largiar; non solum egeris, verum etiam condemnaris licet; numquid magis possidebis? actio enim iniuriarum non ius possessionis adsequitur, sed dolorem imminutae libertatis iudicio poenaque mitigat. Praetor interea, Piso, tanta de re tacebit? quem ad modum te restituat in aedis tuas, non habebit? Qui dies totos aut vim fieri vetat aut restitui factam iubet, qui de fossis, de cloacis, de minimis aquarum itinerumque controversiis interdicit, is repente obmutescet, in atrocissima re quid faciat, non habebit? et C. Pisoni domo tectisque suis prohibito, *prohibito*, inquam, per homines coactos et armatos, praetor quem ad modum more et exemplo opitulari possit, non habebit? Quid enim dicet, aut quid tu tam insigni accepta iniuria postulabis? 'Unde vi prohibitus'? Sic nemo umquam interdixit; novum est, non dico inusitatum, verum omnino inauditum. 'Unde deiectus'? Quid proficies, cum illi hoc respondebunt tibi, quod tu nunc mihi, armatos se tibi obstitisse, ne in aedis accederes; deici porro nullo modo potuisse, qui non accesserit? 'Deicior ego', inquis, 'si quis meorum deicitur omnino.' Iam bene agis; a *verbis* enim recedis et aequitate uteris. Nam verba

quidem ipsa si sequi volumus, quo modo tu deieceris,
cum servus tuus deicitur? Verum ita est, uti dicis;
te deiectum debeo intellegere, etiamsi tactus non fueris.
Nonne? Age nunc, si ne tuorum quidem quisquam
loco motus erit atque omnes in aedibus adservati ac
retenti, tu solus prohibitus et a tuis aedibus vi atque
armis proterritus, utrum hanc actionem habebis, qua
nos usi sumus, an aliam quampiam an omnino nullam?
Nullam esse actionem dicere in re tam insigni tamque atroci neque prudentiae neque auctoritatis tuae
est; alia si quae forte est, quae nos fugerit, dic, quae
38 sit; cupio discere. Haec si est, qua nos usi sumus
te iudice vincamus necesse est. Non enim vereor, ne
hoc dicas, in eadem causa eodem interdicto te oportere restitui, Caecinam non oportere. Etenim cui non
perspicuum est ad incertum revocari bona, fortunae
possessiones omnium, si ulla ex parte sententia huius
interdicti deminuta aut infirmata sit, si auctoritate
virorum talium vis armatorum hominum iudicio ad-
probata videatur, in quo iudicio non de armis dubitatum, sed de verbis quaesitum esse dicatur? Iam
apud vos obtinebit causam suam, qui se ita defenderit: 'Reieci ego te armatis hominibus, non deieci,'
ut tantum facinus non in aequitate defensionis, sed
39 in una littera latuisse videatur? Huiusce rei vos statuetis nullam esse actionem, nullum experiundi ius
constitutum, qui obstiterit armatis hominibus, qui multitudine coacta non introitu, sed omnino aditu quem-
14 piam prohibuerit? Quid ergo? hoc quam habet vim,
ut distare aliquid aut ex aliqua parte differre videatur
utrum, pedem cum intulero atque in possessione vestigium fecero, tum expellar ac deiciar, an eadem v
et isdem armis mihi ante occurratur, ne non modo
intrare, verum aspicere aut aspirare possim? Qui
hoc ab illo differt, ut ille cogatur restituere, qui ingressum expulerit, ille, qui ingredientem reppulerit
40 non cogatur? Videte, per deos immortales! quod iu-

nobis, quam condicionem vobismet ipsis, quam denique civitati legem constituere velitis. Huiusce generis una est actio per hoc interdictum, quo nos usi sumus, constituta; ea si nihil valet aut si ad hanc rem non pertinet, quid neglegentius aut quid stultius maioribus nostris dici potest, qui aut tantae rei praetermiserint actionem aut eam constituerint, quae nequaquam satis verbis causam et rationem iuris amplecteretur? Hoc est periculosum, dissolvi hoc interdictum, est captiosum omnibus rem ullam constitui eius modi, quae cum armis gesta sit, rescindi iure non possit; verum tamen illud est turpissimum, tantae stultitiae prudentissimos homines condemnari, ut vos iudicetis huius rei ius atque actionem in mentem maioribus nostris non venisse.

'Queramur', inquit, 'licet; tamen hoc interdicto 41 Aebutius non tenetur.' Quid ita? 'Quod vis Caecinae facta non est.' Dici in hac causa potest, ubi arma fuerint, ubi coacta hominum multitudo, ubi instructi et certis locis cum ferro homines collocati, ubi minae, pericula terroresque mortis, ibi vim non fuisse? 'Nemo', inquit, 'occisus est neque sauciatus.' Quid ais? cum de possessionis controversia et de privatorum hominum contentione iuris loquamur, tu vim negabis factam, si caedes et occisio facta non erit? Ego exercitus maximos saepe pulsos et fugatos esse dico terrore ipso impetuque hostium sine cuiusquam non modo morte, verum etiam vulnere. Etenim, recuperatores, $\frac{15}{42}$ non ea sola vis est, quae ad corpus nostrum vitamque pervenit, sed etiam multo maior ea, quae periculo mortis iniecto formidine animum perterritum loco saepe et certo de statu demovet. Itaque saucii saepe homines cum corpore debilitantur, animo tamen non cedunt neque eum relinquunt locum, quem statuerunt defendere; at alii pelluntur integri; ut non dubium sit, quin maior adhibita vis ei sit, cuius animus sit perterritus, *quam illi,* cuius corpus vulneratum sit.

4*

43 Quodsi vi pulsos dicimus exercitus esse eos, qui metu
ac tenui saepe suspicione periculi fugerunt, et si non
solum inpulsu scutorum neque conflictu corporum
neque ictu comminus neque coniectione telorum, sed
saepe clamore ipso militum aut instructione aspectu
que signorum magnas copias pulsas esse et vidimus
et audivimus, quae vis in bello appellatur, ea in otio
non appellabitur? et, quod vehemens in re militari
putatur, id leve in iure civili iudicabitur? et, quod
exercitus armatos movet, id advocationem togatorum
non videbitur movisse? et vulnus corporis magis istam
vim quam terror animi declarabit? et sauciatio quae
44 retur, cum fugam factam esse constabit? Tuus enim
testis hoc dixit, metu perterritis nostris advocatis locum
se, qua effugerent, demonstrasse. Qui non modo u
fugerent, sed etiam ipsius fugae tutam viam quaes
verunt, his vis adhibita non videbitur? Quid igitu
fugiebant? Propter metum. Quid metuebant? Vi
videlicet. Potestis igitur principia negare, cum e
trema conceditis? Fugisse perterritos confitemini; ca
sam fugae dicitis eandem, quam omnes intellegimu
arma, multitudinem hominum, incursionem atque in
petum armatorum; haec ubi conceduntur esse fact
ibi vis facta negabitur?

16
45   At vero hoc quidem iam vetus est et maioru
exemplo multis in rebus usitatum, cum ad vim faciu
dam veniretur, si quos armatos quamvis procul co
spexissent, ut statim testificati discederent, *cum* optin
sponsionem facere possent, NI ADVERSUS EDICTU
PRAETORIS VIS FACTA ESSET. Itane vero? scire es
armatos satis est, ut vim factam probes; in man
eorum incidere non est satis? aspectus armatorum
vim probandam valebit; incursus et impetus non val
bit? qui abierit, facilius sibi vim factam probab
46 quam qui effugerit? At ego hoc dico, si, ut primum
castello Caecinae dixit Aebutius se homines coëgis
et armasse, neque eum, si illo accessisset, abituru

statim Caecina discessisset, dubitare vos non debuisse,
quin Caecinae facta vis esset; si vero, simul ac procul
conspexit armatos, recessisset, eo minus dubitaretis.
Omnis enim vis est, quae periculo aut decedere nos
aliunde cogit aut prohibet accedere. Quod si aliter
statuetis, videte, ne hoc vos statuatis, qui vivus discesserit, ei vim non esse factam, ne hoc omnibus in
possessionum controversiis praescribatis, ut confligen-
dum sibi et armis decertandum putent, ne, quem ad
modum in bello poena ignavis ab imperatoribus constituitur, sic in iudiciis deterior causa sit eorum, qui
fugerint, quam qui ad extremum usque contenderint.
Cum de iure et legitimis hominum controversiis lo- 47
quimur et in his rebus vim nominamus, pertenuis vis
intellegi debet. Vidi armatos quamvis paucos; magna
vis est. Decessi unius hominis telo proterritus; deiectus detrususque sum. Hoc si ita statuetis, non
modo non erit, cur depugnare quisquam posthac possessionis causa velit, sed ne illud quidem, cur repu-
gnare. Sin autem vim sine caede, sine vulneratione,
sine sanguine nullam intellegetis, statuetis hômines
possessionis cupidiores quam vitae esse oportere.
Age vero, de vi te ipsum habebo iudicem, Aebuti. 17
Responde, si tibi videtur. In fundum Caecina utrum 48
tandem noluit an non potuit accedere? Cum te obstitisse et reppulisse dicis, certe hunc voluisse concedis. Potes igitur dicere non ei vim fuisse impedimento, cui, cum cuperet eoque consilio venisset, per
homines coactos licitum non sit accedere? Si enim
id, quod maxime voluit, nullo modo potuit, vis profecto quaedam obstiterit necesse est; aut tu dic, quam
ob rem, cum vellet accedere, non accesserit. Iam vim 49
factam negare non potes; deiectus quem ad modum
sit, qui non accesserit, id quaeritur. Demoveri enim
et depelli de loco necesse est eum, qui deiciatur. Id
autem accidere ei qui potest, qui omnino in eo loco,
unde se deiectum *esse* dicit, numquam fuit? Quid?

si fuisset et ex eo loco metu permotus
armatos vidisset, diceresne esse deiect
Ain tu? qui tam diligenter et tam callid
troversias, non aequitate diiudicas et iura
communi, sed litteris exprimis, poteris
iectum esse eum, qui tactus non erit?
sum dicesne? nam eo verbo antea prae
interdicto uti solebant. Quid ais? pot
quisquam, qui non attingitur? nonne
sequi volumus, hoc intellegamus necesse
trudi, cui manus adferantur? Necesse
si ad verbum rem volumus adiungere, ne
detrusum, qui non adhibita vi manu den
50 praeceps intellegatur. Deiectus vero qu
quisquam nisi in inferiorem locum de sup
Potest pulsus, fugatus, eiectus denique; il
modo potest, deiectus esse quisquam, n
tactus non sit, sed ne in aequo quidem
Quid ergo? hoc interdictum putamus cort
compositum, qui se praecipitatos ex locis
dicerent (eos enim vere possumus dicere
18 an, cum voluntas et consilium et senter
intellegatur, inpudentiam summam aut s
gularem putabimus in verborum errore
et causam et utilitatem communem nc
solum, sed etiam prodere?

51 An hoc dubium est, quin neque ve
copia sit non modo in nostra lingua,
esse inops, sed ne in alia quidem ulla,
suis certis ac propriis vocabulis nomin
vero quicquam opus sit verbis, cum ea re
verba quaesita sint, intellegatur? Quae
natus consultum, quod magistratus edict
dus aut pactio, quod, ut ad privatas res
mentum, quae iudicii aut stipulationis
conventi formula non infirmari aut conv
ad verba rem deflectere velimus, con

m, qui scripserunt, et rationem et auctoritatem
quamus? Sermo hercule familiaris et cotidianus 52
cohaerebit, si verba inter nos aucupabimur; deni-
imperium domesticum nullum erit, si servulis hoc
ris concesserimus, ut ad verba nobis oboediant,
ad id, quod ex verbis intellegi possit, optem-
nt. Exemplis nunc uti videlicet mihi necesse est
im rerum omnium; non occurrit uni cuique vestrum
d alii in omni genere exemplum, quod testimonio
non ex verbis aptum pendere ius, sed verba ser-
hominum consiliis et auctoritatibus. Ornate et 53
iose L. Crassus, homo longe eloquentissimus, paulo
:quam nos in forum venimus, iudicio centumvirali
c sententiam defendit et facile, cum contra eum
dentissimus homo, Q. Mucius, diceret, probavit
ibus, M'. Curium, qui heres institutus esset ita:
RTUO POSTUMO FILIO', cum filius non modo non
rtuus, sed ne natus quidem esset, heredem esse
rtere. Quid? verbis hoc satis erat cautum? Mi-
e. Quae res igitur valuit? Voluntas, quae si ta-
nobis intellegi posset, verbis omnino non utere-
:; quia non potest, verba reperta sunt, non quae
edirent, sed quae indicarent voluntatem. Lex usum 19
uctoritatem fundi iubet esse biennium; at utimur 54
em iure in aedibus, quae in lege non appellantur.
ria sit inmunita, iubet, qua velit, agere iumentum;
est hoc ex ipsis verbis intellegi, licere, si via sit
Brittiis immunita, agere, si velit, iumentum per
Scauri Tusculanum. Actio est in auctorem prae-
em his verbis: 'QUANDOQUE TE IN IURE CONSPICIO'.
actione Appius ille Caecus uti non posset, si ita
ure homines verba consectarentur, ut rem, cuius
a verba sunt, non considerarent. Testamento si
atus heres esset pupillus Cornelius isque iam an-
xx haberet, vobis interpretibus amitteret heredi-
m. Veniunt in mentem mihi permulta, vobis plura. 55
) scio. *Verum ne nimium multa conplectamur*

atque ab eo, quod propositum est, longius abes
oratio, hoc ipsum interdictum, quo de agitur, co
deremus; intellegetis enim in eo ipso, si in verbis
constituamus, utilitatem omnem nos huius interdi
dum versuti et callidi velimus esse, amissuros. 'Un
TU AUT FAMILIA AUT PROCURATOR TUUS'. Si me v
cus tuus solus deiecisset, non familia deiecisset,
opinor, sed aliquis de familia. Recte igitur dice
te restituisse? Quippe; quid enim facilius est qu
probare iis, qui modo Latine sciant, in uno serv
familiae nomen non valere? Si vero ne habeas o
dem servum praeter eum, qui me deiecerit, cla
videlicet: 'Si habeo familiam, a familia mea fateor
esse deiectum.' Neque enim dubium est, quin, si
rem iudicandam verbo ducimur, non re, familiam
tellegamus, quae constet ex servis pluribus; quin u
homo familia non sit (verbum certe hoc non m
56 postulat, sed etiam cogit); at vero ratio iuris in
dictique vis et praetorum voluntas et hominum]
dentium consilium et auctoritas respuat hanc de
20 sionem et pro nihilo putet. Quid ergo? isti hom
Latine non locuntur? Immo vero tantum locun
quantum est satis ad intellegendam voluntatem,
sibi hoc proposuerint, ut, sive me tu deieceris
tuorum quispiam sive servorum sive amicorum, ut
vos non numero distinguant, sed appellent uno fi
57 liae nomine; de liberis autem quisquis est, procur
ris nomine appelletur; non quo omnes sint aut
pellentur procuratores, qui negotii nostri aliquid ger
sed in hac re cognita sententia interdicti verba
(57)tiliter exquiri omnia noluerunt. Non enim alia c
est aequitatis in uno servo et in pluribus, non
ratio iuris in hoc genere dumtaxat, utrum me
procurator deiecerit, is qui legitime procurator dic
omnium rerum eius, qui in Italia non sit absitve
publicae causa, quasi quidam paene dominus, hoc
alieni iuris vicarius, an tuus colonus aut vicinus

cliens aut libertus aut quivis, qui illam vim deiectionemque tuo rogatu aut tuo nomine fecerit. Quare, 58
si ad eum restituendum, qui vi deiectus est, eandem
vim habet aequitatis ratio, ea intellecta certe nihil ad
rem pertinet, quae verborum vis sit ac nominum. Tam
restitues, si tuus me libertus deiecerit nulli tuo praepositus negotio, quam si procurator deiecerit; non quo
omnes sint procuratores, qui aliquid nostri negotii
gerunt, sed quod *id* in hac re quaeri nihil attinet.
Tam restitues, si unus servulus, quam si familia fecerit universa; non quo idem sit servulus unus, quod
familia, verum quia non, quibus verbis quidque dicatur, quaeritur, sed quae res agatur. Etiam si, ut
longius a verbo recedamus, ab aequitate ne tantulum
quidem, si tuus servus nullus fuerit et omnes alieni
ac mercennarii, tamen ei ipsi [servi] tuae familiae genere et nomine continebuntur. Perge porro hoc idem 21
interdictum sequi. 'HOMINIBUS COACTIS.' Neminem 59
coëgeris, ipsi convenerint sua sponte; certe cogit is,
qui congregat homines et convocat; coacti sunt ii, qui
ab aliquo sunt unum in locum congregati. Si non
modo convocati non sunt, sed ne convenerunt quidem,
sed ii modo fuerunt, qui etiam antea, non vis ut fieret,
verum colendi aut pascendi causa esse in agro consuerant, defendes homines coactos non fuisse, et verbo
quidem superabis me ipso iudice, re autem ne consistes quidem ullo iudice. Vim enim multitudinis restitui voluerunt, non solum convocatae multitudinis;
sed, quia plerumque, ubi multitudine opus est, homines
cogi solent, ideo de coactis compositum interdictum
est; quod etiamsi verbo differre videbitur, re tamen
erit unum et omnibus in causis idem valebit, in quibus perspicitur una atque eadem causa aequitatis.
'ARMATISVE.' Quid dicemus? armatos, si Latine lo- 60
qui volumus, quos appellare vere possumus? Opinor
eos, qui scutis telisque parati ornatique sunt. Quid
igitur? *si glebis aut saxis* aut fustibus aliquem de

fundo praecipitem egeris iussusque sis, quem h
bus armatis deieceris, restituere, restituisse te
Verba si valent, si causae non ratione, sed vocibus
ponderantur, me auctore dicito. Vinces profecto non
fuisse armatos eos, qui saxa iacerent, quae de terra
ipsi tollerent, non esse arma caespites neque glebas;
non fuisse armatos eos, qui praetereuntes ramum defringerent arboris; arma esse suis nominibus alia ad
tegendum, alia ad nocendum; quae qui non habuerint,
eos inermos fuisse vinces. Verum si quod erit armorum iudicium, tum ista dicito; iuris iudicium cum erit
et aequitatis, cave in ista tam frigida, tam ieiuna calumnia delitiscas. Non enim reperies quemquam iudicem aut recuperatorem, qui, tamquam si arma militis
inspicienda sint, ita probet armatum; sed perinde valebit, quasi armatissimi fuerint, si reperientur ita parati fuisse, ut vim vitae aut corpori potuerint adferre.

Atque ut magis intellegas, quam verba nihil valeant, si tu solus aut quivis unus cum scuto et gladio
impetum in me fecisset atque ego ita deiectus essem,
auderesne dicere interdictum esse de hominibus armatis, hic autem hominem armatum unum fuisse?
Non, opinor, tam inpudens esses. Atqui vide, ne multo
nunc sis inpudentior. Nam tum quidem omnes mortales implorare posses, quod homines in tuo negotio
Latine obliviscerentur, [quod inermi armati iudicarentur,] quod, cum interdictum esset de pluribus, commissa res esset ab uno; unus homo plures esse homines iudicarentur. Verum in his causis non verba
veniunt in iudicium, sed ea res, cuius causa verba haec
in interdictum coniecta sunt. Vim, quae ad caput ac
vitam pertineret, restitui sine ulla exceptione voluerunt. Ea fit plerumque per homines coactos armatosque; si alio consilio, eodem periculo facta sit, eodem
iure esse voluerunt. Non enim maior est iniuria, si
tua familia quam si tuus vilicus, non, si tui servi
quam si alieni ac mercennarii, non, si tuus procura-

m si vicinus aut libertus tuus, non, si coactis
us quam si voluntariis aut etiam assiduis ac
cis, non, si armatis quam si inermibus, qui
atorum haberent ad nocendum, non, si pluri-
m si uno armato. Quibus enim rebus plerum-
fit eius modi, eae res appellantur in interdicto.
lias res eadem facta vis est, ea tametsi ver-
rdicti non concluditur, sentencia tamen iuris
uctoritate retinetur.

o nunc ad illud tuum: 'Non deieci; non enim 23
dere.' Puto te ipsum, Piso, perspicere, quanto 64
angustior iniquiorque defensio, quam si illa
'Non fuerunt armati, cum fustibus et cum
erunt.' Si mehercule mihi, non copioso ho-
dicendum, optio detur, utrum malim defendere
e deiectum eum, cui vi et armis ingredienti
ursum, an armatos non fuisse eos, qui sine
neque ferro fuerint, omnino ad probandum
e rem videam infirmam nugatoriamque esse,
dum autem in altera videar mihi aliquid re-
posse, non fuisse armatos eos, qui neque ferri
m neque scutum ullum habuerint; hic vero
, si mihi defendendum sit eum, qui pulsus
que sit, non esse deiectum.

ne illud in tota defensione tua mihi maxime 65
videbatur, te dicere iuris consultorum auctori-
emperari non oportere. Quod ego tametsi non
imum neque in hac causa solum audio, tamen
m mirabar, abs te quam ob rem diceretur.
teri tum ad istam orationem decurrunt, cum
usa putant habere aequum et bonum, quod
t; si contra verbis et litteris et, ut dici solet,
iure contenditur, solent eius modi iniquitati
boni nomen dignitatemque opponere. Tum
od dicitur, 'SIVE NIVE', inrident, tum aucupia
m et litterarum tendiculas in invidiam vocant,
ciferantur ex aequo et bono, non ex callido

versutoque iure rem iudicari oportere; scriptum
calumniatoris esse †bonique iudicis voluntatem
toris auctoritatemque defendere. In ista vero causa,
cum tu sis is, qui te verbo litteraque defendas, cum
tuae sint hae partes: 'Unde deiectus es? an inde, quo
prohibitus es accedere? reiectus es, non deiectus,'
cum tua sit haec oratio: 'Fateor me homines coëgisse,
fateor armasse, fateor tibi mortem esse minitatum,
fateor haec interdicto praetoris vindicari, si voluntas
et aequitas valeat; sed ego invenio in interdicto verbum unum, ubi delitiscam: 'Non deieci te ex eo loco,
quem in locum prohibui ne venires" — in ista defensione accusas eos, qui consuluntur, quod aequitatis
censeant rationem, non verbi haberi oportere?

Et hoc loco Scaevolam dixisti causam apud centumviros non tenuisse; quem ego antea commemoravi,
cum idem faceret, quod tu nunc, tametsi ille in aliqua causa faciebat, tu in nulla facis, tamen probasse
nemini, quod defendebat, quia verbis oppugnare aequitatem videbatur. Cum id miror, te hoc in hac re
alieno tempore et contra, quam ista causa postulasset, defendisse, tum illud vulgo in iudiciis et non numquam ab ingeniosis hominibus defendi mihi mirum
videri solet, nec iuris consultis concedi nec ius civile
in causis semper valere oportere. Nam hoc qui disputant, si id dicunt, non recte aliquid statuere eos,
qui consulantur, non hoc debent dicere, iuris consultis, sed hominibus stultis obtemperari non oportere;
sin illos recte respondere concedunt et aliter iudicari
dicunt oportere, male iudicari oportere dicunt; neque
enim fieri potest, ut aliud iudicari de iure, aliud re-
sponderi oporteat, nec ut quisquam iuris numeretur peritus, qui id statuat esse ius, quod non oporteat iudicari.

'At est aliquando contra iudicatum.' Primum utrum
recte an perperam? Si recte, id fuit ius, quod iudicatum
est; sin aliter, non dubium est, utrum iudices an iuris
consulti vituperandi sint. Deinde, si de iure vario quip-

piam iudicatum est, *non* potius contra iuris consultos statutum est, si aliter pronuntiatum est, ac Mucio placuit, quam ex eorum auctoritate, si, ut Manilius statuebat, sic est iudicatum. Etenim ipse Crassus non ita causam apud centumviros egit, ut contra iuris consultos diceret, sed ut hoc doceret, illud, quod Scaevola defendebat, non esse iuris, et in eam rem non solum rationes adferret, sed etiam Q. Mucio, socero suo, multisque peritissimis hominibus auctoribus uteretur. Nam qui ius civile contemnendum putat, is vincula revellit non modo iudiciorum, sed etiam utilitatis vitaeque communis; qui autem interpretes iuris vituperat, si inperitos iuris esse dicit, de hominibus, non de iure civili detrahit; sin peritis non putat esse optemperandum, non homines laedit, sed leges ac iura labefactat; quod vobis venire in mentem profecto necesse est, nihil esse in civitate tam diligenter quam ius civile retinendum. Etenim hoc sublato nihil est, quare exploratum cuiquam possit esse, quid suum aut quid alienum sit, nihil est, quod aequabile inter omnes atque unum omnibus esse possit. Itaque in ceteris controversiis atque iudiciis cum quaeritur, aliquid factum necne sit, verum an falsum proferatur, et fictus testis subornari solet et interponi falsae tabulae, non numquam honesto ac probabili nomine bono viro iudici error obici, improbo facultas dari, ut, cum sciens perperam iudicarit, testem tamen aut tabulas secutus esse videatur; in iure nihil est eius modi, recuperatores, non tabulae falsae, non testis improbus, denique nimia ista, quae dominatur in civitate, potentia in hoc solo genere quiescit; quid agat, quo modo aggrediatur iudicem, qua denique digitum proferat, non habet. Illud enim potest dici iudici ab aliquo non tam verecundo homine quam gravi: 'Iudica hoc factum esse aut numquam esse factum; crede huic testi, has conproba tabulas'; hoc non potest: 'Statue, cui filius agnatus sit, eius *testamentum non esse ruptum;* iudica, quod mulier sine

tutore auctore promiserit, deberi.' Non
ad huiusce modi res neque potentiae cuiusq
gratiae; denique, quo maius hoc sanctiusqu
ne pretio quidem corrumpi iudex in eius 1
73 potest. Iste vester testis, qui ausus est dice
VIDERI eum, de quo, ne cuius rei argueret
scire potuit, is ipse numquam auderet iudi
viro dotem, quam mulier nullo auctore di
(26)   O rem praeclaram vobisque ob hoc r
26 recuperatores! Quod enim est ius civile?
que inflecti gratia neque perfringi potentia
ulterari pecunia possit; quod si non modo
sed etiam desertum aut neglegentius asser
nihil est, quod quisquam sese habere c
a patre acceptum aut relicturum liberis
74 Quid enim refert aedes aut fundum relictu
aut aliqua ratione habere bene partum, s
est, quae in manu tua iure mancipii sint,
retinere, si parum est communitum ius ci
blica lege contra alicuius gratiam teneri n
quid, inquam, prodest fundum habere, si, qu
tissime descripta a maioribus iura finium,
num, aquarum itinerumque sunt, haec pert
qua ratione commutarique possunt? Mi
maior hereditas uni cuique nostrum venit
bonis a iure et a legibus quam ab iis, a
ipsa bona nobis relicta sunt. Nam ut pe
me fundus, testamento alicuius fieri potes
neam, quod meum factum sit, sine iure civil
potest. Fundus a patre relinqui potest, a
fundi, hoc est finis sollicitudinis ac peric
non a patre relinquitur, sed a legibus; aqu
haustus, iter, actus a patre, sed rata auctor.
75 rerum omnium ab civili iure sumitur.
non minus diligenter ea, quae a maioribus
publica patrimonia iuris quam privatae rei
tinere debetis, non solum quod haec iure ci

sunt, verum etiam quod patrimonium unius incommodo dimittetur, ius amitti non potest sine magno incommodo civitatis.

In hac ipsa causa, recuperatores, si hoc nos non optinemus, vi armatis hominibus deiectum esse eum, quem vi armatis hominibus pulsum fugatumque esse constat, Caecina rem non amittet, quam ipsam animo forti, si tempus ita ferret, amitteret, in possessionem in praesentia non restituetur, nihil amplius; populi Romani causa, civitatis ius, bona, fortunae possessionesque omnium in dubium incertumque revocabuntur; vestra auctoritate hoc constituetur, hoc praescribetur: Quicum tu posthac de possessione contendes, eum si ingressum modo in praedium deieceris, restituas oportebit; sin autem ingredienti cum armata multitudine obvius fueris et ita venientem reppuleris, fugaris, averteris, non restitues. Iuris si haec vox est, esse vim non in caede solum, sed etiam in animo, libidinis, nisi cruor appareat, vim non esse factam; iuris, deiectum esse, qui prohibitus sit, libidinis, nisi ex eo loco, ubi vestigium inpresserit, deici neminem posse; iuris, rem et sententiam et aequitatem plurimum valere oportere, libidinis, verbo ac littera ius omne intorqueri: vos statuite, recuperatores, utrae voces vobis honestiores et utiliores esse videantur.

Hoc loco percommode accidit, quod non adest is, qui paulo ante adfuit et adesse nobis frequenter in hac causa solet, vir ornatissimus, C. Aquilius; nam ipso praesente de virtute eius et prudentia timidius dicerem, quod et ipse pudore quodam afficeretur ex sua laude et me similis ratio pudoris a praesentis laude tardaret; cuius auctoritati dictum est ab illa causa concedi nimium non oportere. *Non* vereor, de tali viro ne plus dicam, quam vos aut sentiatis aut apud vos commemorari velitis. Quapropter hoc dicam, numquam eius auctoritatem *nimium* valere, cuius prudentiam *populus Romanus in* cavendo, non in deci-

piendo perspexerit, qui iuris civilis rationem numquam
ab aequitate seiunxerit, qui tot annos ingenium, laborem, fidem suam populo Romano promptam expositamque praebuerit; qui ita iustus est et bonus vir,
ut natura, non disciplina, consultus esse videatur, ita
peritus ac prudens, ut ex iure civili non scientia solum
quaedam, verum etiam bonitas nata videatur, cuius
tantum est ingenium, tam incorrupta fides, ut, quicquid
inde haurias, purum te liquidumque haurire sentias.
Quare permagnam initis a nobis gratiam, cum eum
auctorem defensionis esse dicitis. Illud autem miror,
†cum vos aliquid contra sentire ne dicatis, cum eum
auctorem vos pro me appelletis, nostrum nominetis.
Verum tamen quid ait vester iste auctor? 'QUIBUS
QUIDQUE VERBIS ACTUM PRONUNTIATUMQUE SIT.' Conveni ego ex isto genere consultorum non neminem,
ut opinor, istum ipsum, quo vos auctore rem istam
agere et defensionem causae constituere vos dicitis.
Qui cum istam disputationem mecum ingressus esset,
non posse prohari quemquam esse deiectum, nisi ex
eo loco, in quo fuisset, rem et sententiam interdicti
mecum facere fatebatur, verbo me excludi dicebat, a
verbo autem posse recedi non arbitrabatur. Cum
exemplis uterer multis ex omni memoria antiquitatis
a verbo et ab scripto plurimis saepe in rebus ius et
aequi et boni rationem esse seiunctam, semperque id
valuisse plurimum, quod in se auctoritatis habuisset
aequitatisque plurimum, consolatus est me et ostendit
in hac ipsa causa nihil esse quod laborarem; nam
verba ipsa sponsionis facere mecum, si vellem diligenter attendere. 'Quonam', inquam, 'modo?' 'Quia
certe', inquit, 'deiectus est Caecina vi hominibus armatis aliquo ex loco; si non ex eo loco, quem in locum
venire voluit, at ex eo certe, unde fugit.' 'Quid tum?'
'Praetor', inquit, 'interdixit, ut, unde deiectus esset,
eo restitueretur, hoc est, quicumque is locus esset,
unde deiectus esset. Aebutius autem, qui fatetur ali-

... loco deiectum esse Caecinam, is quoniam se
... dixit, necesse est male fecerit sponsionem.'
... Piso? placet tibi nos pugnare verbis? placet 81
... iuris et aequitatis et non nostrae possessionis,
... possessionum omnium constituere in verbo?
... mihi videretur, quid a maioribus factitatum,
... auctoritate, quibus iudicandum est, di-
... ostendi; id verum, id aequum, id utile om-
... spectari, quo consilio et qua sententia, non
... quidque verbis esset actum. Tu me ad ver-
... non ante veniam, quam recusaro. Nego
... nego optineri posse, nego ullam rem esse,
... comprendi satis aut caveri aut excipi pos-
... praeterito aliquo verbo aut ambigue posito
... sententia cognita non id, quod intellegitur, sed
... dicitur, valebit.

... satis recusavi, venio iam, quo vocas. 29
... abs te, simne deiectus, non de Fulciniano 82
... neque enim praetor, 'si ex eo fundo essem
... ita me restitui iussit, sed 'eo, unde deiec-
... Sum ex proximo vicini fundo deiectus,
... ad istum fundum, sum de via, sum certe
... sive de privato sive de publico; eo restitui
... Restituisse te dixti; nego me ex decreto
... restitutum esse. Quid ad haec dicimus?
... quem ad modum dicitur, gladio aut nostro
... tua conficiatur necesse est. Si ad interdicti 83
... confugis et, de quo fundo actum sit tum,
... ebutius restituere iubebatur, id quaerendum
... neque aequitatem rei verbi laqueo capi pu-
... in meis castris praesidiisque versaris;
... est ista defensio, ego hoc vociferor, ego
... homines deosque testor, cum maiores vim ar-
... nulla iuris defensione texerint, non vestigium
... deiectus sit, sed factum illius, qui deiecerit,
... venire; deiectum esse, qui fugatus sit, vim
... cui periculum mortis sit iniectum. Sin 84

hunc locum fugis et reformidas et me ex hoc, ut ita
dicam, campo aequitatis ad istas verborum angustias
et ad omnes litterarum angulos revocas, in iis ipsis
intercludere insidiis, quas mihi conaris opponere. 'Non
deieci, sed reieci.' Peracutum hoc tibi videtur, hic
est mucro defensionis tuae; in eum ipsum causa tua
incurrat necesse est. Ego enim tibi refero: Si non
sum ex eo loco deiectus, quo prohibitus sum accedere,
at ex eo sum deiectus, quo accessi, unde fugi. Si
praetor non distinxit locum, quo me restitui iuberet,
et restitui iussit, non sum ex decreto restitutus.

85 Velim, recuperatores, hoc totum si vobis versutius,
quam mea consuetudo defendendi fert, videbitur, sic
existimetis: primum alium, non me excogitasse, deinde
huius rationis non modo [non] inventorem, sed ne
probatorem quidem esse me, idque me non ad meam
defensionem attulisse, sed illorum defensioni rettulisse;
me posse pro meo iure dicere neque in hac re, quam
ego protuli, quaeri oportere, quibus verbis praetor
interdixerit, sed de quo loco sit actum, cum interdixit,
neque in vi armatorum spectari oportere, in quo loco
sit facta vis, verum sitne facta; te vero nullo modo
posse defendere, in qua re tu velis, verba spectari
oportere, in qua re nolis, non oportere.

86 Verum tamen ecquid mihi respondetur ad illud,
quod ego iam antea dixi, non solum re et sententia,
sed verbis quoque hoc interdictum ita esse compositum, ut nihil commutandum videretur? Attendite,
quaeso, diligenter, recuperatores; est enim vestri ingenii non meam, sed maiorum prudentiam cognoscere;
non enim id sum dicturus, quod ego invenerim, sed
quod illos non fugerit. Cum de vi interdicitur, duo
genera causarum esse intellegebant, ad quae interdictum pertineret, unum, si qui ex eo loco, ubi fuisset,
se deiectum diceret, alterum, si qui ab eo loco, quo
veniret; et horum utrumque neque praeterea quicquam
87 *potest accidere*, recuperatores. Id adeo sic considerate:

Si qui meam familiam de meo fundo *deiecerit, ex eo me loco* deiecerit; si qui mihi praesto fuerit cum armatis hominibus extra meum fundum et me introire prohibuerit, non ex eo, sed ab eo loco me deiecerit. Ad haec duo genera rerum unum verbum, quod satis declararet utrasque res, invenerunt, ut, sive ex fundo sive a fundo deiectus essem, uno atque eodem interdicto restituerer 'UNDE TU'. Hoc verbum 'UNDE' utrumque declarat, et ex quo loco et a quo loco. Unde deiectus est Cinna? Ex urbe. Unde Telesinus? Ab urbe. Unde deiecti Galli? A Capitolio. Unde, qui cum Graccho fuerunt? Ex Capitolio. Videtis igitur hoc uno verbo 'UNDE' significari res duas, et ex quo et a quo. Cum autem eo restitui iubet, ita iubet, ut si Galli a maioribus nostris postularent, ut eo restituerentur, unde deiecti essent, et aliqua vi hoc assequi possent, non, opinor, eos in cuniculum, qua aggressi erant, sed in Capitolium restitui oporteret. Hoc enim intellegitur: UNDE DEIECISTI, sive ex quo loco sive a quo loco, EO RESTITUAS. Hoc iam simplex est, in eum locum restituas: sive ex hoc loco deiecisti, restitue in hunc locum, sive ab hoc loco, restitue in eum locum, non ex quo, sed a quo deiectus est. Ut, si qui, ex alto cum ad patriam accessisset, tempestate subito reiectus optaret, ut, cum a patria deiectus esset, eo restitueretur, hoc, opinor, optaret, ut, a quo loco depulsus esset, in eum se fortuna restitueret, non in salum, sed in ipsam urbem, quam petebat, sic, quoniam verborum vim necessario similitudine rerum aucupamur, qui postulat, ut, a quo loco deiectus est, hoc est, unde deiectus est, eo restituatur, hoc postulat, ut in eum ipsum locum restituatur. Cum verba nos eo ducunt, tum res ipsa hoc sentire atque intellegere cogit. Etenim, Piso, (redeo nunc ad illa principia defensionis meae) si quis te ex aedibus tuis vi hominibus armatis deiecerit, quid ages? Opinor, hoc interdicto, quo nos usi sumus, persequere. Quid? si qui iam de foro redeuntem armatis hominibus domum tuam te introire prohibuerit, quid ages? Utere eodem interdicto. Cum igitur praetor interdixerit, unde deiectus es, ut eo restituaris, tu hoc idem, quod ego dico, et quod perspicuum est, interpretabere, cum illud verbum 'UNDE' in utramque rem valeat, eoque tu restitui sis iussus tam te in aedes tuas restitui oportere, si e vestibulo, quam si ex interiore aedium parte deiectus sis.

90 Ut vero iam, recuperatores, nulla dubitatio sit, sive rem sive verba spectare vultis, quin secundum nos iudicetis, exoritur hic iam obrutis rebus omnibus et perditis illa defensio, eum deici posse, qui tum possideat; qui non possideat, nullo modo posse; itaque, si ego sim a tuis aedibus deiectus, restitui non oportere, si ipse sis, oportere. Numera, quam multa in ista defensione falsa sint, Piso. Ac primum illud attende, te iam ex illa ratione esse depulsum, quod negabas quemquam deici posse nisi inde, ubi esset; iam posse concedis; eum, qui non possideat, negas deici 91 posse. Cur ergo aut in illud cotidianum interdictum 'UNDE ILLE ME VI DEIECIT' additur 'CUM EGO POSSIDEREM', si deici nemo potest, qui non possidet, aut in hoc interdictum DE HOMINIBUS ARMATIS non additur, si oportet quaeri, possederit necne? Negas deici, nisi qui possideat. Ostendo, si sine armatis coactisve hominibus deiectus quispiam sit, eum, qui fateatur se deiecisse, vincere sponsionem, si ostendat eum non possedisse. Negas deici, nisi qui possideat. Ostendo ex hoc interdicto DE ARMATIS HOMINIBUS, qui possit ostendere non possedisse eum, qui deiectus sit, condemnari tamen sponsionis necesse esse, si fateatur 32/92 esse deiectum. Dupliciter homines deiciuntur, aut sine coactis armatisve hominibus aut per eius modi rationem atque vim. Ad duas dissimiles res duo diiuncta interdicta sunt. In illa vi cotidiana non satis est posse docere se deiectum, nisi ostendere potest, cum *possideret*, tum deiectum. Ne id quidem satis est

nisi docet ita se possedisse, *ut* nec vi nec clam nec
precario possederit. Itaque is, qui se restituisse dixit,
magna voce saepe confiteri solet se vi deiecisse, verum illud addit: 'Non possidebat' vel etiam, cum hoc
ipsum concessit, vincit tamen sponsionem, si planum
facit ab se illum aut vi aut clam aut precario possedisse. Videtisne, quot defensionibus eum, qui sine 93
armis ac multitudine vim fecerit, uti posse maiores
voluerint? Hunc vero, qui ab iure, officio, bonis moribus ad ferrum, ad arma, ad caedem confugerit, nudum in causa destitutum videtis, ut, qui armatus de
possessione contendisset, inermus plane de sponsione
certaret. Ecquid igitur interest, Piso, inter haec interdicta? ecquid interest, utrum in hoc sit additum
'CUM A. CAECINA POSSIDERET' necne? 'Ecquid te ratio
iuris, ecquid interdictorum dissimilitudo, ecquid auctoritas maiorum commovet? Si esset additum, de eo
quaeri oporteret; additum non est, tamen oportebit?
Atque ego in hoc Caecinam non defendo; possedit 94
enim Caecina, recuperatores; et id, tametsi extra causam est, percurram tamen brevi, ut non minus hominem ipsum quam ius commune defensum velitis.
Caesenniam possedisse propter usum fructum non
negas. Qui colonus habuit condúctum de Caesennia
fundum, cum idem ex eadem conductione fuerit in
fundo, dubium est, quin, si Caesennia tum possidebat,
cum erat colonus in fundo, post eius mortem heres
eodem iure possederit? Deinde ipse Caecina cum circuiret praedia, venit in istum fundum, rationes a colono accepit. Sunt in eam rem testimonia. Postea 95
cur tu, Aebuti, de isto potius fundo quam de alio, si
quem babes, Caecinae denuntiabas, si Caecina non
possidebat? Ipse porro Caecina cur se moribus deduci volebat idque tibi de amicorum [de his de Aquili]
sententia responderat et aequum . . . . .

At enim Sulla legem tulit. Ut nihil de illo tem- 33
pore, nihil de calamitate *rei* publicae querar, hoc tibi

respondeo, ascripsisse eundem Sullam in eadem lege
'SI QUID IUS NON ESSET ROGARIER, EIUS EA LEGI
NIHILUM ROGATUM'. Quid est, quod ius non sit, quod
populus iubere aut vetare non possit? Ut ne longius
abeam, declarat ista ascriptio esse aliquid; nam, nisi
96 esset, hoc in omnibus legibus non ascriberetur. Sed
quaero *de* te, putesne, si populus iusserit me tuum
aut te meum servum esse, id iussum ratum atque firmum futurum. Perspicis hoc nihil esse et fateris;
qua in re primum illud concedis, non quicquid populus iusserit, ratum esse oportere; deinde nihil rationis
affers, quam ob rem, si libertas adimi nullo modo
possit, civitas possit. Nam et eodem modo de utraque re traditum nobis est, et, si semel civitas adimi
potest, retineri libertas non potest. Qui enim potest
iure Quiritium liber esse is, qui in numero Quiritium
97 non est? Atque ego hanc adulescentulus causam cum
agerem contra hominem disertissimum nostrae civitatis, *C.* Cottam, probavi. Cum Arretinae mulieris libertatem defenderem et Cotta decemviris religionem iniecisset non posse nostrum sacramentum iustum iudicari, quod Arretinis adempta civitas esset, et ego
vehementius contendissem civitatem adimi non posse,
decemviri prima actione non iudicaverunt; postea re
quaesita et deliberata sacramentum nostrum iustum
iudicaverunt. Atque hoc et contra dicente Cotta et
Sulla vivo iudicatum est. Iam vero in ceteris rebus
ut omnes, qui in eadem causa sunt, et lege agant et
suum ius persequantur et omni iure civili sine cuiusquam aut magistratus aut iudicis aut periti hominis
aut inperiti dubitatione utantur, quid ego commemorem? Dubium esse nemini vestrum certo *scio*.
98 Quaeri hoc solere me non praeterit (ut ex me ea
quae tibi in mentem non veniunt, audias), quem ad
modum, si civitas adimi non possit, in colonias Latinas
saepe nostri cives profecti sint. Aut sua voluntate
aut legis multa profecti sunt; quam multam si suf-

ferre voluissent, manere in civitate potuissent. Quid? 34
quem pater patratus dedidit aut suus pater populusve
vendidit, quo is iure amittit civitatem? Ut religione
civitas solvatur, civis Romanus deditur; qui cum est
acceptus, est eorum, quibus est deditus; si non acci-
piunt, ut Mancinum Numantini, retinet integram causam et ius civitatis. Si pater vendidit eum, quem in
suam potestatem susceperat, ex potestate dimittit.
Iam populus cum eum vendit, qui miles factus non 99
est, non adimit ei libertatem, sed iudicat non esse
eum liberum, qui, ut liber sit, adire periculum nolit;
cum autem incensum vendit, hoc iudicat, cum ei, qui
in servitute iusta fuerunt, censu liberentur, eum, qui
cum liber esset, censeri noluerit, ipsum sibi libertatem
abiudicavisse. Quodsi maxime bisce rebus adimi libertas aut civitas potest, non intellegunt, qui haec
commemorant, si per has rationes maiores adimi posse
voluerunt, alio modo noluisse? Nam ut haec ex iure 100
civili proferunt, sic adferant velim, quibus lege aut
rogatione civitas aut libertas erepta sit. Nam quod
ad exilium attinet, perspicue intellegi potest, quale
sit. Exilium enim non supplicium est, sed perfugium
portusque supplicii. Nam qui volunt poenam aliquam
subterfugere aut calamitatem, eo solum vertunt, hoc
est sedem ac locum mutant. Itaque nulla in lege
nostra reperietur, *ut* apud ceteras civitates, maleficium
ullum exilio esse multatum; sed cum homines vincula,
neces ignominiasque vitant, quae sunt legibus constitutae, confugiunt quasi ad aram in exilium. Qui
si in civitate legis vim subire vellent, non prius civitatem quam vitam amitterent; quia nolunt, non adi-
mitur iis civitas, sed ab iis relinquitur atque deponi-
tur. Nam, cum ex nostro iure duarum civitatum nemo
esse possit, tum amittitur haec civitas denique, cum
is, qui profugit, receptus est in exilium, hoc est in
aliam civitatem.

Non me *praeterit*, *recuperatores*, tametsi de hoc 35 101

iure permulta praetereo, tamen me longius esse prolapsum, quam ratio vestri iudicii postularit. Verum id feci, non quo vos hanc in hac causa defensionem desiderare arbitrarer, sed ut omnes intellegerent nec ademptam cuiquam civitatem esse neque adimi posse. Hoc cum eos scire volui, quibus Sulla voluit iniuriam facere, tum omnes ceteros novos veteresque cives. Neque enim ratio afferri potest, cur, si cuiquam novo civi potuerit adimi civitas, non omnibus patriciis 102 omnibus antiquissimis civibus possit. Nam ad hanc quidem causam nihil hoc pertinuisse primum ex eo intellegi potest, quod vos de *ea* re iudicare non debetis; deinde quod Sulla ipse ita tulit de civitate, ut non sustulerit horum nexa atque hereditates. Iubet enim eodem iure esse, quo fuerint Ariminenses; quos quis ignorat duodecim coloniarum fuisse et a civibus Romanis hereditates capere potuisse? Quodsi adimi civitas A. Caecinae lege potuisset, magis illam rationem tamen omnes boni quaereremus, quem ad modum spectatissimum pudentissimumque hominem, summo consilio, summa virtute, summa auctoritate domestica praeditum, levatum iniuria civem retinere possemus, quam uti nunc, cum de iure civitatis nihil potuerit deperdere, quisquam existat nisi tui, Sexte, similis et stultitia et inpudentia, qui huic ademptam civitatem 103 esse dicat. Qui quoniam, recuperatores, suum ius non deseruit neque quicquam illius audaciae petulantiaeque concessit, de reliquo iam communem causam populique 36 ius in vestra fide ac religione deponit. Is homo est ita se probatum vobis vestrique similibus semper voluit, ut id non minus in hac causa laborarit, ne inique contendere aliquid, quam ne dissolute relinquere videretur, nec minus vereretur, ne contemnere Aebutium quam ne ab eo contemptus esse existimaretur.
104 Quapropter, si quid extra iudicium est, quod huic homini tribuendum sit, habetis hominem singulari pudore [virtute cognita] et spectata fide, amplissimo

s Etruriae nomine, in utraque fortuna cognitum
's signis et virtutis et humanitatis. Si quid in
aria parte in homine offendendum est, habetis
ut nihil dicam amplius, qui se homines coëgisse
tur. Sin hominibus remotis de causa quaeritis,
iudicium de vi sit, is, qui arguitur, vim se ho-
us armatis fecisse fateatur, verbo se, non aequi-
defendere conetur, id quoque ei verbum ipsum
im esse videatis, auctoritatem sapientissimorum
um facere nobiscum, in iudicium non venire,
A. Caecina possederit necne, tamen doceri pos-
e; multo etiam minus quaeri, A. Caecinae fun-
sit necne, me tamen id ipsum docuisse, fundum
Caecinae: cum haec ita sint, statuite, quid vos
ora rei publicae de armatis hominibus, quid illius
sio de vi, quid nostra decisio de aequitate, quid
interdicti de iure admoneat ut iudicetis.

M. TULLI CICERONIS
DE IMPERIO CN. POMPEI AD QUIRITES ORATIO.

ARGUMENTUM.

Cum L. Lucullus, qui bellum adversus Mithridatem Magnum, Ponti regem, septem annos primo consulari, dein proconsulari imperio administraverat, a. u c. 687 a senatu revocatus esset eique M'. Acilius Glabrio, homo tantis rebus impar, successisset, insequenti anno M. Aemilio Lepido L. Volcatio Tullo coss. a. u. c. 688 C. Manilius tribunus plebis legem ad populum tulit, uti eius belli administratio Cn. Pompeio, qui tum bellum maritimum contra Ciliciae piratas lege Gabinia, anno superiore demandatum confecerat, committeretur. Qua lege cum non solum Asia provincia, cui Lucullus praefuerat, et omne eius imperium Cn. Pompeio committeretur, verum etiam Bithynia, cui Glabrio praeerat, classis item et omnes copiae maritimae, quas piratico bello iam obtinuerat, multasque praeterea provinciae, quae lege Gabinia Pompeio datae non viderentur, Phrygia, Lycaonia, Galatia, Cappadocia, Cilicia, Colchis, Armenia, eius potestati permitterentur, optimates nimis augeri opes et potentiam unius Cn. Pompei rati eam legem oppugnabant eorumque nomine Q. Catulus et Q. Hortensius rogationem C. Manili dissuaserant. Adiuvabant tamen multi C. Manilium auctoritate etiam C. Caesaris, suasitque M. Cicero, qui eo anno praetor erat, hac ipsa oratione, qua primum apud populum oravit, legem de imperio Cn. Pompei prorogando atque adaugendo, quae cunctis suffragiis perlata est.

Quamquam mihi semper frequens conspectus vester multo iucundissimus, hic autem locus ad agendum *amplissimus*, ad dicendum ornatissimus est visus, Qui-

ien hoc aditu laudis, qui semper optimo cui-
me patuit, non mea me voluntas adhuc, sed
ae rationes ab ineunte aetate susceptae pro-
. **Nam cum antea per aetatem nondum** huius
,em loci attingere auderem statueremque nihil
erfectum ingenio, elaboratum industria afferri
omne meum tempus amicorum temporibus
endum putavi. Ita neque hic locus vacuus 2
fuit ab iis, qui vestram causam defenderent,
labor in privatorum periculis caste integreque
ex vestro iudicio fructum est amplissimum
s. **Nam cum propter dilationem** comitiorum
or primus centuriis cunctis renuntiatus sum,
ellexi, Quirites, et quid de me iudicaretis et
s praescriberetis. Nunc cum et auctoritatis
ntum sit, quantum vos honoribus mandandis
istis, et ad agendum facultatis tantum, quan-
nini vigilanti ex forensi usu prope cotidiana
xercitatio potuit afferre, certe et, si quid auc-
in me est, apud eos utar, qui eam mihi de-
et, si quid in dicendo consequi possum, iis
potissimum, qui ei quoque rei fructum suo
tribuendum esse duxerunt. Atque illud in 3
nihi laetandum iure esse video, quod in hac
mihi ex hoc loco ratione dicendi causa talis
t, in qua oratio deesse nemini possit. Dicen-
enim de Cn. Pompei singulari eximiaque
huius autem orationis difficilius est exitum
incipium invenire. Ita mihi non tam copia
dus in dicendo quaerendus est.

$\frac{2}{4}$

ae ut inde oratio mea proficiscatur, unde haec
usa ducitur, bellum grave et periculosum
ectigalibus ac sociis a duobus potentissimis
nfertur, Mithridate et Tigrane, quorum alter
alter lacessitus occasionem sibi ad occupandam
blatam esse arbitratur. Equitibus Romanis,
imis viris, afferuntur ex Asia cotidie litterae,

quorum magnae res aguntur in vestris vectigalibus exercendis occupatae; qui ad me pro necessitudine, quae mihi est cum illo ordine, causam rei publicae
5 periculaque rerum suarum detulerunt, Bithyniae, quae nunc vestra provincia est, vicos exustos esse complures, regnum Ariobarzanis, quod finitimum est vestris vectigalibus, totum esse in hostium potestate; *L.* Lucullum magnis rebus gestis ab eo bello discedere; huic qui successerit, non satis esse paratum ad tantum bellum administrandum; unum ab omnibus sociis et civibus ad id bellum imperatorem deposci atque expeti, eundem hunc unum ab hostibus metui, praeterea neminem.

6 Causa quae sit, videtis; nunc, quid agendum sit, considerate. Primum mihi videtur de genere belli, deinde de magnitudine, tum de imperatore deligendo esse dicendum. Genus est enim belli eius modi, quod maxime vestros animos excitare atque inflammare ad persequendi studium debeat; in quo agitur populi Romani gloria, quae vobis a maioribus cum magna in omnibus rebus, tum summa in re militari tradita est; agitur salus sociorum atque amicorum, pro qua multa maiores vestri magna et gravia bella gesserunt; aguntur certissima populi Romani vectigalia et maxima, quibus amissis et pacis ornamenta et subsidia belli requiretis; aguntur bona multorum civium, quibus est a vobis et ipsorum et rei publicae causa consulendum.

3/7 Et quoniam semper appetentes gloriae praeter ceteras gentes atque avidi laudis fuistis, delenda est vobis illa macula Mithridatico bello superiore concepta, quae penitus iam insedit ac nimis inveteravit in populi Romani nomine, quod is, qui uno die tota in Asia tot in civitatibus uno nuntio atque una significatione litterarum cives Romanos *omnes* necandos trucidandosque denotavit, non modo adhuc poenam nullam suo dignam scelere suscepit, sed ab illo tempore annum iam tertium et vicesimum regnat, et ita regnat, ut se non Ponti neque Cappadociae latebris occultare

dit, sed emergere ex patrio regno atque in vestris
ectigalibus, hoc est in Asiae luce, versari. Etenim 8
ihuc ita nostri cum illo rege contenderunt impera-
res, ut ab illo insignia victoriae, non victoriam repor-
rent. Triumphavit L. Sulla, triumphavit L. Murena
Mithridate, duo fortissimi viri et summi impera-
res, sed ita triumpharunt, ut ille pulsus superatus-
e regnaret. Verum tamen illis imperatoribus laus
t tribuenda, quod egerunt, venia danda, quod reli-
erunt, propterea quod ab eo bello Sullam in Italiam
s publica, Murenam Sulla revocavit.
Mithridates autem omne reliquum tempus non ad $\frac{4}{9}$
livionem veteris belli, sed ad comparationem novi
atulit; qui postea, cum maximas aedificasset ornas-
tque classes exercitusque permagnos, quibuscumque
gentibus potuisset, comparasset et se Bosphoranis,
itumis suis, bellum inferre simularet, usque in Hi-
aniam legatos ac litteras misit ad eos duces, qui-
scum tum bellum gerebamus, ut, cum duobus in
cis disiunctissimis maximeque diversis uno consilio
binis hostium copiis bellum terra marique gereretur,
s ancipiti contentione districti de imperio dimicaretis.
d tamen alterius partis periculum, Sertorianae atque 10
ispaniensis, quae multo plus firmamenti ac roboris
bebat, Cn. Pompei divino consilio ac singulari vir-
te depulsum est; in altera parte ita res a L. Lucullo,
mmo viro, est administrata, ut initia illa rerum
estarum magna atque praeclara non felicitati eius,
d virtuti, haec autem extrema, quae nuper acciderunt,
on culpae, sed fortunae tribuenda esse videantur.
d de Lucullo dicam alio loco, et ita dicam, Quirites,
neque vera laus ei detracta oratione mea neque
lsa adficta esse videatur; de vestri imperii dignitate 11
que **gloria**, quoniam is est exorsus orationis meae,
dete **quem** vobis animum suscipiendum putetis.
Maiores **nostri** saepe mercatoribus aut naviculariis 5
stris *iniuriosius* tractatis bella gesserunt; vos tot

milibus civium Romanorum uno nuntio atque uno tempore necatis quo tandem animo esse debetis? Legati, quod erant appellati superbius, Corinthum patres vestri, totius Graeciae lumen, extinctum esse voluerunt; vos eum regem inultum esse patiemini, qui legatum populi Romani consularem vinculis ac verberibus atque omni supplicio excruciatum necavit? Illi libertatem inminutam civium Romanorum non tulerunt; vos ereptam vitam neglegetis? Ius legationis verbo violatum illi persecuti sunt; vos legatum omni supplicio interfectum relinquetis? Videte, ne, ut illis pulcherrimum fuit tantam vobis imperii gloriam tradere, sic vobis turpissimum sit id, quod accepistis, tueri et conservare non posse.

Quid? quod salus sociorum summum in periculum ac discrimen vocatur, quo tandem animo ferre debetis? Regno est expulsus Ariobarzanes rex, socius populi Romani atque amicus; imminent duo reges toti Asiae non solum vobis inimicissimi, sed etiam vestris sociis atque amicis; civitates autem omnes cuncta Asia atque Graecia vestrum auxilium exspectare propter periculi magnitudinem coguntur; imperatorem a vobis certum deposcere, cum praesertim vos alium miseritis, neque audent neque se id facere sine summo periculo posse arbitrantur. Vident et sentiunt hoc idem, quod vos, unum virum esse, in quo summa sint omnia, et eum propter esse, quo etiam carent aegrius; cuius adventu ipso atque nomine, tametsi ille ad maritimum bellum venerit, tamen impetus hostium repressos esse intellegunt ac retardatos. Hi vos, quoniam libere loqui non licet, tacite rogant, ut se quoque sicut ceterarum provinciarum socios dignos existimetis, quorum salutem tali viro commendetis, atque hoc etiam magis, quod ceteros in provinciam eius modi homines cum imperio mittimus, ut, etiamsi ab hoste defendant, tamen ipsorum adventus in urbes sociorum non multum ab hostili expugnatione differant, hunc audiebant antea, nunc praesentem vident tanta temperantia, tanta man-

[solitu]dine, tanta humanitate, ut ii beatissimi esse videntur, apud quos ille diutissime commoratur.

Quare, si propter socios nulla ipsi iniuria lacessiti maiores nostri cum Antiocho, cum Philippo, cum Aetolis, cum Poenis bella gesserunt, quanto vos studio convenit iniuriis provocatos sociorum salutem una cum imperii vestri dignitate defendere, praesertim cum de maximis vestris vectigalibus agatur? Nam ceterarum provinciarum vectigalia, Quirites, tanta sunt, ut iis ad ipsas provincias tutandas vix contenti esse possimus, Asia vero tam opima est ac fertilis, ut et ubertate agrorum et varietate fructuum et magnitudine pastionis et multitudine earum rerum, quae exportantur, facile omnibus terris antecellat. Itaque haec vobis provincia, Quirites, si et belli utilitatem et pacis dignitatem retinere vultis, non modo a calamitate, sed etiam a metu calamitatis est defendenda. Nam in ceteris rebus cum venit calamitas, tum detrimentum accipitur; at in vectigalibus non solum adventus mali, sed etiam metus ipse affert calamitatem. Nam cum hostium copiae non longe absunt, etiamsi irruptio nulla facta est, tamen pecuaria relinquitur, agri cultura deseritur, mercatorum navigatio conquiescit. Ita neque ex portu neque ex decumis neque ex scriptura vectigal conservari potest; quare saepe totius anni fructus uno rumore periculi atque uno belli terrore amittitur. Quo tandem [igitur] animo esse existimatis aut eos, qui vectigalia nobis pensitant, aut eos, qui exercent atque exigunt, cum duo reges cum maximis copiis propter adsint, cum una excursio equitatus pervi tempore totius anni vectigal auferre possit, cum publicani familias maximas, quas in saltibus habent, quas in agris, quas in portubus atque custodiis, magno periculo se habere arbitrentur? Putatisne vos illis rebus frui posse, nisi eos, qui vobis fructui sunt, conservaritis non solum, ut ante dixi, calamitate, sed etiam *calamitatis formidine liberatos?*

7 Ac ne illud quidem vobis neglegendum est, quod
17 mihi ego extremum proposueram, cum essem de belli
genere dicturus, quod ad multorum bona civium Romanorum pertinet; quorum vobis pro vestra sapientia,
Quirites, habenda est ratio diligenter. Nam et publicani, homines honestissimi atque ornatissimi, suas
rationes et copias in illam provinciam contulerunt,
quorum ipsorum per se res et fortunae vobis curae
esse debent. Etenim, si vectigalia nervos esse rei
publicae semper duximus, eum certe ordinem, qui 10
exercet illa, firmamentum ceterorum ordinum recte
18 esse dicemus. Deinde ex ceteris ordinibus homines
gnavi atque industrii partim ipsi in Asia negotiantur,
quibus vos absentibus consulere debetis, partim eorum
in ea provincia pecunias magnas collocatas habent 15
Est igitur humanitatis vestrae magnum numerum eorum civium calamitate prohibere, sapientiae videre
multorum civium calamitatem a re publica seiunctam
esse non posse. Etenim primum illud parvi refert,
nos publicanis omissis vectigalia postea victoria recuperare; neque enim isdem redimendi facultas erit
propter calamitatem neque aliis voluntas propter ti-
19 morem. Deinde, quod nos eadem Asia atque idem
iste Mithridates initio belli Asiatici docuit, id quidem
certe calamitate docti memoria retinere debemus.
Nam tum, cum in Asia res magnas permulti amiserant, scimus Romae solutione impedita fidem concidisse.
Non enim possunt una in civitate multi rem ac fortunas amittere, ut non plures secum in eandem trahant calamitatem. A quo periculo prohibete rem
publicam et mihi credite, id quod ipsi videtis, haec
fides atque haec ratio pecuniarum, quae Romae, quae
in foro versatur, inplicata est cum illis pecuniis Asiaticis et cohaeret; ruere illa non possunt, ut haec non
eodem labefacta motu concidant. Quare videte, ne
non dubitandum vobis sit omni studio ad id bellum
incumbere, in quo gloria nominis vestri, salus sociorum,

ectigalia **maxima**, fortunae plurimorum civium con-
unctae **cum re publica** defendantur.

Quoniam de genere belli dixi, nunc de magnitu- 8
e **pauca** dicam. Potest enim hoc dici, belli genus 20
se **ita necessarium**, ut sit gerendum, non esse ita
agnum, ut sit pertimescendum. In quo maxime la-
orandum **est**, ne forte ea vobis, quae diligentissime
rovidenda sunt, contemnenda esse videantur. Atque
t omnes intellegant me L. Lucullo tantum impertire
audis, **quantum** forti viro et sapienti homini et magno
imperatori debeatur, dico eius adventu maximas Mithridati copias omnibus rebus ornatas atque instructas
fuisse, urbemque Asiae clarissimam nobisque amicissimam Cyzicenorum obsessam esse ab ipso rege maxima multitudine et oppugnatam vehementissime; quam
L. Lucullus virtute, assiduitate, consilio summis obsi-
dionis periculis liberavit; ab eodem imperatore classem 21
magnam et ornatam, quae ducibus Sertorianis ad Italiam studio [atque odio] inflammata raperetur, superatam esse atque depressam; magnas hostium praeterea
copias multis proeliis esse deletas patefactumque nostris legionibus esse Pontum, qui antea populo Romano
ex omni aditu clausus fuisset; Sinopen atque Amisum,
quibus in oppidis erant domicilia regis, omnibus rebus
ornatas ac refertas ceterasque urbes Ponti et Cappadociae permultas uno aditu adventuque esse captas;
regem spoliatum regno patrio atque avito ad alios se
reges atque ad alias gentes supplicem contulisse;
atque haec omnia salvis populi Romani sociis atque
integris vectigalibus esse gesta. Satis opinor haec
esse laudis, atque ita, Quirites, ut hoc vos intellegatis,
a nullo istorum, qui huic obtrectant legi atque causae,
L. Lucullum similiter ex hoc loco esse laudatum.

Requiretur fortasse nunc, quem ad modum, cum 9
haec ita sint, reliquum possit magnum esse bellum. 22
Cognoscite, Quirites; non enim hoc sine causa quaeri
videtur. Primum *ex suo regno* sic Mithrides profugit,

ut ex eodem Ponto Medea illa quondam profugisse
dicitur, quam praedicant in fuga fratris sui membra
in iis locis, qua se parens persequeretur, dissipavisse,
ut eorum collectio dispersa maerorque patrius celeritatem persequendi retardaret. Sic Mithridates fugiens
maximam vim auri atque argenti pulcherrimarumque
rerum omnium, quas et a maioribus acceperat et ipse
bello superiore ex tota Asia direptas in suum regnum
congesserat, in Ponto omnem reliquit. Haec dum nostri colligunt omnia diligentius, rex ipse e manibus
effugit. Ita illum in persequendi studio maeror, hos
23 laetitia tardavit. Hunc in illo timore et fuga Tigra-
nes, rex Armenius, excepit diffidentemque rebus suis
confirmavit et adflictum erexit perditumque recreavit.
Cuius in regnum posteaquam L. Lucullus cum exercitu venit, plures etiam gentes contra imperatorem
nostrum concitatae sunt. Erat enim metus iniectus
iis nationibus, quas numquam populus Romanus neque
lacessendas bello neque temptandas putavit; erat
etiam alia gravis atque vehemens opinio, quae animos
gentium barbararum pervaserat, fani locupletissimi et
religiosissimi diripiendi causa in eas oras nostrum
esse exercitum adductum. Ita nationes multae atque
magnae novo quodam terrore ac metu concitabantur.
Noster autem exercitus tametsi urbem ex Tigranis
regno ceperat et proeliis usus erat secundis, tamen
nimia longinquitate locorum ac desiderio suorum com-
24 movebatur. Hic iam plura non dicam; fuit enim illud
extremum, ut ex iis locis a militibus nostris reditus
magis maturus quam processio longior quaereretur.
Mithridates autem et suam manum iam confirmarat
et eorum, qui se ex ipsius regno collegerant, et magnis adventiciis auxiliis multorum regum et nationum
iuvabatur. Nam hoc fere sic fieri solere accepimus,
ut regum adflictae fortunae facile multorum opes ad-
liciant ad misericordiam, maximeque eorum, qui aut
reges sunt aut vivunt in regno, ut iis nomen regale

...num et sanctum esse videatur. Itaque tantum 25
...us efficere potuit, quantum incolumis numquam
...susus optare. Nam, cum se in regnum suum re-
...sset, non fuit eo contentus, quod ei praeter spem
...derat, ut illam, posteaquam pulsus erat, terram
...quam attingeret, sed in exercitum nostrum clarum
...e victorem impetum fecit. Sinite hoc loco, Qui-
...s, sicut poëtae solent, qui res Romanas scribunt,
...eterire me nostram calamitatem, quae tanta fuit,
...eam ad aures [L. Luculli] imperatoris non ex
...elio nuntius, sed ex sermone rumor adferret. Hic 26
...illo ipso malo gravissimaque belli offensione L.
...ullus, qui tamen aliqua ex parte iis incommodis
...eri fortasse potuisset, vestro iussu coactus, quod
...erii diuturnitati modum statuendum vetere exem-
...putavistis, partem militum, qui iam stipendiis con-
...i erant, dimisit, partem M'. Glabrioni tradidit.
...ta praetereo consulto; sed ea vos coniectura per-
...ite, quantum illud bellum factum putetis, quod
...ungant reges potentissimi, renovent agitatae nati-
..., suscipiant integrae gentes, novus imperator noster
...iat vetere exercitu pulso.
...Satis mihi multa verba fecisse videor, quare esset ${10 \atop 27}$
...bellum genere ipso necessarium, magnitudine
...calosum; restat, ut de imperatore ad id bellum
...gendo ac tantis rebus praeficiendo dicendum esse
...atur. Utinam, Quirites, virorum fortium atque in- (10)
...ntium copiam tantam haberetis, ut haec vobis (27)
...beratio difficilis esset, quemnam potissimum tantis
...s ac tanto bello praeficiendum putaretis! Nunc
...cum sit unus Cn. Pompeius, qui non modo eorum
...inum, qui nunc sunt, gloriam, sed etiam antiqui-
...memoriam virtute superarit, quae res est, quae
...squam animum in hac causa dubium facere possit?
...enim sic existimo, in summo imperatore quattuor 28
...res inesse oportere, scientiam rei militaris, vir-
..., auctoritatem, felicitatem. Quis igitur hoc ho-

6*

mine scientior umquam aut fuit aut esse debuit? qui e ludo atque pueritiae disciplinis bello maximo atque acerrimis hostibus ad patris exercitum atque in militiae disciplinam profectus est, qui extrema pueritia miles in exercitu fuit summi imperatoris, ineunte adulescentia maximi ipse exercitus imperator, qui saepius cum hoste conflixit, quam quisquam cum inimico concertavit, plura bella gessit quam ceteri legerunt, plures provincias confecit quam alii concupiverunt, cuius adulescentia ad scientiam rei militaris non alienis praeceptis, sed suis imperiis, non offensionibus belli, sed victoriis, non stipendiis, sed triumphis est erudita. Quod denique genus esse belli potest, in quo illum non exercuerit fortuna rei publicae? Civile, Africanum, Transalpinum, Hispaniense mixtum ex civitatibus atque ex bellicosissimis nationibus, servile, navale bellum, varia et diversa genera et bellorum et hostium non solum gesta ab hoc uno, sed etiam confecta nullam rem esse declarant in usu positam militari, quae huius viri scientiam fugere possit.

Iam vero virtuti Cn. Pompei quae potest oratio par inveniri? Quid est, quod quisquam aut illo dignum aut vobis novum aut cuiquam inauditum possit adferre? Neque enim illae sunt solae virtutes imperatoriae, quae vulgo existimantur, labor in negotiis, fortitudo in periculis, industria in agendo, celeritas in conficiendo, consilium in providendo, quae tanta sunt in hoc uno, quanta in omnibus reliquis imperatoribus, quos aut vidimus aut audivimus, non fuerunt. Testis est Italia, quam ille ipse victor L. Sulla huius virtute et subsidio confessus est liberatam; testis est Sicilia, quam multis undique cinctam periculis non terrore belli, sed consilii celeritate explicavit; testis est Africa, quae magnis oppressa hostium copiis eorum ipsorum sanguine redundavit; testis est Gallia, per quam legi*onibus* nostris iter in Hispaniam Gallorum internicione *patefactum* est; testis est Hispania, quae saepissime plurimos hostes ab hoc superatos prostratosque conspexit; testis est iterum et saepius Italia, quae cum servili bello taetro periculosoque premeretur, ab hoc auxilium absente expetivit, quod bellum exspectatione eius attenuatum atque imminutum est, adventu sublatum ac sepultum; testes nunc vero iam omnes sunt 31 orae atque omnes exterae gentes ac nationes, denique maria omnia cum universa, tum in singulis oris omnes sinus atque portus. Quis enim toto mari locus per hos annos aut tam firmum habuit praesidium, ut tutus esset, aut tam fuit abditus, ut lateret? Quis navigavit, qui non se aut mortis aut servitutis periculo committeret, cum aut hieme aut referto praedonum mari navigaret? Hoc tantum bellum, tam turpe, tam vetus, tam late divisum atque dispersum quis umquam arbitraretur aut ab omnibus imperatoribus uno anno aut omnibus annis ab uno imperatore confici posse? Quam provinciam tenuistis a praedonibus liberam per 32 hosce annos? quod vectigal vobis tutum fuit? quem socium defendistis? cui praesidio classibus vestris fuistis? quam multas existimatis insulas esse desertas, quam multas aut metu relictas aut a praedonibus captas urbes esse sociorum? Sed quid ego longinqua 12 commemoro? Fuit hoc quondam, fuit proprium populi Romani, longe a domo bellare et propugnaculis imperii sociorum fortunas, non sua tecta defendere. Sociis ego nostris mare per hos annos clausum fuisse dicam, cum exercitus vestri numquam a Brundisio nisi hieme summa transmiserint? Qui ad vos ab exteris nationibus venirent, captos querar, cum legati populi Romani redempti sint? Mercatoribus tutum mare non fuisse dicam, cum duodecim secures in praedonum potestatem pervenerint? Cnidum aut Colo- 33 phonem aut Samum, nobilissimas urbes, innumerabilesque alias captas esse commemorem, cum vestros portus atque eos portus, quibus vitam ac spiritum ducitis, *in praedonum fuisse* potestate *sciatis?* An vero ignoratis portum Caietae celeberrimum ac plenissimum navium inspectante praetore a praedonibus esse direptum, ex Miseno autem eius ipsius liberos, qui cum praedonibus antea ibi bellum gesserat, a praedonibus esse sublatos? Nam quid ego Ostiense incommodum atque illam labem atque ignominiam rei publicae querar, cum prope inspectantibus vobis classis ea, cui consul populi Romani praepositus esset, a praedonibus capta atque oppressa est? Pro di immortales! tantamne unius hominis incredibilis ac divina virtus tam brevi tempore lucem adferre rei publicae potuit, ut vos, qui modo ante ostium Tiberinum classem hostium videbatis, ii nunc nullam intra 34 Oceani ostium praedonum navem esse audiatis? Atque haec qua celeritate gesta sint, quamquam videtis, tamen a me in dicendo praetereunda non sunt. Quis enim umquam aut obeundi negotii aut consequendi quaestus studio tam brevi tempore tot loca adire, tantos cursus conficere potuit, quam celeriter Cn. Pompeio duce tanti belli impetus navigavit? qui nondum tempestivo ad navigandum mari Siciliam adiit, Africam exploravit, in Sardiniam cum classe venit atque haec tria frumentaria subsidia rei publicae firmissimis 35 praesidiis classibusque munivit. Inde cum se in Italiam recepisset, duabus Hispaniis et Gallia Transalpina praesidiis ac navibus confirmata, missis item in oram Illyrici maris et in Achaiam omnemque Graeciam navibus Italiae duo maria maximis classibus firmissimisque praesidiis adornavit, ipse autem ut Brundisio profectus est, undequinquagesimo die totam ad imperium populi Romani Ciliciam adiunxit; omnes, qui ubique praedones fuerunt, partim capti interfectique sunt, partim unius huius se imperio ac potestati dediderunt. Idem Cretensibus, cum ad eum usque in Pamphyliam legatos deprecatoresque misissent, spem deditionis non ademit obsidesque imperavit. Ita tantum bellum, tam diuturnum, tam longe lateque disperunm, quo bello omnes gentes ac nationes premebantur, Cn. Pompeius extrema hieme apparavit, ineunte vere suscepit, media aestate confecit.

Est haec divina atque incredibilis virtus impera- 13
toris. Quid? ceterae, quas paulo ante commemorare 6
coeperam, quantae atque quam multae sunt! Non
enim bellandi virtus solum in summo ac perfecto imperatore quaerenda est, sed multae sunt artes eximiae
huius administrae comitesque virtutis. Ac primum
quanta innocentia debent esse imperatores, quanta
deinde in omnibus rebus temperantia, quanta fide,
quanta facilitate, quanto ingenio, quanta humanitate!
quae breviter qualia sint in Cn. Pompeio consideremus. Summa enim omnia sunt, Quirites, sed ea magis ex aliorum contentione quam ipsa per sese cognosci atque intellegi possunt. Quem enim imperatorem 37
possumus ullo in numero putare, cuius in exercitu
centuriatus veneant atque venierint? Quid hunc hominem magnum aut amplum de re publica cogitare,
qui pecuniam ex aerario depromptam ad bellum administrandum aut propter cupiditatem provinciae
magistratibus diviserit aut propter avaritiam Romae
in quaestu reliquerit? Vestra admurmuratio facit,
Quirites, ut agnoscere videamini, qui haec fecerint;
ego autem nomino neminem; quare irasci mihi nemo
poterit, nisi qui ante de se voluerit confiteri. Itaque
propter hanc avaritiam imperatorum quantas calamitates, quocumque ventum sit, nostri exercitus ferant,
quis ignorat? Itinera quae per hosce annos in Italia 38
per agros atque oppida civium Romanorum nostri
imperatores fecerint, recordamini; tum facilius statuetis,
quid apud exteras nationes fieri existimetis. Utrum
plures arbitramini per hosce annos militum vestrorum
armis hostium urbes an hibernis sociorum civitates
esse deletas? Neque enim potest exercitum is continere imperator, qui se ipse non continet, neque severus esse in iudicando, qui alios in se severos esse

39 iudices non vult. Hic miramur hunc hominem tantum
excellere ceteris, cuius legiones sic in Asiam perve-
rint, ut non modo manus tanti exercitus, sed ne
vestigium quidem cuiquam pacato nocuisse dicatur?
Iam vero quem ad modum milites hibernent, cotidie
sermones ac litterae perferuntur; non modo ut sumptum faciat in militem, nemini vis adfertur, sed ne
cupienti quidem cuiquam permittitur. Hiemis enim,
non avaritiae perfugium maiores nostri in sociorum
14
40 atque amicorum tectis esse voluerunt. Age vero, ceteris in rebus qua sit temperantia, considerate. Unde
illam tantam celeritatem et tam incredibilem cursum
inventum putatis? Non enim illum eximia vis remigum aut ars inaudita quaedam gubernandi aut venti
aliqui novi tam celeriter in ultimas terras pertulerunt;
sed eae res, quae ceteros remorari solent, non retar-
darunt; non avaritia ab instituto cursu ad praedam
aliquam devocavit, non libido ad voluptatem, non
amoenitas ad delectationem, non nobilitas urbis ad
cognitionem, non denique labor ipse ad quietem; postremo signa et tabulas ceteraque ornamenta Graecorum oppidorum, quae ceteri tollenda esse arbitran-
41 tur, ea sibi ille ne visenda quidem existimavit. Itaque
omnes nunc in iis locis Cn. Pompeium sicut aliquem
non ex hac urbe missum, sed de caelo delapsum in-
tuentur; nunc denique incipiunt credere fuisse homines
Romanos hac quondam continentia, quod iam nationibus exteris incredibile ac falso memoriae proditum
videbatur; nunc imperii vestri splendor illis gentibus
lucem adferre coepit; nunc intellegunt non sine causa
maiores suos tum, cum ea temperantia magistratus
habebamus, servire populo Romano quam imperare
(42) aliis maluisse. Iam vero ita faciles aditus ad eum
privatorum, ita liberae querimoniae de aliorum iniuriis
esse dicuntur, ut is, qui dignitate principibus excellit
42 facilitate infimis par esse videatur. Iam quantum
consilio, quantum dicendi gravitate et copia valeat

in quo ipso inest quaedam dignitas imperatoria, vos, Quirites, hoc ipso ex loco saepe cognovistis. Fidem vero eius quantam inter socios existimari putatis, quam hostes omnes omnium generum sanctissimam iudicarint? Humanitate iam tanta est, ut difficile dictu sit, utrum hostes magis virtutem eius pugnantes timuerint an mansuetudinem victi dilexerint. Et quisquam dubitabit, quin huic hoc tantum bellum transmittendum sit, qui ad omnia nostrae memoriae bella conficienda divino quodam consilio natus esse videatur?

Et quoniam auctoritas quoque in bellis admini- 15 strandis multum atque in imperio militari valet, certe 43 nemini dubium est, quin ea re idem ille imperator plurimum possit. Vehementer autem pertinere ad bella administranda, quid hostes, quid socii de imperatoribus nostris existiment, quis ignorat, cum sciamus homines, in tantis rebus ut aut contemnant aut metuant aut oderint aut ament, opinione non minus et fama quam aliqua ratione certa commoveri? Quod igitur nomen umquam in orbe terrarum clarius fuit, cuius res gestae pares? de quo homine vos, id quod maxime facit auctoritatem, tanta et tam praeclara iudicia fecistis? An vero ullam usquam esse oram 44 tam desertam putatis, quo non illius diei fama pervaserit, cum universus populus Romanus referto foro completisque omnibus templis, ex quibus hic locus conspici potest, unum sibi ad commune omnium gentium bellum Cn. Pompeium imperatorem depoposcit? Itaque, ut plura non dicam neque aliorum exemplis confirmem, quantum [huius] auctoritas valeat in bello, ab eodem Cn. Pompeio omnium rerum egregiarum exempla sumantur; qui quo die a vobis maritimo bello praepositus est imperator, tanta repente vilitas annonae ex summa inopia et caritate rei frumentariae consecuta est unius hominis spe ac nomine, quantam vix ex *summa ubertate agrorum* diuturna pax efficere

45 potuisset. Iam accepta in Ponto calamitate ex eo proelio, de quo vos paulo ante invitus admonui, cum socii pertimuissent, hostium opes animique crevissent, satis firmum praesidium provincia non haberet, amisissetis Asiam, Quirites, nisi ad ipsum discrimen eius temporis divinitus Cn. Pompeium ad eas regiones fortuna populi Romani attulisset. Huius adventus et Mithridatem insolita inflammatum victoria continuit et Tigranem magnis copiis minitantem Asiae retardavit. Et quisquam dubitabit, quid virtute perfecturus sit, qui tantum auctoritate perfecerit, aut quam facile imperio atque exercitu socios et vectigalia conservaturus sit, qui ipso nomine ac rumore defenderit?

16
46 Age vero illa res quantam declarat eiusdem hominis apud hostes populi Romani auctoritatem, quod ex locis tam longinquis tamque diversis tam brevi tempore omnes huic se uni dediderunt! quod Cretensium legati, cum in eorum insula noster imperator exercitusque esset, ad Cn. Pompeium in ultimas prope terras venerunt eique se omnes Cretensium civitates dedere velle dixerunt! Quid? idem iste Mithridates nonne ad eundem Cn. Pompeium legatum usque in Hispaniam misit? eum, quem Pompeius legatum semper iudicavit, ii, quibus erat [semper] molestum ad eum potissimum esse missum, speculatorem quam legatum iudicari maluerunt. Potestis igitur iam constituere Quirites, hanc auctoritatem multis postea rebus gestis magnisque vestris iudiciis amplificatam quantum apud illos reges, quantum apud exteras nationes valituram esse existumetis.

47 Reliquum est, ut de felicitate, quam praestare de se ipso nemo potest, meminisse et commemorare de altero possumus, sicut aequum est homines de potestate deorum, timide et pauca dicamus. Ego enim sic existimo, Maximo, Marcello, Scipioni, Mario et ceteris magnis imperatoribus non solum propter virtutem, sed etiam propter fortunam saepius imperia

mandata atque exercitus esse commissos. Fuit enim profecto quibusdam summis viris quaedam ad amplitudinem et ad gloriam et ad res magnas bene gerendas divinitus adiuncta fortuna. De huius autem hominis felicitate, de quo nunc agimus, hac utar moderatione dicendi, non ut in illius potestate fortunam positam esse dicam, sed ut praeterita meminisse, reliqua sperare videamur, ne aut invisa dis immortalibus oratio nostra aut ingrata esse videatur. Itaque non 48 sum praedicaturus, quantas ille res domi militiae, terra marique quantaque felicitate gesserit, ut eius semper voluntatibus non modo cives adsenserint, socii obtemperarint, hostes oboedierint, sed etiam venti tempestatesque obsecundarint; hoc brevissime dicam, neminem umquam tam impudentem fuisse, qui ab dis immortalibus tot et tantas res tacitus auderet optare, quot et quantas di immortales ad Cn. Pompeium detulerunt. Quod ut illi proprium ac perpetuum sit, Quirites, cum communis salutis atque imperii, tum ipsius hominis causa, sicuti facitis, velle et optare debetis.

Quare cum et bellum sit ita necessarium, ut ne- 49 glegi non possit, ita magnum, ut accuratissime sit administrandum, et cum ei imperatorem praeficere possitis, in quo sit eximia belli scientia, singularis virtus, clarissima auctoritas, egregia fortuna, dubitatis, Quirites, quin hoc tantum boni, quod vobis ab dis immortalibus oblatum et datum est, in rem publicam conservandam atque amplificandam conferatis? Quodsi 17 50 Romae Cn. Pompeius privatus esset hoc tempore, tamen ad tantum bellum is erat deligendus atque mittendus; nunc cum ad ceteras summas utilitates haec quoque oportunitas adiungatur, ut in iis ipsis locis adsit, ut habeat exercitum, ut ab iis, qui habent, accipere statim possit, quid expectamus? aut cur non ducibus dis immortalibus eidem, cui cetera summa cum salute rei publicae commissa sunt, hoc quoque bellum regium committamus?

51 At enim vir clarissimus, amantissimus rei publicae, vestris beneficiis amplissimis adfectus, Q. Catulus, itemque summis ornamentis honoris, fortunae, virtutis, ingenii praeditus, Q. Hortensius, ab hac ratione dissentiunt. Quorum ego auctoritatem apud vos multis locis plurimum valuisse et valere oportere confiteor; sed in hac causa, tametsi cognoscetis auctoritates contrarias virorum fortissimorum et clarissimorum, tamen omissis auctoritatibus ipsa re ac ratione exquirere possumus veritatem, atque hoc facilius, quod ea omnia, quae a me adhuc dicta sunt, idem isti vere esse concedunt, et necessarium bellum esse et magnum

52 et in uno Cn. Pompeio summa esse omnia. Quid igitur ait Hortensius? Si uni omnia tribuenda sint, dignissimum esse Pompeium, sed ad unum tamen omnia deferri non oportere. Obsolevit iam ista oratio re multo magis quam verbis refutata. Nam tu idem Q. Hortensi, multa pro tua summa copia ac singulari facultate dicendi et in senatu contra virum fortem A. Gabinium, graviter ornateque dixisti, cum is de uno imperatore contra praedones constituendo legem promulgasset, et ex hoc ipso loco permulta item

53 contra eam legem verba fecisti. Quid? tum, per deos immortales! si plus apud populum Romanum auctoritas tua quam ipsius populi Romani salus et vera causa valuisset, hodie hanc gloriam atque hoc orbis terrae imperium teneremus? An tibi tum imperium hoc esse videbatur, cum populi Romani legati, quaestores praetoresque capiebantur, cum ex omnibus provinciis commeatu et privato et publico prohibebamur, cum ita clausa nobis erant maria omnia, ut neque privatam rem transmarinam neque publicam iam obire possemus?

18
54 Quae civitas antea umquam fuit non dico Atheniensium, quae satis late quondam mare tenuisse dicitur, non Carthaginiensium, qui permultum classe ac maritimis rebus valuerunt, non Rhodiorum, quorum usque

ad nostram memoriam disciplina navalis et gloria remansit, quae civitas, inquam, antea tam tenuis, quae tam parva insula fûit, quae non portus suos et agros et aliquam partem regionis atque orae maritimae per se ipsa defenderet? At hercule aliquot annos continuos ante legem Gabiniam ille populus Romanus, cuius usque ad nostram memoriam nomen invictum in navalibus pugnis permanserit, magna ac multo maxima parte non modo utilitatis, sed dignitatis atque imperii caruit; nos, quorum maiores Antiochum regem classe Persemque superarunt omnibusque navalibus pugnis Carthaginiensis, homines in maritimis rebus exercitatissumos paratissumosque, vicerunt, ii nullo in loco iam praedonibus pares esse poteramus; nos, qui antea non modo Italiam tutam habebamus, sed omnes socios in ultimis oris auctoritate nostri imperii salvos praestare poteramus, tum, cum insula Delos tam procul a nobis in Aegaeo mari posita, quo omnes undique cum mercibus atque oneribus commeabant, referta divitiis, parva, sine muro nihil timebat, idem non modo provinciis atque oris Italiae maritimis ac portubus nostris, sed etiam Appia iam via carebamus; et iis temporibus non pudebat magistratus populi Romani in hunc ipsum locum escendere, cum eum nobis maiores nostri exuviis nauticis et classium spoliis ornatum reliquissent! Bono te animo tum, Q. Hortensi, populus Romanus et ceteros, qui erant in eadem sententia, dicere existimavit ea, quae sentiebatis; sed tamen in salute communi idem populus Romanus dolori suo maluit quam auctoritati vestrae optemperare. Itaque una lex, unus vir, unus annus non modo nos illa miseria ac turpitudine liberavit, sed etiam effecit, ut aliquando vere videremur omnibus gentibus ac nationibus terra marique imperare. Quo mihi etiam indignius videtur obtrectatum esse adhuc, Gabinio dicam anne Pompeio an utrique, id quod est verius, ne legaretur A. Gabinius Cn. Pompeio expetenti ac postulanti. Utrum ille, qui postulat ad tantum bellum legatum, quem velit, idoneus non est, qui impetret, cum ceteri ad expilandos socios diripiendasque provincias, quos voluerunt, legatos eduxerint, an ipse, cuius lege salus ac dignitas populo Romano atque omnibus gentibus constituta est, expers esse debet gloriae eius imperatoris atque eius exercitus, qui consilio ipsius ac periculo est constitutus? An C. Falcidius, Q. Metellus, Q. Caelius Latiniensis, Cn. Lentulus, quos omnes honoris causa nomino, cum tribuni plebi fuissent, anno proximo legati esse potuerunt; in uno Gabinio sunt tam diligentes, qui in hoc bello, quod lege Gabinia geritur, in hoc imperatore atque exercitu, quem per vos ipse constituit, etiam praecipuo iure esse deberet? De quo legando consules spero ad senatum relaturos. Qui si dubitabunt aut gravabuntur, ego me profiteor relaturum; neque me impediet cuiusquam inimicum edictum, quo minus vobis fretus vestrum ius beneficiumque defendam, neque praeter intercessionem quicquam audiam, de qua, ut arbitror, isti ipsi, qui minantur, etiam atque etiam, quid liceat, considerabunt. Mea quidem sententia, Quirites, unus A. Gabinius belli maritimi rerumque gestarum Cn. Pompeio socius ascribitur, propterea quod alter uni illud bellum suscipiendum vestris suffragiis detulit, alter delatum susceptumque confecit.

Reliquum est, ut de Q. Catuli auctoritate et sententia dicendum esse videatur. Qui cum ex vobis quaereret, si in uno Cn. Pompeio omnia poneretis, quid eo factum esset, in quo spem essetis habituri cepit magnum suae virtutis fructum ac dignitati cum omnes una prope voce in eo ipso vos spem habituros esse dixistis. Etenim talis est vir, ut nulla res tanta sit ac tam difficilis, quam ille non et consilio regere et integritate tueri et virtute conficere possit. Sed in hoc ipso ab eo vehementissime di sentio, quod, quo minus certa est hominum ac minus diuturna vita, hoc magis res publica, dum per deos immortales licet, frui debet summi viri vita atque virtute. At enim ne quid novi fiat contra exempla 60 atque instituta maiorum. Non dicam hoc loco maiores nostros semper in pace consuetudini, in bello utilitati paruisse, semper ad novos casus temporum novorum consiliorum rationes accommodasse, non dicam duo bella maxima, Punicum atque Hispaniense, ab uno imperatore esse confecta duasque urbes potentissimas, quae huic imperio maxime minitabantur, Karthaginem atque Numantiam, ab eodem Scipione esse deletas, non commemorabo nuper ita vobis patribusque vestris esse visum, ut in uno C. Mario spes imperii poneretur, ut idem cum Iugurtha, idem cum Cimbris, idem cum Teutonis bellum administraret; in 61 ipso Cn. Pompeio, in quo novi constitui nihil vult Q. Catulus, quam multa sint nova summa Q. Catuli voluntate constituta, recordamini.

Quid tam novum quam adulescentulum privatum 21 exercitum difficili rei publicae tempore conficere? (61) Confecit. Huic praeesse? Praefuit. Rem optime ductu suo gerere? Gessit. Quid tam praeter consuetudinem quam homini peradulescenti, cuius aetas a senatorio gradu longe abesset, imperium atque exercitum dari, Siciliam permitti atque Africam bellumque in ea provincia administrandum? Fuit in his provinciis singulari innocentia, gravitate, virtute, bellum in Africa maximum confecit, victorem exercitum deportavit. Quid vero tam inauditum quam equitem Romanum triumphare? At eam quoque rem populus Romanus non modo vidit, sed omnium etiam studio visendam et concelebrandam putavit. Quid tam inusi- 62 tatum, quam ut, cum duo consules clarissimi fortisimique essent, eques Romanus ad bellum maximum formidolosissimumque pro consule mitteretur? Missus st. *Quo quidem tempore* cum esset non nemo in

senatu, qui diceret 'non oportere mitti hominem
privatum pro consule', L. Philippus dixisse dicitur
'non se illum sua sententia pro consule, sed
pro consulibus mittere'. Tanta in eo rei publicae
bene gerendae spes constituebatur, ut duorum consulum munus unius adulescentis virtuti committeretur.
Quid tam singulare, quam ut ex senatus consulto
legibus solutus consul ante fieret, quam ullum alium
magistratum per leges capere licuisset? quid tam
incredibile, quam ut iterum eques Romanus ex senatus consulto triumpharet? Quae in omnibus hominibus nova post hominum memoriam constituta sunt,
ea tam multa non sunt quam haec, quae in hoc uno
63 homine videmus. Atque haec tot exempla tanta ac
tam nova profecta sunt in eundem hominem a Q. Catuli atque a ceterorum eiusdem dignitatis amplissimorum hominum auctoritate.

22 Quare videant, ne sit periniquum et non ferundum
illorum auctoritatem de Cn. Pompei dignitate a vobis
comprobatam semper esse, vestrum ab illis de eodem
homine iudicium populique Romani auctoritatem im-
probari, praesertim cum iam suo iure populus Romanus in hoc homine suam auctoritatem vel contra
omnes, qui dissentiunt, possit defendere, propterea
quod isdem istis reclamantibus vos unum illum ex
omnibus delegistis, quem bello praedonum praepone-
64 retis. Hoc si vos temere fecistis et rei publicae parum consuluistis, recte isti studia vestra suis consiliis
regere conantur; sin autem vos plus tum in re publica vidistis, vos iis repugnantibus per vosmet ipsos
dignitatem huic imperio, salutem orbi terrarum attulistis, aliquando isti principes et sibi et ceteris populi
Romani universi auctoritati parendum esse fateantur.
Atque in hoc bello Asiatico et regio non solum militaris illa virtus, quae est in Cn. Pompeio singularis,
sed aliae quoque virtutes animi magnae et multae re-
quiruntur. Difficile est in Asia, Cilicia, Syria regnis-

que interiorum nationum ita versari nostrum imperatorem, ut nihil aliud nisi de hoste ac de laude cogitet. Deinde, etiamsi qui sunt pudore ac temperantia moderatiores, tamen eos esse tales propter multitudinem cupidorum hominum nemo arbitratur. Difficile est 65 dictu, Quirites, quanto in odio simus apud exteras nationes propter eorum, quos ad eas per hos annos cum imperio misimus, libidines et iniurias. Quod enim fanum putatis in illis terris nostris magistratibus religiosum, quam civitatem sanctam, quam domum satis clausam ac munitam fuisse? Urbes iam locupletes et copiosae requiruntur, quibus causa belli propter diripiendi cupiditatem inferatur. Libenter haec coram 66 cum Q. Catulo et Q. Hortensio, summis et clarissimis viris, disputarem; noverunt enim sociorum vulnera, vident eorum calamitates, querimonias audiunt. Pro sociis vos contra hostes exercitum mittere putatis an hostium simulatione contra socios atque amicos? Quae civitas est in Asia, quae non modo imperatoris aut legati, sed unius tribuni militum animos ac spiritus capere possit? Quare, etiamsi quem habetis, qui col-23 latis signis exercitus regios superare posse videatur, tamen, nisi erit idem, qui se a pecuniis sociorum, qui ab eorum coniugibus ac liberis, [qui ab ornamentis fanorum atque oppidorum,] qui ab auro gazaque regia manus, oculos, animum cohibere possit, non erit idoneus, qui ad bellum Asiaticum regiumque mittatur. Ecquam putatis civitatem pacatam fuisse, quae locu- 67 ples sit, ecquam esse locupletem, quae istis pacata esse videatur? Ora maritima, Quirites, Cn. Pompeium non solum propter rei militaris gloriam, sed etiam propter animi continentiam requisivit. Videbat enim imperatores locupletari quotannis pecunia publica praeter paucos, neque eos quicquam aliud adsequi classium nomine, nisi ut detrimentis accipiendis maiore adfici turpitudine videremur. Nunc qua cupiditate homines in provincias, et quibus iacturis, quibus condicionibus proficiscantur, ignorant videlicet isti, qui ad unum deferenda omnia esse non arbitrantur. Quasi vero Cn. Pompeium non cum suis virtutibus, tum etiam alienis vitiis magnum esse videamus. 68 Quare nolite dubitare, quin huic uni credatis omnia, qui inter tot annos unus inventus sit, quem socii in urbes suas cum exercitu venisse gaudeant.

Quodsi auctoritatibus hanc causam, Quirites, confirmandam putatis, est vobis auctor vir bellorum omnium maximarumque rerum peritissimus, P. Servilius, cuius tantae res gestae terra marique extiterunt, ut, cum de bello deliberetis, auctor vobis gravior esse nemo debeat; est C. Curio, summis vestris beneficiis maximisque rebus gestis, summo ingenio et prudentia praeditus, est Cn. Lentulus, in quo omnes pro amplissimis vestris honoribus summum consilium, summam gravitatem esse cognovistis, est C. Cassius, integritate, virtute, constantia singulari. Quare videte, horum auctoritatibus illorum orationi, qui dissentiunt, responderene posse videamur.

24
69 Quae cum ita sint, C. Manili, primum istam tuam et legem et voluntatem et sententiam laudo vehementissimeque comprobo; deinde te hortor, ut auctore populo Romano maneas in sententia neve cuiusquam vim aut minas pertimescas. Primum in te satis esse animi perseverantiaeque arbitror; deinde, cum tantam multitudinem cum tanto studio adesse videamus, quantam iterum nunc in eodem homine praeficiendo videmus, quid est, quod aut de re aut de perficiendi facultate dubitemus? Ego autem, quicquid est in me studii, consilii, laboris, ingenii, quicquid hoc beneficio populi Romani atque hac potestate praetoria, quicquid auctoritate, fide, constantia possum, id omne ad hanc rem conficiendam tibi et populo Romano polliceor ac 70 defero testorque omnes deos, et eos maxime, qui huic loco temploque praesident, qui omnium mentes eorum, *qui ad rem* publicam adeunt, maxime perspiciunt, me

neque rogatu facere cuiusquam, neque quo Cn.
ipsi gratiam mihi per hanc causam conciliari
am, neque quo mihi ex cuiusquam amplitudine aut
praesidia periculis aut adiumenta honoribus quaeram,
praeterea quod pericula facile, ut hominem praestare
oportet, innocentia tecti repellemus, honorem autem
neque ab uno neque ex hoc loco, sed eadem illa nostra laboriosissima ratione vitae, si vestra voluntas
feret, consequemur. Quam ob rem, quicquid in hac 71
causa mihi susceptum est, Quirites, id ego omne me
rei publicae causa suscepisse confirmo, tantumque
abest, ut aliquam mihi bonam gratiam quaesisse videar, ut multas me etiam simultates partim obscuras,
partim apertas intellegam mihi non necessarias, vobis
non inutiles suscepisse. Sed ego me hoc honore
praeditum, tantis vestris beneficiis adfectum statui,
Quirites, vestram voluntatem et rei publicae dignitatem
salutem provinciarum atque sociorum meis omnibus
commodis et rationibus praeferre oportere.

M. TULLI CICERONIS
PRO A. CLUENTIO HABITO
ORATIO AD IUDICES.

ARGUMENTUM.

A. Cluentius Habitus e municipio Larinati cum Sulla Pompeio coss a. p. u. c. 667 mortuus esset, reliquit fi A. Cluentium Habitum annos xv natum, grandem autem nubilem filiam, quae paulo post nupsit A. Aurio Melino. cum rem cum genero suo socrus Sassia, mater A. Cluenti biti, habere videretur, discessit a Melino Cluentia, et so genero nupsit biennio post nuptias filiae. Non diu fuit Sa cum Melino. Ille enim cum accusationem in Statium Alb Oppianicum pararet, qui eius propinquum occidisse dicebat auctore Oppianico, qui in castra Q. Metelli fugerat et Sulla partes secutus erat, proscriptus et occisus est. Is ipse Op nicus, qui sustulerat eius maritum, Sassiam in matrimon duxit. Cum multis de causis A. Cluentium Habitum inte matrem Sassiam eiusque maritum Oppianicum inimicitiae tercederent, spes autem esset, si intestato mortuus esset Cl tius, heredem fore matrem, statuerunt eius mater et vitr eum veneno tollere. Quod cum conati essent facere nec ta rem perfecissent, damnato primum Scamandro, liberto L. brici, deinde L. Fabricio ipso, qui auctore Oppianico vene Cluentio dare conati erant, Oppianicum ipsum Cluenti veneficio accusavit et condemnavit. Nec tamen illud iudic quo Oppianicus erat condemnatus, suspicione corruptionis ruit. Quae suspicio quamquam eo videbatur removeri a Cluentio, quod C. Aelius Staienus iudex ab Oppianico acc rat pecuniam iudicibus distribuendam, sed cum paucis i *cibus*, Bulbo, Gutta, Popilio aliisque, interceperat, quo cri *postea* etiam condemnati sunt, tamen L. Quinctius trib

plebis, qui Oppianicum defenderat, concitatis paene cotidiano
contionibus rem in invidiam adduxit, ut ea pecunia ab A.
Cluentio venisse videretur. Quinquennio post Oppianicus in
exilio subito casu mortuus est. Quo mortuo Sassia statim
dixit Oppianico ab A. Cluentio filio suo per M. Asellium venenum esse datum. Quaestio de Stratone et Nicostrato servis
habita est, sed nihil compertum. Triennio post Sassia. Oppianico, privigno suo, cui filiam uxorem dederat, persuasit, ut
A. Cluentium de veneficio accusaret. Ei iudicio, quod factum
est Lepido et Tullo coss: a. p. u. c. 688, Q. Voconius Naso
praefuit. Accusationem pro Oppianico suscepit L. Accius Pisau-
rensis, cuius accusationi hac ipsa oratione M. Tullius Cicero
praetor eo ipso anno solus respondit et ita A. Cluentium defendit, ut iudices absolverint. Vid. Quintilian. II 17. 21.

Animadverti, iudices, omnem accusatoris orationem 1
in duas divisam esse partis, quarum altera mihi niti
et magno opere confidere videbatur invidia iam inveterata iudicii Iuniani, altera tantum modo consuetudinis causa timide et diffidenter attingere rationem
veneficii criminum, qua de re lege est haec quaestio
constituta. Itaque mihi certum est hanc eandem distributionem invidiae et criminum sic in defensione
servare, ut omnes intellegant nihil me nec subterfugere
voluisse reticendo nec obscurare dicendo. Sed cum 2
considero, quo modo mihi in utraque re sit elaboran-
dum, altera pars et ea, quae propria est iudicii vestri
et legitimae veneficii quaestionis, per mihi brevis et
non magnae in dicendo contentionis fore videtur, altera autem, quae procul ab iudicio remota est, quae
contionibus seditiose concitatis accommodatior est
quam tranquillis moderatisque iudiciis, perspicio,
quantum in agendo difficultatis et quantum laboris
sit habitura. Sed in hac difficultate illa me res 3
tamen, iudices, consolatur, quod vos de criminibus
sic audire consuestis, ut eorum omnium dissolutionem
ab oratore quaeratis, ut non existimetis plus vos ad
salutem reo largiri oportere, quam quantum defensor
purgandis criminibus consequi et dicendo probare pot-

uerit. De invidia autem sic inter nos disceptare debetis, ut non, quid dicatur a nobis, sed quid oporteat dici, consideretis. Agitur enim in criminibus A. Cluenti proprium periculum, in invidia causa communis. Quam ob rem alteram partem causae sic agemus, ut vos doceamus, alteram sic, ut oremus; in altera diligentia vestra nobis adiungenda est, in altera fides imploranda. Nemo est enim, qui invidiae sine vestro ac sine talium virorum subsidio possit resistere. Equidem, quod ad me attinet, quo me vertam, [iudices,] nescio. Negem fuisse illam infamiam iudicii corrupti? negem esse illam rem agitatam in contionibus, iactatam in iudiciis, commemoratam in senatu? evellam ex animis hominum tantam opinionem, tam penitus insitam, tam vetustam? Non est nostri ingenii, vestri auxilii est, iudices, huius innocentiae sic in hac calamitosa fama quasi in aliqua perniciosissima flamma atque in communi incendio subvenire. Etenim, sicut aliis in locis parum firmamenti et parum virium veritas habet, sic in hoc loco falsa invidia imbecilla esse debet; dominetur in contionibus, iaceat in iudiciis; valeat in opinionibus ac sermonibus imperitorum, ab ingeniis prudentium repudietur; vehementis habeat repentinos impetus, spatio interposito et causa cognita consenescat; denique illa definitio iudiciorum aequorum, quae nobis a maioribus tradita est, retineatur, ut in iudiciis et sine invidia culpa plectatur et sine culpa invidia ponatur. Quam ob rem a vobis, iudices, antequam de ipsa causa dicere incipio, haec postulo, primum id, quod aequissimum est, ut ne quid huc praeiudicati adferatis (etenim non modo auctoritatem, sed etiam nomen iudicum amittemus, nisi hic ex ipsis causis iudicabimus [ac], si ad causas iudicia iam facta domo deferemus); deinde, si quam opinionem iam vestris mentibus comprehendistis, si eam ratio convellet, si oratio labefactabit, si denique veritas extorquebit, ne repugnetis eamque animis vestris aut libentibus aut aequis remittatis; tum autem, cum ego una quaque de re dicam et diluam, ne ipsi, quae contraria sint, taciti cogitationi vestrae subiciatis, sed ad extremum expectetis meque meum dicendi ordinem servare patiamini; cum peroraro, tum, si quid erit praeteritum, a me requiratis. Ego me, iudices, ad 3/7 eam causam accedere, quae iam per annos octo continuos ex contraria parte audiatur atque ipsa opinione hominum tacita prope convicta atque damnata sit, facile intellego; sed si qui mihi deus vestram ad me audiendum benivolentiam conciliarit, efficiam profecto, ut intellegatis nihil esse homini tam timendum quam invidiam, nihil innocenti suscepta invidia tam optandum quam aequum iudicium, quod in hoc uno denique falsae infamiae finis aliqui atque exitus reperiatur. Quam ob rem magna me spes tenet, si, quae sunt in causa, explicare atque omnia dicendo consequi potuero, hunc locum consessumque vestrum, quem illi horribilem A. Cluentio ac formidolosum fore putaverunt, eum tandem eius fortunae miserae multumque iactatae portum ac perfugium futurum. Tametsi permulta 8 sunt, quae mihi, antequam de causa dico, de communibus invidiae periculis dicenda esse videantur, tamen, ne diutius oratione mea suspensa expectatio vestra teneatur, adgrediar ad crimen cum illa deprecatione, iudices, qua mihi saepius utendum esse intellego, sic ut me audiatis, quasi hoc tempore haec causa primum dicatur, sicuti dicitur, non quasi saepe iam dicta et numquam probata sit. Hodierno enim die primum veteris istius criminis diluendi potestas est data, ante hoc tempus error in hac causa atque invidia versata est. Quam ob rem, dum multorum annorum accusationi breviter dilucideque respondeo, quaeso, ut me, iudices, sicut facere instituistis, benigne attenteque audiatis.

Corrupisse dicitur A. Cluentius iudicium pecunia, 4/9 quo inimicum suum innocentem, Statium Albium, condemnaret. Ostendam, iudices, primum, quoniam caput illius atrocitatis atque invidiae fuit innocentem pecunia circumventum, neminem umquam maioribus criminibus gravioribus testibus esse in iudicium vocatum; deinde ea de eo praeiudicia esse facta ab ipsis iudicibus, a quibus condemnatus est, ut non modo ab isdem, sed ne ab aliis quidem ullis absolvi ullo modo posset. Cum haec docuero, tum illud ostendam, quod maxime requiri intellego, iudicium illud pecunia esse temptatum non a Cluentio, sed contra Cluentium, faciamque, ut intellegatis, in tota illa causa quid res ipsa tulerit, quid error adfinxerit, quid invidia conflarit.

10   Primum igitur illud est, ex quo intellegi possit debuisse Cluentium magno opere causae confidere, quod certissimis criminibus et testibus fretus ad accusandum descenderit. Hoc loco faciendum mihi, iudices, est, ut vobis breviter illa, quibus Albius est condemnatus, crimina exponam. Abs te peto, Oppianice, ut me invitum de patris tui causa dicere existimes adductum fide atque officio defensionis. Etenim, tibi si in praesentia satis facere non potuero, tamen multae mihi ad satis faciendum reliquo tempore facultates dabuntur; Cluentio nisi nunc satis fecero, postea mihi satis faciendi potestas non erit. Simul et illud quis est qui dubitare debeat, contra damnatum et mortuum pro incolumi et pro vivo dicere? cum illi, in quem dicitur, damnatio omne ignominiae periculum iam abstulerit, mors vero etiam doloris; hic autem, pro quo dicimus, nihil possit offensionis accipere sine acerbissimo animi sensu ac molestia et sine

11   summo dedecore vitae et turpitudine. Atque ut intellegatis Cluentium non accusatorio animo, non ostentatione aliqua aut gloria adductum, sed nefariis iniuriis, cotidianis insidiis, proposito ante oculos vitae periculo nomen Oppianici detulisse, paulo longius exordium rei demonstrandae petam; quod quaeso, iudi-

moleste patiamini; principiis enim cognitis
facilius extrema intellegetis.

Cluentius Habitus fuit, pater huiusce, iudices, 5
non solum municipii Larinatis, ex quo erat,
… regionis illius et vicinitatis virtute, existi-
… nobilitate facile princeps. Is cum esset mor-
…lla et Pompeio consulibus, reliquit hunc annos
…um, grandem autem et nubilem filiam, quae
… empore post patris mortem nupsit A. Aurio
… consobrino suo, adulescenti in primis, ut tum
…ur, inter suos et honesto et nobili. Cum 12
…ae nuptiae plenae dignitatis, plenae concordiae,
… est exorta mulieris importunae nefaria libido
…lum dedecore, verum etiam scelere coniuncta.
…ssia, mater huius Habiti — mater enim a me in
…usa, tametsi in hunc hostili odio et crudelitate
…ter, inquam, appellabitur, neque umquam illa
… suo scelere et immanitate audiet, ut naturae
… amittat; quo enim est ipsum nomen amantius
…ntiusque maternum, hoc illius matris, quae
… iam annos et nunc cum maxime filium inter-
…cupit, singulare scelus maiore odio dignum
…cetis. Ea igitur mater Habiti, Melini illius
…entis, generi sui, contra, quam fas erat, amore
…rimo, neque id ipsum diu, quoquo modo pot-
… illa cupiditate continebatur; deinde ita flagrare
… amentia, sic inflammata ferri libidine, ut eam
…dor, non pudicitia, non pietas, non macula
…, non hominum fama, non filii dolor, non filiae
… cupiditate revocaret. Animum adulescentis 13
… consilio ac ratione firmatum pellexit iis om-
…ebus, quibus illa aetas capi ac deliniri potest.
…uae non solum illo communi dolore muliebri
… modi viri iniuriis angeretur, sed nefarium ma-
…licatum ferre non posset, de quo ne queri
… se sine scelere posse arbitraretur, ceteros sui
…ali ignaros esse cupiebat; in huius amantissimi

sui fratris manibus et gremio maerore et lacrimis
14 consenescebat. Ecce autem subitum divortium, quod
solacium malorum omnium fore videbatur! Discedit
a Melino Cluentia ut in tantis iniuriis non invita, at
a viro non libenter. Tum vero illa egregia ac praeclara mater palam exsultare laetitia, triumphare gaudio
coepit, victrix filiae, non libidinis; [itaque] diutius
suspicionibus obscuris laedi famam suam noluit; lectum illum genialem, quem biennio ante filiae suae
nubenti straverat, in eadem domo sibi ornari et sterni
expulsa atque exturbata filia iubet. Nubit genero
socrus nullis auspicibus, nullis auctoribus, funestis
6
15 ominibus omnium. O mulieris scelus incredibile et
praeter hanc unam in omni vita inauditum! o libidinem effrenatam et indomitam! o audaciam singularem! nonne timuisse, si minus vim deorum hominumque famam, at illam ipsam noctem facesque illas
nuptiales, non limen cubiculi, non cubile filiae, non
parietes denique ipsos superiorum testes nuptiarum.
Perfregit ac prostravit omnia cupiditate ac furore,
vicit pudorem libido, timorem audacia, rationem amentia. Tulit hoc commune dedecus familiae, cognationis
16
nominis graviter filius; augebatur autem eius molestia
cotidianis querimoniis et assiduo fletu sororis; statuit
tamen nihil sibi in tantis iniuriis ac tanto scelere
matris gravius esse faciendum, quam ut illa ne uteretur, ne, quae videre sine summo animi dolore non
poterat, ea, si matre uteretur, non solum videre, verum etiam probare suo iudicio putaretur.
17 Initium quod huic cum matre fuerit simultatis
audistis. Pertinuisse hoc ad causam tum, cum reliqua
cognoveritis, intellegetis. Nam illud me non praeterit
cuiuscumque modi sit mater, tamen in iudicio filii de
turpitudine parentis dici vix oportere. Non essem ad
ullam causam idoneus, iudices, si hoc, quod in communibus hominum sensibus atque ipsa natura positum
atque infixum est, id ego, qui ad hominum pericula

defendenda adiungerer, non viderem; facile intellego non modo reticere homines parentum iniurias, sed etiam animo aequo ferre oportere. Sed ego ea, quae ferri possunt, ferenda, quae taceri, tacenda esse arbitror. Nihil in vita vidit calamitatis A. Cluentius, nullum periculum mortis adiit, nihil mali timuit, quod non totum a matre esset conflatum et profectum. Quae hoc tempore sileret omnia atque ea, si oblivione non posset, tamen taciturnitate sua tecta esse pateretur; sed vero sic agitur, ut prorsus reticere nullo modo possit. Hoc enim ipsum iudicium, hoc periculum, illa [accusatio] omnis testium copia, quae futura est, a matre initio est adornata, a matre hoc tempore instruitur atque omnibus eius opibus et copiis comparatur; ipsa denique nuper Larino huius opprimendi causa Romam advolavit; praesto est mulier audax, pecuniosa, crudelis, instituit accusatores, instruit testes, squalore huius et sordibus laetatur, exitium exoptat, sanguinem suum profundere omnem cupit, dum modo profusum huius ante videat. Haec nisi omnia perspexeritis in causa, temere a nobis illam appellari putatote; sin erunt et aperta et nefaria, Cluentio ignoscere debebitis, quod haec a me dici patiatur; mihi ignoscere non deberetis, si tacerem.

Nunc iam summatim exponam, quibus criminibus Oppianicus damnatus sit, ut et constantiam A. Cluenti et rationem accusationis perspicere possitis. Ac primum causa accusandi quae fuerit, ostendam, ut id ipsum A. Cluentium vi ac necessitate coactum fecisse videatis. Cum manifesto venenum deprehendisset, quod vir matris Oppianicus ei paravisset, et res non coniectura, sed oculis ac manibus teneretur neque in causa ulla dubitatio posset esse, accusavit Oppianicum; quam constanter et quam diligenter, postea dicam; nunc hoc scire vos volui, nullam huic aliam accusandi causam fuisse, nisi uti propositum vitae periculum et cotidianas capitis insidias hac una ratione vitaret.

Atque ut intellegatis iis accusatum esse criminibus
Oppianicum, ut neque accusator timere neque reus
sperare debuerit, pauca vobis illius iudicii crimina
exponam; quibus cognitis nemo vestrum mirabitur
illum diffidentem rebus suis ad Staienum atque ad
pecuniam confugisse.

21 Larinas quaedam fuit Dinaea, socrus Oppianici,
quae filios habuit M. et N. Aurios et Cn. Magium et
filiam Magiam nuptam Oppianico. M. Aurius adulescentulus bello Italico captus apud Asculum in Q.
Sergi senatoris, eius qui inter sicarios damnatus est,
manus incidit et apud eum in ergastulo fuit. N. autem
Aurius, frater eius, mortuus est heredemque Cn. Magium fratrem reliquit. Postea Magia, uxor Oppianici,
mortua est. Postremo, unus qui reliquus erat Dinaeae
filius, Cn. Magius est mortuus. Is heredem fecit
illum adulescentem Oppianicum, sororis suae filium,
eumque partiri cum Dinaea matre iussit. Interim venit
index ad Dinaeam neque obscurus neque incertus, qui
nuntiaret ei filium eius, M. Aurium, vivere et in agro
22 Gallico esse in servitute. Mulier, amissis liberis cum
unius reciperandi filii spes esset ostentata, omnes
suos propinquos filiique sui necessarios convocavit et
ab eis flens petivit, ut negotium susciperent, adulescentem investigarent, sibi restituerent eum filium,
quem tamen unum ex multis fortuna reliquum esse
voluisset. Haec cum agere instituisset, oppressa
morbo est. Itaque testamentum fecit eius modi, ut
illi filio HS CCCC milia legaret, heredem institueret
eundem illum Oppianicum, nepotem suum; atque iis
diebus paucis est mortua. Propinqui tamen illi, quem
ad modum viva Dinaea instituerant, ita mortua illa
ad investigandum M. Aurium cum eodem illo indice
8 in agrum Gallicum profecti sunt. Interim Oppianicus
23 ut erat, sicuti ex multis rebus reperietis, singulari
scelere et audacia, per quendam Gallicanum, familiarem suum, primum illum indicem pecunia corrupit

deinde ipsum M. Aurium non magna iactura facta
tollendum interficiendumque curavit. Illi autem, qui
erant ad propinquum investigandum et recuperandum
profecti, litteras Larinum ad Aurios, illius adulescentis suosque necessarios, mittunt sibi difficilem esse
investigandi rationem, quod intellegerent indicem ab
Oppianico esse corruptum. Quas litteras A. Aurius,
vir fortis et experiens et domi nobilis et M. illius
Auri perpropinquus, in foro palam multis audientibus,
cum adesset Oppianicus, recitat et clarissima voce se
nomen Oppianici, si interfectum M. Aurium esse com-
perisset, delaturum esse testatur. Interim brevi tem- 24
pore illi, qui erant in Galliam profecti, Larinum
revertuntur; interfectum esse M. Aurium renuntiant.
Animi non solum propinquorum, sed etiam omnium
Larinatium odio Oppianici et illius adulescentis misericordia commoventur. Itaque cum A. Aurius, is qui
antea denuntiarat, clamore hominem ac minis insequi
coepisset, Larino profugit et se in castra clarissimi
viri, Q. Metelli, contulit. Post illam autem fugam 25
sceleris et conscientiae testem numquam se iudiciis,
numquam legibus, numquam inermem inimicis committere ausus est, sed per illam L. Sullae vim atque
victoriam Larinum in summo timore omnium cum
armatis advolavit; quattuorviros, quos municipes fecerant, sustulit; se a Sulla et tres praeterea factos esse
dixit et ab eodem sibi esse imperatum, ut A. Aurium
illum, qui sibi delationem nominis et capitis periculum
ostentarat, et alterum A. Aurium et eius L. filium et Sex.
Vibium, quo sequestre in illo indice corrumpendo dicebatur esse usus, proscribendos interficiendosque curaret.
Itaque illis crudelissime interfectis non mediocri ab eo
ceteri proscriptionis et mortis metu tenebantur. His
rebus in causa iudicioque patefactis quis est, qui illum
absolvi potuisse arbitretur? Atque haec parva sunt; 9
cognoscite reliqua, ut non aliquando condemnatum esse
Oppianicum, sed aliquamdiu incolumem fuisse miremini.

26 Primum videte hominis audaciam. Sassiam in matrimonium ducere, Habiti matrem, illam, cuius virum A. Aurium occiderat, concupivit. Utrum impudentior hic, qui postulet, an crudelior illa, si nubat, difficile dictu est; sed tamen utriusque humanitatem constan- 27 tiamque cognoscite. Petit Oppianicus, ut sibi Sassia nubat, et id magno opere contendit. Illa autem non admiratur audaciam, non impudentiam aspernatur, non denique illam Oppianici domum viri sui sanguine redundantem reformidat, sed, quod haberet tres illa filios, idcirco se ab iis nuptiis abhorrere respondit. Oppianicus, qui pecuniam Sassiae concupivisset, domo sibi quaerendum remedium existimavit ad eam moram, quae nuptiis adferebatur. Nam cum haberet ex Novia infantem filium, alter autem eius filius Papia natus Teani Apuli, quod abest ab Larino XVIII milia passuum, apud matrem educaretur, arcessit subito sine causa puerum Teano, quod facere nisi ludis [publicis] aut festis diebus antea non solebat. Mater nihil mali misera suspicans mittit. Ille se Tarentum proficisci cum simulasset, eo ipso die puer hora undecima cum valens in publico visus esset, ante noctem mortuus et postridie, antequam luceret, combustus est. 28 Atque hunc tantum maerorem matri prius hominum rumor quam quisquam ex Oppianici familia nuntiavit. Illa cum uno tempore audisset sibi non solum filium, sed etiam exsequiarum munus ereptum, Larinum confestim exanimata venit et ibi de integro funus iam sepulto filio fecit. Dies nondum decem intercesserant, cum ille alter filius infans necatur. Itaque nubit Oppianico continuo Sassia laetanti iam animo et spe optima confirmato, nec mirum, quae se non nuptialibus donis, sed filiorum funeribus esse delinitam videret. Ita, quod ceteri propter liberos pecuniae cupidiores solent esse, ille propter pecuniam liberos amittere 10 iucundum esse duxit. Sentio, iudices, vos pro vestra 29 *humanitate his* tantis sceleribus breviter a me de-

monstratis vehementer esse commotos. Quo tandem
igitur animo fuisse illos arbitramini, quibus iis de
rebus non modo audiendum fuit, verum etiam iudicandum? Vos auditis de eo, in quem iudices non
estis, de eo, quem non videtis, de eo, quem odisse
iam non potestis, de eo, qui et naturae et legibus
satis fecit, quem leges exsilio, natura morte multavit,
auditis non ab inimico, auditis sine testibus, auditis,
cum ea, quae copiosissime dici possunt, breviter a me
strictimque dicuntur; illi audiebant de eo, de quo
iurati sententias ferre debebant, de eo, cuius praesentis nefarium et consceleratum vultum intuebantur, de
eo, quem oderant propter audaciam, de eo, quem omni
supplicio dignum esse ducebant, audiebant ab accusatoribus, audiebant verba multorum testium, audiebant, cum una quaque de re a P. Cannutio, homine
eloquentissimo, graviter et diu diceretur. Et est 30
quisquam, qui cum haec cognoverit, suspicari possit
Oppianicum iudicio oppressum et circumventum esse
innocentem?

Acervatim iam reliqua, iudices, dicam, ut ad ea,
quae propiora huiusce causae et adiunctiora sunt,
perveniam. Vos quaeso memoria teneatis non mihi
hoc esse propositum, ut accusem Oppianicum mortuum,
sed, cum hoc persuadere vobis velim, iudicium ab hoc
non esse corruptum, hoc uti initio ac fundamento defensionis, Oppianicum, hominem sceleratissimum et
nocentissimum, esse damnatum. Qui uxori suae
Cluentiae, quae amita huius Habiti fuit, cum ipse
poculum dedisset, subito illa in media potione excla-
mavit se maximo cum dolore emori nec diutius vixit,
quam locuta est; nam in ipso sermone hoc et vocife-
ratione mortua est. Et ad hanc mortem tam repen-
tinam vocesque morientis omnia praeterea, quae solent
esse indicia et vestigia veneni, in illius mortuae corpore fuerunt. Eodemque veneno C. Oppianicum fratrem necavit. Neque est hoc satis; tametsi in ipso 31

fraterno parricidio nullum scelus praetermissum videtur, tamen, ut ad hoc nefarium facinus accederet, aditum sibi aliis sceleribus ante munivit. Nam cum esset gravida Auria, fratris uxor, et iam appropinquare partus putaretur, mulierem veneno interfecit, ut una illud, quod erat ex fratre conceptum, necaretur. Post fratrem adgressus est; qui sero, iam exhausto illo poculo mortis, cum et de suo et de uxoris interitu clamaret testamentumque mutare cuperet, in ipsa significatione huius voluntatis est mortuus. Ita mulierem, ne partu eius ab hereditate fraterna excluderetur, necavit; fratris autem liberos prius vita privavit, quam illi hanc a natura [propriam] lucem accipere potuerunt; ut omnes intellegerent nihil ei clausum, nihil sanctum esse posse, a cuius audacia fratris liberos ne materni quidem corporis custodiae tegere potuissent. Memoria teneo Milesiam quandam mulierem, cum essem in Asia, quod ab heredibus [secundis] accepta pecunia partum sibi ipsa medicamentis abegisset, rei capitalis esse damnatam; nec iniuria, quae spem parentis, memoriam nominis, subsidium generis, heredem familiae, designatum rei publicae civem sustulisset. Quanto est Oppianicus in eadem iniuria maiore supplicio dignus! siquidem illa, cum suo corpori vim attulisset, se ipsa cruciavit, hic autem idem illud effecit per alieni corporis mortem atque cruciatum. Ceteri non videntur in singulis hominibus multa parricidia suscipere posse, Oppianicus inventus est, qui in uno corpore plures necaret. Itaque, cum hanc eius consuetudinem audaciamque cognosset avunculus illius adulescentis Oppianici, Cn. Magius, isque, cum gravi morbo adfectus esset, heredem illum sororis suae filium faceret, adhibitis amicis praesente matre sua Dinaea uxorem suam interrogavit, essetne praegnans. Quae cum se esse respondisset, ab ea petivit, ut se mortuo apud Dinaeam, quae tum ei mulieri socrus erat, quoad pareret, habitaret diligen-

tiamque adhiberet, ut id, quod conceperat, servare et
salvum parere posset. Itaque ei testamento legat
grandem pecuniam a filio, si qui natus esset; ab secundo herede nihil legat. Quid de Oppianico suspi- 34
catus sit, videtis; quid iudicarit, obscurum non est.
Nam cuius filium faceret heredem, eum tutorem liberis non adscripsit. Quid Oppianicus fecerit, cognoscite,
ut illum Magium intellegatis longe animo prospexisse
morientem. Quae pecunia mulieri legata erat a filio,
si qui natus esset, eam praesentem Oppianicus non
debitam mulieri solvit, si haec solutio legatorum et
non merces abortionis appellanda est. Quo illa pretio
accepto multisque praeterea muneribus, quae tum ex
tabulis Oppianici recitabantur, spem illam, quam in
alvo commendatam a viro continebat, victa avaritia
sceleri Oppianici vendidit. Nihil posse iam ad hanc 35
improbitatem addi videtur; attendite exitum. Quae
mulier obtestatione viri decem illis mensibus ne domum quidem ullam nisi socrus suae nosse debuit,
haec quinto mense post viri mortem ipsi Oppianico
nupsit. Quae nuptiae non diuturnae fuerunt; erant
enim non matrimonii dignitate, sed sceleris societate
coniunctae.

Quid? illa caedes Asuvi Larinatis, adulescentis 13
pecuniosi, quam clara tum recenti re fuit et quam 36
omnium sermone celebrata! Fuit Avillius quidam
Larino perdita nequitia et summa egestate, arte quadam praeditus ad libidines adulescentulorum excitan-
das accommodata. Qui ut se blanditiis et adsenta-
tionibus in Asuvi consuetudinem penitus immersit,
Oppianicus continuo sperare coepit hoc se Avillio
tamquam aliqua machina admota capere Asuvi adulescentiam et fortunas eius patrias expugnare posse.
Ratio excogitata Larini est, res translata Romam;
inire enim consilium facilius in solitudine, perficere
rem eius modi commodius in turba posse se arbitrati
sunt. *Asuvius cum Avillio Romam est profectus.* Hos

vestigiis Oppianicus consecutus est. Iam ut Romae
vixerint, quibus conviviis, quibus flagitiis, quantis et
quam profusis sumptibus non modo conscio, sed etiam
conviva et adiutore Oppianico, longum est dicere
mibi, praesertim ad alia properanti; exitum huius
37 assimulatae familiaritatis cognoscite. Cum esset adolescens apud mulierculam quandam atque, ubi pernoctarat, ibi diem posterum commoraretur, Avillius,
ut erat constitutum, simulat se aegrotare et testamentum facere velle. Oppianicus obsignatores ad eum,
qui neque Asuvium neque Avillium nossent, adducit,
et illum Asuvium appellat ipse; testamento Asuvi
nomine obsignato disceditur. Avillius ilico convalescit; Asuvius autem brevi illo tempore, quasi in
hortulos iret, in harenarias quasdam extra portam Es-
38 quilinam perductus occiditur. Qui cum unum iam et
alterum diem desideraretur neque in iis locis, ubi ex
consuetudine quaerebatur, inveniretur, et Oppianicus in
foro Larinatium dictitaret nuper se et suos amicos
testamentum eius obsignasse, liberti Asuvi et non
nulli amici, quod eo die, quo postremum Asuvius
visus erat, Avillium cum eo fuisse et a multis visum
esse constabat, in eum invadunt et hominem ante
pedes Q. Manli, qui tum erat triumvir, constituunt;
atque ille continuo nullo teste, nullo indice recentis
maleficii conscientia perterritus omnia, ut a me paulo
ante dicta sunt, exponit Asuviumque a sese consilio
39 Oppianici interfectum fatetur. Extrahitur domo latitans Oppianicus a Manlio; index Avillius ex altera
parte coram tenetur. Hic quid iam reliqua quaeritis?
Manlium plerique noratis; non ille honorem a pueritia,
non studia virtutis, non ullum existimationis bonae
fructum umquam cogitarat; ex petulanti atque improbo scurra in discordiis civitatis ad eam columnam, ad quam multorum saepe conviciis perductus
erat, tum suffragiis populi pervenerat. Itaque rem
cum Oppianico transigit, pecuniam ab eo accipit

causam et susceptam et manifestam relinquit. Ac tum in Oppianici causa crimen hoc Asuvianum cum testibus multis, tum vero indicio Avilli comprobabatur; in quo alligatum Oppianici nomen primum esse constabat, eius, quem vos miserum atque innocentem falso iudicio circumventum esse dicitis.

Quid? aviam tuam, Oppianice, Dinaeam, cui tu es heres, pater tuus non manifesto necavit? Ad quam cum adduxisset medicum illum suum iam cognitum et saepe victorem, per quem interfecerat plurimos, mulier exclamat se ab eo nullo modo velle curari, quo curante suos omnes perdidisset. Tum repente Anconitanum quendam, L. Clodium, pharmacopolam circumforaneum, qui casu tum Larinum venisset, adgreditur et cum eo duobus milibus *HS*, id quod ipsius tabulis tum est demonstratum, transigit. L. Clodius, qui properaret, cui fora multa restarent, simul atque introductus est, rem confecit; prima potione mulierem sustulit neque postea Larini punctum est temporis commoratus. Eadem hac Dinaea testamentum faciente cum tabulas prehendisset Oppianicus, qui gener eius fuisset, digito legata delevit et, cum id multis locis fecisset, post mortem eius, ne lituris coargui posset, testamentum in alias tabulas transscriptum signis adulterinis obsignavit. Multa praetereo consulto; etenim vereor, ne haec ipsa nimium multa esse videantur. Vos tamen similem sui eum fuisse in ceteris quoque vitae partibus existimare debetis. Illum tabulas publicas Larini censorias corrupisse decuriones universi iudicaverunt; cum illo nemo iam rationem, nemo rem ullam contrahebat; nemo illum ex tam multis cognatis et adfinibus tutorem umquam liberis suis scripsit, nemo illum aditu, nemo congressione, nemo sermone, nemo convivio dignum iudicabat; omnes aspernabantur, omnes abhorrebant, omnes ut aliquam immanem ac perniciosam bestiam pestemque fugiebant. *Hunc tamen hominem tam audacem, tam*

nefarium, tam nocentem numquam accusasset Habi
iudices, si id praetermittere suo salvo capite pota
Erat huic inimicus Oppianicus, erat, sed tamen
vitricus; crudelis et huic infesta mater, at m
postremo nihil tam remotum ab accusatione q
Cluentius et natura et voluntate et instituta rai
vitae. Sed cum esset haec ei proposita condicio
aut iuste pieque accusaret aut acerbe indigneque
reretur, accusare, quoquo modo posset, quam illo r
emori maluit.

43 Atque ut hoc ita esse perspicere possitis, expo
vobis Oppianici facinus manifesto compertum a
deprehensum; ex quo simul utrumque, et huic
sare et illi condemnari, necesse fuisse intelleg
15 Martiales quidam Larini appellabantur, ministri
blici Martis atque ei deo veteribus institutis relig
busque Larinatium consecrati. Quorum cum satis
gnus numerus esset, cumque item, ut in Sicilia
multi Venerii sunt, sic illi Larini in Martis fa
numerareutur, repente Oppianicus eos omnes lil
esse civesque Romanos coepit defendere. Gravite
decuriones Larinatium cunctique municipes tule
Itaque ab Habito petiverunt, ut eam causam
peret publiceque defenderet. Habitus cum se ab
eius modi negotio removisset, tamen pro loco,
antiquitate generis sui, pro eo, quod se non
commodis, sed etiam suorum municipum ceterorum
necessariorum natum esse arbitrabatur, tantae v
44 tati universorum Larinatium deesse noluit. Sus
causa Romamque delata magnae cotidie content
inter Habitum et Oppianicum ex utriusque studio d
sionis excitabantur. Erat ipse immani acerbaque n
Oppianicus; incendebat eius amentiam infesta
inimica filio mater Habiti. Magni autem illi sua i
esse arbitrabantur hunc a causa Martialium rem
Suberat etiam alia causa maior, quae Oppianici
minis avarissimi atque audacissimi, mentem m

rebat. Nam Habitus usque ad illius iudicii 45
nullum testamentum umquam fecerat; neque
legare quicquam eius modi matri poterat [in]
inducere neque testamento nomen omnino
mittere parentis. Id cum Oppianicus sciret
enim erat obscurum), intellegebat Habito mor-
ia eius omnia ad matrem esse ventura; quae
postea aucta pecunia maiore praemio, orbata
nore periculo necaretur. Itaque his rebus in-
qua ratione Habitum veneno tollere conatus
noscite. C. et L. Fabricii fratres gemini fuerunt 16
icipio Aletrinati, homines inter se cum forma, 46
oribus similes, municipum autem suorum dis-
ii; in quibus quantus splendor sit, quam prope
lis, quam fere omnium constans et moderata
tae, nemo vestrum, ut mea fert opinio, ignorat.
briciis semper est usus Oppianicus familiaris-
Iam hoc fere scitis omnes, quantam vim ha-
coniungendas amicitias studiorum ac naturae
do. Cum illi ita viverent, ut nullum quaestum
rpem arbitrarentur, cum omnis ab iis fraus,
insidiae circumscriptionesque adulescentium
ntur, cumque essent vitiis atque improbitate
s noti, studiose, ut dixi, ad eorum se familiari-
multis iam ante annis Oppianicus applicarat.
tum sic statuit, per C. Fabricium (nam L. erat 47
s) insidias Habito comparare. Erat illo tem-
ifirma valetudine Habitus. Utebatur autem
non ignobili, [sed] spectato homine, Cleophanto;
ervum Diogenem Fabricius ad venenum Habito
spe et pretio sollicitare coepit. Servus non
us et, ut res ipsa declaravit, frugi atque in-
ermonem Fabrici non est aspernatus; rem ad
m detulit; Cleophantus autem cum Habito est
us. Habitus statim cum M. Baebio senatore,
issimo suo, communicavit; qui qua fide, qua
ia, *qua diligentia* fuerit, meminisse vos arbitror.

Ei placuit, ut Diogenem Habitus emeret a Cleophanto, quo facilius aut comprehenderetur res eius indicio aut falsa esse cognosceretur. Ne multa, Diogenes emitur, venenum diebus paucis comparatur; multi viri boni cum ex occulto intervenissent, pecunia obsignata, quae ob eam rem dabatur, in manibus Scamandri, liberti
48 Fabriciorum, deprehenditur. Pro di immortales! Oppianicum quisquam his rebus cognitis circumventum
17 esse dicet? Quis umquam audacior, quis nocentior, quis apertior in iudicium adductus est? Quod ingenium, quae facultas dicendi, quae a quoquam excogitata defensio huic uni crimini potuit obsistere? Simul et illud quis est qui dubitet, quin hac re comperta manifestoque deprehensa aut obeunda mors Cluentio aut suscipienda accusatio fuerit?

49 Satis esse arbitror demonstratum, iudices, iis criminibus accusatum esse Oppianicum, uti honeste absolvi nullo modo potuerit. Cognoscite nunc ita rem citatum esse illum, ut re semel atque iterum praeiudicata condemnatus in iudicium venerit. Nam Cluentius, iudices, primum nomen eius detulit, cuius in manibus venenum deprehenderat. Is erat libertus Fabriciorum, Scamander. Integrum consilium, iudici corrupti nulla suspicio; simplex in iudicium causa certa res, unum crimen adlatum est. Hic tum C. Fabricius, is, de quo ante dixi, qui liberto damnato sibi illud impendere periculum videret, quod mihi cum Aletrinatibus vicinitatem et cum plerisque eorum magnum usum esse sciebat, frequentes eos ad me domum adduxit. Qui quamquam de homine sic, ut necesse erat, existimabant, tamen, quod erat ex eodem municipio, suae dignitatis esse arbitrabantur eum quibus rebus possent, defendere idque a me ut facerem et ut causam Scamandri susciperem petebant, i
50 qua causa patroni omne periculum continebatur. Ego qui neque illis talibus viris ac tam amantibus me *rem possem* ullam negare neque illud crimen tantum

anifestum esse arbitrarer, sicut ne illi
i, qui mihi tum illam causam commen-
ɔitrabantur, pollicitus iis sum me omnia,
.t, esse facturum.
. coepta est; citatus est Scamander reus. 18
P. Cannutius, homo in primis ingeniosus
lo exercitatus; accusabat autem ille quidem
n verbis tribus, venenum esse deprehen-
a tela totius accusationis in Oppianicum
ur, aperiebatur causa insidiarum, Fabriciorum
commemorabatur, hominis vita et audacia
r, denique omnis accusatio varie graviter-
a ad extremum manifesta veneni deprehen-
usa est. Hic ego tum ad respondendum 51
a cura, di immortales! qua sollicitudine
timore! Semper equidem magno cum metu
re; quotienscumque dico, totiens mihi videor
venire non ingenii solum, sed etiam vir-
officii, ne aut id profiteri videar, quod non
plere], quod est impudentiae, aut non id
od possim, quod est aut perfidiae aut ne-
Tum vero ita sum perturbatus, ut omnia
. nihil dixissem, ne infantissimus, si multa
di causa dixissem, ne impudentissimus exi-
Collegi me aliquando et ita constitui, for- 19
ɪgendum; illi aetati, qua tum eram, solere
etiam si in minus firmis causis hominum
ɔn defuissem. Itaque feci; sic pugnavi, sic
ɪe contendi, sic ad omnia confugi, quantum
i potui, remedia ac perfugia causarum, ut
timide dicam, consecutus sim, ne quis illi
:onum defuisse arbitraretur. Sed, ut quid- 52
ɔprehenderam, statim accusator extorquebat
Si quaesiveram, quae inimicitiae Scamandro
ɔ, fatebatur nullas fuisse, sed Oppianicum,
minister fuisset, huic inimicissimum fuisse
dicebat. *Sin* autem illud egeram, nullum

ad Scamandrum morte Habiti venturum emolumentum
fuisse, concedebat, sed ad uxorem Oppianici, hominis
in uxoribus necandis exercitati, omnia bona Habiti
ventura fuisse dicebat. Cum illa defensione usus
essem, quae in libertinorum causis honestissima semper existimata est, Scamandrum patrono esse probatum,
fatebatur, sed quaerebat, cui probatus esset ipse patronus. Cum ego pluribus verbis in eo commoratus
essem, Scamandro insidias factas esse per Diogenem
constitutumque inter eos alia de re fuisse, ut medicamentum, non venenum Diogenes adferret; hoc cuivis
usu venire posse: quaerebat, cur in eius modi locum
tam abditum, cur solus, cur cum obsignata pecunia
venisset. Denique hoc loco causa testibus honestissimis hominibus premebatur. M. Baebius de suo consilio Diogenem emptum, se praesente Scamandrum
cum veneno pecuniaque deprehensum esse dicebat; P.
Quintilius Varus, homo summa religione et summa
auctoritate praeditus, de insidiis, quae fierent Habito,
et de sollicitatione Diogenis recenti re secum Cleophantum collocutum esse dicebat. Atque in illo iudicio cum Scamandrum nos defendere videremur,
verbo ille reus erat, re quidem vera et periculo tota
accusatione Oppianicus. Neque id obscure ferebat nec
dissimulare ullo modo poterat; aderat frequens, advocabat, omni studio gratiaque pugnabat; postremo, id
quod maximo malo illi causae fuit, hoc ipso in loco,
quasi reus ipse esset, sedebat. Oculi omnium iudicum
non in Scamandrum, sed in Oppianicum coniciebantur;
timor eius, perturbatio, suspensus incertusque vultus,
crebra coloris mutatio, quae erant antea suspiciosa,
haec aperta et manifesta faciebant. Cum in consilium
iri oporteret, quaesivit ab reo C. Iunius quaesitor ex
lege illa Cornelia, quae tum erat, clam an palam de
se sententiam ferri vellet. De Oppianici sententia responsum est, quod is Habiti familiarem Iunium esse
dicebat, clam velle ferri. Itum est in consilium.

Omnibus sententiis praeter unam, quam suam Staienus esse dicebat, Scamander prima actione condemnatus est. Quis tum erat omnium, qui Scamandro condemnato non iudicium de Oppianico factum esse arbitraretur? quid est illa damnatione iudicatum, nisi venenum id, quod Habito daretur, esse quaesitum? Quae porro tenuissima suspicio collata in Scamandrum est aut conferri potuit, ut is sua sponte necare voluisse Habitum putaretur?

Atque hoc tum iudicio facto et Oppianico re et existimatione iam, lege et pronuntiatione nondum condemnato tamen Habitus Oppianicum reum statim non fecit. Voluit cognoscere, utrum iudices in eos solos essent severi, quos venenum habuisse ipsos comperissent, an etiam consilia conscientiasque eius modi facinorum supplicio dignas iudicarent. Itaque C. Fabricium, quem propter familiaritatem Oppianici conscium illi facinori fuisse arbitrabatur, reum statim fecit, utique ei locus primus constitueretur propter causae coniunctionem, impetravit. Hic tum Fabricius non modo ad me meos vicinos et amicos, Aletrinates, non adduxit, sed ipse iis neque defensoribus uti postea neque laudatoribus potuit. Rem enim integram hominis non alieni quamvis suspiciosam defendere humanitatis esse putabamus, iudicatam labefactare conari impudentiae. Itaque tum ille inopia et necessitate coactus in causa eius modi ad Caepasios fratres confugit, homines industrios atque eo animo, ut, quaecumque dicendi potestas esset data, in honore atque in beneficio ponerent. Nam hoc prope iniquissime comparatum est, quod in morbis corporis, ut quisque est difficillimus, ita medicus nobilissimus atque optimus quaeritur, in periculis capitis, ut quaeque causa difficillima est, ita deterrimus obscurissimusque patronus adhibetur; nisi forte hoc causae est, quod medici nihil praeter artificium, oratores etiam auctoritatem *praestare debent*. Citatur reus [,agitur causa];

paucis verbis accusat ut de re iudicata Cannutius; incipit longo et alte petito prooemio respondere maior Caepasius. Primo attente auditur eius oratio. Erigebat animum iam demissum et oppressum Oppianicus; gaudebat ipse Fabricius; non intellegebat animos iudicum non illius eloquentia, sed defensionis impudentia commoveri. Posteaquam de re coepit dicere, ad ea, quae erant in causa, addebat etiam ipse nova quaedam vulnera, ut, quamquam sedulo faciebat, tamen interdum non defendere, sed praevaricari [accusationi] videretur. Itaque cum callidissime se dicere putaret et cum illa verba gravissima ex intimo artificio deprompsisset: 'Respicite, iudices, hominum fortunas, respicite dubios variosque casus, respicite C. Fabrici senectutem', cum hoc 'respicite' ornandae orationis causa saepe dixisset, respexit ipse. At C. Fabricius a subselliis demisso
59 capite discesserat. Hic iudices ridere, stomachari atque acerbe ferre patronus causam sibi eripi et se cetera de illo loco 'Respicite, iudices' non posse dicere; nec quicquam propius est factum, quam ut illum persequeretur et collo obtorto ad subsellia re duceret, ut reliqua posset perorare. Ita tum Fabricius primum suo iudicio, quod est gravissimum, deinde legis vi et sententiis iudicum est condemnatus.
22   Quid est, quod iam de Oppianici persona causaque plura dicamus? Apud eosdem iudices reus est factus cum his duobus praeiudiciis iam damnatus esset; ab isdem autem iudicibus, qui Fabriciorum damnatione de Oppianico iudicarant, locus ei primus est constitutus; accusatus est criminibus gravissimis et iis, quae a me breviter dicta sunt, et praeterea multis, quae ego omnia [nunc] omitto; accusatus est apud eos, qui Scamandrum ministrum Oppianici, C. Fabricium con-
60 scium maleficii condemnarant. Utrum, per deos immortales! magis est mirandum, quod is condemnatus *est, an* quod omnino respondere ausus est? Quid

atque insigni turpitudine notata at[que]
et infamia defensioni locum nullu[m]
enim tandem illi iudices responde[re]
quaereret: 'Condemnastis Scamandr[um]
Nempe, quod Habitum per serv[um]
necare voluisset. 'Quid Habiti mo[rti]
sequebatur?' 'Nihil, sed administ[er]
'Et condemnastis C. Fabricium, qu[i]
ipse familiarissime Oppianico usu[s]
eius in maleficio deprensus esset, i[n]
consilii fuisse non probabatur.' S[...]
pianicum bis suis iudiciis condem[...]
quis tantam turpitudinem iudicior[um]
constantiam rerum iudicatarum, qu[...]
iudicum ferre potuisset?

Quodsi hoc videtis, quod iam [...]
patefactum est, illo iudicio reum c[...]
tim ab isdem iudicibus, qui duo p[...]
necesse fuisse, simul illud videatis [...]
accusatori esse causam potuisse, [...]
corrumpere. Quaero enim de te, T[...]
ceteris argumentis omnibus, num [...]
innocentis condemnatos existimes, [...]
dicia pecunia corrupta esse dicas,
alter a Staieno *solo* absolutus es[t]

se condemnavit. Age, si nocentes, cuius malefici
num quid praeter venenum quaesitum, quo Habito
necaretur, obiectum est? num quid aliud in illis iu
diciis versatum est praeter hasce insidias Habito a
Oppianico per Fabricios factas? Nihil, nihil, inquam
aliud, iudices, reperietis. Exstat memoria, sunt tabula
publicae; redargue me, si mentior; testium dicta re
cita, doce, in illorum iudiciis quid praeter hoc vent
num Oppianici non modo in criminis, sed in ma

63 dicti loco sit obiectum. Multa dici possunt, quare it
necesse fuerit iudicari, sed ego occurram exspectatio
vestrae, iudices. Nam etsi a vobis sic audior,
numquam benignius neque attentius quemquam au
tum putem, tamen vocat me alio iam dudum taci
vestra exspectatio, quae mihi obloqui videtur: 'Qu
ergo? negasne illud iudicium esse corruptum?' N
nego, sed ab hoc corruptum non esse confirmo.
quo igitur est corruptum?' Opinor, primum, si
certum fuisset, quisnam exitus illius iudicii futur
esset, veri similius tamen esset eum potius corrupis
qui metuisset, ne ipse condemnaretur, quam illu
qui veritus esset, ne alter absolveretur; deinde, cu
esset non dubium, quid iudicari necesse esset, eu
certe potius, qui sibi alia ratione diffideret, qua
eum, qui omni ratione confideret; postremo certe p
tius illum, qui bis apud eos iudices offendisset, qua

64 eum, qui bis causam iis probavisset. Unum quide
certe nemo erit tam inimicus Cluentio qui mihi n
concedat, si constet corruptum illud esse iudiciu
aut ab Habito aut ab Oppianico esse corruptum;
doceo non ab Habito, vinco ab Oppianico; si osten
ab Oppianico, purgo Habitum. Quare, etsi satis do
rationem nullam huic corrumpendi iudicii fuisse,
quo intellegitur ab Oppianico esse corruptum, tam

24 de illo ipso separatim cognoscite. Atque ego illa n
argumentabor, quae sunt gravia vehementer, eu
corrupisse, qui in periculo fuerit, eum, qui metuer

eum, qui spem salutis in alia ratione non habuerit, eum, qui semper singulari fuerit audacia. Multa sunt eius modi; verum cum habeam rem non dubiam, sed apertam atque manifestam, enumeratio singulorum argumentorum non est necessaria. Dico C. Aelio 65 Staieno iudici pecuniam grandem Statium Albium ad corrumpendum iudicium dedisse. Num quis negat? Te, Oppianice, appello, te, T. Acci, quorum alter eloquentia damnationem illam, alter tacita pietate deplorat; audete negare ab Oppianico Staieno iudici pecuniam datam, negate, inquam, meo loco. Quid tacetis? an negare non potestis, quod repetistis, quod confessi estis, quod abstulistis? Quo tandem igitur ore mentionem corrupti iudicii facitis, cum ab ista parte iudici pecuniam ante iudicium datam, post iudicium ereptam esse fateamini? Quonam igitur haec 66 modo gesta sunt? Repetam paulo altius, iudices, et omnia, quae in diuturna obscuritate latuerunt, sic aperiam, ut ea cernere oculis videamini. Vos quaeso, ut adhuc me attente audistis, ut item, quae reliqua sunt, audiatis; profecto nihil a me dicetur, quod non dignum hoc conventu et silentio, dignum vestris studiis atque auribus esse videatur.

Nam, ut primum Oppianicus ex eo, quod Scamander reus erat factus, quid sibi impenderet, coepit suspicari, statim se ad hominis egentis, audacis, in iudiciis corrumpendis exercitati, tum autem iudicis, Staieni, familiaritatem [se] applicavit. Ac primum Scamandro reo tantum [donis] datis muneribus[que] perfecerat, ut eo fautore uteretur cupidiore, quam fides iudicis postulabat. Post autem cum esset Sca- 67 mander unius Staieni sententia absolutus, patronus autem Scamandri ne sua quidem sententia liberatus, acrioribus saluti suae remediis subveniendum putavit. Tum ab Staieno, sicut ab homine ad excogitandum acutissimo, ad audendum impudentissimo, ad efficiendum acerrimo (haec enim ille et aliqua ex parte

babebat et maiore ex parte se habere simulabat),
25 auxilium capiti ac fortunis suis petere coepit. Iam
hoc non ignoratis, iudices, ut etiam bestiae fame
monitae plerumque ad eum locum, ubi pastae sunt
68 aliquando, revertantur. Staienus ille biennio ante
cum causam bonorum Safini Atellae recepisset, ses-
centis milibus nummum se iudicium corrupturum esse
dixerat. Quae cum accepisset a pupillo, suppressit
iudicioque facto nec Safinio nec bonorum emptoribus
reddidit. Quam cum pecuniam profudisset et sibi
nihil non modo ad cupiditates suas, sed ne ad necessitatem quidem reliquisset, statuit ad easdem esse
sibi praedas ac suppressiones iudiciales revertendum.
Itaque, cum Oppianicum iam perditum et duobus iu-
gulatum praeiudiciis videret, promissis suis eum excitavit abiectum et simul saluti desperare vetuit. Oppianicus autem orare hominem coepit, ut sibi ra-
69 tionem ostenderet iudicii corrumpendi. Ille autem
quem ad modum ex ipso Oppianico postea est auditum, negavit quemquam esse in civitate praeter se
qui id efficere posset. Sed primo gravari coepit, quod
aedilitatem se petere cum hominibus nobilissimis e
invidiam atque offensionem timere dicebat. Post exo-
ratus initio permagnam pecuniam poposcit, deinde a
id pervenit, quod confici potuit; HS sescenta quadraginta milia deferri ad se domum iussit. Quae pecuni
simul atque ad eum delata est, homo impurissimu
statim coepit in eius modi mente et cogitatione versar
nihil esse suis rationibus utilius quam Oppianicum
condemnari; illo absoluto pecuniam illam aut iudicibu
dispertiendam aut ipsi esse reddundam; damnato repeti
70 turum esse neminem. Itaque rem excogitat singularen
Atque haec, iudices, quae vera dicuntur a nobis, fac
lius credetis, si cum animis vestris longo intervall
recordari C. Staieni vitam et naturam volueritis; nan
perinde ut opinio est de cuiusque moribus, ita, qui
ab eo factum aut non factum sit, existimari potest

cum esset egens, sumptuosus, audax, callidus, perfi- 26
diosus, et cum domi suae miserrimis in locis et inanissimis tantum nummorum positum videret, ad omnem
malitiam et fraudem versare mentem suam coepit:
'quo dem iudicibus? mihi ipsi igitur praeter periculum
infamiam quid quaereretur? Nihil excogitem, quam
ob rem Oppianicum damnari necesse sit? Quid tandem?
(nihil enim est, quod non fieri possit) si quis eum
iste casus ex periculo eripuerit, nonne reddundum
est? Praecipitantem igitur impellamus', inquit, 'et
perditum prosternamus.' Capit hoc consilii, ut pecu- 71
niam quibusdam iudicibus levissimis polliceatur, deinde
eam postea supprimat, ut, quoniam graves homines
sua sponte severe iudicaturos putabat, eos, qui le-
viores erant, destitutione iratos Oppianico redderet.
Itaque, ut erat semper praeposterus atque perversus,
initium facit a Bulbo et eum, quod iam diu nihil
adquisierat, tristem atque oscitantem leviter impellit.
'quid tu?' inquit, 'ecquid me adiuvas, Bulbe,
ut gratis rei publicae serviamus?' Ille vero
simul atque hoc audivit 'ne gratis': 'Quo voles',
inquit, 'sequar; sed quid adfers?' Tum ei HS quadraginta milia, si esset absolutus Oppianicus, polli-
cetur et eum, ut ceteros appellet, quibuscum loqui
consuesset, rogat atque etiam ipse conditor totius
negotii Guttam aspergit huic Bulbo. Itaque minime 72
mirus iis visus est, qui aliquid ex eius sermone
sedulae degustarant. Unus et alter dies intercesserat,
cum res parum certa videbatur; sequester et confir-
mator pecuniae desiderabatur. Tum appellat hilaro
vultu hominem Bulbus, ut placidissime potest: 'Quid
ais, inquit, 'Paete?' (hoc enim sibi Staienus cognomen ex imaginibus Aeliorum delegerat, ne, si se Ligurem fecisset, nationis magis quam generis uti cognomine videretur) 'qua de re mecum locutus es,
quaerunt a me, ubi sit pecunia.' Hic ille planus
improbissimus quaestu iudiciario pastus, qui illi pe-

cuniae, quam condiderat, spe iam atque animo incubaret, contrahit frontem (recordamini faciem atque illos eius fictos simulatosque vultus), queritur se ab Oppianico destitutum et, qui esset totus ex fraude et mendacio factus quique ea vitia, quae a natura habebat, etiam studio atque artificio quodam malitiae condivisset, pulchre adseverat sese ab Oppianico destitutum atque hoc addit testimonii, sua illum sententia, cum palam omnes laturi essent, condemnatum iri.

Manarat sermo in consilio pecuniae quandam mentionem inter iudices esse versatam. Res neque tam fuerat occulta, quam erat occultanda, neque tam erat aperta, quam rei publicae causa aperienda. In ea obscuritate ac dubitatione omnium Cannutio, perito homini, qui quodam odore suspicionis Staienum corruptum esse sensisset nequedum rem perfectam arbitraretur, placuit repente pronuntiare: DIXERUNT. Hic tum Oppianicus non magno opere pertimuit; rem a Staieno perfectam esse arbitrabatur. In consilium erant ituri iudices XXXII. Sententiis XVI absolutio confici poterat. Quadragena milia nummum in singulos iudices distributa eum numerum sententiarum conficere debebant, ut ad cumulum spe maiorum praemiorum ipsius Staieni sententia septima decima accederet. Atque etiam casu tum, quod illud repente erat factum, Staienus ipse non aderat; causam nescio quam apud iudicem defendebat. Facile hoc Habitus patiebatur, facile Cannutius, at non Oppianicus neque patronus eius L. Quinctius; qui cum esset illo tempore tribunus plebis, convicium C. Iunio iudici quaestionis maximum fecit, ut ne sine illo in consilium iretur; cumque id ei per viatores consulto neglegentius agi videretur, ipse e publico iudicio ad privatum Staieni iudicium profectus est et illud pro potestate dimitti iussit; Staienum ipse ad subsellia adduxit. Consurgitur in consilium, cum sententias Oppianicus, *quae tum* erat potestas, palam ferri velle dixisset, ut

Staienus scire posset, quid cuique deberetur. Varia iudicum genera; nummarii pauci, sed omnes irati. Ut, qui accipere in campo consuerunt, iis candidatis, quorum nummos suppressos esse putant, inimicissimi solent esse, sic eius modi iudices infesti tum reo venerant; ceteri nocentissimum esse arbitrabantur, sed expectabant sententias eorum, quos corruptos esse putabant, ut ex iis constituerent, a quo iudicium corruptum videretur. Ecce tibi eius modi sortitio, ut in 28 primis Bulbo et Staieno et Guttae esset iudicandum! Summa omnium exspectatio, quidnam sententiae ferrent leves ac nummarii iudices. Atque illi omnes sine ulla dubitatione condemnant. Hic tum iniectus est homi- 76 nibus scrupulus et quaedam dubitatio, quidnam esset actum. Deinde homines sapientes et ex vetere illa disciplina iudiciorum, qui neque absolvere hominem nocentissimum possent neque eum, de quo esset orta suspicio pecunia oppugnatum, re illa incognita primo condemnare vellent, NON LIQUERE dixerunt. Non nulli autem severi homines, qui hoc statuerunt, quo quisque animo quid faceret, spectari oportere, etsi alii pecunia accepta verum iudicabant, tamen nihilo minus se superioribus suis iudiciis constare putabant oportere; itaque damnarunt. Quinque omnino fuerunt, qui illum vestrum innocentem Oppianicum sive imprudentia sive misericordia sive aliqua suspicione sive ambitione adducti absolverunt.

Condemnato Oppianico statim L. Quinctius, homo 77 maxime popularis, qui omnes rumorum et contionum ventos colligere consuesset, oblatam sibi facultatem putavit, ut ex invidia senatoria posset crescere, quod eius ordinis iudicia minus iam probari populo arbitrabatur. Habetur una atque altera contio vehemens et gravis; accepisse pecuniam iudices, ut innocentem reum condemnarent, tribunus plebis clam[it]abat; agi fortunas omnium dicebat; nulla esse iudicia; qui pecuniosum inimicum *haberet, incolumem* esse neminem posse.

Homines totius ignari negotii, qui Oppianicum numquam vidissent, virum optimum et hominem pudentissimum pecunia oppressum esse arbitrarentur, incensi suspicione rem in medium vocare coeperunt et causam illam totam deposcere. Atque illo ipso tempore in aedis T. Anni, hominis honestissimi, necessarii et amici mei, noctu Staienus arcessitus ab Oppianico venit. Iam cetera nota sunt omnibus, ut cum illo Oppianicus egerit de pecunia, ut ille se redditurum esse dixerit, ut eum sermonem audierint omnem viri boni, qui tum consulto propter in occulto stetissent, ut res patefacta et in forum prolata et pecunia omnis a Staieno extorta atque erepta sit. Huius Staieni persona populo iam nota atque perspecta ab nulla turpi suspicione abhorrebat; suppressam esse ab eo pecuniam, quam pro reo pronuntiasset, qui erant in contione, non intellegebant; neque enim docebantur. Versatam esse in iudicio mentionem pecuniae sentiebant, innocentem reum condemnatum audiebant, Staieni sententia condemnatum videbant; non gratis id ab eo factum esse, quod hominem norant, iudicabant. Similis in Bulbo, in Gutta, in aliis non nullis suspicio consistebat. Itaque confiteor (licet enim iam impune hoc praesertim in loco confiteri), quod Oppianici non modo vita, sed etiam nomen ante illud tempus populo ignotum fuisset, indignissimum porro videretur circumventum esse innocentem pecunia, hanc deinde suspicionem augeret Staieni improbitas et non nullorum eius similium iudicum turpitudo, causam autem ageret L. Quinctius, homo cum summa potestate praeditus tum ad inflammandos animos multitudinis accommodatus, summam illi iudicio invidiam infamiamque esse conflatam; atque in hanc flammam recentem tum C Iunium, qui illi quaestioni praefuerat, iniectum esse memini, et illum hominem aedilicium iam praetorem opinionibus hominum constitutum non disceptatione dicendi sed clamore de foro atque adeo de civitate esse sublatum

Neque me paenitet hoc tempore potius quam illo 80
causam A. Cluenti defendere. Causa enim manet eadem,
quae mutari nullo modo potest, temporis iniquitas
atque invidia recessit, ut, quod in tempore mali fuit,
nihil obsit, quod in causa boni fuit, prosit. Itaque
nunc quem ad modum audiar, sentio, non modo ab
iis, quorum iudicium ac potestas est, sed etiam ab
illis, quorum tantum est existimatio. At tum si dicerem, non audirer, non quod alia res esset; immo
eadem, sed tempus aliud. Id adeo sic cognoscite. 30
Quis tum auderet dicere nocentem condemnatum esse
Oppianicum? quis nunc audet negare? Quis tum
posset arguere ab Oppianico temptatum esse iudicium
pecunia? quis id hoc tempore infitiari potest? Cui
tum liceret docere Oppianicum reum factum esse tum
denique, cum duobus proxumis praeiudiciis condemnatus esset? quis est, qui id hoc tempore infirmare
conetur? Quare invidia remota, quam dies mitigavit, 81
oratio mea deprecata est, vestra fides atque aequitas
a veritatis disceptatione reiecit, quid est praeterea,
quod in causa relinquatur?

Versatam esse in iudicio pecuniam constat; ea
quaeritur unde profecta sit, ab accusatore an ab reo.
Dicit accusator haec: 'Primum gravissimis criminibus
accusabam, ut nihil opus esset pecunia: deinde condemnatum adducebam, ut ne eripi quidem pecunia
posset; postremo, etiamsi absolutus fuisset, mearum
tamen omnium fortunarum status incolumis maneret.'
Quid contra reus? 'Primum ipsam multitudinem
criminum et atrocitatem pertimescebam; deinde Fa-
briciis propter conscientiam mei sceleris condemnatis
me esse condemnatum sentiebam; postremo in eum
metum veneram, ut omnis mearum fortunarum status
unius iudicii periculo contineretur.'

Age, quoniam corrumpendi iudicii causas ille mul- 82
tas et gravis habuit, hic nullam, profectio ipsius pecuniae requiratur. Confecit tabulas diligentissime

Cluentius. Haec autem res habet hoc certe, ut nihil possit neque additum neque detractum de re familiari latere. Anni sunt octo, cum ista causa in ista meditatione versatur, cum omnia, quae ad eam rem pertinent, et ex huius et ex aliorum tabulis agitatis, tractatis, inquiritis, cum interea Cluentianae pecuniae vestigium nullum invenitis. Quid? Albiana pecunia vestigiisne nobis odoranda est an ad ipsum cubile vobis ducibus venire possumus? Tenentur uno in loco HS $\overline{\text{IƆCXL}}$, tenentur apud hominem audacissimum, 83 tenentur apud iudicem; quid voltis amplius? At enim Staienus non fuit ab Oppianico, sed a Cluentio ad iudicium corrumpendum constitutus. Cur eum, cum in consilium iretur, Cluentius et Cannutius abesse patiebantur? cur, cum in consilium mittebant, Staienum iudicem, cui pecuniam dederant, non requirebant? Oppianicus querebatur, Quinctius flagitabat; sine Staieno ne in consilium iretur, tribunicia potestate effectum est. At condemnavit. Hanc enim condemnationem dederat obsidem Bulbo et ceteris, ut destitutus ab Oppianico videretur. Quare si istinc causa corrumpendi iudicii, si istinc pecunia, istinc Staienus, istinc denique omnis fraus et audacia est, hinc pudor, honesta vita, nulla suspicio pecuniae, nulla corrumpendi iudicii causa, patimini veritate patefacta atque omni errore sublato eo transire illius turpitudinis infamiam, ubi cetera maleficia consistunt, ab eo invidiam discedere aliquando, ad quem numquam accessisse culpam videtis.

31
84 At enim pecuniam Staieno dedit Oppianicus non ad corrumpendum iudicium, sed ad conciliationem gratiae. Tene hoc, Acci, dicere, tali prudentia, etiam usu atque exercitatione praeditum? Sapientissimum esse dicunt eum, cui, quod opus sit, ipsi veniat in mentem; proxime accedere illum, qui alterius bene inventis obtemperet. In stultitia contra est. Minus *enim stultus* est is, cui nihil in mentem venit, quam

ille, qui, quod stulte alteri venit in mentem, comprobat. Istam conciliationem gratiae Staienus tum recenti re, cum faucibus premeretur, excogitavit, sive, ut homines tum loquebantur, a P. Cethego admonitus istam dedit conciliationis gratiae fabulam. Nam fuisse 85 hunc tum hominum sermonem recordari potestis, Cethegum, quod hominem odisset et quod eius improbitatem versari in re publica nollet et quod videret eum, qui se ab reo pecuniam, cum iudex esset, clam atque extra ordinem accepisse confessus esset, salvum esse non posse, minus ei fidele consilium dedisse. In hoc si improbus Cethegus fuit, videtur mihi adversarium removere voluisse; sin erat eius modi causa, ut Staienus nummos se accepisse negare non posset, nihil autem erat periculosius nec turpius quam, ad quam rem accepisset, confiteri, non est consilium Cethegi reprehendendum. Verum alia causa tum 86 Staieni fuit, alia nunc, Acci, tua est. Ille cum re premeretur, quodcumque diceret, honestius diceret, quam si, quod erat factum, fateretur; te vero illud idem, quod tum explosum et eiectum est, nunc rettulisse demiror. Qui enim poterat tum in gratiam redire cum Oppianico Cluentius, qui cum matre? Haerebat in tabulis publicis reus et accusator; condemnati erant Fabricii; nec elabi alio accusatore poterat Albius nec sine ignominia calumniae relinquere accusationem Cluentius. An ut praevaricaretur? nam id 32 quoque ad corrumpendum iudicium pertinet. Sed 87 quid opus erat ad eam rem iudice sequestre? et omnino quam ob rem tota ista res per Staienum potius, hominem ab utroque alienissimum, sordidissimum, turpissimum, quam per bonum aliquem virum ageretur et amicum necessariumque communem? Sed quid ego haec pluribus quasi de re obscura disputo, cum ipsa pecunia, quae Staieno data est, numero ac summa sua, non modo *quanta* fuerit, sed etiam ad quam rem fuerit, ostendat? *Sedecim* dico iudices, ut Oppianicus absolveretur, corrumpendos fuisse; ad Staienum sescenta quadraginta milia nummum esse delata. Si, ut tu dicis, gratiae conciliandae causa, quadraginta istorum accessio milium quid valet? si, ut nos dicimus, ut quadragena milia sedecim iudicibus darentur, non Archimedes melius potuit discribere.

88 At enim iudicia facta permulta sunt a Cluentio iudicium esse corruptum. Immo vero ante hoc tempus omnino ista ipsa res suo nomine in iudicium numquam est vocata. Ita multum agitata, ita diu iactata ista res est, ut hodierno die primum causa illa defensa sit, hodierno die primum veritas vocem contra invidiam his iudicibus freta miserit. Verum tamen ista multa iudicia quae sunt? Ego enim me ad omnia confirmavi et sic paravi, ut docerem, quae facta postea iudicia de illo iudicio dicerentur, partim ruinae similiora aut tempestati quam iudicio et disceptationi fuisse, partim nihil contra Habitum valere, partim etiam pro hoc esse, partim esse eius modi, ut neque
89 appellata umquam iudicia sint neque existimata. His ego magis ut consuetudinem servem, quam quod vos non vestra hoc sponte faciatis, petam a vobis, ut me dum de his singulis disputo iudiciis, attente audiatis

33 Condemnatus est C. Iunius, qui ei quaestioni praefuerat; adde etiam illud, si placet: tum est condemnatus, cum esset iudex quaestionis. Non modo causae sed ne legi quidem quicquam per tribunum plebi laxamenti datum est. Quo tempore illum a quaestione ad nullum aliud rei publicae munus abduci licebat, eo tempore ad quaestionem ipse abreptus est At quam quaestionem? Voltus enim vestri, iudices me invitant, ut, quae reticenda putaram, lubeat iam
90 libere dicere Quid? illa tandem quaestio aut disceptatio aut iudicium fuit? Putabo fuisse. Dicat, qui vult hodie de illo populo concitato, cui tum populi mos gestus est, qua de re Iunius causam dixerit *quemcumque* rogaveris, hoc respondebit, quod pec

niam acceperit, quod innocentem circumvenerit. Est
haec opinio. At, si ita esset, hac lege accusatum
oportuit, qua accusatur Habitus. At ipse ea lege
quaerebat. Paucos dies exspectasset Quinctius. At
neque privatus accusare nec sedata iam invidia volebat. Videtis igitur non in causa, sed in tempore ac
potestate spem omnem accusatoris fuisse. Multam
petivit. Qua lege? Quod in legem non iurasset,
quae res nemini umquam fraudi fuit, et quod C. Verres,
praetor urbanus, homo sanctus et diligens, subsorti-
tionem eius in eo codice non haberet, qui tum inter-
litus proferebatur. His de causis C. Iunius condemnatus est, iudices, levissimis et infirmissimis, quas
omnino in iudicium adferri non oportuit. Itaque oppressus est non causa, sed tempore. Hoc vos Cluentio
iudicium putatis obesse oportere? quam ob causam?
Si ex lege subsortitus non erat Iunius aut si in aliquam legem aliquando non iuraverat, idcirco illius
damnatione aliquid de Cluentio iudicabatur? 'Non',
inquit; 'sed ille idcirco illis legibus condemnatus
est, quod contra aliam legem commiserat.' Qui
hoc confitentur, possunt idem illud iudicium fuisse
defendere? 'Ergo', inquit, 'idcirco infestus tum populus Romanus fuit C. Iunio, quod illud iudicium corruptum per eum putabatur.' Num igitur hoc tempore
causa mutata est? num alia res, alia ratio illius iudicii, alia natura totius negotii nunc est, ac tum fuit?
Non opinor ex iis rebus, quae gestae sunt, rem ullam
potuisse mutari. Quid ergo est causae, quod nunc
nostra defensio audiatur tanto silentio, tum Iunio
defendendi sui potestas erepta sit? Quia tum in
causa nihil erat praeter invidiam, errorem, suspicionem,
contiones cotidianus seditiose ac populariter concita-
tas. Accusabat tribunus plebis idem in contionibus,
idem ad subsellia; ad iudicium non modo de contione,
sed etiam cum ipsa contione veniebat. Gradus illi
Aurelii tum novi quasi pro theatro illi iudicio aedi-

ficati videbantur; quos ubi accusator concitatis hominibus complerat, non modo dicendi ab reo, sed ne surgendi quidem potestas erat. Nuper apud C. Orchivium, collegam meum, locus ab iudicibus Fausto Sullae de pecuniis residuis non est constitutus, non quo illi aut exlegem esse Sullam aut causam pecuniae publicae contemptam atque abiectam putarent, sed quod accusante tribuno plebis condicione aequa disceptari posse non putarunt. Quid conferam? Sullamne cum Iunio an hunc tribunum plebis cum Quinctio an vero tempus cum tempore? Sulla maximis opibus, cognatis, adfinibus, necessariis, clientibus plurimis, haec autem apud Iunium parva et infirma et ipsius labore quaesita atque collecta; hic tribunus plebis modestus, pudens, non modo non seditiosus, sed etiam seditiosis adversarius, ille autem acerbus, criminosus, popularis homo ac turbulentus; tempus hoc tranquillum atque pacatum, illud omnibus invidiae tempestatibus concitatum. Quae cum ita essent, in Fausto tamen illi iudices statuerunt iniqua condicione reum causam dicere, cum adversario eius ad ius accusationis summa vis potestatis accederet. Quam quidem rationem vos, iudices, diligenter pro vestra sapientia et humanitate cogitare et penitus perspicere debetis, quid mali, quantum periculi uni cuique nostrum inferre possit vis tribunicia, conflata praesertim invidia et contionibus seditiose concitatis. Optimis hercule temporibus, tum cum homines se non iactatione populari, sed dignitate atque innocentia tuebantur, tamen nec P. Popilius neque Q. Metellus, clarissimi viri atque amplissimi, vim tribuniciam sustinere potuerunt, nedum his temporibus, his moribus, his magistratibus sine vestra sapientia ac sine iudiciorum remediis salvi esse possimus. Non fuit illud igitur iudicium iudicii simile, iudices, non fuit, in quo non modus ullus est adhibitus, non mos consuetudoque servata, non causa defensa; vis illa fuit et, ut saepe

xi, ruina quaedam atque tempestas et quidvis
quam iudicium aut disceptatio aut quaestio.
quis est, qui illud iudicium fuisse arbitretur,
his rebus iudicatis standum putet, is tamen
causam ab illa debet seiungere. Ab illo enim,
quod in legem non iurasset sive quod e lege sub
iudicem non esset, multa petita esse dicitur;
autem ratio cum illis legibus, quibus a Iunio
petita est, nulla potest ex parte esse coniuncta.
enim etiam Bulbus est condemnatus. Adde 97
atis', ut intellegas hoc iudicium cum illo non
oniunctum. At est hoc illi crimen obiectum.
sed etiam legionem esse ab eo sollicitatam in
C. Cosconi litteris et multorum testimoniis
factum est, quod crimen erat proprium illius
onis, et quae res lege maiestatis tenebatur. At
fuit ei maxime. Iam ista divinatio est; qua si
et, vide, ne mea coniectura multo sit verior.
im sic arbitror, Bulbum, quod homo nequam,
improbus, multis flagitiis contaminatus in iu-
sit adductus, idcirco facilius esse damnatum.
hi ex tota causa Bulbi, quod tibi commodum
gis, ut id esse secutos iudices dicas.
propter hoc Bulbi iudicium non plus huic $^{36}_{98}$
causae debet quam illa, quae commemorata
b accusatore, duo iudicia P. Popili et Ti. Gut-
i causam de ambitu dixerunt, qui accusati sunt
qui erant ipsi ambitus condemnati; quos ego
irco esse arbitror in integrum restitutos, quod
fecerint illos ob rem iudicandam pecuniam
se, sed quod iudicibus probaverint, cum in
genere, in quo ipsi offendissent, alios reprehen-
, se ad praemia legis venire oportere. Qua-
neminem dubitare existimo, quin illa damnatio
nulla ex parte cum causa Clueuti vestroque
coniuncta esse possit.
id, *quod Staienus est* condemnatus? Non dico 99

PRO A. CLUENTIO ORATIO.

iudices, id quod nescio an dici oporteat,
…tis esse condemnatum; non recito testium honestissimorum, quae in Staienum
b iis, qui M. Aemilio, clarissimo viro,
…fecti et tribuni militares fuerunt; quorum
…anum factum est maxime eius opera, cum
…t, in exercitu seditionem esse conflatam;
…m testimonia recito, quae dicta sunt de
… ille cum accepisset nomine iudicii Safi-
… Oppianici iudicio postea, reticuit atque
Omitto et haec et alia permulta, quae
… Staienum dicta sunt; hoc dico, eandem
… et L. Cominiis, equitibus Romanis, hone-
…s et disertis, controversiam cum Staieno,
…bant, quae nunc mihi est cum Accio
…ant idem, quod ego dico, Staienum ab
…cuniam accepisse, ut iudicium corrum-
…s conciliandae gratiae causa se accepisse
…idebatur haec illius reconciliatio et per-
…ni suscepta, sicut in statuis inauratis,
…d Iuturnae, quibus subscripsit reges ab
… esse reductos. Exagitabantur omnes eius
… fallaciae, tota vita in eius modi ratione
…ebatur, egestas domestica, quaestus fo-
…dium proferebatur, nummarius interpres
…icordiae non probabatur. Itaque tum
…idem defenderet, quod Accius, condem-
…ominii cum hoc agerent, quod nos in
…gimus, probaverunt. Quam ob rem, si
…atione Oppianicum iudicium corrumpere
…ianicum iudici ad emendas sententias de-
…m iudicatum est, cum ita constitutum
… culpa aut Cluentius sit aut Oppianicus,
…nus nullus iudici datus ullo vestigio re-
…ianici pecunia post iudicium factum ab
… est: potest esse dubium, quin illa dam-
… non modo non sit contra Cluentium

Sed maxime nostram causam defensionemque confirmet? Ergo adhuc Iuni iudicium video esse eius modi, ut incursionem potius seditionis, vim multitudinis, impetum tribunicium quam iudicium appellandum putem. Quodsi quis illud iudicium appellet, tamen hoc confiteatur necesse est, nullo modo illam multam, quae ab Iunio petita sit, cum Cluenti causa posse coniungi. Illud igitur Iunianum per vim factum est, Bulbi et Popili et Guttae contra Cluentium non est, Staieni etiam pro Cluentio est. Videamus, ecquod aliud indicium, quod pro Cluentio sit, proferre possimus.

Dixitne tandem causam C. Fidiculanius Falcula, qui Oppianicum condemnarat, cum praesertim, id quod fuit in illo iudicio invidiosissimum, paucos dies ex subsortitione sedisset? Dixit, et bis quidem dixit. In summam enim L. Quinctius invidiam contionibus eum cotidianis seditiosis et turbulentis adduxerat. Uno iudicio multa est ab eo petita, sicut ab Iunio, quod non suae decuriae munere neque ex lege sedisset. Paulo sedatiore tempore est accusatus quam Iunius, sed eadem fere lege et crimine. Quia nulla in iudicio seditio neque vis nec turba versata est, prima actione facillime est absolutus. Non numero hanc absolutionem; nihilo minus enim potest, ut illam multam non commiserit, accepisse tamen ob rem iudicandam *** capta nusquam Staienus eadem lege dixit. Proprium tamen illud quaestionis eius non fuit. Fidiculanius quid fecisse dicebatur? Accepisse a Cluentio HS $\overline{\text{cccc}}$. Cuius erat ordinis? Senatorii. Qua lege in eo genere a senatore ratio repeti solet, de pecuniis repetundis, ea lege accusatus honestissime est absolutus. Acta est enim causa more maiorum sine vi, sine metu, sine periculo; dicta et exposita et demonstrata sunt omnia. Adducti iudices sunt non modo potuisse honeste ab eo reum *condemnari*, qui non perpetuo *sedisset, sed, aliud si is iudex* nihil scisset, nisi quae praeiudicia de eo facto esse constarent, audire praeterea nihil debuisse. Tum etiam illi quinque, qui imperitorum hominum rumusculos aucupati tum illum absolverunt, iam suam clementiam laudari magno opere nolebant; a quibus si qui quaereret, sedissentne iudices in C. Fabricium, sedisse se dicerent; si interrogarentur, num quo crimine is esset accusatus praeterquam veneni eius, quod quaesitum Habito diceretur, negarent; si deinde essent rogati, quid iudicassent, condemnasse se dicerent; nemo enim absolvit. Eodem modo quaesitum si esset de Scamandro, certe idem respondissent; tametsi ille una sententia est absolutus, sed illam unam nemo tum istorum suam dici vellet. Uter igitur facilius suae sententiae rationem redderet, isne, qui se et sibi et rei iudicatae constitisse dicit, an ille, qui se in principem maleficii lenem, in adiutores eius et conscios vehementissimum esse respondit? Quorum ego de sententia non debeo disputare; neque enim dubito, quin ii tales viri suspicione aliqua perculsi repentina de statu suo declinarint. Quare eorum, qui absolverunt, misericordiam non reprehendo, eorum, qui in iudicando superiora iudicia secuti sunt sua sponte, non Staieni fraude, constantiam comprobo, eorum vero, qui sibi non liquere dixerunt, sapientiam laudo, qui absolvere eum, quem nocentissimum cognorant et quem ipsi bis iam antea condemnarant, nullo modo poterant, condemnare, cum tanta consilii infamia et tam atrocis rei suspicio esset iniecta, paulo posterius patefacta re maluerunt. Ac ne ex facto solum sapientes illos iudicetis, sed etiam ex hominibus ipsis, quod hi fecerunt, rectissime ac sapientissime factum probetis, quis P. Octavio Balbo ingenio prudentior, iure peritior, fide, religione, officio diligentior aut sanctior commemorari potest? Non absolvit. Quis Q. Considio constantior, quis iudiciorum atque eius dignitatis, quae in iudiciis publicis versari debet, peritior, quis virtute, consilio, auctoritate praestantior?

Ne is quidem absolvit. Longum est de singulorum virtute illa dicere, quae quia cognita sunt ab omnibus, verborum ornamenta non quaerunt. Qualis vir M. Iuventius Pedo fuit ex vetere illa iudicum disciplina, qualis L. Caulius Mergus, M. Basilus, C. Caudinus! qui omnes in iudiciis publicis iam tum fiorente re publica floruerunt. Ex eodem numero L. Cassius, Cn. ... pari et integritate et prudentia; quorum nullius sententia est Oppianicus absolutus. Atque in his omnibus natu minimus, ingenio et diligentia et regione par iis, quos antea commemoravi, P. Saturius, in eadem sententia fuit. O innocentiam Oppianici 108 singularem! quo in reo, qui absolvit, ambitiosus, qui ...tulit, cautus, qui condemnavit, constans existimatur.

Haec tum agente Quinctio neque in contione neque 39 in iudicio demonstrata sunt; neque enim ipse dici patiebatur, nec per multitudinem concitatam consistere ...quam in dicendo licebat. Itaque ipse postquam causam pervertit, totam causam reliquit; paucis enim diebus illis et ipse privatus est factus et hominum studia defervisse intellegebat. Quodsi, per quos dies ...am accusavit, Fidiculanium accusare voluisset, respondendi Fidiculanio potestas facta non esset. Ac primo quidem omnibus illis iudicibus, qui Oppianicum condemnarant, minabatur. Iam insolentiam noratis 109 hominis, noratis animos eius ac spiritus tribunicios. Quod erat odium, di immortales, quae superbia, quanta ignorantia sui, quam gravis atque intolerabilis arrogantia! qui illud iam ipsum acerbe tulerit, ex quo illa nata sunt omnia, non sibi ac defensioni suae condonatum esse Oppianicum; proinde quasi non satis ...ui esse debuerit ab omnibus eum fuisse desertum, ...i se ad patronum illum contulisset. Erat enim Romae summa copia patronorum, hominum eloquentissimorum atque amplissimorum, quorum certe aliquis defendisset equitem Romanum in municipio suo nobilem, si honeste putasset eius modi causam posse

40 defendi. Nam Quinctius quidem quam causam umquam
antea dixerat, cum annos ad quinquaginta natus esset?
quis eum umquam non modo in patroni, sed in lau-
datoris aut advocati loco viderat? qui quod rostra
iam diu vacua locumque illum post adventum L. Sullae
a tribunicia voce desertum oppresserat multitudinemque desuefactam iam a contionibus ad veteris consuetudinis similitudinem revocarat, idcirco cuidam hominum generi paulisper iucundior fuit. Atque idem
quanto in odio postea illis ipsis fuit, per quos in al-
111 tiorem locum ascenderat! neque iniuria. Facite enim
ut non solum mores et arrogantiam eius, sed etiam
vultum atque amictum atque etiam illam usque ad
talos demissam purpuram recordemini. Is, quasi non
esset ullo modo ferendum se ex iudicio discessisse
victum, rem a subselliis ad rostra detulit. Et iam
querimur saepe hominibus novis non satis magnos in
hac civitate esse fructus? Nego usquam umquam
fuisse maiores; ubi si quis ignobili loco natus ita
vivit, ut nobilitatis dignitatem virtute tueri posse
videatur, usque eo pervenit, quoad eum industria cum
112 innocentia prosecuta est. Si quis autem hoc uno
nititur, quod sit ignobilis, procedit saepe longius
quam si idem ille esset cum isdem suis vitiis nobilissimus. Ut Quinctius (nihil enim dicam de ceteris)
si fuisset homo nobilis, quis eum cum illa superbia
atque intolerantia ferre potuisset? Quod eo loco fui
ita tulerunt, ut, si quid haberet a natura boni, pro-
esse ei putarent oportere, superbiam autem atque
arrogantiam eius deridendam magis arbitrarentur prop-
41 ter humilitatem hominis quam pertimescendam. Sed
ut illuc revertar, quo tempore Fidiculanius est absolutus, tu, qui iudicia facta commemoras, [quaero]
quid tum esse existimas iudicatum? certe gratis iu-
113 dicasse. At condemnarat, at causam totam non audierat, at in contionibus [omnibus] a L. Quinctio ve-
hementer erat et saepe vexatus. Illa igitur omnia

Quinctiana iniqua, falsa, turbulenta, popularia, seditiosa iudicia fuerunt. Esto, potuit esse innocens Falcula. Iam ergo aliqui Oppianicum gratis condemnavit, iam non eos Iunius subsortitus est, qui pecunia accepta condemnarent, iam potuit aliqui ab initio non sedisse et tamen Oppianicum gratis condemnasse. Verum, si innocens Falcula, quaero, quis sit nocens; si hic gratis condemnavit, quis accepit? Nego rem esse ullam cuiquam illorum obiectam, quae Fiduculanio non obiecta sit, aut quicquam fuisse in Fiduculani causa, quod idem non esset in ceterorum. Aut 114 hoc iudicium reprehendas tu, cuius accusatio rebus iudicatis nitebatur, necesse est aut, si hoc verum esse concedis, Oppianicum gratis condemnatum esse fateare. Quamquam satis magno argumento esse debet, quod ex tam multis iudicibus absoluto Falcula nemo reus factus est. Quid enim mihi damnatos ambitus colligitis alia lege, certis criminibus, plurimis testibus? cum primum illi ipsi debuerint potius accusari de pecuniis repetundis quam ambitus. Nam si in ambitus iudiciis hoc iis obfuit, cum alia lege causam dicerent, certe, si propria lege huius peccati adducti essent, multo plus obfuisset. Deinde, si tanta vis fuit istius 115 criminis, ut, qua quisque lege ex illis iudicibus reus factus esset, tamen hac plaga periret, cur in tanta multitudine accusatorum tantis praemiis ceteri rei facti non sunt? Hic profertur id, quod iudicium appellari non oportet, P. Septimio Scaevolae litem eo nomine esse aestimatam. Cuius rei quae consuetudo sit, quoniam apud homines peritissimos dico, pluribus verbis docere non debeo. Numquam enim ea diligentia, quae solet adhiberi in ceteris iudiciis, eadem reo damnato adhibita est; in litibus aestimandis fere 116 iudices aut, quod sibi eum, quem semel condemnarunt, inimicum putant esse, si quae in eum lis capitis illata est, non admittunt aut, quod se perfunctos iam esse arbitrantur, *eum de reo iudicarunt*, neglegentius atten-

dunt cetera. Itaque et maiestatis absoluti sunt
multi, quibus damnatis de pecuniis repetundis
maiestatis essent aestimatae, et hoc cotidie fieri
mus, ut reo damnato de pecuniis repetundis, ad
pervenisse pecunias in litibus aestimandis stat
sit, eos idem iudices absolvant; quod cum fit,
iudicia rescinduntur, sed hoc statuitur, aestimatio
litium non esse iudicium. Scaevola condemnatu
aliis criminibus frequentissimis Apuliae testibus. (
contentione pugnatum est, uti lis haec capitis
maretur. Quae res si rei iudicatae pondus habu
ille postea vel isdem vel aliis inimicis reus hac
ipsa factus esset.

42   Sequitur id, quod illi iudicium appellant, ma
117 autem nostri numquam neque iudicium nomin
neque proinde ut rem iudicatam observarunt, ani
versionem atque auctoritatem censoriam. Qua
antequam dicere incipio, perpauca mihi de meo o
verba faciunda sunt, ut a me cum huiusce per
tum ceterorum quoque officiorum et amicitiarum
conservata esse videatur. Nam mihi cum viris
tibus, qui censores proxime fuerunt, ambobus est
citia; cum altero vero, sicuti plerique vestrum s
magnus usus et summa utriusque officiis const
118 necessitudo est. Quare, quicquid de subscriptio
eorum mihi dicendum erit, eo dicam animo, ut on
orationem meam non de illorum facto, sed de ra
censoria habitam existimari velim; a Lentulo a
familiari meo, qui a me pro eximia sua virtute
misque honoribus, quos a populo Romano ad
est, honoris causa nominatur, facile hoc, iudices
petrabo, ut, quam ipse adhibere consuevit in amic
periculis cum fidem et diligentiam, tum vim
libertatemque dicendi, ex hac mihi concedat ut
tum mihi sumam, quantum sine huius periculo
terire non possim. A me tamen, ut aequum
omnia caute pedetemptimque dicentur, ut neque

huius defensionis relicta neque cuiusquam aut dignitas laesa aut amicitia violata esse videatur.

Video igitur, iudices, animadvertisse censores in 119 iudices quosdam illius consilii Iuniani, cum istam ipsam causam subscriberent. Hic illud primum commune proponam, numquam animadversionibus censoriis hanc civitatem ita contentam ut rebus iudicatis fuisse. Neque in re nota consumam tempus; exempli causa ponam unum illud, C. Getam, cum a L. Metello et Cn. Domitio censoribus ex senatu eiectus esset, censorem esse ipsum postea factum, et, cuius mores erant a censoribus reprehensi, hunc postea et populi Romani et eorum, qui in ipsum animadverterant, moribus praefuisse. Quodsi illud iudicium putaretur, ut ceteri turpi iudicio damnati in perpetuum omni honore ac dignitate privantur, sic hominibus ignominia notatis neque ad honorem aditus neque in curiam reditus esset. Nunc, si quem Cn. Lentuli aut L. Gelli liber- 120 tus furti condemnarit, is omnibus ornamentis amissis numquam ullam honestatis suae partem recuperabit; quos autem ipse L. Gellius et Cn. Lentulus, duo censores, clarissimi viri sapientissimique homines, furti et captarum pecuniarum nomine notaverunt, ii non modo in senatum redierunt, sed etiam illarum ipsarum rerum iudiciis absoluti sunt. Neminem voluerunt maiores 43 nostri non modo de existimatione cuiusquam, sed ne pecuniaria quidem de re minima esse iudicem, nisi qui inter adversarios convenisset. Quapropter in omnibus legibus, quibus exceptum est, de quibus causis aut magistratum capere non liceat aut iudicem legi aut alterum accusare, haec ignominiae causa praetermissa est. Timoris enim causam, non vitae poenam in illa potestate esse voluerunt. Itaque non solum illud 121 ostendam, quod iam videtis, populi Romani suffragiis saepenumero censorias subscriptiones esse sublatas, verum etiam iudiciis eorum, qui iurati statuere maiore cum *religione et diligentia* debuerunt. Primum iudices, senatores equitesque Romani, in compluribus iam reis, quos contra leges pecunias accepisse subscriptum est, suae potius religioni quam censorum opinioni paruerunt. Deinde praetores urbani, qui iurati debent optimum quemque in lectos iudices referre, numquam sibi ad eam rem censoriam ignominiam impedimento esse oportere duxerunt. Censores denique ipsi saepenumero superiorum censorum iudiciis, si ista iudicia appellare vultis, non steterunt. Atque etiam ipsi inter se censores sua iudicia tanti esse arbitrantur, ut alter alterius iudicium non modo reprehendat, sed etiam rescindat, ut alter de senatu movere velit, alter retineat et ordine amplissimo dignum existimet, ut alter in aerarios referri aut tribu moveri iubeat, alter vetet. Quare qui vobis in mentem venit haec appellare iudicia, quae a populo rescindi, ab iuratis iudicibus repudiari, a magistratibus neglegi, ab iis, qui eandem potestatem adepti sunt, commutari, inter collegas discrepare videatis?

Quae cum ita sint, videamus, quid tandem censores de illo iudicio corrupto iudicasse dicantur. Ac primum illud statuamus, utrum, quia censores subscripserint, ita sit, an, quia ita fuerit, illi subscripserint. Si quia subscripserint, videte, quid agatis, ne in unum quemque nostrum censoribus in posterum potestatem regiam permittatis, ne subscriptio censoria non minus calamitatis civibus quam illa acerbissima proscriptio possit adferre, ne censorium stilum, cuius mucronem multis remediis maiores nostri rettuderunt, aeque posthac atque illum dictatorium [gladium] pertimescamus. Sin autem, quod subscriptum est, quia verum est, idcirco grave debet esse, hoc quaeramus, verum sit an falsum; removeantur auctoritates censoriae, tollatur id ex causa, quod in causa non est; doce, quam pecuniam Cluentius dederit, unde dederit, quem ad modum dederit; unum denique aliquod a Cluentio profectae pecuniae vestigium ostende. Vince deinde bonum virum fuisse Oppianicum, hominem integrum, nihil de illo umquam secus esse existimatum, nihil denique praeiudicatum. Tum auctoritatem censoriam amplexato, tum illorum iudicium coniunctum cum re esse defendito. Dum vero eum fuisse Oppianicum constabit, qui tabulas publicas municipii manu sua corrupisse iudicatus sit, qui testamentum interleverit, qui supposita persona falsum testamentum obsignandum curaverit, qui eum, cuius nomine id obsignatum est, interfecerit, qui avunculum filii sui in servitute ac vinculis necaverit, qui municipes suos proscribendos occidendosque curaverit, qui eius uxorem, quem occiderat, in matrimonium duxerit, qui pecuniam pro abortione dederit, qui socrum, qui uxores, qui uno tempore fratris uxorem speratosque liberos fratremque ipsum, qui denique suos liberos interfecerit, qui cum venenum privigno suo dare vellet, manifesto deprehensus sit, cuius ministris consciisque damnatis ipse adductus in iudicium pecuniam iudici dederit ad sententias iudicum corrumpendas, dum haec, inquam, de Oppianico constabunt neque ullo argumento Cluentianae pecuniae crimen tenebitur, quid est, quod te ista censoria, sive voluntas sive opinio fuit, adiuvare aut hunc innocentem opprimere posse videatur? Quid igitur censores secuti sunt? Ne ipsi quidem, ut gravissime dicam, quicquam aliud dicent praeter sermonem atque famam. Nihil se testibus, nihil tabulis, nihil aliquo gravi argumento comperisse, nihil denique causa cognita statuisse dicent. Quod si ita fecissent, tamen id non ita fixum esse deberet, ut convelli non liceret. Non utar exemplorum copia, quae summa est, non rem veterem, non hominem potentem aliquem aut gratiosum proferam. Nuper hominem tenuem, scribam aedilicium, D. Matrinium, cum defendissem apud M. Iunium Q. Publicium praetores et M. Plactorium C. Flaminium aediles curules, persuasi, ut scribam iurati legerent eum, quem idem isti censores

aerarium reliquisse *se* su
homine nulla culpa inver
non quid de eo statutu
127 duxerunt. Nam haec quid
subscripserunt, quis est,
diligenter iudicata arbitre
Ti. Guttam video esse s
duos esse corruptos solos
licet gratis condemnarun
ventus, non oppressus pecu
contiones habebantur, omr
narunt, in culpa sunt ac
solos video auctoritate ce
iudicari; aut illud adferar
duobus habuerint compert
46 Nam illud quidem minin
128 tiones auctoritatemque
consuetudine militari tra
ita maiores nostri, ut, si
militaris admissum, sorti
retur, ut metus videlicet
perveniret. Quod idem
dignitatis et in iudicio
vitiorum qui convenit?
tenuit, qui hostium impet
idem postea et miles e
civis utilis. Quare, qui
metum deliquerat, amplio
est a maioribus constitut
poenam capitis subirent,
129 rata est. Hoc tu idem fac
Si erunt plures, qui ob
pecuniam acceperint, tu
sed carpes, ut velis, et
miniam sortiere? Habeh
curia senatorem, populu
blica civem sine ignomin

ciem innocentis fidem suam et religionem pecunia commutarit, et, qui pretio adductus eripuerit patriam, fortunas, liberos civi innocenti, is censoriae severitatis nota non inuretur? Tu es praefectus moribus, tu magister veteris disciplinae ac severitatis, si aut retines quemquam sciens in senatu scelere tanto contaminatum aut statuis, qui in eadem culpa sit, non eadem poena adfici convenire? Aut, quam condicionem supplicii maiores in bello timiditati militis propositam esse voluerunt, eandem tu in pace constitues improbitati senatoris? Quodsi hoc exemplum ex re militari ad animadversionem censoriam transferendum fuit, sortitione id ipsum factum esse oportuit. Sin autem sortiri ad poenam et hominum delictum fortunae iudicio committere minime censorium est, certe in multorum peccato carpi paucos ad ignominiam [et turpitudinem] non oportet. Verum omnes intellegimus in istis subscriptionibus ventum quendam popularem esse quaesitum. Iactata res erat in contione [a tribuno seditioso]; incognita causa probatum erat illud multitudini; nemini licitum est contra dicere, nemo denique, ut defenderet contrariam partem, laborabat. In invidiam porro magnam illa iudicia venerant. Etenim paucis postea mensibus alia vehemens erat in iudiciis ex notatione tabellarum invidia versata. Praetermitti ab censoribus et neglegi macula iudiciorum posse non videbatur. Homines, quos ceteris vitiis atque omni dedecore infamis videbant, eos hac quoque subscriptione notare voluerunt, et eo magis, quod illo ipso tempore illis censoribus erant iudicia cum equestri ordine communicata, ut viderentur per hominum idoneorum ignominiam sua auctoritate illa iudicia reprehendisse. Quodsi hanc apud eosdem ipsos censores mihi aut alii causam agere licuisset, hominibus tali prudentia praeditis certe probavissem; res enim indicat nihil ipsos habuisse cogniti, nihil comperti; ex tota ista subscriptione rumorem quen-

dam et plausum popularem esse quaesitum. Nam in
P. Popilium, qui Oppianicum condemnarat, subscripsit
L. Gellius, quod is pecuniam accepisset, quo innocentem condemnaret. Iam id ipsum quantae divina-
tionis est, scire innocentem fuisse reum, quem fortasse
numquam viderat, cum homines sapientissimi iudices,
ut nihil dicam de iis, qui condemnarunt, causa cognita
sibi dixerunt non liquere!

132 Verum esto; condemnat Popilium Gellius, iudicat
accepisse a Cluentio pecuniam. Negat hoc Lentulus;
nam Popilium, quod erat libertini filius, in senatum
non legit, locum quidem senatorium ludis et cetera
ornamenta reliquit, et eum omni ignominia liberat.
Quod cum facit, iudicat eius sententia gratis esse
Oppianicum condemnatum. Et eundem Popilium
postea Lentulus in ambitus iudicio pro testimonio diligentissime laudat. Quare, si neque L. Gelli iudicio
stetit Lentulus neque Lentuli existimatione contentus
fuit Gellius, et si uterque censor censoris opinione
standum non putavit, quid est, quam ob rem quisquam nostrum censorias subscriptiones omnes fixas
et in perpetuum ratas putet esse oportere?

48 At in ipsum Habitum animadverterunt. Nullam
133 quidem ob turpitudinem, nullum ob totius vitae non
dicam vitium, sed erratum. Neque enim hoc homine
sanctior neque probior neque in omnibus officiis reti-
nendis diligentior esse quisquam potest; neque illi
aliter dicunt, sed eandem illam famam iudicii corrupti
secuti sunt; neque ipsi secus existimant, quam nos
existimari volumus de huius pudore, integritate, virtute,
sed putarunt praetermitti accusatorem non potuisse,
cum animadversum esset in iudices. Qua de re [tota] si
unum factum ex omni antiquitate protulero, plura
134 non dicam. Non enim mihi exemplum summi et
clarissimi viri, P. Africani, praetereundum videtur; qui
cum esset censor et in equitum censu C. Licinius
Sacerdos prodisset, clara voce, ut omnis contio audire

posset, dixit se scire illum verbis conceptis peierasse; si qui contra vellet dicere, usurum esse eum suo testimonio. Deinde cum nemo contra diceret, iussit equum traducere. Ita is, cuius arbitrio et populus Romanus et exterae gentes contentae esse consuerant, ipse sua scientia ad ignominiam alterius contentus non fuit. Quodsi hoc Habito facere licuisset, facile illis ipsis iudicibus et falsae suspicioni et invidiae populariter excitatae restitisset.

Unum etiam est, quod me maxime perturbat, cui loco respondere vix videor posse, quod elogium recitasti de testamento Cn. Egnati patris, hominis honestissimi videlicet et sapientissimi, idcirco se exheredasse filium, quod is ob Oppianici condemnationem pecuniam accepisset. De cuius hominis levitate et inconstantia plura non dicam; hoc testamentum ipsum, quod recitas, eius modi est, ut ille, cum eum filium exheredaret, quem oderat, ei filio coheredes homines alienissimos adiungeret, quem diligebat. Sed tu, Acci, consideres censeo diligenter, utrum censorium iudicium grave velis esse an Egnati. Si Egnati, leve est, quod censores de ceteris subscripserunt; ipsum enim Cn. Egnatium, quem tu gravem esse vis, ex senatu eiecerunt; sin autem censorum, hunc Egnatium, quem pater censoria subscriptione exheredavit, censores in senatu, cum patrem eicerent, retinuerunt.

At enim senatus universus iudicavit illud corruptum esse iudicium. Quo modo? Suscepit causam. An potuit rem delatam eius modi repudiare? cum tribunus plebis populo concitato rem paene ad manus revocasset, cum vir optimus et homo innocentissimus pecunia circumventus diceretur, cum invidia flagraret ordo senatorius, potuit nihil decerni, potuit illa concitatio multitudinis sine summo periculo rei publicae repudiari? At quid est decretum? Quam iuste, quam sapienter, quam diligenter! SI QUI SUNT, QUORUM OPERA FACTUM SIT, UT IUDICIUM PUBLICUM CORRUM-

PERETUR. Utrum videtur id senatus factum iudicare an, si factum sit, moleste graviterque ferre? Si ipse A. Cluentius sententiam de iudiciis rogaretur, aliam non diceret, atque ii dixerunt, quorum sententiis Cluentium condemnatum esse dicitis. Sed quaero a vobis, num istam legem ex isto senatus consulto L. Lucullus consul, homo sapientissimus, tulerit, num anno post M. Lucullus et C. Cassius,. in quos tum consules designatos idem illud senatus decreverat. Non tulerunt; et quod tu Habiti pecunia factum esse arguis neque id ulla tenuissima suspicione confirmas, factum est primum illorum aequitate et sapientia consulum, ut id, quod senatus decreverat ad illud invidiae praesens incendium restinguendum, id postea referendum ad populum non arbitrarentur. Ipse deinde populus Romanus, qui L. Quincti [tribuni plebis] fictis querimoniis antea concitatus rem illam et rogationem flagitarat, idem C. Iuni filii, pueri parvuli, lacrimis commotus maximo clamore et concursu totam quaestionem illam et legem repudiavit. Ex quo intellegi potuit, id quod saepe dictum est, ut mare, quod sua natura tranquillum sit, ventorum vi agitari atque turbari, sic populum Romanum sua sponte esse placatum, hominum seditiosorum vocibus ut violentissimis tempestatibus concitari.

50   Est etiam reliqua permagna auctoritas, quam ego turpiter paene praeterii; mea enim esse dicitur. Recitavit ex oratione nescio qua Accius, quam meam esse dicebat, cohortationem quandam iudicum ad honeste iudicandum et commemorationem cum aliorum iudiciorum, quae probata non essent, tum illius ipsius iudicii Iuniani; proinde quasi ego non ab initio huius defensionis dixerim invidiosum illud iudicium fuisse aut, cum de infamia iudiciorum disputarem, potuerim illud, quod tam populare esset, illo tempore praeterire. Ego vero si quid eius modi dixi, neque *cognitum* commemoravi neque pro testimonio dixi, et illa

ratio potius temporis mei quam iudicii et auctoritatis fuit. Cum enim accusarem et mihi initio proposuissem, ut animos et populi Romani et iudicum commoverem, cumque omnes offensiones iudiciorum non ex mea opinione, sed ex hominum rumore proferrem, istam rem, quae tam populariter esset agitata, praeterire non potui. Sed errat vehementer, si quis in orationibus nostris, quas in iudiciis habuimus, auctoritates nostras consignatas se habere arbitratur. omnes enim illae causarum ac temporum sunt, non hominum ipsorum aut patronorum. Nam, si causae ipsae pro se loqui possent, nemo adhiberet oratorem. nunc adhibemur, ut ea dicamus, non quae nostra auctoritate constituantur, sed quae ex re ipsa causaque ducantur. Hominem ingeniosum, M. Antonium, 140 aiunt solitum esse dicere 'idcirco se nullam umquam orationem scripsisse, ut, si quid aliquando non opus esset ab se esse dictum, posset negare dixisse'; proinde quasi, si quid a nobis dictum aut actum sit, id nisi litteris mandarimus, hominum memoria non comprehendatur. Ego vero 51 in isto genere libentius cum multorum, tum hominis eloquentissimi et sapientissimi, L. Crassi, auctoritatem sequor, qui cum Cn. Plancum defenderet accusante M. Bruto, homine in dicendo vehementi et callido, cum Brutus duobus recitatoribus constitutis ex duabus eius orationibus capita alterna inter se contraria recitanda curasset, quod in dissuasione rogationis eius, quae contra coloniam Narbonensem ferebatur, quantum potest, de auctoritate senatus detrahit, in suasione legis Serviliae summis ornat senatum laudibus, et multa in equites Romanos cum ex ea oratione asperius dicta recitasset, quo animi illorum iudicum in Crassum incenderentur, aliquantum esse commotus dicitur. Itaque in respondendo primum exposuit 141 utriusque rationem temporis, ut oratio ex re et ex causa habita videretur, deinde, ut intellegere posset

Brutus, quem hominem et non solum qua eloquentia, verum etiam quo lepore et quibus facetiis praeditum lacessisset, tres ipse excitavit recitatores cum singulis libellis, quos M. Brutus, pater illius accusatoris, de iure civili reliquit. Eorum initia cum recitarentur, ea quae vobis nota esse arbitror: 'Forte evenit, ut ruri in Privernati essemus ego et Brutus filius', fundum Privernatem flagitabat; 'In Albano eramus ego et Brutus filius', Albanum poscebat; 'In Tiburti forte cum adsedissemus ego et Brutus filius', Tiburtem fundum requirebat; Brutum autem, hominem sapientem, quod filii nequitiam videret, quod praedia ei relinqueret, testificari voluisse dicebat. Quodsi potuisset honeste scribere se in balneis cum id aetatis filio fuisse, non praeterisset; eas se tamen ab eo balneas non ex libris patris, sed ex tabulis et ex censu quaerere. Crassus tum ita Brutum ultus est, ut illum recitationis suae paeniteret; moleste enim fortasse tulerat se in iis orationibus reprehensum, quas de re publica habuisset, in quibus forsitan magis requiratur constantia. Ego autem illa recitari esse non moleste fero. Neque enim ab illo tempore quod tum erat, neque ab ea causa, quae tum agebatur, aliena fuerunt; neque mihi quicquam oneris suscepi cum ista dixi, quo minus honeste hanc causam et libere possem defendere. Quodsi velim confiteri in causam A. Cluenti nunc cognosse, antea fuisse in illa populari opinione, quis tandem id possit reprehendere, praesertim, iudices, cum a vobis quoque ipsis hoc impetrari sit aequissimum, quod ego et ab initio petivi et nunc peto, ut, si quam huc graviorem de illo iudicio opinionem attulistis, hanc causa perspecta atque omni veritate cognita deponatis.

Nunc, quoniam ad omnia, quae abs te dicta sunt T. Acci, de Oppianici damnatione, respondi, confitear necesse est te opinionem multum fefellisse, quod existimaris me causam A. Clueuti non facto eius, sed

lege defensurum. Nam hoc persaepe dixisti tibi sic
renuntiari, me habere in animo causam hanc praesidio
legis defendere. Itane est? ab amicis imprudentes
videlicet prodimur, et est nescio quis de iis, quos
amicos nostros arbitramur, qui nostra consilia ad
adversarios deferat. Quisnam hoc tibi renuntiavit,
quis tam improbus fuit? cui ego autem narravi?
Nemo, ut opinor, in culpa est; et nimirum tibi istud
lex ipsa renuntiavit. Sed num tibi ita defendisse
videor, ut tota in causa mentionem ullam fecerim
legis, num secus hanc causam defendisse, ac si lege
Habitus teneretur? Certe, ut hominem confirmare
oportet, nullus est locus a me purgandi istius invi-
diosi criminis praetermissus. Quid ergo est? quaeret 144
fortasse quispiam, displiceatne mihi legum praesidio
capitis periculum propulsare. Mihi vero, iudices, non
displicet, sed utor instituto meo. In hominis honesti
prudentisque iudicio non solum meo consilio uti consuevi, sed multum etiam eius, quem defendo, et consilio et voluntati obtempero. Nam, ut haec ad me
causa delata est, qui leges eas, ad quas adhibemur et
in quibus versamur, nosse deberem, dixi Habito statim
eo capite: 'QUI COISSET, QUO QUIS CONDEMNARETUR'
illum esse liberum, teneri autem nostrum ordinem.
Atque ille me orare atque obsecrare coepit, ne se
lege defenderem. Cum ego, quae mihi videbantur,
dicerem, traduxit me ad suam sententiam; adfirmabat
enim lacrimans non se cupidiorem esse civitatis retinendae quam existimationis. Morem homini gessi et 145
tamen idcirco feci (neque enim id semper facere debemus), quod videbam per se ipsam causam sine lege
copiosissime posse defendi. Videbam in hac defensione,
qua iam sum usus, plus dignitatis, in illa, qua me
hic uti noluit, minus laboris futurum. Quodsi nihil
aliud esset actum, nisi ut hanc causam obtineremus;
lege recitata perorassem.

Neque me illa oratio commovet, quod ait Accius 53

indignum esse facinus, si senator iudicio quempiam
circumvenerit, legibus eum teneri; si eques Romanus
146 hoc idem fecerit, non teneri. Ut tibi concedam hoc
indignum esse, quod cuius modi sit, iam videro, tu
mihi concedas necesse est multo esse indignius in ea
civitate, quae legibus contineatur, discedi ab legibus.
Hoc enim vinculum est huius dignitatis, qua fruimur
in re publica, hoc fundamentum libertatis, hic fons
aequitatis; mens et animus et consilium et sententia
civitatis posita est in legibus. Ut corpora nostra
sine mente, sic civitas sine lege suis partibus ut
nervis et sanguine et membris uti non potest. Legum
ministri magistratus, legum interpretes iudices, legibus
denique idcirco omnes servimus, ut liberi esse possi-
147 mus. Quid est, Q. Naso, cur tu in isto loco sedeas,
quae vis est, qua abs te hi iudices tali dignitate
praediti coërceantur? Vos autem, iudices, quam ob
rem ex tanta multitudine civium tam pauci de hominum fortunis sententiam fertis? Quo iure Accius, quae
voluit, dixit? Cur mihi tam diu potestas dicendi
datur? Quid sibi autem illi scribae, quid lictores,
quid ceteri, quos apparere huic quaestioni video
volunt? Opinor haec omnia lege fieri totumque hoc
iudicium, ut ante dixi, quasi mente quadam regi legis
et administrari. Quid ergo? haec quaestio sola non
gubernatur? Quid M. Plaetori et C. Flamini inter
sicarios, quid C. Orchivi peculatus, quid mea de pecuniis repetundis, quid C. Aquili, apud quem nunc de
ambitu causa dicitur, quid reliquae quaestiones?
Circumspicite omnes rei publicae partes; omnia legum
148 imperio et praescripto fieri videbitis. Si quis apud
me, T. Acci, te reum velit facere, clames te lege pecuniarum repetundarum non teneri; neque haec tua
recusatio confessio sit captae pecuniae, sed laboris et
54 periculi non legitimi declinatio. Nunc quid agatur,
quid abs te iuris constituatur, vide. Iubet lex ea,
qua lege haec quaestio constituta est, iudicem quae-

stionis, hoc est Q. Voconium, cum iis iudicibus, qui ei obvenerint (vos appellat, iudices), quaerere de veneno. In quem quaerere? Infinitum est. QUICUMQUE FECERIT, VENDIDERIT, EMERIT, HABUERIT, DEDERIT. Quid eadem lex statim adiungit? recita. DEQUE EIUS CAPITE QUAERITO. Cuius? qui coierit, convenerit? Non ita est. Quid ergo est? dic. QUI TRIBUNUS MILITUM LEGIONIBUS QUATTUOR PRIMIS, QUIVE QUAESTOR, TRIBUNUS PLEBIS (deinceps omnes magistratus nominavit), QUIVE IN SENATU SENTENTIAM DIXIT, DIXERIT. Quid tum? QUI EORUM COIIT, COIERIT, CONVENIT, CONVENERIT, QUO QUIS IUDICIO PUBLICO CONDEMNARETUR. 'Qui eorum'? quorum? Videlicet, qui supra scripti sunt. Quid intersit, utro modo scriptum sit, etsi est apertum, ipsa tamen lex nos docet. Ubi enim omnes mortales adligat, ita loquitur: 'QUI VENENUM MALUM FECIT, FECERIT'. Omnes viri, mulieres, liberi, servi in iudicium vocantur. Si idem de coitione voluisset, adiunxisset: 'QUIVE COIERIT'. Nunc ita est: DEQUE EIUS CAPITE QUAERITO, QUI MAGISTRATUM HABUERIT INVE SENATU SENTENTIAM DIXERIT, QUI EORUM COIIT, COIERIT. Num is est Cluentius? Certe non est. Quis ergo est Cluentius? Qui tamen defendi causam suam lege noluit. Itaque abicio legem, morem Cluentio gero. Tibi tamen, Acci, pauca, quae ab huius causa seiuncta sunt, respondebo. Est enim quiddam in hac causa, quod Cluentius ad se, est aliquid, quod ego ad me putem pertinere. Hic sua putat interesse se re ipsa et gesto negotio, non lege defendi; ego autem mea existimo interesse me nulla in disputatione ab Accio videri esse superatum. Non enim mihi haec causa sola dicenda est; omnibus hic labor meus propositus est, quicumque hac facultate defensionis contenti esse possunt. Nolo quemquam eorum, qui adsunt, existimare me, quae de lege ab Accio dicta sunt, si reticuerim, comprobare. Quam ob rem, Cluenti, de te tibi obsequor, neque enim legem recito neque hoc loco pro te dico; sed ea, quae a me desiderari arbitror, non relinquam.

55 Iniquum tibi videtur, Acci, esse non isdem legibus 150 omnes teneri. Primum, ut id iniquissimum esse confitear, eius modi est, ut commutatis eis opus sit legibus, non ut his, quae sunt, non pareamus. Deinde quis umquam hoc senator recusavit, ne, quo altiorem gradum dignitatis beneficio populi Romani esset consecutus, eo se putaret durioribus legum condicionibus uti oportere? Quam multa sunt commoda, quibus caremus, quam multa molesta et difficilia, quae subimus! atque haec omnia tantum honoris et amplitudinis commodo compensantur. Converte nunc ad equestrem ordinem atque in ceteros ordines easdem vitae condiciones; non perferent. Putant enim minus multos sibi laqueos legum et condicionum ac iudiciorum propositos esse oportere, qui [in] summum locum civitatis aut non potuerunt ascendere aut non 151 petiverunt. Atque ut omittam leges alias omnes, quibus nos tenemur, ceteri autem sunt ordines liberati, hanc ipsam legem: 'NE QUIS IUDICIO CIRCUMVENIRETUR', C. Gracchus tulit; eam legem pro plebe, non in plebem tulit. Postea L. Sulla, homo a populi causa remotissimus, tamen, cum eius rei quaestionem hac ipsa lege constitueret, qua vos hoc tempore iudicatis, populum Romanum, quem ab hoc genere liberum acceperat, adligare novo quaestionis genere ausus non est. Quod si fieri posse existimasset, pro illo odio, quod habuit in equestrem ordinem, nihil fecisset libentius, quam omnem illam acerbitatem proscriptionis suae, qua est usus in veteres iudices, in hanc 152 unam quaestionem contulisset. Nec nunc quicquam agitur (mihi credite, iudices, et prospicite id, quod providendum est), nisi ut equester ordo in huiusce legis periculum concludatur; neque hoc agitur ab omnibus, sed a paucis. Nam ii senatores, qui se facile *tuentur integritate* et innocentia, quales, ut vere dicam,

vos estis et ceteri, qui sine cupiditate vixerunt, equites ordini senatorio dignitate proximos, concordia coniunctissimos esse cupiunt; sed ii, qui sese volunt posse omnia neque praeterea quicquam esse aut in homine ullo aut in ordine, hoc uno metu se putant equites Romanos in potestatem suam redacturos, si constitutum sit, ut de iis, qui rem iudicarint, huiusce modi iudicia fieri possint. Vident enim auctoritatem huius ordinis confirmari, vident iudicia comprobari; hoc metu proposito evellere se aculeum severitatis vestrae posse confidunt. Quis enim de homine audeat 153 paulo maioribus opibus praedito vere et fortiter iudicare, cum videat sibi de eo, quod coierit aut consenserit, causam esse dicendam? O viros fortes, equites 56 Romanos, qui homini clarissimo ac potentissimo, M. Druso, tribuno plebis, restiterunt, cum ille nihil aliud ageret cum illa cuncta, quae tum erat, nobilitate, nisi ut ii, qui rem iudicassent, huiusce modi quaestionibus in iudicium vocarentur! Tum C. Flavius Pusio, Cn. Titinius, C. Maecenas, illa robora populi Romani, ceterique eiusdem ordinis non fecerunt idem, quod nunc Cluentius, ut aliquid culpae suscipere se putarent recusando, sed apertissime repugnarunt, cum haec reputarent et palam fortissime atque honestissime dicerent, se potuisse iudicio populi Romani in amplissimum locum pervenire, si sua studia ad honores petendos conferre voluissent. Sese vidisse, in ea vita qualis splendor inesset, quanta ornamenta, quae dignitas; quae se non contempsisse, sed ordine suo patrumque suorum contentos fuisse et vitam illam tranquillam et quietam, remotam a procellis invidiarum et huiusce modi indiciorum sequi maluisse. Aut sibi ad honores 154 petendos aetatem integram restitui oportere, aut, quoniam id non posset, eam condicionem vitae, quam secuti petitionem reliquissent, manere. Iniquum esse eos, qui honorum ornamenta propter periculorum multitudinem *praetermisissent*, populi beneficiis esse

LUENTIO ORATIO.

novorum periculis non carere
non posse, propterea quod e
tere coepisset, quodque permulta
ibus eam mitigare molestian
s, domi splendor, apud extera
tia, toga praetexta, sella curulis
tus, imperia, provinciae; quibu
cte factis maiores nostri praemi
ricula proposita esse voluerun
t, ne ea lege accusarentur, qu
ur, quae tum erat Sempronii
tellegebant enim ea lege equ
neri), sed, ne nova lege adl
Habitus ne hoc quidem umqua
el ea lege rationem vitae su
eretur. Quae si vobis condici
mus, ut haec quam primum
o perferatur.
er deos immortales! quonia
, iura, libertatem, salutem de
a legibus non recedamus, sim
quum cogitemus, populum R
ere, vobis rem publicam et fo
e, ipsum sine cura esse, n
uam numquam ipse iusserit,
tum liberumque esse arbitretu
ringatur. Agit enim sic causa
bonus et disertus, omnes cive
s; vos attenditis et auditis
lebetis. A. Cluentius causa
ea lege, qua lege senatores
buerunt, soli tenentur; mihi pe
rce legis praesidia constitue
licet. Si obtinuerit causa
ra aequitate nixi confidimu
d quod erit, obtinuisse propt
ita defensus sit; in lege autem

quam attingere noluerit, praesidii nihil fuisse. Hic 157
nunc est quiddam, quod ad me pertineat, de quo ante
dixi, quod ego populo Romano praestare debeam,
quoniam is vitae meae status est, ut omnis mihi cura
5 et opera posita sit in hominum periculis defendendis.
Video, quanta et quam periculosa et quam infinita
quaestio temptetur ab accusatoribus, cum eam legem,
quae in nostrum ordinem scripta sit, in populum
Romanum transferre conentur. Qua in lege est: 'QUI
COIERIT', quod quam late pateat, videtis. 'CONVENE-
RIT'; aeque incertum et infinitum est. 'CONSENSERIT';
hoc vero cum infinitum, tum obscurum et occultum.
'FALSUMVE TESTIMONIUM DIXERIT'; quis de plebe
Romana testimonium dixit umquam, cui non hoc
periculum T. Accio auctore paratum esse videatis?
nam dicturum quidem certe, si hoc iudicium plebi
Romanae propositum sit, neminem umquam esse confirmo. Sed hoc polliceor omnibus, si cui forte hac 158
lege negotium facessetur, qui lege non teneatur, si is
20 uti me defensore voluerit, me eius causam legis praesidio defensurum et vel his iudicibus vel horum similibus facillime probaturum, et omni me defensione
usurum esse legis, qua nunc ut utar, ab eo, cuius
voluntati mihi obtemperandum est, non conceditur.
25 Non enim debeo dubitare, iudices, quin, si qua ad vos 58
causa eius modi delata sit eius, qui lege non teneatur, etiamsi is invidiosus aut multis offensus esse
videatur, etiamsi eum oderitis, etiamsi inviti absolu-
turi sitis, tamen absolvatis et religioni potius vestrae
30 quam odio pareatis. Est enim sapientis iudicis cogi- 159
tare tantum sibi a populo Romano esse permissum,
quantum commissum sit et creditum, et non solum
sibi potestatem datam, verum etiam fidem habitam
esse meminisse; posse, quem oderit, absolvere, quem
35 non oderit, condemnare et semper, non quid ipse velit,
sed quid lex et religio cogat, cogitare; animadvertere,
qua lege reus citetur, de quo reo cognoscat, quae res

in quaestione versetur. Cum haec sunt videnda, tum
vero illud est hominis magni, iudices, atque sapientis,
cum illam iudicandi causa tabellam sumpserit, non se
reputare solum esse neque sibi, quodcumque concu-
pierit, licere, sed habere in consilio legem, religionem,
aequitatem, fidem; libidinem autem, odium, invidiam,
metum cupiditatesque omnes amovere maximique
aestimare conscientiam mentis suae, quam ab dis immortalibus accepimus, quae a nobis divelli non potest;
quae si optimorum consiliorum atque factorum testis
in omni vita nobis erit, sine ullo metu et summa
160 cum honestate vivemus. Haec si T. Accius aut co-
gnovisset aut cogitasset, profecto ne conatus quidem
esset dicere, id quod multis verbis egit, iudicem, quod
ei videatur, statuere et non devinctum legibus esse
oportere. Quibus de rebus mihi pro Cluenti voluntate nimium, pro rei dignitate parum, pro vestra prudentia satis dixisse videor.

Reliqua perpauca sunt; quae quia vestrae quaestionis erant, idcirco illi statuerunt fingenda esse sib
et proferenda, ne omnium turpissimi reperirentur, e
59 in iudicium nihil praeter invidiam attulissent. Atqu
ut existimetis necessario me de his rebus, de quibu
iam dixerim, pluribus egisse verbis, attendite reliqua
profecto intellegetis ea, quae paucis demonstrari potu
erint, brevissime esse defensa.

161 Cn. Decidio Samniti, ei, qui proscriptus est, iniu
riam in calamitate eius ab huius familia factam ess
dixistis. Ab nullo ille liberalius quam a Cluenti
tractatus est. Huius illum opes in rebus eius incom
modissimis sublevarunt, atque hoc cum ipse, tum eiu
amici necessariique omnes cognorunt. Anchari e
Paceni pastoribus huius vilicum vim et manus attu
lisse. Cum quaedam in callibus, ut solet, controversi
pastorum esset orta, Habiti vilici rem domini et pri
vatam possessionem defenderunt. Cum esset expostu
latio facta, causa illis demonstrata sine iudicio com

troversiaque discessum est. P. Acli testamento pro- 162 pinquus exheredatus cum esset, heres hic alienior institutus est. P. Aelius Habiti merito fecit, neque hic in testamento faciendo interfuit, idque testamentum ab huius inimico Oppianico est obsignatum. Floro legatum ex testamento infitiatum esse. Non est ita; sed cum HS $\overline{xxx}$ scripta essent pro HS $\overline{ccc}$ neque ei cautum satis videretur, voluit eum aliquid acceptum referre liberalitati suae. Primo debere negavit, post sine controversia solvit. Cei cuiusdam Samnitis uxorem post bellum ab hoc esse repetitam. Mulierem cum emisset a sectoribus, quo tempore eam primum liberam esse audivit, sine iudicio reddidit Ceio. Ennium esse quendam, cuius bona teneat Habitus. Est 163 hic Ennius egens quidam calumniator, mercennarius Oppianici, qui permultos annos quievit; deinde aliquando cum servis Habiti furti egit, nuper ab ipso Habito petere coepit. Hic illo privato iudicio, mihi credite, nobis isdem fortasse patronis calumniam non effugiet. Atque etiam, ut nobis renuntiatur, hominem multorum hospitem, Ambivium quendam, coponem de via Latina, subornatis, qui sibi a Cluentio servisque eius in taberna sua manus adlatas esse dicat. Quo de homine nihil etiam nunc dicere nobis est necesse. Si invitaverit, id quod solet, sic hominem accipiemus, ut moleste ferat se de via decessisse. Habetis, iu- 164 dices, quae in totam causam de moribus A. Cluenti, quem illi invidiosum esse reum volunt, annos octo meditati accusatores collegerunt, quam levia genere ipso, quam falsa re, quam brevia responsu! Cogno- 60 scite nunc id, quod ad vestrum ius iurandum pertinet, quod vestri iudicii est, quod vobis oneris imposuit ea lex, qua coacti huc convenistis, de criminibus veneni, ut omnes intellegant, quam paucis verbis haec causa perorari potuerit, et quam multa a me dicta sint, quae ad huius voluntatem maxime, ad vestrum iudicium minime pertinerent.

165 Obiectum est C. Vibium Cappadocem ab hoc A.
entio veneno esse sublatum. Oportune adest h
summa fide et omni virtute praeditus, L. Plaeto
senator, qui illius Vibi hospes fuit et familiaris. A
hunc ille Romae habitavit, apud hunc aegrot
huius domi est mortuus. Intestatum dico esse
tuum possessionemque eius bonorum ex edicto p
toris huic illius sororis filio, adulescenti pudentis
et in primis honesto, equiti Romano, datam, Num
Cluentio, quem videtis.

166 Alterum veneficii crimen Oppianico huic ad
scenti, cum eius in nuptiis more Larinatium m
tudo hominum pranderet, venenum Habiti con
paratum; id cum daretur in mulso, Balbutium q
dam, eius familiarem, intercepisse, bibisse statin
esse mortuum. Hoc ego si sic agerem, tamquam
crimen esset diluendum, haec pluribus verbis dice

167 per quae nunc paucis percurrit oratio mea.
umquam Habitus in se admisit, ut hoc tantum a
facinus non abhorrere videatur? quid autem m
opere Oppianicum metuebat, cum ille verbum om
in hac ipsa causa nullum facere potuerit, huic a
accusatores viva matre deesse non possint? id
iam intellegetis. An ut de causa eius periculi
decederet, ad causam novum crimen accederet?
autem tempus veneni dandi illo die, illa freque
per quem porro datum? unde sumptum? quae de
interceptio poculi? cur non de integro autem da
Multa sunt, quae dici possunt, sed non commit
ut videar non dicendo voluisse dicere; res enim

168 se ipsa defendit. Nego illum adulescentem, q
statim epoto poculo mortuum esse dixistis, om
illo die esse mortuum. Magnum crimen et impu
mendacium! Perspicite cetera. Dico illum, cum
illud prandium crudior venisset et, ut aetas illa
sibi tum non pepercisset, aliquot dies aegrotas
ita esse mortuum. Quis huic rei testis est?

qui sui luctus, pater; pater, inquam, illius adulescentis, quem propter animi dolorem pertenuis suspicio potuisset ex illo loco testem in A. Cluentium constituere, is hunc suo testimonio sublevat; quod recita. Tu autem, nisi molestum est, paulisper exsurge; perfer hunc dolorem commemorationis necessariae, in qua ego diutius non morabor, quoniam, quod fuit viri optimi, fecisti, ut ne cui innocenti maeror tuus calamitatem et falsum crimen adferret.

Unum etiam mihi reliquum eius modi crimen est, iudices, ex quo illud perspicere possitis, quod a me initio orationis meae dictum est, quicquid mali per hosce annos A. Cluentius viderit, quicquid hoc tempore habeat sollicitudinis ac negotii, id omne a matre esse conflatum. Oppianicum veneno necatum esse, quod ei datum sit in pane per M. Asellium quendam, familiarem illius, idque Habiti consilio factum esse dicitis. In quo primum illud quaero, quae causa Habito fuerit, cur interficere Oppianicum vellet. Inimicitias enim [inter ipsos] fuisse confiteor; sed homines inimicos suos morte adfici volunt, aut quod eos metuunt aut quod oderunt. Quo tandem igitur Habitus metu adductus tantum in se facinus suscipere conatus est? quid erat, quod iam Oppianicum poena adfectum pro maleficiis et eiectum e civitate quisquam timeret? quid metuebat? ne oppugnaretur a perdito an ne accusaretur a damnato an ne exsulis testimonio laederetur? Si autem, quod oderat Habitus inimicum, idcirco illum vita frui noluit, adeone erat stultus, ut illam, quam tum ille vivebat, vitam esse arbitraretur, damnati, exsulis, deserti ab omnibus, quem propter animi importunitatem nemo recipere tecto, nemo adire, nemo adloqui, nemo adspicere vellet? Huius igitur Habitus vitae invidebat? Hunc si acerbe et penitus oderat, non eum quam diutissime vivere velle debebat? huic mortem maturabat inimicus, quod illi unum in malis erat perfugium calamitatis? Qui si quid animi et virtutis habuisset, ut multi saepe fortes viri in eius modi dolore mortem sibi ipse conscisset, huic quam ob rem id vellet inimicus offerre, quod ipse sibi optare deberet? Nam nunc quidem quid tandem illi mali mors attulit? nisi forte ineptis fabulis ducimur, ut existimemus illum ad inferos impiorum supplicia perferre ac plures illic offendisse inimicos quam hic reliquisse, a socrus, ab uxorum, a fratris, a liberum Poenis actum esse praecipitem in sceleratorum sedem ac regionem. Quae si falsa sunt, id quod omnes intellegunt, quid ei tandem eripuit mors praeter sensum doloris? Age vero, per quem venenum datum? Per M. Asellium. Quid huic cum Habito? Nihil, atque adeo, quod ille Oppianico familiarissime est usus, potius etiam simultas. Eine igitur, quem sibi offensiorem, Oppianico familiarissimum sciebat esse, potissimum et scelus suum et illius periculum committebat? Cur igitur tu, qui pietate ad accusandum excitatus es, hunc Asellium esse inultum tam diu sinis? cur non Habiti exemplo usus es, ut per illum, qui attulisset venenum, de hoc praeiudicaretur? Iam vero illud quam non probabile, quam inusitatum, iudices, quam novum, in pane datum venenum! Faciliusne potuit quam in poculo, latius potuit abditum aliqua in parte panis, quam si totum colliquefactum in potione esset, celerius potuit comestum quam epotum in venas atque in omnis partis corporis permanare, facilius fallere in pane, si esset animadversum, quam in poculo, cum ita confusum esset, ut secerni nullo modo posset? At repentina morte periit. Quod si esset ita factum, tamen ea res propter multorum eius modi casum minime firmam veneni suspicionem haberet; quodsi esset suspiciosum, tamen potius ad alios quam ad Habitum pertineret. Verum in eo ipso homines impudentissime mentiuntur. Id ut intellegatis, et mortem *eius, et* quem ad modum post mortem in Habitum sit *crimen* a matre quaesitum, cognoscite.

Cum vagus et exsul erraret atque undique exclusus 175
Oppianicus in Falernum se ad L. Quinctium contulisset, ibi primum in morbum incidit ac satis vehementer diuque aegrotavit. Cum esset una Sassia eaque Sex. Albio quodam colono, homine valenti, qui
simul esse solebat, familiarius uteretur, quam vir dissolutissimus incolumi fortuna pati posset, et ius illud
matrimonii castum atque legitimum damnatione viri
sublatum arbitraretur, Nicostratus quidam, fidelis Oppianici servolus percuriosus et minime mendax, multa
dicitur domino renuntiare solitus esse. Interea Oppianicus cum iam convalesceret neque improbitatem
coloni in Falerno diutius ferre posset et huc ad urbem
profectus esset (solebat enim extra portam aliquid
habere conducti), cecidisse de equo dicitur et homo
infirma valetudine latus offendisse vehementer et,
posteaquam ad urbem cum febri venerit, paucis diebus
esse mortuus. Mortis ratio, iudices, eius modi est,
ut aut nihil habeat suspicionis aut, si quid habet, id
intra parietes in domestico scelere versetur. Post 63
mortem eius Sassia moliri statim, nefaria mulier, coe- 176
pit insidias filio; quaestionem habere de viri morte
constituit. Emit de A. Rupilio, quo erat usus Oppianicus medico, Stratonem quendam, quasi ut idem faceret, quod Habitus in emendo Diogene fecerat. De hoc
Stratone et de Ascla quodam servo suo quaesituram
sese dixit. Praeterea servum illum Nicostratum, quem
nimium loquacem fuisse ac nimium domino fidelem
arbitrabatur, ab hoc adulescente Oppianico in quaestionem postulavit. Hic cum esset illo tempore puer
et illa quaestio de patris sui morte constitui diceretur,
etsi illum servum et sibi benivolum esse et patri
fuisse arbitrabatur, nihil tamen est ausus recusare.
Advocantur amici et hospites Oppianici et ipsius
mulieris multi, homines honesti atque omnibus rebus
ornati. Tormentis omnibus vehementissime quaeritur.
Cum essent animi servorum et spe et metu temptati,

ut aliquid in quaestione dicerent, tamen, ut arbitror, auctoritate advocatorum [et vi tormentorum] adducti in veritate manserunt neque se quicquam scire dixerunt. Quaestio illo die de amicorum sententia dimissa est. Satis longo intervallo post iterum advocantur. Habetur de integro quaestio; nulla vis tormentorum acerrimorum praetermittitur; adversari advocati et iam vix ferre posse, furere crudelis atque importuna mulier sibi nequaquam, ut sperasset, ea, quae cogitasset, procedere. Cum iam tortor atque essent tormenta ipsa defessa neque tamen illa finem facere vellet, quidam ex advocatis, homo et honoribus populi ornatus et summa virtute praeditus, intellegere se dixit non id agi, ut verum inveniretur, sed ut aliquid falsi dicere cogerentur. Hoc postquam ceteri comprobarunt, ex omnium sententia constitutum est satis videri esse quaesitum. Redditur Oppianico Nicostratus, Larinum ipsa proficiscitur cum suis maerens, quod iam certe incolumem filium fore putabat, ad quem non modo verum crimen, sed ne ficta quidem suspicio perveniret, et cui non modo aperta inimicorum oppugnatio, sed ne occultae quidem matris insidiae nocere potuissent. Larinum postquam venit, quae a Stratone illo venenum antea viro suo datum sibi persuasum esse simulasset, instructam ei continuo et ornatam Larini medicinae exercendae causa tabernam dedit. Unum, alterum, tertium annum Sassia quiescebat, ut velle atque optare aliquid calamitatis filio potius quam id struere et moliri videretur. Tum interim Q. Hortensio Q. Metello consulibus, ut hunc Oppianicum aliud agentem ac nihil eius modi cogitantem ad hanc accusationem detraheret, invito despondit ei filiam suam, illam, quam ex genero susceperat, ut eum nuptiis adligatum simul et testamenti spe devinctum posset habere in potestate. Hoc ipso fere tempore Strato ille medicus *domi furtum* fecit et caedem eius modi. Cum esset *in aedibus* armarium, in quo sciret esse nummorum

aliquantum et auri, noctu duos conservos dormientes
occidit in piscinamque deiecit; ipse armarii fundum
exsecuit et HS * et auri quinque pondo abstulit uno
ex servis puero non grandi conscio. Furto postridie 180
cognito omnis suspicio in eos servos, qui non com-
parebant, commovebatur. Cum exsectio illa fundi in
armario animadverteretur, quaerebant homines, quonam modo fieri potuisset. Quidam ex amicis Sassiae
recordatus est se nuper in auctione quadam vidisse
in rebus minutis aduncam ex omni parte dentatam
et tortuosam venire serrulam, qua illud potuisse ita
circumsecari videretur. Ne multa, perquiritur a coac-
toribus, invenitur ea serrula ad Stratonem pervenisse.
Hoc initio suspicionis orto et aperte insimulato Stratone puer ille conscius pertimuit, rem omnem dominae
indicavit; homines in piscina inventi sunt, Strato in
vincula coniectus est, atque etiam in taberna eius
nummi, nequaquam omnes, reperiuntur. Constituitur 181
quaestio de furto. Nam quid quisquam suspicari aliud
potest? An hoc dicitis, armario expilato, pecunia
ablata, non omni reciperata, occisis hominibus institutam esse quaestionem de morte Oppianici? cui probatis? quid est, quod minus veri simile proferre
potuistis? deinde, ut omittam cetera, triennio post
mortem Oppianici de eius morte quaerebatur? Atque
etiam incensa odio pristino Nicostratum eundem illum
tum sine causa in quaestionem postulavit. Oppianicus
primo recusavit. Postea cum illa abducturam se filiam,
mutaturam esse testamentum minaretur, mulieri cru-
delissimae servum fidelissimum non in quaestionem
detulit, sed plane ad supplicium dedidit. Post triennium 65
igitur agitata denuo quaestio de viri morte habebatur, 182
et de quibus servis habebatur? nova, credo, res obiecta, novi quidam homines in suspicionem vocati
sunt. De Stratone et de Nicostrato. Quid? Romae
quaesitum de istis hominibus non erat? Itane tandem?
mulier iam non morbo, sed scelere furiosa, cum quae-

stionem habuisses Romae, cum de T. Anni, L. Rutili, P. Saturi, ceterorum honestissimorum virorum sententia constitutum esset satis quaesitum videri, eadem de re triennio post isdem de hominibus nullo adhibito non dicam viro, ne colonum forte adfuisse dicatis, sed bono viro, in filii caput quaestionem habere conata es? An hoc dicitis (mihi enim venit in mentem, quid dici possit, tametsi adhuc non esse hoc dictum mementote), cum haberetur de furto quaestio, Stratonem aliquid de veneno esse confessum? Hoc uno modo, iudices, saepe multorum improbitate depressa veritas emergit et innocentiae defensio interclusa respirat, quod aut ii, qui ad fraudem callidi sunt, non tantum audent, quantum excogitant, aut ii, quorum eminet audacia atque proiecta est, a consiliis malitiae deseruntur. Quodsi aut confidens astutia aut callida esset audacia, vix ullo iis obsisti modo posset. Utrum furtum factum non est? At nihil clarius Larini [fuit]. An ad Stratonem suspicio non pertinuit? At is et ex serrula insimulatus et a puero conscio est indicatus. An id actum non est in quaerendo? Quae fuit igitur alia causa quaerendi? An, id quod vobis dicendum est, et quod tum Sassia dictitavit: cum de furto quaereretur, tum Stratonem isdem in tormentis dixisse de veneno? En hoc illud est, quod ante dixi: mulier abundat audacia, consilio et ratione deficitur. Nam tabellae quaestionis plures proferuntur, quae recitatae vobisque editae sunt, illae ipsae, quas tum obsignatas esse dixit; in quibus tabellis de furto nulla littera invenitur. Non venit in mentem primum orationem Stratonis conscribere de furto, post aliquod dictum adiungere de veneno, quod non percontatione quaesitum, sed per dolorem expressum videretur? Quaestio de furto est, veneni iam suspicio superiore quaestione sublata; quod ipsum haec eadem mulier iudicarat, quae ut Romae de amicorum sententia statuerat satis esse quaesitum, postea per triennium maxime ex omnibus servis Stratonem illum dilexerat, in honore habuerat, commodis omnibus adfecerat. Cum igitur de furto quaereretur, et eo furto, quod 185 ille sine controversia fecerat, tum ille de eo, quod quaerebatur, verbum nullum fecit? de veneno statim dixit, de furto si non eo loco, quo debuit, ne in extrema quidem aut media aut aliqua denique parte quaestionis verbum fecit ullum? Iam videtis illam 66 nefariam mulierem, iudices, eadem manu, qua, si detur potestas, interficere filium cupiat, hanc fictam quaestionem conscripsisse. Atque istam ipsam quaestionem dicite qui obsignarit unum aliquem nominatim. Neminem reperietis, nisi forte eius modi hominem, quem ego proferri malim quam neminem nominari. Quid 186 ais, T. Acci? tu periculum capitis, tu indicium sceleris, tu fortunas alterius litteris conscriptas in iudicium adferas neque earum auctorem litterarum neque obsignatorem neque testem ullum nominabis? et quam tu pestem innocentissimo filio de matris sinu deprompseris, hanc hi tales viri comprobabunt? Esto, in tabellis nihil est auctoritatis; quid? ipsa quaestio iudicibus, quid? amicis hospitibusque Oppianici, quos adhibuerat antea, quid? huic tandem ipsi tempori cur non servata est? Quid istis hominibus factum est, Stratone et Nicostrato? Quaero abs te, Oppianice, 187 servo tuo Nicostrato quid factum esse dicas, quem tu, cum hunc brevi tempore accusaturus esses, Romam deducere, dare potestatem indicandi, incolumem denique servare quaestioni, servare his iudicibus, servare huic tempori debuisti. Nam Stratonem quidem, iudices, in crucem esse actum exsecta scitote lingua; quod nemo Larinatium est qui nesciat. Timuit mulier amens non suam conscientiam, non odium municipum, non famam omnium, sed, quasi non omnes eius sceleris testes essent futuri, sic metuit, ne condemnaretur extrema servuli voce morientis.

Quod hoc portentum, di immortales! quod tantum 188

monstrum in ullis locis, quod tam infestum scelus et
immane aut unde natum esse dicamus? Iam enim
videtis profecto, iudices, non sine necessariis me ac
maximis causis principio orationis meae de matre
dixisse. Nihil est enim mali, nihil sceleris, quod illa
non ab initio filio voluerit, optaverit, cogitaverit, effecerit. Mitto illam primam libidinis iniuriam, mitto
nefarias generi nuptias, mitto cupiditate matris ex-
pulsam ex matrimonio filiam, quae nondum ad huiusce
vitae periculum, sed ad commune familiae dedecus
pertinebant; nihil de alteris Oppianici nuptiis queror,
quarum illa cum obsides filios ab eo mortuos accepisset, tum denique in familiae luctum atque in pri-
vignorum funus nupsit; praetereo, quod A. Aurium,
cuius illa quondam socrus, paulo ante uxor fuisset,
cum Oppianici esse opera proscriptum occisumque
cognosset, eam sibi domum sedemque delegit, in qua
cotidie superioris viri mortis indicia et spolia forta-
narum videret. Illud primum queror de illo scelere,
quod nunc denique patefactum est, Fabriciani veneni,
quod iam tum recens suspiciosum ceteris, huic incredibile, nunc vero apertum iam omnibus ac manifestum
videtur. Non est profecto de illo veneno celata mater;
nihil est ab Oppianico sine consilio mulieris cogitatum;
quodsi esset, certe postea deprehensa re non illa ut
a viro improbo discessisset, sed ut a crudelissimo
hoste fugisset domumque illam in perpetuum scelerum
omnium adfluentem reliquisset. Non modo id non fecit,
sed ab illo tempore nullum locum praetermisit, in
quo non strueret [filio] insidias aliquas ac dies omnes
atque noctes tota mente mater de pernicie filii cogi-
taret. Quae primum ut illum confirmaret Oppianicum
accusatorem filio suo, donis, muneribus, collocatione
filiae, spe hereditatis obstrinxit. Ita, quod apud ceteros novis inter propinquos susceptis inimicitiis saepe
fieri divortia atque adfinitatum discidia vidimus, haec
mulier satis firmum accusatorem filio suo fore ne-

finem putavit, nisi qui in matrimonium sororem eius antea duxisset. Ceteri novis adfinitatibus adducti veteres inimicitias saepe deponunt; illa sibi ad confirmandas inimicitias adfinitatis coniunctionem pignori loco putavit. Neque in eo solum diligens fuit, ut 191 accusatorem filio suo compararet, sed etiam cogitavit, quibus eum rebus armaret. Hinc enim illae sollicitationes servorum et minis et promissis, hinc illae initae crudelissimaeque de morte Oppianici quaestiones, quibus finem aliquando non mulieris modus, sed amicorum auctoritas fecit; ab eodem scelere illae triennio post habitae Larini quaestiones, eiusdem amentiae falsae conscriptiones quaestionum; ex eodem furore etiam illa conscelerata exsectio linguae; totius denique huius ab illa est et inventa et adornata comparatio criminis. Atque his rebus cum instructum 192 accusatorem filio suo Romam misisset, ipsa paulisper conquirendorum et conducendorum testium causa Larini est commorata; postea autem quam appropinquare huius iudicium ei nuntiatum est, confestim huc advolavit, ne aut accusatoribus diligentia aut pecunia testibus deesset, aut ne forte mater hoc sibi optatissimum spectaculum huius sordium atque luctus et tanti squaloris amitteret. Iam vero quod iter Romam 68 eius mulieris fuisse existimatis? quod ego propter vicinitatem Aquinatium et Fabraternorum ex multis audivi et comperi; quos concursus in his oppidis, quantos et virorum et mulierum gemitus esse factos, mulierem quandam Larinatem illim usque a mari supero Romam proficisci cum magno comitatu et pecunia, quo facilius circumvenire iudicio capitis atque opprimere filium posset? Nemo erat illorum, paene dicam, 193 quin expiandum illum locum esse arbitraretur, quacumque illa iter fecisset, nemo, quin terram ipsam violari, quae mater est omnium, vestigiis consceleratae matris putaret. Itaque nullo in oppido consistendi potestas ei fuit, nemo ex tot hospitibus inventus est,

qui non contagionem adspectus fugeret; nocti se
ac solitudini quam ulli aut urbi aut hospiti co
194 tebat. Nunc vero quid agat, quid moliatur,
denique cotidie cogitet, quem ignorare nostrum
Quos appellarit, quibus pecuniam promiserit, q
fidem pretio labefactare conata sit, tenemus.
etiam nocturna sacrificia, quae putat occultiore
sceleratasque eius preces et nefaria vota cogno
quibus illa etiam deos immortales de suo scele
statur neque intellegit pietate et religione et
precibus deorum mentes, non contaminata supers
neque ad scelus perficiendum caesis hostiis pos
cari. Cuius ego furorem atque crudelitatem
immortales a suis aris atque templis aspernato
69
195 confido. Vos, iudices, quos huic A. Cluentio
aliquos deos ad omne vitae tempus fortuna es
luit, huius importunitatem matris a filii capite
lite. Multi saepe in iudicando peccata liberu
rentum misericordiae concesserunt; vos, ne
honestissime actam vitam matris crudelitati cond
rogamus, praesertim cum ex altera parte totui
nicipium videre possitis. Omnes scitote, iudice
credibile dictu est, sed a me verissime dicetur)
Larinates, qui valuerunt, venisse Romam, ut
studio frequentiaque sua, quantum possent, in
eius periculo sublevarent. Pueris illud hoc te
et mulieribus oppidum scitote esse traditum, id
praesentia communi Italiae pace, non domesticis
esse tutum. Quos tamen ipsos aeque et eos,
praesentes videtis, huius exspectatio iudicii die
196 tesque sollicitat. Non illi vos de unius mu
fortunis arbitrantur, sed de totius municipii
dignitate commodisque omnibus sententias esse l
Summa est enim, iudices, hominis in comr
municipii rem diligentia, in singulos municipes
gnitas, in omnes homines iustitia et fides. Pra
nobilitatem illam inter suos locumque a mai

traditum sic tuetur, ut maiorum gravitatem, constantiam, gratiam, liberalitatem adsequatur. Itaque iis cum verbis publice laudant, ut non solum testimonium suum iudiciumque significent, verum etiam curam animi ac dolorem. Quae dum laudatio recitatur, vos, quaeso, qui eam detulistis, adsurgite.

Ex lacrimis horum, iudices, existimare potestis 197 omnes haec decuriones decrevisse lacrimantes. Age vero, vicinorum quantum studium, quam incredibilis benivolentia, quanta cura est! Non illi in libellis laudationem decretam miserunt, sed homines honestissimos, quos nossemus omnes, huc frequentes adesse et hunc praesentes laudare voluerunt. Adsunt Ferentani, homines nobilissimi, Marrucini item pari dignitate; Teano Apulo atque Luceria equites Romanos, homines honestissimos, laudatores videtis; Boviano totoque ex Samnio cum laudationes honestissimae missae sunt, tum homines amplissimi nobilissimique venerunt. Iam 198 qui in agro Larinati praedia, qui negotia, qui res pecuarias habent, honesti homines et summo splendore praediti, difficile dictu est quam sint solliciti, quam laborent. Non multi mihi ab uno sic diligi videntur, ut hic ab his universis.

Quam doleo abesse ab huius iudicio L. Volusienum, 70 summo splendore hominem ac virtute praeditum! Vellem praesentem possem P. Helvidium Rufum, equitem Romanum omnium ornatissimum, nominare. Qui cum huius causa dies noctesque vigilaret et cum me hanc causam doceret, in morbum gravem periculosumque incidit; in quo tamen non minus de capite huius quam de sua vita laborat. Cn. Tudici senatoris, viri optimi et honestissimi, par studium ex testimonio et laudatione cognoscetis. Eadem spe, sed maiore verecundia de te, P. Volumni, quoniam iudex es in A. Cluentium, dicimus. Et, ne longum sit, omnium vicinorum summam esse in hunc benivolentiam confirmamus. Horum 199 omnium studium, curam, diligentiam meumque una

laborem, qui totam hanc causam vetere institut
peroravi, vestramque simul, iudices, aequita
mansuetudinem una mater oppugnat. At quae
Quam caecam crudelitate et scelere ferri videtu
cupiditatem nulla umquam turpitudo retardavi
vitiis animi in deterrimas partes iura hominu
vertit omnia, cuius ea stultitia est, ut eam ne
minem, ea vis, ut nemo feminam, ea crudel
nemo matrem appellare possit. Atque etiam
necessitudinum, non solum naturae nomen
mutavit, uxor generi, noverca filii, filiae pelex;
denique adducta est, ut sibi praeter formam
200 similitudinem hominis reservarit. Quare, iud
scelus odistis, prohibete aditum matris a filii s
date parenti hunc incredibilem dolorem ex sa
victoria liberum, patimini matrem, ne orba
laetetur, victam potius vestra aequitate discede
autem, id quod vestra natura postulat, pudore
tatem virtutemque diligitis, levate hunc aliquar
plicem vestrum, iudices, tot annos in falsa
periculisque versatum, qui nunc primum po
flammam aliorum facto et cupiditate excitat
vestrae aequitatis erigere animum et paulum r
a metu coepit, cui posita sunt in vobis omni
servatum esse plurimi cupiunt, servare soli
201 estis. Orat vos Habitus, iudices, et flens obse
se invidiae, quae in iudiciis valere non debet, n
cuius vota et preces a vestris mentibus repud
betis, ne Oppianico, homini nefario, condemn
71 et mortuo, condonetis. Quodsi qua calamitas
hoc iudicio adflixerit innocentem, ne iste mise
quod difficile factu est, in vita remanebit, a
multum queretur deprehensum esse illud q
Fabricianum venenum. Quod si tum indicatu
esset, non huic aerumnosissimo venenum illud
sed multorum medicamentum maerorum; p
etiam fortassis mater exsequias illius funeris pr

mortem se filii lugere simulasset. Nunc vero quid erit profectum, nisi ut huius ex mediis mortis insidiis vita ad luctum conservata, mors sepulcro patris privata esse videatur? Satis diu fuit in miseriis, iudices, 202 satis multos annos ex invidia laboravit. Nemo huic tam iniquus praeter parentem fuit, cuius non animum iam expletum esse putemus. Vos, qui aequi estis omnibus, qui, ut quisque crudelissime oppugnatur, eum lenissime sublevatis, conservate A. Cluentium, restituite incolumem municipio; amicis, vicinis, hospitibus, quorum studia videtis, reddite, vobis in perpetuum liberisque vestris obstringite. Vestrum est hoc, iudices, vestrae dignitatis, vestrae clementiae; recte hoc repetitur a vobis, ut virum optimum atque innocentissimum plurimisque mortalibus carissimum atque iucundissimum his aliquando calamitatibus liberetis, ut omnes intellegant in contionibus esse invidiae locum, in iudiciis veritati.

M. TULLI CICERONIS
DE LEGE AGRARIA ORATIO PRIMA
CONTRA P. SERVILIUM RULLUM TR. PLEB. IN SENATU.

ARGUMENTUM.

P. Servilius Rullus cum a. d. IV Id. Dec. a. u. c. 690 tribunatum iniisset, quo sibi gratiam populi conciliaret, statim legem promulgaverat agrariam. Quae lex cum iniquas multas condiciones neque utiles rei publ. continere videretur, qua de re copiose disputatur maxime in oratione de lege agraria II a cap. 7 § 16, M. Tullius Cicero ipsis Kalendis Ianuariis a. 691, cum primum consul in senatu verba fecit, eam legem hac ipsa oratione, cuius tamen magna pars interiit, praesente P. Rullo dissuasit.

FRAGMENTA.

1. *Cicero Kalendis Ianuariis de lege agraria:* inberba iuventute. (*Charis. I p. 95. 20.*)

2. 3. *Haec figura (διεζευγμένον) ita ornat et amplificat orationem — hoc modo:* Capuam colonis deductis occupabunt, Atellam praesidio communient, Nuceriam, Cumas multitudine suorum obtinebunt, cetera oppida praesidiis divincient. *Tale est et illud:* Venibit igitur sub praecone tota Propontis atque Hellespontus, addicetur omnis ora Lyciorum atque Cilicum, Mysia et Phrygia eidem condicioni legique parebunt. (*Aquila Rom. 43 p. 36. 3, Mart. Cap. 537 p. 482. 24 Halm.*)

4. Praedam, manubias, sectionem, castra denique Cn. Pompei sedente imperatore decemviri vendent. (*Gell. XIII 25. 6, Non. 432. 29.*)

*** quae res aperte petebatur, ea nunc occulte 1 cuniculis oppugnatur. Dicent enim decemviri, id quod et dicitur a multis et saepe dictum est, post eosdem consules regis Alexandri testamento regnum illud populi Romani esse factum. Dabitis igitur Alexandriam clam petentibus iis, quibus apertissime pugnantibus restitistis? Haec, per deos immortales! utrum esse vobis consilia siccorum an vinulentorum somnia et utrum cogitata sapientium an optata furiosorum videntur? Videte nunc, proximo capite ut im- 2 puros helluo turbet rem publicam, ut a maioribus nostris possessiones relictas disperdat ac dissipet, ut sit non minus in populi Romani patrimonio nepos quam in suo. Perscribit in sua lege vectigalia, quae decemviri vendant, hoc est proscribit auctionem publicorum bonorum. Agros emi vult, qui dividantur; quaerit pecuniam. Videlicet excogitabit aliquid atque adferet. Nam superioribus capitibus dignitas populi Romani violabatur, nomen imperii in commune odium orbis terrae vocabatur, urbes pacatae, agri sociorum, regum status decemviris donabantur; nunc praesens certa pecunia numerata quaeritur. Exspecto, quid 3 tribunus plebis vigilans et acutus excogitet. 'Veneat', inquit, 'silva Scantia'. Utrum tandem hanc silvam in relictis possessionibus an in censorum pascuis invenisti? Si quid est, quod indagaris, inveneris, ex tenebris erueris, quamquam iniquum est, tamen consume sane, quod commodum est, quoniam quidem tu attulisti; silvam vero tu Scantiam vendas nobis consulibus atque hoc senatu? tu ullum vectigal attingas, tu populo Romano subsidia belli, tu ornamenta pacis eripias? Tum vero hoc me inertiorem consulem iudicabo quam illos fortissimos viros, qui apud maiores nostros fuerunt, quod, quae vectigalia illis consulibus populo Romano parta sunt, ea me consule ne retineri quidem potuisse iudicabuntur. Vendit Italiae possessiones ex ordine omnes. Sane est in eo diligens; nullam enim praetermittit. Persequitur in tabulis censoriis totam Siciliam; nullum aedificium, nullos agros relinquit. Audistis auctionem populi Romani proscriptam a tribuno plebis, constitutam in mensem Ianuarium, et, credo, non dubitatis, quin idcirco haec aerarii causa non vendiderint ii, qui armis et virtute pepererunt, ut esset, quod nos largitionis causa venderemus.

Videte nunc, quo adfectent iter apertius quam antea. Nam superiore parte legis quem ad modum Pompeium oppugnarent, a me indicati sunt; nunc ipsi se ipsi iudicabunt. Iubent venire agros Attalensium atque Olympenorum (hos populo Romano P. Servili fortissimi viri, victoria adiunxit), deinde agros in Macedonia regios, qui partim T. Flaminini, partim L. Pauli, qui Persen vicit, virtute parti sunt, deinde agrum optimum et fructuosissimum Corinthium, qui L. Mummi imperio ac felicitate ad vectigalia populi Romani adiunctus est, post autem agros in Hispania apud Carthaginem novam duorum Scipionum eximia virtute possessos; tum [vero] ipsam veterem Carthaginem vendunt, quam P. Africanus nudatam tectis ac moenibus sive ad notandam Carthaginiensium calamitatem sive ad testificandam nostram victoriam sive oblata aliqua religione ad aeternam hominum memoriam consecravit. His insignibus atque infulis imperii venditis, quibus ornatam nobis maiores nostri rem publicam tradiderunt, iubent eos agros venire quos rex Mithridates in Paphlagonia, Ponto Cappadociaque possederit. Num obscure videntur prope hasta praeconis insectari Cn. Pompei exercitum, qui venire iubeant eos ipsos agros, in quibus ille etiam *nunc bellum* gerat atque versetur?

Hoc vero cuius modi est, quod eius auctionis, quam 7
constituunt, locum sibi nullum definiunt? Nam decemviris, quibus in locis ipsis videatur, vendendi potestas lege permittitur. Censoribus vectigalia locare
nisi in conspectu populi Romani non licet; his vendere vel in ultimis terris licebit? At hoc etiam nequissimi homines consumptis patrimoniis faciunt, ut in atriis auctionariis potius quam in triviis aut in compitis auctionentur; hic permittit sua lege decemviris, ut, in quibus commodum sit tenebris, ut, in qua velint solitudine, bona populi Romani possint divendere. Iam illa omnibus in provinciis, regnis, liberis 8
populis quam acerba, quam formidolosa, quam quaestuosa concursatio decemviralis futura sit, non videtis?
Hereditatum obeundarum causa quibus vos legationes dedistis, qui et privati et privatum ad negotium ierunt non maximis opibus neque summa auctoritate praediti, tamen auditis profecto, quam graves eorum adventus sociis nostris esse soleant. Quam ob rem 9
quid putatis impendere hac lege omnibus gentibus terroris et mali, cum immittantur in orbem terrarum decemviri summo cum imperio, summa cum avaritia infinitaque omnium rerum cupiditate? quorum cum adventus graves, cum fasces formidolosi, tum vero iudicium ac potestas erit non ferenda; licebit enim, quod videbitur, publicum iudicare, quod iudicarint, vendere. Etiam illud, quod homines sancti non faciunt, ut pecuniam accipiant, ne vendant, tamen id iis ipsum per legem licebit. Hinc vos quas spoliationes, quas pactiones, quam denique in omnibus locis nundinationem iuris ac fortunarum fore putatis? Etenim, 10
quod superiore parte legis praefinitum fuit, 'SULLA ET POMPEIO CONSULIBUS', id rursus liberum infinitumque fecerunt. Iubet enim eosdem decemviros omnibus 4
agris publicis pergrande vectigal imponere, ut idem possint et liberare agros, quos commodum sit, et, quos *ipsis libeat*, publicare. Quo in iudicio perspici

non potest utrum severitas acerbior an benignitas quaestuosior sit futura.

Sunt tamen in tota lege exceptiones duae non tam iniquae quam suspiciosae. Excipit [enim] in vectigali imponendo agrum Recentoricum Siciliensem, in vendendis agris eos agros, de quibus cautum sit foedere. Hi sunt in Africa, qui ab Hiempsale possi-
11 dentur. Hic quaero, si Hiempsali satis est cautum foedere et Recentoricus ager privatus est, quid attinuerit excipi; sin et foedus illud habet aliquam dubitationem et ager Recentoricus dicitur non numquam esse publicus, quem putet existimaturum duas causas in orbe terrarum repertas, quibus gratis parceret. Numquisnam tam abstrusus usquam nummus videtur, quem non architecti huiusce legis olfecerint? Provincias, civitates liberas, socios, amicos, reges denique exhauriunt, admovent manus vectigalibus populi Romani.
12 Non est satis. Audite, audite vos, qui amplissimo populi senatusque iudicio exercitus habuistis et bella gessistis: quod ad quemque pervenerit ex praeda, ex manubiis, ex auro coronario, quod neque consumptum in monumento neque in aerarium relatum sit, id ad decemviros referri iubet! Hoc capite multa sperant in omnis imperatores heredesque eorum quaestionem suo iudicio comparant, sed maximam pecuniam se a Fausto ablaturos arbitrantur. Quam causam suscipere iurati iudices noluerunt, hanc isti decemviri [suscepere] idcirco a iudicibus fortasse praetermissam esse arbi-
13 trantur, quod sit ipsis reservata. Deinde etiam in reliquum tempus diligentissime sancit, ut, quod quisque imperator habeat pecuniae, protinus ad decemviros referat. Hic tamen excipit Pompeium simillime, ut mihi videtur, atque ut illa lege, qua peregrini Roma eiciuntur, Glaucippus excipitur. Non enim hac exceptione unus adficitur beneficio, sed unus privatur iniuria. Sed cui manubias remittit, in huius vectigalia invadit. *Iubet enim* pecunia, si qua post nos consules ex novis

vectigalibus recipiatur, hac uti decemviros. Quasi vero non intellegamus haec eos vectigalia, quae Cn. Pompeius adiunxerit, vendere cogitare.

Videtis iam, patres conscripti, omnibus rebus et modis constructam et coacervatam pecuniam decemviralem. Minuetur huius pecuniae invidia; consumetur enim in agrorum emptionibus. Optume. Quis ergo emet agros istos? Idem decemviri; tu, Rulle, (missos enim facio ceteros) emes, quod voles, vendes, quod voles; utrumque horum facies, quanti voles. Cavet enim vir optimus, ne emat ab invito. Quasi vero non intellegamus ab invito emere iniuriosum esse, ab non invito quaestuosum. Quantum tibi agri vendet, ut alios omittam, socer tuus, et, si ego eius aequitatem animi probe novi, vendet non invitus? Facient idem ceteri libenter, ut possessionis invidiam pecunia commutent, accipiant, quod cupiunt, dent, quod retinere vix possunt.

Nunc perspicite omnium rerum infinitam atque intolerandam licentiam. Pecunia coacta est ad agros emendos; ii porro ab invitis non ementur. Si consenserint possessores non vendere, quid futurum est? Referetur pecunia? Non licet. Exigetur? Vetat. Verum esto; nihil est, quod non emi possit, si tantum des, quantum velit venditor. Spoliemus orbem terrarum, vendamus vectigalia, effundamus aerarium, ut locupletatis aut invidiae aut pestilentiae possessoribus agri tamen emantur.

Quid tum? quae erit in istos agros deductio, quae totius rei ratio atque descriptio? 'Deducentur', inquit, 'coloniae'. Quo? quorum hominum? in quae loca? Quis enim non videt in coloniis esse haec omnia consideranda? Tibi nos, Rulle, et istis tuis harum omnium rerum machinatoribus totam Italiam inermem tradituros existimasti, quam praesidiis confirmaretis, coloniis occuparetis, omnibus vinclis devinctam et constrictam *teneretis? Ubi* enim cavetur, ne in Ianiculo coloniam constituatis, ne urbem hanc urbe alia premere atque urgere possitis? 'Non faciemus', inquit. Primum nescio, deinde timeo, postremo non committam, ut vestro beneficio potius quam nostro consilio salvi esse possimus. Quod vero totam Italiam vestris coloniis complere voluistis, id cuius modi esset, neminemne nostrum intellecturum existimastis? Scriptum est enim: 'QUAE IN MUNICIPIA QUASQUE IN COLONIAS DECEMVIRI VELINT, DEDUCANT COLONOS, QUOS VELINT, ET IIS AGROS ASSIGNENT, QUIBUS IN LOCIS VELINT,' ut, cum totam Italiam militibus suis occuparint, nobis non modo dignitatis retinendae, sed ne libertatis quidem recuperandae spes relinquatur. Atque haec a me suspicionibus et coniectura coarguuntur. Iam omnis omnium tolletur error, iam aperte ostendent sibi nomen huius rei publicae, sedem urbis atque imperii, denique hoc templum Iovis optumi maxumi atque hanc arcem omnium gentium displicere. Capuam deduci colonos volunt, illam urbem huic urbi rursus opponere, illuc opes suas deferre et imperii nomen transferre cogitant. Qui locus propter ubertatem agrorum abundantiamque rerum omnium superbiam et crudelitatem genuisse dicitur, ibi nostri coloni delecti ad omne facinus a decemviris collocabuntur, et, credo, qua in urbe homines in vetere dignitate fortunaque nati copiam rerum moderate ferre non potuerunt, in ea isti vestri satellites modeste insolentiam suam continebunt. Maiores nostri Capua magistratus, senatum, consilium commune, omnia denique insignia rei publicae sustulerunt, neque aliud quicquam [in urbe] nisi inane nomen Capuae reliquerunt non crudelitate (quid enim illis fuit clementius, qui etiam externis hostibus victis sua saepissime reddiderunt?), sed consilio, quod videbant, si quod rei publicae vestigium illis moenibus contineretur, urbem ipsam imperio domicilium praebere posse; vos haec, nisi *evertere* rem publicam cuperetis ac vobis novam dominationem comparare, credo, quam perniciosa essent, non videretis. Quid enim cavendum est in coloniis deducendis? Si luxuries, Hannibalem ipsum Capua corrupit, si superbia, nata inibi esse haec ex Campanorum fastidio videtur, si praesidium, non praeponitur huic urbi ista colonia, sed opponitur. At quem ad modum armatur, di immortales! Nam bello Punico quicquid potuit Capua, potuit ipsa per sese; nunc omnes urbes, quae circum Capuam sunt, a colonis per eosdem decemviros occupabuntur; hanc enim ob causam permittit ipsa lex, in omnia, quae velint, oppida colonos ut decemviri deducant, quos velint. Atque his colonis agrum Campanum et Stellatem campum dividi iubet. Non queror deminutionem vectigalium, non flagitium huius iacturae atque damni, praetermitto illa, quae nemo est quin gravissime et verissime conqueri possit, nos caput patrimonii publici, pulcherrimam populi Romani possessionem, subsidium annonae, horreum belli, sub signo claustrisque rei publicae positum vectigal servare non potuisse, eum denique nos agrum P. Rullo concessisse, qui ager ipse per sese et Sullanae dominationi et Gracchorum largitioni restitisset; non dico solum hoc in re publica vectigal esse, quod amissis aliis remaneat, intermissis non conquiescat, in pace niteat, in bello non obsolescat, militem sustentet, hostem non pertimescat; praetermitto omnem hanc orationem et contioni reservo; de periculo salutis ac libertatis loquor. Quid enim existimatis integrum vobis in re publica fore aut in vestra libertate ac dignitate retinenda, cum Rullus atque ii, quos multo magis quam Rullum timetis, cum omni egentium atque improborum manu, cum omnibus copiis, cum omni argento et auro Capuam et urbes circa Capuam occuparint?

His ego rebus, patres conscripti, resistam vehementer atque acriter neque patiar homines ea me consule expromere, quae contra rem publicam iam diu

23 cogitarint. Errastis, Rulle, vehementer et tu et non nulli collegae tui, qui sperastis vos contra consulem veritate, non ostentatione popularem posse in evertenda re publica populares existimari. Lacesso vos, in contionem voco, populo Romano disceptatore uti
8 volo. Etenim, ut circumspiciamus omnia, quae populo grata atque iucunda sunt, nihil tam populare quam pacem, quam concordiam, quam otium reperiemus. Sollicitam mihi civitatem suspicione, suspensam metu, perturbatam vestris legibus et contionibus et deductionibus tradidistis; spem improbis ostendistis, timorem bonis iniecistis, fidem de foro, dignitatem de re publica
24 sustulistis. Hoc motu atque hac perturbatione animorum atque rerum cum populo Romano vox et auctoritas consulis repente in tantis tenebris illuxerit, cum ostenderit nihil esse metuendum, nullum exercitum, nullam manum, nullas colonias, nullam venditionem vectigalium, nullum imperium novum, nullum regnum decemvirale, nullam alteram Romam neque aliam sedem imperii nobis consulibus futuram summamque tranquillitatem pacis atque otii, verendum, credo, nobis erit, ne vestra ista praeclara lex agraria
25 magis popularis esse videatur. Cum vero scelera consiliorum vestrorum fraudemque legis et insidias, quae ipsi populo Romano a popularibus tribunis plebis fiant, ostendero, pertimescam, credo, ne mihi non liceat contra vos in contione consistere, praesertim cum mihi deliberatum et constitutum sit ita gerere consulatum, quo uno modo geri graviter et libere potest, ut neque provinciam neque honorem neque ornamentum aliquod aut commodum neque rem ullam, quae a tribuno plebis impediri possit,
26 appetiturus sim. Dicit frequentissimo senatu consul Kalendis Ianuariis sese, si status hic rei publicae maneat neque aliquod negotium exstiterit, quod honeste *subterfugere* non possit, in provinciam non iturum. Sic me in hoc magistratu geram, patres conscripti,

possim tribunum plebis rei publicae iratum coër-
, mihi iratum contemnere.

Quam ob rem, per deos immortales! colligite vos, 9
uni plebis, deserite eos, a quibus, nisi prospicitis,
ri tempore deseremini, conspirate nobiscum, con-
ite cum bonis, communem rem publicam communi
tio atque amore defendite. Multa sunt occulta rei
licae vulnera, multa nefariorum civium perniciosa
silia; nullum externum periculum est, non rex, non
s ulla, non natio pertimescenda est; inclusum
um, intestinum ac domesticum est. Huic pro se
que nostrum mederi atque hoc omnes sanare velle
emus. Erratis, si senatum probare ea, quae di- 27
tur a me, putatis, populum autem esse in alia
ntate. Omnes, qui se incolumes volent, sequentur
toritatem consulis soluti a cupiditatibus, liberi a
ctis, cauti in periculis, non timidi in contentionibus.
dsi qui vestrum spe ducitur se posse turbulenta
one honori velificari suo, primum me consule id
rare desistat, deinde habeat me ipsum sibi docu-
to, quem equestri ortum loco consulem videt, quae
e via facillime viros bonos ad honorem dignitatem-
perducat. Quodsi vos vestrum mihi studium,
res conscripti, ad communem dignitatem defenden-
 profitemini, perficiam profecto, id quod maxime
publica desiderat, ut huius ordinis auctoritas, quae
d maiores nostros fuit, eadem nunc longo inter-
lo rei publicae restituta esse videatur.

M. TULLI CICERONIS
DE LEGE AGRARIA ORATIO SECUNDA
CONTRA P. SERVILIUM RULLUM TR. PLEB.
AD POPULUM.

ARGUMENTUM.

Cum M. Cicero ipsis Kalendis Ianuariis, quo die consulatum iniit, ita verba de lege agraria, quam promulgaverat P. Servilius Rullus, fecisset, ut adsensum quidem senatus ferret, ipse autem tribunus a proposito non recederet, quo die primum apud populum oravit, alteram hanc orationem contra P. Servili legem habuit, qua primum more et instituto maiorum populo Romano gratias egit, quod se consulem fecisset, deinde legem Serviliam impugnavit multisque de causis perniciosam esse universae rei publicae ostendit.

1. Est hoc in more positum, Quirites, institutoque maiorum, ut ei, qui beneficio vestro imagines familiae suae consecuti sunt, eam primam habeant contionem, qua gratiam beneficii vestri cum suorum laude coniungant. Qua in oratione non nulli aliquando digni maiorum loco reperiuntur, plerique autem hoc perficiunt, ut tantum maioribus eorum debitum esse videatur, unde etiam, quod posteris solveretur, redundaret. Mihi, Quirites, apud vos de meis maioribus dicendi facultas non datur, non quo non tales fuerint, quales nos illorum sanguine creatos disciplinisque institutos videtis, sed quod laude populari atque honoris

vestri luce caruerunt. De me autem ipso vereor ne 2
arrogantis sit apud vos dicere, ingrati tacere. Nam
et, quibus studiis hanc dignitatem consecutus sim,
memet ipsum commemorare perquam grave est, et
silere de tantis vestris beneficiis nullo modo possum.
Quare adhibebitur a me certa ratio moderatioque dicendi, ut, quid a vobis acceperim, commemorem, quare
dignus vestro summo honore singularique iudicio sim,
ipse modice dicam, si necesse erit, vos eosdem ex-
istimaturos putem, qui iudicavistis.

    Me perlongo intervallo prope memoriae tempo- 3
rumque nostrorum primum hominem novum consulem
fecistis et eum locum, quem nobilitas praesidiis firmatum atque omni ratione obvallatum tenebat, me
duce rescidistis virtutique in posterum patere voluistis.
Neque me tantum modo consulem, quod est ipsum per
sese amplissimum, sed ita fecistis, quo modo pauci
nobiles in hac civitate consules facti sunt, novus ante
me nemo. Nam profecto, si recordari volueritis de 2
novis hominibus, reperietis eos, qui sine repulsa consules facti sunt, diuturno labore atque aliqua occasione esse factos, cum multis annis post petissent,
quam praetores fuissent, aliquanto serius, quam per
aetatem ac per leges liceret; qui autem anno suo
petierint, sine repulsa non esse factos; me esse unum
ex omnibus novis hominibus, de quibus meminisse
possimus, qui consulatum petierim, cum primum licitum sit, consul factus sim, cum primum petierim, ut
vester honos ad mei temporis diem petitus, non ad
alienae petitionis occasionem interceptus, nec diuturnis
precibus efflagitatus, sed dignitate impetratus esse
videatur. Est illud amplissimum, quod paulo ante 4
commemoravi, Quirites, quod hoc honore ex novis
hominibus primum me multis post annis adfecistis,
quod prima petitione, quod anno meo, sed tamen
magnificentius atque ornatius esse illo nihil potest,
quod meis comitiis non tabellam vindicem tacitae

libertatis, sed vocem [unam] prae vobis indicem vestrarum erga me voluntatum ac studiorum tulistis. Itaque me non extrema diribitio suffragiorum, sed primi illi vestri concursus, neque singulae voces praeconum, sed una vox universi populi Romani consulem declaravit. Hoc ego tam insigne, tam singulare vestrum beneficium, Quirites, cum ad animi mei fructum atque laetitiam duco esse permagnum, tum ad curam sollicitudinemque multo maius. Versantur enim, Quirites, in animo meo multae et graves cogitationes, quae mihi nullam partem neque diurnae neque nocturnae quietis impertiunt, primum tuendi consulatus, quae cum omnibus est difficilis et magna ratio, tum vero mihi praeter ceteros, cuius errato nulla venia, recte facto exigua laus et ab invitis expressa proponitur; non dubitanti fidele consilium, non laboranti certum subsidium nobilitatis ostenditur. Quodsi solus in discrimen aliquod adducerer, ferrem, Quirites, animo aequiore; sed mihi videntur certi homines, si qua in re me non modo consilio, verum etiam casu lapsum esse arbitrabuntur, vos universos, qui me antetuleritis nobilitati, vituperaturi. Mihi autem, Quirites, omnia potius perpetienda esse duco quam non ita gerendum consulatum, ut in omnibus meis factis atque consiliis vestrum de me factum consiliumque laudetur. Accedit etiam ille mihi summus labor ac difficillima ratio consulatus gerendi, quod non eadem mihi qua superioribus consulibus lege et condicione utendum esse decrevi, qui aditum huius loci conspectumque vestrum partim magnopere fugerunt, partim non vehementer secuti sunt. Ego autem non solum hoc in loco dicam, ubi est id dictu facillimum, sed in ipso senatu, in quo esse locus huic voci non videbatur, popularem me futurum esse consulem prima illa mea oratione Kalendis Ianuariis dixi. Neque enim ullo modo facere possum, ut, cum me intellegam non hominum potentium studio, non excellentibus gratiis paucorum, sed universi populi Romani iudicio consulem ita factum, ut nobilissimis hominibus longe praeponerer, non et in hoc magistratu et in omni vita essem popularis. Sed mihi ad huius *verbi* vim et interpretationem vehementer opus est vestra sapientia. Versatur enim magnus error propter insidiosas non nullorum simulationes, qui cum populi non solum commoda, verum etiam salutem oppugnant et impediunt, oratione adsequi volunt, ut populares esse videantur. Ego qualem 8 Kalendis Ianuariis acceperim rem publicam, Quirites, intellego, plenam sollicitudinis, plenam timoris; in qua nihil erat mali, nihil adversi, quod non boni metuerent, improbi exspectarent; omnia turbulenta consilia contra hunc rei publicae statum et contra vestrum otium partim iniri, partim nobis consulibus designatis inita esse dicebantur; sublata erat de foro fides non ictu aliquo novae calamitatis, sed suspicione ac perturbatione iudiciorum, infirmatione rerum iudicatarum; novae dominationes, extraordinaria non imperia, sed regna quaeri putabantur. Quae cum ego non solum suspicarer, sed plane cernerem (neque enim obscure gerebantur), dixi in senatu in hoc magistratu me popularem consulem futurum. Quid enim est tam populare quam pax? qua non modo ei, quibus natura sensum dedit, sed etiam tecta atque agri mihi laetari videntur. Quid tam populare quam libertas? quam non solum ab hominibus, verum etiam a bestiis expeti atque omnibus rebus anteponi videtis. Quid tam populare quam otium? quod ita iucundum est, ut et vos et maiores vestri ** et fortissimus quisque vir maximos labores suscipiendos putet, ut aliquando in otio possit esse, praesertim in imperio ac dignitate. Quin idcirco etiam maioribus nostris praecipuam laudem gratiamque debemus, quod eorum labore est factum, uti impune in otio esse possemus. Quare qui possum non esse popularis, cum videam haec omnia, Quirites, pacem externam, libertatem propriam generis ac no-

minis vestri, otium domesticum, denique omnia, q[uae]
vobis cara atque ampla sunt, in fidem et quod[am]
modo in patrocinium mei consulatus esse colla[ta]
10 Neque enim, Quirites, illud vobis iucundum aut po[pu]-
lare debet videri, largitio aliqua promulgata, q[uae]
verbis ostentari potest, re vera fieri nisi exhau[sto]
aerario nullo pacto potest; neque vero illa popula[ria]
sunt existimanda, iudiciorum perturbationes, rer[um]
iudicatarum infirmationes, restitutio damnatorum,
civitatum adflictarum perditis iam rebus extremi [ci]-
tiorum solent esse exitus; nec, si qui agros pop[ulo]
Romano pollicentur, si aliud quiddam obscure moliun[tur]
aliud spe ac specie simulationis ostentant, popula[res]
existimandi sunt.
5   Nam, vere dicam, Quirites, genus ipsum legis ag[ra]-
riae vituperare non possum. Venit enim mihi in m[en]-
tem duos clarissimos, ingeniosissimos, amantissi[mos]
plebei Romanae viros, Tiberium et Gaium Gracch[um]
plebem in agris publicis constituisse, qui agri a p[ri]-
vatis antea possidebantur. Non sum autem ego
consul, qui, ut plerique, nefas esse arbitrer Gracch[os]
laudare, quorum consiliis, sapientia, legibus mul[ta]
11 esse video rei publicae partis constitutas. Itaque,
initio mihi designato consuli nuntiabatur legem ag[ra]-
riam tribunos plebis designatos conscribere, cupieb[am]
quid cogitarent, cognoscere; etenim arbitrabar, qu[um]
iam eodem anno gerendi nobis essent magistra[tus]
esse aliquam oportere inter nos rei publicae b[ene]
12 administrandae societatem. Cum familiariter me
eorum sermonem insinuarem ac darem, celabar, exc[lu]-
debar, et, cum ostenderem, si lex utilis plebi Roma[nae]
mihi videretur, auctorem me atque adiutorem futur[um],
tamen aspernabantur hanc liberalitatem meam; ne[ga]-
bant me adduci posse, ut ullam largitionem probar[em].
Finem feci offerendi mei, ne forte mea sedulitas
insidiosa aut impudens videretur. Interea non desi[na]-
bant clam inter se convenire, privatos quosdam

libere, ad suos coetus occultos noctem adiungere et solitudinem. Quibus rebus quanto in metu fuerimus, ex vestra sollicitudine, in qua illis temporibus fuistis, facile adsequi coniectura poteritis. Ineunt tandem 13 magistratus tribuni plebis; contio valde expectatur P. Rulli, quod et princeps erat agrariae legis et truculentius se gerebat quam ceteri. Iam designatus alio vultu, alio vocis sono, alio incessu esse meditabatur, vestitu obsoletiore, corpore inculto et horrido, capillatior quam ante barbaque maiore, ut oculis et adspectu denuntiare omnibus vim tribuniciam et minitari rei publicae videretur. Legem hominis contionemque expectabam; lex initio nulla proponitur, contionem in pridie Idus advocari iubet. Summa cum expectatione concurritur. Explicat orationem sane longam et verbis valde bonis. Unum erat, quod mihi vitiosum videbatur, quod tanta ex frequentia inveniri nemo potuit, qui intellegere posset, quid diceret. Hoc ille utrum insidiarum causa fecerit an hoc genere eloquentiae delectetur, nescio. Tametsi, qui acutiores in contione steterant, de lege agraria nescio quid voluisse eum dicere suspicabantur. Aliquando tandem me designato lex in publicum proponitur. Concurrunt iussu meo plures uno tempore librarii, descriptam legem ad me adferunt. Omni hoc ratione vobis confirmare possum, 6 Quirites, hoc animo me ad legendam legem cogno- 14 scendamque venisse, ut, si eam vobis accommodatam atque utilem esse intellegerem, auctor eius atque adiutor essem. Non enim natura neque discidio neque odio penitus insito bellum nescio quod habet susceptum consulatus cum tribunatu, quia persaepe seditiosis atque improbis tribunis plebis boni et fortes consules obstiterunt, et quia vis tribunicia non numquam libidini restitit consulari. Non potestatum dissimilitudo, sed animorum disiunctio dissensionem facit. Itaque 15 hoc animo legem sumpsi in manus, ut eam cuperem esse aptam *vestris commodis* et eius modi, quam

consul re, non oratione popularis et honeste et libenter posset defendere. Atque ego a primo capite legis usque ad extremum reperio, Quirites, nihil aliud cogitatum, nihil aliud susceptum, nihil aliud actum, nisi uti decem reges aerarii, vectigalium, provinciarum omnium, totius rei publicae, regnorum, liberorum populorum, orbis denique terrarum domini constituerentur legis agrariae simulatione atque nomine. Sic confirmo, Quirites, hac lege agraria pulchra atque populari dari vobis nihil, condonari certis hominibus omnia, ostentari populo Romano agros, eripi etiam libertatem, privatorum pecunias augeri, publicas exhauriri, denique, quod est indignissimum, per tribunum plebis, quem maiores praesidem libertatis custodemque
16 esse voluerunt, reges in civitate constitui. Quae cum, Quirites, exposuero, si falsa vobis videbuntur esse, sequar auctoritatem vestram, mutabo meam sententiam; sin insidias fieri libertati vestrae simulatione largitionis intellegetis, nolitote dubitare plurimo sudore et sanguine maiorum vestrorum partam vobisque traditam libertatem nullo vestro labore consule adiutore defendere.

7   Primum caput est legis agrariae, quo, ut illi putant, temptamini leviter, quo animo libertatis vestrae deminutionem ferre possitis. Iubet enim tribunum plebis, qui eam legem tulerit, creare decemviros per tribus septemdecim, ut, quem novem tribus fecerint,
17 is decemvir sit. Hic quaero, quam ob causam initium rerum ac legum suarum hinc duxerit, ut populus Romanus suffragio privaretur. Totiens legibus agrariis curatores constituti sunt triumviri, quinqueviri, decemviri; quaero a populari tribuno plebis, ecquando nisi per xxxv tribus creati sint. Etenim cum omnes potestates, imperia, curationes ab universo populo Romano proficisci convenit, tum eas profecto maxime, quae constituuntur ad populi fructum aliquem et *commodum*, in quo et universi deligant, quem populo

Romano maxime consulturum putent, et unus quisque studio et suffragio suo viam sibi ad beneficium impetrandum munire possit. Hoc tribuno plebis potissimum venit in mentem, populum Romanum universum privare suffragiis, paucas tribus non certa condicione iuris, sed sortis beneficio fortuito ad usurpandam libertatem vocare. 'ITEM', inquit, 'EODEMQUE MODO', 18 capite altero, 'UT COMITIIS PONTIFICIS MAXIMI'. Ne hoc quidem vidit, maiores nostros tam fuisse populares, ut, quod per populum creari fas non erat propter religionem sacrorum, in eo tamen propter amplitudinem sacerdotii voluerint populo supplicari. Atque hoc idem de ceteris sacerdotiis Cn. Domitius, tribunus plebis, vir clarissimus, tulit, quod populus per religionem sacerdotia mandare non poterat, ut minor pars populi vocaretur; ab ea parte qui esset factus, is a collegio cooptaretur. Videte, quid intersit inter 19 Cn. Domitium, tribunum plebis, hominem nobilissimum, et P. Rullum, qui temptavit, ut opinor, patientiam vestram, cum se nobilem esse diceret. Domitius, quod per caerimonias populi fieri non poterat, ratione adsecutus est, ut id, quoad posset, quoad fas esset, quoad liceret, populi ad partes daret; hic, quod populi semper proprium fuit, quod nemo imminuit, nemo mutavit, quin ei, qui populo agros essent adsignaturi, ante acciperent a populo beneficium, quam darent, id totum eripere vobis atque e manibus extorquere conatus est. Ille, quod dari populo nullo modo poterat, tamen quodam modo dedit; hic, quod adimi nullo pacto potest, tamen quadam ratione eripere conatur.

Quaeret quispiam, in tanta iniuria tantaque impudentia quid spectarit. Non defuit consilium; fides erga plebem Romanam, Quirites, aequitas in vos libertatemque vestram vehementer defuit. Iubet enim comitia decemviris habere creandis eum, qui legem tulerit. Hoc dicam planius: Iubet Rullus, homo non cupidus neque appetens, habere comitia Rullum. Non-

dum reprehendo; video fecisse alios; illud, quod nemo
fecit, de minore parte populi, quo pertineat, videte.
Habebit comitia, volet eos renuntiare, quibus regia
potestas hac lege quaeritur; universo populo neque
ipse committit neque illi horum consiliorum auctores
21 committi recte putant posse. Sortietur tribus idem
Rullus. Homo felix educet, quas volet, tribus. Quos
novem tribus decemviros fecerint ab eodem Rullo
eductae, hos omnium rerum, ut iam ostendam, dominos habebimus. Atque hi, ut grati ac memores beneficii esse videantur, aliquid se novem tribuum notis
hominibus debere confitebuntur, reliquis vero sex et
xx tribubus nihil erit quod non putent posse suo
iure se denegare. Quos tandem igitur decemviros
fieri vult? Se primum. Qui licet? leges enim sunt
veteres, neque eae consulares, si quid interesse hoc
arbitramini, sed tribuniciae vobis maioribusque vestris
vehementer gratae atque iucundae; Licinia est lex et
altera Aebutia, quae non modo eum, qui tulerit de
aliqua curatione ac potestate, sed etiam collegas eius,
cognatos, adfinis excipit, ne eis ea potestas curatione
22 mandetur. Etenim si populo consulis, remove te a
suspicione alicuius tui commodi, fac fidem te nihil
nisi populi utilitatem et fructum quaerere, sine ad
alios potestatem, ad te gratiam beneficii tui pervenire.
Nam hoc quidem vix est liberi populi, vix vestrorum
9 animorum ac magnificentiae. Quis legem tulit? Rullus.
Quis maiorem partem populi suffragiis prohibuit?
Rullus. Quis comitiis praefuit, quis tribus, quas voluit.
vocavit nullo custode sortitus, quis decemviros, quos
voluit, renuntiavit? Idem Rullus. Quem principem
renuntiavit? Rullum. Vix mehercule servis hoc eum
suis, non *modo* vobis omnium gentium dominis probaturum arbitror. Optumae leges igitur hac lege sine
ulla exceptione tollentur; idem lege sibi sua cura-
tionem petet, idem maiore parte populi suffragiis
spoliata comitia habebit, quos volet, atque in iis se

ipsum renuntiabit et videlicet collegas suos ascriptores legis agrariae non repudiabit, a quibus ei locus primus in indice et in praescriptione legis concessus est; ceteri fructus omnium rerum, qui in spe legis huius positi sunt, communi cautione atque aequa ex parte retinentur.

At videte hominis diligentiam, si aut Rullum cogitasse aut si Rullo potuisse in mentem venire arbitramini. Viderunt ei, qui haec machinabantur, si vobis ex omni populo deligendi potestas esset data, quaecumque res esset, in qua fides, integritas, virtus, auctoritas quaereretur, vos eam sine dubitatione ad Cn. Pompeium principem delaturos. Etenim, quem unum ex cunctis delegissetis, ut eum omnibus omnium gentium bellis terra et mari praeponeretis, certe, in decemviris faciendis sive fides haberetur sive honos, et committi huic optime et ornari hunc iustissime posse intellegebant. Itaque excipitur hac lege non adulescentia, non legitimum aliquod impedimentum, non potestas, non magistratus ullus aliis negotiis ac legibus impeditus, reus denique quo minus decemvir fieri possit, non excipitur; Cn. Pompeius excipitur, ne cum P. Rullo (tacco de ceteris) decemvir fieri possit. Praesentem enim profiteri iubet, quod nulla alia in lege umquam fuit ne in iis quidem magistratibus, quorum certus ordo est, ne, si accepta lex esset, illum sibi collegam ascriberetis custodem ac vindicem cupiditatum. Hic, quoniam video vos hominis dignitate et contumelia legis esse commotos, renovabo illud, quod initio dixi, regnum comparari, libertatem vestram hac lege funditus tolli. An vos aliter existimabatis? cum ad omnia vestra pauci homines cupiditatis oculos adiecissent, non eos in primis id acturos, ut ex omni custodia vestrae libertatis, ex omni potestate, curatione, patrocinio vestrorum commodorum Cn. Pompeius depelleretur? Viderunt et vident, si per imprudentiam vestram, neglegentiam meam legem incognitam acceperitis, fore, uti postea cognitis insidiis, cum decemviros creetis, tum vitiis omnibus et sceleribus legis Cn. Pompei praesidium opponendum putetis. Et hoc parvum argumentum vobis erit, a certis hominibus dominationem potestatemque omnium rerum quaeri, cum videatis eum, quem custodem vestrae libertatis fore videant, expertem fieri dignitatis?

26 Cognoscite nunc, quae potestas decemviris et quanta detur. Primum lege curiata decemviros ornat. Iam hoc inauditum et plane novum, uti curiata lege magistratus detur, qui nullis comitiis ante sit datus. Eam legem ab eo praetore populi Romani, qui sit primus factus, ferri iubet. At quo modo? Ut ii decemviratum habeant, quos plebs designaverit. Oblitus est nullos a plebe designari. Et is orbem terrarum constringit novis legibus, qui, quod in secundo capite scriptum est, non meminit in tertio? Atque hic perspicuum est, quid iuris a maioribus acceperitis, quid ab hoc 11 tribuno plebis vobis relinquatur. Maiores de singulis magistratibus bis vos sententiam ferre voluerunt. Nam cum centuriata lex censoribus ferebatur, cum curiata ceteris patriciis magistratibus, tum iterum de eisdem iudicabatur, ut esset reprehendendi potestas, si populum 27 beneficii sui paeniteret. Nunc, Quirites, prima illa comitia tenetis, centuriata et tributa, curiata tantum auspiciorum causa remanserunt. Hic autem tribunus plebis quia videbat potestatem neminem iniussu populi aut plebis posse habere, curiatis eam comitiis, quae vos non initis, confirmavit, tributa, quae vestra erant, sustulit. Ita, cum maiores binis comitiis voluerint vos de singulis magistratibus iudicare, hic homo popularis ne unam quidem populo comitiorum pot-28 estatem reliquit. Sed videte hominis religionem et diligentiam. Vidit et perspexit sine curiata lege decemviros potestatem habere non posse, quoniam per novem *tribus* essent constituti; iubet ferre de his legem curiatam; praetori imperat. Quam id ipsum absurde, nihil

ad me attinet. Iubet enim, qui primus sit praetor factus, eum legem curiatam ferre; sin is ferre non possit, qui postremus sit, ut aut lusisse in tantis rebus aut profecto nescio quid spectasse videatur. Verum hoc, quod est aut ita perversum, ut ridiculum, aut ita malitiosum, ut obscurum sit, relinquamus; ad religionem hominis revertamur. Videt sine lege curiata nihil agi per decemviros posse. Quid postea, si ea lata non erit? Attendite ingenium. 'TUM II DECEMVIRI', inquit, 'EODEM IURE SINT, QUO QUI OPTUMA LEGE.' Si hoc fieri potest, ut in hac civitate, quae longe iure libertatis ceteris civitatibus antecellit, quisquam nullis comitiis imperium aut potestatem adsequi possit, quid attinet tertio capite legem curiatam ferre iubere, cum quarto permittas, ut sine lege curiata idem iuris habeant, quod haberent, si optima lege a populo essent creati? Reges constituuntur, non decemviri, Quirites, itaque ab his initiis fundamentisque nascuntur, ut non modo cum gerere *rem* coeperint, sed etiam cum constituentur, omne vestrum ius, potestas libertasque tollatur. At videte, quam diligenter retineat ius tribuniciae potestatis. Consulibus legem curiatam ferentibus a tribunis plebis saepe est intercessum (neque tamen nos id querimur, esse hanc tribunorum plebis potestatem; tantum modo, si quis ea potestate temere est usus, † existimamus); hic tribunus plebis legi curiatae, quam praetor ferat, adimit intercedendi potestatem. Atque hoc cum in eo reprehendendum est, quod per tribunum plebis tribunicia potestas minuitur, tum in eo deridendum, quod consuli, si legem curiatam non habet, attingere rem militarem non licet, hic, cui vetat intercedere, ei potestatem, etiamsi intercessum sit, tamen eandem constituit, quam si lata esset lex, ut non intellegam, quare aut hic vetet intercedere aut quemquam intercessurum putet, cum intercessio stultitiam intercessoris significatura sit, *non rem* impeditura.

31 Sint igitur decemviri neque **veris comitiis**, hoc est populi suffragiis, neque illis ad speciem atque ad usurpationem vetustatis per xxx lictores auspiciorum causa adumbratis constituti. Videte nunc, eos, qui a vobis nihil potestatis acceperint, quanto maioribus ornamentis adficiat, quam omnes nos adfecti sumus, quibus vos amplissimas potestates dedistis. Iubet auspicia coloniarum deducendarum causa decemviros habere, pullarios 'EODEM IURE', inquit, 'QUO HABUERUNT IIIVIRI LEGE SEMPRONIA'. Audes etiam, Rulle, mentionem facere legis Semproniae, nec te ea lex ipsa commonet IIIviros illos xxxv tribuum suffragio creatos esse? Et, cum tu a Ti. Gracchi aequitate ac pudore longissime remotus sis, id, quod dissimillima ratione factum sit, eodem iure putas esse oportere?

13
32 Dat praeterea potestatem verbo praetoriam, re vera regiam; definit in quinquennium, facit sempiternam; tantis enim confirmat opibus et copiis, ut invitis eripi nullo modo possit. Deinde ornat apparitoribus, scribis, librariis, praeconibus, architectis, praeterea mulis, tabernaculis, cibariis, supellectili; sumptum haurit ex aerario, suppeditat a sociis; finitores ex equestri loco ducentos, vicenos singulis stipatores corporis constituit, eosdem ministros et satellites potestatis.

Formam adhuc habetis, Quirites, et speciem ipsam tyrannorum; insignia videtis potestatis, nondum ipsam potestatem. Dixerit enim fortasse quispiam: 'Quid me ista laedunt, scriba, lictor, praeco, pullarius?' Omnia sunt haec huius modi, Quirites, ut, ea qui habeat sine vestris suffragiis, aut rex non ferundus aut **33** privatus furiosus esse videatur. Perspicite, quanta potestas permittatur; non privatorum insaniam, sed intolerantiam regum esse dicetis. Primum permittitur infinita potestas innumerabilis pecuniae conficiendae vestris vectigalibus non fruendis, sed alienandis; deinde *orbis terrarum* gentiumque omnium datur cognitio

sine consilio, poena sine provocatione, animadversio
sine auxilio. Iudicare per quinquennium vel de con- 34
sulibus vel de ipsis tribunis plebis poterunt; de illis
interea nemo iudicabit; magistratus iis petere licebit,
causam dicere non licebit; emere agros, a quibus
volent et quos volent, quam volent magno, poterunt;
colonias deducere novas, renovare veteres, totam Italiam suis coloniis ut complere liceat, permittitur;
omnis provincias obeundi, liberos populos agris multandi, regnorum vendendorum summa potestas datur;
cum velint, Romae esse, cum commodum sit, quacumque velint, summo cum imperio iudicioque rerum omnium vagari ut liceat, conceditur; interea dissolvant
iudicia publica, e consiliis abducant, quos velint, singuli de maximis rebus iudicent, quaestori permittant,
finitorem mittant, ratum sit, quod finitor uni illi, a
quo missus erit, renuntiaverit. Verbum mihi deest, 14
Quirites, cum ego hanc potestatem regiam appello, 35
sed profecto maior est quaedam. Nullum enim regnum fuit umquam, quod non, si minus iure aliquo, at
regionibus tamen certis contineretur. Hoc vero infinitum est, quo et regna omnia et vestrum imperium,
quod latissime patet, et ea, quae partim libera a
vobis, partim etiam ignorata vobis sunt, permissu
legis continentur.

Datur igitur eis primum, ut liceat eis vendere
omnia, de quibus vendendis senatus consulta facta
sunt M. Tullio Cn. Cornelio consulibus postve ea.
Cur hoc tam est obscurum atque caecum? Quid? 36
ista omnia, de quibus senatus censuit, nominatim in
lege perscribi nonne potuerunt? Duae sunt huius
obscuritatis causae, Quirites, una pudoris, si quis
pudor esse potest in tam insigni impudentia, altera
sceleris. Nam neque ea, quae senatus nominatim
vendenda censuit, audet appellare; sunt enim loca
publica urbis, *sunt sacella*, quae post restitutam *tribuniciam potestatem* nemo attigit, quae maiores in

urbe partim periculi perfugia esse voluerunt.
lege tribunicia decemviri vendent. Accedet eo
Gaurus, accedent salicta ad Minturnas, adiu
etiam illa via vendibilis Herculanea multarum
ciarum et magnae pecuniae, permulta alia,
senatus propter angustias aerarii vendenda c

37 consules propter invidiam non vendiderunt.
haec fortasse propter pudorem in lege reticentu
illud magis est credendum et pertimescendum,
audaciae decemvirali corrumpendarum tabularum
carum fingendorumque senatus consultorum, qua
numquam sint, cum ex eo numero, qui per eos
consules fuerunt, multi mortui sint, magna p
permittitur. Nisi forte nihil est aequum nos de
audacia suspicari, quorum cupiditati nimium an
orbis terrarum esse videatur.

15
38 Habetis unum venditionis genus, quod m
videri vobis intellego; sed attendite animos
quae consecuntur; hunc quasi gradum quendam
aditum ad cetera factum intellegetis. 'QUI AGRI,
LOCA, AEDIFICIA'. Quid est praeterea? Mu
mancipiis, in pecore, auro, argento, ebore, veste,
lectili, ceteris rebus. Quid dicam? invidiosum p
hoc fore, si omnia nominasset? Non metuit inv
Quid ergo? Longum putavit et timuit, ne
praeteriret; ascripsit 'ALIUDVE QUID', qua br
rem nullam esse exceptam videtis. Quicquid
sit extra Italiam, quod publicum populi Romani
sit L. Sulla Q. Pompeio consulibus aut post

39 decemviros iubet vendere. Hoc capite, Quirites,
gentis, nationes, provincias, regna decemvirum
iudicio potestatique permissa et condonata ess
Primum hoc quaero, ecqui tandem locus usqua
quem non possint decemviri dicere publicum
Romani esse factum. Nam cum idem possit iu
qui dixerit, quid est, quod non liceat ei dice
liceat eidem iudicare? Commodum erit Per

Smyrnam, Trallis, Ephesum, Miletum, Cyzicum, totam denique Asiam, quae post L. Sullam Q. Pompeium consules recuperata sit, populi Romani factam esse dicere; utrum oratio ad eius rei disputationem deerit, an, cum idem et disseret et iudicabit, impelli non poterit, ut falsum iudicet? an, si condemnare Asiam nolet, terrorem damnationis et minas non, quanti velet, aestimabit? Quid? quod disputari contra nullo pacto potest, quoniam statutum a nobis est et iudicatam, quam hereditatem iam crevimus, regnum Bithyniae, quod certe publicum est populi Romani factum, num quid causae est, quin omnes agros, urbes, stagna, portus, totam denique Bithyniam decemviri vendituri sint? Quid? Mytilenae, quae certe vestrae, Quirites, belli lege ac victoriae iure factae sunt, urbs et natura ac situ et descriptione aedificiorum et pulchritudine in primis nobilis, agri iucundi et fertiles, nempe eodem capite inclusi continentur. Quid? Alexandria cunctaque Aegyptus ut occulte latet, ut recondita est, ut furtim tota decemviris traditur! Quis enim vestrum hoc ignorat, dici illud regnum testamento regis Alexae populi Romani esse factum? Hic ego consul populi Romani non modo nihil iudico, sed ne quid sentiam quidem profero. Magna enim mihi res non modo ad statuendum, sed etiam ad dicendum videtur esse. Video, qui testamentum factum esse confirmet; auctoritatem senatus exstare hereditatis aditae sentio tum, quando Alexa mortuo legatos Tyrum misimus, qui ab illo pecuniam depositam nostris recuperarent. Haec L. Philippum saepe in senatu confirmasse memoria teneo; eum, qui regnum illud teneat hoc tempore, neque genere neque animo regio esse inter omnes fere video convenire. Dicitur contra nullum esse testamentum, non oportere populum Romanum omnium regnorum appetentem videri, demigraturos in illa loca nostros homines propter agrorum bonitatem et omnium rerum copiam. Hac tanta de re P. Rullus

cum ceteris decemviris collegis suis iudicabit, et utrum
iudicabit? Nam utrumque ita magnum est, ut nullo
modo neque concedendum neque ferendum sit. Volet
esse popularis; populo Romano adiudicabit. Ergo
idem ex sua lege vendet Alexandriam, vendet Aegyp-
tum, urbis copiosissimae pulcherrimorumque agrorum
iudex, arbiter, dominus, rex denique opulentissimi
regni reperietur. Non sumet sibi tantum, non appetet;
iudicabit Alexandriam regis esse, a populo Romano
abiudicabit. Primum † tum populi Romani hereditatem decemviri iudicent, cum vos volueritis de privatis hereditatibus centumviros iudicare? Deinde quis
aget causam populi Romani? ubi res ista agetur?
qui sunt isti decemviri, quos prospiciamus regnum
Alexandriae Ptolomaeo gratis adiudicaturos? Quodsi
Alexandria petebatur, cur non eosdem cursus hoc
tempore, quos L. Cotta L. Torquato consulibus, cucur-
rerunt? cur non aperte ut antea, cur non item ut
tum derecto et palam regionem illam petierunt? an,
qui etesiis, qui per cursum rectum regnum tenere non
potuerunt, nunc taetris tenebris et caligine se Alexandriam perventuros arbitrati sunt? Atque illud
circumspicite vestris mentibus animisque. Legatos
nostros, homines auctoritate tenui, qui rerum privatarum causa legationes liberas obeunt, tamen exterae
nationes ferre vix possunt. Grave est enim nomen
imperii, atque id etiam in levi persona pertimescitur,
propterea quod vestro, non suo nomine, cum hinc
egressi sunt, abutuntur. Quid censetis, cum isti decemviri cum imperio, cum fascibus, cum illa delecta fini-
torum iuventute per totum orbem terrarum vagabuntur,
quo tandem animo, quo metu, quo periculo miseras
nationes futuras? Est in imperio terror; patientur.
Est in adventu sumptus; ferent. Imperabitur aliquid
muneris; non recusabunt. Illud vero quantum est,
Quirites, cum is decemvir, qui aliquam in urbem aut
exspectatus ut hospes aut repente ut dominus venerit,

illum ipsum locum, quo venerit, illam ipsam sedem
hospitalem, in quam erit deductus, publicam populi
Romani esse dicet! At quanta calamitas populi, si
dixerit, quantus ipsi quaestus, si negarit! Atque idem,
qui haec appetunt, queri non numquam solent omnis
terras Cn. Pompeio atque omnia maria esse permissa.
Simile vero est multa committi et condonari omnia,
labori et negotio praeponi an praedae et quaestui, mitti
ad socios liberandos an ad opprimendos! Denique,
si qui est honos singularis, nihilne interest, utrum
populus Romanus eum, cui velit, deferat, an is impudenter populo Romano per legis fraudem surripiatur?
Intellexistis, quot res et quantas decemviri legis 18
permissu venditari sint. Non est satis. Cum se so- 47
ciorum, cum exterarum nationum, cum regum sanguine
implerint, incidant nervos populi Romani, adhibeant
manus vectigalibus vestris, irrumpant in aerarium.
Sequitur enim caput, quo capite ne permittit quidem,
si forte desit pecunia, quae tanta ex superioribus
recipi potest, ut deesse non debeat, sed, plane quasi
ea res vobis saluti futura sit, ita cogit atque imperat,
ut decemviri vestra vectigalia vendant nominatim.
Quam tu mihi ex ordine recita de legis scripto populi 48
Romani auctionem; quam mehercule ego praeconi
huic ipsi luctuosam et acerbam praedicationem futuram
puto. — Ut in suis rebus, ita in re publica luxuriosus
nepos, qui prius silvas vendat quam vineas! Italiam
percensuisti; perge in Siciliam. — Nihil est in hac
provincia, quod aut in oppidis aut in agris maiores
nostri proprium nobis reliquerint, quin id venire
iubeat. Quod partum recenti victoria maiores vobis 49
in sociorum urbibus ac finibus et vinculum pacis et
monumentum belli reliquerunt, id vos ab illis acceptum
hoc auctore vendetis? Hic mihi parumper mentes
vestras, Quirites, commovere videor, dum patefacio
vobis, quas isti penitus abstrusas insidias se posuisse
arbitrantur contra Cn. Pompei dignitatem. Et mihi,

quaeso, ignoscite, si appello talem virum saepius. Vos
mihi praetori biennio ante, Quirites, hoc eodem in
loco personam hanc imposuistis, ut, quibuscumque
rebus possem, illius absentis dignitatem vobiscum una
tuerer. Feci adhuc, quae potui, neque familiaritate⁵
illius adductus nec spe honoris atque amplissimae
dignitatis, quam ego, etsi libente illo, tamen absente
50 illo per vos consecutus sum. Quam ob rem, cum
intellegam totam hanc fere legem ad illius opes evertendas tamquam machinam comparari, et resistam con- ¹⁰
siliis hominum et perficiam profecto, quod ego video
[comparari], ut id vos universi non solum videre,
19 verum etiam tenere possitis. Iubet venire, quae Attalensium, quae Phaselitum, quae Olympenorum fuerint,
agrumque Aperensem et Oroandicum et Gedusanum. ¹⁵
Haec P. Servili imperio et victoria, clarissimi viri,
vestra facta sunt. Adiungit agros Bithyniae regios,
quibus nunc publicani fruuntur; deinde Attalicos agros
in Cherroneso, in Macedonia, qui regis Philippi sive
Persae fuerunt, qui item a censoribus locati sunt et ²⁰
51 certissimum vectigal ** Ascribit item auctioni Corin-
thios agros opimos et fertiles et Cyrenenses, qui Api-
onis fuerunt, et agros in Hispania propter Karthaginem
novam et in Africa ipsam veterem Karthaginem vendit,
quam videlicet P. Africanus non propter religionem ²⁵
sedum illarum ac vetustatis de consilii sententia consecravit, nec ut ipse locus eorum, qui cum hac urbe
de imperio decertarunt, vestigia calamitatis ostenderet, sed non fuit tam diligens, quam est Rullus,
aut fortasse emptorem ei loco reperire non potuit. ³⁰
Verum inter hos agros [regios] captos veteribus bellis
virtute summorum imperatorum adiungit regios agros,
Mithridatis qui in Paphlagonia, qui in Ponto, qui in
52 Cappadocia fuerunt, ut eos decemviri vendant. Itane
vero? non legibus datis, non auditis verbis impera- ³⁵
toris, nondum denique bello confecto, cum rex Mithri-
dates amisso exercitu regno expulsus tamen in ultimis

terris aliquid etiam nunc moliatur atque ab invicta
Cn. Pompei manu Maeote et illis paludibus et itinerum
angustiis atque altitudine montium defendatur, cum
imperator in bello versetur, in locis autem illis etiam
nunc belli nomen reliquum sit, eos agros, quorum
adhuc penes Cn. Pompeium omne iudicium et potestas more maiorum debet esse, viri decem vendent?
Et, credo, P. Rullus (is enim sic se gerit, ut sibi iam 53
decemvir designatus esse videatur) ad eam auctionem
potissimum proficiscetur! Is videlicet, antequam veniat 20
in Pontum, litteras ad Cn. Pompeium mittet, quarum
ego iam exemplum ab istis compositum esse arbitror:
'P. SERVILIUS RULLUS TRIBUNUS PLEBIS DECEMVIR S.
D. CN. POMPEIO CN. F.' Non credo ascripturum esse
'MAGNO', non enim videtur id, quod imminuere lege
conatur, concessurus verbo. 'TE VOLO CURARE, UT
MIHI SINOPAE PRAESTO SIS AUXILIUMQUE ADDUCAS,
DUM EOS AGROS, QUOS TU TUO LABORE CEPISTI, EGO
MEA LEGE VENDAM'. An Pompeium non adhibebit?
in eius provincia vendet manubias imperatoris? Ponite
ante oculos vobis Rullum in Ponto inter nostra atque
hostium castra hasta posita cum suis formosis finitoribus auctionantem. Neque in hoc solum inest con- 54
tumelia, quae vehementer et insignis est et nova, ut
ulla res parta bello nondum legibus datis etiam tum
imperatore bellum administrante non modo venierit,
verum locata sit. Plus spectant homines certe quam
contumeliam; sperant, si concessum sit inimicis Cn.
Pompei cum imperio, cum iudicio omnium rerum,
cum infinita potestate, cum innumerabili pecunia non
solum illis in locis vagari, verum etiam ad ipsius
exercitum pervenire, aliquid illi insidiarum fieri, aliquid de eius exercitu, copiis, gloria detrahi posse.
Putant, si quam spem in Cn. Pompeio exercitus habeat
aut agrorum aut aliorum commodorum, hanc non
habiturum, cum viderit earum rerum omnium potestatem ad decemviros esse translatam. Patior non 55

moleste tam stultos esse, qui haec sperent, tam impudentes, qui conentur; illud queror, tam me ab iis esse contemptum, ut haec portenta me consule potissimum cogitarent.

Atque in omnibus his agris aedificiisque vendendis permittitur decemviris, ut vendant, quibuscumque in locis videatur. O perturbatam rationem, o libidinem ecfrenatam, o consilia dissoluta atque perdita! Vectigalia locare nusquam licet nisi in hac urbe hoc aut illo ex loco hac vestrum frequentia; venire nostras res proprias et in perpetuum a nobis abalienari in Paphlagoniae tenebris atque in Cappadociae solitudine licebit? L. Sulla cum bona indemnatorum civium funesta illa auctione sua venderet et se praedam suam diceret vendere, tamen ex hoc loco vendidit nec, quorum oculos offendebat, eorum ipsorum conspectum fugere ausus est; decemviri vestra vectigalia non modo non vobis, Quirites, arbitris, sed ne praecone quidem publico teste vendent?

Sequitur 'OMNIS AGROS EXTRA ITALIAM' infinito ex tempore, non, ut antea, ab Sulla et Pompeio consulibus. Cognitio decemvirum, privatus sit an publicus; eique agro pergrande vectigal imponitur. Hoc quantum iudicium, quam intolerandum, quam regium sit, quem praeterit, posse, quibuscumque locis velint, nulla disceptatione, nullo consilio privata publicare, publica liberare? Excipitur hoc capite ager in Sicilia Recentoricus; quem ego excipi et propter hominum necessitudinem et propter *rei* aequitatem, Quirites, ipse vehementer gaudeo. Sed quae *est* haec impudentia! Qui agrum Recentoricum possident, vetustate possessionis se, non iure, misericordia senatus, non agri condicione defendunt. Nam illum agrum publicum esse fatentur; se moveri possessionibus, avitis suis sedibus, ac dis penatibus negant oportere. Ac, si est privatus ager Recentoricus, quid eum excipis? sin *autem* publicus, quae est ista aequitas ceteros, etiamsi privati sint, permittere, ut publici iudicentur, hunc excipere nominatim, qui publicus esse fateatur? Ergo eorum ager excipitur, qui apud Rullum aliqua ratione valuerunt, ceteri agri omnes, qui ubique sunt, sine ullo dilectu, sine populi Romani notione, sine iudicio senatus decemviris addicentur? Atque etiam est alia superiore capite, quo omnia veneunt, quaestuosa exceptio, quae teget eos agros, de quibus foedere cautum est. Audivit hanc rem non a me, sed ab aliis agitari saepe in senatu, non numquam ex hoc loco, possidere agros in ora marituma regem Hiempsalem, quos P. Africanus populo Romano adiudicarit; ei tamen postea per C. Cottam consulem cautum esse foedere. Hoc quia vos foedus non iusseritis, veretur Hiempsal, ut satis firmum sit et ratum. Cuicuimodi est illud, tollitur vestrum iudicium, foedus totum accipitur, comprobatur. Quod minuit auctionem decemviralem, laudo, quod regi amico cavet, non reprehendo, quod non gratis fit, indignor. Volitat enim ante oculos interim Iuba, regis filius, adulescens non minus bene nummatus quam bene capillatus.

Vix iam videtur locus esse, qui tantos acervos pecuniae capiat; auget, addit, accumulat. 'AURUM, AR-GENTUM EX PRAEDA, EX MANUBIIS, EX CORONARIO AD QUOSCUMQUE PERVENIT NEQUE RELATUM EST IN PUBLI-CUM NEQUE IN MONUMENTO CONSUMPTUM', id profiteri apud decemviros et ad eos referre iubet. Hoc capite etiam quaestionem de clarissimis viris, qui populi Romani bella gesserunt, iudiciumque de pecuniis repetundis ad decemviros translatum videtis. Horum erit nunc iudicium, quantae cuiusque manubiae fuerint, quid relatum, quid residuum sit; in posterum vero lex haec imperatoribus vestris constituitur, ut, quicumque de provincia decesserit, apud eosdem decemviros, quantum habeat praedae, manubiarum, auri coronarii, profiteatur. Hic tamen vir optimus eum, quem amat, excipit, Cn. Pompeium. Unde iste amor tam improvisus ac tam

repentinus? Qui honore decemviratus excluditur prope
nominatim, cuius iudicium legumque datio, captorum
agrorum ipsius virtute cognitio tollitur, cuius non in
provinciam, sed in ipsa castra decemviri cum imperio
infinita pecunia, maxima potestate et iudicio rerum
omnium mittuntur, cui ius imperatorium, quod sempe[r]
omnibus imperatoribus est conservatum, soli eripitu[r]
is excipitur unus, ne manubias referre debeat? Utrum
tandem hoc capite honos haberi homini an invidi[a]
quaeri videtur?

23 Remittit hoc Rullo Cn. Pompeius; beneficio is[t]
61 legis, benignitate decemvirali nihil utitur. Nam [si]
est aequum praedam ac manubias suas imperatore[s]
non in monumenta deorum immortalium neque i[n]
urbis ornamenta conferre, sed ad decemviros tamqua[m]
ad dominos reportare, nihil sibi appetit praecipu[e]
Pompeius, nihil; vult se in communi atque in eode[m]
quo ceteri iure versari. Sin est iniquum, Quirites,
turpe, si intolerandum hos decemviros portitores o[m]
nibus omnium pecuniis constitui, qui non modo reg[es]
atque exterarum nationum homines, sed etiam imper[a]
tores vestros excutiant, non mihi videntur honor[is]
causa excipere Pompeium, sed metuere, ne ille eande[m]
62 contumeliam quam ceteri ferre non possit. Pompei[us]
autem hoc animo est, ut, quicquid vobis placeat, si[bi]
ferendum putet; quod vos ferre non poteritis, id pr[o]
fecto perficiet ne diutius inviti ferre cogamini. Veru[m]
tamen cavet, ut, si qua pecunia post nos consules [e]
novis vectigalibus recipiatur, ea decemviri utantu[r]
Nova porro vectigalia videt ea fore, quae Pompei[us]
adiunxerit. Ita remissis manubiis vectigalibus ei[us]
virtute partis se frui putat oportere.

Parta sit pecunia, Quirites, decemviris tanta, quan[ta]
sit in terris, nihil praetermissum sit, omnes urb[es]
agri, regna denique, postremo etiam vectigalia vest[ra]
venierint, accesserint in cumulum manubiae vestroru[m]
imperatorum; quantae et quam immanes divitiae decen

viris in tantis auctionibus, tot iudiciis, tam infinita potestate rerum omnium quaerantur, videtis. Cogno- 24 scite nunc alios immensos atque intolerabiles quaestus, ut intellegatis ad certorum hominum importunam avaritiam hoc populare legis agrariae nomen esse quaesitum. Hac pecunia iubet agros emi, quo deducamini. Non consuevi homines appellare asperius, Quirites, nisi lacessitus. Vellem fieri posset, ut a me sine contumelia nominarentur ii, qui se decemviros sperant futuros; iam videretis, quibus hominibus omnium rerum et vendendarum et emendarum potestatem permitteretis. Sed, quod ego nondum statuo mihi 64 esse dicendum, vos tamen id potestis cum animis vestris cogitare; unum hoc certe videor mihi verissime posse dicere: Tum, cum haberet haec res publica Luscinos, Calatinos, Acidinos, homines non solum honoribus populi rebusque gestis, verum etiam patientia paupertatis ornatos, et tum, cum erant Catones, Phili, Laelii, quorum sapientiam temperantiamque in publicis privatisque, forensibus domesticisque rebus perspexeratis, tamen huiusce modi res commissa nemini est, ut idem iudicaret et venderet et hoc faceret per quinquennium toto in orbe terrarum idemque agros vectigalis populi Romani abalienaret et, cum summam tantae pecuniae nullo teste sibi ipse ex sua voluntate fecisset, tum denique emeret, a quibus vellet, quod videretur. Committite vos nunc, Quirites, his homi- 65 nibus haec omnia, quos odorari hunc decemviratum suspicamini; reperietis partem esse eorum, quibus ad habendum, partem, quibus ad consumendum nihil satis esse videatur. Hic ego iam illud, quod expeditissimum 25 est, ne disputo quidem, Quirites, non esse hanc nobis a maioribus relictam consuetudinem, ut emantur agri a privatis, quo plebes publice deducatur; omnibus legibus agris publicis privatos esse deductos. Huiusce modi me aliquid ab hoc horrido ac truce tribuno plebis *fateor* exspectasse; hanc vero emendi et vendendi quaestuosissimam ac turpissimam mercaturam alienam actione tribunicia, alienam dignitate populi Romani semper putavi. Iubet agros emi. Primum quaero, quos agros et quibus in locis. Nolo suspensam et incertam plebem Romanam obscura spe et caeca exspectatione pendere. Albanus ager est, Setinus, Privernas, Fundanus, Vescinus, Falernus, Literninus, Cumanus, Casilinas. Audio. Ab alia porta Capenas, Faliscus, Sabinus ager, Reatinus, Venafranus, Allifanus, Trebulanus. Habes tantam pecuniam, qua hosce omnis agros et ceteros horum similis non modo emere, verum etiam coacervare possis; cur eos non definis neque nominas, ut saltem deliberare plebes Romana possit, quid intersit sua, quid expediat, quantum tibi in emendis et in vendendis rebus committendum putet? 'Definio', inquit, 'Italiam'. Satis certa regio. Etenim quantulum interest, utrum in Massici radices, an in † Italiam aliove deducamini? Age, non definis locum; quid? naturam agri? 'Vero', inquit, 'QUI ARARI AUT COLI POSSIT'. 'Qui possit arari', inquit, 'aut coli', non qui aratus aut cultus sit. Utrum haec lex est an tabula Veratianae auctionis? in qua scriptum fuisse aiunt: 'IUGERA CC, IN QUIBUS OLIVETUM FIERI POTEST, IUGERA CCC, UBI INSTITUI VINEAE POSSUNT'. Hoc tu emes ista innumerabili pecunia, quod arari aut coli possit? Quod solum tam exile et macrum est, quod aratro perstringi non possit, aut quod est tam asperum saxetum, in quo agricolarum cultus non elaboret? 'Idcirco', inquit, 'agros nominare non possum, quia tangam nullum ab invito'. Hoc, Quirites, multo est quaestuosius, quam si ab invito sumeret; inibitur enim ratio quaestus de vestra pecunia, et tum denique ager emetur, cum idem expediet emptori et venditori.

Sed videte vim legis agrariae. Ne ei quidem, qui agros publicos possident, decedent de possessione, nisi erunt deducti optima condicione et pecunia maxima. *Conversa* ratio. Antea, cum erat a tribuno plebis mentio legis agrariae facta, continuo, qui agros publicos aut qui possessiones invidiosas tenebant, extimescebant; haec lex eos homines fortunis locupletat, invidia liberat. Quam multos enim, Quirites, existimatis esse, qui latitudinem possessionum tueri, qui invidiam Sullanorum agrorum ferre non possint, qui vendere cupiant, emptorem non reperiant, perdere iam denique illos agros ratione aliqua velint? Qui paulo ante diem noctemque tribunicium nomen horrebant, vestram vim metuebant, mentionem legis agrariae pertimescebant, ei nunc etiam ultro rogabuntur atque orabuntur, ut agros partim publicos, partim plenos invidiae, plenos periculi, quanti ipsi velint, decemviris tradant. Atque hoc carmen hic tribunus plebis non vobis, sed sibi intus canit. Habet socerum, virum optimum, qui 69 tantum agri in illis rei publicae tenebris occupavit, quantum concupivit. Huic subvenire vult succumbenti iam et oppresso, Sullanis oneribus gravi sua lege, ut liceat illi invidiam deponere, pecuniam condere. Et vos non dubitatis, quin vectigalia vestra vendatis plurimo maiorum vestrorum sanguine et sudore quaesita, ut Sullanos possessores divitiis augeatis, periculo liberetis? Nam ad hanc emptionem decemviralem 70 duo genera agrorum spectant, Quirites. Eorum unum propter invidiam domini fugiunt, alterum propter vastitatem. Sullanus ager a certis hominibus latissime continuatus tantam habet invidiam, ut veri ac fortis tribuni plebis stridorem unum perferre non possit. Hic ager omnis, quoquo pretio coëmptus erit, tamen ingenti pecunia nobis inducetur. Alterum genus agrorum propter sterilitatem incultum, propter pestilentiam vastum atque desertum emetur ab iis, qui eos vident sibi esse, si non vendiderint, relinquendos. Et nimirum illud est, quod ab hoc tribuno plebis dictum est in senatu, *urbanam plebem nimium in re publica posse; exhauriendam esse;* hoc enim est usus, quasi de aliqua sentina ac non de optimorum civium genere

27
71 loqueretur. Vos vero, Quirites, si me audire vultis, retinete istam possessionem gratiae, libertatis, suffragiorum, dignitatis, urbis, fori, ludorum, festorum dierum, ceterorum omnium commodorum, nisi forte mavultis relictis his rebus atque hac luce rei publicae in Sipontina siccitate aut in Salpinorum pestilentiae finibus Rullo duce collocari. Aut dicat, quos agros empturus sit; ostendat, et quid et quibus daturus sit. Ut vero, cum omnes urbes, agros, vectigalia, regna vendiderit, tum harenam aliquam aut paludes emat, id vos potestis, quaeso, concedere? Quamquam illud est egregium, quod hac lege ante omnia veneunt, ante pecuniae coguntur et coacervantur, quam gleba una ematur.

72 Deinde emi iubet, ab invito vetat. Quaero, si, qui velint vendere, non fuerint, quid pecuniae fiet? Referri in aerarium lex vetat, exigi prohibet. Igitur pecuniam omnem decemviri tenebunt, vobis ager non emetur vectigalibus abalienatis, sociis vexatis, regibus atque omnibus gentibus exinanitis illi pecunias habebunt vos agros non habebitis. 'Facile', inquit, 'adducuntur pecuniae magnitudine, ut velint vendere'. Ergo ea lex est, qua nostra vendamus, quanti possimus, aliena emamus, quanti possessores velint.

73 Atque in hos agros, qui hac lege empti sint, colonias ab his decemviris deduci iubet. Quid? omnisne locus eius modi est, ut nihil intersit rei publicae colonia deducatur in eum locum necne, an est locus qui coloniam postulet, est, *qui* plane recuset? Qua in genere sicut in ceteris rei publicae partibus est operae pretium diligentiam maiorum recordari, qui colonias sic idoneis in locis contra suspicionem periculi collocarunt, ut esse non oppida Italiae, sed propugnacula imperii viderentur. Hi deducent colonias in eos agros, quos emerint; etiamne, si rei publicae
74 non expediat? 'ET IN QUAE LOCA PRAETEREA VIDEBITUR.' Quid igitur est causae, quin coloniam in *Ianiculum* possint deducere et suum praesidium

capite atque cervicibus nostris possint collocare?
Tu non definias, quo colonias, in quae loca, quo
numero colonorum deduci velis, tu occupes locum,
quem idoneum ad vim tuam iudicaris, compleas numero, confirmes praesidio, quo velis, populi Romani
vectigalibus atque omnibus copiis ipsum populum
Romanum coërceas, opprimas, redigas in istam decemviralem dicionem ac potestatem? Ut vero totam
Italiam suis praesidiis obsidere atque occupare cogitet,
quaeso, Quirites, cognoscite. Permittit decemviris, ut
in omnia municipia, in omnis colonias totius Italiae
colonos deducant, quos velint, iisque colonis agros
dari iubet. Num obscure maiores opes, quam libertas
vestra pati potest, et maiora praesidia quaeruntur,
num obscure regnum constituitur, num obscure libertas
vestra tollitur? Nam cum idem omnem pecuniam,
maximam multitudinem ** id est totam Italiam suis
opibus obsidebunt, idem vestram libertatem suis
praesidiis et coloniis interclusam tenebunt, quae spes
tandem, quae facultas recuperandae vestrae libertatis
relinquetur?

At enim ager Campanus hac lege dividetur orbi
terrae pulcherrimus, et Capuam colonia deducetur,
urbem amplissimam atque ornatissimam. † Atqui quid
ad haec possumus dicere? De commodo prius vestro
dicam, Quirites; deinde ad amplitudinem et dignitatem
rei revertar, ut, si quis agri aut oppidi bonitate delectetur, ne quid exspectet, si quem rei dignitas commovet, ut huic simulatae largitioni resistat. Ac primum
de oppido dicam, si quis est forte, quem Capua magis
quam Roma delectet. Quinque milia colonorum Capuam scribi iubet; ad hunc numerum quingenos sibi
singuli sumunt. Quaeso, nolite vosmet ipsos consolari;
vere et diligenter considerate. Num vobis aut vestri
similibus integris, quietis, otiosis hominibus in hoc
numero locum fore putatis? Si est omnibus vobis
maiorive vestrum parti, quamquam me vester honos

vigilare dies atque noctes et intentis oculis omnis rei publicae partis intueri iubet, tamen paulisper, si ita commodum vestrum fert, conivebo. Sed si quinque hominum milibus ad vim, facinus caedemque delectis locus atque urbs, quae bellum facere atque instruere possit, quaeritur, tamenne patiemini vestro nomine contra vos firmari opes, armari praesidia, urbes, agros, copias comparari? Nam agrum quidem Campanum, quem vobis ostentant, ipsi concupiverunt; deducent suos, quorum nomine ipsi teneant et fruantur; coëment praeterea; ista dena iugera continuabunt. Nam si dicent per legem id non licere, ne per Corneliam quidem licet; at videmus, ut longinqua mittamus, agrum Praenestinum a paucis possideri. Neque istorum pecuniis quicquam aliud deesse video nisi eius modi fundos, quorum subsidio familiarum magnitudines et Cumanorum ac Puteolanorum praediorum sumptus sustentare possint. Quodsi vestrum commodum spectat, veniat et coram mecum de agri Campani divisione disputet. Quaesivi ex eo Kalendis Ianuariis, quibus hominibus et quem ad modum illum agrum esset distributurus. Respondit a Romilia tribu se initium esse facturum. Primum quae est ista superbia et contumacia, ut populi pars amputetur, ordo tribuum neglegatur, ante rusticis detur ager, qui habent, quam urbanis, quibus ista agri spes et iucunditas ostenditur? Aut, si hoc ab se dictum negat, ut satis facere omnibus vobis cogitat, proferat; in iugera dena discribat, a Suburana usque ad Arniensem nomina vestra proponat. Si non modo dena iugera dari vobis, sed ne constipari quidem tantum numerum hominum posse in agrum Campanum intellegetis, tamenne vexari rem publicam, contemni maiestatem populi Romani, deludi vosmet ipsos diutius a tribuno plebis patiemini? Quodsi posset ager iste ad vos pervenire, nonne eum tamen in patrimonio vestro remanere malletis? Ununne fundum pulcherrimum populi Romani, caput vestrae pecuniae, pacis ornamentum, subsidium belli, fundamentum vectigalium, horreum legionum, solacium annonae disperire patiemini? An obliti estis, Italico bello amissis ceteris vectigalibus quantos agri Campani fructibus exercitus alueritis? an ignoratis cetera illa magnifica populi Romani vectigalia perlevi saepe momento fortunae inclinatione temporis pendere? Quid nos Asiae portus, quid scriptura, quid omnia transmarina vectigalia iuvabunt tenuissima suspicione praedonum aut hostium iniecta? At vero hoc agri Campani vectigal cum eius modi sit, ut tutum domi sit et omnibus praesidiis oppidorum tegatur, tum neque bellis infestum nec fructibus varium nec caelo ac loco calamitosum esse solet. Maiores nostri non solum id, quod *de* Campanis ceperant, non imminuerunt, verum etiam, quod ei tenebant, quibus adimi iure non poterat, coëmerunt. Qua de causa nec duo Gracchi, qui de plebis Romanae commodis plurimum cogitaverunt, nec L. Sulla, qui omnia sine ulla religione, quibus voluit, est dilargitus, agrum Campanum attingere ausus est; Rullus extitit, qui ex ea possessione rem publicam demoveret, ex qua nec Gracchorum benignitas eam nec Sullae dominatio deiecisset. Quem agrum nunc praetereuntes vestrum esse dicitis et quem, ea iter qui faciunt, externi homines vestrum esse audiunt, is cum erit divisus ** neque vester esse dicetur. At qui homines possidebunt? Primo quidem acres, ad vim prompti, ad seditionem parati, qui, simul ac decemviri concrepuerint, armati in cives et expediti ad caedem esse possint; deinde ad paucos opibus et copiis adfluentis totum agrum Campanum deferri videbitis. Vobis interea, qui illas a maioribus pulcherrimas vectigalium sedis armis captas accepistis, gleba nulla de paternis atque avitis possessionibus relinquetur. At quantum intererit inter vestram et privatorum diligentiam, Quirites! Cum a maioribus nostris P. Lentulus, *is qui princeps senatus fuit*, in ea loca missus esset, ut privatos agros, qui in publicum Campanum incurrebant, pecunia publica coëmeret, dicitur renuntiasse nulla se pecunia fundum cuiusdam emere potuisse, cumque, qui nollet vendere, ideo negasse se adduci posse, uti venderet, quod, cum pluris fundos haberet, ex illo solo fundo numquam malum nuntium audisset. Itane vero? privatum haec causa commovit; populum Romanum, ne agrum Campanum privatis gratis Rullo rogante tradat, non commovebit? At idem populus Romanus de hoc vectigali potest dicere, quod ille de suo fundo dixisse dicitur. Asia multos annos vobis fructum Mithridatico bello non tulit, Hispaniarum vectigal temporibus Sertorianis nullum fuit, Siciliae civitatibus bello fugitivorum M'. Aquilius etiam mutuum frumentum dedit; at ex hoc vectigali numquam malus nuntius auditus est. Cetera vectigalia belli difficultatibus adfliguntur; hoc vectigali etiam belli difficultates sustentantur. Deinde in hac adsignatione agrorum ne illud quidem dici potest, quod in ceteris, agros desertos a plebe atque a cultura hominum liberorum esse non oportere. Sic enim dico, si Campanus ager dividatur, exturbari et expelli plebem ex agris, non constitui et collocari. Totus enim ager Campanus colitur et possidetur a plebe, et a plebe optima et modestissima; quod genus hominum optime moratum optimorum et aratorum et militum ab hoc plebicola tribuno plebis funditus eicitur. Atque illi miseri nati in illis agris et educati, glebis subigendis exercitati quo se subito conferant, non habebunt; his robustis et valentibus et audacibus decemvirum satellitibus agri Campani possessio tota tradetur, et, ut vos nunc de vestris maioribus praedicatis: 'Hunc agrum nobis maiores nostri reliquerunt', sic vestri posteri de vobis praedicabunt: 'Hunc agrum patres nostri acceptum a patribus suis perdiderunt'? Equidem existimo: si iam campus Martius dividatur et uni cuique vestrum, ubi *consistat,* bini pedes adsignentur, tamen promiscue toto quam proprie parva frui parte maletis. Quare, etiamsi ad vos esset singulos aliquid ex hoc agro perventurum, qui vobis ostenditur, aliis comparatur, tamen honestius eum vos universi quam singuli possideretis. Nunc vero cum ad vos nihil pertineat, sed paretur aliis, eripiatur vobis, nonne acerrime, tamquam armato hosti, sic huic legi pro vestris agris resistetis?

Adiungit Stellatem campum agro Campano et in eo duodena discribit in singulos homines iugera. Quasi vero paulum differat ager Campanus a Stellati; sed 86 multitudo, Quirites, quaeritur, qua illa omnia oppida compleantur. Nam dixi antea lege permitti, ut, quae (86) velint, municipia, quas velint, veteres colonias colonis suis occupent. Calenum municipium complebunt, Teanum oppriment, Atellam, Cumas, Neapolim, Pompeios, Nuceriam suis praesidiis devincient, Puteolos vero, qui nunc in sua potestate sunt, suo iure libertateque utuntur, totos novo populo atque adventiciis copiis occupabunt. Tunc illud vexillum Campanae coloniae 32 vehementer huic imperio timendum Capuam a decemviris inferetur, tunc contra hanc Romam, communem patriam omnium nostrum, illa altera Roma quaeretur. In id oppidum homines nefarii rem publicam nostram 87 transferre conantur, quo in oppido maiores nostri nullam omnino rem publicam esse voluerunt, qui tres solum urbes in terris omnibus, Carthaginem, Corinthum, Capuam, statuerunt posse imperii gravitatem ac nomen sustinere. Deleta Carthago est, quod cum hominum copiis, tum ipsa natura ac loco, succincta portibus, armata muris, excurrere ex Africa, imminere † ita fructuosissimis insulis populi Romani videbatur. Corinthi vestigium vix relictum est. Erat enim posita in angustiis atque in faucibus Graeciae sic, ut terra claustra locorum teneret et duo maria maxime navigationi diversa paene coniungeret, cum pertenui discrimine separentur. Haec, quae procul erant a conspectu imperii, non solum adflixerunt, sed etiam, ne quando

recreata exsurgere atque erigere se possent, funditus,
ut dixi, sustulerunt. De Capua multum est et diu
consultum; extant litterae, Quirites, publicae, sunt
senatus consulta complura. Statuerunt homines sapientes, si agrum Campanis ademissent, magistratus,
senatum, publicum ex illa urbe consilium sustulissent,
imaginem rei publicae nullam reliquissent, nihil fore,
quod Capuam timeremus. Itaque hoc perscriptum in
monumentis veteribus reperietis, ut esset urbs, quae
res eas, quibus ager Campanus coleretur, suppeditare
posset, ut esset locus comportandis condendisque fructibus, ut aratores cultu agrorum defessi urbis domiciliis uterentur, idcirco illa aedificia non esse deleta.
Videte, quantum intervallum sit interiectum inter
maiorum nostrorum consilia et inter istorum hominum
dementiam. Illi Capuam receptaculum aratorum, nun-
dinas rusticorum, cellam atque horreum Campani agri
esse voluerunt, hi expulsis aratoribus, effusis ac dissipatis fructibus vestris eandem Capuam sedem novae
rei publicae constituunt, molem contra veterem rem
publicam comparant. Quodsi maiores nostri existimassent quemquam in tam illustri imperio et tam
praeclara populi Romani disciplina *M.* Bruti aut *P.*
Rulli similem futurum (hos enim nos duos adhuc
vidimus, qui hanc rem publicam Capuam totam transferre vellent), profecto nomen illius urbis non reliquissent. Verum arbitrabantur Corinthi et Carthagini,
etiamsi senatum et magistratus sustulissent agrumque
civibus ademissent, tamen non defore, qui illa restituerent atque qui ante omnia commutarent, quam nos
audire possemus; hic vero in oculis senatus populique
Romani nihil posse existere, quod non ante extingui
atque opprimi posset, quam plane esset ortum ac
natum. Neque vero ea res fefellit homines divina
mente et consilio praeditos. Nam post Q. Fulvium
Q. Fabium consules, quibus consulibus Capua devicta
atque capta est, nihil est in illa urbe contra hanc

rem publicam non dico factum, sed nihil omnino est
cogitatum. Multa postea bella gesta cum regibus,
Philippo, Antiocho, Persa, Pseudophilippo, Aristonico,
Mithridate et ceteris; multa praeterea bella gravia,
Carthaginiense, Corinthium, Numantinum; multae in
hac re publica seditiones domesticae, quas praetermitto; bella cum sociis, Fregellanum, Marsicum; quibus
omnibus domesticis externisque bellis Capua non modo
non obfuit, sed oportunissimam se nobis praebuit et
ad bellum instruendum et ad exercitus ornandos et
tectis ac sedibus suis recipiendos. Homines non in- 91
erant in urbe, qui malis contionibus, turbulentis
senatus consultis, iniquis imperiis rem publicam mi-
scerent et rerum novarum causam aliquam quaererent.
Neque enim contionandi potestas erat cuiquam nec
consilii capiundi publici; non gloriae cupiditate efferebantur, propterea quod, ubi honos publice non est,
ibi gloriae cupiditas esse non potest; non contentione,
non ambitione discordes. Nihil enim supererat, de quo
certarent, nihil, quod contra peterent, nihil, ubi dissiderent. Itaque illam Campanam arrogantiam atque
intolerandam ferociam ratione et consilio maiores
nostri ad inertissimum ac desidiosissimum otium per-
duxerunt. Sic et crudelitatis infamiam effugerunt,
quod urbem ex Italia pulcherrimam non sustulerunt,
et multum in posterum providerunt, quod nervis urbis
omnibus electis urbem ipsam solutam ac debilitatam
reliquerunt. Haec consilia maiorum M. Bruto, ut 34
ante dixi, reprehendenda [et P. Rullo] visa sunt; 92
teque te, P. Rulle, omina illa M. Bruti atque auspicia
a simili furore deterrent. Nam et ipse, qui deduxit,
et qui magistratum Capuae illo creante ceperunt, et
qui aliquam partem illius deductionis, honoris, muneris
attigerunt, omnes acerbissimas impiorum poenas pertulerunt. Et quoniam Bruti atque illius temporis feci
mentionem, commemorabo id, quod egomet vidi, cum
venissem Capuam *colonia* modo deducta L. Considio et

Sex. Saltio, quem ad modum ipsi loquebantur, 'praetoribus', ut intellegatis, quantam locus ipse adferat superbiam, quae paucis diebus, quibus illo colonia deducta est, perspici atque intellegi potuit. Nam primum, id quod dixi, cum ceteris in coloniis duumviri appellentur, hi se praetores appellari volebant. Quibus primus annus hanc cupiditatem attulisset, nonne arbitramini paucis annis fuisse consulum nomen appetituros? Deinde anteibant lictores non cum bacillis, sed, ut hic praetoribus [urbanis] anteeunt, cum fascibus duobus. Erant hostiae maiores in foro constitutae, quae ab his praetoribus de tribunali sicut a nobis consulibus de consilii sententia probatae ad praeconem et ad tibicinem immolabantur. Deinde patres conscripti vocabantur. Iam vero vultum Considi videre ferundum vix erat. Quem hominem 'vegrandi macie torridum' Romae contemptum, abiectum videbamus, hunc Capuae Campano supercilio ac regio spiritu cum videremus, Blossios mihi videbar illos videre ac Vibellios. Iam vero qui metus erat tunicatorum illorum et in Albana et Seplasia quae concursatio percunctantium, quid praetor edixisset, ubi cenaret, quo denuntiasset! Nos autem, hinc Roma qui veneramus, iam non hospites, sed peregrini atque advenae nominabamur. Haec qui prospexerint, maiores nostros dico, Quirites, non eos in deorum immortalium numero venerandos a nobis et colendos putatis? Quid enim viderunt? Hoc, quod nunc vos, quaeso, perspicite atque cognoscite. Non ingenerantur hominibus mores tam a stirpe generis ac seminis quam ex iis rebus, quae ab ipsa natura nobis ad vitae consuetudinem suppeditantur, quibus alimur et vivimus. Carthaginienses fraudulenti et mendaces non genere, sed natura loci, quod propter portus suos multis et variis mercatorum et advenarum sermonibus ad studium fallendi studio quaestus vocabantur. Ligures [montani] *duri* atque agrestes; docuit ager ipse nihil ferendo nisi multa cultura et magno labore quaesitum. Campani semper superbi bonitate agrorum et fructuum magnitudine, urbis salubritate, discriptione, pulchritudine. Ex hac copia atque omnium rerum adfluentia primum illa Campana nata est arrogantia, qua a maioribus nostris alterum Capua consulem postularunt, deinde ea luxuries, quae ipsum Hannibalem armis etiam tum invictum voluptate vicit. Huc isti decemviri cum IƆƆ 96 colonorum ex lege Rulli deduxerint, centum decuriones, decem augures, sex pontifices constituerint, quos illorum animos, quos impetus, quam ferociam fore putatis? Romam in montibus positam et convallibus, cenaculis sublatam atque suspensam, non optumis viis, angustissimis semitis prae sua Capua planissimo in loco explicata ac prae illis † semitis irridebunt atque contemnent; agros vero Vaticanum et Pupiniam cum suis opimis atque uberibus campis conferendos scilicet non putabunt; oppidorum autem finitimorum illam copiam cum hac per risum ac iocum contendent; Labicos, Fidenas, Collatiam, ipsum hercle Lanuvium, Ariciam, Tusculum cum Calibus, Teano, Neapoli, Puteolis, Cumis, Pompeiis, Nuceria comparabunt. Quibus illi rebus 97 elati et inflati fortasse non continuo, sed certe, si paulum adsumpserint vetustatis ac roboris, non continebuntur; progredientur cuncti, ecferentur singulares. Homo privatus nisi magna sapientia praeditus vix cancellis et regionibus officii magnis in fortunis et copiis continetur, nedum isti ab Rullo et Rulli similibus conquisiti atque electi coloni Capuae in domicilio superbiae atque in sedibus luxuriosis collocati non statim conquisituri sint aliquid sceleris et flagitii, immo vero etiam hoc magis quam illi veteres germanique Campani, quod in vetere fortuna illos natos et educatos nimiae tamen rerum omnium copiae depravabant, hi ex summa egestate in eandem rerum abundantiam traducti non solum copia, verum etiam *insolentia* commovebuntur.

36
98 Haec tu, P. Rulle, M.
monumenta maiorum sa[
tu cum istis tuis aucto[
vectigalia ** ea expleret
dignitatis opponeretis; u[
potestatem urbes, nation[
los, reges, terrarum de[
ut, cum omnem pecuniam
vectigalibus redegissetis, [
ab imperatoribus nostri[
vobis pecunias ad nutum
partim invidiosos agros a[
desertos ac pestilentis a [
met ipsis emptos, quanti
duceretis; ut omnia muni[
colonis occuparetis; ut, [
videretur ac quam mult[

99 caretis; ut omnem rem
vestris urbibus, vestris p[
pressam teneretis; ut ip[
praesidio saepissime rem
hostes et contra improbis
horum conspectu privare
argento violari, nihil nu[
nihil vi et manu perfring[
pressum atque ereptum te
per gentis, per regna [
cum iudicio infinito, cum
castra Cn. Pompei atque
vobis esset, venderetis; ut
legibus omnibus soluti
periculo petere possetis;
num vos adducere, nemo
cogere, non consul coërce[
nere posset.

100 Haec ego vos concupi[
intemperantia non miror,

posse demiror. Nam cum omnium consulum gravis
in re publica custodienda cura ac diligentia debet esse,
tum eorum maxime, qui non in cunabulis, sed in
campo sunt consules facti. Nulli populo Romano pro
me maiores mei spoponderunt; mihi creditum est; a
me petere, quod debeo, me ipsum appellare debetis.
Quem ad modum, cum petebam, nulli me vobis auctores generis mei commendarunt, sic, si quid deli-
quero, nullae sunt imagines, quae me a vobis depre-
centur. Quare, modo [si] vita suppetat, quam ego 37
† summis ab istorum scelere insidiisque defendere,
polliceor hoc vobis, Quirites, bona fide: Rem publicam
vigilanti homini, non timido, diligenti, *non ignavo*,
commisistis. Ego is consul, qui contionem metuam, 101
qui tribunum plebis perhorrescam, qui saepe et sine
causa tumultuer, qui timeam, ne mihi in carcere habitandum sit, si tribunus plebis duci iusserit? Ego
cum vestris armis armatus insignibusque amplissimis
ornatus † imperio auctoritate non horreo in hunc locum
progredi posse vobisque auctoribus improbitati hominis
resistere nec vereor, ne res publica tantis munita
praesidiis ab istis vinci aut opprimi possit. Si antea
timuissem, tamen hac contione, hoc populo certe non
vererer. Quis enim umquam tam secunda contione
legem agrariam suasit, quam ego dissuasi? si hoc dis-
suadere est ac non disturbare atque pervertere. Ex 102
quo intellegi, Quirites, potest nihil esse tam populare
quam id, quod ego vobis in hunc annum consul popularis adfero, pacem, tranquillitatem, otium. Quae nobis
designatis timebatis, ea ne accidere possent, consilio
meo ac ratione provisa sunt. Non modo vos eritis in
otio, qui semper esse volueratis, verum etiam istos,
quibus odio est otium, quietissimos atque otiosissimos
reddam. Etenim illis honores, potestates, divitiae ex
tumultu atque ex dissensionibus civium comparari
solent; vos, quorum gratia in suffragiis consistit, libertas *in legibus, ius in iudiciis* et aequitate magistratuum,

in pace, omni ratione otium re
si ii, qui propter desidiam in
in sua turpi inertia capiunt volup
quo vos fortuna meliore eritis, si
abetis vestra non ignavia quaesitun
, otium tenueritis! † Quod ego et c
constitui cum collega invitissimis
vos in consulatu inimico esse et co
li omnibus prospexi sane revocavi
denuntiavi, *ne* quid turbulenti me co
mmum et firmissimum est illud co
praesidium, Quirites, ut, qualis v
axima contione mihi pro salute
lis reliquis temporibus rei publicae
erto recipio [polliceor] hoc vobis
esse perfecturum, ut iam tanden
viderunt meo, tamen vos univers
ndo plurimum vidisse fateantur.

M. TULLI CICERONIS
DE LEGE AGRARIA ORATIO TERTIA
CONTRA P. SERVILIUM RULLUM TR. PLEB. AD POPULUM.

ARGUMENTUM.

Cum M. Cicero oratione contra legem agrariam apud populum habita animos hominum ab illa lege paene revocasset, Servilius Rullus tamen ab instituto suo non recessit, sed Ciceronis auctoritatem infirmare studuit, quod absentem se populum criminabatur ea omnia facere gratificantem earum adsignationum poss-ssoribus. Id cum M. Cicero *ississet*, ipse contionem convocavit atque etiam hoc crimen *esse* hac brevi oratione demonstravit. Postea vero cum L. Caecilius tr. pleb. se legi Serviliae intercessurum pronuntiavisset, P. Rullus perferendae legis suae consi*lium* abiecit.

Commodius fecissent tribuni plebis, Quirites, si, quae apud vos de me deferunt, ea coram potius me praesente dixissent; nam et aequitatem vestrae disceptationis et consuetudinem superiorum et ius suae potestatis retinuissent. Sed quoniam adhuc praesens certamen contentionemque fugerunt, nunc, si videtur iis, in meam contionem prodeant et, quo provocati a me venire noluerunt, revocati saltem revertantur. Video quosdam, Quirites, strepitu significare nescio quid et non eosdem vultus, quos proxima mea con-

1 1

2

tione praebuerunt, in hanc contionem mihi r
Quare a vobis, qui nihil de me credidistis,
voluntatem, quam semper habuistis erga me, r
peto; a vobis autem, quos leviter immuta
sentio, parvam exigui temporis usuram bona
opinionis postulo, ut eam, si, quae dixero, v
babo, perpetuo retineatis; sin aliter, hoc ips
3 depositam atque abiectam relinquatis. Comp
animi auresque vestrae, Quirites, me grati
septem tyrannis ceterisque Sullanarum adsig
possessoribus agrariae legi et commodis ves
stere. Hoc si qui crediderunt, illud prius cr
necesse est, hac lege agraria, quae promul
adimi Sullanos agros vobisque dividi aut
minui privatorum possessiones, ut in eas v
camini. Si ostendo non modo non adimi
glebam de Sullanis agris, sed etiam genus
rum certo capite legis impudentissime confirm
sanciri, si doceo agris iis, qui a Sulla sunt
diligenter Rullum sua lege consulere, ut fac
reat eam legem non a vestrorum commodorum
sed a Valgi genero esse conscriptam, num
causae, Quirites, quin illa criminatione, qua i
sentem usus est, non solum meam, sed etiam
diligentiam prudentiamque despexerit?

2/4 Caput est legis quadragesimum, de quo
sulto, Quirites, neque apud vos ante feci me
ne aut refricare obductam iam rei publicae c
viderer aut aliquid alienissimo tempore nova
sionis commovere, neque vero nunc ideo d
quod hunc statum rei publicae non magno
fendendum putem, praesertim qui otii et c
patronum me in hunc annum populo Romano
sim, sed ut doceam Rullum posthac in iis s
cere rebus, in quibus de se et de suis fac
5 velit. Omnium legum iniquissimam dissimill
legis esse arbitror eam, quam L. Flaccus in

Sulla tulit, ut omnia, quaecumque ille fecisset, essent rata. Nam cum ceteris in civitatibus tyrannis institutis leges omnes extinguantur atque tollantur, hic rei publicae tyrannum lege constituit. Est invidiosa lex, sicuti dixi, verum tamen habet excusationem; non enim videtur hominis lex esse, sed temporis. Quid, 6 si est haec multo impudentior? Nam Valeria lege Corneliisque legibus eripitur, si cui datur, coniungitur impudens gratificatio cum acerba iniuria; sed tamen habet illis legibus spem non nullam, cui ademptum est, aliquem scrupulum, cui datum est. Rulli cautio est haec: 'QUI POST C. MARIUM CN. PAPIRIUM CONSULES'. Quam procul a suspicione fugit, quod eos consules, qui adversarii Sullae maxime fuerunt, potissimum nominavit! Si enim Sullam dictatorem nominasset, perspicuum fore et invidiosum arbitratus est. Sed quem nostrum tam tardo ingenio fore putavit, cui post eos consules Sullam dictatorem fuisse in mentem venire non posset? Quid ergo ait Marianus tribunus 7 plebis, qui nos Sullanos in invidiam rapit? 'QUI POST MARIUM ET CARBONEM CONSULES AGRI, AEDIFICIA, LACUS, STAGNA, LOCA, POSSESSIONES' (caelum et mare praetermisit, cetera complexus est) 'PUBLICE DATA, ASSIGNATA, VENDITA, CONCESSA SUNT' (a quo, Rulle? post Marium et Carbonem consules quis adsignavit, quis dedit, quis concessit praeter Sullam?), 'EA OMNIA EO IURE SINT' (quo iure? labefactat videlicet nescio quid. Nimium acer, nimium vehemens tribunus plebis Sullana rescindit), 'UT QUAE OPTIMO IURE PRIVATA SUNT'. Etiamne meliore quam paterna et avita? Meliore. At hoc Valeria lex non dicit, Corneliae leges 8 non sanciunt, Sulla ipse non postulat. Si isti agri partem aliquam iuris, aliquam similitudinem propriae possessionis, aliquam spem diuturnitatis attingunt, nemo est tam impudens istorum, quin agi secum praeclare arbitretur. Tu vero, Rulle, quid quaeris? Quod habent, ut habeant? Quis vetat? Ut privatum sit? Ita latum

est. Ut meliore *iure* tui soceri fundus Hir[
sive ager Hirpinus (totum enim possidet) qu[
9 paternus avitusque fundus Arpinas? Id eni[
Optimo enim iure ea sunt profecto praedia, [
tima condicione sunt. Libera meliore iure su[
serva; capite hoc omnia, quae serviebant, [
vient. Soluta meliore in causa sunt quam [
eodem capite subsignata omnia, si modo Sulla[
liberantur. Immunia commodiore condicio[
quam illa, quae pensitant; ego Tusculanis [
Crabra vectigal pendam, quia mancipio fundus[
si a Sulla mihi datus esset, Rulli lege non p[
3
10 Video vos, Quirites, sicuti res ipsa cogit, co[
vel legis vel orationis impudentia, legis, [
melius Sullanis praediis constituat quam pater[
tionis, quae eius modi *in* causa insimulare qu[
audeat rationes Sullae nimium vehementer d[
At, si illa solum sanciret, quae a Sulla esse[
tacerem, modo ipse se Sullanum esse con[
Sed non modo illis cavet, verum etiam aliud [
genus donationis inducit; et is, qui a me [
7 possessiones defendi criminatur, non eas solu[
verum ipse novas adsignationes instituit et re[
11 Sulla nobis exoritur. Nam attendite, quantas[
siones agrorum hic noster obiurgator uno verb[
conetur: 'QUAE DATA, DONATA, CONCESSA, v[
Patior, audio. Quid deinde? 'POSSESSA'. H[
nus plebis promulgare ausus est, ut, quod[
post Marium et Carbonem consules posside[
iure teneret, *quo* quod optimo privatum *est*? [
si vi deiecit, etiamne, si clam, si precario veni[
sessionem? Ergo hac lege ius civile, causae[
12 sionum, praetorum interdicta tollentur. No[
cris res neque parvum sub hoc verbo furtum,[
latet. Sunt enim multi agri lege Cornelia [
nec cuiquam adsignati neque venditi, qui [
hominibus impudentissime possidentur. H[

dit, hos privatos facit; hos, inquam, agros, a nemini dedit, Rullus non vobis adsignare eis condonare, qui possident. Causam quaero, uae maiores vobis in Italia, Sicilia, Africa, lispaniis, Macedonia, Asia reliquerunt, venire , cum ea, quae vestra sunt, condonari posses- adem lege videatis. Iam totam legem intel- 13 um ad paucorum dominationem scripta sit, ullanae assignationis rationes esse accommo- m. Nam socer huius vir multum bonus est; ɔ nunc de illius bonitate, sed de generi im- disputo. Ille enim, quod habet, retinere 4 e se Sullanum esse dissimulat; hic, ut ipse luod non habet, quae dubia sunt, per vos ult, et, cum plus appetat quam ipse Sulla, ebus resisto, Sullanas res defendere criminor. gros non nullos', inquit, 'socer meus desertos 14 ginquos; vendet eos mea lege, quanti volet. ertos ac nullo iure possessos; confirmabuntur re. Habet publicos; reddam privatos. Deni- fundos, quos in agro Casinati optimos fruc- ɔsque continuavit, cum usque eo vicinos ret, quoad oculis conformando ex multis unam fundi regionem formamque perficeret, c cum aliquo metu tenet, sine ulla cura '.

oniam, qua de causa et quorum causa ille 15 ulgarit, ostendi, doceat ipse nunc, ego quem em defendam, cum agrariae legi resisto. Silvam vendis; populus Romanus possidet; defendo. n agrum dividis; vos estis in possessione; Deinde Italiae, Siciliae ceterarumque pro- possessiones venalis ac proscriptas hac lege stra sunt praedia, vestrae possessiones; resi- le repugnabo neque patiar a quoquam populum de suis *possessionibus* me consule demoveri, , *Quirites*, cum vobis nihil quaeratur. Hoc 16

enim vos in errore versari diutius non oportet,
quis vestrum ad vim, ad facinus, ad caedem
modatus est? Nemo. Atqui ei generi ho[
mihi credite, Campanus ager et praeclara illa
servatur; exercitus contra vos, contra libertat[
stram, contra Cn. Pompeium constituitur; contr[
urbem Capua, contra vos manus hominum a[
simorum, contra Cn. Pompeium decem duces
rantur. Veniant et coram, quoniam me in v[
contionem vobis flagitantibus evocaverunt, dis[

M. TULLI CICERONIS
PRO C. RABIRIO PERDUELLIONIS REO
AD QUIRITES ORATIO.

ARGUMENTUM.

T. Labienus tribunus pleb. C. Rabirio perduellionis crimen Cicerone consule intendit, quod L. Appuleium Saturninum tribunum pleb. res novas molientem interfecisset C. Mario L. Valerio coss. a. u. c. 654. Causa acta est primo apud duumviros antiquo more, sed sorte a praetore datos, non a populo Romano more et instituto creatos. Ii erant C. et L. Julii Caesares. Ab his condemnatus Rabirius provocat ad populum. Quam ob rem causa postea acta est in campo Martio comitiis centuriatis. Defendit C. Rabirium M. Cicero consul a. 691, sed in semihorae curriculum coactus a tribuno pleb T. Labieno. At nihilo minus a populo condemnatus esset reus, nisi Metellus Celer augur et praetor, cum a multitudine se non audiri et C. Rabirium cupide condemnari videret, vexillum de Ianiculo detraxisset, ut iam nihil sciscere populo Rom. liceret. Comitiis ergo tunc solutis abiecit T. Labienus actionem, et C. Rabirius liberatus discessit. — Oratio haec, qua M. Cicero C. Rabirium defendit, integra non est, quamquam duobus fragmentis e membranis bibliothecae Vaticanae a Niebuhrio erutis adaucta nunc legitur

Etsi, Quirites, non est meae consuetudinis initio 1 dicendi rationem reddere, qua de causa quemque defendam, propterea quod cum omnibus civibus in eorum periculis semper satis iustam mihi causam necessitudinis esse duxi, tamen in hac defensione capitis, famae

fortunarumque omnium C. Rabiri **proponenda** ratio videtur esse officii mei, propterea quod, quae iustissima mihi causa ad hunc defendendum esse visa est,
2 eadem vobis ad absolvendum debet videri. Nam me cum amicitiae vetustas, cum dignitas hominis, cum ratio humanitatis, cum meae vitae perpetua consuetudo ad C. Rabirium defendendum est adhortata, tum vero, ut id studiosissime facerem, salus rei publicae, consulare officium, consulatus denique ipse mihi una a vobis cum salute rei publicae commendatus coëgit. Non enim C. Rabirium culpa delicti, non invidia vitae[que], non denique veteres iustae gravesque inimicitiae civium in discrimen capitis vocaverunt, sed ut illud summum auxilium maiestatis atque imperii, quod nobis a maioribus est traditum, de re publica tolleretur, ut nihil posthac auctoritas senatus, nihil consulare imperium, nihil consensio bonorum contra pestem ac perniciem civitatis valeret, idcirco in his rebus evertendis unius hominis senectus, infirmitas
3 solitudoque temptata est. Quam ob rem, si est boni consulis, cum cuncta auxilia rei publicae labefactari convellique videat, ferre opem patriae, succurrere saluti fortunisque communibus, implorare civium fidem, suam salutem posteriorem salute communi ducere, est etiam bonorum et fortium civium, quales vos omnibus rei publicae temporibus extitistis, intercludere omnis seditionum vias, munire praesidia rei publicae, summum in consulibus imperium, summum in senatu consilium putare; ea qui secutus sit, laude potius et honore quam poena et supplicio dignum iudicare.
4 Quam ob rem labor in hoc defendendo praecipue meus est, studium vero conservandi hominis commune mihi vobiscum esse debebit.
2 Sic enim existimare debetis, Quirites, post hominum memoriam rem nullam maiorem, magis periculosam, magis ab omnibus vobis providendam neque a *tribuno* pl. susceptam neque a consule defensam

neque ad pŏpulum Romanum esse delatam. Agitur enim nihil aliud in hac causa, Quirites, *nisi* ut nullum sit posthac in re publica publicum consilium, nulla bonorum consensio contra improborum furorem et audaciam, nullum extremis rei publicae temporibus perfugium et praesidium salutis. Quae cum ita sint, primum, quod in tanta dimicatione capitis, famae fortunarumque omnium fieri necesse est, ab Iove optimo maximo ceterisque dis deabusque immortalibus, quorum ope et auxilio multo magis haec res publica quam ratione hominum et consilio gubernatur, pacem ac veniam peto precorque ab iis, ut hodiernum diem et ad huius salutem conservandam et ad rem publicam constituendam illuxisse patiantur. Deinde vos, Quirites, quorum potestas proxime ad deorum immortalium numen accedit, oro atque obsecro, quoniam uno tempore vita C. Rabiri, hominis miserrimi atque innocentissimi, salus rei publicae vestris manibus suffragiisque permittitur, adhibeatis in hominis fortunis misericordiam, in rei publicae salute sapientiam, quam soletis.

Nunc quoniam, T. Labiene, diligentiae meae temporis angustiis obstitisti meque ex comparato et constituto spatio defensionis in semihorae curriculum coëgisti, parebitur et, quod iniquissimum est, accusatoris condicioni et, quod miserrimum, inimici potestati. Quamquam in hac praescriptione semihorae patroni mihi partis reliquisti, consulis ademisti, propterea quod ad defendendum prope modum satis erit hoc mihi temporis, ad conquerendum parum. Nisi forte de locis religiosis ac de lucis, quos ab hoc violatos esse dixisti, pluribus verbis tibi respondendum putas; quo in crimine nihil est umquam abs te dictum, nisi a C. Macro obiectum esse crimen id C. Rabirio. In quo ego demiror meminisse te, quid obiecerit C. Rabirio Macer *inimicus*, oblitum esse, quid aequi et iurati *iudices* iudicarint. An de peculatu facto aut de

tabulario incenso longa oratio est exprōmenda? quo
in crimine propinquus C. Rabiri iudicio clarissimo, C.
Curtius, pro virtute sua est honestissime liberatus,
ipse vero Rabirius non modo in iudicium horum criminum, sed ne in tenuissimam quidem suspicionem
(8) verbo est umquam vocatus. An de sororis filio diligentius respondendum est? quem ab hoc necatum
esse dixisti, cum ad iudicii moram familiaris funeris
excusatio quaereretur. Quid enim? est [tam] veri
simile [quam] cariorem huic sororis maritum quam
sororis filium fuisse, atque ita cariorem, ut alter vita
crudelissime privaretur, cum alteri ad prolationem
iudicii biduum quaereretur? An de servis alienis
contra legem Fabiam retentis aut de civibus Romanis
contra legem Porciam verberatis aut necatis plura
dicenda sunt, cum tanto studio C. Rabirius totius
Apuliae, singulari voluntate Campaniae [vicinitatis] ornetur, cumque ad eius propulsandum periculum non
modo homines, sed prope regiones ipsae convenerint
aliquanto etiam latius excitatae, quam ipsius vicinitatis nomen ac termini postulabant? Nam quid ego
ad id longam orationem comparem, quod est in eadem
multae irrogatione praescriptum, hunc nec suae nec
9 alienae pudicitiae pepercisse? Quin etiam suspicor
eo mihi semihoram ab Labieno praestitutam esse, ut
ne plura de pudicitia dicerem. Ergo ad haec crimina,
quae patroni diligentiam desiderant, intellegis mihi
semihoram istam nimium longam fuisse.

Illam alteram partem de nece Saturnini nimis exiguam atque angustam esse voluisti; quae non oratoris
ingenium, sed consulis auxilium implorat et flagitat.
10 Nam de perduellionis iudicio, quod a me sublatum
esse criminari soles, meum crimen est, non Rabiri.
Quodutinam, Quirites, ego id aut primus aut solus ex hac
re publica sustulissem! [utinam] hoc, quod ille crimen
esse vult, proprium testimonium meae laudis esset.
Quid enim optari potest, quod ego mallem, quam me

in consulatu meo carnificem de foro, crucem de campo sustulisse? Sed ista laus primum est maiorum nostrorum, Quirites, qui expulsis regibus nullum in libero populo vestigium crudelitatis regiae retinuerunt, deinde multorum virorum fortium, qui vestram libertatem non acerbitate suppliciorum infestam, sed lenitate legum munitam esse voluerunt.

Quam ob rem uter nostrum tandem, Labiene, popularis est, tune, qui civibus Romanis in contione ipsa carnificem, qui vincla adhiberi putas oportere, qui in campo Martio comitiis centuriatis auspicato in loco crucem ad civium supplicium defigi et constitui iubes, an ego, qui funestari contionem contagione carnificis veto, qui expiandum forum populi Romani ab illis nefarii sceleris vestigiis esse dico, qui castam contionem, sanctum campum, inviolatum corpus omnium civium Romanorum, integrum ius libertatis defendo servari oportere? Popularis vero tribunus pl. custos defensorque iuris et libertatis! Porcia lex virgas ab omnium civium Romanorum corpore amovit, hic misericors flagella rettulit; Porcia lex libertatem civium lictori eripuit, Labienus, homo popularis, carnifici tradidit; C. Gracchus legem tulit, ne de capite civium Romanorum iniussu vestro iudicaretur, hic popularis a duumviris iniussu vestro non iudicari de cive Romano, sed indicta causa civem Romanum capitis condemnari coëgit. Tu mihi etiam legis Porciae, tu C. Gracchi, tu horum libertatis, tu cuiusquam denique hominis popularis mentionem facis, qui non modo suppliciis invisitatis, sed etiam verborum crudelitate inaudita violare libertatem huius populi, temptare mansuetudinem, commutare disciplinam conatus es? Namque haec tua, quae te, hominem clementem popularemque, delectant: 'I, LICTOR, COLLIGA MANUS', [quae] non modo huius libertatis mansuetudinisque non sunt, sed ne Romuli quidem aut Numae Pompili; Tarquini, superbissimi atque crudelissimi regis, ista sunt cruciatus carmina, quae tu, homo lenis ac popularis, libentissime commemoras: 'CAPUT OBNUBITO, ARBORI INFELICI SUSPENDITO', quae verba, Quirites, iam pridem in hac re publica non solum tenebris vetustatis, verum etiam luce libertatis oppressa sunt.

An vero, si actio ista popularis esset et si ullam partem aequitatis haberet aut iuris, C. Gracchus eam reliquisset? Scilicet tibi graviorem dolorem patrui tui mors attulit quam C. Graccho fratris, et tibi acerbior eius patrui mors est, quem numquam vidisti, quam illi eius fratris, quicum concordissime vixerat, et simili virtute tu ulciscéris patrui mortem, atque ille persequeretur fratris, si ista ratione agere voluisset, et par desiderium sui reliquit apud populum Romanum Labienus iste, patruus vester, quisquis fuit, ac Ti. Gracchus reliquerat. An pietas tua maior quam C. Gracchi, an animus, an consilium, an opes, an auctoritas, an eloquentia? quae si in illo minima fuissent, tamen prae tuis facultatibus maxima putarentur. Cum vero his rebus omnibus C. Gracchus omnis vicerit, quantum intervallum tandem inter te atque illum interiectum [esse] putas? Sed moreretur prius acerbissima morte miliens C. Gracchus, quam in eius contione carnifex consisteret; quem non modo foro, sed etiam caelo hoc ac spiritu censoriae leges atque urbis domicilio carere voluerunt. Hic se popularem dicere audet, me alienum a commodis vestris, cum iste omnis et suppliciorum et verborum acerbitates non ex memoria vestra ac patrum vestrorum, sed ex annalium monumentis atque ex regum commentariis conquisierit, ego omnibus meis opibus, omnibus consiliis, omnibus dictis atque factis repugnarim et restiterim crudelitati? nisi forte hanc condicionem vobis esse vultis, quam servi, si libertatis spem propositam non haberent, ferre nullo modo possent.

16 Misera est ignominia iudiciorum publicorum, misera

multatio bonorum, miserum exilium; sed tamen in omni calamitate retinetur aliquod vestigium libertatis. Mors denique si proponitur, in libertate moriamur, carnifex vero et obductio capitis et nomen ipsum crucis absit non modo a corpore civium Romanorum, sed etiam a cogitatione, oculis, auribus. Harum enim omnium rerum non solum eventus atque perpessio, sed etiam condicio, expectatio, mentio ipsa denique indigna cive Romano atque homine libero est. An vero servos nostros horum suppliciorum omnium metu dominorum benignitas vindicta una liberat; nos a verberibus, ab unco, a crucis denique terrore neque res gestae neque acta actas neque vestri honores vindicabunt? Quam ob rem fateor atque etiam, Labiene, profiteor et prae me fero te ex illa crudeli, importuna, non tribunicia actione, sed regia, meo consilio, virtute, auctoritate esse depulsum. Qua tu in actione quamquam omnia exempla maiorum, omnis leges, omnem auctoritatem senatus, omnis religiones atque auspiciorum publica iura neglexisti, tamen a me haec in hoc tam exiguo meo tempore non audies; liberum tempus nobis dabitur ad istam disceptationem.

Nunc de Saturnini crimine ac de clarissimi patrui tui morte dicemus. Arguis occisum esse a C. Rabirio L. Saturninum. Et id C. Rabirius multorum testimoniis Q. Hortensio copiosissime defendente antea falsum esse docuit; ego autem, si mihi esset integrum, susciperem hoc crimen, agnoscerem, confiterer. Utinam hanc mihi facultatem causa concederet, ut possem hoc praedicare, C. Rabiri manu L. Saturninum, hostem populi Romani, interfectum! — Nihil me clamor iste commovet, sed consolatur, cum indicat esse quosdam civis imperitos, sed non multos. Numquam, mihi credite, populus Romanus hic, qui silet, consulem me fecisset, si vestro clamore perturbatum iri arbitraretur. Quanto iam levior est adclamatio! Quin continetis vocem indicem stultitiae vestrae,

19 testem paucitatis! — Lubenter, inquam, confiterer, si vere possem, aut etiam si mihi esset integrum, C. Rabiri manu L. Saturninum esse occisum, et id facinus pulcherrimum esse arbitrarer; sed, quoniam id facere non possum, confitebor id, quod ad laudem minus valebit, ad crimen non minus: Confiteor interficiendi Saturnini causa C. Rabirium arma cepisse. Quid est, Labiene? quam a me graviorem confessionem aut quod in hunc maius crimen expectas? nisi vero interesse aliquid putas inter eum, qui hominem occidit, et eum, qui cum telo occidendi hominis causa fuit. Si interfici Saturninum nefas fuit, arma sumpta esse contra Saturninum sine scelere non possunt; si arma iure sumpta concedis, inter*fectum iure concedas necesse est.*

[*In vetustissimo exemplari deest una charta.*]

7
20   Fit senatus consultum, ut C. Marius L. Valerius consules adhiberent tribunos pl. et praetores, quos eis videretur, operamque darent, ut imperium populi Romani maiestasque conservaretur. Adhibent omnis tribunos pl. praeter Saturninum, *praetores* praeter Glauciam; qui rem publicam salvam esse vellent, arma capere et se sequi iubent. Parent omnes; ex aede Sancus armamentariisque publicis arma populo Romano C. Mario consule distribuente dantur. Hic iam, ut omittam cetera, de te ipso, Labiene, quaero: Cum Saturninus Capitolium teneret armatus, esset una C. Glaucia, C. Saufeius, etiam ille ex compedibus atque ergastulo Gracchus; addam, quoniam ita vis, eodem Q. Labienum, patruum tuum; in foro autem C. Marius et L. Valerius Flaccus consules, post cunctus senatus, atque ille senatus, quem etiam vos ipsi, qui hos patres conscriptos, qui nunc sunt, in invidiam vocatis, quo facilius de hoc senatu detrahere possitis, *laudare consuevistis,* cum equester ordo — at quorum equitum, pro di immortales! — † patrum nostrorum *atque* eius aetatis, quae tum magnam partem rei

publicae atque omnem dignitatem iudiciorum tenebat, cum omnes omnium ordinum homines, qui in salute rei publicae salutem suam repositam esse arbitrabantur, arma cepissent: quid tandem C. Rabirio faciendum fuit? De te ipso, inquam, Labiene, quaero: Cum ad arma consules ex senatus consulto vocavissent, cum armatus M. Aemilius, princeps senatus, in comitio constitisset, qui cum ingredi vix posset, non ad insequendum sibi tarditatem pedum, sed ad fugiendum impedimento fore putabat, cum denique Q. Scaevola confectus senectute, perditus morbo, mancus et membris omnibus captus ac debilis, hastili nixus et animi vim et infirmitatem corporis ostenderet, cum L. Metellus, Ser. Galba, C. Serranus, P. Rutilius, C. Fimbria, Q. Catulus omnesque, qui tum erant consulares, pro salute communi arma cepissent, cum omnes praetores, cuncta nobilitas ac iuventus accurreret, Cn. et L. Domitii, L. Crassus, Q. Mucius, C. Claudius, M. Drusus, cum omnes Octavii, Metelli, Iulii, Cassii, Catones, Pompeii, cum L. Philippus, L. Scipio, cum M. Lepidus, cum D. Brutus, cum hic ipse P. Servilius, quo tu imperatore, Labiene, meruisti, cum hic Q. Catulus, admodum tum adulescens, cum hic C. Curio, cum denique omnes clarissimi viri cum consulibus essent: quid tandem C. Rabirium facere convenit? utrum inclusum atque abditum latere in occulto atque ignaviam suam tenebrarum ac parietum custodiis tegere an in Capitolium pergere atque ibi se cum tuo patruo et ceteris ad mortem propter vitae turpitudinem confugientibus congregare an cum Mario, Scauro, Catulo, Metello, Scaevola, cum bonis denique omnibus coire non modo salutis, verum etiam periculi societatem? Tu denique, Labiene, quid faceres tali in re ac tempore? Cum ignaviae ratio te in fugam atque in latebras impelleret, improbitas et furor L. Saturnini in Capitolium arcesseret, consules ad patriae salutem ac libertatem vocarent, quam tandem auctoritatem, quam vocem, cuius

sectam scqui, cuius imperio parere potuerint, velles?
'Patruus', inquit, 'meus cum Saturnino fuit'. Quid?
pater quicum? quid? propinqui vestri, equites Romani?
quid? omnis praefectura, regio, vicinitas vestra? quid?
ager Picenus universus utrum tribunicium furorem an
23 consularem auctoritatem secutus est? Equidem hoc
adfirmo, quod tu nunc de tuo patruo praedicas, neminem umquam adhuc de se esse confessum; nemo
est, inquam, inventus tam profligatus, tam perditus,
tam ab omni non modo honestate, sed etiam simulatione honestatis relictus, qui se in Capitolio fuisse
cum Saturnino fateretur. At fuit vester patruus.
Fuerit, et fuerit nulla desperatione rerum suarum,
nullis domesticis vulneribus coactus; induxerit eum
L. Saturnini familiaritas, ut amicitiam patriae praepo-
neret; idcircone oportuit C. Rabirium desciscere a re
publica, non comparere in illa armata multitudine
bonorum, consulum voci atque imperio non oboedire?
24 Atqui videmus haec in rerum natura tria fuisse, ut
aut cum Saturnino esset aut cum bonis aut lateret.
Latere mortis erat instar turpissimae, cum Saturnino
esse furoris et sceleris; virtus et honestas et pudor
cum consulibus esse cogebat. Hoc tu igitur in crimen
vocas, quod cum iis fuerit C. Rabirius, quos amenti-
simus fuisset si oppugnasset, turpissimus, si reliquisset?
9 At C. Decianus, de quo tu saepe commemoras, quia,
cum hominem omnibus insignem notis turpitudinis,
P. Furium, accusaret summo studio bonorum omnium,
queri est ausus in contione de morte Saturnini, condemnatus est, et Sex. Titius, quod habuit imaginem
L. Saturnini domi suae, condemnatus est. Statuerunt
equites Romani illo iudicio improbum civem esse et
non retinendum in civitate, qui hominis hostilem in
modum seditiosi imagine aut mortem eius honestaret
aut desideria imperitorum misericordia commoveret
aut suam significaret imitandae improbitatis voluntatem.
25 Itaque mihi mirum videtur, unde hanc tu, Labiene,

..., quam habes, inveneris; nam Sex. Titio
... istam habere auderet, inventus est nemo.
... audisses aut si per aetatem scire potuisses,
... profecto istam imaginem, quae domi posita
atque exilium Sex. Titio attulisset, in rostra
... contionem attulisses nec tuas umquam rates
populos appulisses, ad quos Sex. Titi adflictam
... in quibus C. Deciani naufragium fortunarum
Sed in his rebus omnibus imprudentia laberis.
enim suscepisti antiquiorem memoria tua,
usa ante mortua est, quam tu natus es; et
causa tute profecto fuisses, si per aetatem
tuisses, eam causam in iudicium vocas. An 26
illegis, primum quos homines et quales viros
summi sceleris arguas, deinde quot ex his,
int, eodem crimine in summum periculum
arcessas? Nam, si C. Rabirius fraudem capi-
imisit, quod arma contra L. Saturninum tulit,
idem adferet aliquam deprecationem periculi
a, qua tum fuit; Q. vero Catulum, patrem
a quo summa sapientia, eximia virtus, singu-
manitas fuit, M. Scaurum, illa gravitate, illo
illa prudentia, duos Mucios, L. Crassum, M.
m, qui tum extra urbem cum praesidio fuit,
in hac civitate longe maxima consilia atque
fuerunt, ceteros pari dignitate praeditos cu-
bernatoresque rei publicae quem ad modum
defendemus? Quid de illis honestissimis viris 27
timis civibus, equitibus Romanis, dicemus, qui
cum senatu salutem rei publicae defenderunt?
tribunis aerariis ceterorumque ordinum omnibus, qui tum arma pro communi libertate
? Sed quid ego de iis omnibus, qui consu- 10
erio paruerunt, loquor? de ipsorum consulum
id futurum est? L. Flaccum, hominem cum
re publica, tum in magistratibus gerendis,
otio caerimoniisque, quibus praeerat, diligen-

tissimum, nefarii sceleris ac parricidii mortuum condemnabimus? adiungemus ad hanc labem ignominianque mortis etiam C. Mari nomen? C. Marium, quem vere patrem patriae, parentem, inquam, vestrae libertatis atque huiusce rei publicae possumus dicere, sceleris ac parricidii nefarii mortuum condemnabimus?
28 Etenim, si C. Rabirio, quod iit ad arma, crucem T. Labienus in campo Martio defigendam putavit, quod tandem excogitabitur in eum supplicium, qui vocavit? Ac, si fides Saturnino data est, quod abs te saepissime dicitur, non eam C. Rabirius, sed C. Marius dedit idemque violavit, si in fide non stetit. Quae fides, Labiene, qui potuit sine senatus consulto dari? Adeone hospes *es* huiusce urbis, adeone ignarus disciplinae consuetudinisque nostrae, ut haec nescias, ut peregrinari in aliena civitate, non in tua magistratum gerere
29 videare? 'Quid iam ista C. Mario', inquit, 'nocere possunt, quoniam sensu et vita caret?' Itane vero? tantis in laboribus C. Marius periculisque vixisset, si nihil longius, quam vitae termini postulabant, spe atque animo de se et gloria sua cogitasset? At credo, cum innumerabilis hostium copias in Italia fudisset atque obsidione rem publicam liberasset omnia sua secum una moritura arbitrabatur. Non est ita, Quirites; neque quisquam nostrum in rei publicae periculis cum laude ac virtute versatur, qui spe posteritatis fructuque ducatur. Itaque cum multi aliis de causis virorum bonorum mentes divinae mihi atque aeternae videntur esse, tum maxime quod optimi et sapientissimi cuiusque animus ita praesentit in posterum, ut nihil nisi sempiternum spectare videatur
30 Quapropter equidem et C. Mari et ceterorum virorum sapientissimorum ac fortissimorum civium mentes, quae mihi videntur ex hominum vita ad deorum religionem et sanctimoniam demigrasse, testor me pro illorum fama, gloria, memoria non secus ac pro patriis *fanis* atque delubris propugnandum putare, ac,

pro illorum laude mihi arma capienda essent, non minus strenue caperem, quam illi pro communi salute ceperunt. Etenim, Quirites, exiguum nobis vitae curriculum natura circumscripsit, immensum gloriae. Quare, si eos, qui iam de vita decesserunt, ornabimus, 11 iustiorem nobis mortis condicionem relinquemus. Sed si illos, Labiene, quos iam videre non possumus, neglegis, ne his quidem, quos vides, consuli putas oportere? Neminem esse dico ex his omnibus, qui 31 illo die Romae fuerit, quem tu diem in iudicium vocas, pubesque tum fuerit, quin arma ceperit, quin consules secutus sit. Omnes ii, quorum tu ex aetate coniecturam facere potes, quid tum fecerint, abs te rei capitis C. Rabiri nomine citantur. At occidit Saturninum Rabirius. Utinam fecisset! non supplicium deprecarer, sed praemium postularem. Etenim, si Scaevae, servo Q. Crotonis, qui occidit L. Saturninum, libertas data est, quod equiti Romano praemium dari par fuisset? et, si C. Marius, quod fistulas, quibus aqua suppeditabatur Iovis optimi maximi templis ac sedibus, praecidi imperarat, quod in clivo Capitolino improborum civium***

FRAGMENTA.

*** aret. Itaque non senatus in ea causa cognoscenda me agente diligentior aut inclementior fuit 12/32 quam vos universi, cum orbis terrae distributionem atque illum ipsum agrum Campanum animis, manibus, vocibus *repudiavistis*.

Idem ego, quod is, qui auctor huius iudicii *est*, 33 clamo, praedico, denuntio: Nullus est reliquus rex, nulla gens, nulla natio, quam pertimescatis; nullum adventicium, nullum extraneum malum est, quod *insinuare in hanc rem publicam* possit. Si immortalem

hanc civitatem *esse* voltis, si aeter*num hoc imperium*,
si g*loriam* sempiternam *manere*, nobis a nostris *cupi*-
ditatibus, a tu*rbulen*tis hominibus *atque novarum rerum
cupidis, ab intestinis malis*, a domesticis con*siliis* est
cavendum. Hisce autem m*alis magn*um praesidi*um*
*v*obis maiores ve*stri r*eliquerunt, *vocem* illam consulis:
'qui *rem publicam* salvam esse *vellent*'. Huic voci
fave*te*, *Quirites, neque v*estro iudicio *abstu*leritis mihi
...... neque eripueri*tis rei publicae* spem liber-
ta*tis, spem* salutis, spem *dign*itatis. *Quid f*ac*erem*, si
T. Labie*nus c*ae*d*em civium *feci*sset ut L. Sa*turninus*,
si carcerem re*freg*isset, si Capitoli*um cum armatis
occupa*visset? Facerem *idem*, *qu*od C. Marius feci*t*, ad
senatum re*ferr*em, vos ad rem publicam *def*endundam
co*hort*arer, armatus *ipse* vobiscum ar*mato* obsisterem.
Nunc, quoniam armorum suspicio nulla est, tela non
video, non vis, non caedes, non Capitoli atque arcis
obsessio est, sed accusatio perniciosa, iudicium acerbum, res tota a tribuno pl. suscepta contra rem
publicam, non vos ad arma vocan*dos esse*, *verum* ad
suffragia cohortandos contra oppugnationem vestrae
maiestatis putavi. Itaque nunc vos omnes oro atque
obtestor hortorque. Non ita mos est, consulem
cum es ***

*** timet; qui hasce ore adverso pro re publica
cicatrices ac notas virtutis accepit, is, ne quod
accipiat famae volnus, perhorrescit; quem numquam
incursiones hostium loco movere potuerunt, is nunc
impetum civium, *cui n*ecessario cedendum est, perhorrescit. *N*eque a vobis iam bene *v*ivendi, sed
hones*te* moriendi facul*t*atem petit neque tam, *ut* domo
sua frua*t*ur, quam ne patrio *s*epulchro privetur, laborat. Nihil al*iud* iam vos orat atque *ob*secrat, nisi
uti n*e se* legitimo funere *et* domestica mor*te* privetis,
ut eum, *qui* pro patria nu*llum* umquam mor*tis* peri-
*c*ulum fugit, *in* patria mori patiamini.

Dixi ad id tempus, quod mihi a tribuno pl.

quaesoque, ut ha*nc*
ericu*lo f*idelem, pro rei
tis.

universo populo Ro-
dini longe carissimus.

M. TULLI CICERONIS
ORATIO IN CATILINAM PRIMA
IN SENATU HABITA.

ARGUMENTUM.

L. Sergius Catilina, homo patricii generis, magna vi et animi et corporis, sed ingenio malo pravoque, praetorius, qui iam a. u. c. 689 caedem consulum facere eaque facta rerum potiri constituerat, casu autem rem perficere prohibitus erat, ascitis ad consilium rei publicae opprimendae hominibus omnis generis perditissimis atque audacissimis, quos inopia, cupiditas, scelera stimulabant, consulatum in annum 691 p. u. c. petivit, sed cum, quae in animo habebat, perniciosa rei publicae consilia parum occultata essent, studiis bonorum omnium M. Tullius Cicero una cum C. Antonio consul factus est. Qua re commotus L. Catilina M. Cicerone C. Antonio consulibus cupidius etiam sua consilia recepit, quibus maxime Ciceronis consulis diligentia restitit, ad quem Catilinae eiusque sociorum consilia a Fulvia, muliere nobili, quae rem habebat cum Q. Curio, qui particeps fuit conspirationis illius, deferebantur. Cum autem ista mala consilia contra salutem rei publicae a coniuratis inita apertius iam agitarentur, senatus consultum factum est, darent operam consules, ne quid res publica detrimenti caperet, effectumque est, ut Catilina spe consulatus, quem in proximum annum petebat, excideret, designarenturque D. Silanus et L. Murena. Quae cum ita essent, L. Catilina, qui iam ante per Italiam ad homines seditiosos, maxime veteres L. Sullae milites, concitandos nuntios miserat, ad C. Manlium, qui Faesulas, in urbem Etruriae munitam, manum armatorum coëgerat, proficisci constituit et bellum *patriae inferre convocatisque nocte, quae inter VIII et VII Id. Novembres erat,* sociis in domum M. Porci Laecae consilium, quod ceperat, aperuit. Qua in congregatione nocturna equites Romani Ciceronem consulem illa ipsa nocte ante lucem, cum sicut salutaturi eius domum intrassent, interficiendum receperunt. M. Cicero vitatis insidiis proximo die, qui fuit a. d. VI Id. Novembres, dispositis praesidiis senatum in templum Iovis Statoris convocavit, quo cum Catilina quasi sui purgandi causa venisset, Cicero eam, quae infra legitur, orationem in Catilinam vehementissime invehens habuit.

Quo usque tandem abutere, Catilina, patientia nostra? quam diu etiam furor iste tuus nos eludet? quem ad finem sese effrenata iactabit audacia? Nihilne te nocturnum praesidium Palati, nihil urbis vigiliae, nihil timor populi, nihil concursus bonorum omnium, nihil hic munitissimus habendi senatus locus, nihil horum ora voltusque moverunt? Patere tua consilia non sentis, constrictam iam horum omnium scientia teneri coniurationem tuam non vides? Quid proxima, quid superiore nocte egeris, ubi fueris, quos convocaveris, quid consilii ceperis, quem nostrum ignorare arbitraris? O tempora, o mores! Senatus haec intellegit, consul videt; hic tamen vivit. Vivit? immo vero etiam in senatum venit, fit publici consilii particeps, notat et designat oculis ad caedem unum quemque nostrum. Nos autem fortes viri satis facere rei publicae videmur, si istius furorem ac tela vitemus. Ad mortem te, Catilina, duci iussu consulis iam pridem oportebat, in te conferri pestem, quam tu in nos [omnes iam diu] machinaris. An vero vir amplissumus, P. Scipio, pontifex maximus, Ti. Gracchum mediocriter labefactantem statum rei publicae privatus interfecit; Catilinam orbem terrae caede atque incendiis vastare cupientem nos consules perferemus? Nam illa nimis antiqua praetereo, quod C. Servilius Ahala Sp. Maelium novis rebus studentem manu sua occidit. Fuit, fuit ista quondam in hac re publica virtus, ut viri fortes *acrioribus suppliciis civem perniciosum quam acerbissimum hostem* coërcerent. Habemus senatus consultum in te, Catilina, vehemens et grave, non deest rei publicae consilium neque auctoritas huius ordinis; nos, nos, dico aperte, consules desumus. Decrevit quondam senatus, ut L. Opimius consul videret, ne quid res publica detrimenti caperet; nox nulla intercessit; interfectus est propter quasdam seditionum suspiciones C. Gracchus, clarissimo patre, avo, maioribus, occisus est cum liberis M. Fulvius consularis. Simili senatus consulto C. Mario et L. Valerio consulibus est permissa res publica; num unum diem postea L. Saturninum tribunum pl. et C. Servilium praetorem mors ac rei publicae poena remorata est? At [vero] nos vicesimum iam diem patimur hebescere aciem horum auctoritatis. Habemus enim huiusce modi senatus consultum, verum inclusum in tabulis tamquam in vagina reconditum, quo ex senatus consulto confestim te interfectum esse, Catilina, convenit. Vivis, et vivis non ad deponendam, sed ad confirmandam audaciam. Cupio, patres conscripti, me esse clementem, cupio in tantis rei publicae periculis me non dissolutum videri, sed iam me ipse inertiae nequitiaeque condemno. Castra sunt in Italia contra populum Romanum in Etruriae faucibus conlocata, crescit in dies singulos hostium numerus; eorum autem castrorum imperatorem ducemque hostium intra moenia atque adeo in senatu videmus intestinam aliquam cotidie perniciem rei publicae molientem. Si te iam, Catilina, comprehendi, si interfici iussero, credo, erit verendum mihi, ne non potius hoc omnes boni serius a me quam quisquam crudelius factum esse dicat. Verum ego hoc, quod iam pridem factum esse oportuit, certa de causa nondum adducor ut faciam. Tum denique interficiere, cum iam nemo tam inprobus, tam perditus, tam tui similis inveniri poterit, qui id non iure factum esse fateatur. Quamdiu quisquam erit, qui te defendere audeat, vives, et vives ita, ut [nunc] vivis, multis meis et firmis praesidiis obsessus,

CAP. 1—4 § 3—8. 251

ne commovere te contra rem publicam possis. Multorum te etiam oculi et aures non sentientem, sicut adhuc fecerunt, speculabuntur atque custodient.

Etenim quid est, Catilina, quod iam amplius exspectes, si neque nox tenebris obscurare coeptus nefarios nec privata domus parietibus continere voces coniurationis tuae potest, si illustrantur, si erumpunt omnia? Muta iam istam mentem, mihi crede, obliviscere caedis atque incendiorum. Teneris undique; luce sunt clariora nobis tua consilia omnia; quae iam mecum licet recognoscas. Meministine me ante diem XII Kalendas Novembris dicere in senatu fore in armis certo die, qui dies futurus esset ante diem VI Kal. Novembris, C. Manlium, audaciae satellitem atque administrum tuae? Num me fefellit, Catilina, non modo res tanta, tam atrox tamque incredibilis, verum, id quod multo magis est admirandum, dies? Dixi ego idem in senatu caedem te optumatium contulisse in ante diem V Kalendas Novembris, tum cum multi principes civitatis Roma non tam sui conservandi quam tuorum consiliorum reprimendorum causa profugerunt. Num infitiari potes te illo ipso die meis praesidiis, mea diligentia circumclusum commovere te contra rem publicam non potuisse, cum tu discessu ceterorum nostra tamen, qui remansissemus, caede te contentum esse dicebas? Quid? cum te Praeneste Kalendis ipsis Novembribus occupaturum nocturno impetu esse confideres, sensistin illam coloniam meo iussu meis praesidiis, custodiis, vigiliis esse munitam? Nihil agis, nihil moliris, nihil cogitas, quod *non* ego non modo audiam, sed etiam videam planeque sentiam. Recognosce tandem mecum noctem illam superiorem; iam intelleges multo me vigilare acrius ad salutem quam te ad perniciem rei publicae. Dico te priore nocte venisse inter falcarios (non agam obscure) in M. Laecae domum; convenisse eodem complures eiusdem amentiae scelerisque socios. Num negare audes?

3

7

8

4

quid taces? Convincam, si negas. Video enim esse
hic in senatu quosdam, qui tecum una fuerunt. O
di inmortales! ubinam gentium sumus? in qua urbe
vivimus? quam rem publicam habemus? Hic,hic sunt
in nostro numero, patres conscripti, in hoc orbis terrae
sanctissimo gravissimoque consilio, qui de nostro omnium interitu, qui de huius urbis atque adeo de orbis
terrarum exitio cogitent! Hos ego video consul et de
re publica sententiam rogo et, quos ferro trucidari
oportebat, eos nondum voce volnero! Fuisti igitur
apud Laecam illa nocte, Catilina, distribuisti partes
Italiae, statuisti, quo quemque proficisci placeret, de-
legisti, quos Romae relinqueres, quos tecum educeres,
discripsisti urbis partes ad incendia, confirmasti te
ipsum iam esse exiturum, dixisti paulum tibi esse
etiam nunc morae, quod ego viverem. Reperti sunt
duo equites Romani, qui te ista cura liberarent et
sese illa ipsa nocte paulo ante lucem me in meo
lectulo interfecturos [esse] pollicerentur. Haec ego
omnia vixdum etiam coetu vestro dimisso comperi;
domum meam maioribus praesidiis munivi atque fir-

uno homine summa salus periclitanda rei publicae.
Quamdiu mihi consuli designato, Catilina, insidiatus
es, non publico me praesidio, sed privata diligentia
defendi. Cum proximis comitiis consularibus me consulem in campo et competitores tuos interficere voluisti, compressi conatus tuos nefarios amicorum praesidio et copiis nullo tumultu publice concitato; denique,
quotienscumque me petisti, per me tibi obstiti, quamquam videbam perniciem meam cum magna calamitate
rei publicae esse coniunctam. Nunc iam aperte rem 12
publicam universam petis, templa deorum inmortalium,
tecta urbis, vitam omnium civium, Italiam [denique]
totam ad exitium et vastitatem vocas. Quare, quoniam
id, quod est primum, et quod huius imperii discipli-
naeque maiorum proprium est, facere nondum audeo,
faciam id, quod est ad severitatem lenius et ad communem salutem utilius. Nam si te interfici iussero,
residebit in re publica reliqua coniuratorum manus;
sin tu, quod te iam dudum hortor, exieris, exhaurietur
ex urbe tuorum comitum magna et perniciosa sentina
rei publicae. Quid est, Catilina? num dubitas id me 13
imperante facere, quod iam tua sponte faciebas? Exire
ex urbe iubet consul hostem. Interrogas me, num in
exilium; non iubeo, sed, si me consulis, suadeo. Quid 6
est enim, Catilina, quod te iam in hac urbe delectare
possit? in qua nemo est extra istam coniurationem
perditorum hominum, qui te non metuat, nemo, qui
non oderit. Quae nota domesticae turpitudinis non
inusta vitae tuae est? quod privatarum rerum dedecus
non haeret in fama? quae lubido ab oculis, quod facinus a manibus umquam tuis, quod flagitium a toto
corpore afuit? cui tu adulescentulo, quem corruptelarum
inlecebris inretisses, non aut ad audaciam ferrum aut
ad lubidinem facem praetulisti? Quid vero? nuper 14
cum morte superioris uxoris novis nuptiis domum
vacuefecisses, nonne etiam alio incredibili scelere hoc
scelus cumulasti? *quod ego praetermitto et facile*

patior sileri, ne in hac civitate tanti facinoris inmanitas aut extitisse aut non vindicata esse videatur. Praetermitto ruinas fortunarum tuarum, quas omnis inpendere tibi proxumis Idibus senties; ad illa venio, quae non ad privatam ignominiam vitiorum tuorum, non ad domesticam tuam difficultatem ac turpitudinem, sed ad summam rem publicam atque ad omnium nostrum vitam salutemque pertinent. Potestne tibi haec lux, Catilina, aut huius caeli spiritus esse iucundus, cum scias esse horum neminem, qui nesciat te pridie Kalendas Ianuarias Lepido et Tullo consulibus stetisse in comitio cum telo, manum consulum et principum civitatis interficiendorum causa paravisse, sceleri ac furori tuo non mentem aliquam aut timorem tuum, sed fortunam populi Romani obstitisse? Ac iam illa omitto (neque enim sunt aut obscura aut non multa commissa postea); quotiens tu me designatum, quotiens consulem interficere conatus es! quot ego tuas petitiones ita coniectas, ut vitari posse non viderentur, parva quadam declinatione et, ut aiunt, corpore effugi! Nihil [agis, nihil] adsequeris [, nihil moliris] neque tamen conari ac velle desistis. Quotiens tibi iam extorta est ista sica de manibus, quotiens [vero] excidit casu aliquo et elapsa est! [tamen ea carere diutius non potes] quae quidem quibus abs te initiata sacris ac devota sit, nescio, quod eam necesse putas esse in consulis corpore defigere. Nunc vero quae tua est ista vita? Sic enim iam tecum loquar, non ut odio permotus esse videar, quo debeo, sed ut misericordia, quae tibi nulla debetur. Venisti paulo ante in senatum. Quis te ex hac tanta frequentia totque tuis amicis ac necessariis salutavit? Si hoc post hominum memoriam contigit nemini, vocis expectas contumeliam, cum sis gravissimo iudicio taciturnitatis oppressus? Quid, quod adventu tuo ista subsellia vacuefacta sunt, quod omnes consulares, qui tibi persaepe ad caedem constituti fuerunt, simul atque adsedisti, partem istam

nudam atque inanem reliquerunt, quo
animo [hoc] tibi ferundum putas? Servi 17
mehercule mei si me isto pacto metuerent, ut te metuunt omnes cives tui, domum meam relinquendam
putarem; tu tibi urbem non arbitraris? et, si me
meis civibus iniuria suspectum tam graviter atque
offensum viderem, carere me aspectu civium quam
infestis omnium oculis conspici mallem; tu cum conscientia scelerum tuorum agnoscas odium omnium
iustum et iam diu tibi debitum, dubitas, quorum mentes
sensusque volneras, eorum aspectum praesentiamque
vitare? Si te parentes timerent atque odissent tui
neque eos ulla ratione placare posses, ut opinor, ab
eorum oculis aliquo concederes. Nunc te patria, quae
communis est parens omnium nostrum, odit ac metuit
et iam diu nihil te iudicat nisi de parricidio suo cogitare; huius tu neque auctoritatem verebere nec iudicium sequere nec vim pertimesces? Quae tecum, 18
Catilina, sic agit et quodam modo tacita loquitur:
'Nullum iam aliquot annis facinus exstitit nisi per te,
nullum flagitium sine te; tibi uni multorum civium
neces, tibi vexatio direptioque sociorum inpunita fuit
ac libera; tu non solum ad neglegendas leges et
quaestiones, verum etiam ad evertendas perfringen-
dasque valuisti. Superiora illa, quamquam ferenda
non fuerunt, tamen, ut potui, tuli; nunc vero me totam
esse in metu propter unum te, quicquid increpuerit,
Catilinam timeri, nullum videri contra me consilium
iniri posse, quod a tuo scelere abhorreat, non est
ferendum. Quam ob rem discede atque hunc mihi
timorem eripe; si est verus, ne opprimar, sin falsus, 8
ut tandem aliquando timere desinam.' Haec si tecum, 19
ita ut dixi, patria loquatur, nonne impetrare debeat,
etiamsi vim adhibere non possit? Quid, quod tu te
ipse in custodiam dedisti, quod vitandae suspicionis
causa ad M'. Lepidum te habitare velle dixisti? A quo
non receptus etiam ad me venire ausus es atque, ut

domi meae te adservarem, rogasti. Cum a me qu[o]
id responsum tulisses, me nullo modo posse [is]
parietibus tuto esse tecum, qui magno in peri[culo]
essem, quod isdem moenibus contineremur, ad Q.
tellum praetorem venisti. A quo repudiatus ad sod[alem]
tuum, virum optumum, M. Metellum, demigrasti; q[uem]
tu videlicet et ad custodiendum diligentissimum e[t ad]
suspicandum sagacissimum et ad vindicandum fo[rtis]
simum fore putasti. Sed quam longe videtur a [car]
cere atque a vinculis abesse debere, qui se ipse
20 dignum custodia iudicarit! Quae cum ita sint,
lina, dubitas, si emori aequo animo non potes,
in aliquas terras et vitam istam multis supp[liciis]
iustis debitisque ereptam fugae solitudinique mand[are?]

'Refer', inquis, 'ad senatum'; id enim postula[s]
si hic ordo [sibi] placere decreverit te ire in exi[lium]
optemperaturum te esse dicis. Non referam, id
abhorret a meis moribus, et tamen faciam, ut
legas, quid hi de te sentiant. Egredere ex
Catilina, libera rem publicam metu, in exiliu[m]
hanc vocem expectas, proficiscere. Quid est, Cati[lina]
ecquid attendis, ecquid animadvertis horum silent[ium]
Patiuntur, tacent. Quid expectas auctoritatem
quentium, quorum voluntatem tacitorum persp[icis]

21 At si hoc idem huic adulescenti optimo, P. Sest[io]
fortissimo viro, M. Marcello, dixissem, iam mihi
suli hoc ipso in templo iure optimo senatus vi[m]
manus intulisset. De te autem, Catilina, cum
scunt, probant, cum patiuntur, decernunt, cum ta[cent]
clamant, neque hi solum, quorum tibi auctorita[s]
videlicet cara, vita vilissima, sed etiam illi eq[uites]
Romani, honestissimi atque optimi viri, cete[rique]
fortissimi cives, qui circumstant senatum, qu[orum]
tu et frequentiam videre et studia perspice[re et]
voces paulo ante exaudire potuisti. Quorum
vix abs te iam diu manus ac tela contineo,
dem facile adducam, ut te haec, quae vastare

pridem studes, relinquentem usque ad portas prosequantur.

Quamquam quid loquor? te ut ulla res frangat, 9/22 tu ut umquam te corrigas, tu ut ullam fugam meditere, tu ut ullum exilium cogites? Utinam tibi istam mentem di inmortales duint! tametsi video, si mea voce perterritus ire in exilium animum induxeris, quanta tempestas invidiae nobis, si minus in praesens tempus recenti memoria scelerum tuorum, at in posteritatem impendeat. Sed est tanti, dum modo ista sit privata calamitas et a rei publicae periculis seiungatur. Sed tu ut vitiis tuis commoveare, ut legum poenas pertimescas, ut temporibus rei publicae cedas, non est postulandum. Neque enim is es, Catilina, ut te aut pudor umquam a turpitudine aut metus a periculo aut ratio a furore revocarit. Quam ob 23 rem, ut saepe iam dixi, proficiscere ac, si mihi inimico, ut praedicas, tuo conflare vis invidiam, recta perge in exilium; vix feram sermones hominum, si id feceris, vix molem istius invidiae, si in exilium iussu consulis ieris, sustinebo. Sin autem servire meae laudi et gloriae mavis, egredere cum inportuna sceleratorum manu, confer te ad Manlium, concita perditos cives, secerne te a bonis, infer patriae bellum, exsulta impio latrocinio, ut a me non eiectus ad alienos, sed invitatus ad tuos isse videaris. Quamquam quid 24 ego te invitem, a quo iam sciam esse praemissos, qui tibi ad Forum Aurelium praestolarentur armati, cui iam sciam pactam et constitutam cum Manlio diem, a quo etiam aquilam illam argenteam, quam tibi ac tuis omnibus confido perniciosam ac funestam futuram, cui domi tuae sacrarium [scelerum tuorum] constitutum fuit, sciam esse praemissam? Tu ut illa carere diutius possis, quam venerari ad caedem proficiscens solebas, a cuius altaribus saepe istam impiam dexteram ad necem civium transtulisti? Ibis tandem 10 aliquando, quo te iam pridem ista tua cupiditas effre- 26

nata ac furiosa rapiebat; neque enim tibi
adfert dolorem, sed quandam incredibilem vol
Ad hanc te amentiam natura peperit, volun
cuit, fortuna servavit. Numquam tu non mo
sed ne bellum quidem nisi nefarium concupisti
es ex perditis atque ab omni non modo fortun
etiam spe derelictis conflatam inproborum

26 Hic tu qua laetitia perfruere, quibus gaudiis
quanta in voluptate bacchabere, cum in tant
tuorum neque audies virum bonum quemqua
videbis! Ad huius vitae studium meditati
qui feruntur, labores tui, iacere humi non
obsidendum stuprum, verum etiam ad facin
dum, vigilare non solum insidiantem somno m
verum etiam bonis otiosorum. Habes, ubi
tuam illam praeclaram patientiam famis, frig
piae rerum omnium, quibus te brevi tempore

27 esse senties. Tantum profeci tum, cum te
latu reppuli, ut exsul potius temptare qua
vexare rem publicam posses, atque ut id, qu
te scelerate susceptum, latrocinium potius qua
nominaretur.

11   Nunc, ut a me, patres conscripti, quand
iustam patriae querimoniam detester ac
percipite, quaeso, diligenter, quae dicam, et e
animis vestris mentibusque mandate. Etenim,
patria, quae mihi vita mea multo est carior,
Italia, si omnis res publica loquatur: 'M. T
agis? Tune eum, quem esse hostem comperi
ducem belli futurum vides, quem expectari
torem in castris hostium sentis, auctorem scel
cipem coniurationis, evocatorem servorum
perditorum, exire patiere, ut abs te non e
urbe, sed immissus in urbem esse videatur
hunc in vincla duci, non ad mortem rapi, n

28 supplicio mactari imperabis? Quid tandem te
mosne maiorum? At persaepe etiam priv

re publica perniciosos cives morte multarunt. An leges, quae de civium Romanorum supplicio rogatae sunt? At numquam in hac urbe, qui a re publica defecerunt, civium iura tenuerunt. An invidiam posteritatis times? Praeclaram vero populo Romano refers gratiam, qui tc, hominem per te cognitum, nulla commendatione maiorum tam mature ad summum imperium per omnis honorum gradus extulit, si propter invidiam aut alicuius periculi metum salutem civium tuorum neglegis. Sed, si quis est invidiae metus, non est vehementius severitatis ac fortitudinis invidia quam inertiae ac nequitiae pertimescenda. An, cum bello vastabitur Italia, vexabuntur urbes, tecta ardebunt, tum te non existumas invidiae incendio conflagraturum?' His ego sanctissimis rei publicae vocibus et eorum hominum, qui hoc idem sentiunt, mentibus pauca respondebo. Ego si hoc optimum factu iudicarem, patres conscripti, Catilinam morte multari, unius usuram horae gladiatori isti ad vivendum non dedissem. Etenim, si summi viri et clarissimi cives Saturnini et Gracchorum et Flacci et superiorum complurium sanguine non modo se non contaminarunt, sed etiam honestarunt, certe verendum mihi non erat, ne quid hoc parricida civium interfecto invidiae [mibi] in posteritatem redundaret. Quodsi ea mihi maxime inpenderet, tamen hoc animo fui semper, ut invidiam virtute partam gloriam, non invidiam putarem. Quamquam non nulli sunt in hoc ordine, qui aut ea, quae inminent, non videant aut ea, quae vident, dissimulent; qui spem Catilinae mollibus sententiis aluerunt coniurationemque nascentem non credendo corroboraverunt; quorum auctoritate multi non solum improbi, verum etiam imperiti, si in hunc animadvertissem, crudeliter et regie factum esse dicerent. Nunc intellego, si iste, quo intendit, in Manliana castra pervenerit, neminem tam stultum fore, qui non videat coniurationem esse factam, neminem tam improbum, qui non fateatur. Hoc autem uno interfecto intellego hanc rei publicae pestem paulisper reprimi, non in perpetuum comprimi posse. Quodsi se eiecerit secumque suos eduxerit et eodem ceteros undique collectos naufragos adgregarit, extinguetur atque delebitur non modo haec tam adulta rei publicae pestis, verum etiam stirps ac semen malorum omnium. Etenim iam diu, patres conscripti, in his periculis coniurationis insidiisque versamur, sed nescio quo pacto omnium scelerum ac veteris furoris et audaciae maturitas in nostri consulatus tempus erupit. Quodsi ex tanto latrocinio iste unus tolletur, videbimur fortasse ad breve quoddam tempus cura et metu esse relevati, periculum autem residebit et erit inclusum penitus in venis atque in visceribus rei publicae. Ut saepe homines aegri morbo gravi cum aestu febrique iactantur, si aquam gelidam biberunt, primo relevari videntur, deinde multo gravius vehementiusque adflictantur, sic hic morbus, qui est in re publica, relevatus istius poena vehementius reliquis vivis ingravescet. Quare secedant inprobi, secernant se a bonis, unum in locum congregentur, muro denique, [id] quod saepe iam dixi, secernantur a nobis; desinant insidiari domi suae consuli, circumstare tribunal praetoris urbani, obsidere cum gladiis curiam, malleolos et faces ad inflammandam urbem comparare; sit denique inscriptum in fronte unius cuiusque, quid de re publica sentiat. Polliceor hoc vobis, patres conscripti, tantam in nobis consulibus fore diligentiam, tantam in vobis auctoritatem, tantam in equitibus Romanis virtutem, tantam in omnibus bonis consensionem, ut Catilinae profectione omnia patefacta, inlustrata, oppressa, vindicata esse videatis.

Hisce ominibus, Catilina, cum summa rei publicae salute, cum tua peste ac pernicie cumque eorum exitio, qui se tecum omni scelere parricidioque iunxerunt, proficiscere ad impium bellum ac nefarium. Tu, Iuppiter, qui isdem quibus haec urbs auspiciis

₃ constitutus, quem Statorem huius urbis
erii vere nominamus, hunc et huius socios
ris] ceterisque templis, a tectis urbis ac
a vita fortunisque civium [omnium] arcebis
₃ bonorum inimicos, hostis patriae, latrones
elerum foedere inter se ac nefaria socie-
nctos aeternis suppliciis vivos mortuosque

M. TULLI CICERONIS
ORATIO IN CATILINAM SECUND[AM]
AD POPULUM.

ARGUMENTUM.

Cum ea oratio, quam M. Tullius in senatu in L. Ca[tilinam] praesentem a. d. VI Id. Novembres habuit, a senatori[bus] audita esset, ut plerique consuli adsentirentur et Ca[tilinam] hostem patriae atque parricidam appellarent, ille e[o] egressus proximaque nocte relictis P. Lentulo, C. C[ethego] aliisque in urbe sociis, qui ea, de quibus convenisset, querentur, ad Manlium profectus erat. Postridie eius [diei] Cicero contione convocata, ut populum de iis rebus, qu[ae ac]tabantur, edoceret et invidiam a se deprecaretur, han[c quae] infra legitur, orationem habuit.

1,1 Tandem aliquando, Quirites, L. Catilinam fur[entem] audacia, scelus anhelantem, pestem patriae [nefarie] molientem, vobis atque huic urbi ferro flam[maque] minitantem ex urbe vel eiecimus vel emisim[us vel] ipsum egredientem verbis prosecuti sumus. [Abiit,] excessit, evasit, erupit. Nulla iam pernicies a m[onstro] illo atque prodigio moenibus ipsis intra moenia [com]parabitur. Atque hunc quidem unum huius [belli] domestici ducem sine controversia vicimus. Non [enim] iam inter latera nostra sica illa versabitur, [non in] campo, non in foro, non in curia, non denique [intra] domesticos parietes pertimescemus. Loco ille [motus] est, cum est ex urbe depulsus. Palam iam cum hoste nullo inpediente bellum iustum geremus. Sine dubio perdidimus hominem magnificeque vicimus, cum illum ex occultis insidiis in apertum latrocinium coniecimus. Quod vero non cruentum mucronem, ut voluit, extulit, quod vivis nobis egressus est, quod ei ferrum e manibus extorsimus, quod incolumes cives, quod stantem urbem reliquit, quanto tandem illum maerore esse adflictum et profligatum putatis? Iacet ille nunc prostratus, Quirites, et se perculsum atque abiectum esse sentit et retorquet oculos profecto saepe ad hanc urbem, quam e suis faucibus ereptam esse luget; quae quidem mihi laetari videtur, quod tantam pestem evomuerit forasque proiecerit.

Ac si quis est talis, quales esse omnes oportebat, qui in hoc ipso, in quo exultat et triumphat oratio mea, me vehementer accuset, quod tam capitalem hostem non comprehenderim potius quam emiserim, non est ista mea culpa, Quirites, sed temporum. Interfectum esse L. Catilinam et gravissimo supplicio adfectum iam pridem oportebat, idque a me et mos maiorum et huius imperii severitas et res publica postulabat. Sed quam multos fuisse putatis, qui, quae ego deferrem, non crederent, [quam multos, qui propter stultitiam non putarent,] quam multos, qui etiam defenderent [,quam multos, qui propter improbitatem faverent]! Ac, si illo sublato depelli a vobis omne periculum iudicarem, iam pridem ego L. Catilinam non modo invidiae meae, verum etiam vitae periculo sustulissem. Sed cum viderem, ne vobis quidem omnibus re etiam tum probata si illum, ut erat meritus, morte multassem, fore ut eius socios invidia oppressus persequi non possem, rem huc deduxi, ut tum palam pugnare possetis, cum hostem aperte videretis. Quem quidem ego hostem, Quirites, quam vehementer foris esse timendum putem, licet hinc intellegatis, quod etiam illud moleste fero, quod ex urbe parum comitatus exierit. Utinam ille omnis secum suas copias eduxisset! Tongilium mihi eduxit, quem amare in praetexta coeperat, Publicium et Minucium, quorum aes alienum contractum in popina nullum rei publicae motum adferre poterat; reliquit quos viros, quanto aere alieno, quam valentis, quam nobilis! Itaque ego illum exercitum prae Gallicanis legionibus et hoc dilectu, quem in agro Piceno et Gallico Q. Metellus habuit, et his copiis, quae a nobis cotidie comparantur, magno opere contemno collectum ex senibus desperatis, ex agresti luxuria, ex rusticis decoctoribus, ex iis, qui vadimonia deserere quam illum exercitum maluerunt; quibus ego non modo si aciem exercitus nostri, verum etiam si edictum praetoris ostendero, concident. Hos, quos video volitare in foro, quos stare ad curiam, quos etiam in senatum venire, qui nitent unguentis, qui fulgent purpura, mallem secum suos milites eduxisset; qui si hic permanent, mementote non tam exercitum illum esse nobis quam hos, qui exercitum deseruerunt, pertimescendos. Atque hoc etiam sunt timendi magis, quod, quid cogitent, me scire sentiunt neque tamen permoventur. Video, cui sit Apulia adtributa, quis habeat Etruriam, quis agrum Picenum, quis Gallicum, quis sibi has urbanas insidias caedis atque incendiorum depoposcerit. Omnia superioris noctis consilia ad me perlata esse sentiunt; patefeci in senatu hesterno die; Catilina ipse pertimuit, profugit; hi quid expectant? Ne illi vehementer errant, si illam meam pristinam lenitatem perpetuam sperant futuram.

Quod expectavi, iam sum adsecutus, ut vos omnes factam esse aperte coniurationem contra rem publicam videretis; nisi vero si quis est, qui Catilinae similis cum Catilina sentire non putet. Non est iam lenitati locus; severitatem res ipsa flagitat. Unum etiam nunc concedam: exeant, proficiscantur, ne patiantur desiderio sui Catilinam miserum tabescere. Demonstrabo

... Aurelia via profectus est; si accelerare volent, ad vesperam consequentur. O fortunatam rem publicam, si quidem hanc sentinam urbis eiecerit! Uno mehercule Catilina exhausto levata mihi et recreata res publica videtur. Quid enim mali aut sceleris fingi aut cogitari potest, quod non ille conceperit? quis tota Italia veneficus, quis gladiator, quis latro, quis sicarius, quis parricida, quis testamentorum subiector, quis circumscriptor, quis ganeo, quis nepos, quis adulter, quae mulier infamis, quis corruptor iuventutis, quis corruptus, quis perditus inveniri potest, qui se cum Catilina non familiarissime vixisse fateatur? quae caedes per hosce annos sine illo facta est, quod nefarium stuprum non per illum? Iam vero quae tanta umquam in ullo [homine] iuventutis inlecebra fuit, quanta in illo? qui alios ipse amabat turpissime, aliorum amori flagitiosissime serviebat, aliis fructum libidinum, aliis mortem parentum non modo inpellendo, verum etiam adiuvando pollicebatur. Nunc vero quam subito non solum ex urbe, verum etiam ex agris ingentem numerum perditorum hominum collegerat! Nemo non modo Romae, sed [ne] ullo in angulo totius Italiae oppressus aere alieno fuit, quem non ad hoc incredibile sceleris foedus asciverit. Atque ut eius diversa studia in dissimili ratione perspicere possitis, nemo est in ludo gladiatorio paulo ad facinus audacior, qui se non intimum Catilinae esse fateatur, nemo in scaena levior et nequior, qui se non eiusdem prope sodalem fuisse commemoret. Atque idem tamen stuprorum et scelerum exercitatione adsuefactus frigore et fame et siti et vigiliis perferundis fortis ab istis praedicabatur, cum industriae subsidia atque instrumenta virtutis in libidine audaciaque consumeret. Hunc vero si secuti erunt sui comites, si ex urbe exierint desperatorum hominum flagitiosi greges, o nos beatos, o rem publicam fortunatam, *o praeclaram laudem consulatus mei!*

exilium iussus est, paruit, ivit. Hesterno die, Quirites, cum domi meae paene interfectus essem, senatum in aedem Iovis Statoris convocavi, rem omnem ad patres conscriptos detuli. Quo cum Catilina venisset, quis eum senator appellavit, quis salutavit, quis denique ita aspexit ut perditum civem ac non potius ut inportunissimum hostem? Quin etiam principes eius ordinis partem illam subselliorum, ad quam ille accesserat, nudam atque inanem reliquerunt. Hic ego vehemens 13 ille consul, qui verbo civis in exilium eicio, quaesivi a Catilina, in nocturno conventu apud M. Laecam fuisset necne. Cum ille homo audacissimus conscientia (13) convictus primo reticuisset, patefeci cetera; quid ea nocte egisset, [ubi fuisset,] quid in proximam constituisset, quem ad modum esset ei ratio totius belli descripta, edocui. Cum haesitaret, cum teneretur, quaesivi, quid dubitaret proficisci eo, quo iam pridem pararet, cum arma, cum secures, cum fasces, cum tubas, cum signa militaria, cum aquilam illam argenteam, cui ille etiam sacrarium [scelerum] domi suae fecerat, scirem esse praemissam. In exilium eiciebam, quem iam ingres- 14 sum esse in bellum videbam? Etenim, credo, Manlius iste centurio, qui in agro Faesulano castra posuit, bellum populo Romano suo nomine indixit, et illa castra nunc non Catilinam ducem expectant, et ille eiectus in exilium se Massiliam, ut aiunt, non in haec castra conferet.

O condicionem miseram non modo administrandae, 7 verum etiam conservandae rei publicae! Nunc si L. Catilina consiliis, laboribus, periculis meis circumclusus ac debilitatus subito pertimuerit, sententiam mutaverit, deseruerit suos, consilium belli faciendi abiecerit et ex hoc cursu sceleris ac belli iter ad fugam atque in exilium converterit, non ille a me spoliatus armis audaciae, non obstupefactus ac perterritus mea diligentia, non de spe conatuque depulsus, sed indemnatus innocens in exilium eiectus a consule vi et minis esse dicetur; et erunt, qui illum, si hoc fecerit, non improbum, sed miserum, me non diligentissimum consulem, sed crudelissimum tyrannum existimari velint!

15 Est mihi tanti, Quirites, huius invidiae falsae atque iniquae tempestatem subire, dum modo a vobis huius horribilis belli ac nefarii periculum depellatur. Dicatur sane eiectus esse a me, dum modo eat in exilium. Sed, mihi credite, non est iturus. Numquam ego ab dis inmortalibus optabo, Quirites, invidiae meae levandae causa, ut L. Catilinam ducere exercitum hostium atque in armis volitare audiatis, sed triduo tamen audietis; multoque magis illud timeo, ne mihi sit invidiosum aliquando, quod illum emiserim potius quam quod eiecerim. Sed cum sint homines, qui illum, cum profectus sit, eiectum esse dicant, idem, si interfectus 16 esset, quid dicerent? Quamquam isti, qui Catilinam Massiliam ire dictitant, non tam hoc queruntur quam verentur. Nemo est istorum tam misericors, qui illum non ad Manlium quam ad Massilienses ire malit. Ille autem, si mehercule hoc, quod agit, numquam antea cogitasset, tamen latrocinantem se interfici mallet quam exulem vivere. Nunc vero, cum ei nihil adhuc praeter ipsius voluntatem cogitationemque acciderit, nisi quod vivis nobis Roma profectus est, optemus potius, ut eat in exilium, quam queramur.

17 Sed cur tam diu de uno hoste loquimur, et de eo hoste, qui iam fatetur se esse hostem, et quem, quia, quod semper volui, murus interest, non timeo; de his, qui dissimulant, qui Romae remanent, qui nobiscum sunt, nihil dicimus? Quos quidem ego, si ullo modo fieri possit, non tam ulcisci studeo quam sanare sibi ipsos, placare rei publicae, neque, id quare fieri non possit, si me audire volent, intellego. Exponam enim vobis, Quirites, ex quibus generibus hominum istae copiae comparentur; deinde singulis medicinam consilii atque orationis meae, si quam potero, adferam.

18 Unum genus est eorum, qui magno in aere alieno

maiores etiam possessiones habent, quarum amore adducti dissolvi nullo modo possunt. Horum hominum species est honestissima (sunt enim locupletes), voluntas vero et causa inpudentissima. Tu agris, tu aedificiis, tu argento, tu familia, tu rebus omnibus ornatus et copiosus sis et dubites de possessione detrahere, adquirere ad fidem? Quid enim expectas? bellum? Quid ergo? in vastatione omnium tuas possessiones sacrosanctas futuras putas? An tabulas novas? Errant, qui istas a Catilina expectant; meo beneficio tabulae novae proferentur, verum auctionariae; neque enim isti, qui possessiones habent, alia ratione ulla salvi esse possunt. Quod si maturius facere voluissent neque, id quod stultissimum est, certare cum usuris fructibus praediorum, et locupletioribus his et melioribus civibus uteremur. Sed hosce homines minime puto pertimescendos, quod aut deduci de sententia possunt aut, si permanebunt, magis mihi videntur vota facturi contra rem publicam quam arma laturi. Alterum genus est eorum, qui quamquam premuntur aere alieno, dominationem tamen expectant, rerum potiri volunt, honores, quos quieta re publica desperant, perturbata se consequi posse arbitrantur. Quibus hoc praecipiendum videtur, unum scilicet et idem quod reliquis omnibus, ut desperent se id, quod conantur, consequi posse; primum omnium me ipsum vigilare, adesse, providere rei publicae; deinde magnos animos esse in bonis viris, magnam concordiam [maximam multitudinem], magnas praeterea militum copias; deos denique inmortalis huic invicto populo, clarissimo imperio, pulcherrimae urbi contra tantam vim sceleris praesentis auxilium esse laturos. Quodsi iam sint id, quod summo furore cupiunt, adepti, num illi in cinere urbis et in sanguine civium, quae mente scelerata ac nefaria concupiverunt, consules se aut dictatores aut etiam reges sperant futuros? Non *vident id se cupere,* quod si adepti sint, fugitivo alicui aut gladiatori concedi sit necesse? **Tertium genus** est aetate iam adfectum, sed tamen **exercitatione robustum**; quo ex genere iste est Manlius, cui nunc Catilina succedit. Hi sunt homines ex iis coloniis, quas Sulla constituit; quas ego universas civium esse optimorum et fortissimorum virorum sentio, sed tamen ii sunt coloni, qui se *in* insperatis ac repentinis pecuniis sumptuosius insolentiusque iactarunt. Hi dum aedificant tamquam beati, dum praediis lectis, familiis magnis, conviviis apparatis delectantur, in tantum aes alienum inciderunt, ut, si salvi esse velint, Sulla sit iis ab inferis excitandus; qui etiam non nullos agrestis homines tenues atque egentes in eandem illam spem rapinarum veterum impulerunt. Quos ego utrosque in eodem genere praedatorum direptorumque pono, sed eos hoc moneo, desinant furere ac proscriptiones et dictaturas cogitare. Tantus enim illorum temporum dolor inustus est civitati, ut iam ista non modo homines, sed ne pecudes quidem mihi passurae esse videantur. Quartum genus est sane varium et mixtum et turbulentum; qui iam pridem premuntur, qui numquam emergunt, qui partim inertia, partim male gerendo negotio, partim etiam sumptibus in vetere aere alieno vacillant, qui vadimoniis, iudiciis, proscriptione bonorum defetigati permulti et ex urbe et ex agris se in illa castra conferre dicuntur. Hosce ego non tam milites acris quam infitiatores lentos esse arbitror. Qui homines *quam* primum, si stare non possunt, corruant, sed ita, ut non modo civitas, sed ne vicini quidem proximi sentiant. Nam illud non intellego, quam ob rem, si vivere honeste non possunt, perire turpiter velint, aut cur minore dolore perituros se cum multis, quam si soli pereant, arbitrentur. Quintum genus est parricidarum, sicariorum, denique omnium facinerosorum. Quos ego a Catilina non revoco; nam neque ab eo divelli possunt et pereant sane in latrocinio, quoniam sunt ita multi, ut eos carcer capere non

t. Postremum autem genus est non solum numero,
n etiam genere ipso atque vita, quod proprium
inae est, de eius dilectu, immo vero de complexu
ac sinu; quos pexo capillo nitidos aut inberbis
ene barbatos videtis, manicatis et talaribus tunicis,
amictos, non togis; quorum omnis industria vitae
gilandi labor in antelucanis cenis expromitur. In 23
gregibus omnes aleatores, omnes adulteri, omnes
ri inpudicique versantur. Hi pueri tam lepidi ac
ati non solum amare et amari neque saltare et
ire, sed etiam sicas vibrare et spargere venena
erunt. Qui nisi exeunt, nisi pereunt, etiamsi
ina perierit, scitote hoc in re publica seminarium
inarum futurum. Verum tamen quid sibi isti
ri volunt? num suas secum mulierculas sunt in
a ducturi? Quem ad modum autem illis carere
runt, his praesertim iam noctibus? Quo autem
o illi Appenninum atque illas pruinas ac nives
rent? nisi idcirco se facilius hiemem toleraturos
nt, quod nudi in conviviis saltare didicerunt.
) bellum magno opere pertimescendum, cum hanc 11
abiturus Catilina scortorum cohortem praetoriam! 24
uite nunc, Quirites, contra has tam praeclaras
linae copias vestra praesidia vestrosque exercitus.
rimum gladiatori illi confecto et saucio consules
ratoresque vestros opponite; deinde contra illam
ragorum eiectam ac debilitatam manum florem
s Italiae ac robur educite. Iam vero urbes colo-
im ac municipiorum respondebunt Catilinae tumulis
stribus. Neque ego ceteras copias, ornamenta,
sidia vestra cum illius latronis inopia atque ege-
e conferre debeo. Sed si omissis his rebus, quibus 25
suppeditamur, eget ille, senatu, equitibus Romanis,
, aerario, vectigalibus, cuncta Italia, provinciis
ibus, exteris nationibus, si his rebus omissis causas
, quae inter se confligunt, contendere velimus,
o ipso, quam valde illi iaceant, intellegere possu-

mus. Ex hac enim parte pudor pugnat, illinc petulantia; hinc pudicitia, illinc stuprum; hinc fides, illinc fraudatio; hinc pietas, illinc scelus; hinc constantia, illinc furor; hinc honestas, illinc turpitudo; hinc continentia, illinc lubido; denique aequitas, temperantia, fortitudo, prudentia, virtutes omnes certant cum iniquitate, luxuria, ignavia, temeritate, cum vitiis omnibus; postremo copia cum egestate, bona ratio cum perdita, mens sana cum amentia, bona denique spes cum omnium rerum desperatione confligit. In eius modi certamine ac proelio nonne, si hominum studia deficiant, di ipsi inmortales cogant ab his praeclarissimis virtutibus tot et tanta vitia superari?

12
26 Quae cum ita sint, Quirites, vos, quem ad modum iam antea dixi, vestra tecta vigiliis custodiisque defendite; mihi, ut urbi sine vestro motu ac sine ullo tumultu satis esset praesidii, consultum atque provisum est. Coloni omnes municipesque vestri certiores a me facti de hac nocturna excursione Catilinae facile urbes suas finesque defendent; gladiatores, quam sibi ille manum certissimam fore putavit, quamquam animo meliore sunt quam pars patriciorum, potestate tamen nostra continebuntur. Q. Metellus, quem ego hoc prospiciens in agrum Gallicum Picenumque praemisi, aut opprimet hominem aut eius omnis motus conatusque prohibebit. Reliquis autem de rebus constituendis, maturandis, agendis iam ad senatum referemus, quem vocari videtis.

27 Nunc illos, qui in urbe remanserunt, atque adeo qui contra urbis salutem omniumque vestrum in urbe a Catilina relicti sunt, quamquam sunt hostes, tamen, quia [nati] sunt cives, monitos etiam atque etiam volo. Mea lenitas adhuc si cui solutior visa est, hoc expectavit, ut id, quod latebat, erumperet. Quod reliquum est, iam non possum oblivisci meam hanc esse patriam, me horum esse consulem, mihi aut cum his vivendum aut pro his esse moriendum. Nullus est portis custos,

nullus insidiator viae; si qui exire volunt, conivere possum; qui vero se in urbe commoverit, cuius ego non modo factum, sed inceptum ullum conatumve contra patriam deprehendero, sentiet in hac urbe esse consules vigilantis, esse egregios magistratus, esse fortem senatum, esse arma, esse carcerem, quem vindicem nefariorum ac manifestorum scelerum maiores nostri esse voluerunt.

Atque haec omnia sic agentur, Quirites, ut maxumae 13 res minimo motu, pericula summa nullo tumultu, 28 bellum intestinum ac domesticum post hominum memoriam crudelissimum et maximum me uno togato duce et imperatore sedetur. Quod ego sic administrabo, Quirites, ut, si ullo modo fieri poterit, ne inprobus quidem quisquam in hac urbe poenam sui sceleris sufferat. Sed si vis manifestae audaciae, si inpendens patriae periculum me necessario de hac animi lenitate deduxerit, illud profecto perficiam, quod in tanto et tam insidioso bello vix optandum videtur, ut neque bonus quisquam intereat paucorumque poena vos omnes salvi esse possitis. Quae quidem ego neque 29 mea prudentia neque humanis consiliis fretus polliceor vobis, Quirites, sed multis et non dubiis deorum inmortalium significationibus, quibus ego ducibus in hanc spem sententiamque sum ingressus; qui iam non procul, ut quondam solebant, ab externo hoste atque longinquo, sed hic praesentes suo numine atque auxilio sua templa atque urbis tecta defendunt. Quos vos, Quirites, precari, venerari, implorare debetis, ut, quam urbem pulcherrimam florentissimamque esse voluerunt, hanc omnibus hostium copiis terra marique superatis a perditissimorum civium nefario scelere defendant.

M. TULLI CICERONIS
ORATIO IN CATILINAM TERTIA
AD POPULUM.

ARGUMENTUM.

Aliquanto post quam haec gesta erant, cum legati Allobrogum, qui a Lentulo temptati M. Cicerone auctore favere se coniurationi simulaverant, exeuntes ex urbe cum T. Volturcio, qui erat a Lentulo ad Catilinam missus, in ponte Mulvio nocte comprehensi essent litteraeque, quae ab Lentulo, Cethego, P. Gabinio Cimbro ad Catilinam ferebantur, Ciceroni traditae, is arcessitis coniurationis principibus senatum in aedem Concordiae coëgit III Non. Decembres. Ibi cum legati et Volturcius omnem rem indicassent, coniurati litteris suis convicti in custodiam dati sunt, Ciceroni autem gratiae a senatu actae supplicatioque decreta est. Quibus rebus peractis Cicero in contionem prodiit et populo, quae acta essent, exposuit hac, quae infra legitur, oratione.

---

1 **1** Rem publicam, Quirites, vitamque omnium vestrum, bona, fortunas, coniuges liberosque vestros atque hoc domicilium clarissumi imperii, fortunatissimam pulcherrimamque urbem, hodierno die deorum inmortalium summo erga vos amore, laboribus, consiliis, periculis meis e flamma atque ferro ac paene ex faucibus fati ereptam. et vobis conservatam ac restitutam videtis. **2** Et si non minus nobis iucundi atque inlustres sunt ii dies, quibus conservamur, quam illi, quibus nascimur, *quod* salutis certa laetitia est, nascendi incerta condicio, et quod sine sensu nascimur, cum voluptate servamur, profecto, quoniam illum, qui hanc urbem condidit, ad deos inmortalis benivolentia famaque sustulimus, esse apud vos posterosque vestros in honore debebit is, qui eandem hanc urbem conditam amplificatamque servavit. Nam toti urbi, templis, delubris, tectis ac moenibus subiectos prope iam ignis circumdatosque restinximus, idemque gladios in rem publicam destrictos rettudimus mucronesque eorum a iugulis vestris deiecimus. Quae quoniam in senatu inlustrata, 3 patefacta, comperta sunt per me, vobis iam exponam breviter, Quirites, ut, et quanta et quam manifesta et qua ratione investigata et comprehensa sint, vos, qui et ignoratis et expectatis, scire possitis.

Principio ut Catilina paucis ante diebus erupit ex urbe, cum sceleris sui socios huiusce nefarii belli acerrimos duces Romae reliquisset, semper vigilavi et providi, Quirites, quem ad modum in tantis et tam absconditis insidiis salvi esse possemus. Nam tum, 2 cum ex urbe Catilinam eiciebam (non enim iam vereor huius verbi invidiam, cum illa magis sit timenda, quod vivus exierit), sed tum, cum illum exterminari volebam, aut reliquam coniuratorum manum simul exituram aut eos, qui restitissent, infirmos sine illo ac debiles fore putabam. Atque ego ut vidi, quos 4 maximo furore et scelere esse inflammatos sciebam, eos nobiscum esse et Romae remansisse, in eo omnes dies noctesque consumpsi, ut, quid agerent, quid molirentur, sentirem ac viderem, ut, quoniam auribus vestris propter incredibilem magnitudinem sceleris minorem fidem faceret oratio mea, rem ita comprehenderem, ut tum demum animis saluti vestrae provideretis, cum oculis maleficium ipsum videretis. Itaque, ut comperi legatos Allobrogum belli Transalpini et tumultus Gallici excitandi causa a P. Lentulo esse sollicitatos, eosque in Galliam ad suos civis eodemque itinere cum litteris mandatisque ad Catilinam esse

missos, comitemque iis adiunctum esse T. Volturcium, atque huic esse ad Catilinam datas litteras, facultatem mihi oblatam putavi, ut, quod erat difficillimum, quodque ego semper optabam ab dis inmortalibus, ut tota res non solum a me, sed etiam a senatu et a vobis
5 manifesto deprehenderetur. Itaque hesterno die L. Flaccum et C. Pomptinum praetores, fortissimos atque amantissimos rei publicae viros, ad me vocavi, rem exposui, quid fieri placeret, ostendi. Illi autem, qui omnia de re publica praeclara atque egregia sentirent, sine recusatione ac sine ulla mora negotium susceperunt et, cum advesperasceret, occulte ad pontem Mulvium pervenerunt atque ibi in proximis villis ita bipertito fuerunt, ut Tiberis inter eos et pons interesset. Eodem autem et ipsi sine cuiusquam suspicione multos fortis viros eduxerant, et ego ex praefectura Reatina complures delectos adulescentes, quorum opera utor adsidue in rei publicae praesidio, cum gladiis
6 miseram. Interim tertia fere vigilia exacta cum iam pontem Mulvium magno comitatu legati Allobrogum ingredi inciperent unaque Volturcius, fit in eos impetus; educuntur et ab illis gladii et a nostris. Res praetoribus erat nota solis, ignorabatur a ceteris.
3 Tum interventu Pomptini atque Flacci pugna, quae erat commissa, sedatur. Litterae, quaecumque erant in eo comitatu, integris signis praetoribus traduntur; ipsi comprehensi ad me, cum iam dilucesceret, deducuntur. Atque horum omnium scelerum inprobissimum machinatorem, Cimbrum Gabinium, statim ad me nihildum suspicantem vocavi; deinde item accersitus est L. Statilius et post eum C. Cethegus; tardissime autem Lentulus venit, credo quod in litteris dandis praeter
7 consuetudinem proxima nocte vigilarat. Cum summis et clarissimis huius civitatis viris, qui audita re frequentes ad me mane convenerant, litteras a me prius aperiri quam ad senatum deferri placeret, ne, si nihil esset inventum, temere a me tantus tumultus iniectus

civitati videretur, negavi me esse facturum, ut de periculo publico non ad consilium publicum rem integram deferrem. Etenim, Quirites, si ea, quae erant ad me delata, reperta non essent, tamen ego non arbitrabar in tantis rei publicae periculis esse mihi nimiam diligentiam pertimescendam. Senatum frequentem celeriter, ut vidistis, coëgi. Atque interea 8 statim admonitu Allobrogum C. Sulpicium praetorem, fortem virum, misi, qui ex aedibus Cethegi, si quid telorum esset, efferret; ex quibus ille maximum sicarum numerum et gladiorum extulit.

Introduxi Volturcium sine Gallis; fidem publicam 4 iussu senatus dedi; hortatus sum, ut ea, quae sciret, sine timore indicaret. Tum ille dixit, cum vix se ex magno timore recreasset, a P. Lentulo se habere ad Catilinam mandata et litteras, ut servorum praesidio uteretur, ut ad urbem quam primum cum exercitu accederet; id autem eo consilio, ut, cum urbem ex omnibus partibus, quem ad modum discriptum distributumque erat, incendissent caedemque infinitam civium fecissent, praesto esset ille, qui et fugientis exciperet et se cum his urbanis ducibus coniungeret. Introducti 9 autem Galli ius iurandum sibi et litteras ab Lentulo, Cethego, Statilio ad suam gentem data esse dixerunt, atque ita sibi ab his et a L. Cassio esse praescriptum, ut equitatum in Italiam quam primum mitterent; pedestres sibi copias non defuturas. Lentulum autem sibi confirmasse ex fatis Sibyllinis haruspicumque responsis se esse tertium illum Cornelium, ad quem regnum huius urbis atque imperium pervenire esset necesse; Cinnam ante se et Sullam fuisse. Eundemque dixisse fatalem hunc annum esse ad interitum huius urbis atque imperii, qui esset annus decimus post virginum absolutionem, post Capitoli autem incensionem vicesimus. Hanc autem Cethego cum ceteris controversiam 10 fuisse dixerunt, quod Lentulo et aliis Saturnalibus caedem fieri atque urbem incendi placeret, Cethego

de gladiis ac sicis, quae apud ipsum erant depr
respondisset dixissetque se semper bonorum
mentorum studiosum fuisse, recitatis litteris deb
atque abiectus conscientia repente conticuit.
ductus est Statilius; cognovit et signum et
suam. Recitatae sunt tabellae in eandem fere
tiam; confessus est. Tum ostendi tabellas Len
quaesivi, cognosceretne signum. Adnuit. 'Est
inquam, 'notum quidem signum, imago a
clarissimi viri, qui amavit unice patri
cives suos; quae quidem te a tanto s
11 etiam muta revocare debuit.' Leguntur
ratione ad senatum Allobrogum populumque l
Si quid de his rebus dicere vellet, feci pote
Atque ille primo quidem negavit; post autem ali
toto iam indicio exposito atque edito, surrexit;
sivit a Gallis, quid sibi esset cum iis, quam
domum suam venissent, itemque a Volturcio
cum illi breviter constanterque respondissen
quem ad eum quotiensque venissent, quaesissen
eo, nihilne secum esset de fatis Sibyllinis locutu
ille subito scelere demens, quanta conscienti
esset, ostendit. Nam, cum id posset infitiari,
praeter opinionem omnium confessus est. It
non modo ingenium illud et dicendi exercitati
semper valuit, sed etiam propter vim sceleris
festi atque deprehensi inpudentia, qua superabat
12 *inprobitasque defecit.* Volturcius vero subito
proferri atque aperiri iubet, quas sibi a Lent

Catilinam datas esse dicebat. Atque ibi vehementissime perturbatus Lentulus tamen et signum et manum suam cognovit. Erant autem sine nomine, sed ita: 'Quis sim, scies ex eo, quem ad te misi. Cura, ut vir sis, et cogita, quem in locum sis progressus. Vide, ecquid tibi iam sit necesse, et cura, ut omnium tibi auxilia adiungas, etiam infimorum.' Gabinius deinde introductus cum primo impudenter respondere coepisset, ad extremum nihil ex iis, quae Galli insimulabant, negavit. Ac mihi 13 quidem, Quirites, cum illa certissima visa sunt argumenta atque indicia sceleris, tabellae, signa, manus, denique unius cuiusque confessio, tum multo certiora illa, color, oculi, voltus, taciturnitas. Sic enim obstupuerant, sic terram intuebantur, sic furtim non numquam inter sese aspiciebant, ut non iam ab aliis indicari, sed indicare se ipsi viderentur.

Indiciis expositis atque editis, Quirites, senatum con- 6 sului, de summa re publica quid fieri placeret. Dictae sunt a principibus acerrimae ac fortissimae sententiae, quas senatus sine ulla varietate est secutus. Et quoniam nondum est perscriptum senatus consultum, ex memoria vobis, Quirites, quid senatus censuerit, exponam. Primum mihi gratiae verbis amplissimis aguntur, quod 14 virtute, consilio, providentia mea res publica maximis periculis sit liberata. Deinde L. Flaccus et C. Pomptinus praetores, quod eorum opera forti fidelique usus essem, merito ac iure laudantur. Atque etiam viro forti, collegae meo, laus inpertitur, quod eos, qui huius coniurationis participes fuissent, a suis et a rei publicae consiliis removisset. Atque ita censuerunt, ut P. Lentulus, cum se praetura abdicasset, in custodiam traderetur; itemque uti C. Cethegus, L. Statilius, P. Gabinius, qui omnes praesentes erant, in custodiam traderentur; atque idem hoc decretum est in L. Cassium, qui sibi procurationem incendendae urbis depoposcerat, in M. Ceparium, cui ad sollicitandos pastores

Apuliam attributam esse erat indicatum, in P. Furium, qui est ex iis colonis, quos Faesulas L. Sulla deduxit, in Q. Annium Chilonem, qui una cum hoc Furio semper erat in hac Allobrogum sollicitatione versatus, in P. Umbrenum, libertinum hominem, a quo primum Gallos (15) ad Gabinium perductos esse constabat. Atque ea lenitate senatus est usus, Quirites, ut ex tanta coniuratione tantaque hac multitudine domesticorum hostium novem hominum perditissimorum poena re publica conservata reliquorum mentes sanari posse arbitraretur. Atque etiam supplicatio dis inmortalibus pro singulari eorum merito meo nomine decreta est, quod mihi primum post hanc urbem conditam togato contigit, et his decreta verbis est, 'quod urbem incendiis, caede civis, Italiam bello liberassem.' Quae supplicatio si cum ceteris supplicationibus conferatur, hoc interest, quod ceterae bene gesta, haec una conservata re publica constituta est. Atque illud, quod faciundum primum fuit, factum atque transactum est. Nam P. Lentulus, quamquam patefactis indiciis, confessionibus suis, iudicio senatus non modo praetoris ius, verum etiam civis amiserat, tamen magistratu se abdicavit, ut, quae religio C. Mario, clarissimo viro, non fuerat, quo minus C. Glauciam, de quo nihil nominatim erat decretum, praetorem occideret, ea nos religione in privato P. Lentulo puniendo liberaremur.

Nunc quoniam, Quirites, consceleratissimi periculosissimique belli nefarios duces captos iam et comprehensos tenetis, existumare debetis omnis Catilinae copias, omnis spes atque opes his depulsis urbis periculis concidisse. Quem quidem ego cum ex urbe pellebam, hoc providebam animo, Quirites, remoto Catilina non mihi esse P. Lentuli somnum nec L. Cassi adipes nec C. Cethegi furiosam temeritatem pertimescendam. Ille erat unus timendus ex istis omnibus, sed tam diu, dum urbis moenibus continebatur. Omnia norat, omnium aditus tenebat; appellare, temp tare, sollicitare poterat, audebat. Erat ei consilium ad facinus aptum, consilio autem neque manus neque lingua deerat. Iam ad certas res conficiendas certos homines delectos ac descriptos habebat. Neque vero, cum aliquid mandarat, confectum putabat; nihil erat, quod non ipse obiret, occurreret, vigilaret, laboraret; frigus, sitim, famem ferre poterat. Hunc ego hominem 17 tam acrem, tam audacem, tam paratum, tam callidum, tam in scelere vigilantem, tam in perditis rebus diligentem nisi ex domesticis insidiis in castrense latrocinium compulissem (dicam id, quod sentio, Quirites), non facile hanc tantam molem mali a cervicibus vestris depulissem. Non ille nobis Saturnalia constituisset neque tanto ante exitii ac fati diem rei publicae denuntiavisset neque commisisset, ut signum, ut litterae suae testes manifesti sceleris deprehenderentur. Quae nunc illo absente sic gesta sunt, ut nullum in privata domo furtum umquam sit tam palam inventum, quam haec tanta in re publica coniuratio manifesto inventa atque deprehensa est. Quodsi Catilina in urbe ad hanc diem remansisset, quamquam, quoad fuit, omnibus eius consiliis occurri atque obstiti, tamen, ut levissime dicam, dimicandum nobis cum illo fuisset, neque nos umquam, cum ille in urbe hostis esset, tantis periculis rem publicam tanta pace, tanto otio, tanto silentio liberassemus.

Quamquam haec omnia, Quirites, ita sunt a me 8 administrata, ut deorum inmortalium nutu atque consilio et gesta et provisa esse videantur. Idque cum coniectura consequi possumus, quod vix videtur humani consilii tantarum rerum gubernatio esse potuisse, tum vero ita praesentes his temporibus opem et auxilium nobis tulerunt, ut eos paene oculis videre possemus. Nam ut illa omittam, visas nocturno tempore ab occidente faces ardoremque caeli, ut fulminum iactus, ut terrae motus relinquam, ut omittam cetera, quae tam multa *nobis consulibus* facta sunt, ut haec, quae

nunc fiunt, canere di inmortales viderentur, hoc cert[e]
quod sum dicturus, neque praetermittendum nequ[e]
19 relinquendum est. Nam profecto memoria tenet[is]
Cotta et Torquato consulibus complures in Capitoli[o]
res de caelo esse percussas, cum et simulacra deoru[m]
depulsa sunt et statuae veterum hominum deiectae
legum aera liquefacta et tactus etiam ille, qui ha[nc]
urbem condidit, Romulus, quem inauratum in Ca[pi]
tolio parvum atque lactantem uberibus lupinis in[hi]
antem fuisse meministis. Quo quidem tempore c[um]
haruspices ex tota Etruria convenissent, caedes atq[ue]
incendia et legum interitum et bellum civile ac dom[e]
sticum et totius urbis atque imperii occasum adp[ro]
pinquare dixerunt, nisi di inmortales omni ratio[ne]
20 placati suo numine prope fata ipsa flexissent. Itaq[ue]
illorum responsis tum et ludi per decem dies fa[cti]
sunt, neque res ulla, quae ad placandos deos pertiner[et]
praetermissa est. Idemque iusserunt simulacrum Io[vis]
facere maius et in excelso conlocare et contra, atq[ue]
antea fuerat, ad orientem convertere; ac se sper[are]
dixerunt, si illud signum, quod videtis, solis ortum
forum curiamque conspiceret, fore ut ea consilia, qu[ae]
clam essent inita contra salutem urbis atque impe[rii]
inlustrarentur, ut a senatu populoque Romano persp[ici]
possent. Atque illud signum collocandum consu[les]
illi locaverunt; sed tanta fuit operis tarditas, ut ne[que]
superioribus consulibus neque nobis ante hodiern[um]
9
21 diem collocaretur. Hic quis potest esse, Quirites, t[am]
aversus a vero, tam praeceps, tam mente captus,
neget haec omnia, quae videmus, praecipueque ha[nc]
urbem deorum inmortalium nutu ac potestate admi[ni]
strari? Etenim, cum esset ita responsum, caedes, [in]
cendia, interitum rei publicae comparari, et ea
cives, quae tum propter magnitudinem scelerum [a]
nullis incredibilia videbantur, ea non modo cogitat[a]
nefariis civibus, verum etiam suscepta esse sensis[tis].
Illud vero nonne ita praesens est, ut nutu Iovis opti[mi]

maximi factum esse videatur, ut, cum hodierno die mane per forum meo iussu et coniurati et eorum indices in aedem Concordiae ducerentur, eo ipso tempore signum statueretur? Quo collocato atque ad vos senatumque converso omnia [et senatus et vos], quae erant contra salutem omnium cogitata, inlustrata et patefacta vidistis. Quo etiam maiore sunt isti odio supplicioque digni, qui non solum vestris domiciliis atque tectis, sed etiam deorum templis atque delubris sunt funestos ac nefarios ignes inferre conati. Quibus ego si me restitisse dicam, nimium mihi sumam et non sim ferendus; ille, ille Iuppiter restitit; ille Capitolium, ille haec templa, ille cunctam urbem, ille vos omnis salvos esse voluit. Dis ego inmortalibus ducibus hanc mentem, Quirites, voluntatemque suscepi atque ad haec tanta indicia perveni. Iam vero [illa Allobrogum sollicitatio, iam] ab Lentulo ceterisque domesticis hostibus tam dementer tantae res creditae et ignotis et barbaris commissaeque litterae numquam essent profecto, nisi ab dis inmortalibus huic tantae audaciae consilium esset ereptum. Quid vero? ut homines Galli ex civitate male pacata, quae gens una restat, quae bellum populo Romano facere et posse et non nolle videatur, spem imperii ac rerum maxumarum ultro sibi a patriciis hominibus oblatam neglegerent vestramque salutem suis opibus anteponerent, id non divinitus esse factum putatis, praesertim qui nos non pugnando, sed tacendo superare potuerint?

Quam ob rem, Quirites, quoniam ad omnia pulvinaria supplicatio decreta est, celebratote illos dies cum coniugibus ac liberis vestris. Nam multi saepe honores dis inmortalibus iusti habiti sunt ac debiti, sed profecto iustiores numquam. Erepti enim estis ex crudelissimo ac miserrimo interitu [erepti]; sine caede, sine sanguine, sine exercitu, sine dimicatione togati me uno togato duce et imperatore vicistis. Etenim recordamini, Quirites, omnis civiles dissen-

siones, non solum eas, quas audistis, sed eas, quas
vosmet ipsi meministis atque vidistis. L. Sulla P.
Sulpicium oppressit [eiecit ex urbe]; C. Marium, custodem huius urbis, multosque fortis viros partim eiecit
ex civitate, partim interemit. Cn. Octavius consul
armis expulit ex urbe collegam; omnis hic locus acer-
vis corporum et civium sanguine redundavit. Superavit
postea Cinna cum Mario; tum vero clarissimis viris
interfectis lumina civitatis extincta sunt. Ultus est
huius victoriae crudelitatem postea Sulla; ne dici
quidem opus est, quanta deminutione civium et quanta
calamitate rei publicae. Dissensit M. Lepidus a clarissimo et fortissimo viro, Q. Catulo; attulit non tam
ipsius interitus rei publicae luctum quam ceterorum.
Atque illae tamen omnes dissensiones erant eius modi
[Quirites], quae non ad delendam, sed ad commutandam
rem publicam pertinerent. Non illi nullam esse rem publicam, sed in ea, quae esset, se esse principes, neque
hanc urbem conflagrare, sed se in hac urbe florere voluerunt. Atque illae tamen omnes dissensiones, quarum
nulla exitium rei publicae quaesivit, eius modi fuerunt, ut
non reconciliatione concordiae, sed internecione civium
diiudicatae sint. In hoc autem uno post hominum
memoriam maximo crudelissimoque bello, quale bellum
nulla umquam barbaria cum sua gente gessit, quo in
bello lex haec fuit a Lentulo, Catilina, Cethego, Cassio
constituta, ut omnes, qui salva urbe salvi esse possent,
in hostium numero ducerentur, ita me gessi, Quirites,
ut salvi omnes conservaremini, et, cum hostes vestri
tantum civium superfuturum putassent, quantum in-
finitae caedi restitisset, tantum autem urbis, quantum
flamma obire non potuisset, et urbem et civis integros incolumesque servavi.

Quibus pro tantis rebus, Quirites, nullum ego
vobis praemium virtutis, nullum insigne honoris, nullum monumentum laudis postulo praeterquam huius
diei memoriam sempiternam. In animis ego vestris

omnes triumphos meos, omnia ornamenta honoris,
monumenta gloriae, laudis insignia condi et collocari
volo. Nihil me mutum potest delectare, nihil tacitum,
nihil denique eius modi, quod etiam minus digni adsequi possint. Memoria vestra, Quirites, nostrae res
alentur, sermonibus crescent, litterarum monumentis
inveterascent et corroborabuntur; eandemque diem intellego, quam spero aeternam fore, propagatam esse
et ad salutem urbis et ad memoriam consulatus mei,
unoque tempore in hac re publica duos civis extitisse,
quorum alter finis vestri imperii non terrae, sed caeli
regionibus terminaret, alter eiusdem imperii domicilium sedesque servaret. Sed quoniam earum rerum,
quas ego gessi, non eadem est fortuna atque condicio
quae illorum, qui externa bella gesserunt, quod mihi
cum iis vivendum est, quos vici ac subegi, illi hostes
aut interfectos aut oppressos reliquerunt, vestrum est,
Quirites, si ceteris facta sua recte prosunt, mihi mea
ne quando obsint, providere. Mentes enim hominum
audacissimorum sceleratae ac nefariae ne vobis nocere
possent, ego providi, ne mihi noceant, vestrum est
providere. Quamquam, Quirites, mihi quidem ipsi
nihil ab istis iam noceri potest. Magnum enim est
in bonis praesidium, quod mihi in perpetuum comparatum est, magna in re publica dignitas, quae me
semper tacita defendet, magna vis conscientiae, quam
qui neglegunt, cum me violare volent, se ipsi indica-
bunt. Est enim in nobis is animus, Quirites, ut non
modo nullius audaciae cedamus, sed etiam omnis inprobos ultro semper lacessamus. Quodsi omnis impetus domesticorum hostium depulsus a vobis se in
me unum convorterit, vobis erit videndum, Quirites,
qua condicione posthac eos esse velitis, qui se pro
salute vestra obtulerint invidiae periculisque omnibus;
mihi quidem ipsi quid est quod iam ad vitae fructum
possit adquiri, cum praesertim neque in honore vestro
neque in gloria virtutis quicquam videam altius, quo

29 mihi lubeat ascendere? Illud perficiam profecto, Q
rites, ut ea, quae gessi in consulatu, privatus tu
atque ornem, ut, si qua est invidia in conservanda
publica suscepta, laedat invidos, mihi valeat ad glori
Denique ita me in re publica tractabo, ut meminer
semper, quae gesserim, curemque, ut ea virtute,
casu gesta esse videantur. Vos, Quirites, quoniam i
est nox, venerati Iovem illum, custodem huius u
ac vestrum, in vestra tecta discedite et ea, quamqu
iam est periculum depulsum, tamen aeque ac pri
nocte custodiis vigiliisque defendite. Id ne vobis d
tius faciundum sit, atque ut in perpetua pace e
possitis, providebo.

M. TULLI CICERONIS
IN CATILINAM ORATIO QUARTA
HABITA IN SENATU.

ARGUMENTUM.

Cum M. Cicero consul Nonis Decembribus senatum in aede Iovis Statoris consuleret, quid de iis coniurationis Catilinae sociis fieri placeret, qui in custodiam traditi essent, factum est, ut duae potissimum sententiae proponerentur, una D. Silani consulis designati, qui morte multandos illos censebat, altera C. Caesaris, qui illos publicatis bonis per municipia Italiae distribuendos ac vinculis sempiternis tenendos existimabat. Cum autem plures senatores ad C. Caesaris quam ad D. Silani sententiam inclinare viderentur, M. Cicero ea, quae infra legitur, oratione Silani sententiam commendare studuit.

Video, patres conscripti, in me omnium vestrum ora atque oculos esse conversos, video vos non solum de vestro ac rei publicae, verum etiam, si id depulsum sit, de meo periculo esse sollicitos. Est mihi iucunda in malis et grata in dolore vestra erga me voluntas, sed eam, per deos inmortales, deponite atque obliti salutis meae de vobis ac de vestris liberis cogitate. Mihi si haec condicio consulatus data est, ut omnis acerbitates, omnis dolores cruciatusque perferrem, feram non solum fortiter, verum etiam lubenter, dum modo meis laboribus vobis populoque Romano dignitas salusque pariatur. Ego sum ille consul, patres conscripti, cui non forum, in quo omnis aequitas continetur, non campus consularibus auspiciis consecratus, non curia, summum auxilium omnium gentium, non domus, commune perfugium, non lectus ad quietem datus, non denique haec sedes honoris [sella curulis] umquam vacua mortis periculo atque insidiis fuit. Ego multa tacui, multa pertuli, multa concessi, multa meo quodam dolore in vestro timore sanavi. Nunc si hunc exitum consulatus mei di inmortales esse voluerunt, ut vos populumque Romanum ex caede miserrima, coniuges liberosque vestros virginesque Vestales ex acerbissima vexatione, templa atque delubra, hanc pulcherrimam patriam omnium nostrum ex foedissima fiamma, totam Italiam ex bello et vastitate eriperem, quaecumque mihi uni proponetur fortuna, subeatur. Etenim, si P. Lentulus suum nomen inductus a vatibus fatale ad perniciem rei publicae fore putavit, cur ego non laeter meum consulatum ad salutem populi Romani prope fatalem extitisse? Quare, patres conscripti, consulite vobis, prospicite patriae, conservate vos, coniuges, liberos fortunasque vestras, populi Romani nomen salutemque defendite; mihi parcere ac de me cogitare desinite. Nam primum debeo sperare omnis deos, qui huic urbi praesident, pro eo mihi, ac mereor, relaturos esse gratiam; deinde, si quid obtigerit, aequo animo paratoque moriar. Nam neque turpis mors forti viro potest accidere neque immatura consulari nec misera sapienti. Nec tamen ego sum ille ferreus, qui fratris carissimi atque amantissimi praesentis maerore non movear horumque omnium lacrumis, a quibus me circumsessum videtis. Neque meam mentem non domum saepe revocat animata uxor et abiecta metu filia et parvulus filius, quem mihi videtur amplecti res publica tamquam obsidem consulatus mei, neque ille, qui expectans huius exitum diei stat in conspectu meo, gener. Moveor *his rebus* omnibus, sed in eam partem, uti salvi sint vobiscum omnes, etiamsi me vis aliqua oppresserit, potius, quam et illi et nos una rei publicae peste pereamus. Quare, patres conscripti, incumbite ad salutem rei publicae, circumspicite omnes procellas, quae inpendent, nisi providetis. Non Ti. Gracchus, quod iterum tribunus plebis fieri voluit, non C. Gracchus, quod agrarios concitare conatus est, non L. Saturninus, quod C. Memmium occidit, in discrimen aliquod atque in vestrae severitatis iudicium adducitur; tenentur ii, qui ad urbis incendium, ad vestram omnium caedem, ad Catilinam accipiendum Romae restiterunt, tenentur litterae, signa, manus, denique unius cuiusque confessio; sollicitantur Allobroges, servitia excitantur, Catilina accersitur; id est initum consilium, ut interfectis omnibus nemo ne ad deplorandum quidem populi Romani nomen atque ad lamentandam tanti imperii calamitatem relinquatur. Haec omnia indices detulerunt, rei confessi sunt, vos multis iam iudiciis iudicavistis, primum quod mihi gratias egistis singularibus verbis et mea virtute atque diligentia perditorum hominum coniurationem patefactam esse decrevistis, deinde quod P. Lentulum se abdicare praetura coëgistis, tum quod eum et ceteros, de quibus iudicastis, in custodiam dandos censuistis, maximeque quod meo nomine supplicationem decrevistis, qui honos togato habitus ante me est nemini; postremo hesterno die praemia legatis Allobrogum Titoque Volturcio dedistis amplissima. Quae sunt omnia eius modi, ut ii, qui in custodiam nominatim dati sunt, sine ulla dubitatione a vobis damnati esse videantur.

Sed ego institui referre ad vos, patres conscripti, tamquam integrum, et de facto quid iudicetis, et de poena quid censeatis. Illa praedicam, quae sunt consulis. Ego magnum in re publica versari furorem et nova quaedam misceri et concitari mala iam pridem videbam, sed hanc tantam, tam exitiosam haberi coniurationem a civibus numquam putavi. Nunc quicquid

est, quocumque vestrae mentes inclinant atque se
tiae, statuendum vobis ante noctem est. Qua
facinus ad vos delatum sit, videtis. Huic si p
putatis adfines esse, vehementer erratis. Latius
nione disseminatum est hoc malum; manavit
solum per Italiam, verum etiam transcendit Alp
obscure serpens multas iam provincias occupavit
opprimi sustentando aut prolatando nullo pacto p
quacumque ratione placet, celeriter vobis vind
dum est.

4 Video duas adhuc esse sententias, unam D. S
7 qui censet eos, qui haec delere conati sunt, morte
multandos, alteram C. Caesaris, qui mortis po
removet, ceterorum suppliciorum omnis acerb
amplectitur. Uterque et pro sua dignitate et
rerum magnitudine in summa severitate ver
Alter eos, qui nos omnis [,qui populum Roma
vita privare conati sunt, qui delere imperium
populi Romani nomen extinguere, punctum tem
frui vita et hoc communi spiritu non putat op
atque hoc genus poenae saepe in inprobos civis i
re publica esse usurpatum recordatur. Alter inte
mortem ab dis inmortalibus non esse supplicii
constitutam, sed aut necessitatem naturae aut lab
ac miseriarum quietem esse. Itaque eam sapientes
quam inviti, fortes saepe etiam lubenter oppetiv
Vincula vero, et ea sempiterna, certe ad singul
poenam nefarii sceleris inventa sunt. Municipii
pertiri iubet. Habere videtur ista res iniquitate
imperare velis, difficultatem, si rogare. Decer
8 tamen, si placet. Ego enim suscipiam et, ut
reperiam, qui id, quod salutis omnium causa
eritis, non putent esse suae dignitatis recusare.
iungit gravem poenam municipiis, si quis eorun
cula ruperit; horribiles custodias circumdat et d
scelere hominum perditorum; sancit, ne quis e
poenam, quos condemnat, aut per senatum au

populum levare possit; eripit etiam spem, quae sola homines in miseriis consolari solet. Bona praeterea publicari iubet, vitam solam relinquit nefariis hominibus; quam si eripuisset, multos una dolores animi atque corporis et omnis scelerum poenas ademisset. Itaque ut aliqua in vita formido inprobis esset posita, apud inferos eius modi quaedam illi antiqui supplicia impiis constituta esse voluerunt, quod videlicet intellegebant his remotis non esse mortem ipsam pertimescendam.

Nunc, patres conscripti, ego mea video quid intersit. Si eritis secuti sententiam C. Caesaris, quoniam hanc is in re publica viam, quae popularis habetur, secutus est, fortasse minus erunt hoc auctore et cognitore huiusce sententiae mihi populares impetus pertimescendi; sin illam alteram, nescio an amplius mihi negotii contrahatur. Sed tamen meorum periculorum rationes utilitas rei publicae vincat. Habemus enim a Caesare, sicut ipsius dignitas et maiorum eius amplitudo postulabat, sententiam tamquam obsidem perpetuae in rem publicam voluntatis. Intellectum est, quid interesset inter levitatem contionatorum et animum vere popularem saluti populi consulentem. Video de istis, qui se populares haberi volunt, abesse non neminem, ne de capite videlicet civium Romanorum sententiam ferat. Is et nudius tertius in custodiam cives Romanos dedit et supplicationem mihi decrevit et indices hesterno die maximis praemiis adfecit. Iam hoc nemini dubium est, qui reo custodiam, quaesitori gratulationem, indici praemium decrerit, quid de tota re et causa iudicarit. At vero C. Caesar intellegit legem Semproniam esse de civibus Romanis constitutam; qui autem rei publicae sit hostis, eum civem esse nullo modo posse; denique ipsum latorem Semproniae legis iniussu populi poenas rei publicae dependisse. Idem ipsum Lentulum, largitorem et prodigum, non putat, cum de

pernicie populi Romani, exitio huius urbis tam acerbe,
tam crudeliter cogitarit, etiam appellari posse popularem. Itaque homo mitissimus atque lenissimus non
dubitat P. Lentulum aeternis tenebris vinculisque
mandare et sancit in posterum, ne quis huius supplicio
levando se iactare et in pernicie populi Romani posthac popularis esse possit. Adiungit etiam publicationem
bonorum, ut omnis animi cruciatus et corporis etiam
e es as ac mendicitas consequatur.

g Quam ob rem, sive hoc statueritis, dederitis mihi
comitem ad contionem populo carum atque iucundum,
sive Silani sententiam sequi malueritis, facile me atque
vos a crudelitatis vituperatione populo Romano *purgabo* atque obtinebo eam multo leniorem fuisse. Quamquam, patres conscripti, quae potest esse in tanti
sceleris inmanitate punienda crudelitas? Ego enim
de meo sensu iudico. Nam ita mihi salva re publica
vobiscum perfrui liceat, ut ego, quod in hac causa
vehementior sum, non atrocitate animi moveor (quis
enim est me mitior?), sed singulari quadam humanitate et misericordia. Videor enim mihi videre hanc
urbem, lucem orbis terrarum atque arcem omnium
gentium, subito uno incendio concidentem, cerno animo
sepulta in patria miseros atque insepultos acervos
civium, versatur mihi ante oculos aspectus Cethegi et
furor in vestra caede bacchantis. Cum vero mihi pro-
posui regnantem Lentulum, sicut ipse se ex fatis sperasse confessus est, purpuratum esse huic Gabinium,
cum exercitu venisse Catilinam, tum lamentationem
matrum familias, tum fugam virginum atque puerorum ac vexationem virginum Vestalium perhorresco
et, quia mihi vehementer haec videntur misera atque
miseranda, idcirco in eos, qui ea perficere voluerunt,
me severum vehementemque praebeo. Etenim quaero,
si quis pater familias liberis suis a servo interfectis,
uxore occisa, incensa domo supplicium de servo *non
quam* acerbissumum sumpserit, utrum is clemens ac

misericors an inhumanissimus et crudelissimus esse videatur. Mihi vero inportunus ac ferreus, qui non dolore et cruciatu nocentis suum dolorem cruciatumque lenierit. Sic nos in his hominibus, qui nos, qui coniuges, qui liberos nostros trucidare voluerunt, qui singulas unius cuiusque nostrum domos et hoc universum rei publicae domicilium delere conati sunt, qui id egerunt, ut gentem Allobrogum in vestigiis huius urbis atque in cinere deflagrati imperii collocarent, si vehementissimi fuerimus, misericordes habebimur; sin remissiores esse voluerimus, summae nobis crudelitatis in patriae civiumque pernicie fama subeunda est. Nisi vero cuipiam L. Caesar, vir fortissimus et amantissimus rei publicae, crudelior nudius tertius visus est, cum sororis suae, feminae lectissimae, virum praesentem et audientem vita privandum esse dixit, cum avum suum iussu consulis interfectum filiumque eius inpuberem legatum a patre missum in carcere necatum esse dixit. Quorum quod simile factum, quod initum delendae rei publicae consilium? Largitionis voluntas tum in re publica versata est et partium quaedam contentio. Atque illo tempore huius avus Lentuli, vir clarissimus, armatus Gracchum est persecutus. Ille etiam grave tum vulnus accepit, ne quid de summa re publica deminueretur; hic ad evertenda rei publicae fundamenta Gallos accersit, servitia concitat, Catilinam vocat, adtribuit nos trucidandos Cethego et ceteros civis interficiendos Gabinio, urbem inflammandam Cassio, totam Italiam vastandam diripiendamque Catilinae. Vereamini censeo, ne in hoc scelere tam immani ac nefando nimis aliquid severe statuisse videamini; multo magis est verendum, ne remissione poenae crudeles in patriam quam ne severitate animadversionis nimis vehementes in acerbissimos hostis fuisse videamur.

Sed ea, quae exaudio, patres conscripti, dissimulare non *possum. Iaciuntur* enim voces, quae perveniunt ad auris meas eorum, qui vereri videntur, ut habeam satis praesidii ad ea, quae vos statueritis hodierno die, transigunda. Omnia et provisa et parata et constituta sunt, patres conscripti, cum mea summa cura atque diligentia, tum etiam multo maiore populi Romani ad summum imperium retinendum et ad communes fortunas conservandas voluntate. Omnes adsunt omnium ordinum homines, omnium *generum*, *omnium* denique aetatum; plenum est forum, plena templa circum forum, pleni omnes aditus huius templi ac loci. Causa est enim post urbem conditam haec inventa sola, in qua omnes sentirent unum atque idem praeter eos, qui cum sibi viderent esse pereundum, cum omnibus potius quam soli perire voluerunt. Hosce ego homines excipio et secerno lubenter neque in improborum civium, sed in acerbissimorum hostium numero habendos puto. Ceteri vero, di inmortales! qua frequentia, quo studio, qua virtute ad communem salutem dignitatemque consentiunt! Quid ego hic equites Romanos commemorem? qui vobis ita summam ordinis consiliique concedunt, ut vobiscum de amore rei publicae certent; quos ex multorum annorum dissensione huius ordinis ad societatem concordiamque revocatos hodiernus dies vobiscum atque haec causa coniungit. Quam si coniunctionem in consulatu confirmatam meo perpetuam in re publica tenuerimus, confirmo vobis nullum posthac malum civile ac domesticum ad ullam rei publicae partem esse venturum. Pari studio defendundae rei publicae convenisse video tribunos aerarios, fortissimos viros; scribas item universos, quos cum casu hic dies ad aerarium frequentasset, video ab expectatione sortis ad salutem communem esse conversos. Omnis ingenuorum adest multitudo, etiam tenuissimorum. Quis est enim, cui non haec templa, aspectus urbis, possessio libertatis, lux denique haec ipsa et [hoc] commune patriae solum *cum* sit carum, tum vero dulce atque iucundum?

Operae pretium est, patres conscripti, libertinorum 8
hominum studia cognoscere, qui sua virtute fortunam
huius civitatis consecuti vere hanc suam esse patriam
iudicant, quam quidam hic nati, et summo nati loco,
non patriam suam, sed urbem hostium esse iudicaverunt. Sed quid ego hosce homines ordinesque commemoro, quos privatae fortunae, quos communis res
publica, quos denique libertas, ea quae dulcissima est,
ad salutem patriae defendendam excitavit? Servus
est nemo, qui modo tolerabili condicione sit servitutis,
qui non audaciam civium perhorrescat, qui non haec
stare cupiat, qui non [tantum], quantum audet et
quantum potest, conferat ad communem salutem, voluntatis. Quare si quem vestrum forte commovet hoc, 17
quod auditum est, lenonem quendam Lentuli concur-
sare circum tabernas, pretio sperare sollicitari posse
animos egentium atque imperitorum, est id quidem
coeptum atque temptatum, sed nulli sunt inventi tam
aut fortuna miseri aut voluntate perditi, qui non illum
ipsum sellae atque operis et quaestus cotidiani locum,
qui non cubile ac lectulum suum, qui denique non
cursum hunc otiosum vitae suae salvum esse velint.
Multo vero maxima pars eorum, qui in tabernis sunt,
immo vero (id enim potius est dicendum) genus hoc
universum amantissimum est otii. Etenim omne instrumentum, omnis opera atque quaestus frequentia
civium sustentatur, alitur otio; quorum si quaestus
occlusis tabernis minui solet, quid tandem incensis
futurum fuit?

Quae cum ita sint, patres conscripti, vobis populi (9)
Romani praesidia non desunt; vos ne populo Romano 18
deesse videamini, providete. Habetis consulem ex 9
plurimis periculis et insidiis atque ex media morte
non ad vitam suam, sed ad salutem vestram reser-
vatum. Omnes ordines ad conservandam rem publicam
mente, voluntate, studio, virtute, voce consentiunt.
Obsessa facibus et telis impiae coniurationis vobis

supplex manus tendit patria communis, vobis se, vobis
vitam omnium civium, vobis arcem et Capitolium,
vobis aras Penatium, vobis illum ignem Vestae sempiternum, vobis omnium deorum templa atque delubra,
vobis muros atque urbis tecta commendat. Praeterea
de vestra vita, de coniugum vestrarum atque liberorum
anima, de fortunis omnium, de sedibus, de focis vestris
19 hodierno die vobis iudicandum est. Habetis ducem
memorem vestri, oblitum sui, quae non semper facultas
datur, habetis omnis ordines, omnis homines, universum populum Romanum, id quod in civili causa
hodierno die primum videmus, unum atque idem sentientem. Cogitate, quantis laboribus fundatum imperium, quanta virtute stabilitam libertatem, quanta
deorum benignitate auctas exaggeratasque fortunas
una nox paene delerit. Id ne umquam posthac non
modo [non] confici, sed ne cogitari quidem possit a
civibus, hodierno die providendum est. Atque haec,
non ut vos, qui mihi studio paene praecurritis, excitarem, locutus sum, sed ut mea vox, quae debet esse
in re publica princeps, officio functa consulari videretur.

10
20 Nunc, antequam ad sententiam redeo, de me pauca
dicam. Ego, quanta manus est coniuratorum, quam
videtis esse permagnam, tantam me inimicorum multitudinem suscepisse video; sed eam esse iudico turpem
et infirmam et [contemptam et] abiectam. Quodsi aliquando alicuius furore et scelere concitata manus ista
plus valuerit quam vestra ac rei publicae dignitas, me
tamen meorum factorum atque consiliorum numquam,
patres conscripti, paenitebit. Etenim mors, quam illi
[mihi] fortasse minitantur, omnibus est parata; vitae
tantam laudem, quanta vos me vestris decretis honesta-
stis, nemo est adsecutus. Ceteris enim bene gesta, mihi
uni conservata re publica gratulationem decrevistis.
21 Sit Scipio clarus ille, cuius consilio atque virtute
Hannibal in Africam redire atque [ex] Italia decedere

coactus est, ornetur alter eximia laude Africanus, qui
duas urbes huic imperio infestissimas, Carthaginem
Numantiamque, delevit, habeatur vir egregius Paulus
ille, cuius currum rex potentissimus quondam et nobilissimus Perses honestavit, sit aeterna gloria Marius,
qui bis Italiam obsidione et metu servitutis liberavit,·
anteponatur omnibus Pompeius, cuius res gestae atque
virtutes iisdem quibus solis cursus regionibus ac ter-
minis continentur; erit profecto inter horum laudes
aliquid loci nostrae gloriae, nisi forte maius est pate-
facere nobis provincias, quo exire possimus, quam
curare, ut etiam illi, qui absunt, habeant, quo victores
revertantur. Quamquam est uno loco condicio melior 22
externae victoriae quam domesticae, quod hostes
alienigenae aut oppressi serviunt aut recepti [in ami-
citiam] beneficio se obligatos putant; qui autem ex
numero civium dementia aliqua depravati hostes patriae
semel esse coeperunt, eos cum a pernicie rei publicae
reppuleris, nec vi coërcere nec beneficio placare possis.
Quare mihi cum perditis civibus aeternum bellum
susceptum esse video. Id ego vestro bonorumque
omnium auxilio memoriaque tantorum periculorum,
quae non modo in hoc populo, qui servatus est, sed
in omnium gentium sermonibus ac mentibus semper
haerebit, a me atque a meis facile propulsari posse
confido. Neque ulla profecto tanta vis reperietur,
quae coniunctionem vestram equitumque Romanorum
et tantam conspirationem bonorum omnium confrin-
gere et labefactare possit.

 Quae cum ita sint, pro imperio, pro exercitu, pro 11
provincia, quam neglexi, pro triumpho ceterisque laudis 23
insignibus, quae sunt a me propter urbis vestraeque
salutis custodiam repudiata, pro clientelis hospitiisque
provincialibus, quae tamen urbanis opibus non minore
labore tueor quam comparo, pro his igitur omnibus
rebus, pro meis in vos singularibus studiis proque
hac, quam *perspicitis*, ad conservandam rem publicam

diligentia nihil a vobis nisi huius temporis totiusque mei consulatus memoriam postulo; quae dum erit in vestris fixa mentibus, tutissimo me muro saeptum esse arbitrabor. Quodsi meam spem vis inproborum fefellerit atque superaverit, commendo vobis parvum meum filium, cui profecto satis erit praesidii non solum ad salutem, verum etiam ad dignitatem, si eius, qui haec omnia suo solius periculo conservarit, illum 24 filium esse memineritis. Quapropter de summa salute vestra populique Romani, de vestris coniugibus ac liberis, de aris ac focis, de fanis atque templis, de totius urbis tectis ac sedibus, de imperio ac libertate, de salute Italiae, de universa re publica decernite diligenter, ut instituistis, ac fortiter. Habetis eum consulem, qui et parere vestris decretis non dubitet et ea, quae statueritis, quoad vivet, defendere et per se ipsum praestare possit.

M. TULLI CICERONIS
PRO L. MURENA ORATIO.

ARGUMENTUM.

Comitiis consularibus, quae M. Cicero anno p. u. c. 691 habuit, D. Iunius Silanus et L. Licinius Murena facti erant, repulsam tulerant L. Sergius Catilina et Servius Sulpicius, quorum Catilina vi atque caede vindictam de patria sumere statuit, Sulpicius iure consultus iure potius ac legibus competitorem, qui vicerat, ulcisci voluit. Ille igitur in perniciem suam ruit, Sulpicius L. Murenam de ambitu accusavit subscriptoribus M. Catone, Cn. Postumio, Servio Sulpicio adulescente. Acta causa est mense Novembri anni p. u. c. 691, cum Catilina bellum iam gereret. Defendit Murenam una cum Q. Hortensio et M. Crasso M. Cicero, qui admirabili urbanitate extremo loco dixit ac peroravit. L. Murena absolutus et anno post consul factus est.

Quod precatus a dis immortalibus sum, iudices, more institutoque maiorum illo die, quo auspicato comitiis centuriatis L. Murenam consulem renuntiavi, ut ea res mihi, fidei magistratuique meo, populo plebique Romanae bene atque feliciter eveniret, idem precor ab isdem dis immortalibus ob eiusdem hominis consulatum una cum salute obtinendum, et ut vestrae mentes atque sententiae cum populi Romani voluntatibus suffragiisque consentiant eaque res vobis *populoque Romano* pacem, tranquillitatem, otium concordiamque adferat. Quodsi illa sollemnis comitiorum precatio consularibus auspiciis consecrata tantam habet in se vim et religionem, quantam rei publicae dignitas postulat, idem ego sum precatus, ut eis quoque hominibus, quibus hic consulatus me rogante datus esset, ea res fauste, feliciter prospereque eveniret. Quae cum ita sint, iudices, et cum omnis deorum immortalium potestas aut translata sit ad vos aut certe communicata vobiscum, idem consulem vestrae fidei commendat, qui antea dis immortalibus commendavit, ut eiusdem hominis voce et declaratus consul et defensus beneficium populi Romani cum vestra atque omnium civium salute tueatur.

Et quoniam in hoc officio studium meae defensionis ab accusatoribus atque etiam ipsa susceptio causae reprehensa est, antequam pro L. Murena dicere instituo, pro me ipso pauca dicam, non quo mihi potior hoc quidem in tempore sit officii mei quam huiusce salutis defensio, sed ut meo facto vobis probato maiore auctoritate ab huius honore, fama fortunisque omnibus inimicorum impetus propulsare possim.

Et primum M. Catoni vitam ad certam rationis normam derigenti et diligentissime perpendenti momenta officiorum omnium de officio meo respondebo. Negat fuisse rectum Cato me et consulem et legis ambitus latorem et tam severe gesto consulatu causam L. Murenae attingere. Cuius reprehensio me vehementer movet, non solum ut vobis, iudices, quibus maxime debeo, verum etiam ut ipsi Catoni, gravissimo atque integerrimo viro, rationem facti mei probem. A quo tandem, M. Cato, est aequius consulem defendi quam a consule? Quis mihi in re publica potest aut debet esse coniunctior quam is, cui res publica a me in manum traditur sustinenda magnis meis laboribus et periculis sustentata? Quodsi in iis rebus *repetendis*, quae mancipi sunt, is periculum iudicii praestare debet, qui se nexu obligavit, profecto etiam rectius in iudicio consulis designati is potissimum consul, qui consulem declaravit, auctor beneficii populi Romani defensorque periculi esse debebit. Ac si, ut in nullis in civitatibus fieri solet, patronus huic causae publice constitueretur, is potissimum summo honore adfecto defensor daretur, qui eodem honore praeditus non minus adferret ad dicendum auctoritatis quam facultatis. Quodsi e portu solventibus ii, qui iam in portum ex alto invehuntur, praecipere summo studio solent et tempestatum rationem et praedonum et locorum, quod natura fert, ut eis faveamus, qui eadem pericula, quibus nos perfuncti sumus, ingrediantur, quo tandem me esse animo oportet prope iam ex magna iactatione terram videntem in hunc, cui video maximas rei publicae tempestates esse subeundas? Quare, si est boni consulis non solum videre, quid agatur, verum etiam providere, quid futurum sit, ostendam alio loco, quantum salutis communis intersit duos consules in re publica Kalendis Ianuariis esse. Quod si ita est, non tam me officium debuit ad hominis amici fortunas quam res publica consulem ad communem salutem defendendam vocare. Nam quod legem de ambitu tuli, certe ita tuli, ut eam, quam mihimet ipsi iam pridem tuleram de civium periculis defendendis, non abrogarem. Etenim, si largitionem factam esse confiterer idque recte factum esse defenderem, facerem improbe, etiamsi alius legem tulisset; cum vero nihil commissum contra legem esse defendam, quid est, quod meam defensionem latio legis impediat? At negat esse eiusdem severitatis Catilinam exitium rei publicae intra moenia molientem verbis et paene imperio ex urbe expulisse et nunc pro L. Murena dicere. Ego autem has partis lenitatis et misericordiae, quas me natura ipsa docuit, semper egi libenter, illam vero gravitatis severitatisque personam non appetivi, sed ab re publica mihi impositam sus-

tinui, sicut huius imperii dignitas in summo
civium postulabat. Quodsi tum, cum res publ
et severitatem desiderabat, vici naturam et ta
mens fui, quam cogebar, non quam voleban
cum omnes me causae ad misericordiam at
humanitatem vocent, quanto tandem studio
naturae meae consuetudinique servire? Ac de
defensionis meae ac de ratione accusationis t
tasse etiam alia in parte orationis dicendum no

7   Sed me, iudices, non minus hominis sapie
atque ornatissimi, Ser. Sulpici, conquestio qu
tonis accusatio commovebat, qui gravissime
bissime ferre *se* dixit me familiaritatis necessi
que oblitum causam L. Murenae contra se de
Huic ego, iudices, satis facere cupio vosque a
arbitros. Nam cum grave est vere accusari
citia, tum, etiam si falso accuseris, non est negleg
Ego, Ser. Sulpici, me in petitione tua tibi
studia atque officia pro nostra necessitudine
buisse confiteor et praestitisse arbitror. Ni
consulatum petenti a me defuit, quod esset
amico aut a gratioso aut a consule postu
Abiit illud tempus; mutata ratio est. Sic e
sic mihi persuadeo, me tibi contra honorem *L.* M
quantum tu a me postulare ausus sis, tantum d

8 contra salutem nihil debere. Neque enim, si ti
cum peteres consulatum, adfui, nunc cum M
ipsum petas, adiutor eodem pacto esse debeo.
hoc non modo [non] laudari, sed ne concedi
potest, ut amicis nostris accusantibus non

4 alienissimos defendamus. Mihi autem cum
iudices, et magna et vetus amicitia est, quae in
dimicatione a Ser. Sulpicio non idcirco obruetu
ab eodem in honoris contentione superata est,
si causa non esset, tamen vel dignitas homi
honoris eius, quem adeptus est, amplitudo s
mihi superbiae crudelitatisque famam inussis

hominis et suis et populi Romani ornamentis amplissimi causam tanti periculi repudiassem. Neque enim iam mihi licet neque est integrum, ut meum laborem hominum periculis sublevandis non impertiam. Nam cum praemia mihi tanta pro hac industria sint data, quanta antea nemini, † sic et si ceperis eos, cum adeptus sis, deponere, esset hominis et astuti et ingrati. Quodsi licet desinere, si te auctore possum, si 9 nulla inertiae, nulla superbiae [turpitudo], nulla inhumanitatis culpa suscipitur, ego vero libenter desino. Sin autem fuga laboris desidiam, repudiatio supplicum superbiam, amicorum neglectio improbitatem coarguit, nimirum haec causa est eius modi, quam nec industrius quisquam nec misericors nec officiosus deserere possit. Atque huiusce rei coniecturam de tuo ipsius studio, Servi, facillime ceperis. Nam si tibi necesse putas etiam adversariis amicorum tuorum de iure consulentibus respondere, et si turpe existimas te advocato illum ipsum, quem contra veneris, causa cadere, noli tam esse iniustus, ut, cum tui fontes vel inimicis tuis pateant, nostros etiam amicis putes clausos esse oportere. Etenim, si me tua familiaritas ab hac causa 10 removisset, et si hoc idem Q. Hortensio, M. Crasso, clarissimis viris, si item ceteris, a quibus intellego tuam gratiam magni aestimari, accidisset, in ea civitate consul designatus defensorem non haberet, in qua nemini umquam infimo maiores nostri patronum deesse voluerunt. Ego vero, iudices, ipse me existimarem nefarium, si amico, crudelem, si misero, superbum, si consuli defuissem. Quare, quod dandum est amicitiae, large dabitur a me, ut tecum agam, Servi, non secus ac si meus esset frater, qui mihi est carissimus, isto in loco; quod tribuendum est officio, fidei, religioni, id ita moderabor, ut meminerim me contra amici studium pro amici periculo dicere.

Intellego, iudices, tris totius accusationis partis 5
fuisse, et *earum unam in* reprehensione vitae, alteram 11

in contentione dignitatis, tertiam in criminibus ambitus esse versatam. Atque harum trium partium prima illa, quae gravissima debebat esse, ita fuit infirma et levis, ut illos lex magis quaedam accusatoria quam vera male dicendi facultas de vita L. Murenae dicere aliquid coëgerit. Obiecta est enim Asia; quae ab hoc non ad voluptatem et luxuriam expetita est, sed in militari labore peragrata. Qui si adulescens patre suo imperatore non meruisset, aut hostem aut patris imperium timuisse aut a parente repudiatus videretur. An, cum sedere in equis triumphantium praetextati potissimum filii soleant, huic donis militaribus patris triumphum decorare fugiendum fuit, ut rebus communiter gestis paene simul cum patre triumpharet?

12 Hic vero, iudices, et fuit in Asia et viro fortissimo, parenti suo, magno adiumento in periculis, solacio in laboribus, gratulationi in victoria fuit. Et si habet Asia suspicionem luxuriae quandam, non Asiam numquam vidisse, sed in Asia continenter vixisse laudandum est. Quam ob rem non Asiae nomen obiciendum Murenae fuit, ex qua laus familiae, memoria generi, honos et gloria nomini constituta est, sed aliquod aut in Asia susceptum aut ex Asia deportatum flagitium ac dedecus. Meruisse vero stipendia in eo bello, quod tum populus Romanus non modo maximum, sed etiam solum gerebat, virtutis, patre imperatore libentissime meruisse pietatis, finem stipendiorum patris victoriam ac triumphum fuisse felicitatis fuit. Maledicto quidem idcirco nihil in bisce rebus loci est, quod omnia laus occupavit.

6
13 Saltatorem appellat L. Murenam Cato. Maledictum est, si vere obicitur, vehementis accusatoris, sin falso, maledici conviciatoris. Quare, cum ista sis auctoritate, non debes, Marce, arripere maledictum ex trivio aut ex scurrarum aliquo convicio neque temere consulem populi Romani saltatorem vocare, sed circumspicere, *quibus* praeterea vitiis adfectum esse necesse sit eum,

cui vere istud obici possit. Nemo enim fere saltat sobrius, nisi forte insanit, neque in solitudine neque in convivio moderato atque honesto. Tempestivi convivii, amoeni loci, multarum deliciarum comes est extrema saltatio. Tu mihi arripis hoc, quod necesse est omnium vitiorum esse postremum, relinquis illa, quibus remotis hoc vitium omnino esse non potest? Nullum turpe convivium, non amor, non comissatio, non libido, non sumptus ostenditur, et, cum ea non reperiantur, quae voluptatis nomen habent, quamquam vitiosa sunt, in quo ipsam luxuriam reperire non potes, in eo te umbram luxuriae reperturum putas? Nihil igitur 14 in vitam L. Murenae dici potest, nihil, inquam, omnino, iudices. Sic a me consul designatus defenditur, ut eius nulla fraus, nulla avaritia, nulla perfidia, nulla crudelitas, nullum petulans dictum in vita proferatur. Bene habet; iacta sunt fundamenta defensionis. Nondum enim nostris laudibus, quibus utar postea, sed prope inimicorum confessione virum bonum atque integrum hominem defendimus. Quo constituto facilior 7 est mihi aditus ad contentionem dignitatis, quae pars altera fuit accusationis.

Summam video esse in te, Ser. Sulpici, dignitatem (7) generis, integritatis, industriae ceterorumque ornamentorum omnium, quibus fretum ad consulatus petitionem adgredi par est. Paria cognosco esse ista in L. Murena, atque ita paria, ut neque ipse dignitate *a te* vinci potuerit neque te dignitate superarit. Contempsisti L. Murenae genus, extulisti tuum. Quo loco si tibi hoc sumis, nisi qui patricius sit, neminem bono esse genere natum, facis, ut rursus plebes in Aventinum sevocanda esse videatur. Sin autem sunt amplae et honestae familiae plebeiae, et proavus L. Murenae et avus praetor fuit, et pater cum amplissime atque honestissime ex praetura triumphasset, hoc faciliorem huic gradum consulatus adipiscendi reliquit, quod is iam *patri debitus a filio petebatur*. Tua vero 16

nobilitas, Ser. Sulpici, tametsi summa est, tamen ho
minibus litteratis et historicis est notior, populo ver
et suffragatoribus obscurior. Pater enim fuit equestr
loco, avus nulla inlustri laude celebratus. Itaque no
ex sermone hominum recenti, sed ex annalium vetu
state eruenda memoria est nobilitatis tuae. Qua
ego te semper in nostrum numerum adgregare sole
quod virtute industriaque perfecisti, ut, cum equit
Romani esses filius, summa tamen amplitudine dign
putarere. Nec mihi umquam minus in Q. Pompe
novo homine et fortissimo viro, virtutis esse visu
est quam in homine nobilissimo, M. Aemilio. Eteni
eiusdem animi atque ingenii est posteris suis, qu
Pompeius fecit, amplitudinem nominis, quam n
acceperit, tradere et, ut Scaurus, memoriam pro
intermortuam generis sua virtute renovare. Qua
quam ego iam putabam, iudices, multis viris fortib
ne ignobilitas generis obiceretur, meo labore e
perfectum, qui non modo Curiis, Catonibus, Pompe
antiquis illis fortissimis viris, [novis hominibus,] s
his recentibus, Mariis et Didiis et Caeliis, commem
randis iacebant. Cum vero ego tanto intervallo cla
stra ista nobilitatis refregissem, ut aditus ad cons
latum posthac, sicut apud maiores nostros fuit, n
magis nobilitati quam virtuti pateret, non arbitrab
cum ex familia vetere et inlustri consul designat
ab equitis Romani filio consule defenderetur, de ge
ris novitate accusatores esse dicturos. Etenim m
ipsi accidit, ut cum duobus patriciis, altero improb
simo atque audacissimo, altero modestissimo atq
optimo viro, peterem; superavi tamen dignitate
tilinam, gratia Galbam. Quodsi id crimen hom
novo esse deberet, profecto mihi neque inimici neq
invidi defuissent. Omittamus igitur de genere dice
cuius est magna in utroque dignitas; videamus cete

'Quaesturam una petiit, et sum ego factus pri
Non est respondendum ad omnia. Neque enim vestr

quemquam fugit, cum multi pares dignitate fiant, unus autem primum *locum* solus possit obtinere, non eundem esse ordinem dignitatis et renuntiationis, propterea quod renuntiatio gradus habeat, dignitas autem sit persaepe eadem omnium. Sed quaestura utriusque prope modum pari momento sortis fuit. Habuit hic lege Titia provinciam tacitam et quietam, tu illam, cui, cum quaestores sortiuntur, etiam adclamari solet, Ostiensem, non tam gratiosam et illustrem quam negotiosam et molestam. Consedit utriusque nomen in quaestura. Nullum enim vobis sors campum dedit, in quo excurrere virtus cognoscique posset. Reliqui temporis spatium in contentionem vocatur. Ab utroque dissimillima ratione tractatum est. Servius hic nobiscum hanc urbanam militiam respondendi, scribendi, cavendi plenam sollicitudinis ac stomachi secutus est; ius civile didicit, multum vigilavit, laboravit, praesto multis fuit, multorum stultitiam perpessus est, adrogantiam pertulit, difficultatem exorbuit; vixit ad aliorum arbitrium, non ad suum. Magna laus et grata hominibus unum hominem elaborare in ea scientia, quae sit multis profutura. Quid Murena interea? Fortissimo et sapientissimo viro, summo imperatori legatus, L. Lucullo, fuit; qua in legatione duxit exercitum, signa contulit, manum conseruit, magnas copias hostium fudit, urbes partim vi, partim obsidione cepit, Asiam istam refertam et eandem delicatam sic obiit, ut in ea neque avaritiae neque luxuriae vestigium reliquerit, maximo in bello sic est versatus, ut hic multas res et magnas sine imperatore gesserit, nullam sine hoc imperator. Atque haec quamquam praesente L. Lucullo loquor, tamen ne ab ipso propter periculum nostrum concessam videamur habere licentiam fingendi, publicis litteris testata sunt omnia, quibus L. Lucullus tantum *huic* laudis impertit, quantum neque ambitiosus imperator neque invidus *tribuere alteri in* communicanda gloria debuit. Summa

in utroque est honestas, summa dignitas; quam ego, si mihi per Servium liceat, parem atque in eadem laude ponam. Sed non licet; agitat rem militarem, insectatur totam hanc legationem, assiduitatis et operarum harum cotidianarum putat esse consulatum. 'Apud exercitum mihi fueris', inquit, 'tot annos, forum non attigeris; afueris tam diu et, cum longo intervallo veneris, cum his, qui in foro habitarint, de dignitate contendas?' Primum ista nostra assiduitas, Servi, nescis quantum interdum adferat hominibus fastidii, quantum satietatis. Mihi quidem vehementer expedit positam in oculis esse gratiam; sed tamen ego mei satietatem magno meo labore superavi et tu item fortasse; verum tamen utrique nostrum desiderium
22 nihil obfuisset. Sed ut hoc omisso ad studiorum atque artium contentionem revertamur, qui potes dubitare, quin ad consulatum adipiscendum multo plus adferat dignitatis rei militaris quam iuris civilis gloria? Vigilas tu de nocte, ut tuis consultoribus respondeas, ille, ut eo, quo intendit, mature cum exercitu perveniat; te gallorum, illum bucinarum cantus exsuscitat; tu actionem instituis, ille aciem instruit; tu caves, ne tui consultores, ille, ne urbes aut castra capiantur; ille tenet [et scit], ut hostium copiae, tu, ut aquae pluviae arceantur; ille exercitatus est in propagandis finibus, tu in regendis. Ac nimirum (dicendum est enim, quod sentio) rei militaris virtus praestat ceteris
10 omnibus. Haec nomen populo Romano, haec huic urbi aeternam gloriam peperit, haec orbem terrarum parere huic imperio coëgit; omnes urbanae res, omnia haec nostra praeclara studia et haec forensis laus et industria latent in tutela ac praesidio bellicae virtutis. Simul atque increpuit suspicio tumultus, artes ilico nostrae conticescunt.
23 Et quoniam mihi videris istam scientiam iuris tamquam filiolam osculari tuam, non patiar te in *tanto* errore versari, ut istud nescio quid, quod tanto

opere dilexisti, praeclarum aliquid esse arbitrere. Aliis ego te virtutibus, continentiae, gravitatis, iustitiae, fidei, ceteris omnibus, consulatu et omni honore semper dignissimum iudicavi; quod quidem ius civile didicisti, non dicam operam perdidisti, sed illud dicam, nullam esse in ista disciplina munitam ad consulatum viam. Omnes enim artes, quae nobis populi Romani studia concilient, et admirabilem dignitatem et pergratam utilitatem debent habere. Summa dignitas est in iis, qui militari laude antecellunt; omnia enim, quae sunt in imperio et in statu civitatis, ab his defendi et firmari putantur; summa etiam utilitas, siquidem eorum consilio et periculo cum re publica, tum etiam nostris rebus perfrui possumus. Gravis etiam illa est et plena dignitatis [dicendi] facultas, quae saepe valuit in consule deligendo, posse consilio atque oratione et senatus et populi et eorum, qui res iudicant, mentes permovere. Quaeritur consul, qui dicendo non numquam comprimat tribunicios furores, qui concitatum populum flectat, qui largitioni resistat. Non mirum, si ob hanc facultatem homines saepe etiam non nobiles consulatum consecuti sunt, praesertim cum haec eadem res plurimas gratias, firmissimas amicitias, maxima studia pariat. Quorum in isto vestro artificio, Sulpici, nihil est. Primum dignitas in tam tenui scientia non potest esse; res enim sunt parvae, prope in singulis litteris atque interpunctionibus verborum occupatae. Deinde, etiamsi quid apud maiores nostros fuit in isto studio admirationis, id enuntiatis vestris mysteriis totum est contemptum et abiectum. Posset agi lege necne, pauci quondam sciebant; fastos enim vulgo non habebant. Erant in magna potentia, qui consulebantur; a quibus etiam dies tamquam a Chaldaeis petebatur. Inventus est scriba quidam, Cn. Flavius, qui cornicum oculos confixerit et singulis diebus ediscendis fastos populo proposuerit et ab ipsis capsis *iuris consultorum* sapientiam compilarit. Itaque irati illi, quod sunt veriti, ne dierum ratione pervulgata et cognita sine sua opera lege *agi* posset, verba quaedam composuerunt, ut omnibus in rebus ipsi interessent. Cum hoc fieri bellissime posset: 'Fundus Sabinus meus est.' 'Immo meus', deinde iudicium, noluerunt. 'FUNDUS', inquit, 'QUI EST IN AGRO, QUI SABINUS VOCATUR.' Satis verbose; cedo quid postea? 'EUM EGO EX IURE QUIRITIUM MEUM ESSE AIO.' Quid tum? 'INDE IBI EGO TE EX IURE MANUM CONSERTUM VOCO.' Quid huic tam loquaciter litigioso responderet ille, unde petebatur, non habebat. Transit idem iuris consultus tibicinis Latini modo. 'UNDE TU ME', inquit, 'EX IURE MANUM CONSERTUM VOCASTI, INDE IBI EGO TE REVOCO.' Praetor interea ne pulchrum se ac beatum putaret atque aliquid ipse sua sponte loqueretur, ei quoque carmen compositum est cum ceteris rebus absurdum, tum vero in illo: 'SUIS UTRISQUE SUPERSTITIBUS PRAESENTIBUS ISTAM VIAM DICO; ITE VIAM.' Praesto aderat sapiens ille, qui inire viam doceret. 'REDITE VIAM.' Eodem duce redibant. Haec iam tum apud illos barbatos ridicula, credo, videbantur, homines, cum recte atque in loco constitissent, iuberi abire, ut, unde abissent, eodem statim redirent. Isdem ineptiis fucata sunt illa omnia: 'QUANDO TE IN IURE CONSPICIO' et haec [sed]: 'ANNE TU DICIS, QUA EX CAUSA VINDICAVERIS?' Quae dum erant occulta, necessario ab eis, qui ea tenebant, petebantur; postea vero pervulgata atque in manibus iactata et excussa inanissima prudentiae reperta sunt, fraudis autem et stultitiae plenissima. Nam, cum permulta praeclare legibus essent constituta, ea iure consultorum ingeniis pleraque corrupta ac depravata sunt. Mulieres omnes propter infirmitatem consilii maiores in tutorum potestate esse voluerunt; hi invenerunt genera tutorum, quae potestate mulierum continerentur. Sacra interire illi noluerunt; horum ingenio senes ad coëmptiones *faciendas* interimendorum sacrorum causa reperti sunt.

In omni denique iure civili aequitatem reliquerunt, verba ipsa tenuerunt, ut, quia in alicuius libris exempli causa id nomen invenerant, putarunt omnes mulieres, quae coëmptionem facerent, 'Gaias' vocari. Iam illud mihi quidem mirum videri solet, tot homines tam ingeniosos post tot annos etiam nunc statuere non potuisse, utrum 'diem tertium' an 'perendinum', 'iudicem' an 'arbitrum', 'rem' an 'litem' dici oporteret. Itaque, ut dixi, dignitas in ista scientia consularis numquam fuit, quae tota ex rebus fictis commenticiisque constaret, gratiae vero multo etiam minus. Quod enim omnibus patet et aeque promptum est mihi et adversario meo, id esse gratum nullo pacto potest. Itaque non modo beneficii collocandi spem, sed etiam illud, quod aliquando fuit, 'LICET CONSULERE?' iam perdidistis. Sapiens existimari nemo potest in ea prudentia, quae neque extra Romam usquam neque Romae rebus prolatis quicquam valet. Peritus ideo haberi nemo potest, quod in eo, quod sciunt omnes, nullo modo possunt inter se discrepare. Difficilis autem res ideo non putatur, quod et perpaucis et minime obscuris litteris continetur. Itaque, si mihi, homini vehementer occupato, stomachum moveritis, triduo me iuris consultum esse profitebor. Etenim, quae de scripto aguntur, scripta sunt omnia, neque tamen quicquam tam anguste scriptum est, quo ego non possim 'QUA DE RE AGITUR' addere; quae consuluntur autem, minimo periculo respondentur. Si id, quod oportet, responderis, idem videare respondisse quod Servius; sin aliter, etiam controversum ius nosse et tractare videare. Quapropter non solum illa gloria militaris vestris formulis atque actionibus anteponenda est, verum etiam dicendi consuetudo longe et multum isti vestrae exercitationi ad honorem antecellit. Itaque mihi videntur plerique initio multo hoc maluisse, post, cum id adsequi non potuissent, istuc potissimum sunt delapsi. Ut aiunt in Graecis artificibus eos auloedos esse, qui citharoedi fieri non potuerint, sic nos videmus, qui oratores evadere non potuerint, eos ad iuris studium devenire. Magnus dicendi labor, magna res, magna dignitas, summa autem gratia. Etenim a vobis salubritas quaedam, ab iis, qui dicunt, salus ipsa petitur. Deinde vestra responsa atque decreta et evertuntur saepe dicendo et sine defensione oratoris firma esse non possunt. In qua si satis profecissem, parcius de eius laude dicerem; nunc nihil de me dico, sed de iis, qui in dicendo magni sunt aut fuerunt.

14
30
Duae sunt artes, quae possint locare homines in amplissimo gradu dignitatis, una imperatoris, altera oratoris boni. Ab hoc enim pacis ornamenta retinentur, ab illo belli pericula repelluntur. Ceterae tamen virtutes ipsae per se multum valent, iustitia, fides, pudor, temperantia; quibus te, Servi, excellere omnes intellegunt. Sed nunc de studiis ad honorem adpositis, non de insita cuiusque virtute disputo. Omnia ista nobis studia de manibus excutiuntur, simul atque aliqui motus novus bellicum canere coëgit. Etenim, ut ait ingeniosus poëta et auctor valde bonus, 'proeliis promulgatis pellitur e medio' non solum ista vestra verbosa simulatio prudentiae, sed etiam ipsa illa domina rerum, 'sapientia; vi geritur res, spernitur orator' non solum odiosus in dicendo ac loquax, verum etiam 'bonus; horridus miles amatur', vestrum vero studium totum iacet. 'Non ex iure manum consertum, sed ferro', inquit, 'rem repetunt'. Quod si ita est, cedat, opinor, Sulpici, forum castris, otium militiae, stilus gladio, umbra soli; sit denique in civitate ea prima res, propter quam ipsa est civitas omnium princeps.

31
Verum haec Cato nimium nos nostris verbis magna facere demonstrat et oblitos esse bellum illud omne Mithridaticum cum mulierculis esse gestum. Quod ego longe secus existimo, iudices; deque eo pauca disseram; neque enim causa in hoc continetur. Nam

si omnia bella, quae cum Graecis gessimus, contemnenda sunt, derideatur de rege Pyrrho triumphus M. Curi, de Philippo T. Flaminini, de Aetolis M. Fulvi, de rege Perse L. Pauli, de Pseudophilippo Q. Metelli, de Corinthiis L. Mummi. Sin haec bella gravissima victoriaeque eorum bellorum clarissimae fuerunt, cur Asiaticae nationes atque ille a te hostis contemnitur? Atqui ex veterum rerum monumentis vel maximum bellum populum Romanum cum [rege] Antiocho gessisse video; cuius belli victor L. Scipio aequa parta cum P. fratre gloria, quam laudem ille Africa oppressa cognomine ipso prae se ferebat, eandem hic sibi ex Asiae nomine adsumpsit. Quo quidem in bello 32 virtus enituit egregia M. Catonis, proavi tui; quo ille, cum esset, ut ego mihi statuo, talis, qualem te esse video, numquam [cum Scipione] esset profectus, si cum mulierculis bellandum arbitraretur. Neque vero cum P. Africano senatus egisset, ut legatus fratri proficisceretur, cum ipse paulo ante Hannibale ex Italia expulso, ex Africa eiecto, Carthagine oppressa maximis periculis rem publicam liberasset, nisi illud grave bellum et vehemens putaretur. Atqui si diligenter, 15 quid Mithridates potuerit et quid effecerit et qui vir fuerit, consideraris, omnibus regibus, quibuscum populus Romanus bellum gessit, hunc regem nimirum antepones; quem L. Sulla maximo et fortissimo exercitu, pugnax et acer et non rudis imperator, ut aliud nihil dicam, cum bello invectum totam in Asiam cum pace dimisit; quem L. Murena, pater huiusce, vehementissime vigilantissimeque vexatum repressum magna ex parte, non oppressum reliquit; qui rex sibi aliquot annis sumptis ad confirmandas rationes et copias belli tantum spe conatuque valuit, ut se Oceanum cum Ponto, Sertori copias cum suis coniuncturum putaret. Ad quod bellum duobus consulibus ita missis, ut alter 33 Mithridatem persequeretur, alter Bithyniam tueretur, alterius res et terra et mari calamitosae vehementer

urbs fidelissimorum sociorum defenderetur et
copiae regis diuturnitate obsessionis consume
Quid? illam pugnam navalem ad Tenedum, cu
tento cursu acerrimis ducibus hostium classis l
spe atque animis inflata peteret, mediocri cer
et parva dimicatione commissam arbitraris?
proelia, praetereo oppugnationes oppidorum; e
regno tandem aliquando tantum tamen consilio
auctoritate valuit, ut sibi rege Armeniorum a
16 novis opibus copiisque *bellum* renovarit. Ac, si mil
de rebus gestis esset nostri exercitus imperat
dicendum, plurima et maxima proelia comme
34 possem; sed non id agimus. Hoc dico: Si bellu
si hic hostis, si ille rex contemnendus fuisset,
tanta cura senatus et populus Romanus suscipi
putasset neque tot annos gessisset neque tanta
L. Lucullus, neque vero eius belli conficiendi ne
tanto studio populus Romanus ad Cn. Pompeian
lisset. Cuius ex omnibus pugnis, quae sunt inn
biles, vel acerrima mihi videtur illa, quae cu
commissa est et summa contentione pugnata
ex pugna cum se ille eripuisset et Bosphorum

unos tot proeliis tot imperatores bella gesserunt, eius expulsi et eiecti vita tanti aestimata est, ut morte eius nuntiata denique bellum confectum arbitraretur? Hoc igitur in bello L. Murenam legatum fortissimi animi, summi consilii, maximi laboris cognitam esse defendimus, et hanc eius operam non minus ad consulatum adipiscendum quam hanc nostram forensem industriam dignitatis habuisse.

At enim in praeturae petitione prior renuntiatus 17 35 est Servius. Pergitisne vos tamquam ex syngrapha agere cum populo, ut, quem locum semel honoris cuipiam dederit, eundem reliquis honoribus debeat? Quod enim fretum, quem Euripum tot motus, tantas, tam varias habere putatis agitationes commutationesque fluctuum, quantas perturbationes et quantos aestus habet ratio comitiorum? Dies intermissus aut nox interposita saepe perturbat omnia, et totam opinionem parva non numquam commutat aura rumoris. Saepe etiam sine ulla aperta causa fit aliud, atque existimaris, ut non numquam ita factum esse etiam populus admiretur, quasi vero non ipse fecerit. Nihil 36 est incertius vulgo, nihil obscurius voluntate hominum, nihil fallacius ratione tota comitiorum. Quis L. Philippum summo ingenio, opera, gratia, nobilitate a M. Herennio superari posse arbitratus est? quis Q. Catulum humanitate, sapientia, integritate antecellentem a Cn. Mallio? quis M. Scaurum, hominem gravissimum, civem egregium, fortissimum senatorem, a Q. Maximo? Non modo horum nihil ita fore putatum est, sed ne cum esset factum quidem, quare ita factum esset, intellegi potuit. Nam, ut tempestates saepe certo aliquo caeli signo commoventur, saepe improviso nulla ex certa ratione obscura aliqua ex causa excitantur, sic in hac comitiorum tempestate populari saepe intellegas, quo signo commota sit, saepe ita obscura 18 est, ut casu excitata esse videatur. Sed tamen si est 37 reddenda ratio, duae res vehementer in praetura desi-

deratae sunt, quae ambae in consulatu multu
renae profuerunt, una expectatio muneris,
rumore non nullo et studiis sermonibusque c
torum creverat, altera, quod ii, quos in provi
legatione omnis et liberalitatis et virtutis sua
habuerat, nondum decesserant. Horum utrur
fortuna ad consulatus petitionem reservavit.
L. Luculli exercitus, qui ad triumphum con
idem comitiis L. Murenae praesto fuit, et mun
plissimum, quod petitio praeturae desiderarat

38 tura restituit. Num tibi haec parva videntu
menta et subsidia consulatus, voluntas militun
cum per se valet multitudine, cum apud suos
tum vero in consule declarando multum etia
universum populum Romanum auctoritatis hal
fragatio militaris; imperatores enim comitiis
ribus, non verborum interpretes deliguntur.
gravis est illa oratio: 'Me saucium recrea
praeda donavit; hoc duce castra cepimus, sig
tulimus; numquam iste plus militi laboris in
quam sibi sumpsit ipse, cum fortis, tum etian
Hoc quanti putas esse ad famam hominum ac
tatem? Etenim, si tanta illis comitiis religio
adhuc semper omen valuerit praerogativum
mirum est in hoc felicitatis famam sermo
valuisse?

19 Sed si haec leviora ducis, quae sunt gra
et hanc urbanam suffragationem militari an
noli ludorum huius elegantiam et scaenae mag
tiam valde contemnere; quae huic admodum
erunt. Nam quid ego dicam populum ac vul
peritorum ludis magno opere delectari? Mi
mirandum. Quamquam huic causae id satis e
enim populi ac multitudinis comitia. Quare,
pulo ludorum magnificentia voluptati est,
mirandum eam L. Murenae apud populum p

39 Sed si nosmet ipsi, qui et ab delectatione c

negotiis impedimur et in ipsa occupatione delectationes alias multas habere possumus, ludis tamen oblectamur et ducimur, quid tu admirere de multitudine indocta? L. Otho, vir fortis, meus necessarius, 40 equestri ordini restituit non solum dignitatem, sed etiam voluptatem. Itaque lex haec, quae ad ludos pertinet, est omnium gratissima, quod honestissimo ordini cum splendore fructus quoque iucunditatis est restitutus. Quare delectant homines, mihi crede, ludi, etiam illos, qui dissimulant, non solum eos, qui fatentur; quod ego in mea petitione sensi. Nam nos quoque habuimus scaenam competitricem. Quodsi ego, qui trinos ludos aedilis feceram, tamen Antoni ludis commovebar, tibi, qui casu nullos feceras, nihil huius istam ipsam, quam inrides, argenteam scaenam adversatam putas?

Sed haec sane sint paria omnia, sit par forensis 41 opera *militari*, militaris suffragatio urbanae, sit idem magnificentissimos et nullos umquam fecisse ludos; quid? in ipsa praetura nihilne existimas inter tuam et huius sortem interfuisse? Huius sors ea fuit, 20 quam omnes tui necessarii tibi optabamus, iuris dicundi; in qua gloriam conciliat magnitudo negotii, gratiam aequitatis largitio; qua in sorte sapiens praetor, qualis hic fuit, offensionem vitat aequabilitate decernendi, benivolentiam adiungit lenitate audiendi; egregia et ad consulatum apta provincia, in qua laus aequitatis, integritatis, facilitatis ad extremum ludorum voluptate concluditur. Quid tua sors? Tristis, atrox, 42 quaestio peculatus ex altera parte lacrimarum et squaloris, ex altera plena catenarum atque indicum; cogendi iudices inviti, retinendi contra voluntatem; scriba damnatus, ordo totus alienus; Sullana gratificatio reprehensa, multi viri fortes et prope pars civitatis offensa [est]; lites severe aestimatae; cui placet, obliviscitur, cui dolet, meminit. Postremo tu in provinciam ire *noluisti*. *Non possum id in te reprehendere*, quod in me ipso et praetore et consule probavi. Sed tamen L. Murenae provincia multas bonas gratias cum optima existimatione attulit. Habuit proficiscens dilectum in Umbria; dedit ei facultatem res publica liberalitatis, qua usus multas sibi tribus, quae municipiis Umbriae conficiuntur, adiunxit; ipsa autem in Gallia ut nostri homines desperatas iam pecunias exigerent, aequitate diligentiaque perfecit. Tu interea Romae scilicet amicis praesto fuisti; fateor; sed tamen illud cogita, non nullorum amicorum studia minui solere in eos, a quibus provincias contemni intellegant.

Et quoniam ostendi, iudices, parem dignitatem ad consulatus petitionem, disparem fortunam provincialium negotiorum in Murena atque in Sulpicio fuisse, dicam iam apertius, in quo meus necessarius fuerit inferior, Servius, et ea dicam vobis audientibus amisso iam tempore, quae ipsi soli re integra saepe dixi. Petere consulatum nescire te, Servi, persaepe tibi dixi; et in iis rebus ipsis, quas te magno et forti animo et agere et dicere videbam, tibi solitus sum dicere magis te fortem accusatorem mihi videri quam sapientem candidatum. Primum accusandi terrores et minae, quibus tu cotidie uti solebas, sunt fortis viri, sed et populi opinionem a spe adipiscendi avertunt et amicorum studia debilitant. Nescio quo pacto semper hoc fit (neque in uno aut altero animadversum est, sed iam in pluribus), simul atque candidatus accusationem meditari visus est, ut honorem desperasse videatur. Quid ergo? acceptam iniuriam persequi non placet? Immo vehementer placet; sed aliud tempus est petendi, aliud persequendi. Petitorem ego, praesertim consulatus, magna spe, magno animo, magnis copiis et in forum et in campum deduci volo; non placet mihi inquisitio candidati praenuntia repulsae, non testium potius quam suffragatorum comparatio, non minae magis quam blanditiae, non denuntiatio potius quam persalutatio, praesertim cum iam hoc novo more omnes fere domos omnium concursent et ex vultu candidatorum coniecturam faciant, quantum quisque animi et facultatis habere videatur. 'Videsne tu illum 45 tristem, demissum? iacet, diffidit, abiecit hastas.' Serpit hic rumor. 'Scis tu illum accusationem cogitare, inquirere in competitores, testis quaerere? Alium faciam, quoniam sibi hic ipse desperat.' Eius modi de candidato rumore amici intimi debilitantur, studia deponunt; aut statim rem abiciunt aut suam operam et gratiam iudicio et accusationi reservant. Accedit 22 eodem, ut etiam ipse candidatus totum animum atque omnem curam, operam diligentiamque suam in petitione non possit ponere. Adiungitur enim accusationis cogitatio, non parva res, sed nimirum omnium maxima. Magnum est enim te comparare ea, quibus possis hominem e civitate, praesertim non inopem neque infirmum, exturbare, qui et per se et per suos et vero etiam per alienos defendatur. Omnes enim ad pericula propulsanda concurrimus et, qui non aperte inimici sumus, etiam alienissimis in capitis periculis amicissimorum officia et studia praestamus. Quare 46 ego expertus et petendi et defendendi et accusandi molestiam sic intellexi, in petendo studium esse acerrimum, in defendendo officium, in accusando laborem. Itaque sic statuo, fieri nullo modo posse, ut idem accusationem et petitionem consulatus diligenter adornet atque instruat. Unum sustinere pauci possunt, utrumque nemo. Tu cum te de curriculo petitionis deflexisses animumque ad accusandum transtulisses, si existimasti te utrique negotio satis facere posse, vehementer errasti. Quis enim dies fuit, posteaquam in istam accusandi denuntiationem ingressus es, quem tu non totum in ista ratione consumpseris? Legem 23 ambitus flagitasti, quae tibi non deerat; erat enim severissime scripta Culpurnia. Gestus est mos et voluntati et dignitati tuae. Sed tota illa lex accusationem tuam, si haberes nocentem reum, fortasse armasset;

47 petitioni vero refragata est. Poena gravior in plebem tua voce efflagitata est; commoti animi tenuiorum. Exilium in nostrum ordinem; concessit senatus postulationi tuae, sed non libenter duriorem fortunae communi condicionem te auctore constituit. Morbi excusationi poena addita est; voluntas offensa multorum, quibus aut contra valetudinis commodum laborandum est aut incommodo morbi etiam ceteri vitae fructus relinquendi. Quid ergo? haec quis tulit? Is, qui auctoritati senatus, voluntati tuae paruit, denique is tulit, cui minime proderant. Illa, quae mea summa voluntate senatus frequens repudiavit, mediocriter adversata tibi esse existimas? Confusionem suffragiorum flagitasti, perrogationem legis Maniliae, aequationem gratiae, dignitatis, suffragiorum. Graviter homines honesti atque in suis vicinitatibus et municipiis gratiosi tulerunt a tali viro esse pugnatum, ut omnes et dignitatis et gratiae gradus tollerentur. Idem editicios iudices esse voluisti, ut odia occulta civium, quae tacitis nunc discordiis continentur, in fortunas optimi
48 cuiusque erumperent. Haec omnia tibi accusandi viam muniebant, adipiscendi obsaepiebant.

(48) Atque ex omnibus illa plaga est iniecta petitioni tuae non tacente me maxima, de qua ab homine ingeniosissimo et copiosissimo, Q. Hortensio, multa gravissime dicta sunt. Quo etiam mihi durior locus est dicendi datus, ut, cum ante me et ille dixisset et vir summa dignitate et diligentia et facultate dicendi, M. Crassus, ego in extremo non partem aliquam agerem causae, sed de tota re dicerem, quod mihi videretur. Itaque in isdem rebus fere versor et, quoad possum,
24 iudices, occurro vestrae satietati. Sed tamen, Servi, quam te securim putas iniecisse petitioni tuae, cum populum Romanum in eum metum adduxisti, ut pertimesceret, ne consul Catilina fieret, dum tu accusationem comparares deposita atque abiecta petitione?
49 *Etenim* te inquirere videbant, tristem ipsum, maestos

amicos; observationes, testificationes, seductiones testium, secessiones subscriptorum animadvertebant, quibus rebus creta ipsa candidatorum obscurior evadere solet; Catilinam interea alacrem atque laetum, stipatum choro iuventutis, vallatum indicibus atque sicariis, inflatum cum spe militum, tum collegae mei, quem ad modum dicebat ipse, promissis, circumfluentem colonorum Arretinorum et Faesulanorum exercitu; quam turbam dissimillimo ex genere distinguebant homines perculsi Sullani temporis calamitate. Vultus ipsius erat plenus furoris, oculi sceleris, sermo arrogantiae, sic ut ei iam exploratus et domi conditus consulatus videretur. Murenam contemnebat, Sulpicium accusatorem suum numerabat, non competitorem; ei vim denuntiabat, rei publicae minabatur. Quibus rebus qui timor bonis omnibus iniectus sit quantaque desperatio rei publicae, si ille factus esset, nolite a me commoneri velle; vosmet ipsi vobiscum recordamini. Meministis enim, cum illius nefarii gladiatoris voces percrebuissent, quas habuisse in contione domestica dicebatur, cum miserorum fidelem defensorem negasset inveniri posse nisi eum, qui ipse miser esset; integrorum et fortunatorum promissis saucios et miseros credere non oportere; quare, qui consumpta replere, erepta recuperare vellent, spectarent, quid ipse deberet, quid possideret, quid auderet; minime timidum et valde calamitosum esse oportere eum, qui esset futurus dux et signifer calamitosorum — tum igitur, his rebus auditis, meministis fieri senatus consultum referente me, ne postero die comitia haberentur, ut de his rebus in senatu agere possemus. Itaque postridie frequenti senatu Catilinam excitavi atque eum de his rebus iussi, si quid vellet, quae ad me adlatae essent, dicere. Atque ille, ut semper fuit apertissimus, non se purgavit, sed indicavit atque induit. Tum enim dixit duo corpora esse rei publicae, unum debile infirmo capite, alterum firmum sine capite; huic, si

ita de se meritum esset, caput se vivo non defut
Congemuit senatus frequens neque tamen satis
pro rei indignitate decrevit; nam partim ideo
in decernendo non erant, quia nihil timebant, p
quia timebant nimium. Erupit e senatu trium
gaudio, quem omnino vivum illinc exire non
tuerat, praesertim cum idem ille in eodem
paucis diebus ante Catoni, fortissimo viro, iu(
minitanti ac denuntianti respondisset, si quod
in suas fortunas incendium excitatum, id se non
26 sed ruina restincturum. His tum rebus com
52 et quod homines iam tum coniuratos cum gla(
campum deduci a Catilina sciebam, descendi in
pum cum firmissimo praesidio fortissimorum v
et cum illa lata insignique lorica, non quae me
ret (etenim sciebam Catilinam non latus aut ve
sed caput et collum solere petere), verum ut
boni animadverterent et, cum in metu et p(
consulem viderent, id quod est factum, ad opem
sidiumque concurrerent. Itaque, cum te, Servi,
siorem in petendo putarent, Catilinam et spe e
ditate inflammatum viderent, omnes, qui illam
publica pestem depellere cupiebant, ad Muren
53 statim contulerunt. Magna est autem comitiis
laribus repentina voluntatum inclinatio, prae
cum incubuit ad virum bonum et multis aliis
mentis petitionis ornatum. Qui cum honest
patre atque maioribus, modestissima adules
clarissima legatione, praetura probata in iure, g
munere, ornata in provincia petisset diligenter,
petisset, ut neque minanti cederet neque cuiquam
retur, huic mirandum est magno adiumento Ca
subitam spem consulatus adipiscendi fuisse?
54 Nunc mihi tertius ille locus est reliquus or
de ambitus criminibus perpurgatus ab his, qu
me dixerunt, a me, quoniam ita Murena voluit,
tandus; quo in loco C. Postumo, familiari meo,

tissimo viro, de divisorum indiciis et de deprehensis pecuniis, adulescenti ingenioso et bono, Ser. Sulpicio, de equitum centuriis, M. Catoni, homini in omni virtute excellenti, de ipsius accusatione, de senatus consulto, de re publica respondebo. Sed pauca, quae meum animum repente moverunt, prius de L. Murenae fortuna conquerar. Nam cum saepe antea, iudices, et ex aliorum miseriis et ex meis curis laboribusque cotidianis fortunatos eos homines iudicarem, qui remoti a studiis ambitionis otium ac tranquillitatem vitae secuti sunt, tum vero in his L. Murenae tantis tamque improvisis periculis ita sum animo adfectus, ut non queam satis neque communem omnium nostrum condicionem neque huius eventum fortunamque miserari; qui primum, dum ex honoribus continuis familiae maiorumque suorum in hunc ascendere gradum dignitatis conatus est, venit in periculum, ne et ea, quae ei relicta, et haec, quae ab ipso parta sunt, amittat, deinde propter studium novae laudis etiam in veteris fortunae discrimen adducitur. Quae cum sunt gravia, iudices, tum illud acerbissimum est, quod habet eos accusatores, non qui odio inimicitiarum ad accusandum, sed qui studio accusandi ad inimicitias descenderint. Nam ut omittam Servium Sulpicium, quem intellego non iniuria L. Murenae, sed honoris contentione permotum, accusat paternus amicus, C. Postumus, vetus, ut ait ipse, vicinus ac necessarius, qui necessitudinis causas compluris protulit, simultatis nullam commemorare potuit; accusat Ser. Sulpicius, sodalis filius, cuius ingenio paterni omnes necessarii munitiores esse debebant; accusat M. Cato, qui cum a Murena nulla re umquam alienus fuit, tum ea condicione [nobilis] erat in hac civitate natus, ut eius opes et ingenium praesidio multis etiam alienissimis, exitio vix cuiquam inimico esse deberet. Respondebo igitur Postumo primum, qui nescio quo pacto mihi videtur praetorius *candidatus in consularem* quasi desultorius in quadrigarum curriculum incurrere. Cuius competitores si nihil deliquerunt, dignitati eorum concessit, cum petere destitit: sin autem eorum aliquis largitus est, expetendus amicus est, qui alienam potius iniuriam quam suam persequatur.

De Postumi criminibus, de Servi adulescentis

28
58 Venio nunc ad M. Catonem, quod est firmamentum ac robur totius accusationis; qui tamen ita gravis est accusator et vehemens, ut multo magis eius auctoritatem quam criminationem pertimescam. In quo ego accusatore, iudices, primum illud deprecabor, ne quid L. Murenae dignitas illius, ne quid expectatio tribunatus, ne quid totius vitae splendor et gravitas noceat, denique ne ea soli huic obsint bona M. Catonis, quae ille adeptus est, ut multis prodesse posset. Bis consul fuerat P. Africanus et duos terrores huius imperii, Carthaginem Numantiamque, deleverat, cum accusavit L. Cottam. Erat in eo summa eloquentia, summa fides, summa integritas, auctoritas tanta, quanta in imperio populi Romani, quod illius opera tenebatur. Saepe hoc maiores natu dicere audivi, hanc accusatoris eximiam [vim] dignitatem plurimum L. Cottae profuisse. Noluerunt sapientissimi homines, qui tum rem illam iudicabant, ita quemquam cadere in iudicio, ut nimiis

59 adversarii viribus abiectus videretur. Quid? Ser. Galbam (nam traditum memoriae est) nonne proavo tuo, fortissimo atque florentissimo viro, M. Catoni, incumbenti ad eius perniciem populus Romanus eripuit? Semper in hac civitate nimis magnis accusatorum opibus et populus universus et sapientes ac multum in posterum prospicientes iudices restiterunt. Nolo accusator in iudicium potentiam adferat, non vim maiorem aliquam, non auctoritatem excellentem, non nimiam gratiam. Valeant haec omnia ad salutem innocentium, ad opem impotentium, ad auxilium calamitosorum, in periculo vero et in pernicie civium

60 repudientur. Nam si quis hoc forte dicet, Catonem

descensurum ad accusandum non fuisse, nisi prius de causa iudicasset, iniquam legem, iudices, et miseram condicionem instituet periculis hominum, si existimabit iudicium accusatoris in reum pro aliquo praeiudicio valere oportere.

Ego tuum consilium, Cato, propter singulare animi 29 mei de tua virtute iudicium vituperare *non possum*; non nulla forsitan conformare et leviter emendare possim. 'Non multa peccas', inquit ille fortissimo viro senior magister, 'sed peccas; te regere possum.' At ego non te; verissime dixerim peccare te nihil neque ulla in re te esse huius modi, ut corrigendus potius quam leviter inflectendus esse videare. Finxit enim te ipsa natura ad honestatem, gravitatem, temperantiam, magnitudinem animi, iustitiam, ad omnes denique virtutes magnum hominem et excelsum. Accessit istuc doctrina non moderata nec mitis, sed, ut mihi videtur, paulo asperior et durior, quam aut veritas aut natura patitur. Et quoniam non est nobis 61 haec oratio habenda aut in imperita multitudine aut in aliquo conventu agrestium, audacius paulo de studiis humanitatis, quae et mihi et vobis nota et iucunda sunt, disputabo. In M. Catone, iudices, haec bona, quae videmus divina et egregia, ipsius scitote esse propria; quae non numquam requirimus, ea sunt omnia non a natura, verum a magistro. Fuit enim quidam summo ingenio vir, Zeno, cuius inventorum aemuli Stoici nominantur. Huius sententiae sunt et praecepta eius modi: sapientem gratia numquam moveri, numquam cuiusquam delicto ignoscere; neminem misericordem esse nisi stultum et levem; viri non esse neque exorari neque placari; solos sapientes esse, si distortissimi sint, formosos, si mendicissimi, divites, si servitutem serviant, reges; nos autem, qui sapientes non sumus, fugitivos, exules, hostis, insanos denique esse dicunt; omnia peccata esse paria; omne delictum scelus *esse nefarium*, nec minus delinquere eum, qui gallum gallinaceum, cum opus non fuerit, quam eum, qui patrem suffocaverit; sapientem nihil opinari, nullius rei paenitere, nulla in re falli, sententiam mutare numquam. Haec homo ingeniosissimus, M. Cato, auctoribus eruditissimis inductus arripuit, neque disputandi causa, ut magna pars, sed ita vivendi. Petunt aliquid publicani; cave quicquam habeat momenti gratia. Supplices aliqui veniunt miseri et calamitosi; sceleratus et nefarius fueris, si quicquam misericordia adductus feceris. Fatetur aliquis se peccasse et eius delicti veniam petit; nefarium est facinus ignoscere. At leve delictum est. Omnia peccata sunt paria. Dixisti quippiam; fixum et statutum est. Non reductus es, sed opinione; sapiens nihil opinatur. Errasti aliqua in re; male dici putat. Hac ex disciplina nobis illa sunt: 'Dixi in senatu me nomen consularis candidati delaturum.' Iratus dixisti. 'Numquam', inquit, 'sapiens irascitur.' At temporis causa. 'Improbi', inquit, 'hominis est mendacio fallere; mutare sententiam turpe est, exorari scelus, misereri flagitium.' Nostri autem illi (fatebor enim, Cato, me quoque in adulescentia diffisum ingenio meo quaesisse adiumenta doctrinae), nostri, inquam, illi a Platone et Aristotele, moderati homines et temperati, aiunt apud sapientem valere aliquando gratiam; viri boni esse misereri; distincta genera esse delictorum et dispares poenas; esse apud hominem constantem ignoscendi locum; ipsum sapientem saepe aliquid opinari, quod nesciat, irasci non numquam, exorari eundem et placari, quod dixerit, interdum, si ita rectius sit, mutare, de sententia decedere aliquando; omnis virtutes mediocritate quadam esse moderatas. Hos ad magistros si qua te fortuna, Cato, cum ista natura detulisset, non tu quidem vir melior esses nec fortior nec temperantior nec iustior (neque enim esse potes), sed paulo ad lenitatem propensior. Non accusares nullis adductus inimicitiis, nulla lacessitus iniuria pudentissimum hominem summa

te atque honestate praeditum; putares, cum in
sani custodia te atque L. Murenam fortuna
st, aliquo te cum hoc rei publicae vinculo esse
tum; quod atrociter in senatu dixisti, aut non
aut, si posuisses, mitiorem in partem inter-
re. Ac te ipsum, quantum ego opinione auguror, 65
animi quodam impetu concitatum et vi naturae
ngenii elatum et recentibus praeceptorum stu-
grantem iam usus flectet, dies leniet, aetas
it. Etenim isti ipsi mihi videntur vestri prae-
s et virtutis magistri fines officiorum paulo
quam natura vellet, protulisse, ut, cum ad
animo contendissemus, ibi tamen, ubi opor-
onsisteremus. 'Nihil ignoveris.' Immo aliquid,
inia. 'Nihil gratiae concesseris.' Immo resi-
atiae, cum officium et fides postulabit. 'Miseri-
commotus ne sis.' Etiam, in dissolvenda
te; sed tamen est laus aliqua humanitatis. 'In
a permaneto.' Vero, nisi sententiam sententia
vicerit melior. Huiusce modi Scipio ille fuit, 66
on paenitebat facere idem, quod tu, habere
simum hominem Panaetium domi; cuius oratione
ceptis, quamquam erant eadem ista, quae te
it, tamen asperior non est factus, sed, ut
a senibus, lenissimus. Quis vero C. Laelio
quis iucundior eodem ex studio isto, quis illo
sapientior? Possum de L. Philo, de C. Galo
haec eadem, sed te domum iam deducam tuam.
iamne existimas Catone, proavo tuo, commo-
communiorem, moderatiorem fuisse ad omnem
m humanitatis? De cuius praestanti virtute
re graviterque diceres, domesticum te habere
exemplum ad imitandum. Est illud quidem
im tibi propositum domi, sed tamen naturae
do illius ad te magis, qui ab illo ortus es,
d unum quemque nostrum pervenire potuit,
tandum vero tam mihi propositum exemplar

L. MURENA ORATIO.

Sed si illius comitatem et faci-
ati severitatique asperseris, non
neliora, quae nunc sunt optima,
undius.
quod institui, revertar, tolle mihi
nis, remove [praetermitte] auctori-
is aut nihil valere aut ad salutem
redere mecum criminibus ipsis.
, quid adfers ad iudicium, quid
accusas; non defendo. Me repre-
defendam, quod lege punierim.
innocentiam; ambitum vero ipsum
si voles. Dixisti senatus consul-
sse factum, si mercede [corrupti]
ssent, si conducti sectarentur, si
] locus tributim et item prandia
contra legem Calpurniam factum
senatus si iudicat, contra legem
i facta sint, decernit, quod nihil
idatis morem gerit; nam, factum
er quaeritur; si factum sit, quin
ubitare nemo potest. Est igitur
dubium, id relinquere incertum,
potest esse, id iudicare. Atque
is postulantibus candidatis, ut ex
que, cuius intersit, neque, contra
possit. Quare doce a L. Murena
tum egomet tibi contra legem
dam.
rodierunt de provincia decedenti.'
solet fieri; eccui autem non pro-
Quae fuit ista multitudo?' Pri-
ationem non possim reddere, quid
ali viro advenienti, candidato con-
se multos? quod nisi esset factum,
ideretur. Quid? si etiam illud
suetudine non abhorret, rogatos

esse multos, num aut criminosum sit aut mirandum, qua in civitate rogati infimorum hominum filios prope de nocte ex ultima saepe urbe deductum venire soleamus, in ea non esse gravatos homines prodire hora tertia in campum Martium, praesertim talis viri nomine rogatos? Quid? si omnes societates venerunt, quarum ex numero multi sedent iudices; quid? si multi homines nostri ordinis honestissimi; quid? si illa officiosissima, quae neminem patitur non honeste in urbem introire, tota natio candidatorum, si denique ipse accusator noster Postumus obviam cum bene magna caterva sua venit, quid habet ista multitudo admirationis? Omitto clientes, vicinos, tribules, exercitum totum Luculli, qui ad triumphum per eos dies venerat; hoc dico, frequentiam in isto officio gratuitam non modo dignitati nullius umquam, sed ne voluntati quidem defuisse. At 70 sectabantur multi. Doce mercede; concedam esse crimen. Hoc quidem remoto quid reprehendis? 'Quid 34 opus est', inquit, 'sectatoribus?' A me tu id quaeris, quid opus sit eo, quo semper usi sumus? Homines tenues unum habent in nostrum ordinem aut promerendi aut referendi beneficii locum, hanc in nostris petitionibus operam atque adsectationem. Neque enim fieri potest neque postulandum est a nobis aut ab equitibus Romanis, ut suos necessarios [candidatos] adsectentur totos dies; a quibus si domus nostra celebratur, si interdum ad forum deducimur, si uno basilicae spatio honestamur, diligenter observari videmur et coli; tenuiorum amicorum et non occupatorum est ista adsiduitas, quorum copia bonis viris et beneficis deesse non solet. Noli igitur eripere hunc inferiori 71 generi hominum fructum officii, Cato; sine eos, qui omnia a nobis sperant, habere ipsos quoque aliquid, quod nobis tribuere possint. Si nihil erit praeter ipsorum suffragium, tenue est, si † ut suffragantur, nihil valent gratia; ipsi denique ut solent loqui, non dicere pro nobis, non spondere, non vocare domum suam

330   PRO L. MURENA ORATIO.

possunt atque haec a nobis petunt omnia neque ulla
re alia, quae a nobis consecuntur, nisi opera sua
compensari putant posse. Itaque et legi Fabiae, quae
est de numero sectatorum, et senatus consulto, quod
est L. Caesare consule factum, restiterunt. Nulla est
enim poena, quae possit observantiam tenuiorum ab
72 hoc vetere instituto officiorum excludere. At spectacula sunt tributim data et ad prandium vulgo vocati.
Etsi hoc factum a Murena omnino, iudices, non est,
ab eius amicis autem more et modo factum est, tamen
admonitus re ipsa recordor, quantum hae conquestiones
in senatu habitae punctorum nobis, Servi, detraxerint.
Quod enim tempus fuit aut nostra aut patrum nostrorum memoria, quo haec, sive ambitio est sive liberalitas, non fuerit, ut locus et in circo et in foro daretur amicis et tribulibus? Haec homines tenuiores
a suis tribulibus vetere instituto adsequebantur ***

[*Deest non nihil.*]

35 *** praefectum fabrum semel locum tribulibus
73 suis dedisse, quid statuent in viros primarios, qui in
circo totas tabernas tribulium causa compararunt?
Haec omnia sectatorum, spectaculorum, prandiorum
[item] crimina multitudine invita tua nimia diligentia,
Servi, conlecta sunt; in quibus tamen Murena senatus auctoritate defenditur. Quid enim? senatus num
obviam prodire crimen putat? Non, sed mercede.
Convince. Num sectari multos? Non, sed conductos.
Doce. Num locum ad spectandum dare aut ad prandium invitare? Minime, sed volgo. Quid est volgo?
Universos. Non igitur, si L. Natta, summo loco
adulescens, qui et quo animo iam sit et qualis vir
futurus sit, videmus, in equitum centuriis voluit esse
et ad hoc officium necessitudinis et ad reliquum tempus gratiosus, id erit eius vitrico fraudi aut crimini,
nec, si virgo Vestalis, huius propinqua et necessaria,
locum suum gladiatorium concessit huic, non et illa

pie fecit et hic a culpa est remotus. Omnia haec sunt officia necessariorum, commoda tenuiorum, munia candidatorum.

At enim agit mecum austere et Stoice Cato, negat 74 verum esse allici benivolentiam cibo, negat iudicium hominum in magistratibus mandandis corrumpi voluptatibus oportere. Ergo, ad cenam petitionis causa si quis vocat, condemnetur? 'Quippe', inquit; 'tu mihi summum imperium, summam auctoritatem, tu gubernacula rei publicae petas fovendis hominum sensibus et deliniendis animis et adhibendis voluptatibus? Utrum lenocinium', inquit, 'a grege delicatae iuventutis an orbis terrarum imperium a populo Romano petebas?' Horribilis oratio; sed eam usus, vita, mores, civitas ipsa respuit. Neque tamen Lacedaemonii, auctores istius vitae atque orationis, qui cotidianis epulis in robore accumbunt, neque vero Cretes, quorum nemo gustavit umquam cubans, melius quam Romani homines, qui tempora voluptatis laborisque dispertiunt, res publicas suas retinuerunt; quorum alteri uno adventu nostri exercitus deleti sunt, alteri nostri imperii praesidio disciplinam suam legesque conservant. Quare noli, Cato, maiorum instituta, quae 36 res ipsa, quae diuturnitas imperii comprobat, nimium 75 severa oratione reprehendere. Fuit eodem ex studio vir eruditus apud patres nostros et honestus homo et nobilis, Q. Tubero. Is, cum epulum Q. Maximus P. Africani, patrui sui, nomine populo Romano daret, rogatus est a Maximo, ut triclinium sterneret, cum esset Tubero eiusdem Africani sororis filius. Atque ille, homo eruditissimus ac Stoicus, stravit pelliculis haedinis lectulos Punicanos et exposuit vasa Samia, quasi vero esset Diogenes Cynicus mortuus et non divini hominis Africani mors honestaretur; quem cum supremo eius die Maximus laudaret, gratias egit dis immortalibus, quod ille vir in hac re publica potissimum natus esset; necesse enim fuisse ibi esse terrarum imperium, ubi ille esset. Huius in morte celebranda graviter tulit populus Romanus hanc perversam sapientiam Tuberonis, itaque homo integerrimus, civis optimus, cum esset L. Pauli nepos, P. Africani, ut dixi, sororis filius, his haedinis pelliculis praetura deiectus est. Odit populus Romanus privatam luxuriam, publicam magnificentiam diligit; non amat profusas epulas, sordes et inhumanitatem multo minus; distinguit ratione officiorum ac temporum vicissitudinem laboris ac voluptatis. Nam quod ais nulla re allici hominum mentes oportere ad magistratum mandandum nisi dignitate, hoc tu ipse, in quo summa est dignitas, non servas. Cur enim quemquam, ut studeat tibi, ut te adiuvet, rogas? Rogas tu me, ut mihi praesis, ut committam ego me tibi. Quid tandem? istuc me rogari oportet abs te an te potius a me, ut pro mea salute laborem periculumque suscipias? Quid, quod habes nomenclatorem? in eo quidem fallis et decipis. Nam, si nomine appellari abs te civis tuos honestum est, turpe est eos notiores esse servo tuo quam tibi. Sin, etiam *si non* noris, tamen per monitorem appellandi sunt, † curam petis, quam inceravit? Quid, quod, cum admoneris, tamen, quasi tute noris, ita salutas? Quid, *quod*, posteaquam es designatus, multo salutas neglegentius? Haec omnia ad rationem civitatis si derigas, recta sunt; sin perpendere ad disciplinae praecepta velis, reperiantur pravissima. Quare nec plebi Romanae eripiendi fructus isti sunt ludorum, gladiatorum, conviviorum, quae omnia maiores nostri comparaverunt, nec candidatis ista benignitas adimenda est, quae liberalitatem magis significat quam largitionem.

At enim te ad accusandum res publica adduxit. Credo, Cato, te isto animo atque ea opinione venisse; sed tu imprudentia laberis. Ego quod facio, iudices, *cum* amicitiae dignitatisque L. Murenae gratia facio, tum me pacis, otii, concordiae, libertatis, salutis, vitae

denique omnium nostrum causa facere clamo atque
testor. Audite, audite consulem, iudices, nihil dicam
arrogantius, tantum dicam, totos dies atque noctes de
re publica cogitantem! Non usque eo L. Catilina
rem publicam despexit atque contempsit, ut ea copia,
quam secum eduxit, se hanc civitatem oppressurum
arbitraretur. Latius patet illius sceleris contagio,
quam quisquam putat, ad plures pertinet. Intus, intus,
inquam, est equus Troianus; a quo numquam me
consule dormientes opprimemini. Quaeris a me, ec- 79
quid ego Catilinam metuam. Nihil, et curavi, ne quis
metueret, sed copias illius, quas hic video, dico esse
metuendas; nec tam timendus est nunc exercitus L.
Catilinae quam isti, qui illum exercitum deseruisse
dicuntur. Non enim deseruerunt, sed ab illo in spe-
culis atque insidiis relicti in capite atque in cervicibus nostris restiterunt. Hi et integrum consulem
et bonum imperatorem et natura et fortuna cum rei
publicae salute coniunctum deici de urbis praesidio et
de custodia civitatis vestris sententiis deturbari volunt.
Quorum ego ferrum et audaciam reieci in campo,
debilitavi in foro, compressi etiam domi meae saepe,
iudices, his vos si alterum consulem tradideritis, plus
multo erunt vestris sententiis quam suis gladiis consecuti. Magni interest, iudices, id quod ego multis
repugnantibus egi atque perfeci, esse Kalendis Ianuariis
in re publica duos consules. Nolite arbitrari, medio- 80
cribus consiliis aut usitatis viis aut **. Non lex im-
proba, non perniciosa largitio, non auditum aliquando
aliquod malum rei publicae quaeritur. Inita sunt in
hac civitate consilia, iudices, urbis delendae, civium
trucidandorum, nominis Romani extinguendi. Atque
haec cives, cives, inquam, si eos hoc nomine appellari
fas est, de patria sua et cogitant et cogitaverunt.
Horum ego cotidie consiliis occurro, audaciam debilito,
sceleri resisto. Sed moneo, iudices: In exitu iam est
meus consulatus; nolite mihi subtrahere vicarium

meae diligentiae, nolite adimere eum, cui rem publicam cupio tradere incolumem ab his tantis periculis defendendam.

38 Atque ad haec mala, iudices, quid accedat aliud, 81 non videtis? Te, te appello, Cato; nonne prospicis tempestatem anni tui? Iam enim hesterna contione intonuit vox perniciosa designati tribuni, collegae tui; contra quem multum tua mens, multum omnes boni providerunt, qui te ad tribunatus petitionem vocaverunt.
(82) Omnia, quae per hoc triennium agitata sunt, iam ab eo tempore, quo a L. Catilina et Cn. Pisone initum consilium senatus interficiendi scitis esse, in hos dies,
82 in hos menses, in hoc tempus erumpunt. Qui locus est, iudices, quod tempus, qui dies, quae nox, cum ego non ex istorum insidiis ac mucronibus non solum meo, sed multo etiam magis divino consilio eripiar atque evolem? Neque isti me meo nomine interficere, sed vigilantem consulem de rei publicae praesidio demovere volunt; nec minus vellent, Cato, te quoque aliqua ratione, si possent, tollere; id quod, mihi crede, et agunt et moliuntur. Vident, quantum in te sit animi, quantum ingenii, quantum auctoritatis, quantum rei publicae praesidii; sed, cum consulari auctoritate et auxilio spoliatam vim tribuniciam viderint, tum se facilius inermem et debilitatum te oppressuros arbitrantur. Nam, ne sufficiatur consul, non timent. Vident in tuorum potestate collegarum fore; sperant sibi *D.* Silanum, clarum virum, sine collega, te sine consule, rem publicam sine praesidio obici posse.
83 His tantis in rebus tantisque in periculis est tuum, M. Cato, qui mihi non tibi, sed patriae natus esse *videris*, videre, quid agatur, retinere adiutorem, defensorem, socium in re publica, consulem non cupidum, consulem, quod maxime tempus hoc postulat, fortuna constitutum ad amplexandum otium, scientia ad *bellum* gerendum, animo et usu, ad quod velis negotium.

Quamquam huiusce rei potestas omnis in vobis 39 sita est, iudices; totam rem publicam vos in hac causa tenetis, vos gubernatis. Si L. Catilina cum suo consilio nefariorum hominum, quos secum eduxit, hac de re posset iudicare, condemnaret L. Murenam, si interficere posset, occideret. Petunt enim rationes illius, ut orbetur auxilio res publica, ut minuatur contra suum furorem imperatorum copia, ut maior facultas tribunis plebis detur depulso adversario seditionis ac discordiae concitandae. Idemne igitur delecti ex amplissimis ordinibus honestissimi atque sapientissimi viri iudicabunt, quod ille importunissimus gladiator hostis rei publicae iudicaret? Mihi credite, iudices, in 84 hac causa non solum de L. Murenae, verum etiam de vestra salute sententiam feretis. In discrimen extremum venimus; nihil est iam, unde nos reficiamus aut ubi lapsi resistamus. Non solum minuenda non sunt auxilia, quae habemus, sed etiam nova, si fieri possit, comparanda. Hostis est enim non apud Anienem, quod bello Punico gravissimum visum est, sed in urbe in foro (di immortales! sine gemitu hoc dici non potest); non nemo etiam in illo sacrario rei publicae, in ipsa, inquam, curia non nemo hostis est. Di faxint, ut meus collega, vir fortissimus, hoc Catilinae nefarium latrocinium armatus opprimat! ego togatus vobis bonisque omnibus adiutoribus hoc, quod conceptum res publica periculum parturit, consilio discutiam et comprimam. Sed quid tandem fiet, si haec elapsa de 85 manibus nostris in eum annum, qui consequitur, redundarint? Unus erit consul, et is non in administrando bello, sed in sufficiendo collega occupatus. Hunc iam qui impedituri sint *** illa pestis immanis importuna Catilinae prorumpet, qua po *** minatur; in agros suburbanos repente advolabit; versabitur in rostris furor, in curia timor, in foro coniuratio, in campo exercitus, in agris vastitas; omni autem in sede ac loco ferrum flammamque metuemus; quae iam diu comparantur,

eadem ista omnia, si ornata suis praesidiis erit res
publica, facile et magistratuum consiliis et privatorum
diligentia conprimentur.

40
86 Quae cum ita sint, iudices, primum rei publicae
causa, qua nulla res cuiquam potior debet esse, vos
pro mea summa et vobis cognita in re publica diligentia moneo, pro auctoritate consulari hortor, pro
magnitudine periculi obtestor, ut otio, ut paci, ut
saluti, ut vitae vestrae et ceterorum civium consulatis;
deinde ego idem vos defensoris et amici officio adductus oro atque obsecro, iudices, ut ne hominis
miseri et cum corporis morbo, tum animi dolore confecti, L. Murenae, recentem gratulationem nova lamentatione obruatis. Modo maximo beneficio populi
Romani ornatus fortunatus videbatur, quod primus in
familiam veterem, primus in municipium antiquissimum
consulatum attulisset; nunc idem squalore et sordibus
confectus, lacrimis ac maerore perditus vester est
supplex, iudices, vestram fidem obtestatur, *vestram*
misericordiam implorat, vestram potestatem ac vestras

87 opes intuetur. Nolite, per deos immortales! iudices,
hac eum *cum* re, qua se honestiorem fore putavit,
etiam ceteris ante partis honestatibus atque omni
dignitate fortunaque privare. Atque ita vos L. Murena,
iudices, orat atque obsecrat, si iniuste neminem laesit,
si nullius auris voluntatemve violavit, si nemini, ut
levissime dicam, odio nec domi nec militiae fuit, sit
apud vos modestiae locus, sit demisso animo perfugium, sit auxilium pudori. Misericordiam spoliatio
consulatus magnam habere debet, iudices; una enim
eripiuntur cum consulatu omnia; invidiam vero his
temporibus habere consulatus ipse nullam potest; obicitur enim contionibus seditiosorum, insidiis coniuratorum, telis Catilinae, ad omne denique periculum

88 atque ad omnem iniuriam solus opponitur. Quare
quid invidendum Murenae aut cuiquam nostrum sit
in hoc praeclaro consulatu, non video, iudices; quae

vero miseranda sunt, ea et mihi ante oculos versantur et vos videre et perspicere potestis. Si, quod Iuppiter 41 omen avertat! hunc vestris sententiis adflixeritis, quo se miser vertet? domumne? ut eam imaginem clarissimi viri, parentis sui, quam paucis ante diebus laureatam in sua gratulatione conspexit, eandem deformatam ignominia lugentemque videat? An ad matrem, quae misera modo consulem osculata filium suum nunc cruciatur et sollicita est, ne eundem paulo post spoliatum omni dignitate conspiciat? Sed quid ego 89 matrem *eius* aut domum appello, quem nova poena legis et domo et parente et omnium suorum consuetudine conspectuque privat? Ibit igitur in exilium miser? Quo? ad orientisne partis, in quibus annos multos legatus fuit, exercitus duxit, res maximas gessit? At habet magnum dolorem, unde cum honore decesseris, eodem cum ignominia reverti. An se in contrariam partem terrarum abdet, ut Gallia Transalpina, quem nuper summo cum imperio libentissime viderit, eundem lugentem, maerentem, exulem videat? In ea porro provincia quo animo C. Murenam fratrem suum aspiciet? Qui huius dolor, qui illius maeror erit, quae utriusque lamentatio, quanta autem perturbatio fortunae atque sermonis, cum, quibus in locis paucis ante diebus factum esse consulem Murenam nuntii litteraeque celebrarint et unde hospites atque amici gratulatum Romam concurrerint, repente existet ipse nuntius suae calamitatis! Quae si acerba, 90 si misera, si luctuosa sunt, si alienissima a mansuetudine et misericordia vestra, iudices, conservate populi Romani beneficium, reddite rei publicae consulem, date hoc ipsius pudori, date patri mortuo, date generi et familiae, date etiam Lanuvio, municipio honestissimo, quod in hac tota causa frequens maestumque vidistis. Nolite a sacris patriis Iunonis Sospitae, cui omnes consules facere necesse est, domesticum et suum consulem potissimum avellere.

M. TULLI CICERONIS
PRO P. SULLA ORATIO
AD IUDICES.

ARGUMENTUM.

P. Cornelius Sulla, qui dictatore L. Cornelio Sulla, propinquo suo. rem familiarem admodum auxerat, qua de re v. Cic. de off. II 8. 29, anno u. c. 688 una cum P. Autronio Paeto consul erat designatus. Sed cum a L. Torquato filio consules designati ambo accusati et condemnati essent, in eorum loco L. Torquatus pater et L. Cotta anno 689 consules facti sunt. Eo tempore P. Sulla et P. Autronius cum L. Catilina eiusque sociis conspirasse dicebantur, ut interfectis Kalendis Ianuariis L. Torquato et L. Cotta consulibus rerum potirentur sibique ipsi consulerent; vide Cass. Dion. XXXVI 44, Livi epit. 101, Sueton. Caes. 9 cl. hac ipsa oratione 24. 67 sq. Etiam postea, cum P. Sulla Neapolim se recepisset, tamen et Romae saepe visus esse et coniurationem Catilinae anno 691 factam haud obscure adiuvisse dicebatur (v. Sall. Catil. 17, Flor. IV 1). Quam ob rem, cum L. Catilina cum maxima parte suorum pugna cecidisset, ceteri autem coniurati dissipati essent, idem L. Torquatus filius, qui P. Sullam iam antea de ambitu condemnaverat, accusavit etiam de vi lege Plautia D. Iunio Silano L. Murena consulibus anno 692 (v. schol. Bob. ad hanc ipsam orationem cap. 33 p. 368. 32 Bait. cl. Pseudosallustio in Cicer. 2). Defenderunt P. Sullam Q Hortensius et M. Cicero, quorum Hortensius ea crimina refellenda susceperat, quibus dicebatur P. Sulla in prima, quae dicitur, coniuratione Catilinae a. 689 facta socius fuisse, hic crimina, quae de altera coniuratione Catilinae facta erant P. Sullae, defendere debebat. In eo igitur potissimum M Cicero in ea, quae infra legitur, oratione operam suam posuit. P. autem Sullam constat a iudicibus absolutum esse.

1 Maxime vellem, iudices, ut P. Sulla et antea dignitatis suae splendorem optinere et post calamitatem acceptam modestiae fructum aliquem percipere potuisset; sed quoniam ita tulit casus infestus, ut et amplissimo honore cum communi ambitionis invidia, tum singulari Autroni odio everteretur et in his pristinae fortunae reliquiis miseris et adflictis tamen haberet quosdam, quorum animos ne supplicio quidem suo satiare posset, quamquam ex huius incommodis magnam animo molestiam capio, tamen in ceteris malis facile patior oblatum mihi tempus esse, in quo boni viri lenitatem meam misericordiamque notam quondam omnibus, nunc quasi intermissam agnoscerent, inprobi ac perditi cives redomiti atque victi praecipitante re publica vehementem me fuisse atque fortem, conservata mitem ac misericordem faterentur. Et, quoniam **2** L. Torquatus, meus familiaris ac necessarius, iudices, existimavit, si nostram in accusatione sua necessitudinem familiaritatemque violasset, aliquid se de auctoritate meae defensionis posse detrahere, cum huius periculi propulsatione coniungam defensionem officii mei. Quo quidem genere orationis non uterer, iudices, hoc tempore, si mea solum interesset; multis enim locis et data mihi facultas est et saepe dabitur de mea laude dicendi; sed, ut ille vidit, quantum de mea auctoritate deripuisset, tantum se de huius praesidiis deminuturum, sic hoc ego sentio, si mei facti rationem vobis constantiamque huius officii ac defensionis probaro, causam quoque me P. Sullae probaturum.

3 Ac primum abs te illud, L. Torquate, quaero, cur me a ceteris clarissimis viris ac principibus civitatis in hoc officio atque in defensionis iure secernas. Quid enim est, quam ob rem abs te Q. Hortensi factum, clarissimi viri atque ornatissimi, non reprehendatur, reprehendatur meum? Nam, si est initum a P. Sulla consilium inflammandae huius urbis, extinguendi imperii, delendae civitatis, mihine maiorem hae res dolorem quam Q. Hortensio, mihi maius odium adferre debent, meum denique gravius esse iudicium, qui adiuvandus in his causis, qui oppugnandus, qui defendendus, qui deserendus esse videatur? 'Ita', inquit; 'tu enim investigasti, tu patefecisti coniurationem.' Quod cum dicit, non attendit eum, qui patefecerit, hoc curasse, ut id omnes viderent, quod antea fuisset occultum. Quare ista coniuratio, si patefacta per me est, tam patet Hortensio quam mihi. Quem cum videas hoc honore, auctoritate, virtute, consilio praeditum non dubitasse, quin innocentiam P. Sullae defenderet, quaero, cur, qui aditus ad causam Hortensio patuerit, mihi interclusus esse debuerit; quaero illud etiam, si me, qui defendo, reprehendendum putas esse, quid tandem de his existimes summis viris et clarissimis civibus, quorum studio et dignitate celebrari hoc iudicium, ornari causam, defendi huius innocentiam vides. Non enim una ratio est defensionis ea, quae posita est in oratione; omnes, qui adsunt, qui laborant, qui salvum volunt, pro sua parte atque auctoritate defendunt. An vero, in quibus subselliis haec ornamenta ac lumina rei publicae viderem, in his me apparere nollem, cum ego illum in locum atque in hanc excelsissimam sedem dignitatis atque honoris multis meis ac magnis laboribus et periculis ascendissem? Atque ut intellegas, Torquate, quem accuses, si te forte id offendit, quod ego, qui in hoc genere quaestionis defenderim neminem, non desim P. Sullae, recordare de ceteris, quos adesse huic vides; intelleges et de hoc et de aliis iudicium meum et horum par atque unum fuisse. Quis nostrum adfuit Vargunteio? Nemo, ne hic quidem Q. Hortensius, praesertim qui illum solus antea de ambitu defendisset. Non enim iam se ullo officio cum illo coniunctum arbitrabatur, cum ille tanto scelere commisso omnium officiorum societatem diremisset. Quis nostrum Serv. Sullam, *quis Publium*, quis M. Laecam, quis C. Cornelium

defendendum putavit, quis iis horum adfuit? Nemo.
Quid ita? Quia in ceteris causis etiam nocentes viri
boni, si necessarii sunt, deserendos esse non putant;
in hoc crimine non solum levitatis est culpa, verum
etiam quaedam contagio sceleris, si defendas eum,
quem obstrictum esse patriae parricidio suspicere.
7 Quid? Autronio nonne sodales, non collegae sui, non
veteres amici, quorum ille copia quondam abundarat,
non hi omnes, qui sunt in re publica principes, defuerunt? Immo etiam testimonio plerique laeserunt.
Statuerant tantum illud esse maleficium, quod non
modo non occultari per se, sed etiam aperiri illustrarique deberet. Quam ob rem quid est, quod mirere,
si cum isdem me in hac causa vides adesse, cum
quibus in ceteris intellegis afuisse? Nisi vero me
unum vis ferum praeter ceteros, me asperum, me inhumanum existimari, me singulari inmanitate et crudelitate praeditum. Hanc mihi tu si propter meas res
gestas imponis in omni vita mea, Torquate, personam,
vehementer erras. Me natura misericordem, patria
severum, crudelem nec patria nec natura esse voluit;
denique istam ipsam personam vehementem et acrem,
quam mihi tum tempus et res publica inposuit, iam
voluntas et natura ipsa detraxit. Illa enim ad breve
tempus severitatem postulavit, haec in omni vita
9 misericordiam lenitatemque desiderat. Quare nihil
est, quod ex tanto comitatu virorum amplissimorum
me unum abstrahas; simplex officium atque una bonorum est omnium causa. Nihil erit, quod admirere
posthac, si in ea parte, in qua hos animum adverteris,
me videbis. Nulla est enim in re publica mea causa
propria; tempus agendi fuit mihi magis proprium
quam ceteris, doloris vero et timoris et periculi fuit
illa causa communis; neque enim ego tunc princeps
ad salutem esse potuissem, si esse alii comites noluissent. Quare necesse est, quod mihi consuli praecipuum
fuit praeter alios, id iam privato cum ceteris esse

commune. Neque ego hoc partiendae invidiae, sed communicandae laudis causa loquor; oneris mei partem nemini impertio, gloriae bonis omnibus. 'In Autronium testimonium dixisti', inquit; 'Sullam defendis.' Hoc totum eius modi est, iudices, ut, si ego sum inconstans ac levis, nec testimonio fidem tribui convenerit nec defensioni auctoritatem; sin est in me ratio rei publicae, religio privati officii, studium retinendae voluntatis bonorum, nihil minus accusator debet dicere quam a me defendi Sullam, testimonio laesum esse Autronium. Videor enim iam non solum studium ad defendendas causas, verum etiam opinionis aliquid et auctoritatis adferre; qua ego et moderate utar, iudices, et omnino non uterer, si ille me non coëgisset. Duae coniurationes abs te, Torquate, constituuntur, una, quae Lepido et Volcatio consulibus patre tuo consule designato facta esse dicitur, altera, quae me consule; harum in utraque Sullam dicis fuisse. Patris tui, fortissimi viri atque optimi consulis, scis me consiliis non interfuisse; scis me, cum mihi summus tecum usus esset, tamen illorum expertem temporum et sermonum fuisse, credo, quod nondum penitus in re publica versabar, quod nondum ad propositum mihi finem honoris perveneram, quod me ambitio et forensis labor ab omni illa cogitatione abstrahebat. Quis ergo intererat vestris consiliis? Omnes hi, quos vides huic adesse, et in primis Q. Hortensius; qui cum propter honorem ac dignitatem atque animum eximium in rem publicam, tum propter summam familiaritatem summumque amorem in patrem tuum cum communibus, tum praecipuis patris tui periculis commovebatur. Ergo istius coniurationis crimen defensum ab eo est, qui interfuit, qui cognovit, qui particeps et consilii vestri fuit et timoris; cuius in hoc crimine propulsando cum esset copiosissima atque ornatissima oratio, tamen non minus inerat auctoritatis *in ea quam facultatis.* Illius igitur coniurationis, quae facta contra vos, delata ad vos, a vobis prolata esse dicitur, ego testis esse non potui; non modo animo nihil comperi, sed vix ad aures meas istius suspicionis fama pervenit. Qui vobis in consilio fuerunt, qui vobiscum illa cognorunt, quibus ipsis periculum tum conflari putabatur, qui Autronio non adfuerunt, qui in illum testimonia gravia dixerunt, hunc defendunt, huic adsunt, in huius periculo declarant se non crimine coniurationis, ne adessent ceteris, sed hominum maleficio deterritos esse. Mei consulatus autem tempus et crimen maximae coniurationis a me defendetur. Atque haec inter nos partitio [defensionis] non est fortuito, iudices, nec temere facta; sed, cum videremus eorum criminum nos patronos adhiberi, quorum testes esse possemus, uterque nostrum id sibi suscipiendum putavit, de quo aliquid scire ipse atque existimare potuisset. Et quoniam de criminibus superioris coniurationis Hortensium diligenter audistis, de hac coniuratione, quae me consule facta est, hoc primum attendite.

Multa, cum essem consul, de summis rei publicae periculis audivi, multa quaesivi, multa cognovi; nullus umquam de Sulla nuntius ad me, nullum indicium, nullae litterae pervenerunt, nulla suspicio. Multum haec vox fortasse valere deberet eius hominis, qui consul insidias rei publicae consilio investigasset, veritate aperuisset, magnitudine animi vindicasset, cum is se nihil audisse de P. Sulla, nihil suspicatum esse diceret. Sed ego nondum utor hac voce ad hunc defendendum; ad purgandum me potius utar, ut mirari Torquatus desinat me, qui Autronio non adfuerim, Sullam defendere. Quae enim Autroni fuit causa, quae Sullae est? Ille ambitus iudicium tollere ac disturbare primum conflato voluit gladiatorum ac fugitivorum tumultu, deinde, id quod vidimus omnes, lapidatione atque concursu; Sulla, si sibi suus pudor ac dignitas non prodesset, nullum auxilium requisivit.

Ille damnatus ita se gerebat non solum consiliis et sermonibus, verum etiam aspectu atque vultu, ut inimicus esse amplissimis ordinibus, infestus bonis omnibus, hostis patriae videretur; hic se ita fractum illa calamitate atque adflictum putavit, ut nihil sibi ex pristina dignitate superesse arbitraretur, nisi quod modestia retinuisset. Hac vero in coniuratione quid tam coniunctum quam ille cum Catilina, cum Lentulo? quae tanta societas ullis inter se rerum optimarum, quanta ei cum illis sceleris, libidinis, audaciae? quod flagitium Lentulus non cum Autronio concepit? quod sine eodem illo Catilina facinus admisit? cum interim Sulla cum eisdem illis non modo noctem solitudinemque non quaereret, sed ne mediocri quidem sermone et congressu coniungeretur. Illum Allobroges, maximarum rerum verissimi indices, illum multorum litterae ac nuntii coarguerunt; Sullam interea nemo insimulavit, nemo nominavit. Postremo eiecto sive emisso iam ex urbe Catilina ille arma misit, cornua, tubas, fasces, signa [, legiones], ille relictus intus, expectatus foris, Lentuli poena compressus convertit se aliquando ad timorem, numquam ad sanitatem; hic contra ita quievit, ut eo tempore omni Neapoli fuerit, ubi neque homines fuisse putantur huius adfines suspicionis et locus est ipse non tam ad inflammandos calamitosorum animos quam ad consolandos accommodatus.

Propter hanc igitur tantam dissimilitudinem hominum atque causarum dissimilem me in utroque praebui. Veniebat enim ad me, et saepe veniebat Autronius multis cum lacrimis supplex, ut se defenderem, et se meum condiscipulum in pueritia, familiarem in adulescentia, collegam in quaestura commemorabat fuisse; multa mea in se, non nulla etiam sua in me proferebat officia. Quibus ego rebus, iudices, ita flectebar animo atque frangebar, ut iam ex memoria, quas mihi ipse fecerat insidias, deponerem, ut iam inmissum esse ab eo C. Cornelium, qui me in

meis sedibus, in conspectu uxoris ac liberorum meorum trucidaret, obliviscerer. Quae si de uno me
cogitasset, qua mollitia sum animi ac lenitate, numquam mehercule illius lacrimis ac precibus restitissem;
sed cum mihi patriae, cum vestrorum periculorum,
cum huius urbis, cum illorum delubrorum atque templorum, cum puerorum infantium, cum matronarum
ac virginum veniebat in mentem, et cum illae infestae
ac funestae faces universumque totius urbis incendium,
cum tela, cum caedes, cum civium cruor, cum cinis patriae
versari ante oculos atque animum memoria refricare
coeperat, tum denique ei resistebam, neque solum illi
hosti ac parricidae, sed his etiam propinquis illius,
Marcellis, patri et filio, quorum alter apud me parentis
gravitatem, alter filii suavitatem optinebat; neque me
arbitrabar sine summo scelere posse, quod maleficium
in aliis vindicassem, idem in illorum socio, cum scirem,
defendere. Atque idem ego neque P. Sullam supplicem ferre neque eosdem Marcellos pro huius periculis lacrimantes aspicere neque huius M. Messallae,
hominis necessarii, preces sustinere potui; neque enim
est causa adversata naturae, nec homo nec res misericordiae meae repugnavit. Nusquam nomen, nusquam
vestigium fuerat, nullum crimen, nullum indicium,
nulla suspicio. Suscepi causam, Torquate, suscepi, et
feci libenter, ut me, quem boni constantem, ut spero,
semper existimassent, eundem ne improbi quidem crudelem dicerent.

Hic ait se ille, iudices, regnum meum ferre non
posse. Quod tandem, Torquate, regnum? Consulatus,
credo, mei; in quo ego imperavi nihil et contra patribus conscriptis et bonis omnibus parui; quo in magistratu non institutum est videlicet a me regnum, sed
repressum. An tum in tanto imperio tantaque potestate
non dicis me fuisse regem, nunc privatum regnare
dicis? quo tandem nomine? 'Quod, in quos testimonia dixisti', inquit, 'damnati sunt; quem defendis,

sperat se absolutum iri.' Hic tibi ego de testimoniis meis hoc respondeo, si falsum dixerim, te in eosdem incidisse; sin verum, non esse hoc regnare, cum verum iuratus dicas, probare. De huius spe tantum dico, (22) nullas a me opes P. Sullam, nullam potentiam, nihil denique praeter fidem defensionis expectare. 'Nisi 22 tu', inquit, 'causam recepisses, numquam mihi restitisset, sed indicta causa profugisset.' Si iam tibi hoc concedam, Q. Hortensium, tanta gravitate hominem, si, hos tales viros non suo stare iudicio, sed meo; si hoc tibi dem, quod credi non potest, nisi ego huic adessem, hos adfuturos non fuisse, uter tandem rex est, isne, cui innocentes homines non resistunt, an is, qui calamitosos non deserit? At hic etiam, id quod tibi necesse minime fuit, facetus esse voluisti, cum Tarquinium et Numam et me tertium peregrinum regem esse dixisti. Mitto iam de rege quaerere; illud quaero, peregrinum cur me esse dixeris. Nam si ita sum, non tam est admirandum regem me esse, quoniam, ut tu ais, etiam peregrini reges Romae fuerunt, quam consulem Romae fuisse peregrinum. 'Hoc dico', inquit, 'te esse ex municipio.' Fateor, et 23 addo etiam: ex eo municipio, unde iterum iam salus huic urbi imperioque missa est. Sed scire ex te pervelim, quam ob rem, qui ex municipiis veniant, peregrini tibi esse videantur. Nemo istuc M. illi Catoni seni, cum plurimos haberet inimicos, nemo Ti. Coruncanio, nemo M'. Curio, nemo huic ipsi nostro C. Mario, cum ei multi inviderent, obiecit umquam. Equidem vehementer laetor eum esse me, in quem tu, cum cuperes, nullam contumeliam iacere potueris, quae non ad maximam partem civium conveniret. Sed tamen 8 te a me pro magnis causis nostrae necessitudinis monendum esse etiam atque etiam puto. Non possunt omnes esse patricii; si verum quaeris, ne curant quidem; nec se aequales tui propter istam causam abs te anteiri putant. Ac si tibi nos peregrini videmur, 24 quorum iam [et] nomen et honos inveteravit et urbi huic et hominum famae ac sermonibus, quam tibi illos competitores tuos peregrinos videri necesse erit, qui iam ex tota Italia delecti tecum de honore ac de omni dignitate contendent! Quorum tu cave quemquam peregrinum appelles, ne peregrinorum suffragiis obruare. Qui si attulerint nervos et industriam, mihi crede, excutient tibi istam verborum iactationem et te ex somno saepe excitabunt nec patientur se abs te, nisi virtute vincentur, honore superari. Ac si, iudices, ceteris patriciis me et vos peregrinos videri oporteret, a Torquato tamen hoc vitium sileretur; est enim ipse a materno genere municipalis, honestissimi ac nobilissimi generis, sed tamen Asculani. Aut igitur doceat Picentis solos non esse peregrinos aut gaudeat suo generi me meum non anteponere. Quare neque tu me peregrinum posthac dixeris, ne gravius refutere, neque regem, ne derideare. Nisi forte regium tibi videtur ita vivere, ut non modo homini nemini, sed ne cupiditati quidem ulli servias, contemnere omnes libidines, non auri, non argenti, non ceterarum rerum indigere, in senatu sentire libere, populi magis utilitati consulere quam voluntati, nemini cedere, multis obsistere. Si hoc putas esse regium, me regem esse confiteor; sin te potentia mea, si dominatio, si denique aliquod dictum arrogans aut superbum movet, quin tu id potius profers quam verbi invidiam contumeliamque maledicti?

Ego tantis a me beneficiis in re publica positis si nullum aliud mihi praemium ab senatu populoque Romano nisi honestum otium postularem, quis non concederet? Sibi haberent honores, sibi imperia, sibi provincias, sibi triumphos, sibi alia praeclarae laudis insignia; mihi liceret eius urbis, quam conservassem, conspectu tranquillo animo et quieto frui. Quid, si hoc non postulo? si ille labor meus pristinus, si *sollicitudo*, si officia, si operae, si vigiliae deserviunt

amicis, praesto sunt omnibus; si neque amici in foro
requirunt studium meum neque res publica in curia;
si me non modo non rerum gestarum vacatio, sed
neque honoris neque aetatis excusatio vindicat a labore;
si voluntas mea, si industria, si domus, si animus, si
aures patent omnibus; si mihi ne ad ea quidem, quae
pro salute omnium gessi, recordanda et cogitanda
quicquam relinquitur temporis: tamen hoc regnum
appellabitur, cuius vicarius qui velit esse, inveniri
nemo potest? Longe abest a me regni suspicio; sin
quaeris, qui sint Romae regnum occupare conati, ut
ne replices annalium memoriam, ex domesticis imaginibus
invenies. Res enim gestae, credo, meae me
nimis extulerunt ac mihi nescio quos spiritus attulerunt.
Quibus de rebus tam claris, tam inmortalibus,
iudices, hoc possum dicere, me, qui ex summis periculis
eripuerim urbem hanc et vitam omnium civium,
satis adeptum fore, si ex hoc tanto in omnis mortalis
beneficio nullum in me ipsum periculum redundarit.
Etenim, in qua civitate res tantas gesserim, memini,
in qua urbe verser, intellego. Plenum forum est
eorum hominum, quos ego a vestris cervicibus depuli,
iudices, a meis non removi. Nisi vero paucos fuisse
arbitramini, qui conari aut sperare possent se tantum
imperium posse delere. Horum ego faces eripere de
manibus et gladios extorquere potui, sicuti feci, voluntates
vero consceleratas ac nefarias nec sanare
potui nec tollere. Quare non sum nescius, quanto
periculo vivam in tanta multitudine improborum, cum
mihi uni cum omnibus improbis aeternum videam
bellum susceptum esse. Quodsi illis meis praesidiis
forte invides, et si ea tibi regia videntur, quod omnes
boni omnium generum atque ordinum suam salutem
cum mea coniungunt, consolare te, quod omnium
mentes improborum mihi uni maxime sunt infensae
et adversae; qui me non [modo] solum idcirco oderunt,
quod eorum conatus impios et furorem con-

sceleratum repressi, sed eo etiam magis, quod nihil
iam se simile me vivo conari posse arbitrantur. At
vero quid ego mirer, si quid ab improbis de me improbe dicitur, cum L. Torquatus primum his funda-
mentis ipse adulescentiae iactis, ea spe proposita amplissimae dignitatis, deinde L. Torquati, fortis
consulis, constantissimi senatoris, semper optimi civis,
filius, interdum efferatur inmoderatione verborum?
Qui cum suppressa voce de scelere P. Lentuli, de
audacia coniuratorum omnium dixisset, tantum modo
ut vos, qui ea probatis, exaudire possetis, de supplicio
[,de Lentulo], de carcere magna et queribunda voce
dicebat. In quo primum illud erat absurdum, quod,
cum ea, quae leviter dixerat, vobis probare volebat,
eos autem, qui circum iudicium stabant, audire nole-
bat, non intellegebat ea, quae clare diceret, ita illos
audituros, quibus se venditabat; ut vos quoque audi-
retis, qui id non probabatis. Deinde alterum iam
oratoris vitium non videre, quid quaeque causa postulet.
Nihil est enim tam alienum ab eo. qui alterum coniurationis accuset, quam videri coniuratorum poenam
mortemque lugere. Quod cum is tribunus pl. facit,
qui unus videtur ex illis ad lugendos coniuratos
relictus, nemini mirum est; difficile est enim tacere,
cum doleas; te, si quid eius modi facis, non modo
talem adulescentem, sed in ea causa, in qua te vindicem coniurationis velis esse, vehementer admiror.
Sed reprehendo tamen illud maxime, quod isto ingenio
et prudentia praeditus causam rei publicae non tenes,
qui arbitrere plebi Romanae res eas non probari, quas
me consule omnes boni pro salute communi gesserunt.
Ecquem tu horum, qui adsunt, quibus te contra ipsorum voluntatem venditabas, aut tam sceleratum statuis fuisse, ut haec omnia perire voluerit, aut tam
miserum, ut et se perire cuperet et nihil haberet,
quod salvum esse vellet? An vero clarissimum virum
generis vestri ac nominis nemo reprehendit, qui filium

... vita privavit, ut in ceteros firmaret imperium;
... publicam reprehendis, quae domesticos hostis,
... iis ipsa necaretur, necavit? Itaque attende, 33
... quam ego defugiam auctoritatem consulatus
... Maxima voce, ut omnes exaudire possint, dico
... perque dicam. Adeste omnes animis, qui adestis,
... ego frequentia magnopere laetor; erigite
... auresque vestras et me de invidiosis rebus, ut
... putat, dicentem attendite! Ego consul, cum exer-
... perditorum civium clandestino scelere conflatus
... delissimum et luctuosissimum exitium patriae com-
... asset, cum ad occasum interitumque rei publicae
... in castris, in his autem templis atque tectis
... Lentulus esset constitutus, meis consiliis, meis
... oribus, mei capitis periculis, sine tumultu, sine
... ctu, sine armis, sine exercitu, quinque hominibus
... prehensis atque confessis incensione urbem, inter-
... ione cives, vastitate Italiam, interitu rem publicam
... ravi; ego vitam omnium civium, statum orbis terrae,
... em hanc denique, sedem omnium nostrum, arcem
... um ac nationum exterarum, lumen gentium, domi-
... um imperii, quinque hominum amentium ac perdi-
... um poena redemi. An me existimasti haec iniuratum 34
... iudicio non esse dicturum, quae iuratus in maxima
... atione dixissem? Atque etiam illud addam, ne qui 12
... te incipiat inprobus subito te amare, Torquate, et
... quid sperare de te, atque, ut idem omnes exaudiant,
... issima voce dicam: Harum omnium rerum, quas
... in consulatu pro salute rei publicae suscepi atque
... L. ille Torquatus, cum esset meus contubernalis
... consulatu atque etiam in praetura fuisset, auctor,
... ator, particeps extitit, cum princeps, cum auctor,
... signifer esset iuventutis; parens eius, homo
... antissimus patriae, maximi animi, summi consilii,
... gularis constantiae, cum esset aeger, tamen omnibus
... us illis interfuit, nusquam est a me digressus,
... dio, *consilio, auctoritate* unus adiuvit plurimum,

cum infirmitatem corporis virtute animi superaret.
36 Videsne, ut eripiam te ex improborum subita gratia
et reconciliem bonis omnibus? qui te et diligunt et
retinent retinebuntque semper nec, si forte a me
desciveris, idcirco te a se et a re publica et a tua
dignitate deficere patientur. Sed iam redeo ad causam
atque hoc vos, iudices, testor: Mihi de memet ipso
tam multa dicendi necessitas quaedam imposita est
ab illo. Nam, si Torquatus Sullam solum accusasset,
ego quoque hoc tempore nihil aliud agerem nisi eum,
qui accusatus esset, defenderem; sed cum ille tota
illa oratione in me esset invectus et cum, ut initio
dixi, defensionem meam spoliare auctoritate voluisset,
etiamsi meus *me* dolor respondere non cogeret, tamen
ipsa causa hanc a me orationem flagitavisset.

13
36 Ab Allobrogibus nominatum Sullam esse dicis.
Quis negat? Sed lege indicium et vide, quem ad
modum nominatus sit. L. Cassium dixerunt comme-
morasse cum ceteris Autronium secum facere. Quaero,
num Sullam dixerit Cassius. Nusquam. Sese aiunt
quaesisse de Cassio, quid Sulla sentiret. Videte diligentiam Gallorum; qui vitam hominum naturamque
non nossent ac tantum audivissent eos pari calamitate
esse, quaesiverunt, essentne eadem voluntate. Quid
tum Cassius? Si respondisset idem sentire et secum
facere Sullam, tamen mihi non videretur in hunc id
criminosum esse debere. Quid ita? Quia, qui bar-
baros homines ad bellum impelleret, non debebat
minuere illorum suspicionem et purgare eos, de qui-
37 bus illi aliquid suspicari viderentur. Non respondit
tamen una facere Sullam. Etenim esset absurdum,
cum ceteros sua sponte nominasset, mentionem facere
Sullae nullam nisi admonitum et interrogatum; nisi
forte veri simile est P. Sullae nomen in memoria
Cassio non fuisse. Si nobilitas hominis, si afflicta
*fortuna, si reliquiae pristinae dignitatis non tam illu-
stres* fuissent, tamen Autroni commemoratio memoriam

Sullae rettulisset; etiam, ut arbitror, cum auctoritates principum coniurationis ad incitandos animos Allobrogum colligeret Cassius, et cum sciret exteras nationes maxime nobilitate moveri, non prius Autronium quam Sullam nominavisset. Iam vero illud probari minime potest, Gallos Autronio nominato putasse propter calamitatis similitudinem sibi aliquid de Sulla esse quaerendum, Cassio, si hic esset in eodem scelere, ne cum appellasset quidem Autronium, huius in mentem venire potuisse. Sed tamen quid respondit de Sulla Cassius? Se nescire certum. 'Non purgat', inquit. Dixi antea: Ne si argueret quidem tum denique, cum esset interrogatus, id mihi criminosum videretur. Sed ego in indiciis et in quaestionibus non hoc quaerendum arbitror, num purgetur aliqui, sed num arguatur. Etenim cum se negat scire Cassius, utrum sublevat Sullam an satis probat se nescire? 'Sublevat apud Gallos.' Quid ita? 'Ne indicent.' Quid? si periculum esse putasset, ne illi umquam indicarent, de se ipse confessus esset? 'Nesciit videlicet.' Credo celatum esse Cassium de Sulla uno; nam de ceteris certe sciebat; etenim domi eius pleraque conflata esse constabat. Qui negare noluit esse in eo numero Sullam, quo plus spei Gallis daret, dicere autem falsum non ausus est, nescire dixit. Atqui hoc perspicuum est, cum is, qui de omnibus scierit, de Sulla se scire negarit, eandem esse vim negationis huius, quam si extra coniurationem hunc esse se scire dixisset. Nam cuius scientiam de omnibus constat fuisse, eius ignoratio de aliquo purgatio debet videri. Sed iam non quaero, purgetne Cassius Sullam; illud mihi tantum satis est, contra Sullam nihil esse in indicio.

Exclusus hac criminatione Torquatus rursus in me irruit, me accusat; ait me aliter, ac dictum sit, in tabulas publicas rettulisse. O di inmortales! (vobis enim tribuo, quae vestra sunt, nec vero possum tantum

meo ingenio dare, ut tot res tantas, tam varias, tam
repentinas in illa turbulentissima tempestate rei publicae mea sponte dispexerim) vos profecto animum
meum tum conservandae patriae cupiditate incendistis,
vos me ab omnibus ceteris cogitationibus ad unam
salutem rei publicae convertistis, vos denique in tantis tenebris erroris et inscientiae clarissimum lumen
41 menti meae praetulistis. Vidi ego hoc, iudices, nisi
recenti memoria senatus auctoritatem huius indicii
monumentis publicis testatus essem, fore ut aliquando
non Torquatus neque Torquati quispiam similis (nam
id me multum fefellit), sed ut aliquis patrimonii
naufragus, inimicus otii, bonorum hostis aliter indicata haec esse diceret, quo facilius vento aliquo in
optimum quemque excitato posset in malis rei publicae
portum aliquem suorum malorum invenire. Itaque
introductis in senatum indicibus constitui senatores,
qui omnia indicum dicta, interrogata, responsa per-
42 scriberent. At quos viros! non solum summa virtute
et fide, cuius generis erat in senatu facultas maxima,
sed etiam quos sciebam memoria, scientia, celeritate
scribendi facillime, quae dicerentur, persequi posse,
C. Cosconium, qui tum erat praetor, M. Messallam,
qui tum praeturam petebat, P. Nigidium, App. Claudium. Credo esse neminem, qui his hominibus ad
vere referendum aut fidem putet aut ingenium defuisse.
15 Quid? deinde quid feci? Cum scirem ita esse indicium relatum in tabulas publicas, ut illae tabulae
privata tamen custodia more maiorum continerentur,
non occultavi, non continui domi, sed statim describi
ab omnibus librariis, dividi passim et pervulgari atque
edi populo Romano imperavi. Divisi tota Italia,
emisi in omnes provincias; eius indicii, ex quo oblata
salus esset omnibus, expertem esse neminem volui.
43 Itaque dico locum in orbe terrarum esse nullum, quo
in loco populi Romani nomen sit, quin eodem perscriptum hoc indicium pervenerit. In quo ego tam

subito et exiguo et turbido tempore multa divinitus, ita ut dixi, non mea sponte providi, primum ne qui posset tantum aut de rei publicae aut de alicuius periculo meminisse, quantum vellet; deinde ne cui liceret umquam reprehendere illud indicium aut temere creditum criminari; postremo ne quid iam a me, ne quid ex meis commentariis quaereretur, ne aut oblivio mea aut memoria nimia videretur, ne denique aut neglegentia turpis aut diligentia crudelis putaretur.

Sed tamen abs te, Torquate, quaero: Cum indicatus tuus esset inimicus et esset eius rei frequens senatus et recens memoria testis tibi*que*, meo familiari et contubernali, prius etiam edituri indicium fuerint scribae mei, si voluisses, quam in codicem rettulissent, cum videres aliter referri, cur tacuisti, passus es, non mecum aut cum familiari meo questus es aut, quoniam tam facile inveheris in amicos, iracundius aut vehementius expostulasti? Tu, cum tua vox numquam sit audita, cum indicio lecto, descripto, divulgato quieveris, tacueris, repente tantam rem ementiare et in eum locum te deducas, ut ante, quam me commutati indicii coargueris, te summae neglegentiae tuo indicio convictum esse fateare?

Mihi cuiusquam salus tanti fuisset, ut meam neglegerem? per me ego veritatem patefactam contaminarem aliquo mendacio? quemquam denique ego invarem, a quo et tam crudelis insidias rei publicae factas et me potissimum consule putarem? Quodsi iam essem oblitus severitatis et constantiae meae, tamne amens eram, ut, cum litterae posteritatis causa repertae sint, quae subsidio oblivioni esse possent, ego recentem putarem memoriam cuncti senatus commentario meo posse superari? Fero ego te, Torquate, iam dudum, fero et non numquam animum incitatum ad ulciscendam orationem tuam revoco ipse et reflecto, permitto aliquid iracundiae tuae, do adulescentiae, cedo amicitiae, tribuo parenti. Sed, nisi tibi

aliquem modum tute constitueris, coges me oblitum
nostrae amicitiae habere rationem meae dignitatis.
Nemo umquam me tenuissima suspicione perstrinxit,
quem non perverterim ac perfregerim. Sed mihi hoc
credas velim: Non iis libentissime soleo respondere, 5
47 quos mihi videor facillime posse superare. Tu quoniam minime ignoras consuetudinem dicendi meam,
noli hac lenitate nova abuti mea, noli aculeos orationis meae, qui reconditi sunt, excussos arbitrari,
noli id omnino a me putare esse amissum, si quid 10
est tibi remissum atque concessum. Cum illae valent
apud me excusationes iniuriae tuae, iratus animus
tuus, actas, amicitia nostra, tum nondum statuo te
virium satis habere, ut ego tecum luctari et congredi debeam. Quodsi esses usu atque aetate robu- 15
stior, essem idem, qui soleo, cum sum lacessitus;
17 nunc tecum sic agam, tulisse ut potius iniuriam quam
48 rettulisse gratiam videar. Neque vero, quid mihi
irascare, intellegere possum. Si, quod eum defendo,
quem tu accusas, cur tibi ego non suscenseo, quod 20
accusas eum, quem ego defendo? 'Inimicum ego',
inquis, 'accuso meum.' Et amicum ego defendo
meum. 'Non debes tu quemquam in coniurationis
quaestione defendere.' Immo nemo magis eum, de
quo nihil umquam est suspicatus, quam is, qui de 25
aliis multa cogitavit. 'Cur dixisti testimonium in
alios?' Quia coactus sum. 'Cur damnati sunt?' Quia
creditum est. 'Regnum est dicere, in quem velis,
et defendere, quem velis.' Immo servitus est non
dicere, in quem velis, et non defendere, quem velis. 30
Ac si considerare coeperis, utrum magis mihi hoc
necesse fuerit facere an istud tibi, intelleges honestius
te inimicitiarum modum statuere potuisse quam me
49 humanitatis. At vero, cum honos agebatur familiae
vestrae amplissimus, hoc est consulatus parentis tui, 35
sapientissimus vir familiarissimis suis non suscensuit,
pater tuus, cum Sullam et defenderent et laudarent;

intellegebat hanc nobis a maioribus esse traditam disciplinam, ut nullius amicitia ad pericula propulsanda impediremur. Et erat huic iudicio longe dissimilis illa contentio. Tum adflicto P. Sulla consulatus vobis pariebatur, sicuti partus est; honoris erat certamen; ereptum repetere vos clamitabatis, ut victi in campo in foro vinceretis; tum qui contra vos pro huius salute pugnabant, amicissimi vestri, quibus non irascebamini, consulatum vobis eripiebant, honori vestro repugnabant, et tamen id inviolata vestra amicitia, integro officio, vetere exemplo atque instituto optimi cuiusque faciebant. Ego vero quibus ornamentis adversor tuis aut cui dignitati vestrae repugno? Quid est, quod iam ab hoc expetas? Honos ad patrem, insignia honoris ad te delata sunt. Tu ornatus exuviis huius venis ad eum lacerandum, quem interemisti, ego iacentem et spoliatum defendo et protego. Atque hic tu et reprehendis me, quia defendam, et irasceris; ego autem non modo tibi non irascor, sed ne reprehendo quidem factum tuum. Te enim existimo tibi statuisse, quid faciendum putares, et satis idoneum officii tui iudicem *esse* potuisse.

At accusat C. Corneli filius, et id aeque valere debet, ac si pater indicaret. O patrem Cornelium sapientem, qui, quod praemii solet esse in indicio, reliquerit, quod turpitudinis in confessione, id per accusationem filii susceperit! Sed quid est tandem, quod indicat per istum puerum Cornelius? Si vetera mihi ignota cum Hortensio communicata, respondit Hortensius; sin, ut ais, illum conatum Autroni et Catilinae, cum in campo consularibus comitiis, quae a me habita sunt, caedem facere voluerunt, Autronium tum in campo vidimus, sed quid dixi vidisse nos? ego vidi; vos enim tum, iudices, nihil laborabatis neque suspicabamini, ego tectus praesidio firmo amicorum Catilinae tum et Autroni copias et conatum *repressi. Nam quis est igitur, qui tum dicat in cam-*

pum aspirasse Sullam? Atqui, si tum se cum Catilina societate sceleris coniunxerat, cur ab eo discedebat, cur cum Autronio non erat, cur in pari causa non paria signa criminis reperiuntur? Sed quoniam Cornelius ipse etiam nunc de indicando dubitat, ut dicitis, informat ad hoc adumbratum indicium filium, quid tandem de illa nocte dicit, cum inter falcarios ad M. Laecam nocte ea, quae consecuta est posterum diem Nonarum Novembrium me consule, Catilinae denuntiatione convenit? quae nox omnium temporum coniurationis acerrima fuit atque acerbissima. Tum Catilinae dies exeundi, tum ceteris manendi condicio, tum discriptio totam per urbem caedis atque incendiorum constituta est; tum tuus pater, Corneli, id quod tandem aliquando confitetur, illam sibi officiosam provinciam depoposcit, ut, cum prima luce consulem salutatum veniret, intromissus et meo more et iure amicitiae me in meo lectulo trucidaret. Hoc tempore, cum arderet acerrime coniuratio, cum Catilina egrederetur ad exercitum, Lentulus in urbe relinqueretur, Cassius incendiis, Cethegus caedi praeponeretur, Autronio, ut occuparet Etruriam, praescriberetur, cum omnia ordinarentur, instruerentur, pararentur, ubi fuit Sulla, Corneli? num Romae? Immo longe afuit. Num in iis regionibus, quo se Catilina inferebat? Multo etiam longius. Num in agro Camerti, Piceno, Gallico, quas in oras maxime quasi morbus quidam illius furoris pervaserat? Nihil vero minus. Fuit enim, ut iam ante dixi, Neapoli, fuit in ea parte Italiae, quae maxime ista suspicione caruit. Quid ergo indicat aut quid adfert aut ipse Cornelius aut vos, qui haec ab illo mandata defertis? Gladiatores emptos esse Fausti simulatione ad caedem ac tumultum. Ita prorsus; interpositi sunt gladiatores, quos testamento patris deberi videmus. 'Adrepta est familia, quae si esset praetermissa, posset alia familia Fausti munus praebere.' Utinam quidem haec ipsa non modo iniquorum invidiae, sed aequorum exspectationi satis facere posset! 'Properatum vehementer est, cum longe tempus muneris abesset.' Quasi vero tempus dandi muneris non valde appropinquaret. 'Nec opinante Fausto, cum is neque sciret neque vellet, familia est comparata.' At litterae sunt Fausti, per quas ille precibus a P. 55 Sulla petit, ut emat gladiatores, et ut hos ipsos emat, neque solum ad Sullam missae, sed ad L. Caesarem, Q. Pompeium, C. Memmium, quorum de sententia tota res gesta est. 'At praefuit familiae.' Iam si in paranda familia nulla suspicio est, quis praefuerit, nihil ad rem pertinet; sed tamen munere Servili obtulit se ad ferramenta prospicienda, praefuit vero numquam, eaque res omni tempore per Bellum, Fausti libertum, administrata est.

At enim Sittius est ab hoc in ulteriorem Hispa- 20 niam missus, ut eam provinciam perturbaret. Primum 56 Sittius, iudices, L. Iulio C. Figulo consulibus profectus est aliquanto ante furorem Catilinae et suspicionem huius coniurationis; deinde est profectus non tum primum, sed cum in isdem locis aliquanto ante eadem de causa aliquot annos fuisset, ac profectus est non modo ob causam, sed etiam ob necessariam causam, magna ratione cum Mauretaniae rege contracta. Tum autem, illo profecto, Sulla procurante eius rem et gerente plurimis et pulcherrimis P. Sitti praediis venditis aes alienum eiusdem est dissolutum, ut, quae causa ceteros ad facinus impulit, cupiditas retinendae possessionis, ea Sittio non fuerit praediis deminutis. Iam vero illud quam incredibile, quam 57 absurdum, qui Romae caedem facere, qui hanc urbem inflammare vellet, eum familiarissimum suum dimittere ab se et amandare in ultimas terras! Utrum quo facilius Romae ea, quae conabatur, efficeret, si in Hispania turbatum esset? At haec ipsa per se sine ulla coniunctione agebantur. An in tantis rebus, tam novis consiliis, tam periculosis, tam turbulentis hominem

amantissimum sui, familiarissimum, coniunctissimum
officiis, consuetudine, usu dimittendum esse arbitrabatur? Veri simile non est, ut, quem in secundis
rebus, quem in otio semper secum habuisset, hunc in
adversis et in eo tumultu, quem ipse comparabat, ab
58 se dimitteret. Ipse autem Sittius (non enim mihi
deserenda est causa amici veteris atque hospitis) is
homo est aut ea familia ac disciplina, ut hoc credi
possit, eum bellum populo Romano facere voluisse?
ut, cuius pater, cum ceteri deficerent finitimi ac vicini,
singulari extiterit in rem publicam nostram officio
et fide, is sibi nefarium bellum contra patriam suscipiendum putaret? cuius aes alienum videmus, iudices,
non libidine, sed negotii gerendi studio esse contractum, qui ita Romae debuit, ut in provinciis et in
regnis ei maximae pecuniae deberentur; quas cum
peteret, non commisit, ut sui procuratores quicquam
oneris absente se sustinerent; venire omnes suas
possessiones et patrimonio se ornatissimo spoliari
maluit quam ullam moram cuiquam fieri creditorum
59 suorum. A quo quidem genere, iudices, ego numquam timui, cum in illa rei publicae tempestate ver-
sarer. Illud erat hominum genus horribile et pertimescendum, qui tanto amore suas possessiones amplexi
tenebant, ut ab iis membra citius divelli ac distrahi
posse diceres. Sittius numquam sibi cognationem
cum praediis esse existimavit suis. Itaque se non
modo ex suspicione tanti sceleris, verum etiam ex
omni hominum sermone non armis, sed patrimonio
suo vindicavit.

21
60 Iam vero quod obiecit Pompeianos esse a Sulla
impulsos, ut ad istam coniurationem atque ad hoc
nefarium facinus accederent, id cuius modi sit, intellegere non possum. An tibi Pompeiani coniurasse
videntur? Quis hoc dixit umquam, aut quae fuit
istius rei vel minima suspicio? 'Diiunxit', inquit,
'eos a colonis, ut hoc discidio ac dissensione facta

oppidum in sua potestate posset per Pompeianos habere.' Primum omnis Pompeianorum colonorumque dissensio delata ad patronos est, cum iam inveterasset ac multos annos esset agitata; deinde ita a patronis res cognita est, ut nulla in re a ceterorum sententiis Sulla dissenserit; postremo coloni ipsi sic intellegunt, non Pompeianos a Sulla magis quam sese esse defensos. Atque hoc, iudices, ex hac frequentia colo- 61 norum, honestissimorum hominum, intellegere potestis, qui adsunt, laborant, hunc patronum, defensorem, custodem illius coloniae si in omni fortuna atque [in] omni honore incolumem habere non potuerunt, in hoc tamen casu, [in] quo afflictus iacet, per vos iuvari conservarique cupiunt. Adsunt pari studio Pompeiani, qui ab istis etiam in crimen vocantur; qui ita de ambulatione ac de suffragiis suis cum colonis dissenserunt, ut idem de communi salute sentirent. Ac ne 62 haec quidem P. Sullae mihi videtur silentio praetereunda esse virtus, quod, cum ab hoc illa colonia deducta sit, et cum commoda colonorum a fortunis Pompeianorum rei publicae fortuna diiunxerit, ita carus utrisque est atque iucundus, ut non alteros demovisse, sed utrosque constituisse videatur.

At enim et gladiatores et omnis ista vis rogationis 22 Caeciliae causa comparabatur. Atque hoc loco in L. Caecilium, pudentissimum atque ornatissimum virum, vehementer invectus est. Cuius ego de virtute et constantia, iudices, tantum dico, talem hunc in ista rogatione, quam promulgarat non de tollenda, sed de levanda calamitate fratris sui, fuisse, ut consulere voluerit fratri, cum re publica pugnare noluerit; promulgarit inpulsus amore fraterno, destiterit fratris auctoritate deductus. Atque in ea re per L. Caeci- 63 lium Sulla accusatur, in qua re est uterque laudandus, primum Caecilius, qui *si* id promulgavit, in quo res iudicatas videatur voluisse rescindere, ut restitueretur Sulla, recte reprehendis; status enim rei publicae maxime iudicatis rebus continetur; neque ego tantum fraterno amori dandum arbitror, ut quisquam, dum saluti suorum consulat, communem relinquat. At nihil de iudicio ferebat, sed poenam ambitus eam referebat, quae fuerat nuper superioribus legibus constituta. Itaque hac rogatione non iudicum sententia, sed legis vitium corrigebatur. Nemo iudicium reprebendit, cum de poena queritur, sed legem. Damnatio est enim iudicum, quae manebat, poena legis, quae levabatur. Noli igitur animos eorum ordinum, qui praesunt iudiciis summa cum gravitate et dignitate, alienare a causa. Nemo labefactare iudicium est conatus, nihil est eius modi promulgatum, semper Caecilius in calamitate fratris sui iudicum potestatem perpetuandam, legis acerbitatem mitigandam putavit.

23 Sed quid ego de hoc plura disputem? Dicerem fortasse, et facile et libenter dicerem, si paulo etiam longius, quam finis cotidiani officii postulat, L. Caecilium pietas et fraternus amor propulisset, implorarem sensus vestros, unius cuiusque indulgentiam in suos testarer, peterem veniam errato L. Caecili ex intimis vestris cogitationibus atque ex humanitate communi. Lex dies fuit proposita paucos, ferri coepta numquam, deposita est in senatu. Kalendis Ianuariis cum in Capitolium nos senatum convocassemus, nihil est actum prius, et id mandatu Sullae Q. Metellus praetor se loqui dixit, Sullam illam rogationem de se nolle ferri. Ex illo tempore L. Caecilius egit de re publica multa; agrariae legi, quae tota a me reprehensa et abiecta est, se intercessorem fore professus est, improbis largitionibus restitit, senatus auctoritatem numquam impedivit, ita se gessit in tribunatu, ut onere deposito domestici officii nihil postea nisi de rei publicae commodis cogitarit. Atque in ipsa rogatione ne per vim quid ageretur, quis tum nostrum Sullam aut Caecilium verebatur? nonne omnis ille terror, *omnis* seditionis timor atque opinio ex Autroni im-

probitate pendebat? Eius voces, eius minae ferebantur, eius aspectus, concursatio, stipatio, greges hominum perditorum metum nobis seditionesque adferebant. Itaque P. Sulla hoc importunissimo cum honoris, tum etiam calamitatis socio atque comite et secundas fortunas amittere coactus est et in adversis sine ullo remedio atque adlevamento permanere.

Hic tu epistulam meam saepe recitas, quam ego ad Cn. Pompeium de meis rebus gestis et de summa re publica misi, et ex ea crimen aliquod in P. Sullam quaeris et, si furorem incredibilem biennio ante conceptum erupisse in meo consulatu scripsi, me hoc demonstrasse dicis, Sullam in illa fuisse superiore coniuratione. Scilicet ego is sum, qui existimem Cn. Pisonem et Catilinam et Vargunteium et Autronium nihil scelerate, nihil audacter ipsos per sese sine P. Sulla facere potuisse. De quo etiamsi quis dubitasset antea, an id, quod tu arguis, cogitasset, interfecto patre tuo consul descendere Kalendis Ianuariis cum lictoribus, sustulisti hanc suspicionem, cum dixisti hunc, ut Catilinam consulem efficeret, contra patrem suum operas et manum comparasse. Quod si tibi ego confitear, tu mihi concedas necesse est hunc, cum Catilinae suffragaretur, nihil de suo consulatu, quem iudicio amiserat, per vim recuperando cogitavisse. Neque enim istorum facinorum tantorum, tam atrocium crimen, iudices, P. Sullae persona suscipit.

Iam enim faciam criminibus omnibus fere dissolutis, contra atque in ceteris causis fieri solet, ut nunc denique de vita hominis ac de moribus dicam. Etenim de principio studuit animus occurrere magnitudini criminis, satis facere expectationi hominum, de se aliquid ipso, qui accusatus eram, dicere; nunc iam revocandi estis eo, quo vos ipsa causa etiam tacente me cogit animos mentesque convertere. Omnibus in rebus, iudices, quae graviores maioresque sunt, quid quisque voluerit, cogitarit, admiserit, non ex crimine,

sed ex moribus eius, qui arguitur, est ponderandum.
Neque enim potest quisquam nostrum subito fingi
neque cuiusquam repente vita mutari aut natura converti. Circumspicite paulisper mentibus vestris, ut
alia mittamus, hosce ipsos homines, qui huic adfines
sceleri fuerunt. Catilina contra rem publicam con-
iuravit. Cuius aures umquam haec respuerunt † conatum esse audacter hominem a pueritia non solum
intemperantia et scelere, sed etiam consuetudine et
studio in omni flagitio, stupro, caede versatum? Quis
eum contra patriam pugnantem perisse miratur, quem
semper omnes ad civile latrocinium natum putaverunt?
Quis Lentuli societates cum indicibus, quis insaniam
libidinum, quis perversam atque impiam religionem
recordatur, qui illum aut nefarie cogitasse aut stulte
sperasse miretur? Quis de C. Cethego atque eius in
Hispaniam profectione ac de vulnere Q. Metelli Pii
cogitat, cui non ad illius poenam carcer aedificatus
esse videatur? Omitto ceteros, ne sit infinitum;
tantum a vobis peto, ut taciti de omnibus, quos coniurasse cognitum est, cogitetis; intellegetis unum
quemque eorum prius ab sua vita quam vestra suspicione esse damnatum. Ipsum illum Autronium,
quoniam eius nomen finitimum maxime est huius periculo et crimini, non sua vita ac natura convicit?
Semper audax, petulans, libidinosus; quem in stuprorum defensionibus non solum verbis uti improbissimis
solitum esse scimus, verum etiam pugnis et calcibus,
quem exturbare homines ex possessionibus, caedem
facere vicinorum, spoliare fana sociorum, vi [conatum]
et armis disturbare iudicia, in bonis rebus omnis contemnere, in malis pugnare contra bonos, non rei publicae cedere, non fortunae ipsi succumbere. Huius
si causa non manifestissimis rebus teneretur, tamen
eum mores ipsius ac vita convinceret.

Agedum, conferte nunc cum illius vita P. Sullae
vobis populoque Romano notissimam, iudices, et eam

ante oculos vestros proponite. Ecquod est huius
factum aut commissum non dicam audacius, sed quod
cuiquam paulo minus consideratum videretur? Factum
quaero; verbum ecquod umquam ex ore huius excidit,
a quo quisquam posset offendi? At vero in illa
gravi L. Sullae turbulentaque victoria quis P. Sulla
mitior, quis misericordior inventus est? Quam multorum hic vitam est a L. Sulla deprecatus! *quam
multi sunt summi homines et ornatissimi et nostri
et equestris ordinis, quorum pro salute se hic Sullae
obligavit! Quos ego nominarem (neque enim ipsi
nolunt et huic animo gratissimo adsunt); sed, quia
maius est beneficium, quam posse debet civis civi
dare, ideo a vobis peto, ut, quod potuit, tempori tribuatis, quod fecit, ipsi. Quid reliquam constantiam 73
vitae commemorem, dignitatem, liberalitatem, moderationem in privatis rebus, splendorem in publicis?
quae ita deformata sunt a fortuna, ut tamen a natura
inchoata conpareant. Quae domus [, quae] celebratio
cotidiana, quae familiarium dignitas, quae studia amicorum, quae ex quoque ordine multitudo! Haec diu multumque et multo labore quaesita una eripuit hora. Accepit P. Sulla, iudices, vulnus vehemens et mortiferum,
verum tamen eius modi, quod videretur huius vita et
natura accipere potuisse. Honestatis enim et dignitatis habuisse nimis magnam iudicatus est cupiditatem;
quam si nemo alius habuit in consulatu petendo,
cupidior iudicatus est hic fuisse quam ceteri; sin
etiam in aliis non nullis fuit iste consulatus amor,
fortuna in hoc fuit fortasse gravior quam in ceteris.
Postea vero quis P. Sullam nisi maerentem, demissum 74
afflictumque vidit, quis umquam est suspicatus hunc
magis odio quam pudore hominum aspectum lucemque vitare? Qui cum multa haberet invitamenta
urbis et fori propter summa studia amicorum, quae
tamen ei sola in malis restiterunt, afuit ab oculis
vestris et. *cum lege retineretur, ipse se exilio paene*

27 multavit. In hoc vos pudore, iudices, et in hac vita
tanto sceleri locum fuisse creditis? Aspicite ipsum,
contuemini os, conferte crimen cum vita, vitam ab
initio usque ad hoc tempus explicatam cum crimine
75 recognoscite. Mitto rem publicam, quae fuit semper
Sullae carissima; hosne amicos, tales viros, tam cupidos sui, per quos res eius secundae quondam erant
ornatae, nunc sublevantur adversae, crudelissime perire
voluit, ut cum Lentulo et Catilina et Cethego foe-
dissimam vitam ac miserrimam turpissima morte proposita degeret? Non, inquam, cadit in hos mores,
non in hunc pudorem, non in hanc vitam, non in
hunc hominem ista suspicio. Nova quaedam illa inmanitas exorta est, incredibilis fuit ac singularis
furor, ex multis ab adulescentia collectis perditorum
hominum vitiis repente ista tanta inportunitas inau-
76 diti sceleris exarsit. Nolite, iudices, arbitrari hominum
illum impetum et conatum fuisse (neque enim ulla
gens tam barbara aut tam immanis umquam fuit, in
qua non modo tot, sed unus tam crudelis hostis
patriae sit inventus), beluae quaedam illae ex portentis immanes ac ferae forma hominum indutae
extiterunt. Perspicite etiam atque etiam, iudices,
(nihil enim est, quod in hac causa dici possit vehementius) penitus introspicite Catilinae, Autroni, Cethegi,
Lentuli ceterorumque mentes; quas vos in his libidines, quae flagitia, quas turpitudines, quantas audacias,
quam incredibiles furores, quas notas facinorum, quae
indicia parricidiorum, quantos acervos scelerum reperietis! Ex magnis et diuturnis et iam desperatis rei
publicae morbis ista repente vis erupit, ut ea confecta et eiecta convalescere aliquando et sanari civitas
posset; neque enim est quisquam, qui arbitretur illis
inclusis in re publica pestibus diutius haec stare
potuisse. Itaque eos non ad perficiendum scelus, sed
ad luendas rei publicae poenas Furiae quaedam in-
28
77 citaverunt. In hunc igitur gregem vos nunc P. Sullam,

indices, ex his, qui cum hoc vivunt aut vixerunt, honestissimorum hominum gregibus reicietis, ex hoc amicorum numero, ex hac familiarium dignitate in impiorum partem atque in parricidarum sedem atque numerum transferetis? Ubi erit igitur illud firmissimum praesidium pudoris, quo in loco nobis vita ante acta proderit, quod ad tempus existimationis partae fructus reservabitur, si in extremo discrimine ac dimicatione fortunae deseret, si non aderit, si nihil adiuvabit?

Quaestiones nobis servorum accusator et tormenta 78 minitatur. In quibus quamquam nihil periculi suspicamur, tamen illa tormenta gubernat dolor, moderatur natura cuiusque cum animi, tum corporis, regit quaesitor, flectit libido, corrumpit spes, infirmat metus, ut in tot rerum angustiis nihil veritati loci relinquatur. Vita P. Sullae torqueatur, ex ea quaeratur, num quae occultetur libido, num quod lateat facinus, num quae crudelitas, num quae audacia. Nihil erroris erit in causa nec obscuritatis, iudices, si a vobis vitae perpetuae vox, ea quae verissima et gravissima debet esse, audietur. Nullum in hac causa testem timemus, 79 nihil quemquam scire, nihil vidisse, nihil audisse arbitramur. Sed tamen, si nihil vos P. Sullae fortuna (79) movet, iudices, vestra moveat. Vestra enim, qui cum summa elegantia atque integritate vixistis, hoc maxime interest, non ex libidine aut simultate aut levitate testium causas honestorum hominum ponderari, sed in magnis disquisitionibus repentinisque periculis vitam unius cuiusque esse testem. Quam vos, iudices, nolite armis suis spoliatam atque nudatam obicere invidiae, dedere suspicioni; munite communem arcem bonorum, obstruite perfugia improborum; valeat *et* ad poenam et ad salutem plurimum, quam solam videtis ipsam ex sua natura facillime perspici, subito flecti fingique non posse.

Quid vero? haec auctoritas (semper enim est de 29

ea dicendum, quamquam a me timide modiceque dicetur), quid? inquam, haec auctoritas nostra, qui a ceteris coniurationis causis abstinuimus, P. Sullam defendimus, nihil hunc tandem iuvabit? Grave est hoc dictu fortasse, iudices, grave, si appetimus aliquid; si, cum ceteri de nobis silent, non etiam nosmet ipsi tacemus, grave; sed, si laedimur, si accusamur, si in invidiam vocamur, profecto conceditis, iudices, ut nobis libertatem retinere liceat, si minus liceat dignitatem. Accusati sunt uno nomine consulares, ut iam videatur honoris amplissimi nomen plus invidiae quam dignitatis adferre. 'Adfuerunt', inquit, 'Catilinae illumque laudarunt.' Nulla tum patebat, nulla erat cognita coniuratio; defendebant amicum, aderant supplici, vitae eius turpitudinem in summis eius periculis non insequebantur. Quin etiam parens tuus, Torquate, consul reo de pecuniis repetundis Catilinae fuit advocatus, improbo homini, at supplici, fortasse audaci, at aliquando amico. Cui cum adfuit post delatam ad eum primam illam coniurationem, indicavit se audisse aliquid, non credidisse. 'At idem non adfuit alio in iudicio, cum adessent ceteri.' Si postea cognorat ipse aliquid, quod in consulatu ignorasset, ignoscendum est iis, qui postea nihil audierunt; sin illa res prima valuit, num inveterata quam recens debuit esse gravior? Sed si tuus parens etiam in ipsa suspicione periculi sui tamen humanitate adductus advocationem hominis improbissimi sella curuli atque ornamentis et suis et consulatus honestavit, quid est, quam ob rem consulares, qui Catilinae adfuerunt, reprehendantur? 'At idem iis, qui ante hunc causam de coniuratione dixerunt, non adfuerunt.' Tanto scelere astrictis hominibus statuerunt nihil a se adiumenti, nihil opis, nihil auxilii ferri oportere. Atque ut de eorum constantia atque animo in rem publicam dicam, quorum tacita gravitas et fides de uno quoque loquitur neque cuiusquam ornamenta orationis desiderat, potest quisquam dicere umquam meliores, fortiores, constantiores consulares fuisse quam his temporibus et periculis, quibus paene oppressa est res publica? Quis non de communi salute optime, quis non fortissime, quis non constantissime sensit? Neque ego praecipue de consularibus disputo; nam haec et hominum ornatissimorum, qui praetores fuerunt, et universi senatus communis est laus, ut constet post hominum memoriam numquam in illo ordine plus virtutis, plus amoris in rem publicam, plus gravitatis fuisse; sed quia sunt descripti consulares, de his tantum mihi dicendum putavi, quod satis esset ad testandam omnium memoriam, neminem esse ex illo honoris gradu, qui non omni studio, virtute, auctoritate incubuerit ad rem publicam conservandam.

Sed quid? ego, qui Catilinam non laudavi, qui reo Catilinae consul non adfui, qui testimonium de coniuratione dixi in alios, adeone vobis alienus a sanitate, adeo oblitus constantiae meae, adeo immemor rerum a me gestarum esse videor, ut, cum consul bellum gesserim cum coniuratis, nunc eorum ducem servare cupiam et in animum inducam, cuius nuper ferrum rettuderim flammamque restinxerim, eiusdem nunc causam vitamque defendere? Si medius fidius, iudices, non me ipsa res publica meis laboribus et periculis conservata ad gravitatem animi et constantiam sua dignitate revocaret, tamen hoc natura est insitum, ut, quem timueris, quicum de vita fortunisque contenderis, cuius ex insidiis evaseris, hunc semper oderis. Sed cum agatur honos meus amplissimus, gloria rerum gestarum singularis, cum, quotiens quisque est in hoc scelere convictus, totiens renovetur memoria per me inventae salutis, ego sim tam demens, ego committam, ut ea, quae pro salute omnium gessi, casu magis et felicitate a me quam virtute et consilio gesta esse videantur? 'Quid ergo? hoc tibi sumis', 84 licet fortasse quispiam, 'ut, quia tu defendis, innocens iudicetur?' Ego vero, iudices, non modo mihi nihil adsumo, in quo quispiam repugnet, sed etiam, si quid ab omnibus conceditur, id reddo ac remitto. Non in ea re publica versor, non iis temporibus meum caput obtuli pro patria periculis omnibus, non aut ita sunt extincti, quos vici, aut ita grati, quos servavi, ut ego mihi plus appetere coner, quam quantum omnes inimici invidique patiantur. Grave esse videtur eum, qui investigarit coniurationem, qui patefecerit, qui oppresserit, cui senatus singularibus verbis gratias egerit, cui uni togato supplicationem decreverit, dicere in iudicio: 'Non defenderem, si coniurasset.' Non dico id, quod grave est, dico illud, quod in his causis coniurationis non auctoritati adsumam, sed pudori meo: 'Ego ille coniurationis investigator atque ultor certe non defenderem Sullam, si coniurasse arbitrarer.' Ego, iudices, de tantis omnium periculis cum quaererem omnia, multa audirem, crederem non omnia, caverem omnia, dico hoc, quod initio dixi, nullius indicio, nullius nuntio, nullius suspicione, nullius litteris de P. Sulla rem ullam ad me esse delatam.

Quam ob rem vos, di patrii ac penates, qui huic urbi atque huic rei publicae praesidetis, qui hoc imperium qui hanc libertatem, qui populum Romanum, qui haec tecta atque templa me consule vestro numine auxilioque servastis, testor integro me animo ac libero P. Sullae causam defendere, nullum a me sciente facinus occultari, nullum scelus susceptum contra salutem omnium defendi ac tegi. Nihil de hoc consul comperi nihil suspicatus sum, nihil audivi. Itaque idem ego ille, qui vehemens in alios, qui inexorabilis in ceteros esse visus sum, persolvi patriae, quod debui; reliqua iam a me meae perpetuae consuetudini naturaeque debentur; tam sum misericors, iudices, quam vos, tam mitis quam qui lenissimus; in quo vehemens fui vobiscum, nihil feci nisi coactus, rei publicae praecipitanti subveni, patriam demersam extuli; misericordia unius iudicii calamitate occiderunt. Sed ne extinctor patriae, ne proditor, ne hostis appelletur, ne hanc labem tanti sceleris in familia relinquat, id laborat, id metuit, ne denique hic miser coniurati et conscelerati et proditoris filius nominetur; huic puero, qui est ei vita sua multo carior, metuit, cui honoris integros fructus non sit traditurus, ne aeternam memoriam dedecoris relinquat. Hic vos orat, iudices, parvus, ut se aliquando si non integra fortuna, at ut adflicta patri suo gratulari sinatis. Huic misero notiora sunt itinera iudiciorum et fori quam campi et disciplinarum. Non iam de vita P. Sullae, iudices, sed de sepultura contenditur; vita erepta est superiore iudicio, nunc, ne corpus eiciatur, laboramus. Quid enim est huic reliqui, quod eum in hac vita teneat, aut quid est, quam ob rem haec cuiquam vita videatur? Nuper is homo fuit in civitate P. Sulla, ut nemo ei se neque honore neque gratia neque fortunis anteferret, nunc spoliatus omni dignitate, quae erepta sunt, non repetit; quod fortuna in malis reliqui fecit, ut cum parente, cum liberis, cum fratre, cum his necessariis lugere suam

calamitatem liceat, id sibi ne eripiatis, vos, iudices,
90 obtestatur. Te ipsum iam, Torquate, expletum huius
miseriis esse par erat, et, si nihil aliud Sullae nisi
consulatum abstulissetis, tamen eo contentos vos esse
oportebat; honoris enim contentio vos ad causam, non
inimicitiae deduxerunt. Sed cum huic omnia cum
honore detracta sint, cum in hac fortuna miserrima
ac luctuosissima destitutus sit, quid est, quod expetas
amplius? Lucisne hanc usuram eripere vis plenam
lacrimarum atque maeroris, in qua cum maximo cruciatu ac dolore retinetur? Libenter reddiderit adempta
ignominia foedissimi criminis. An vero inimicum ut
expellas? cuius ex miseriis, si esses crudelissimus,
91 videndo fructum caperes maiorem quam audiendo. O
miserum et infelicem illum diem, quo consul omnibus
centuriis P. Sulla renuntiatus est, o falsam spem, o
volucrem fortunam, o caecam cupiditatem, o prae-
posteram gratulationem! Quam cito illa omnia ex
laetitia et voluptate ad luctum et lacrimas reciderunt,
ut, qui paulo ante consul designatus fuisset, repente
nullum vestigium retineret pristinae dignitatis! Quid
enim erat mali, quod huic spoliato fama, honore, fortunis deesse videretur? aut cui novae calamitati locus
ullus relictus esse? Urget eadem fortuna, quae coepit, repperit novum maerorem, non patitur hominem
calamitosum uno malo adflictum uno in luctu perire.

33
92 Sed iam impedior egomet, iudices, dolore animi,
ne de huius miseria plura dicam. Vestrae sunt iam
partes, iudices, in vestra mansuetudine atque humanitate causam totam repono. Vos reiectione interposita
nihil suspicantibus nobis repentini in nos iudices con-
sedistis ab accusatoribus delecti ad spem acerbitatis,
a fortuna nobis ad praesidium innocentiae constituti.
Ut ego, quid de me populus Romanus existimaret,
quia severus in improbos fueram, laboravi et, quae
prima innocentis mihi defensio est oblata, suscepi, sic
vos severitatem iudiciorum, quae per hos menses in

M. TULLI CICERONIS
PRO A. LICINIO ARCHIA POETA ORATIO.

ARGUMENTUM VETERIS ENARRATORIS AB A. MAIO EDITUM ET SUPPLETUM.

A. Licinius Archias se studiis poëticis dedidit et adprima, ut videbatur, excelluit in hoc genere litterarum. Amicitia igitur etiam viris illustribus familiariter copulatus est, ut ipse M. Tullius in orationis huius narratione confirmat. Interim satis longo intervallo, cum esset cum L. Lucullo in Siciliam profectus et cum ex ea provincia cum eodem L. Lucullo regrederetur, Heracleam venit, quae tunc erat civitas foederata, et ascriptus est in ordinem Heracliensium civis. Tunc Silanus et Carbo coss. legem tulerunt, ut omnes, qui essent ex foederatis populis, civitatem Romanam consequerentur, si modo illo tempore, quo lex lata esset, domicilium in Italia haberent et intra diem sexagesimum professi apud praetorem fuissent. Quae cum Licinio Archiae ad obtinendum ius civitatis Romanae argumenta deessent, quoniam neque tabulis Heracliensium probare poterat ascriptum se in ordinem civium (quippe tabularium civitatis illius exarserat bello sociali), nec bona sua in censum detulerat, reus factus est lege Papia, quae lata fuerat ad eos coërcendos, qui temere et illicite civitatem Romanam usurpassent. Fit ergo status coniecturalis, an ascriptus sit in ordinem Heracliensium et an fecerit omnia, quae is facere debuerit, qui esset e numero foederatorum. Et deficitur quidem multis probationibus, testimonio tamen Heracliensium et vel maxime, quibus tota occupatur oratio, poëticae facultatis et doctrinae iucundissimae gratia nititur. Est etiam omissa coniectura disceptatio per ipsam qualitatem personae, ut civis Romanus debeat adoptari, etiamsi in praeteritum non sit ascitus. — Idem enarrator ad c. 2 § 8 adnotat Q. Ciceronem fratrem M. Tulli oratoris illum fuisse praetorem, apud quem haec habita oratio sit (conf. etiam Cic. epist. ad Q. fratrem III 6. 9), videturque A. Licinius Archias absolutus esse.

quid est in me ingenii, iudices, quod sentio
sit exiguum, aut si qua exercitatio dicendi, in
ne non infitior mediocriter esse versatum, aut si
ee rei ratio aliqua ab optimarum artium studiis
isciplina profecta, a qua ego nullum confiteor
s meae tempus abhorruisse, earum rerum om-
vel in primis hic A. Licinius fructum a me re-
prope suo iure debet. Nam, quoad longissime
mens mea respicere spatium praeteriti temporis
eritiae memoriam recordari ultimam, inde usque
ms hunc video mihi principem et ad suscipiendam
ingrediendam rationem horum studiorum ex-
Quodsi haec vox huius hortatu praeceptis-
onformata non nullis aliquando saluti fuit, a quo
cepimus, quo ceteris opitulari et alios servare
nus, huic profecto ipsi, quantum est situm in
et opem et salutem ferre debemus. Ac ne
a nobis hoc ita dici forte miretur, quod alia
am in hoc facultas sit ingenii neque haec di-
ratio aut disciplina, ne nos quidem huic uni
penitus umquam dediti fuimus. Etenim omnes
quae ad humanitatem pertinent, habent quoddam
une vinclum et quasi cognatione quadam inter
itinentur. Sed ne cui vestrum mirum esse vide-
me in quaestione legitima et in iudicio publico,
es agatur apud praetorem populi Romani, lectis-
virum, et apud severissimos iudices, tanto con-
hominum ac frequentia hoc uti genere dicendi,
non modo a consuetudine iudiciorum, verum
a forensi sermone abhorreat, quaeso a vobis,
hac causa mihi detis hanc veniam accommodatam
eo, vobis, quem ad modum spero, non mole-
ut me pro summo poëta atque eruditissimo
e dicentem hoc concursu hominum litteratissi-
a, hac vestra humanitate, hoc denique praetore
nte iudicium patiamini de studiis humanitatis
terarum paulo loqui liberius et in eius modi

...RO ARCHIA POETA ORATIO.

...propter otium ac studium minime in...
...lisque tractata est, uti prope novo quo...
...tato genere dicendi. Quod si mihi a...
...ncedique sentiam, perficiam profecto, ut...
...ium non modo non segregandum, cum
...mero civium, verum etiam, si non esset,
...ndum fuisse.
...rimum ex pueris excessit Archias atque
..., quibus aetas puerilis ad humanitatem
...t, se ad scribendi studium contulit, pri-
...iae (nam ibi natus est loco nobili),
...am urbe et copiosa atque eruditissimis
...eralissimisque studiis affluenti, celeriter
...nibus ingenii gloria coepit. Post in
...partibus cunctaque Graecia sic eius ad-
...ibantur, ut famam ingenii expectatio
...ctationem ipsius adventus admiratioque
...at Italia tum plena Graecarum artium
...im, studiaque haec et in Latio vehemen-
...antur quam nunc isdem in oppidis et hic
...: tranquillitatem rei publicae non neglege-
...e hunc et Tarentini *et Locrenses* et Regini
...civitate ceterisque praemiis donarunt, et
...iquid de ingeniis poterant iudicare, co-
...e hospitio dignum existimarunt. Hac
...ate famae cum esset iam absentibus
...venit Mario consule et Catulo. Nactus
...onsules eos, quorum alter res ad scri-
...mas, alter cum res gestas, tum etiam
...aures adhibere posset. Statim Luculli,
...us etiam tum Archias esset, eum domum
...nt. Et erat hoc non solum ingenii ac
...rum etiam naturae atque virtutis, ut
...huius adulescentiae prima favit, eadem
...issima senectuti. Erat temporibus illis
...etello illi Numidico et eius Pio filio, au-
.... Aemilio, vivebat cum Q. Catulo et

patre et filio, a L. Crasso colebatur, Lucullos vero et
Drusum et Octavios et Catonem et totam Hortensiorum domum devinctam consuetudine cum teneret,
afficiebatur summo honore, quod eum non solum
5 colebant, qui aliquid percipere atque audire studebant,
verum etiam si qui forte simulabant. Interim satis 4
longo intervallo, cum esset cum M. Lucullo in Siciliam profectus et cum ex ea provincia cum eodem
Lucullo decederet, venit Heracleam. Quae cum esset
10 civitas aequissimo iure ac foedere, adscribi se in eam
civitatem voluit idque, cum ipse per se dignus putaretur, tum auctoritate et gratia Luculli ab Heracliensibus impetravit. Data est civitas Silvani lege et 7
Carbonis: SI QUI FOEDERATIS CIVITATIBUS ADSCRIPTI
15 FUISSENT, SI TUM, CUM LEX FEREBATUR, IN ITALIA
DOMICILIUM HABUISSENT ET SI SEXAGINTA DIEBUS
APUD PRAETOREM ESSENT PROFESSI. Cum hic domicilium Romae multos iam annos haberet, professus
est apud praetorem Q. Metellum, familiarissimum
20 suum. Si nihil aliud nisi de civitate ac lege dicimus, 8
nihil dico amplius; causa dicta est. Quid enim horum
infirmari, Gratti, potest? Heracleaene esse eum adscriptum negabis? Adest vir summa auctoritate et
religione et fide, M. Lucullus; qui se non opinari, sed
25 scire, non audivisse, sed vidisse, non interfuisse, sed
egisse dicit. Adsunt Heraclienses legati, nobilissimi
homines, huius iudicii causa cum mandatis et cum
publico testimonio venerunt; qui hunc adscriptum
Heracliensem dicunt. Hic tu tabulas desideras Hera-
30 cliensium publicas, quas Italico bello incenso tabulario interisse scimus omnes? Est ridiculum ad ea,
quae habemus, nihil dicere, quaerere, quae habere non
possumus, et de hominum memoria tacere, litterarum
memoriam flagitare et, cum habeas amplissimi viri
35 religionem, integerrimi municipii ius iurandum fidemque, ea, quae depravari nullo modo possunt, repudiare,
tabulas, quas idem dicis solere corrumpi, desiderare.

9 An domicilium Romae non habuit is, qui tot annis *ante* civitatem datam sedem omnium rerum ac fortunarum suarum Romae collocavit? An non est professus? Immo vero iis tabulis professus, quae solae ex illa professione collegioque praetorum optinent publicarum tabularum auctoritatem. Nam, cum Appi tabulae neglegentius adservatae dicerentur, Gabini, quamdiu incolumis fuit, levitas, post damnationem calamitas omnem tabularum fidem resignasset, Metellus, homo sanctissimus modestissimusque omnium, tanta diligentia fuit, ut ad L. Lentulum praetorem et ad iudices venerit et unius nominis litura se commotum esse dixerit. His igitur *in* tabulis nullam lituram in nomine A. Licini videtis. Quae cum ita sint, quid est, quod de eius civitate dubitetis, praesertim cum aliis quoque in civitatibus fuerit adscriptus? Etenim, cum mediocribus multis et aut nulla aut humili aliqua arte praeditis gratuito civitatem in Graecia homines inpertiebant, Reginos credo aut Locrenses aut Neapolitanos aut Tarentinos, quod scaenicis artificibus largiri solebant, id huic summa ingenii praedito gloria noluisse! Quid? [cum] ceteri non modo post civitatem datam, sed etiam post legem Papiam aliquo modo in eorum municipiorum tabulas inrepserunt; hic, qui ne utitur quidem illis, in quibus est scriptus, quod 11 semper se Heracliensem esse voluit, reicietur? Census nostros requiris. Scilicet; est enim obscurum proximis censoribus hunc cum clarissimo imperatore, L. Lucullo, apud exercitum fuisse, superioribus cum eodem quaestore fuisse in Asia, primis, Iulio et Crasso, nullam populi partem esse censam. Sed, quoniam census non ius civitatis confirmat ac tantum modo indicat eum, qui sit census, ita se iam tum gessisse, pro cive, iis temporibus, quem tu criminaris ne ipsius quidem iudicio in civium Romanorum iure esse versatum, et testamentum saepe fecit nostris legibus et adiit hereditates civium Romanorum et in beneficiis ad aerarium

elatus est a L. Lucullo pro consule. Quaere argu- 6
menta, si quae potes; numquam enim hic neque suo
neque amicorum iudicio revincetur.

Quaeres a nobis, Gratti, cur tanto opere hoc homine 12
delectemur. Quia suppeditat nobis, ubi et animus ex
hoc forensi strepitu reficiatur et aures convicio defessae
conquiescant. An tu existimas aut suppetere nobis
posse, quod cotidie dicamus in tanta varietate rerum,
nisi animos nostros doctrina excolamus, aut ferre
animos tantam posse contentionem, nisi eos doctrina
eadem relaxemus? Ego vero fateor me his studiis
esse deditum. Ceteros pudeat, si qui ita se litteris
abdiderunt, ut nihil possint ex iis neque ad communem adferre fructum neque in aspectum lucemque
proferre; me autem quid pudeat, qui tot annos ita
vivo, iudices, ut a nullius umquam me tempore aut
commodo aut otium meum abstraxerit aut voluptas
avocarit aut denique somnus retardarit? Quare quis 13
tandem me reprehendat, aut quis mihi iure suscenseat,
si, quantum ceteris ad suas res obeundas, quantum ad
festos dies ludorum celebrandos, quantum ad alias
voluptates et ad ipsam requiem animi et corporis
conceditur temporum, quantum alii tribuunt tempe-
stivis conviviis, quantum denique alveolo, quantum
pilae, tantum mihi egomet ad haec studia recolenda
sumpsero? Atque hoc eo mihi concedendum est
magis, quod ex his studiis haec quoque crescit oratio
et facultas, quae quantacumque in me *est*, numquam
amicorum periculis defuit. Quae si cui levior videtur,
illa quidem certe, quae summa sunt, ex quo fonte
hauriam, sentio. Nam, nisi multorum praeceptis 14
multisque litteris mihi ab adulescentia suasissem nihil
esse in vita magno opere expetendum nisi laudem atque
honestatem, in ea autem persequenda omnes cruciatus
corporis, omnia pericula mortis atque exilii parvi esse
ducenda, numquam me pro salute vestra in tot ac
tantas dimicationes atque in hos profligatorum homi-

num cotidianos impetus obiecissem. Sed pleni omnes
sunt libri, plenae sapientium voces, plena exemplorum vetustas; quae iacerent in tenebris omnia, nisi
litterarum lumen accederet. Quam multas nobis imagines non solum ad intuendum, verum etiam ad imitandum fortissimorum virorum expressas scriptores et
Graeci et Latini reliquerunt! quas ego mihi semper
in administranda re publica proponens animum et
mentem meam ipsa cogitatione hominum excellentium
conformabam.

7 Quaeret quispiam: 'Quid? illi ipsi summi viri,
quorum virtutes litteris proditae sunt, istane doctrina,
quam tu effers laudibus, eruditi fuerunt?' Difficile
est hoc de omnibus confirmare, sed tamen est certum,
quid respondeam. Ego multos homines excellenti
animo ac virtute fuisse sine doctrina et naturae ipsius
habitu prope divino per se ipsos et moderatos et
graves extitisse fateor; etiam illud adiungo, saepius
ad laudem atque virtutem naturam sine doctrina quam
sine natura valuisse doctrinam. Atque idem ego hoc
contendo, cum ad naturam eximiam et inlustrem accesserit ratio quaedam conformatioque doctrinae, tum
illud nescio quid praeclarum ac singulare solere existere. Ex hoc esse hunc numero, quem patres nostri
viderunt, divinum hominem, Africanum, ex hoc C.
Laelium, L. Furium, moderatissimos homines et continentissimos, ex hoc fortissimum virum et illis temporibus doctissimum, *M.* Catonem illum senem; qui
profecto si nihil ad percipiendam colendam*que* virtutem
litteris adiuvarentur, numquam se ad earum studium
contulissent. Quodsi non hic tantus fructus ostenderetur, et si ex his studiis delectatio sola peteretur,
tamen, ut opinor, hanc animi remissionem humanissimam ac liberalissimam iudicaretis. Nam ceterae
neque temporum sunt neque aetatum omnium neque
locorum; at haec studia adulescentiam alunt, senectutem oblectant, secundas res ornant, adversis perfu-

c solacium praebent, delectant domi, non impe-
...ris, pernoctant nobiscum, peregrinantur, rusti-

...dsi ipsi haec neque attingere neque sensu nostro (8)
... possemus, tamen ea mirari deberemus, etiam 17
... aliis videremus. Quis nostrum tam animo 8
... ac duro fuit, ut Rosci morte nuper non com-
...tur? qui cum esset senex mortuus, tamen propter
...tem artem ac venustatem videbatur omnino
...on debuisse. Ergo ille corporis motu tantum
... sibi conciliarat a nobis omnibus; nos ani-
... incredibiles motus celeritatemque ingeniorum
...mus? Quotiens ego hunc Archiam vidi, iudices, 18
...nim vestra benignitate, quoniam me in hoc
...ere dicendi tam diligenter attenditis) quotiens
...ne vidi, cum litteram scripsisset nullam, ma-
...numerum optimorum versuum de iis ipsis rebus,
...m agerentur, dicere ex tempore, quotiens revo-
...eandem rem dicere commutatis verbis atque
...iis! Quae vero accurate cogitateque scripsisset,
...vidi probari, ut ad veterum scriptorum laudem
...ret. Hunc ego non diligam, non admirer, non
...atione defendendum putem? Atque sic a sum-
...minibus eruditissimisque accepimus, ceterarum
...studia ex doctrina et praeceptis et arte con-
...poëtam natura ipsa valere et mentis viribus
... et quasi divino quodam spiritu inflari. Quare
...e noster ille Ennius 'sanctos' appellat poëtas,
...uasi deorum aliquo dono atque munere com-
...i nobis esse videantur. Sit igitur, iudices, 19
... apud vos, humanissimos homines, hoc poëtae
... quod nulla umquam barbaria violavit. Saxa
...udines voci respondent, bestiae saepe immanes
...ectuntur atque consistunt; nos instituti rebus
... non poëtarum voce moveamur? Homerum
...onii civem esse dicunt suum, Chii suum vin-
...Salaminii repetunt, Smyrnaei vero suum esse

confirmant itaque etiam delubrum eius in oppido dedicaverunt, permulti alii praeterea pugnant inter se
9 atque contendunt. Ergo illi alienum, quia poëta fuit, post mortem etiam expetunt; nos hunc vivum, qui et voluntate et legibus noster est, repudiabimus, praesertim cum omne olim studium atque omne ingenium contulerit Archias ad populi Romani gloriam laudemque celebrandam? Nam et Cimbricas res adulescens attigit et ipsi illi C. Mario, qui durior ad haec studia
20 videbatur, iucundus fuit. Neque enim quisquam est tam aversus a Musis, qui non mandari versibus aeternum suorum laborum facile praeconium patiatur. Themistoclem illum, summum Athenis virum, dixisse aiunt, cum ex eo quaereretur, quod acroama aut cuius vocem libentissime audiret: 'eius, a quo sua virtus optime praedicaretur.' Itaque ille Marius item eximie L. Plotium dilexit, cuius ingenio putabat ea, quae
21 gesserat, posse celebrari. Mithridaticum vero bellum magnum atque difficile et in multa varietate terra marique versatum totum ab hoc expressum est; qui libri non modo L. Lucullum, fortissimum et clarissimum virum, verum etiam populi Romani nomen illustrant. Populus enim Romanus aperuit Lucullo imperante Pontum et regiis quondam opibus et ipsa natura et regione vallatum, populi Romani exercitus eodem duce non maxima manu innumerabilis Armeniorum copias fudit, populi Romani laus est urbem amicissimam Cyzicenorum eiusdem consilio ex omni impetu regio atque totius belli ore ac faucibus ereptam esse atque servatam; nostra semper feretur et praedicabitur L. Lucullo dimicante, cum interfectis ducibus depressa hostium classis est, incredibilis apud Tenedum pugna illa navalis, nostra sunt tropaea, nostra monumenta, nostri triumphi. Quae quorum ingeniis ecferuntur, ab iis populi Romani fama cele-
22 bratur. Carus fuit Africano superiori noster Ennius, itaque etiam in sepulcro Scipionum putatur is esse

constitutus ex marmore; cuius laudibus certe non solum ipse, qui laudatur, sed etiam populi Romani nomen ornatur. In caelum huius proavus Cato tollitur; magnus honos populi Romani rebus adiungitur. Omnes denique illi Maximi, Marcelli, Fulvii non sine communi omnium nostrum laude decorantur. Ergo illum, qui 10 haec fecerat, Rudinum hominem maiores nostri in civitatem receperunt; nos hunc Heracliensem multis civitatibus expetitum, in hac autem legibus constitutam de nostra civitate eiciemus?

Nam, si quis minorem gloriae fructum putat ex 23 Graecis versibus percipi quam ex Latinis, vehementer errat, propterea quod Graeca leguntur in omnibus fere gentibus, Latina suis finibus exiguis sane continentur. Quare, si res eae, quas gessimus, orbis terrae regionibus definiuntur, cupere debemus, quo manuum nostrarum tela pervenerint, eodem gloriam famamque penetrare, quod cum ipsis populis, de quorum rebus scribitur, haec ampla sunt, tum iis certe, qui de vita gloriae causa dimicant, hoc maximum et periculorum incitamentum est et laborum. Quam multos scrip- 24 tores rerum suarum magnus ille Alexander secum habuisse dicitur! Atque is tamen, cum in Sigeo ad Achillis tumulum adstitisset: 'O fortunate', inquit, 'adulescens, qui tuae virtutis Homerum praeconem inveneris!' Et vere. Nam, nisi Ilias illa extitisset, idem tumulus, qui corpus eius contexerat, nomen etiam obruisset. Quid? noster hic Magnus, qui cum virtute fortunam adaequavit, nonne Theophanem Mytilenaeum, scriptorem rerum suarum, in contione militum civitate donavit, et nostri illi fortes viri, sed rustici ac milites dulcedine quadam gloriae commoti quasi participes eiusdem laudis magno illud clamore approbaverunt? Itaque, credo, si civis Ro- 25 manus Archias legibus non esset, ut ab aliquo imperatore civitate donaretur, perficere non potuit. Sulla cum Hispanos et Gallos donaret, credo, hunc petentem repudiasset; quem nos in contione vidimus, cum ei libellum malus poëta de populo subiecisset, quod epigramma in eum fecisset tantum modo alternis versibus longiusculis, statim ex iis rebus, quas tum vendebat, iubere ei praemium tribui, sed ea condicione, ne quid postea scriberet. Qui sedulitatem mali poëtae duxerit aliquo tamen praemio dignam, huius ingenium et virtutem in scribendo et copiam non expetisset? Quid? a Q. Metello Pio, familiarissimo suo, qui civitate multos donavit, neque per se neque per Lucullos impetravisset? qui praesertim usque eo de suis rebus scribi cuperet, ut etiam Cordubae natis poëtis pingue quiddam sonantibus atque peregrinum tamen aures suas dederet. Neque enim est hoc dissimulandum, quod obscurari non potest, sed prae nobis ferendum: Trahimur omnes studio laudis, et optimus quisque maxime gloria ducitur. Ipsi illi philosophi etiam in iis libellis, quos de contemnenda gloria scribunt, nomen suum inscribunt; in eo · ipso, in quo praedicationem nobilitatemque despiciunt, praedicari de se ac nominari volunt. Decimus quidem Brutus, summus vir et imperator, Acci, amicissimi sui, carminibus templorum ac monimentorum aditus exornavit suorum. Iam vero ille, qui cum Aetolis Ennio comite bellavit, Fulvius non dubitavit Martis manubias Musis consecrare. Quare, in qua urbe imperatores prope armati poëtarum nomen et Musarum delubra coluerunt, in ea non debent togati iudices a Musarum honore et a poëtarum salute abhorrere.

Atque ut id libentius faciatis, iam me vobis, iudices, indicabo et de meo quodam amore gloriae nimis acri fortasse, verum tamen honesto vobis confitebor. Nam, quas res nos in consulatu nostro vobiscum simul pro salute huius *urbis* atque imperii et pro vita civium proque universa re publica gessimus, attigit hic versibus atque inchoavit. Quibus auditis, quod mihi magna res et iucunda visa est, hunc ad perficiendum adhortatus sum. Nullam enim virtus aliam mercedem laborum periculorumque desiderat praeter hanc laudis et gloriae; qua quidem detracta, iudices, quid est, quod in hoc tam exiguo vitae curriculo et tam brevi tantis nos in laboribus exerceamus? Certe, si nihil animus praesentiret in posterum, et si, quibus regionibus vitae spatium circumscriptum est, eisdem omnes cogitationes terminaret suas, nec tantis se laboribus frangeret neque tot curis vigiliisque angeretur nec totiens de ipsa vita dimicaret. Nunc insidet quaedam in optimo quoque virtus, quae noctes ac dies animum gloriae stimulis concitat atque admonet non cum vitae tempore esse dimittendam commemorationem nominis nostri, sed cum omni posteritate adaequandam. An vero tam parvi animi videamur esse omnes, qui in re publica atque in his vitae periculis laboribusque versamur, ut, cum usque ad extremum spatium nullum tranquillum atque otiosum spiritum duxerimus, nobiscum simul moritura omnia arbitremur? An statuas et imagines, non animorum simulacra, sed corporum, studiose multi summi homines reliquerunt; consiliorum relinquere ac virtutum nostrarum effigiem nonne multo malle debemus summis ingeniis expressam et politam? Ego vero omnia, quae gereham, iam tum in gerendo spargere me ac disseminare arbitrabar in orbis terrae memoriam sempiternam. Haec vero *sive* a meo sensu post mortem afutura est sive, ut sapientissimi homines putaverunt, ad aliquam animi mei partem pertinebit, nunc quidem certe cogitatione quadam speque delector.

Quare conservate, iudices, hominem pudore eo, quem amicorum videtis comprobari cum dignitate, tum etiam vetustate, ingenio autem tanto, quantum id convenit existimari, quod summorum hominum ingeniis expetitum esse videatis, causa vero eius modi, quae beneficio legis, auctoritate municipii, testimonio Luculli, tabulis Metelli comprobetur. Quae cum ita sint, petimus a *vobis*, iudices, si qua non modo humana, verum etiam divina in tantis ingeniis commendat debet esse, ut eum, qui vos, qui vestros imperatore qui populi Romani res gestas semper ornavit, q etiam his recentibus nostris vestrisque domestici periculis aeternum se testimonium laudis daturun esse profitetur estque ex eo numero, qui semper apud omnes sancti sunt habiti itaque dicti, sic in vestram accipiatis fidem, ut humanitate vestra levatus potius quam acerbitate violatus esse videatur.

32 Quae de causa pro mea consuetudine breviter simpliciterque dixi, iudices, ea confido probata esse omnibus; quae a forensi aliena iudicialique consuetudine et de hominis ingenio et communiter de ipso studio locutus sum, ea, iudices, a vobis spero esse in bonam partem accepta, ab eo, qui iudicium exercet, certe scio.

M. TULLI CICERONIS
PRO L. FLACCO ORATIO.

ARGUMENTUM.

L. Valerius Flaccus, qui in opprimenda coniuratione [Catilinae] eiusque sociorum M. Ciceronem consulem egregie [iu]verat, anno u. c. 691 sorte nactus erat Asiam provinciam [quam] provinciam anno post D. Iunio Silano L. Licinio [Mur]ena coss. satis quidem avare atque iniuste, ut videtur, ad[mi]straverat. Anno post cum ei successisset Q. Cicero (v. ad Att. I 15. 1), Romam rediit. Hic provinciales, quorum [com]moda laeserat, ut suam rem augeret, L. Flacco accusatio[nem] de pecuniis repetundis parare studuerunt eoque facilius [per]straverunt, ut eam accusationem D. Laelius susciperet [eum]que subscriptores adiuvarent L. Balbus et Appuleius Deci[mus], quod L. Flaccus propter partium studium inimicitias [plu]rum contraxerat eiusque condemnatio facile perfici posse [vide]batur. Cum D. Laelius ad investiganda crimina compa[randas]que litteras ac testimonia, quibus accusationem stabi[liret], multum sibi temporis sumpsisset, iudicium demum C. [Iulio] Caesare M. Calpurnio Bibulo coss. anno u. 695 factum est, [atque] in iudicio L. Flaccum praeter Q. Hortensium, cuius de [orat]ione conferatur Ciceronis ad Atticum epist. II 15. 1, hac [ipsa], cuius maxima pars novis fragmentis Angeli Mai opera [nunc] adaucta infra legitur, oratione defendit eiusque absolu[tion]em perfecit. Vid. Macrob. Saturn. II 1. 13.

Cum in maximis periculis huius urbis atque im[peri]i, gravissimo atque acerbissimo rei publicae casu [soci]o atque adiutore consiliorum periculorumque meo[rum,] L. Flacco caedem a vobis, coniugibus, liberis 1,1

vestris, vastitatem a templis, delubris, urbe, Italia
depellebam, sperabam, iudices, honoris potius L. Flacci
me adiutorem futurum quam miseriarum deprecatorem.
Quod enim esset praemium dignitatis, quod populus
Romanus cum huius maioribus semper detulisset, huic
denegaret, cum L. Flaccus veterem Valeriae gentis in
liberanda patria laudem prope quingentesimo anno
2 rei publicae rettulisset? Sed si forte aliquando aut
beneficii huius obtrectator aut virtutis hostis aut
laudis invidus exstitisset, existimabam L. Flacco multitudinis potius imperitae nullo tamen cum periculo
quam sapientissimorum et lectissimorum virorum iudicium esse subeundum. Etenim, quibus auctoribus
et defensoribus omnium tum salus esset non civium
solum, verum etiam gentium defensa ac retenta, neminem umquam putavi per eos ipsos periculum huius
fortunis atque insidias creaturum. Quodsi esset aliquando futurum, ut aliquis de L. Flacci pernicie cogi-
taret, numquam tamen existimavi, iudices, D. Laelium, optimi viri filium, optima ipsum spe praeditum
summae dignitatis, eam suscepturum accusationem,
quae sceleratorum civium potius odio et furori quam
ipsius virtuti atque institutae adulescentiae conveniret.
Etenim, cum a clarissimis viris iustissimas inimicitias
saepe cum bene meritis civibus depositas esse vidissem, non sum arbitratus quemquam amicum rei
publicae, posteaquam L. Flacci amor in patriam per-
spectus esset, novas huic inimicitias nulla accepta in-
3 iuria denuntiaturum. Sed quoniam, iudices, multa nos
et in nostris rebus et in re publica fefellerunt, ferimus
ea, quae sunt ferenda; tantum a vobis petimus, ut
omnia rei publicae subsidia, totum statum civitatis,
omnem memoriam temporum praeteritorum, salutem
praesentium, spem reliquorum in vestra potestate,
in vestris sententiis, in hoc uno iudicio positam esse
et defixam putetis. Si umquam res publica consilium,
gravitatem, sapientiam [, providentiam] iudicum im-

ploravit, hoc, hoc, inquam, tempore implorat. Non 2
estis de Lydorum aut Mysorum aut Phrygum, qui
huc compulsi concitatique venerunt, sed de vestra re
publica iudicaturi, de civitatis statu, de communi
salute, de spe bonorum omnium, si qua reliqua est
etiam nunc, quae fortium civium mentes cogitationesque
sustentet; omnia alia perfugia bonorum, praesidia innocentium, subsidia rei publicae, consilia, auxilia, iura
ceciderunt. Quem enim [alium] appellem, quem obtester, 4
quem implorem? senatumne? At is ipse auxilium petit
a vobis et confirmationem auctoritatis suae vestrae
potestati permissam esse sentit. An equites Romanos?
Iudicabitis principes eius ordinis quinquaginta, quod
cum omnibus senseritis. An populum Romanum? At
is quidem omnem suam de nobis potestatem tradidit
vobis. Quam ob rem, nisi hoc loco, nisi apud vos,
nisi per vos, iudices, non auctoritatem, quae amissa
est, sed salutem nostram, quae spe exigua extremaque
pendet, tenuerimus, nihil est praeterea, quo confugere
possimus; nisi forte, quae res hoc iudicio temptetur,
quid agatur, cui causae fundamenta iaciantur, iudices,
non videtis. Condemnatus est is, qui Catilinam signa 5
patriae inferentem interemit; quid est causae, cur non
is, qui Catilinam ex urbe pepulit, pertimescat? Rapitur ad poenam, qui indicia communis exitii cepit;
cur sibi confidat is, qui ea proferenda et patefacienda
curavit? Socii consiliorum, ministri comitesque vexan-
tur; quid auctores, quid duces, quid principes sibi ex-
spectent? Atque utinam inimici nostri ac bonorum
omnium mecum potius contendant! Utrum tum omnes
boni duces nostri an comites fuerint ad communem
conservandam salutem ***

FRAGMENTA A SCHOLIASTA BOBIENSI
SERVATA.

Strangulatos maluit dicere.
Quid sibi meus necessarius Caetra voluit?

Quid vero Decianus?

Utinam esset proprie mea! Senatus igitur magna ex parte ***

Di, inquam, immortales! Lentulum ***

Fragmentum Mediolanense.

*** externum cum domestica vita naturaque constaret. Itaque non patiar, D. Laeli, te tibi hoc sumere atque hanc ceteris in posterum, nobis in praesens tempus legem condicionemque ***

Cum adulescentiam notaris, cum reliquum tempus aetatis turpitudinis maculis consperseris, cum privatarum rerum ruinas, cum domesticas labes, cum urbanam infamiam, cum Hispaniae, Galliae, Ciliciae Cretae, quibus in provinciis non obscure versatus es vitia et flagitia protuleris, tum denique, quid Tmolita et Lorymeni de L. Flacco existiment, audiemus. Quem vero tot tam gravesque provinciae salvum esse cupian quem plurimi cives tota ex Italia devincti necess tudine ac vetustate defendant, quem haec communi nostrum omnium patria propter recentem summi bene ficii memoriam complexa teneat, hunc etiamsi tot Asia deposcit ad supplicium, defendam, resista Quid? si neque tota neque optima neque incorrup neque sua sponte nec iure nec more nec vere n religiose nec integre, si inpulsa, si sollicitata, si co citata, si coacta, si impie, si temere, si cupide, si i constanter nomen suum misit in hoc iudicium p egentissimos testes, ipsa autem nihil queri vere iniuriis potest, tamenne, iudices, haec ad breve temp audita longinqui temporis cognitarum rerum fide derogabunt? Tenebo igitur hunc ordinem defens quem fugit inimicus, et accusatorem urgebo atque sequar et ultro crimen ab adversario flagitabo. Qu est, Laeli? num quid ea .... qui quidem non in umb *neque* in illius aetatis disciplinis artibusque versat *est?* Etenim puer cum patre consule ad bellum

profectus. Nimirum etiam hoc ipso nomine aliquid
.. ia sus ***

FRAGMENTA SCHOLIASTAE BOBIENSIS.

Sed si neque Asiae luxuries infirmissimum tempus aetatis ***

Ex hoc aetatis gradu se ad exercitum C. Flacci patrui contulit.

Tribunus militaris cum P. Servilio, gravissimo et sanctissimo cive, profectus.

Quorum amplissimis iudiciis ornatus quaestor factus est.

M. Pisone, qui cognomen frugalitatis nisi accepisset, ipse peperisset.

Idem novum bellum suscepit atque confecit.

Non Asiae testibus, sed accusatoribus contubernalibus traditus.

Hunc igitur virum, Laeli, quibus tandem rebus oppugnas? Fuit P. Servilio imperatore in Cilicia tribunus militum; ea res siletur. Fuit M. Pisoni quaestor in Hispania; vox de quaestura missa nulla est. Bellum Cretense ex magna parte gessit atque una cum summo imperatore sustinuit; muta est huius temporis accusatio. Praeturae iuris dictio, res varia et multiplex ad suspiciones et simultates, non attingitur. At vero in summo et periculosissimo rei publicae tempore etiam ab inimicis eadem praetura laudatur. At a testibus laeditur. Antequam dico, a quibus qua spe, qua vi, qua re concitatis, qua levitate, qua egestate, qua perfidia, qua audacia praeditis, dicam de genere universo et de condicione omnium nostrum. Per deos immortales! iudices, vos, quo modo is, qui anno ante Romae ius dixerat, anno post in Asia ius dixerit, a testibus quaeretis ignotis, ipsi coniectura nihil iudicabitis? In tam varia iuris dictione tam multa decreta, tot hominum gratiosorum laesae voluntates! quae est umquam iacta non suspicio (quae tamen solet esse falsa), sed iracundiae vox aut doloris? Et is est reus avaritiae, qui in uberrima re turpe compendium, in maledicentissima civitate, in suspiciosissimo negotio maledictum omne, non modo crimen effugit? Praetereo illa, quae praetereunda non sunt, nullum huius in privatis rebus factum avarum, nullam in re pecuniaria contentionem, nullam in re familiari sordem posse proferri. Quibus igitur testibus ego hosce possum refutare nisi vobis? Tmolites ille vicanus, homo non modo nobis, sed ne inter suos quidem notus, vos docebit, qualis sit L. Flaccus? quem vos modestissimum adulescentem, provinciae maximae sanctissimum virum, vestri exercitus fortissimum militem, diligentissimum ducem, temperantissimum legatum quaestoremque cognoverunt, quem vos praesentes constantissimum senatorem, iustissimum praetorem, [atque] amantissimum rei publicae civem iudicavistis. De quibus vos aliis testes esse debetis, de iis ipsi alios testes audietis? At quos testes? Primum dicam, id quod est commune, Graecos; non quo nationi huic ego unus maxime fidem derogem. Nam, si quis umquam de nostris hominibus a genere isto studio ac voluntate non abhorrens fuit, me et esse arbitror et magis etiam tum, cum plus erat otii, fuisse. Sed sunt in illo numero multi boni, docti, pudentes, qui ad hoc iudicium deducti non sunt, multi impudentes, illiterati, leves, quos variis de causis video concitatos Verum tamen hoc dico de toto genere Graecorum: Tribuo illis litteras, do multarum artium disciplinam, non adimo sermonis leporem, ingeniorum acumen, dicendi copiam, denique etiam, si quae sibi alia sumunt, non repugno; testimoniorum religionem et fidem numquam ista natio coluit, totiusque huiusce rei quae sit vis, quae auctoritas, quod pondus, ignorant. Unde illud est: 'Da mihi testimonium mutuum'? num Gallorum, num Hispanorum putatur? Totum istud *Graecorum* est, ut etiam, qui Graece nesciunt, hoc

quibus verbis a Graecis dici soleat, sciant. Itaque
videte, quo vultu, qua confidentia dicant; tum intellegetis, qua religione dicant. Numquam nobis ad
rogatum respondent, semper accusatori plus quam ad
rogatum, numquam laborant, quem ad modum probent,
quod dicunt, sed quem ad modum se explicent dicendo.
Iratus Flacco dixit M. Lurco, quod, ut ipse aiebat,
libertus erat eius turpi iudicio condemnatus. Nihil
dixit, quod laederet, cum cuperet; impediebat enim
religio; tamen id, quod dixit, quanto cum pudore, quo
tremore et pallore dixit! Quam promptus homo P. 11
Septimius, quam iratus de iudicio et de vilico! Tamen
haesitabat, tamen eius iracundiae religio non numquam
repugnabat. Inimicus M. Caelius, quod, cum in re
manifesta putasset nefas esse publicanum iudicare
contra publicanum, sublatus erat e numero recuperatorum, tamen tenuit se neque attulit in iudicium
quicquam ad laedendum nisi voluntatem. Hi si Graeci 5
fuissent, ac nisi nostri mores ac disciplina plus valeret
quam dolor ac simultas, omnes se spoliatos, vexatos,
fortunis eversos esse dixissent. Graecus testis cum
ea voluntate processit, ut laedat, non iuris iurandi,
sed laedendi verba meditatur; vinci, refelli, coargui
putat esse turpissimum; ad id se parat, nihil curat
aliud. Itaque non optimus quisque nec gravissimus,
sed impudentissimus loquacissimusque deligitur. Vos 12
autem in privatis minimarum rerum iudiciis testem
diligenter expenditis; etiamsi formam hominis, si
nomen, si tribum nostis, mores tamen exquirendos
putatis. Qui autem dicit testimonium ex nostris
hominibus, ut se ipse sustentat, ut omnia verba moderatur, ut timet, ne quid iracunde, ne quid plus minusve, quam sit necesse, dicat! Num illos item putatis,
quibus ius iurandum iocus est, testimonium ludus,
existimatio verba et ineptiae, laus, merces, gratia, gratulatio proposita est omnis in impudenti mendacio?
Sed non dilatabo orationem meam; etenim potest

esse infinita, si mihi libeat totius gentis in testimoniis dicendis explicare levitatem. Sed proprius accedam; de his nostris testibus dicam.

13 Vehementem accusatorem nacti sumus, iudices, et inimicum in omni genere odiosum ac molestum; quem spero his nervis fore magno usui et amicis et rei publicae; sed certe inflammatus incredibili cupiditate hanc causam accusationemque suscepit. Qui comitatus in inquirendo! Comitatum dico; immo vero quantus exercitus! quae iactura, qui sumptus, quanta largitio! Quae quamquam utilia sunt causae, timide tamen dico, quod vereor, ne Laelius ex his rebus, quas sibi suscepit gloriae causa, putet aliquid oratione mea sermonis in sese aut invidiae esse quaesitum.

6 Itaque hanc partem totam relinquam; tantum a vobis petam, iudices, ut, si quid ipsi audistis communi fama atque sermone de vi, de manu, de armis, de copiis, memineritis; quarum rerum invidia lege hac recenti ac nova certus est inquisitioni comitum numerus con-

14 stitutus. Sed ut hanc vim omittam, quanta illa sunt, quae quoniam accusatorio iure et more sunt facta, reprehendere non possumus, queri tamen cogimur! primum quod distributis partibus sermo est tota Asia dissipatus Cn. Pompeium, quod L. Flacco esset vehementer inimicus, contendisse a D. Laelio, paterno amico ac pernecessario, ut hunc hoc iudicio arcesseret, omnemque ei suam auctoritatem, gratiam, copias, opes ad hoc negotium conficiendum detulisse. Id hoc veri similius Graecis hominibus videbatur, quod paulo ante in eadem provincia familiarem Laelium Flacco viderant. Pompei autem auctoritas cum apud omnes tanta est, quanta esse debet, tum excellit in ista provincia, quam nuper et praedonum et regum bello liberavit. Adiunxit illa, ut eos, qui domo exire nolebant, testimonii denuntiatione terreret, qui domi stare non pot-

15 erant, largo et liberali viatico commoveret. Sic adulescens ingenii plenus locupletes metu, tenues praemio,

stultos errore permovit; sic sunt expressa ista praeclara, quae recitantur, psephismata non sententiis neque auctoritatibus declarata, non iure iurando constricta, sed porrigenda manu profundendoque clamore multitudinis concitatae.

O morem praeclarum disciplinamque, quam a maioribus accepimus, siquidem teneremus! sed nescio quo pacto iam de manibus elabitur. Nullam enim illi nostri sapientissimi et sanctissimi viri vim contionis esse voluerunt; quae scisceret plebes, aut quae populus iuberet, summota contione, distributis partibus, tributim et centuriatim discriptis ordinibus, classibus, aetatibus, auditis auctoribus, re multos dies promulgata et cognita iuberi vetarique voluerunt. Graecorum autem totae res publicae sedentis contionis temeritate administrantur. Itaque, ut hanc Graeciam, quae iam diu suis consiliis perculsa et afflicta est, omittam, illa vetus, quae quondam opibus, imperio, gloria floruit, hoc uno malo concidit, libertate immoderata ac licentia contionum. Cum in theatro imperiti homines rerum omnium rudes ignarique consederant, tum bella inutilia suscipiebant, tum seditiosos homines rei publicae praeficiebant, tum optime meritos cives e civitate eiciebant. Quodsi haec Athenis tum, cum illae non solum in Graecia, sed prope cunctis gentibus enitebant, accidere sunt solita, quam moderationem putatis in Phrygia aut in Mysia contionum fuisse? Nostras contiones illarum nationum homines plerumque perturbant; quid, cum soli sint ipsi, tandem fieri putatis? Caesus est virgis Cymaeus ille Athenagoras, qui in fame frumentum exportare erat ausus. Data Laelio contio est. Processit ille et Graecus apud Graecos non de culpa sua dixit, sed de poena questus est. Porrexerunt manus; psephisma natum est. Hoc testimonium est? Nuper epulati, paulo ante omni largitione saturati Pergameni, quod Mithridates, qui multitudinem illam non auctoritate sua, sed sagina tenebat, se velle dixit, id sutores et zonarii conclamarunt. Hoc testimonium est civitatis? Ego testes a Sicilia publice deduxi; verum erant ea testimonia non concitatae contionis, sed iurati senatus. Quare iam non est mihi contentio cum teste, vobis videndum est, sintne haec testimonia putanda.

Adulescens bonus, honesto loco natus, disertus cum maximo ornatissimoque comitatu venit in oppidum Graecorum, postulat contionem, locupletes homines et graves, ne sibi adversentur, testimonii denuntiatione deterret, egentes et leves spe legationis et viatico publico, privata etiam benignitate prolectat. Opifices et tabernarios atque illam omnem faecem civitatum quid est negotii concitare, in eum praesertim, qui nuper summo cum imperio fuerit, summo autem in amore esse propter ipsum imperii nomen non potuerit? Mirandum vero est homines eos, quibus odio sunt nostrae secures, nomen acerbitati, scriptura, decumae, portorium morti, libenter arripere facultatem laedendi, quaecumque detur! Mementote igitur, cum audietis psephismata, non audire vos testimonia, audire temeritatem vulgi, audire vocem levissimi cuiusque, audire strepitum imperitorum, audire contionem concitatam levissimae nationis. Itaque perscrutamini penitus naturam rationemque criminum; iam nihil praeter speciem, nihil praeter terrorem ac minas reperietis.

*** In aerario nihil habent civitates, nihil in vectigalibus. Duae rationes conficiendae pecuniae, aut versura aut tributo; nec tabulae creditoris proferantur, nec tributi confectio ulla recitatur. Quam vero facile falsas rationes inferre et in tabulas, quodcumque commodum est, referre soleant, ex Cn. Pompei litteris ad Hypsaeum et Hypsaei ad Pompeium missis, quaeso, cognoscite. LITTERAE POMPEI ET HYPSAEI. Satisne vobis coarguere his auctoribus dissolutam Graecorum consuetudinem licentiamque impudentem videmur? *Nisi forte*, qui Cn. Pompeium, qui praesentem, qui nullo impellente fallebant, eos urgente Laelio in absentem et in L. Flaccum aut timidos fuisse aut religiosos putamus. Sed fuerint incorruptae litterae domi; 21 nunc vero quam habere auctoritatem aut quam fidem possunt? Triduo lex ad praetorem deferri, iudicum signis obsignari iubet; tricesimo die vix deferuntur. Ne corrumpi tabulae facile possint, idcirco lex obsignatas in publico poni voluit; at obsignantur corruptae. Quid refert igitur, tanto post ad iudices deferantur an omnino non deferantur?

Quid? si testium studium cum accusatore sociatum 10 est, tamenne isti testes habebuntur? Ubi est igitur illa exspectatio, quae versari in iudiciis solet? Nam antea, cum dixerat accusator acriter et vehementer, cumque defensor suppliciter demisseque responderat, tertius ille erat exspectatus locus testium, qui aut sine ullo studio dicebant aut cum dissimulatione aliqua cupiditatis. Hoc vero quid est? Una sedent, ex 22 accusatorum subselliis surgunt, non dissimulant, non verentur. De subselliis queror; una ex domo prodeunt; si verbo titubaverint, quo revertantur, non habebunt. An quisquam esse testis potest, quem accusator sine cura interroget nec metuat, ne sibi aliquid, quod ipse nolit, respondeat? Ubi est igitur illa laus oratoris, quae vel in accusatore antea vel in patrono spectari solebat: 'Bene testem interrogavit; callide accessit, reprehendit; quo voluit, adduxit; convicit et elinguem reddidit'? Quid tu istum roges, Laeli, qui, priusquam 23 hoc 'TE ROGO' dixeris, plura etiam effundet, quam tu ei domi ante praescripseris? Quid ego autem defensor rogem? Nam aut oratio testium refelli solet aut vita laedi. Qua disputatione orationem refellam eius, qui dicit: 'Dedimus', nihil amplius? In hominem dicendum est igitur, cum oratio argumentationem non habet. Quid dicam in ignotum? Querendum est ergo et deplorandum, id quod iam dudum facio, de omni accusationis iniquitate, primum de communi genere testium; dicit enim natio minime in testimoniis dicendis religiosa. Propius accedo; nego esse ista testimonia, quae tu [ipse] psephismata appellas, sed fremitum egentium et motum quendam temerarium Graeculae contionis. Intrabo etiam magis. Qui gessit, non adest, qui numerasse dicitur, non est deductus; privatae litterae nullae proferuntur, publicae retentae sunt in accusatorum potestate; summa est in testibus; hi vivunt cum inimicis, adsunt cum adversariis, habitant cum accusatoribus. Utrum hic tandem disceptationem et cognitionem veritatis an innocentiae labem aliquam aut ruinam fore putatis? Multa enim sunt eius modi, iudices, ut, etiamsi in homine ipso, de quo agitur, neglegenda sint, tamen in condicione atque in exemplo pertimescenda videantur. Si quem infimo loco natum, nullo splendore vitae, nulla commendatione famae defenderem, tamen civis a civibus communis humanitatis iure ac misericordia deprecarer, ne ignotis testibus, ne incitatis, ne accusatoris consessoribus, convivis, contubernalibus, ne hominibus levitate Graecis, crudelitate barbaris civem ac supplicem vestrum dederetis, ne periculosam imitationem exempli reliquis in posterum proderetis. Sed cum L. Flacci res agatur, cuius ex familia qui primus consul est factus, primus in hac civitate consul fuit, cuius virtute regibus exterminatis libertas in re publica constituta est, quae usque ad hoc tempus honoribus, imperiis, rerum gestarum gloria continuata permansit, cumque ab hac perenni contestataque virtute maiorum non modo non degenerarit L. Flaccus, sed, quam maxime florere in generis sui gloria viderat, laudem patriae in libertatem vindicandae praetor adamarit, in hoc ego reo ne quod perniciosum exemplum prodatur, pertimescam, in quo, etiamsi quid errasset, omnes boni conivendum esse arbitrarentur? Quod quidem ego non modo non postulo, sed contra, iudices, vos oro et obtestor, ut totam causam quam maxime intentis oculis, ut aiunt, [acerrime] contemplemini. Nihil religione testatum, nihil veritate fundatum, nihil dolore expressum contraque omnia corrupta libidine, iracundia, studio, pretio, periurio reperientur.

Etenim iam universa istorum cognita cupiditate accedam ad singulas querellas criminationesque Graecorum. Classis nomine pecuniam civitatibus imperatam queruntur. Quod nos factum, iudices, confitemur. Sed, si hoc crimen est, aut in eo est, quod non licuerit imperare, aut in eo, quod non opus fuerit navibus, aut in eo, quod nulla hoc praetore classis navigarit. Licuisse ut intellegas, cognosce, quid me consule senatus decreverit, cum quidem nihil a superioribus continuorum annorum decretis discesserit. SENATUS CONSULTUM. Proximum est ergo, ut, opus fuerit classe necne, quaeramus. Utrum igitur hoc Graeci statuent aut ullae exterae nationes an nostri praetores, nostri duces, nostri imperatores? Equidem existimo in eius modi regione atque provincia, quae mari cincta, portibus distincta, insulis circumdata esset, non solum praesidii, sed etiam ornandi imperii causa navigandum fuisse. Haec enim ratio ac magnitudo animorum in maioribus nostris fuit, ut, cum in privatis rebus suisque sumptibus minimo contenti tenuissimo cultu viverent, in imperio atque in publica dignitate omnia ad gloriam splendoremque revocarent. Quaeritur enim in re domestica continentiae laus, in publica dignitatis. Quodsi etiam praesidii causa classem habuit, quis erit tam iniquus, qui reprehendat? 'Nulli erant praedones.' Quid? nullos fore quis praestare poterat? 'Minuis', inquit, 'gloriam Pompei.' Immo tu auges molestiam. Ille enim classes praedonum, urbes, portus, receptacula sustulit, pacem maritimam summa virtute atque incredibili celeritate confecit; illud vero neque suscepit neque suscipere debuit, ut, si qua uspiam navicula praedonum apparuisset, accusandus videretur. Itaque *ipse in Asia*, cum omnia iam bella terra marique confecisset, classem tamen isdem istis civitatibus imperavit. Quod si tum statuit opus esse, cum ipsius praesentis nomine tuta omnia et pacata esse poterant, quid, cum ille decessisset, Flacco existimatis statuendum et faciendum fuisse? Quid? nos hic nonne ipso Pompeio auctore Silano et Murena consulibus decrevimus, ut classis in Italia navigaret? nonne eo ipso tempore, cum L. Flaccus in Asia remiges imperabat, nos hic in mare superum et inferum sestertium ter et quadragiens erogabamus? Quid? postero anno nonne M. Curtio et P. Sextilio quaestoribus pecunia in classem est erogata? Quid? hoc omni tempore equites in ora maritima non fuerunt? Illa est enim gloria divina Pompei, primum praedones eos, qui tum, cum illi bellum maritimum gerendum datum est, toto mari dispersi vagabantur, redactos esse omnes in potestatem, deinde Syriam esse nostram, Ciliciam teneri, Cyprum per Ptolomaeum regem nihil audere, praeterea Cretam Metelli virtute esse nostram, nihil esse, unde proficiscantur, nihil, quo revertantur, omnes sinus, promunturia, litora, insulas, urbes maritimas claustris imperii nostri contineri. Quodsi Flacco praetore nemo in mari praedo fuisset, tamen huius diligentia reprehendenda non esset. Idcirco enim, quod hic classem habuisset, existimarem non fuisse. Quid? si L. Eppi, L. Agri, C. Cesti, equitum Romanorum, huius etiam clarissimi viri, Cn. Domiti, qui in Asia tum legatus fuit, testimonio doceo eo ipso tempore, quo tu negas classem habendam fuisse, complures a praedonibus esse captos, tamen Flacci consilium in remigibus imperandis reprehendetur? Quid, si etiam occisus est a piratis Adramytenus homo nobilis, cuius est fere nobis omnibus nomen auditum, Atyanas pugil Olympionices? hoc est apud Graecos, quoniam de eorum gravitate dicimus, prope maius et gloriosius quam Romae triumphasse. 'At neminem cepisti.' Quam multi orae maritimae clarissimi viri praefuerunt, qui cum praedonem nullum cepissent, mare tamen tutum praestiterunt! Casus est enim in capiendo, locus, eventus, occasio; defendendi facilis est cautio non solum latibulis occultorum locorum, sed etiam tempestatum moderatione et conversione. Reliquum est, ut quaeratur, utrum ista classis cursu et remis an sumptu tantum et litteris navigarit. Num id igitur negari potest, cuius rei cuncta testis est Asia, bipertito classem distributam fuisse, ut una pars supra Ephesum, altera infra Ephesum navigaret? Hac classe M. Crassus, vir amplissimus, ab Aeno in Asiam, his navibus Flaccus ex Asia in Macedoniam navigavit. In quo igitur praetoris est diligentia requirenda? in numero navium et in discriptione aequabili sumptus? Dimidium eius, quo Pompeius erat usus, imperavit; num potuit parcius? Discripsit autem pecuniam ad Pompei rationem, quae fuit accommodata L. Sullae discriptioni. Qui cum omnes Asiae civitates pro portione [in provincias] discripsisset, illam rationem in imperando sumptu et Pompeius et Flaccus secutus est. Neque est adhuc tamen ea summa completa. 'Non refert.' Vero; quid *ut* lucretur? Cum enim onus imperatae pecuniae suscipit, id, quod tu crimen esse vis, confitetur. Qui igitur probari potest in ea pecunia non referenda crimen sibi ipsum facere, in qua crimen esset nullum, si referret? At enim negas fratrem meum, qui L. Flacco successerit, pecuniam ullam in remiges imperasse. Equidem Q. fratris mei laude delector, sed aliis magis gravioribus atque maioribus. Aliud quiddam statuit, aliud vidit; existimavit, quocumque tempore auditum quid esset de praedonibus, quam vellet subito classem se comparaturum. Denique hoc primus frater meus in Asia fecit, ut hoc sumptu remigum civitates levaret; crimen autem tum videri solet, cum aliquis sumptus instituit eos, qui antea non erant instituti, non cum successor aliquid immutat *de institutis* priorum. Flaccus, quid alii postea facturi essent, scire non poterat, quid fecissent, videbat.

15
34 Sed, quoniam de communi totius Asiae crimine est dictum, aggrediar iam ad singulas civitates; ex quibus sit sane nobis prima civitas Acmonensis. Citat praeco voce maxima legatos Acmonenses. Procedit unus Asclepiades. Prodeant. Etiamne praeconem mentiri coëgisti? Est enim, credo, is vir iste, ut civitatis nomen sua auctoritate sustineat, damnatus turpissimis iudiciis domi, notatus litteris publicis; cuius de probris, adulteriis ac stupris exstant Acmonensium litterae, quas ego non solum propter longitudinem, sed etiam propter turpissimam obscenitatem verborum praetereundas puto. Dixit publice data drachmarum $\overline{\text{CCVI}}$. Dixit tantum, nihil ostendit, nihil protulit; sed adiunxit, id quod certe, quoniam erat domesticum, docere debuit, se privatim drachmarum $\overline{\text{CCVI}}$ dedisse. Quantum sibi ablatum homo impudentissimus dicit, tantum numquam est ausus ut haberet
35 optare. Ab A. Sextilio dicit se dedisse et a suis fratribus. Potuit dare Sextilius; nam fratres quidem consortes sunt mendicitatis. Audiamus igitur Sextilium; fratres denique ipsi prodeant; quam volent impudenter mentiantur et, quod numquam habuerint, dedisse se dicant; tamen aliquid fortasse coram producti dicent, in quo reprehendantur. 'Non deduxi', inquit, 'Sextilium.' Cedo tabulas. 'Non deportavi.' Fratres saltem exhibe. 'Non denuntiavi.' Quod ergo unus Asclepiados fortuna egens, vita turpis, existimatione damnatus impudentia atque audacia fretus sine tabulis, sine auctore iecerit, id nos quasi crimen aut testimonium
36 pertimescemus? Idem laudationem, quam nos ab Acmonensibus Flacco datam proferebamus, falsam esse dicebat. Cuius quidem laudationis iactura exoptanda nobis fuit. Nam, ut signum publicum inspexit praeclarus iste auctor suae civitatis, solere suos cives ceterosque Graecos ex tempore, quod opus sit, obsi-

gnare dixit. Tu vero tibi habeto istam laudationem; nec enim Acmonensium testimonio Flacci vita et dignitas nititur. Das enim mihi, quod haec causa maxime postulat, nullam gravitatem, nullam constantiam, nullum firmum in Graecis hominibus consilium, nullam denique esse testimonii fidem. Nisi vero hactenus ista formula testimonii atque orationis tuae describi ac distingui potest, ut Flacco absenti aliquid civitates tribuisse dicantur, Laelio praesenti per se agenti vi legis, iure accusationis, opibus praeterea suis terrenti ac minanti nihil temporis causa scripsisse aut obsignasse videantur. Equidem in minimis rebus saepe res magnas vidi, indices, deprehendi ac teneri, ut in hoc Asclepiade. Haec, quae est a nobis prolata, laudatio obsignata erat creta illa Asiatica, quae fere est omnibus nota nobis, qua utuntur omnes non modo in publicis, sed etiam in privatis litteris, quas cotidie videmus mitti a publicanis, saepe uni cuique nostrum. Neque enim testis ipse signo inspecto falsum nos proferre dixit, sed levitatem totius Asiae protulit, de qua nos et libenter et facile concedimus. Nostra igitur laudatio, quam ille temporis causa nobis datam dicit, datam quidem confitetur, consignata creta est; in illo autem testimonio, quod accusatori dicitur datum, ceram esse vidimus. Hic ego, iudices, si vos Acmonensium decretis, si ceterorum Phrygum litteris permoveri putarem, vociferarer et, quam maxime possem, contenderem, testarer publicanos, excitarem negotiatores, vestram etiam scientiam implorarem; cera deprehensa confiderem totius testimonii fictam audaciam manifesto comprehensam atque oppressam teneri. Nunc vero non insultabo vehementius nec volitabo in hoc insolentius neque in istum nugatorem tamquam in aliquem testem invehar neque in toto Acmonensium testimonio, sive hic confictum est, ut apparet, sive missum domo est, ut dicitur, commovebor. Etenim, quibus ego laudationem istam remittam, quoniam sunt, ut Asclepiades dicit, leves, horum testimonium non pertimescam.

17 Venio nunc ad Dorylensium testimonium; qui
89 producti tabulas se publicas ad Speluncas perdidisse dixerunt. O pastores nescio quos cupidos litterarum, siquidem nihil istis praeter litteras abstulerunt! Sed aliud esse causae suspicamur, ne forte isti parum versuti esse videantur. Poena est, ut opinor, Dorylai gravior quam apud alios falsarum et corruptarum litterarum. Si veras protulissent, criminis nihil erat, si falsas, erat poena. Bellissimum putarunt dicere
40 amissas. Quiescant igitur et me hoc in lucro ponere atque aliud agere patiantur. Non sinunt. Supplet enim iste nescio qui et privatim dicit se dedisse. Hoc vero ferri nullo modo potest. Qui de tabulis publicis recitat iis, quae in accusatoris potestate fuerunt, non debet habere auctoritatem; sed tamen iudicium fieri videtur, cum tabulae illae ipsae, cuicuimodi sunt, proferuntur. Cum vero is, quem nemo vestrum vidit umquam, nemo, qui mortalis esset, audivit, tantum dicit: 'Dedi', dubitabitis, indices, quin ab hoc ignotissimo Phryge nobilissimum civem vindicetis? Atque huic eidem nuper tres equites Romani honesti et graves, cum in causa liberali eum, qui asserebatur, cognatum suum esse diceret, non crediderunt. Qui hoc evenit, ut, qui locuples testis doloris et sanguinis sui non fuerit, idem sit gravis auctor iniuriae publicae?

41 Atque hic Dorylensis nuper cum ecferretur, magna frequentia consessuque vestro mortis illius invidiam in L. Flaccum Laelius conferebat. Facis iniuste, Laeli, si putas nostro periculo vivere tuos contubernales, praesertim cum tua neglegentia factum arbitremur. Homini enim Phrygi, qui arborem numquam vidisset, fiscinam ficorum obiecisti. Cuius mors te aliqua re levavit; edacem enim hospitem amisisti; Flacco vero quid profuit? qui valuit tam diu, dum huc prodiret, mortuus est aculeo iam emisso ac dicto testimonio.

At istud columen accusationis tuae, Mithridates, posteaquam biduum retentus testis a nobis effudit, quae voluit, omnia, reprensus, convictus fractusque discessit; ambulat cum lorica; metuit homo doctus et sapiens, ne L. Flaccus nunc se scelere alliget, cum iam testem illum effugere non possit, et, qui ante dictum testimonium sibi temperarit, cum tamen aliquid assequi posset, is nunc id agat, ut ad falsum avaritiae testimonium verum maleficii crimen adiungat. Sed, quoniam de hoc teste totoque Mithridatico crimine disseruit subtiliter et copiose Q. Hortensius, nos, ut instituimus, ad reliqua pergamus.

Caput est omnium Graecorum concitandorum, qui cum accusatoribus sedet, Heraclides ille Temnites, homo ineptus et loquax, sed, ut sibi videtur, ita doctus, ut etiam magistrum illorum se esse dicat. At, qui ita sit ambitiosus, ut omnis vos nosque cotidie persalutet, Temni usque ad illam aetatem in senatum venire non potuit et, qui se artem dicendi traditurum etiam ceteris profiteatur, ipse omnibus turpissumis iudiciis victus est. Pari felicitate legatus una venit Nicomedes, qui nec in senatum ulla condicione pervenire potuit et furti et pro socio damnatus est. Nam princeps legationis, Lysania, adeptus est ordinem senatorium, sed cum rem publicam nimium amplecteretur, peculatus damnatus et bona et senatorium nomen amisit. Hi tres etiam aerarii nostri tabulas falsas esse voluerunt; nam servos novem se professi sunt habere, cum omnino sine comite venissent. Decreto scribendo primum video adfuisse Lysaniam, cuius fratris bona, quod populo non solvebat, praetore Flacco publice venierunt. Praeterea Philippus est, Lysaniae gener, et Hermobius, cuius frater Pollis item pecuniae publicae est condemnatus. Dicunt se Flacco et iis, qui simul essent, drachmarum xv milia dedisse. Cum civitate mihi res est acerrima et conficientissima litterarum, in qua nummus commoveri nullus potest

sine quinque praetoribus, tribus quaestoribus, quattuor
mensariis, qui apud illos a populo creantur. Ex hoc
tanto numero deductus est nemo, et, cum illam pecuniam nominatim Flacco datam referant, maiorem aliam
cum huic eidem darent, in aedem sacram reficiendam
se perscripsisse dicunt, quod minime convenit. Nam
aut omnia occulte referenda fuerunt aut aperte omnia.
Cum perscribunt Flacco nominatim, nihil timent, nihil
verentur; cum operi publico referunt, idem homines
subito eundem, quem contempserant, pertimescunt. Si
praetor dedit, ut est scriptum, a quaestore numeravit,
quaestor a mensa publica, mensa aut ex vectigali aut
ex tributo. Numquam erit istuc simile criminis, nisi
hanc mihi totam rationem omni et personarum genere
et litterarum explicaris.

45   Vel quod est in eodem decreto scriptum, homines
clarissimos civitatis amplissimis usos honoribus hoc
praetore circumventos, cur hi neque in indicio adsunt
neque in decreto nominantur? Non enim credo significari isto loco illum, qui se erigit, Heraclidam. Utrum
enim est in clarissimis civibus is, quem iudicatum hic
duxit Hermippus, qui hanc ipsam legationem, quam
habet, non accepit a suis civibus, sed usque Tmolo
petivit, cui nullus honos in sua civitate habitus est
umquam, res autem ea, quae tenuissimis committe-
batur, huic una in vita commissa sola est? Custos
T. Aufidio praetore in frumento publico est positus;
pro quo cum a P. Varinio praetore pecuniam accepisset, celavit suos civis ultroque iis sumptum intulit.
Quod posteaquam Temni litteris a Varinio missis cognitum atque patefactum est, cumque eadem de re
Cn. Lentulus, qui censor fuit, Temnitarum patronus,
litteras misisset, Heraclidam istum Temni postea nemo
46 vidit. Atque ut eius impudentiam perspicere possitis,
causam ipsam, quae levissumi hominis animum in
20 *Flaccum* incitavit, quaeso, cognoscite. Fundum Cy-
maeum Romae mercatus est de pupillo Meculonio.

Cum verbis se locupletem faceret, haberet nihil praeter illam impudentiam, quam videtis, pecuniam sumpsit mutuam a Sex. Stloga, iudice hoc nostro, primario viro, qui et rem agnoscit neque hominem ignorat; qui tamen credidit P. Fulvi Nerati, lectissimi hominis, fide. Ei cum solveret, sumpsit a C. M. Fufiis, equitibus Romanis, primariis viris. Hic hercule 'cornici oculum', ut dicitur. Nam hnno Hermippum, hominem eruditum, civem suum, cui debebat esse notissimus, percussit. Eius enim fide sumpsit a Fufiis. Securus Hermippus Temnum proficiscitur, cum iste se pecuniam, quam huius fide sumpserat, a discipulis suis diceret Fufiis persoluturum. Habebat enim rhetor iste adulescentis quosdam locupletis, quos dimidio redderet stultiores, quam acceperat; neminem tamen adeo infatuare potuit, ut ei nummum ullum crederet. Itaque cum Roma clam esset profectus multosque minutis mutuationibus fraudavisset, in Asiam venit Hermippoque percontanti de nomine Fufiano respondit se omnem pecuniam Fufiis persolvisse. Interim, neque ita longo intervallo, libertus a Fufiis cum litteris ad Hermippum venit; pecunia petitur ab Hermippo. Hermippus ab Heraclida petit; ipse tamen Fufiis satis facit absentibus et fidem suam liberat; hnnc aestuantem et tergiversantem indicio ille persequitur. A recuperatoribus causa cognoscitur. Nolite existumare, iudices, non unam et eandem omnibus in locis esse fraudatorum et infitiatorum inpudentiam. Fecit eadem omnia, quae nostri debitores solent; negavit sese omnino versuram ullam fecisse Romae; Fufiorum se adfirmavit numquam omnino nomen audisse; Hermippum vero ipsum, pudentissimum atque optimum virum, veterem amicum atque hospitem meum, splendidissimum atque ornatissimum civitatis suae, probris omnibus maledictisque vexat. Sed, cum se homo volubilis quadam praecipiti celeritate dicendi in illa oratione iactaret, repente testimoniis Fufiorum nominibusque recitatis homo audacissimus pertimuit, loquacissimus obmutuit. Itaque recuperatores contra istum rem minime dubiam prima actione iudicaverunt. Cum iudicatum non faceret, addictus Hermippo et ab hoc ductus est. Habetis et honestatem hominis et auctoritatem testimonii et causam omnem simultatis. Atque is ab Hermippo missus, cum ei pauca mancipia vendidisset, Romam se contulit, deinde in Asiam rediit, cum iam frater meus Flacco successisset. Ad quem adiit causamque ita detulit, recuperatores vi Flacci coactos et metu falsum invitos iudicavisse. Frater meus pro sua aequitate prudentiaque decrevit, ut, si iudicatum negaret, in duplum iret; si metu coactos diceret, haberet eosdem recuperatores. Recusavit et, quasi nihil esset actum, nihil iudicatum, ab Hermippo ibidem mancipia, quae ipse ei vendiderat, petere coepit. M. Gratidius legatus, ad quem est aditum, actionem se daturum negavit; re iudicata stari ostendit placere. Iterum iste, cui nullus esset nsquam consistendi locus, Romam se rettulit; persequitur Hermippus, qui numquam istius impudentiae cessit. Petit Heraclides a C. Plotio senatore, viro primario, qui legatus in Asia fuerat, mancipia quaedam, quae se, cum iudicatus esset, per vim vendidisse dicebat. Q. Naso, vir ornatissimus, qui praetor fuerat, iudex sumitur. Qui cum sententiam secundum Plotium se dicturum ostenderet, ab eo iudice abiit et, quod iudicium lege non erat, causam totam reliquit. Satisne vobis, iudices, videor ad singulos testes accedere neque, ut primo constitueram, tantum modo cum universo genere confligere?

Venio ad Lysaniam eiusdem civitatis, peculiarem tuum, Deciane, testem; quem tu cum ephebum Temni cognosses, quia tum te nudus delectarat, semper nudum esse voluisti. Abduxisti Temno Apollonidem; pecuniam adulescentulo grandi fenore, fiducia tamen accepta, occupavisti. Hanc fiduciam commissam tibi *dicis*; tenes hodie ac possides. Eum tu testem spe

CAP. 20—22 § 48—53.

recuperandi fundi paterni venire ad testimonium dicendum coëgisti; qui quoniam testimonium *nondum dixit*, quidnam sit dicturus, expecto. Novi genus hominum, novi consuetudinem, novi libidinem. Itaque, etsi teneo, quid sit dicere paratus, nihil tamen contra disputabo, priusquam dixerit. Totum enim convertet atque alia finget. Quam ob rem et ille servet, quod paravit, et ego me ad id, quod adtulerit, integrum conservabo.

Venio nunc ad eam civitatem, in quam ego multa 22 et magna studia et officia contuli, et quam meus 52 frater in primis colit atque diligit. Quae si civitas per viros bonos gravesque homines querellas ad vos detulisset, paulo commoverer magis. Nunc vero quid putem? Trallianos Maeandrio causam *publicam* commisisse, homini egenti, sordido, sine honore, sine existumatione, sine censu? Ubi erant illi Pythodori, Aetidemi, Epigoni, ceteri homines apud nos noti, inter suos nobiles, ubi illa magnifica et gloriosa ostentatio civitatis? Nonne esset puditum, si hanc causam agerent severe, non modo legatum, sed Trallianum omnino dici Maeandrium? Huic illi legato, huic publico testi patronum suum iam inde a patre atque maioribus, L. Flaccum, mactandum civitatis testimonio tradidissent? Non est ita, indices, non est profecto. Vidi 53 ego in quodam indicio nuper Philodorum testem Trallianum, vidi Parrhasium, vidi Archidemum, cum quidem idem hic mihi Maeandrius quasi ministrator aderat subiciens, quid in suos civis civitatemque, si vellem, dicerem. Nihil enim illo homine levius, nihil egentius, nihil inquinatius. Quare, si hnnc habent auctorem Tralliani doloris sui, si hunc custodem litterarum, si hunc testem iniuriae, si hnnc auctorem querellarum, remittant spiritus, conprimant animos suos, sedent adrogantiam, fateantur in Maeandri persona esse expressam speciem civitatis. Sin istum semper illi ipsi domi proterendum et conculcandum

putaverunt, desinant putare auctoritatem esse in eo
testimonio, cuius auctor iuventus est nemo. Sed exponam, quid in re sit, ut, quam ob rem ista civitas
neque severe Flaccum oppugnarit neque benigne defenderit, scire possitis. Erat ei Castriciano nomine
irata, de quo toto respondit Hortensius; invita solverat Castricio pecuniam iam diu debitam. Hinc
totum odium, hinc omnis offensio. Quo cum venisset
Laelius ad iratos et illud Castricianum vulnus dicendo
refricuisset, siluerunt principes neque in illa contione
adfuerunt neque istius decreti ac testimonii auctores
esse voluerunt. Usque adeo orba fuit ab optumatibus
illa contio, ut princeps principum esset Maeandrius;
cuius lingua quasi flabello seditionis illa tum est
egentium contio ventilata. Itaque civitatis pudentis,
ut ego semper existimavi, et gravis, ut ipsi existimari
volunt, iustum dolorem querellasque cognoscite. Quae
pecunia fuerit apud se Flacci patris nomine a civitatibus, hanc a se esse ablatam queruntur. Alio loco
quaeram, quid licuerit Flacco; nunc tantum a Trallianis requiro, quam pecuniam ab se ablatam queruntur,
suamne dicant, sibi a civitatibus collatam in usum
suum. Cupio audire. 'Non', inquit, 'dicimus.' Quid
igitur? 'Delatam ad nos, creditam nobis L. Flacci
nomine ad eius dies festos atque ludos.' Quid tum?
'Hanc te', inquit, 'capere non licuit.' Iam id videro,
sed primum illud tenebo. Queritur gravis, locuples,
ornata civitas, quod non retinet alienum; spoliatam
se dicit, quod id non habet, quod eius non fuit. Quid
hoc impudentius dici aut fingi potest? Delectum est
oppidum, quo in oppido uno pecunia a tota Asia ad
honores L. Flacci poneretur. Haec pecunia tota ab
honoribus translata est in quaestum et faenerationem;
recuperata est multis post annis. Quae civitati facta
est iniuria? At moleste fert civitas. Credo; avulsum est enim praeter spem, quod erat spe devoratum
lucrum. At queritur. Impudenter facit; non enim

omnia, quae dolemus, eadem queri iure possumus. At accusat verbis gravissimis. Non civitas, sed imperiti homines a Maeandrio concitati. Quo loco etiam atque etiam facite ut recordemini, quae sit temeritas multitudinis, quae levitas propria Graecorum, quid in contione seditiosa valeat oratio. Hic, in hac gravissima et moderatissima civitate, cum est forum plenum iudiciorum, plenum magistratuum, plenum optimorum virorum et civium, cum speculatur atque obsidet rostra vindex temeritatis et moderatrix officii curia, tamen quantos fluctus excitari in contione videtis! Quid vos fieri censetis Trallibus? an id, quod Pergami? Nisi forte hae civitates existimari volunt facilius una se epistula Mithridatis moveri impellique potuisse, ut amicitiam populi Romani, fidem suam, iura omnia officii humanitatisque violarent, quam ut filium testimonio laederent, cuius patrem armis pellendum a suis moenibus censuissent. Quare nolite mihi ista nomina 58 civitatum nobilium opponere; quos enim hostis haec familia contempsit, numquam eosdem testes pertimescet. Vobis autem est confitendum, si consiliis principum vestrae civitates reguntur, non multitudinis temeritate, sed optimatium consilio bellum ab istis civitatibus cum populo Romano esse susceptum; sin ille tum motus est temeritate imperitorum excitatus, patimini me delicta volgi a publica causa separare. At enim istam pecuniam huic capere non licuit. 25 Utrum vultis patri Flacco licuisse necne? Si licuit, 59 sicuti certe licuit ad eius honores collatam, ex quibus nihil ipse capiebat, patris pecuniam recte abstulit filius; si non licuit, tamen illo mortuo non modo filius, sed quivis heres rectissime potuit anferre. Ac tum quidem Tralliani, cum ipsi gravi faenore istam pecuniam multos annos occupavissent, a Flacco tamen omnia, quae voluerunt, impetraverunt neque tam fuerunt impudentes, ut id, quod Laelius dixit, dicere auderent, hanc ab se pecuniam abstulisse Mithridatem.

Quis enim erat, qui non sciret in ornandis studiosiorem Mithridatem quam in spoliandis Trallianis,
60 fuisse? Quae quidem a me si, ut dicenda sunt, dicerentur, gravius agerem, iudices, quam adhuc egi, quantam Asiaticis testibus fidem habere vos conveniret; revocarem animos vestros ad Mithridatici belli memoriam, ad illam universorum civium Romanorum per tot urbes uno puncto temporis miseram crudelemque caedem, praetores nostros deditos, legatos in vincla coniectos, nominis prope Romani memoriam cum vestigio imperii non modo ex sedibus Graecorum, verum etiam ex litteris esse deletam. Mithridatem deum, illum patrem, illum conservatorem Asiae, illum Euhium, Nysium, Bacchum, Liberum nominabant.
61 Unum atque idem erat tempus, cum L. Flacco consuli portas tota Asia claudebat, Cappadocem autem illum non modo recipiebat suis urbibus, verum etiam ultro vocabat. Liceat haec nobis, si oblivisci non possumus, at tacere, liceat mihi potius de levitate Graecorum queri quam de crudelitate; auctoritatem isti habeant apud eos, quos esse omnino noluerunt? Nam, quoscumque potuerunt, togatos interemerunt, nomen civium
26 Romanorum, quantum in ipsis fuit, sustulerunt. In hac igitur urbe se iactant, quam oderunt, apud eos, quos inviti vident, in ea re publica, ad quam opprimendam non animus eis, sed vires defuerunt? Adspiciant hnnc florem legatorum laudatorumque Flacci ex vera atque integra Graecia; tum se ipsi expendant, tum cum his se comparent, tum, si audebunt, dignitati horum anteponant suam.
62 Adsunt Athenienses, unde humanitas, doctrina, religio, fruges, iura, leges ortae atque in omnes terras distributae putantur; de quorum urbis possessione propter pulchritudinem etiam inter deos certamen fuisse proditum est; quae vetustate ea est, ut ipsa ex sese suos cives genuisse dicatur et eorum eadem *terra* parens, altrix, patria dicatur, auctoritate autem

tanta est, ut iam fractum prope ac debilitatum Graeciae nomen huius urbis laude nitatur. Adsunt Lacedaemonii, cuius civitatis spectata ac nobilitata virtus non solum natura corroborata, verum etiam disciplina putatur; qui soli toto orbe terrarum septingentos iam annos amplius unis moribus et numquam mutatis legibus vivunt. Adsunt ex Achaia cuncta multi legati, Boeotia, Thessalia, quibus locis nuper legatus Flaccns imperatore Metello praefuit. Neque vero te, Massilia, praetereo, quae L. Flaccum militem quaestoremque cognosti; cuius ego civitatis disciplinam atque gravitatem non solum Graeciae, sed haud scio an cunctis gentibns anteponendam dicam; quae tam procul a Graecorum omnium regionibus, disciplinis linguaque divisa cum in ultimis terris cincta Gallorum gentibus barbariae fluctibus adluatur, sic optimatium consilio gubernatur, ut omnes eius instituta laudare facilius possint quam aemulari. Hisce utitur laudatoribus Flaccus, his innocentiae testibus, ut Graecorum cupiditati Graecorum auxilio resistamus.

Quamquam quis ignorat, qui modo umquam mediocriter res istas scire curavit, quin tria Graecorum genera sint vere? quorum uni sunt Athenienses, quae gens Ionum habebatur, Aeolis alteri, Doris tertii nominabantur. Atque haec cuncta Graecia, quae fama, quae gloria, quae doctrina, quae plurimis artibus, quae etiam imperio et bellica laude floruit, parvum quendam locum, ut scitis, Europae tenet semperque tenuit, Asiae maximam oram bello superatam cinxit urbibus, non ut munitam coloniis illam † generaret, sed ut obsessam teneret. Quam ob rem quaeso a vobis, Asiatici testes, ut, cum vere recordari voletis, quantum auctoritatis in indicium adferatis, vosmet ipsi describatis Asiam nec, quid alienigenae de vobis loqui soleant, sed quid vosmet ipsi de genere vestro statuatis, memineritis. Namque, ut opinor, Asia vestra constat *ex Phrygia*, Mysia, Caria, Lydia. Utrum igitur nostrum est an vestrum hoc proverbium, 'Phrygem plagis fieri solere meliorem'? Quid? de tota Caria nonne hoc vestra voce vulgatum est, 'si quid cum periculo experiri velis, in Care id potissimum esse faciendum'? Quid porro in Gracco sermone tam tritum atque celebratum est, quam, si quis despicatui ducitur, ut 'Mysorum ultimus' esse dicatur? Nam quid ego dicam de Lydia? Quis umquam Graecus comoediam scripsit, in qua servus primarum partium non Lydus esset? Quam ob rem quae vobis fit iniuria, si statuimus vestro nobis indicio standum esse de vobis? Equidem mihi iam satis superque dixisse videor de Asiatico genere testium; sed tamen vestrum est, iudices, omnia, quae dici possunt in hominum levitatem, inconstantiam, cupiditatem, etiamsi a me minus dicuntur, vestris animis et cogitatione comprehendere.

28   Sequitur auri illa invidia Iudaici. Hoc nimirum est illud, quod non longe a gradibus Aureliis haec causa dicitur. Ob hoc crimen hic locus abs te, Laeli, atque illa turba quaesita est; scis, quanta sit manus, quanta concordia, quantum valeat in contionibus. Sic summissa voce agam, tantum ut iudices audiant; neque enim desunt, qui istos in me atque in optimum quemque incitent; quos ego, quo id facilius faciant, non adiuvabo. Cum aurum Iudaeorum nomine quotannis ex Italia et ex omnibus nostris provinciis Hierosolymam exportari soleret, Flaccus sanxit edicto, ne ex Asia exportari liceret. Quis est, iudices, qui hoc non vere laudare possit? Exportari aurum non oportere cum saepe antea senatus, tum me consule gravissime iudicavit. Huic autem barbarae superstitioni resistere severitatis, multitudinem Iudaeorum flagrantem non numquam in contionibus prae re publica contemnere gravitatis summae fuit. At Cn. Pompeius captis Hierosolymis victor ex illo fano nihil attigit. In primis hoc, ut multa alia, sapienter; in tam suspiciosa

ac maledica civitate locum sermoni obtrectatorum non reliquit. Non enim credo religionem et Iudaeorum et hostium impedimento praestantissimo imperatori, sed pudorem fuisse. Ubi igitur crimen est, quoniam quidem furtum nusquam reprehendis, edictum probas, indicatum fateris, quaesitum et prolatum palam non negas, actum esse per viros primarios res ipsa declarat? Apameae manifesto comprehensum ante pedes praetoris in foro expensum est auri pondo centum paulo minus per Sex. Caesium, equitem Romanum, castissimum hominem atque integerrimum, Laodiceae viginti pondo paulo amplius per hunc [ipsum] L. Peducaeum, iudicem nostrum, Adramyti *** per Cn. Domitium legatum, Pergami non multum. Auri ratio constat, aurum in aerario est; furtum non reprehenditur, invidia quaeritur; a iudicibus oratio avertitur, vox in coronam turbamque effunditur. Sua cuique civitati religio, Laeli, est, nostra nobis. Stantibus Hierosolymis pacatisque Iudaeis tamen istorum religio sacrorum a splendore huius imperii, gravitate nominis nostri, maiorum institutis abhorrebat; nunc vero hoc magis, quod illa gens, quid de nostro imperio sentiret, ostendit armis; quam cara dis immortalibus esset, docuit, quod est victa, quod elocata, quod serva.

Quam ob rem quoniam, quod crimen esse voluisti, id totum vides in laudem esse conversum, veniamus iam ad civium Romanorum querellas; ex quibus sit sane prima Deciani. Quid tibi tandem, Deciane, iniuriae factum est? Negotiaris in libera civitate. Primum patere me esse curiosum. Quo usque negotiabere, cum praesertim sis isto loco natus? Annos iam triginta in foro versaris, sed tamen in Pergameno. Longo intervallo, si quando tibi peregrinari commodum est, Romam venis, affers faciem novam, nomen vetus, purpuram Tyriam, in qua tibi invideo, quod unis vestimentis tam diu lautus es. Verum esto, negotiari libet; cur non Pergami, Smyrnae, Trallibus, ubi et multi cives Romani sunt et ius a nostro magistratu dicitur? Otium te delectat, lites, turbae, praetor odio est, Graecorum libertate gandes. Cur ergo unus tu Apollonidenses amantissimos populi Romàni, fidelissimos socios, miseriores babes, quam aut Mithridates aut etiam pater tuus habuit umquam? Cur his per te frui libertate sua, cur denique esse liberos non licet? Homines sunt tota ex Asia frugalissimi, sanctissimi, a Graecorum luxuria et levitate remotissimi, patres familias suo contenti, aratores, rusticani; agros habent et natura perbonos et diligentia culturaque meliores. In hisce agris tu praedia habere voluisti. Omnino mallem, et magis erat tuum, si iam te crassi agri delectabant, hic alicubi in Crustumino aut in Capenati paravisses. Verum esto; Catonis est dictum 'pedibus compensari pecuniam.' Longe omnino a Tiberi ad Caïcum, quo in loco etiam Agamemnon cum exercitu errasset, nisi ducem Telephum invenisset. Sed concedo id quoque; placuit oppidum, regio delectavit. Emisses. Amyntas est genere, honore, existimatione, pecunia princeps illius civitatis. Huius socrum, mulierem imbecilli consilii, satis locupletem, pellexit Decianus ad sese et, cum illa, quid ageretur, nesciret, in possessione praediorum eius familiam suam collocavit; uxorem abduxit ab Amynta praegnantem, quae peperit apud Decianum filiam, hodieque apud Decianum est et uxor Amyntae et filia. Num quid harum rerum a me fingitur, Deciane? Sciunt haec omnes nobiles, sciunt boni viri, sciunt denique nostri homines, sciunt mediocres negotiatores. Exsurge, Amynta, repete a Deciano non pecuniam, non praedia, socrum denique sibi habeat; restituat uxorem, reddat misero patri filiam. Membra, quae debilitavit lapidibus, fustibus, ferro, manus, quas contudit, digitos, quos confregit, nervos, quos concidit, restituere non potest; filiam, filiam, inquam, aerumnoso patri, Deciane, redde. Haec Flacco non probasse te miraris? Cui, quaeso, tandem probasti? Emptiones falsas, praediorum proscriptiones cum mulieribus aperta circumscriptione fecisti. Tutor his rebus Graecorum legibus adscribendus fuit; Polemocratem scripsisti, mercenarium et administrum consiliorum tuorum. Adductus est in iudicium Polemocrates de dolo malo et de fraude a Dione huius ipsius tutelae nomine. Qui concursus ex oppidis finitimis undique, qui dolor animorum, quae querella! Condemnatus est Polemocrates sententiis omnibus; irritae venditiones, irritae proscriptiones. Num restituis? Defers ad Pergamenos, ut illi reciperent in suas litteras publicas praeclaras proscriptiones et emptiones tuas. Repudiant, reiciunt. At qui homines? Pergameni, laudatores tui. Ita enim mihi gloriari visus es laudatione Pergamenorum, quasi honorem maiorum tuorum consecutus esses, et hoc te superiorem esse putabas quam Laelium, quod te civitas Pergamena landaret. Num honestior est civitas Pergamena quam Smyrnaea? Ne ipsi quidem dicunt. Vellem tantum habere me otii, ut possem recitare psephisma Smyrnaeorum, quod fecerunt in Castricium mortuum, primum ut in oppidum introferretur, quod aliis non conceditur, deinde ut ferrent ephebi, postremo ut imponeretur aurea corona mortuo. Haec P. Scipioni, clarissimo viro, cum esset Pergami mortuus, facta non sunt. At Castricium quibus verbis, di immortales! 'decus patriae, ornamentum populi Romani, florem iuventutis' appellant. Quare, Deciane, si cupidus es gloriae, alia ornamenta censeo quaeras; Pergameni te deriserunt. Quid? tu ludi te non intellegebas, cum tibi haec verba recitabant: 'clarissimum virum, praestantissima sapientia, singulari ingenio'? Mihi crede, ludebant. Cum vero coronam auream litteris imponebant, re vera non plus aurum tibi quam monedulae committebant, ne tum quidem hominum venustatem et facetias perspicere **potuisti**? *Isti igitur* Pergameni proscriptiones, quas

tu afferebas, repudiaverunt. P. Orbius, homo et prudens
32 et innocens, contra te omnia decrevit. Apud P. Globulum, meum necessarium, fuisti gratiosior. Utinam
(32) neque ipsum neque me paeniteret! Flaccum iniuria
77 decrevisse in tua re dicis; adiungis causas inimicitiarum,
quod patri L. Flacci aedili curuli pater tuus tribunus
plebis diem dixerit. At istud ne ipsi quidem patri
Flacci valde molestum esse debuit, praesertim cum
ille, cui dies dicta est, praetor postea factus sit et
consul, ille, qui diem dixit, non potuerit privatus in
civitate consistere. Sed si iustas inimicitias putabas,
cur, cum tribunus militum Flaccus esset, in eius legione
miles fuisti, cum [tibi] per leges militares effugere
liceret iniquitatem tribuni? Cur autem praetor te,
inimicum paternum, in consilium vocavit? Quae
quidem quam sancte solita sint observari, scitis omnes.
78 Nunc accusamur ab iis, qui in consilio nobis fuerunt.
(78) 'Decrevit Flaccus.' Num aliud, atque oportuit? 'In
liberos.' Num aliter censuit senatus? 'In absentem.'
Decrevit, cum ibidem esses, cum prodire nolles; non
est hoc in absentem, sed in latentem reum. SENATUS
CONSULTUM ET DECRETUM FLACCI. Quid? si non decrevisset, sed edixisset, quis posset vere reprehendere?
Num etiam fratris mei litteras plenissimas humanitatis et aequitatis reprehensurus es? † quas easdem
mulieri a me datas apud Pataranos requisivit. Recita.
79 LITTERAE Q. CICERONIS. Quid? haec Apollonidenses
† occasione facta ad Flaccum detulerunt, apud Orbium
acta non sunt, ad Globulum delata non sunt? Ad
senatum nostrum me consule nonne legati Apollonidenses omnia postulata de iniuriis unius Deciani
detulerunt? At haec praedia [etiam] in censu dedi-
cavisti. Mitto, quod aliena, mitto, quod possessa per
vim, mitto, quod convicta ab Apollonidensibus, mitto,
quod a Pergamenis repudiata, mitto etiam, quod a
nostris magistratibus in integrum restituta, mitto,
80 quod nullo iure neque re neque possessione tua; illud

quaero, sintne ista praedia censui censendo, habeant
ius civile, sint necne sint mancipi, subsignari apud
aerarium aut apud censorem possint. In qua tribu (80)
denique ista praedia censuisti? Commisisti, si tempus
aliquod gravius accidisset, ut ex isdem praediis et
Apollonide et Romae imperatum esset tributum.
Verum esto, gloriosus fuisti, voluisti magnum agri
modum censeri, et eins agri, qui dividi plebi Romanae
non potest. Census es praeterea numeratae pecuniae
CXXX. Eam opinor tibi numeratam non esse abs te.
Sed haec omitto. Census es mancipia Amyntae neque
huic ullam in eo fecisti iniuriam. Possidet enim ea
mancipia Amyntas. Ac primo quidem pertimuit, cum
te audisset servos suos esse censum; rettulit ad iuris
consultos. Constabat inter omnes, si aliena censendo
Decianus sua facere posset, eum maxima habiturum
esse *** Habetis causam inimicitiarum, qua causa
inflammatus Decianus ad Laelium detulerit hanc opimam accusationem. Nam ita questus est Laelius, cum
de perfidia Deciani diceret: 'Qui mihi auctor fuit,
qui causam ad me detulit, quem ego sum secutus, is a Flacco corruptus est, is me deseruit ac prodidit.' Sicine tu auctor tandem eum,
cui tu in consilio fuisses, apud quem omnes gradus
dignitatis tuae retinuisses, pudentissimum hominem,
nobilissima familia natum, optime de re publica
meritum in discrimen omnium fortunarum vocavisti?
Scilicet defendam Decianum, qui tibi in suspicionem
nullo suo delicto venit. Non est, mihi crede, corruptus.
Quid enim fuit, quod ab eo redimeretur? ut duceret
iudicium? Cui sex horas omnino lex dedit, quantum
tandem ex his horis detraheret, si tibi morem gerere
voluisset? Nimirum illud est, quod ipse suspicatur.
Invidisti ingenio subscriptoris tui; quod ornabat facete
locum, quem prenderat, et acute testes interrogabat
aut fortasse fecisset, ut tu ex populi sermone excideres,
idcirco *Decianum* usque ad coronam applicuisti. Sed,

ut hoc veri simile est [haud veri simile], Decianum a Flacco esse corruptum, ita scitote, iudices, esse cetera, velut quod ait Lucceius, L. Flaccum sibi dare cupisse, ut a fide se abduceret, sestertium viciens. Et eum tu accusas avaritiae, quem dicis sestertium viciens voluisse perdere? Nam quid emebat, cum te emebat? ut ad se transires? Quam partem causae tibi daremus? An ut enuntiares consilia Laeli? qui testes ab eo prodirent? Quid? nos non videbamus? Habitare una? Quis hoc nescit? Tabulas in Laeli potestate fuisse? Num dubium est? An ne vehementer, ne copiose accusares? Nunc facis suspicionem; ita enim dixisti, ut nescio quid a te impetratum esse videatur.

At enim Androni Sextilio gravis iniuria facta est et non ferenda, quod, cum esset eius uxor Valeria intestato mortua, sic egit eam rem Flaccus, quasi ad ipsum hereditas pertineret. In quo quid reprehendas, scire cupio. Quod falsum intenderit? Qui doces? 'Ingenua', inquit, 'fuit.' O peritum iuris hominem! Quid? ab ingenuis mulieribus hereditates lege non veniunt? 'In manum', inquit, 'convenerat.' Nunc audio; sed quaero, usu an coëmptione? Usu non potuit; nihil enim potest de tutela legitima nisi omnium tutorum auctoritate deminui. Coëmptione? Omnibus ergo auctoribus; in quibus certe Flaccum fuisse non dices. Relinquitur illud, quod vociferari non destitit, non debuisse, cum praetor esset, suum negotium agere aut mentionem facere hereditatis. Maximas audio tibi, L. Luculle, qui de L. Flacco sententiam laturus es, pro tua eximia liberalitate maximisque beneficiis in tuos venisse hereditates, cum Asiam provinciam consulari imperio obtineres. Si quis eas suas esse dixisset, concessisses? Tu, T. Vetti, si quae tibi in Africa venerit hereditas, usu amittes an tuum nulla avaritia salva dignitate retinebis? At istius hereditatis iam Globulo praetore Flacci nomine petita

possessio est. Non igitur impressio, non vis, non
occasio, non tempus, non imperium, non secures ad
iniuriam faciendam Flacci animum impulerunt. Atque 86
eodem etiam M. Lurco, vir optimus, meus familiaris,
5 convertit aculeum testimonii sui; negavit a privato
pecuniam in provincia praetorem petere oportere. Cur
tandem, M. Lurco, non oportet? Extorquere, accipere
contra leges non oportet, petere non oportere numquam
ostendes, nisi docueris non licere. An lega-
10 tiones sumere liberas exigendi causa, sicut et tu ipse
nuper et multi viri boni saepe fecerunt, rectum est,
quod ego non reprehendo, socios video queri; praetorem,
si hereditatem in provincia non reliquerit, non
solum reprehendendum, verum etiam condemnandum
15 putas? 'Doti', inquit, 'Valeria pecuniam omnem suam 35
dixerat.' Nihil istorum explicari potest, nisi ostenderis
illam in tutela Flacci non fuisse. Si fuit, quaecumque
sine hoc auctore est dicta dos, nulla est. Sed 87
tamen Lurconem, quamquam pro sua dignitate mode-
20 ratus est in testimonio dicendo orationi suae, tamen
iratum Flacco esse vidistis. Neque enim occultavit
causam iracundiae suae neque reticendam putavit;
questus est libertum suum Flacco praetore esse damnatum.
O condiciones miseras administrandarum pro-
25 vinciarum, in quibus diligentia plena simultatum est,
neglegentia vituperationum, ubi severitas periculosa
est, liberalitas ingrata, sermo insidiosus, adsentatio
perniciosa, frons omnium familiaris, multorum animus
iratus, iracundiae occultae, blanditiae apertae,
30 venientes praetores expectant, praesentibus inserviunt,
abeuntes deserunt! Sed omittamus querellas, ne nostrum
consilium in praetermittendis provinciis laudare
videamur. Litteras misit de vilico P. Septimi, hominis 88
ornati, qui vilicus caedem fecerat; Septimium ardentem
35 iracundia videre potuistis. In Lurconis libertum indicium
ex edicto dedit; hostis est Lurco. Quid igitur?
hominum gratiosorum splendidorumque libertis fuit

Asia tradenda? an simultates nescio quas cum libertis vestris Flaccus exercet? an vobis in vestris vestrorumque causis severitas odio est, eandem laudatis, cum de nobis iudicatis? At iste Andro spoliatus bonis, ut dicitis, ad dicendum testimonium non venit. Quid, si veniat? Decisionis arbiter C. Caecilius fuit, quo splendore vir, qua fide, qua religione! obsignator C. Sextilius, Lurconis sororis filius, homo et pudens et constans et gravis. Si vis erat, si fraus, si metus, si circumscriptio, quis pactionem fieri, quis adesse istos coëgit? Quid? si ista omnis pecunia huic adulescentulo L. Flacco reddita est, si petita, si redacta per hunc Antiochum, paternum huius adulescentis libertum seni illi Flacco probatissimum, videmurne non solum avaritiae crimen effugere, sed etiam liberalitatis laudem adsequi singularem? Communem enim hereditatem, quae aequaliter ad utrumque lege venisset, concessit adulescenti propinquo suo, nihil ipse attigit de Valerianis bonis. Quod statuerat facere adductus huius pudore et non amplissimis patrimonii copiis, id non solum fecit, sed etiam prolixe cumulateque fecit. Ex quo intellegi debet eum contra leges pecunias non cepisse, qui tam fuerit in hereditate concedenda liberalis.

At Falcidianum crimen est ingens; talenta quinquaginta se Flacco dicit dedisse. Audiamus hominem. Non adest. Quo modo igitur dicit? Epistulam mater eius profert et alteram soror; scriptum ad se dicunt esse ab illo tantam pecuniam Flacco datam. Ergo is, qui si aram tenens iuraret, crederet nemo, per epistulam, quod volet, iniuratus probabit? At qui vir! quam non amicus suis civibus! qui patrimonium satis tantum, quod hic nobiscum conficere potuit, Graecorum conviviis maluit dissipare. Quid attinuit relinquere hanc urbem, libertate tam praeclara carere, adire periculum navigandi? quasi bona comesse Romae non liceret. Nunc denique materculae suae festivus filius,

aniculae minime suspiciosae, purgat se per epistulam,
ut eam pecuniam, quacum traiecerat, non consumpsisse,
sed Flacco dedisse videatur. At fructus isti Trallia- 37
norum Globulo praetore venierant; Falcidius emerat
HS nongentis milibus. Si dat tantam pecuniam Flacco,
nempe, idcirco dat, ut rata sit emptio. Emit igitur
aliquid, quod certe multo pluris esset; dat de lucro,
nihil detrahit de vivo. [Minus igitur lucri facit.] Cur 92
Albanum venire inbet, cur matri praeterea blanditur,
cur epistulis et sororis et matris imbecillitatem aucu-
patur, postremo cur non audimus ipsum? Retinetur,
credo, in provincia. Mater negat. 'Venisset', inquit,
'si esset denuntiatum.' Tu certe coëgisses, si ullum
firmamentum in illo teste posuisses; sed hominem ab
negotio abducere noluisti. Magnum erat ei certamen
propositum, magna cum Graecis contentio; qui tamen,
ut opinor, iacent victi. Nam iste unus totam Asiam
magnitudine poculorum bibendoque superavit. Sed
tamen quis tibi, Laeli, de epistulis istis indicavit?
Mulieres negant se scire. Quis is est igitur? Ipse
ille tibi se ad matrem et sororem scripsisse narravit?
An etiam scripsit oratu tuo? At vero M. Aebutium, 93
constantissimum et pudentissimum hominem, Falcidi
affinem, nihil interrogas, nihil eius generum pari fide
praeditum, C. Manilium? qui profecto de tanta pecunia,
si esset data, nihil audisse non possent. His tu igitur
epistulis, Deciane, recitatis, his mulierculis productis,
illo absente auctore laudato tantum te crimen probaturum putasti, praesertim cum ipse non deducendo
Falcidium indicium feceris plus falsam epistulam
habituram ponderis quam ipsius praesentis fictam
vocem et simulatum dolorem?

Sed quid ego de epistulis Falcidi aut de Androne 94
Sextilio aut de Deciani censu tam diu disputo [po-
stulo], de salute omnium nostrum, de fortunis civitatis, de summa re publica taceo? quam vos universam in hoc iudicio vestris, vestris, inquam, umeris,

iudices, sustinetis. Videtis, quo in motu temporum, quanta in conversione rerum ac perturbatione versemur. Cum alia multa certi homines, tum hoc vel maxime moliuntur, ut vestrae quoque mentes, vestra iudicia, vestrae sententiae optimo cuique infestissimae atque inimicissimae reperiantur. Gravia iudicia pro rei publicae dignitate multa de coniuratorum scelere fecistis. Non putant satis conversam rem publicam, nisi in eandem impiorum poenam optime meritos cives detruserint. Oppressus est C. Antonius. Esto; habuit quandam ille infamiam suam; neque tamen ille ipse (pro meo iure dico) vobis iudicibus damnatus esset, cuius damnatione sepulcrum L. Catilinae floribus ornatum hominum audacissimorum ac domesticorum hostium conventu epulisque celebratum est. Iusta Catilinae facta sunt; nunc a Flacco Lentuli poenae per vos expetuntur. Quam potestis P. Lentulo, qui vos in complexu liberorum coniugumque vestrarum trucidatos incendio patriae sepelire conatus est, mactare victimam gratiorem, quam si L. Flacci sanguine illius nefarium in nos omnes odium saturaveritis? Litemus igitur Lentulo, parentemus Cethego, revocemus eiectos; nimiae pietatis et summi amoris in patriam vicissim nos poenas, si ita placet, sufferamus. Nos iam ab indicibus nominamur, in nos crimina finguntur, nobis pericula comparantur. Quae si per alios agerent, si denique per populi nomen civium imperitorum multitudinem concitassent, aequiore animo ferre possemus; illud vero ferri non potest, quod per senatores et per equites Romanos, qui haec omnia pro salute omnium communi consilio, una mente ac virtute gesserunt, harum rerum auctores, duces, principes spoliari omnibus fortunis atque civitate expelli posse arbitrantur. Etenim populi Romani perspiciunt eandem mentem et voluntatem; omnibus rebus, quibus potest, populus Romanus significat, quid sentiat; nulla varietas est inter homines opinionis, nulla voluntatis,

nulla sermonis. Quare, si quis illuc me vocat, venio; 97
populum Romanum disceptatorem non modo non
recuso, sed etiam deposco. Vis absit, ferrum ac lapides removeantur, operae facessant, servitia sileant;
nemo erit tam iniustus, qui me audierit, sit modo liber
et civis, quin potius de praemiis meis quam de poena
cogitandum putet. O di immortales! quid hoc mise- 39
rius? Nos, qui P. Lentulo ferrum et flammam de
manibus extorsimus, imperitae multitudinis iudicio
confidimus, lectissimorum civium et amplissimorum
sententias pertimescimus! M'. Aquilium patres nostri 98
multis avaritiae criminibus testimoniisque convictum,
quia cum fugitivis fortiter bellum gesserat, indicio
liberaverunt. Consul ego nuper defendi C. Pisonem;
qui quia consul fortis constansque fuerat, incolumis
est rei publicae conservatus. Defendi item consul L.
Murenam, consulem designatum. Nemo illorum iudicum clarissimis viris accusantibus audiendum sibi de
ambitu putavit, cum bellum iam gerente Catilina
omnes me auctore duos consules Kalendis Ianuariis
scirent esse oportere. Innocens et bonus vir et omnibus rebus ornatus bis hoc anno me defendente absolutus est, A. Thermus. Quanta rei publicae causa
laetitia populi Romani, quanta gratulatio consecuta
est! Semper graves et sapientes indices in rebus
iudicandis, quid utilitas civitatis, quid communis salus,
quid rei publicae tempora poscerent, cogitaverunt.
Cum tabella vobis dabitur, indices, non de Flacco 99
dabitur solum, dabitur de ducibus auctoribusque conservandae civitatis, dabitur de omnibus bonis civibus,
dabitur de vobismet ipsis, dabitur de liberis vestris,
de vita, de patria, de salute communi. Non iudicatis
in hac causa de exteris nationibus, non de sociis; de
vobis ac de vestra re publica iudicatis. Quodsi pro- 40
vinciarum vos ratio magis movet quam vestra, ego 100
vero non modo non recuso, sed etiam postulo, ut provinciarum auctoritate moveamini. Etenim opponemus

Asiae provinciae primum magnam partem eiusdem
provinciae, quae pro huius periculis legatos laudatores-
que misit, deinde provinciam Galliam, provinciam
Ciliciam, provinciam Hispaniam, provinciam Cretam;
Graecis autem Lydis et Phrygibus et Mysis obsistent
Massilienses, Rhodii, Lacedaemonii, Athenienses, cuncta
Achaia, Thessalia, Boeotia; Septimio et Caelio testibus
P. Servilius et Q. Metellus huius pudoris integritatis-
que testes repugnabunt; Asiaticae iuris dictioni urbana
iuris dictio respondebit; annui temporis criminationem
omnis aetas L. Flacci et perpetua vita defendet. Et,
si prodesse L. Flacco, indices, debet, quod se tribunum
militum, quod quaestorem, quod legatum imperatoribus
clarissimis, exercitibus ornatissimis, provinciis gravissimis dignum suis maioribus praestitit, prosit, quod
hic vobis videntibus in periculis communibus omnium
nostrum sua pericula cum meis coniunxit, prosint
honestissimorum municipiorum coloniarumque laudationes, prosit etiam senatus populique Romani praeclara et vera laudatio. O nox illa, quae paene aeternas
huic urbi tenebras attulisti, cum Galli ad bellum,
Catilina ad urbem, coniurati ad ferrum et flammam
vocabantur, cum ego te, Flacce, caelum noctemque
contestans flens flentem obtestabar, cum tuae fidei
optimae et spectatissimae salutem urbis et civium
commendabam! Tu tum, Flacce, praetor communis
exitii nuntios cepisti, tu inclusam in litteris rei publicae pestem deprehendisti, tu periculorum indicia, tu
salutis auxilia ad me et ad senatum attulisti. Quae
tibi tum gratiae sunt a me actae, quae ab senatu,
quae a bonis omnibus! Quis tibi, quis C. Pomptino,
fortissimo viro, quemquam bonum putaret umquam
non salutem, verum honorem ullum denegaturum? O
Nonae illae Decembres, quae me consule fuistis! quem
ego diem vere natalem huius urbis aut certe salu-
tarem appellare possum. O nox illa, quam iste est
dies consecutus, fausta huic urbi, miserum me, metuo

ne funesta nobis! Qui tum animus L. Flacci (nihil dicam enim de me), qui amor in patriam, quae virtus, quae gravitas extitit! Sed quid ea commemoro, quae tum, cum agebantur, uno consensu omnium, una voce populi Romani, uno orbis terrae testimonio in caelum laudibus efferebantur, nunc vereor ne non modo non prosint, verum etiam aliquid obsint? Etenim multo acriorem improborum interdum memoriam esse sentio quam bonorum. Ego te, si quid gravius acciderit, ego te, inquam, Flacce, prodidero; mea dextera illa, mea fides, mea promissa, cum te, si rem publicam conservaremus, omnium bonorum praesidio, quoad viveres, non modo munitum, sed etiam ornatum fore pollicebar. Putavi, speravi, etiamsi honos noster vobis vilior fuisset, salutem certe caram futuram. Ac L. Flaccum quidem, iudices, si, quod di immortales omen avertant, gravis iniuria afflixerit, numquam tamen prospexisse vestrae saluti, consuluisse vobis, liberis, coniugibus, fortunis vestris paenitebit; semper ita sentiet, talem se animum et generis dignitati et pietati suae et patriae debuisse; vos ne paeniteat tali civi non pepercisse, per deos immortales, indices, providete. Quotus enim quisque est, qui hanc in re publica sectam sequatur, qui vobis, qui vestri similibus placere cupiat, qui optimi atque amplissimi cuiusque hominis atque ordinis auctoritatem magni putet, cum illam viam sibi videant expeditiorem ad honores et ad omnia, quae concupiverunt? Sed cetera sint eorum; sibi habeant potentiam, sibi honores, sibi ceterorum commodorum summas facultates; liceat iis, qui haec salva esse voluerunt, ipsis esse salvis. Nolite, iudices, existimare eos, quibus integrum est, qui nondum ad honores accesserunt, non expectare huius exitum iudicii. Si L. Flacco tantus amor in bonos omnes, tantum in rem publicam studium calamitati fuerit, quem posthac tam amentem fore putatis, qui non illam viam vitae, quam ante praecipitem et lubricam

esse ducebat, huic planae et stabili praeponendam
esse arbitretur? Quodsi talium civium vos, iudices
taedet. ostendite; mutabunt sententiam, qui poterunt
constituent, quid agant, quibus integrum est; nos, qui
iam progressi sumus, hunc exitum nostrae temeritatis
feremus. Sin hoc animo quam plurimos esse vultis,
106 declarabitis hoc indicio, quid sentiatis. Huic misero
puero vestro ac liberorum vestrorum supplici, iudices,
hoc iudicio vivendi praecepta dabitis. Cui si patrem
conservatis, qualis ipse debeat esse civis, praescribetis;
sin eripitis, ostendetis bonae rationi et constanti et
gravi nullum a vobis fructum esse propositum. Qui
vos, quoniam est id aetatis, ut sensum iam percipere
possit ex maerore patrio, auxilium nondum patri ferre
possit, orat, ne suum luctum patris lacrimis, patris
maerorem suo fletu augeatis; qui etiam me intuetur,
me vultu appellat, meam quodam modo flens fidem
implorat ac repetit eam, quam ego patri suo quondam
pro salute patriae spoponderim, dignitatem. Miseremini familiae, indices, miseremini patris, miseremini
filii; nomen clarissimum et fortissimum vel generis
vel vetustatis vel hominis causa rei publicae reservate.

FRAGMENTA.

1. *Cicero pro Flacco:* quam benivolum hunc populo
Romano, quam fidelem putatis? (*Arus. Mess. p. 458.
26 K.*)

[2. *Doctissimi quique Graecorum, de quibus pro
Flacco agens luculenter Cicero ait:* ingenita levitas et
erudita vanitas. (*Hieronym. ep. 10 3 T. I p. 25 ed II
Vallars., comm. ad. Galat. I 3 T. VII 1 p. 416.*)]

M. TULLI CICERONIS
ORATIO, CUM SENATUI GRATIAS EGIT.

ARGUMENTUM.

Cum M. Cicero pridie Nonas Septembres a. u. c. 697 P. Lentulo Q. Metello consulibus de exilio Romam redisset, nihil habuit antiquius, quam ut iis, qui, ut ipse Romam revocaretur, laboraverant, pro beneficiis in se collatis gratias ageret. Itaque postridie eius diei, quo Romam venit, cum reliquis senatoribus, non nullis etiam nominatim appellatis, tum consulibus, quanto opere suis beneficiis obstrictum se haberent, hac ipsa, quae infra legitur, oratione indicare voluit gratumque animum testari.

Si, patres conscripti, pro vestris immortalibus in 1
me fratremque meum liberosque nostros meritis parum
vobis cumulate gratias egero, quaeso obtestorque, ne
meae naturae potius quam magnitudini vestrorum
5 beneficiorum id tribuendum putetis. Quae tanta enim
potest existere ubertas ingenii, quae tanta dicendi
copia, quod tam divinum atque incredibile genus orationis, quo quisquam possit vestra in nos universa
promerita non dicam complecti orando, sed percensere
10 numerando? qui mihi fratrem optatissimum, me fratri
amantissimo, liberis nostris parentes, nobis liberos,
qui dignitatem, qui ordinem, qui fortunas, qui amplissimam rem publicam, qui patriam, qua nihil potest
esse *iucundius,* qui denique nosmet ipsos nobis reddi-

430 ORATIO POST REDITUM IN SENATU HABITA.

2 distis. Quodsi parentes carissimos habere dehemus, quod ab iis nobis vita, patrimonium, libertas, civitas tradita est, si deos inmortalis, quorum beneficio et haec tenuimus et ceteris rebus aneti sumus, si populum Romanum, cuius honoribus in amplissimo consilio et in altissimo gradu dignitatis atque in hac omnium terrarum arce conlocati sumus, si hunc ipsum ordinem, a quo saepe magnificentissimis decretis sumus honestati, inmensum quiddam et infinitum est, quod vobis debeamus, qui vestro singulari studio atque consensu parentum beneficia, deorum immortalium munera, populi Romani honores, vestra de me multa iudicia nobis uno tempore omnia reddidistis, ut, cum multa vobis, magna populo Romano, innumerabilia parentibus, omnia dis inmortalibus debeamus, haec antea singula per illos habuerimus, nunc universa per vos reciperarimus.

2
3   Itaque, patres conscripti, quod ne optandum quidem est homini, immortalitatem quandam per vos esse adepti videmur. Quod enim tempus erit umquam, cum vestrorum in nos beneficiorum memoria ac fama moriatur, qui illo ipso tempore cum vi, ferro, metu, minis obsessi teneremini, non multo post discessum meum me universi revocavistis referente L. Ninnio, fortissimo atque optimo viro? quem habuit ille pestifer annus et maxime fidelem et minime timidum, si dimicare placuisset, defensorem salutis meae. Posteaquam vobis decernendi potestas *facta* non est per eum tribunum pl., qui cum per se rem publicam lacerare non posset, sub alieno scelere delituit, numquam de me siluistis, numquam meam salutem non ab iis 4 consulibus, qui vendiderant, flagitavistis. Itaque vestro studio atque auctoritate perfectum est, *ut* ipse ille annus, quem ego mihi quam patriae malueram esse fatalem, octo tribunos haberet, qui et promulgarent *de* salute mea et ad vos saepe numero referrent. Nam *consules* modesti legumque metuentes impediebantur

lege, non ea, quae de me, sed ea, quae de ipsis lata erat, quam meus inimicus promulgavit, ut, si revixissent ii, qui haec paene delerunt, tum ego redirem; quo facto utrumque confessus est, et se illorum vitam desiderare et magno in periculo rem publicam futuram, si, cum hostes atque interfectores rei publicae revixissent, ego non revertissem. Atque illo ipso tamen anno, cum ego cessissem, princeps autem civitatis non legum praesidio, sed parietum vitam suam tueretur, res publica sine consulibus esset neque solum parentibus perpetuis, verum etiam tutoribus annuis esset orbata, sententias dicere prohiberemini, caput meae proscriptionis recitaretur, numquam dubitastis meam salutem cum communi salute coniungere. Postea vero quam singulari et praestantissima virtute P. Lentuli consulis ex superioris anni caligine et tenebris lucem in re publica Kalendis Ianuariis dispicere coepistis, cum Q. Metelli, nobilissimi hominis atque optimi viri, summa dignitas, cum praetorum, tribunorum pl. paene omnium virtus et fides rei publicae subvenisset, cum virtute, gloria, rebus gestis Cn. Pompeius omnium gentium, omnium saeculorum, omnis memoriae facile princeps, tuto se venire in senatum arbitraretur, tantus vester consensus de salute mea fuit, ut corpus abesset meum, dignitas iam in patriam revertisset. Quo quidem mense, quid inter me et meos inimicos interesset, existimare potuistis. Ego meam salutem deserui, ne propter me civium vulneribus res publica cruentaretur, illi meum reditum non populi Romani suffragiis, sed flumine sanguinis intercludendum putaverunt. Itaque postea nihil vos civibus, nihil sociis, nihil regibus respondistis; nihil indices sententiis, nihil populus suffragiis, nihil hic ordo auctoritate declaravit; mutum forum, elinguem curiam, tacitam et fractam civitatem videbatis. Quo quidem tempore, cum is excessisset, qui caedi et flammae vobis auctoribus *restiterat*, cum ferro et facibus homines tota urbe volitantis, magistratuum tecta impugnata, deorum templa inflammata, summi viri et clarissimi consulis fasces fractos, fortissimi atque optimi tribuni pl. sanctissimum corpus non tactum ac violatum manu, sed vulneratum ferro confectumque vidistis. Qua strage non nulli permoti magistratus partim metu mortis, partim desperatione rei publicae paululum a mea causa recesserunt; reliqui fuerunt, quos neque terror nec vis, nec spes nec metus, nec promissa nec minae, nec tela nec faces a vestra auctoritate, a populi Romani dignitate, a mea salute depellerent.

Princeps P. Lentulus, parens ac deus nostrae vitae, fortunae, memoriae, nominis, hoc specimen virtutis, hoc indicium animi, hoc lumen consulatus sui fore putavit, si me mihi, si meis, si vobis, si rei publicae reddidisset; qui ut est designatus, numquam dubitavit sententiam de salute mea se et re publica dignam dicere. Cum a tribuno pl. vetaretur, cum praeclarum caput recitaretur, ne quis ad vos referret, ne quis decerneret, ne disputaret, ne loqueretur, ne pedibus iret, ne scribendo adesset, totam illam, ut ante dixi, proscriptionem non legem putavit, qua civis optime de re publica meritus nominatim sine iudicio una cum senatu rei publicae esset ereptus. Ut vero iniit magistratum, non dicam quid egit prius, sed quid omnino egit aliud, nisi ut me conservato vestram in posterum dignitatem auctoritatemque sanciret?

immortales, quantum mihi beneficium dedisse videmini, quod hoc anno P. Lentulus consul *est*! quanto maius dedissetis, si superiore anno fuisset! Nec enim eguissem medicina consulari, nisi consulari vulnere concidissem. Audieram ex sapientissimo homine atque optimo civi et viro, Q. Catulo, non saepe unum consulem improbum, duo vero numquam excepto illo Cinnano tempore fuisse. Quare meam causam semper *fore* firmissimam dicere solebat, dum vel unus in re *publica* consul esset. Quod vere dixerat, si illud de duobus consulibus, quod ante in re publica non fuerat, perenne ac proprium manere potuisset. Quodsi Q. Metellus illo tempore consul fuisset [inimicus], dubitatis, quo animo fuerit in me conservando futurus, cum in restituendo auctorem fuisse adscriptoremque videatis? Sed fuerunt ii consules, quorum mentes angustae, humiles, parvae, oppletae tenebris ac sordibus nomen ipsum consulatus, splendorem illius honoris, magnitudinem tanti imperii nec intueri nec sustinere nec capere potuerunt, non consules, sed mercatores provinciarum ac venditores vestrae dignitatis; quorum alter me Catilinam, amatorem suum, multis audientibus, alter Cethegum consobrinum reposcebat; qui me duo sceleratissimi post hominum memoriam non consules, sed latrones non modo deseruerunt in causa praesertim publica et consulari, sed prodiderunt, oppugnarunt, omni auxilio non solum suo, sed etiam vestro ceterorumque ordinum spoliatum esse voluerunt. Quorum alter tamen neque me neque quemquam fefellit. Quis enim ullam ullius boni spem haberet in eo, cuius primum tempus aetatis palam fuisset ad omnium libidines divulgatum, qui ne a sanctissima quidem parte corporis potuisset hominum impuram intemperantiam propulsare? qui cum suam rem non minus strenue quam postea publicam confecisset, egestatem et luxuriem domestico lenocinio sustentavit, qui nisi in aram tribunatus confugisset, neque vim praetoris nec multitudinem creditorum nec bonorum proscriptionem effugere potuisset (quo in magistratu nisi rogationem de piratico bello tulisset, profecto egestate et improbitate coactus iraticam ipse fecisset, ac minore quidem cum rei publicae detrimento, quam quod intra moenia nefarius hostis praedoque versatus est), quo inspectante ac sedente legem tribunus pl. tulit, ne auspiciis optemperaretur, ne obnuntiare concilio aut comitiis, ne legi intercedere liceret, ut lex Aelia et Fufia ne

valeret, quae nostri maiores certissima subsidia rei
publicae contra tribunicios furores esse voluerunt.
12 Idemque postea, cum innumerabilis multitudo bonorum
de Capitolio supplex ad eum sordidata venisset, cumque adulescentes nobilissimi cunctique equites Romani
se ad lenonis impudicissimi pedes abiecissent, quo
vultu cincinnatus ganeo non solum civium lacrimas,
verum etiam patriae preces repudiavit! Neque eo
contentus fuit, sed etiam in contionem escendit eaque
dixit, quae, si eius vir Catilina revixisset, dicere non
esset ausus, se Nonarum Decembrium, quae me consule fuissent, clivique Capitolini poenas ab equitibus
Romanis esse repetiturum. Neque solum id dixit, sed,
quos ei commodum fuit, compellavit, L. vero Lamiam,
equitem Romanum, praestanti dignitate hominem et
saluti meae pro familiaritate, rei publicae pro fortunis
suis amicissimum, consul imperiosus exire ex urbe
iussit. Et cum vos vestem mutandam censuissetis
cunctique mutassetis atque idem omnes boni iam ante
fecissent, ille unguentis oblitus cum toga praetexta,
quam omnes praetores aedilesque tum abiecerant,
inrisit squalorem vestrum et luctum gratissimae civitatis fecitque, quod nemo umquam tyrannus, ut, quo
minus occulte vestrum malum gemeretis, † nihil
diceret, ne aperte incommoda patriae lugeretis, edi-
13 ceret. Cum vero in circo Flaminio non a tribuno
pl. consul in contionem, sed a latrone archipirata
productus esset, primum processit, qua auctoritate vir!
Vini, somni, stupri plenus, madenti coma, composito
capillo, gravibus oculis, fluentibus buccis, pressa voce
et temulenta, quod in civis indemnatos esset animadversum, id sibi dixit gravis auctor vehementissime
displicere. Ubi nobis haec auctoritas tam diu tanta
latuit? cur in lustris et helluationibus huius calami-
strati saltatoris tam eximia virtus tam diu cessavit?
Nam ille alter Caesoninus Calventius ab adulescentia
versatus est in foro, cum eum praeter simulatam

versutamque tristitiam nulla res commendaret, non iuris civilis prudentia, non dicendi *facultas, non* scientia rei militaris, non cognoscendorum hominum studium, non liberalitas. Quem praeteriens cum incultum, horridum maestumque vidisses, etiamsi agrestem et inhumanum existimares, tamen libidinosum et perditum non putares. Cum hoc homine an cum 14 stipite in foro constitisses, nihil crederes interesse; sine sensu, sine sapore, elinguem, tardum, inhumanum negotium, Cappadocem modo abreptum de grege venalium diceres. Idem domi quam libidinosus, quam impurus, quam intemperans non ianua receptis, sed pseudothyro intromissis voluptatibus! Cum vero etiam litteris studere incipit et belua immanis cum Graeculis philosophari, tum est Epicureus non penitus illi disciplinae, quaecumque est, deditus, sed captus uno verbo voluptatis. Habet autem magistros non ex istis ineptis, qui dies totos de officio ac de virtute disserunt, qui ad laborem, ad industriam, ad pericula pro patria subeunda adhortantur, sed eos, qui disputent horam nullam vacuam voluptate esse debere, in omni parte corporis semper oportere aliquod gaudium delectationemque versari. His utitur quasi praefectis libi- 15 dinum suarum, hi voluptates omnes vestigant atque odorantur, hi sunt conditores instructoresque convivii, idem expendunt atque aestimant voluptates sententiamque dicunt et iudicant, quantum cuique libidini tribuendum esse videatur. Horum ille artibus eruditus ita contempsit hanc prudentissimam civitatem, ut omnis suas libidines, omnia flagitia latere posse arbitraretur, si modo vultum importunum in forum detulisset. Is 7 nequaquam me quidem (cognoram enim propter Pisonum adfinitatem, quam longe hunc ab hoc genere cognatio materna Transalpini sanguinis abstulisset), sed vos populumque Romanum non consilio neque eloquentia, quod in multis saepe accidit, sed rugis supercilioque decepit. L. Piso, tune ausus es isto 16 oculo, non dicam isto animo, ista fronte, non vita, tanto supercilio, non enim possum dicere: tantis rebus gestis, cum A. Gabinio consociare consilia pestis meae? Non te illius unguentorum odor, non vini anhelitus, non frons calamistri notata vestigiis in eam cogitationem adducebat, ut, cum illius re similis fuisses, frontis tibi integimento ad occultanda tanta flagitia diutius uti non liceret? Cum hoc coire ausus es, ut consularem dignitatem, ut rei publicae statum, ut senatus auctoritatem, ut civis optime meriti fortunas provinciarum foedere addiceres? Te consule, tuis edictis et imperiis senatui populi Romani non est licitum non modo sententiis atque auctoritate sua, sed ne luctu quidem ac vestitu rei publicae subvenire?

17 Capuaene te putabas, in qua urbe domicilium quondam superbiae fuit, consulem esse, sicut eras eo tempore, an Romae, in qua civitate omnes ante vos consules senatui paruerunt? Tu es ausus in circo Flaminio productus cum tuo illo pare dicere te semper misericordem fuisse? quo verbo senatum atque omnis bonos tum, cum a patria pestem *depellerent,* crudelis demonstrabas fuisse. Tu misericors me, adfinem tuum, quem comitiis tuis praerogativae primum custodem praefeceras, quem Kalendis Ianuariis tertio loco sententiam rogaras, constrictum inimicis rei publicae tradidisti, tu meum generum, propinquum tuum, tu adfinem tuam, filiam meam, superbissimis et crudelissimis verbis a genibus tuis reppulisti; idemque tu clementia ac misericordia singulari, cum ego una cum re publica non tribunicio, sed consulari ictu concidissem, tanto scelere tantaque intemperantia fuisti, ut ne unam quidem horam interesse paterere inter meam pestem et tuam praedam, saltem dum conticisceret illa lamen-
18 tatio et gemitus urbis! Nondum palam factum erat occidisse rem publicam, cum tibi arbitria funeris sol- *vebantur,* uno eodemque tempore domus mea diripie- *batur,* ardebat, bona ad vicinum consulem de Palatio,

de Tusculano ad item vicinum alterum consulem deferebantur, cum isdem operis suffragium ferentibus, eodem gladiatore latore, vacuo non modo a bonis, sed etiam a liberis atque inani foro, ignaro populo Romano, quid ageretur, senatu vero oppresso et adflicto duobus impiis nefariisque consulibus aerarium, provinciae, legiones, imperia donabantur.

Horum consulum ruinas vos consules vestra virtute fulsistis summa tribunorum pl. praetorumque fide et diligentia sublevati. Quid ego de praestantissimo viro, T. Annio, dicam, aut quis de tali cive satis digne umquam loquetur? Qui cum videret sceleratum civem aut domesticum potius hostem, si legibus uti liceret, iudicio esse frangendum, sin ipsa iudicia vis impediret ac tolleret, audaciam virtute, furorem fortitudine, temeritatem consilio, manum copiis, vim vi esse superandam, primo de vi postulavit; posteaquam ab eodem iudicia sublata esse vidit, ne ille omnia vi posset efficere, curavit; qui docuit neque tecta neque templa neque forum nec curiam sine summa virtute ac maximis opibus et copiis ab intestino latrocinio posse defendi, qui primus post meum discessum metum bonis, spem audacibus, timorem huic ordini, servitutem depulit civitati. Quam rationem pari virtute, animo, fide P. Sestius secutus pro mea salute, pro vestra auctoritate, pro statu civitatis nullas sibi inimicitias, nullam vim, nullos impetus, nullum vitae discrimen vitandum umquam putavit; qui causam senatus exagitatam contionibus improborum sic sua diligentia multitudini commendavit, ut nihil tam populare quam vestrum nomen, nihil tam omnibus carum aliquando quam vestra auctoritas videretur; qui me cum omnibus rebus, quibus tribunus pl. potuit, defendit, tum reliquis officiis, iuxta ac si meus frater esset, sustentavit; cuius ego clientibus, libertis, familia, copiis, litteris ita sum sustentatus, ut meae *calamitatis non* adiutor solum, verum etiam socius

438 ORATIO POST REDITUM IN SENATU HABITA.

21 videretur. Iam ceterorum officia *ac* studia vidistis, quam cupidus mei C. Cestilius, quam studiosus vestri, quam non varius fuerit in causa. Quid M. Cispius? cui ego ipsi, parenti fratrique eius sentio quantum debeam; qui, cum a me voluntas eorum in privato iudicio esset offensa, publici mei beneficii memoria privatam offensionem oblitteraverunt. Iam T. Fadius, qui mihi quaestor fuit, M. Curtius, cuius ego patri quaestor fui, studio, amore, animo huic necessitudini non defuerunt. Multa de me C. Messius et amicitiae et rei publicae causa dixit; legem separatim initio
22 de salute mea promulgavit. Q. Fabricius si, quae de me agere conatus est, ea contra vim et ferrum perficere potuisset, mense Ianuario nostrum statum reciperassemus; quem ad salutem meam voluntas impulit,
9 vis retardavit, auctoritas vestra revocavit. Iam vero praetores quo animo in me fuerint, vos existimare potuistis, cum L. Caecilius privatim me suis omnibus copiis studuerit sustentare, publice promulgarit de mea salute cum collegis paene omnibus, direptoribus autem bonorum meorum in ius adeundi potestatem non fecerit. M. autem Calidius statim designatus sententia sua, quam esset cara sibi mea salus, declaravit.
23 Omnia officia C. Septimi, Q. Valeri, P. Crassi, Sex. Quinctili, C. Cornuti summa et in me et in rem publicam constiterunt.

Quae cum libenter commemoro, tum non invitus non nullorum in me nefarie commissa praetereo. Non est mei temporis iniurias meminisse, quas ego etiamsi ulcisci possem, tamen oblivisci mallem; alio transferenda mea tota vita est, ut bene de me meritis referam gratiam, amicitias igni perspectas tuear, cum apertis hostibus bellum geram, timidis amicis ignoscam, proditores convincam, dolorem profectionis
24 meae reditus dignitate consoler. Quodsi mihi nullum aliud esset officium in omni vita reliquum, nisi ut erga duces ipsos et principes atque auctores salutis

meae satis gratus iudicarer, tamen exiguum reliquae
vitae tempus non modo ad referendam, verum etiam
ad commemorandam gratiam mihi relictum putarem.
Quando enim ego huic homini ac liberis eius, quando
5 omnes mei gratiam referent? quae memoria, quae vis
ingenii, quae magnitudo observantiae tot tantisque
beneficiis respondere poterit? qui mihi primus adflicto
et iacenti consularem fidem dextramque porrexit, qui
me a morte ad vitam, a desperatione ad spem, ab
10 exitio ad salutem vocavit, qui tanto amore in me,
studio in rem publicam fuit, ut excogitaret, quem ad
modum calamitatem meam non modo levaret, sed
etiam honestaret. Quid enim magnificentius, quid
praeclarius mihi accidere potuit, quam quod illo re-
15 ferente vos decrevistis, ut cuncti ex omni Italia, qui
rem publicam salvam vellent, ad me unum, hominem
fractum et prope dissipatum, restituendum et defendendum venirent, ut, qua voce ter omnino post Romam
conditam consul usus esset pro universa re publica
20 apud eos solum, qui eius vocem exaudire possent,
eadem voce senatus *omnis ex* omnibus agris atque
oppidis civis totamque Italiam ad unius salutem defendendam excitaret? Quid ego gloriosius meis posteris potui relinquere quam hoc, senatum iudicasse,
25 qui civis me non defendisset, eum rem publicam salvam noluisse? Itaque tantum vestra auctoritas, tantum
eximia consulis dignitas valuit, ut dedecus *et* flagitium
se committere putaret, si qui non veniret. Idemque
consul, cum illa incredibilis multitudo Romam et
30 paene Italia ipsa venisset, vos frequentissimos in
Capitolium convocavit. Quo tempore, quantam vim
naturae bonitas haberet et vera nobilitas, intellegere
potuistis. Nam Q. Metellus, et inimicus et frater
inimici, perspecta vestra voluntate omnia privata odia
35 deposuit; quem P. Servilius, vir cum clarissimus, tum
vero optimus mihique amicissimus, et auctoritatis et
orationis suae divina quadam gravitate ad sui generis

communisque sanguinis facta virtutesque revocavit, ut
haberet in consilio et fratrem [ab inferis], socium
rerum mearum, et omnis Metellos, praestantissimos
civis, paene ex Acheronte excitatos, in quibus Numi-
dicum illum [Metellum], cuius quondam de patria discessus honestus omnibus, sed luctuosus tamen visus
est. Itaque divinitus extitit non modo salutis defensor,
qui ante hoc novum beneficium fuerat inimicus, verum
etiam adscriptor dignitatis meae. Quo quidem die
cum vos CCCCXVII senatores essetis, magistratus autem
omnes adessent, dissensit unus, is qui sua lege coniuratos etiam ab inferis excitandos putarat. Atque
illo die cum rem publicam meis consiliis conservatam
gravissimis verbis et plurimis iudicassetis, idem consul
curavit, ut eadem a principibus civitatis in contione
postero die dicerentur; cum quidem ipse egit ornatissime meam causam perfecitque astante atque audiente
Italia tota, ut nemo cuiusquam conducti aut perditi
vocem acerbam atque inimicam bonis posset audire.
Ad haec non modo adiumenta salutis, sed etiam ornamenta dignitatis meae reliqua vos idem addidistis;
decrevistis, ne quis ulla ratione rem impediret; qui
impedisset, *vos* graviter molesteque laturos; illum
contra rem publicam salutemque bonorum concordiamque civium facturum, et ut ad vos de eo statim
referretur; meque etiam, si diutius calumniarentur,
redire iussistis. Quid? ut agerentur gratiae, qui e
municipiis venissent? quid? ut ad illam diem, res
cum redissent, rogarentur ut pari studio convenirent?
quid? denique illo die, quem P. Lentulus mihi fratrique meo liberisque nostris natalem constituit non
modo ad nostram, verum etiam ad sempiterni memoriam temporis, quo die nos comitiis centuriatis, quae
maxime maiores comitia iusta dici haberique voluerunt,
arcessivit in patriam, ut eaedem centuriae, quae me
consulem fecerant, consulatum meum comprobarent —
eo die quis civis fuit, qui fas esse putaret, quacumque

aut aetate aut valetudine esset, non se de salute mea sententiam ferre? Quando tantam frequentiam in campo, tantum splendorem Italiae totius ordinumque omnium, quando illa dignitate rogatores, diribitores custodesque vidistis? Itaque P. Lentuli beneficio excellenti atque divino non reducti sumus in patriam sic ut non nulli clarissimi cives, sed equis insignibus et curru aurato reportati.

Possum ego satis in Cn. Pompeium umquam gratus videri? qui non solum apud vos, qui omnes idem sentiebatis, sed etiam apud universum populum salutem populi Romani et conservatam per me et coniunctam esse cum mea dixerit; qui causam meam prudentibus commendarit, imperitos edocuerit eodemque tempore improbos auctoritate sua compresserit, bonos excitarit; qui populum Romanum pro me tamquam pro fratre aut pro parente non solum hortatus sit, verum etiam obsecrarit; qui *cum* ipse propter metum dimicationis et sanguinis domo se teneret, iam a superioribus tribunis petierit, ut de salute mea et promulgarent et referrent; qui in colonia nuper constituta cum ipse gereret magistratum, in qua nemo erat emptus intercessor, vim et crudelitatem privilegii auctoritate honestissimorum hominum et publicis litteris consignarit princepsque Italiae totius praesidium ad meam salutem inplorandum putarit; qui cum ipse mihi semper amicissimus fuisset, etiam ut suos necessarios mihi amicos redderet, elaborarit. Quibus autem officiis T. Anni beneficia remunerabor? cuius omnis ratio, cogitatio, totus denique tribunatus nihil aliud fuit nisi constans, perpetua, fortis, invicta defensio salutis meae. Quid de P. Sestio loquar? qui suam erga me benivolentiam et fidem non solum animi dolore, sed etiam corporis vulneribus ostendit.

Vobis vero, patres conscripti, singulis et egi et agam gratias; universis egi initio, quantum potui, satis *ornate* agere nullo modo possum. Et quamquam

sunt in me praecipua merita multorum, quae silere
nullo modo possum, tamen huius temporis ac timoris
mei non est conari commemorare beneficia in me singulorum; nam difficile est non aliquem, nefas quemquam praeterire. Ego vos universos, patres conscripti,
deorum numero colere debeo. Sed, ut in ipsis dis
immortalibus non semper eosdem atque alias alios
solemus et venerari et precari, sic in hominibus de
me divinitus meritis omnis erit aetas mihi ad eorum
erga me merita praedicanda atque recolenda. Hodierno
autem die nominatim a me magistratibus statui gratias esse agendas et de privatis uni, qui pro salute
mea municipia coloniasque adisset, populum Romanum
supplex obsecrasset, sententiam dixisset eam, quam
vos secuti mihi dignitatem meam reddidistis. Vos
me florentem semper ornastis, laborantem mutatione
vestis et prope luctu vestro, quoad licuit, defendistis.
Nostra memoria senatores ne in suis quidem periculis
mutare vestem solebant; in meo periculo senatus veste
mutata fuit, quoad licuit per eorum edicta, qui mea
pericula non modo suo praesidio, sed etiam vestra
deprecatione nudarunt.

Quibus ego rebus obiectis cum mihi privato con-
fligendum viderem cum eodem exercitu, quem consul
non armis, sed vestra auctoritate superaram, multa
mecum ipse reputavi. Dixerat in contione consul se
clivi Capitolini poenas ab equitibus Romanis repetiturum: nominatim alii compellabantur, alii citabantur,
alii relegabantur; aditus templorum erant non solum
praesidiis et manu, verum etiam demolitione sublati.
Alter consul, ut me et rem publicam non modo de-
sereret, sed etiam hostibus rei publicae proderet, pac-
tionibus se suorum praemiorum obligarat. Erat alius
ad portas cum imperio in multos annos magnoque
exercitu, quem ego inimicum mihi fuisse non dico,
tacuisse, cum diceretur esse inimicus, scio. Duas
partes esse in re publica cum putarentur, altera me

deposcere propter inimicitias, altera timide defendere propter suspicionem eaedis putabatur. Qui autem me deposcere videbantur, in hoc auxerunt dimicationis metum, quod numquam infitiando suspicionem homi-
5 num curamque minuerunt. Quare cum viderem senatum ducibus orbatum, me a magistratibus partim oppugnatum, partim proditum, partim derelictum, servos simulatione collegiorum nominatim esse conscriptos, copias omnis Catilinae paene isdem ducibus ad spem
10 caedis et incendiorum esse revocatas, equites Romanos proscriptionis, municipia vastitatis, omnis caedis metu esse permotos, potui, potni, patres conscripti, multis auctoribus fortissimis viris me vi armisque defendere, nec mihi ipsi ille animus idem meus vobis non in-
15 cognitus defuit; sed videbam, si vicissem praesentem adversarium, nimium multos mihi alios esse vincendos; si victus essem, multis bonis et pro me et mecum etiam post me esse pereundum, tribuniciique sanguinis ultores esse praesentis, meae mortis poenas indicio et
20 posteritati reservari. Nolui, cum consul communem 14
salutem sine ferro defendissem, meam privatus armis 34
defendere, bonosque viros lugere malui meas fortunas quam suis desperare; ac, si solus essem interfectus, mihi turpe, si cum multis, rei publicae funestum fore
25 videbatur. Quodsi mihi aeternam esse aerumnam propositam arbitrarer, morte me ipse potius quam sempiterno dolore multassem. Sed cum viderem me non diutius quam ipsam rem publicam ex hac urbe afuturum, neque ego illa exterminata mihi remanendum
30 putavi, et illa, simul atque revocata est, me secum pariter reportavit. Mecum leges, mecum quaestiones, mecum iura magistratuum, mecum senatus auctoritas, mecum libertas, mecum etiam frugum ubertas, mecum deorum et hominum sanctitates omnes et religiones
35 afuerunt. Quae si semper abessent, magis vestras fortunas lugerem quam desiderarem meas; sin aliquando revocarentur, intellegebam mihi cum illis una

esse redeundum. Cuius mei sensus certissimus testis est hic idem, qui custos capitis fuit, Cn. Plancius, qui omnibus provincialibus ornamentis commodisque depositis totam suam quaesturam in me sustentando et conservando conlocavit. Qui si mihi quaestor imperatori fuisset, in filii loco fuisset; nunc certe erit in parentis, cum fuerit † quaestor non imperii, sed doloris mei.

Quapropter, patres conscripti, quoniam in rem publicam sum pariter cum re publica restitutus, non modo in ea defendenda nihil minuam de libertate mea pristina, sed etiam adaugebo. Etenim, si eam tum defendebam, cum mihi aliquid illa debebat, quid nunc me facere oportet, cum ego illi plurimum debee? Nam quid est, quod animum meum frangere aut debilitare possit, cuius ipsam calamitatem non modo nullius delicti, sed etiam binorum in rem publicam beneficiorum testem esse videatis? Nam importata est, quia defenderam civitatem, et mea voluntate suscepta est, ne a me defensa res publica per eundem me extremum in discrimen vocaretur. Pro me non ut pro P. Popilio, nobilissimo homine, adulescentes filii, non propinquorum multitudo populum Romanum est deprecata, non ut pro Q. Metello, summo et clarissimo viro, spectata iam adulescentia filius, non L. et C. Metelli, consulares, non eorum liberi, non Q. Metellus Nepos, qui tum consulatum petebat, non Luculli, Servilii, Scipiones, Metellarum filii flentes ac sordidati populo Romano supplicaverunt, sed unus frater, qui in me pietate filius, consiliis parens, amore, ut erat, frater iuventus est, squalore et lacrimis et cotidianis precibus desiderium mei nominis renovari et rerum gestarum memoriam usurpari coëgit. Qui cum statuisset, nisi per vos me reciperasset, eandem subire fortunam atque idem sibi domicilium et vitae et mortis deposcere, tamen numquam nec magnitudinem negotii nec solitudinem suam nec vim inimicorum ac tela pertimuit. Alter fuit propugnator mearum fortunarum et defensor adsiduus summa virtute et pietate C. Piso gener, qui minas inimicorum meorum, qui inimicitias adfinis mei, propinqui sui, consulis, qui Pontum et Bithyniam quaestor prae mea salute neglexit. Nihil umquam senatus de P. Popilio decrevit, numquam in hoc ordine de Q. Metello mentio facta est; tribuniciis sunt illi rogationibus interfectis inimicis denique restituti, cum alter eorum senatui paruisset, alter vim caedemque fugisset. Nam C. quidem Marius, qui hac hominum memoria tertius ante me consularis tempestate civili expulsus est, non modo a senatu non est restitutus, sed reditu suo senatum cunctum paene delevit. Nulla de illis magistratuum consensio, nulla ad rem publicam defendendam populi Romani convocatio, nullus Italiae motus, nulla decreta municipiorum et coloniarum exstiterunt. Quare, cum me vestra auctoritas arcessierit, populus Romanus vocarit, res publica implorarit, Italia cuneta paene suis umeris reportarit, non committam, patres conscripti, ut, cum ea mihi sint restituta, quae in potestate mea non fuerunt, ea non habeam, quae ipse praestare possim, praesertim cum illa amissa reciperarim, virtutem et fidem numquam amiserim.

M. TULLI CICERONIS
ORATIO, CUM POPULO GRATIAS EGIT.

ARGUMENTUM VETERIS ENARRATORIS AB ANGELO MAIO EDITUM ET SUPPLETUM.

Argumentum huius orationis Tullianae prorsus cum superiore commune est. Restitutus M. Tullius, quod eandem causam beneficii videbat in suam dignitatem prope omnium favore collati, cum gratias egisset senatui, etiam populo consequenter agendas arbitratus in contionem processit et eadem paene, quae apud patres conscriptos dixerat, nunc etiam populo audiente percenset magis, ut opinor, gloriae suae consulens, ut existimetur omnium ordinum consensu restitutus nec ulla pars populi ab sua dignitate dissenserit, quo videlicet honestius gloriatur necessarium se tuendae patriae iudicatum. Et hic igitur demonstratione qualitatis implet exsecutionem simul et beneficia commemorans et vim querelae in invidiam conferens inimicorum, quia sive auctores fuerant exsulandi sive quia diu facultatem non permiserant revertendi.

1 Quod precatus a Iove optimo maximo ceterisque dis immortalibus sum, Quirites, eo tempore, cum me fortunasque meas pro vestra incolumitate, otio concordiaque devovi, ut, si meas rationes umquam vestrae saluti anteposuissem, sempiternam poenam sustinerem mea voluntate susceptam, sin et ea, quae ante gesseram, conservandae civitatis causa gessissem et illam miseram profectionem vestrae salutis gratia suscepissem, ut, quod odium scelerati homines et audaces in rem publicam et in omnes bonos conceptum iam

diu continerent, id in me uno potius quam in optimo quoque et universa civitate † deficeret — hoc si animo in vos liberosque vestros fuissem, ut aliquando vos patresque conscriptos Italiamque universam memoria mei, misericordia desideriumque teneret: eius devotionis me esse convictum iudicio deorum immortalium, testimonio senatus, consensu Italiae, confessione inimicorum, beneficio divino immortalique vostro maxime laetor. Quare, etsi nihil est homini magis optandum quam 2 prospera, aequabilis perpetuaque fortuna secundo vitae sine ulla offensione cursu, tamen, si mihi tranquilla et placata omnia fuissent, incredibili quadam et paene divina, qua nunc vestro beneficio fruor, laetitiae voluptate caruissem. Quid dulcius hominum generi ab natura datum est quam sui cuique liberi? mihi vero et propter indulgentiam meam et propter excellens eorum ingenium vita sunt mea cariores. Tamen non tantae voluptati erant suscepti, quantae nunc sunt restituti. Nihil cuiquam fuit umquam iu- 3 cundius quam mihi meus frater; non tam id sentiebam, cum fruebar, quam tum, cum carebam, et posteaquam vos me illi et mihi eum reddidistis. Res familiaris sua quemque delectat; reliquae mese fortunae reciperatae plus mihi nunc voluptatis adferunt, quam tum in incolumitate adferebant. Amicitiae, consuetudines, vicinitates, clientelae, ludi denique et dies festi quid haberent voluptatis, carendo magis intellexi quam fruendo. Iam vero honos, dignitas, locus, ordo, 4 beneficia vestra quamquam mihi semper clarissima visa sunt, tamen ea nunc renovata inlustriora videntur, quam si obscurata non essent. Ipsa autem patria, di immortales! dici vix potest quid caritatis, quid voluptatis habeat; quae species Italiae, quae celebritas oppidorum, quae forma regionum, qui agri, quae fruges, quae pulchritudo urbis, quae humanitas civium, quae rei publicae dignitas, quae vestra maiestas! Quibus ego omnibus antea rebus sic fruebar, ut nemo magis; sed tamquam bona valetudo iucundior est iis, qui e gravi morbo recreati sunt, quam qui numquam aegro corpore fuerunt, sic haec omnia desiderata magis quam adsidue percepta delectant. Quorsum igitur haec disputo? quorsum? Ut intellegere possitis neminem umquam tanta eloquentia fuisse neque tam divino atque incredibili genere dicendi, qui vestram magnitudinem multitudinemque beneficiorum, quam in me fratremque meum et liberos nostros contulistis, non modo augere aut ornare oratione, sed enumerare aut consequi possit. A parentibus, id quod necesse erat, parvus sum procreatus, a vobis natus sum consularis. Illi mihi fratrem incognitum, qualis futurus esset, dederunt, vos spectatum et incredibili pietate cognitum reddidistis. Rem publicam illis accepi temporibus eam, quae paene amissa est, a vobis eam reciperavi, quam aliquando omnes unius opera servatam iudicaverunt. Di immortales mihi liberos dederunt, vos reddidistis. Multa praeterea a dis immortalibus optata consecuti sumus; nisi vestra voluntas fuisset, omnibus divinis muneribus careremus. Vestros denique honores, quos eramus gradatim singulos adsecuti, nunc a vobis universos habemus, ut, quantum antea parentibus, quantum dis immortalibus, quantum vobismet ipsis, tantum hoc tempore universum cuncto populo Romano debeamus.

Nam cum in ipso beneficio vestro tanta magnitudo est, ut eam complecti oratione non possim, tum in studiis vestris tanta animorum declarata est voluntas, ut non solum calamitatem mihi detraxisse, sed etiam dignitatem auxisse videamini. Non enim pro meo reditu ut pro P. Popili, nobilissimi hominis, adulescentes filii et multi praeterea cognati atque adfines deprecati sunt, non ut pro Q. Metello, clarissimo viro, iam spectata aetate filius, non L. Diadematus consularis, summa auctoritate vir, non C. Metellus censorius, non eorum liberi, non Q. Metellus Nepos, qui

tum consulatum petebat, non sororum filii, Luculli, Servilii, Scipiones; permulti enim tum Metelli [aut Metellarum liberi] pro Q. Metelli reditu vobis ac patribus vestris supplicaverunt. Quodsi ipsius summa
5 dignitas maximaeque res gestae non satis valerent, tamen filii pietas, propinquorum preces, adulescentium squalor, maiorum natu lacrimae populum Romanum movere potuerunt. Nam C. Mari, qui post illos veteres clarissimos consulares hac vestra patrumque
10 memoria tertius ante me consularis suhiit indignissimam fortunam praestantissima sua gloria, dissimilis fuit ratio. Non enim ille deprecatione rediit, sed in discessu civium exercitu se armisque revocavit. At me nudum a propinquis, nulla cognatione munitum,
15 nullo armorum ac tumultus metu C. Pisonis, generi mei, divina quaedam et inaudita auctoritas atque virtus fratrisque miserrimi atque optimi cotidianae lacrimae sordesque lugubres a vobis deprecatae sunt. Frater erat unus, qui suo squalore vestros oculos in-
20 flecteret, qui suo fletu desiderium mei memoriamque renovaret; qui statuerat, Quirites, si vos me sibi non reddidissetis, eandem subire fortunam; tanto in me amore extitit, ut negaret fas esse non modo domicilio, sed ne sepulchro quidem se a me esse seiunctum. Pro
25 me praesente senatus hominumque praeterea viginti milia vestem mutaverunt, pro eodem me absente unius squalorem sordesque vidistis. Unus hic, *qui* quidem in foro posset esse, mihi pietate filius inventus est, beneficio parens, amore idem, qui semper fuit, frater.
30 Nam coniugis miserae squalor et luctus atque optimae filiae maeror adsiduus filiique parvi desiderium mei lacrimaeque pueriles aut itineribus necessariis aut magnam partem tectis ac tenebris continebantur. Quare hoc maius est vestrum in nos promeritum, quod non multitudini
35 propinquorum, sed nobismet ipsis nos reddidistis.

Sed, quem ad modum propinqui, quos ego parare non *potui, mihi ad* deprecandam calamitatem meam non

fuerunt, sic illud, quod mea virtus praestare debuit,
adiutores, auctores hortatoresque ad me restituendum
ita multi fuerunt, ut longe superiores omnes hac
dignitate copiaque superarem. Numquam de P. Popilio, clarissimo ac fortissimo viro, numquam de Q.
Metello, nobilissimo et constantissimo cive, numquam
de C. Mario, custode civitatis atque imperii vestri, in
senatu mentio facta est. Tribuniciis superiores illi
rogationibus nulla auctoritate senatus sunt restituti,
Marius vero non modo non a senatu, sed etiam oppresso senatu est restitutus, nec rerum gestarum
memoria in reditu C. Mari, sed exercitus atque arma
valuerunt; at de me ut valeret, semper senatus flagi-
tavit, ut aliquando proficeret, cum primum licuit, frequentia atque auctoritate perfecit. Nullus in eorum
reditu motus municipiorum et coloniarum factus est,
at me in patriam ter suis decretis Italia cuneta revocavit. Illi inimicis interfectis, magna civium caede
facta reducti sunt, ego iis, a quibus eiectus sum, provincias optinentibus, inimico autem, optimo viro et
mitissimo, *consule* altero consule referente reductus
sum, cum is inimicus, qui ad meam perniciem vocem
suam communibus hostibus praebuisset, spiritu dumtaxat viveret, re quidem infra omnes mortuos aman-
datus esset. Numquam de P. Popilio L. Opimius,
fortissimus consul, numquam de Q. Metello non modo
C. Marius, qui erat inimicus, sed ne is quidem, qui
scentus est, M. Antonius, homo eloquentissimus, cum
A. Albino collega senatum aut populum est cohor-
tatus; at pro me superiores consules semper, ut referrent, flagitati sunt; sed veriti sunt, ne gratiae causa
facere viderentur, quod alter mihi adfinis erat, alterius causam capitis receperam; qui provinciarum foedere infrenati totum illum annum querellas senatus,
luctum bonorum, Italiae gemitum pertulerunt. Kalendis vero Ianuariis posteaquam orba res publica consulis fidem tamquam legitimi tutoris imploravit, P.

Lentulus consul, parens, deus, salus nostrae vitae, fortunae, memoriae, nominis, simulac de sollemni deorum religione rettulit, nihil humanarum rerum sibi prius quam de me agendum indicavit. Atque eo die confecta res esset, nisi is tribunus pl., quem ego maximis beneficiis quaestorem consul ornaram, cum et cunctus ordo et multi eum summi viri orarent et Cn. Oppius socer, optimus vir, ad pedes ficus iaceret, noctem sibi ad deliberandum postulasset; quae deliberatio non in reddenda, quem ad modum non nulli arbitrabantur, sed, ut patefactum est, in augenda mercede consumpta est. Postea res acta est in senatu alia nulla, cum variis rationibus impediretur; sed voluntate tamen perspecta senatus causa ad vos mense Ianuario deferebatur. Hic tantum interfuit inter me et inimicos meos: Ego, cum homines in tribunali Aurelio palam conscribi centuriarique vidissem, cum intellegerem veteres ad spem caedis Catilinae copias esse revocatas, cum viderem ex ea parte homines, cuius partis nos vel principes numerabamur, partim quod mihi inviderent, partim quod sibi timerent, aut proditores esse aut desertores salutis meae, cum duo consules empti pactione provinciarum auctores se inimicie rei publicae tradidissent, cum egestatem, avaritiam, libidines suas viderent expleri non posse, nisi me constrictum domesticis hostibus dedidissent, cum senatus equites*que* Romani fiere pro me ac mutata veste vobis supplicare edictis atque imperiis vetarentur, cum omnium provinciarum pactiones, cum omnia cum omnibus foedera reconciliationes*que* gratiarum sanguine meo sancirentur, cum omnes boni non recusarent, quin vel pro me vel mecum perirent, armis decertare pro mea salute nolui, quod et vincere et vinci luctuosum rei publicae fore putavi. At inimici mei, mense Ianuario cum de me ageretur, corporibus civium trucidatis flumine sanguinis meum reditum intercludendum putaverunt. Itaque, dum ego absum, 6

eam rem publicam habuistis, ut aeque me atque illam
restituendam putaretis. Ego autem, in qua civitate
nihil valeret senatus, omnis esset impunitas, nulla
iudicia, vis et ferrum in foro versaretur, cum privato
parietum se praesidio, non legum tuerentur, tribuni
pl. vobis inspectantibus vulnerarentur, ad magistratuum domos cum ferro et facibus iretur, consulis
fasces frangerentur, deorum immortalium templa incenderentur, rem publicam esse nullam putavi. Itaque
neque re publica exterminata mihi locum in hac urbe
esse duxi nec, si illa restitueretur, dubitavi, quin me
secum ipsa reduceret. An ego, cum mihi esset ex-
ploratissimum P. Lentulum proximo anno consulem
futurum, qui illis ipsis rei publicae periculosissimis
temporibus aedilis curulis me consule omnium meorum
consiliorum particeps periculorumque socius fuisset,
dubitarem, quin is me confectum consularibus vulneribus consulari medicina ad salutem reduceret? Hoc
duce, collega autem eius, clementissimo atque optimo
viro, primo non adversante, post etiam adiuvante reliqui magistratus paene omnes fuerunt defensores salutis
meae; ex quibus excellenti animo, virtute, auctoritate,
praesidio, copiis T. Annius et P. Sestius praestanti in
me benivolentia et divino studio extiterunt; eodemque
P. Lentulo auctore et pariter referente collega frequentissimus senatus uno dissentiente, nullo inter-
cedente dignitatem meam, quibus potuit, verbis amplissimis ornavit, salutem vobis, municipiis, coloniis
omnibus commendavit. Ita me nudum a propinquis,
nulla cognatione munitum consules, praetores, tribuni
pl., senatus, Italia cuncta semper a vobis deprecata
est, denique omnes, qui vestris maximis beneficiis
honoribusque sunt ornati, producti ad vos ab eodem
non solum ad me conservandum vos cohortati sunt,
sed etiam rerum mearum gestarum auctores, testes,
laudatores fuerunt. Quorum princeps ad cohortandos
vos et ad rogandos fuit Cn. Pompeius, vir omnium,

qui sunt, fuerunt, erunt, virtute, sapientia, gloria princeps; qui mihi unus uni privato amico eadem omnia dedit, quae universae rei publicae, salutem, otium, dignitatem. Cuius oratio fuit, quem ad modum accepi, tripertita; primum vos docuit meis consiliis rem publicam esse servatam causamque meam cum communi salute coniunxit hortatusque est, ut auctoritatem senatus, statum civitatis, fortunas civis bene meriti defenderetis, tum [me] in perorando posuit vos rogari a senatu, rogari ab equitibus Romanis, rogari ab Italia cuncta, deinde ipse ad extremum pro mea vos salute non rogavit solum, verum etiam obsecravit. Huic ego homini, Quirites, tantum debeo, quantum 17 hominem homini debere vix fas est. Huius consilia, P. Lentuli sententiam, senatus auctoritatem vos secuti in eo *me* loco, in quo vestris beneficiis fueram, isdem centuriis, quibus conlocaratis, reposuistis. Eodem tempore audistis eodem ex loco summos viros, ornatissimos atque amplissimos homines, principes civitatis, omnes consulares, omnes praetorios eadem dicere, ut omnium testimonio per me unum rem publicam conservatam esse constaret. Itaque, cum P. Servilius, gravissimus vir et ornatissimus civis, dixisset opera mea rem publicam incolumem magistratibus deinceps traditam, dixerunt in eandem sententiam ceteri. Sed audistis eo tempore clarissimi viri non solum auctoritatem, sed etiam testimonium, L. Gelli; qui quia suam classem adtemptatam magno cum suo periculo paene sensit, dixit in contione vestrum, si ego consul, cum fui, non fuissem, rem publicam funditus interituram fuisse.

Eu ego tot testimoniis, Quirites, hac auctoritate 8/18 senatus, tanta consensione Italiae, tanto studio bonorum omnium, agente P. Lentulo, consentientibus ceteris magistratibus, deprecante Cn. Pompeio, omnibus hominibus faventibus, dis denique immortalibus frugum ubertate, copia, vilitate reditum meum comprobantibus mihi, meis, rei publicae restitutus tantum vobis, quantum facere possum, Quirites, pollicebor, primum, qua sanctissimi homines pietate erga deos immortalis esse soleant, eadem *me* erga populum Romanum semper fore numenque vestrum aeque mihi grave et sanctum ac deorum immortalium in omni vita futurum, deinde, quoniam me in civitatem res publica ipsa reduxit, nullo me loco rei publicae defuturum. Quodsi quis existimat me aut voluntate esse mutata aut debilitata virtute aut animo fracto, vehementer errat. Mihi quod potuit vis et iniuria et sceleratorum hominum furor detrahere, eripuit, abstulit, dissipavit; quod viro forti adimi non potest, † ideo manet et permanebit. Vidi ego fortissimum virum, municipem moum, C. Marium (quoniam nobis quasi aliqua fatali necessitate non solum cum iis, qui haec delere voluissent, sed etiam cum fortuna belligerandum fuit) — eum tamen vidi, cum esset summa senectute, non modo non infracto animo propter magnitudinem calamitatis, sed confirmato atque renovato. Quem egomet dicere audivi tum se fuisse miserum, cum careret patria, quam obsidione liberavisset, cum sua bona possideri ab inimieis ac diripi audiret, cum adulescentem filium videret eiusdem socium calamitatis, cum in paludibus demersus concursu ac misericordia Minturnensium corpus ac vitam suam conservaret, cum parva navicula pervectus in Africam, quibus regna ipse dederat, ad eos inops supplexque venisset; reciperata vero sua dignitate se non commissurum, ut, cum ea, quae amiserat, sibi restituta essent, virtutem animi non haberet, quam numquam perdidisset. Sed hoc inter me atque illum interest, quod ille, qua re plurimum potuit, ea ipsa re inimicos suos ultus est, armis, ego, qua consuevi, utar *arte*, quoniam illi arti in bello ac seditione locus est, huic in pace atque otio. Quamquam ille animo *irato* nihil nisi de inimicis ulciscendis agebat, ego de *ipsis* inimicis tantum, quantum mihi res publica per-

mittit, cogitabo. Denique, Quirites, quoniam me quat- 9
tuor omnino hominum genera violarunt, unum eorum,
qui odio rei publicae, quod eam ipsis invitis conser-
varam, inimicissimi mihi fuerunt, alterum, qui per
simulationem amicitiae nefarie me prodiderunt, tertium,
qui cum propter inertiam suam eadem adsequi non
possent, inviderunt laudi et dignitati meae, quartum,
qui cum custodes rei publicae esse deberent, salutem
meam, statum civitatis, dignitatem eius imperii, quod
erat penes ipsos, vendiderunt: sic ulciscar singulorum
facinora, quem ad modum a quibusque sum provo-
catus, malos civis re publica bene gerenda, perfidos
amicos nihil credendo atque omnia cavendo, invidos
virtuti et gloriae serviendo, mercatores provinciarum
revocando domum atque ab iis provinciarum ratione
repetenda. Quamquam mihi, Quirites, maiori curae 22
est, quem ad modum vobis, qui de me estis optime
meriti, gratiam referam, quam quem ad modum inimicorum iniurias crudelitatemque persequar. Etenim
ulciscendae iniuriae facilior ratio est quam beneficii
remunerandi, propterea quod superiorem esse contra
improbos minus est negotii quam bonis exaequari.
Tum etiam ne tam necessarium quidem est male
meritis quam optime meritis referre, quod debeas.
Odium vel precibus mitigari potest vel temporibus 23
rei publicae communique utilitate deponi vel difficultate ulciscendi leniri vel vetustate sedari; bene meritos ne colas, nec exorari fas est, neque id rei publicae remittere verum neque necesse est; neque est
excusatio difficultatis, neque aequum est tempore et
die memoriam beneficii definire. Postremo, qui in
ulciscendo remissior fuit, in eo morum asperitas certe
non reprehenditur; at gravissime vituperatur, qui in
tantis beneficiis, quanta vos in me contulistis, remu-
nerandis est tardior, neque solum ingratus, quod
ipsum grave est, verum etiam impius appelletur necesse est. [Atque in officio persolvendo dissimilis est

sed etiam, cum me vita *defecerit, multa* monimenta vestri in me beneficii permanebunt. In referenda autem gratia hoc vobis repromitto semperque praestabo, mihi neque in consiliis de re publica capiendis diligentiam neque in periculis a re publica propulsandis animum neque in sententia simpliciter ferenda fidem neque in hominum voluntatibus pro re publica laedendis libertatem nec in perferendo labore industriam nec in vestris commodis augendis grati animi benivolentiam defuturam. Atque haec cura, Quirites, erit infixa animo meo sempiterna, ut cum vobis, qui apud me deorum immortalium vim et numen tenetis, tum posteris vestris cunctisque gentibus dignissimus ea civitate videar, quae suam dignitatem non posse se tenere, nisi me reciperasset, cunctis suffragiis iudicavit.

M. TULLI CICERONIS
DE DOMO SUA AD PONTIFICES ORATIO.

ARGUMENTUM.

Postquam M. Cicero post discessum suum pristinam dignitatem receperat, nondum tamen ipse sibi plane restitutus videbatur, nisi etiam domus in Palatio, quae in eius discessu a P. Clodio vi coactis hominibus deleta et Libertati consecrata erat, restitueretur (v. epist. ad. fam. XIV 2. 3). Itaque non destitit a senatu flagitare, ut ista consecratio areae suae tolleretur sibique domus restitueretur. A senatu res erat reiecta ad pontifices, apud quos rem suam oravit M. Tullius pridie Kalendas Octobres anno u. c. 697 (v. epist. ad Atticum IV 2. 2, Pis. 22. 52, Cass. Dio. XXXIX 11), et cum ipse eo die summa contentione dixisset eiusque summa arte meditata oratio fuisset, postea orationem etiam conscriptam edidit (v. epist. ad Att. l. c.). Quam ob rem dubitari plane non potest, quin haec, quae infra legitur, oratio, id quod et multorum grammaticorum loci testantur et ipsa loquitur oratio plane Tulliano more modoque conscripta, ipsius Ciceronis sit et non, ut argutius quam verius acuti illi quidem homines, sed parum considerati contenderunt, alicuius declamatoris subiecta opera. Notum autem est pontifices magis secundum Ciceronem decrevisse eique pontificum auctoritate etiam a senatu domum postea restitutam esse (v. epist. ad Atticum IV 2. 3 sqq.).

Cum multa divinitus, pontifices, a maioribus nostris inventa atque instituta sunt, tum nihil praeclarius, quam quod eosdem et religionibus deorum immortalium et summae rei publicae praeesse voluerunt,

DE DOMO SUA AD PONTIFICES ORATIO

ut amplissimi et clarissimi cives re publica bene gerenda
religiones, religionibus sapienter interpretandis rem
publicam conservarent. Quodsi ullo tempore magna
causa *in* sacerdotum populi Romani iudicio ac potestate
versata est, haec profecto tanta est, ut omnis rei
publicae dignitas, omnium civium salus, vita, libertas,
arae, foci, di penates, bona, fortunae, domicilia vestrae
sapientiae, fidei, potestati commissa creditaque esse
videantur. Vobis hodierno die constituendum est, utrum
posthac amentis ac perditos magistratus inproborum
ac sceleratorum civium praesidio nudare an etiam
deorum immortalium religione armare malitis. Nam,
si illa labes ac flamma rei publicae suum illum pesti-
ferum et funestum tribunatum, quem aequitate humana
tueri non potest, divina religione defenderit, aliae
caerimoniae nobis erunt, alii antistites deorum immortalium, alii interpretes religionum requirendi; sin
autem vestra auctoritate sapientiaque, pontifices, ea,
quae furore inproborum *in* re publica ab aliis oppressa, ab aliis deserta, ab aliis prodita gesta sunt,
rescinduntur, erit causa, cur consilium maiorum in
amplissimis viris ad sacerdotia deligendis iure ac
merito laudare possimus. Sed, quoniam ille demens,
si ea, quae per hos dies ego in senatu de re publica
sensi, vituperasset, aliquem se aditum ad aures vestras
esse habiturum putavit, omittam ordinem dicendi
meum; respondebo hominis furiosi non orationi, qua
ille uti non potest, sed convicio, cuius exercitationem
cum intolerabili petulantia, tum etiam diuturna in-
punitate munivit.

2   Ac primum illud a te, homine vaesano ac furioso,
requiro, quae te tanta poena tuorum scelerum flagitiorumque vexet, ut hos talis viros, qui non solum
consiliis suis, sed etiam specie ipsa et dignitate rem
publicam sustinent, quod ego in sententia dicenda
salutem civium cum honore Cn. Pompei coniunxerim,
mihi esse iratos et aliud de summa religione hoc

tempore sensuros, ac me absente senserint, arbitrere.
'Fuisti', inquit, 'tum apud pontifices superior, sed iam, 4
quoniam te ad populum contulisti, sis inferior necesse
est.' Itane vero? quod in imperita multitudine est
5 vitiosissimum, varietas et inconstantia et crebra tamquam tempestatum sic sententiarum commutatio, hoc
tu ad hos transferas, quos ab inconstantia gravitas,
a libidinosa sententia certum et definitum ius religionum, vetustas exemplorum, auctoritas litterarum
10 monumentorumque deterret? 'Tune es ille', inquit,
'quo senatus carere non potuit, quem boni luxerunt,
quem res publica desideravit, quo restituto senatus
auctoritatem restitutam putabamus, quam primum adveniens prodidisti?' Nondum de mea sententia dico;
15 inpudentiae primum respondebo tuae. Hunc igitur, 3/5
funesta rei publicae pestis, hunc tu civem ferro et armis et exercitus terrore et consulum scelere et audacissimorum hominum minis, servorum dilectu, obsessione templorum, occupatione fori, oppressione curiae
20 domo et patria, ne cum inprobis boni ferro dimicarent,
cedere coëgisti, quem a senatu, quem a bonis omnibus, quem a cuncta Italia desideratum, arcessitum,
revocatum conservandae rei publicae causa confiteris?
'At enim in senatum venire in Capitolium turbulento
25 illo die non debuisti.' Ego vero neque veni et domo 6
me tenui, quamdiu turbulentum tempus fuit, cum
servos tuos a te iam pridem ad bonorum caedem
paratos cum illa tua consceleratorum ac perditorum
manu armatos in Capitolium tecum venisse constabat;
30 quod cum mihi nuntiaretur, scito me domi mansisse
et tibi et gladiatoribus tuis instaurandae caedis potestatem non fecisse. Posteaquam mihi nuntiatum est
populum Romanum in Capitolium propter metum
atque inopiam rei frumentariae convenisse, ministros
35 autem scelerum tuorum perterritos partim amissis
gladiis, partim ereptis diffugisse, veni non solum sine
ullis *copiis* ac manu, verum etiam cum paucis amicis.

7 An ego, cum P. Lentulus consul optime de me ac de
re publica meritus, cum Q. Metellus, qui cum meus
inimicus esset, frater tuus, et dissensioni nostrae et
precibus tuis salutem ac dignitatem meam praetulisset,
me arcesserent in senatum, cum tanta multitudo
civium tam recenti officio suo me ad referendam gratiam nominatim vocaret, non venirem, cum praesertim
te iam illinc cum tua fugitivorum manu discessisse
constaret? Hic tu me etiam, custodem defensoremque
Capitoli templorumque omnium, 'hostem Capitolinum'
appellare ausus es, quod, cum in Capitolio senatum
duo consules haberent, eo venerim? Utrum est tempus aliquod, quo in senatum venisse turpe sit, an ea
res erat illa, de qua agebatur, ut rem ipsam repudiare
et eos, qui agebant, condemnare deberem? Primum
dico senatoris esse boni semper in senatum venire
nec cum iis sentio, qui statuunt minus bonis temporibus in senatum † ipsi non venirent non intellegentes
hanc suam nimiam perseverantiam vehementer iis,
quorum animum offendere voluerint, gratam et iucun-
dam fuisse. At enim non nulli propter timorem, quod
se in senatu tuto non esse arbitrabantur, discesserunt.
Non reprehendo nec quaero, fueritne aliquid pertimescendum; puto suo quemque arbitratu timere oportere.
Cur ego non timuerim, quaeris. Quia te illinc abisse
constabat. Cur, cum viri boni non nulli putarint tuto
se in senatu esse non posse, ego non idem senserim.
Cur, cum ego me existimassem tuto omnino in civitate
esse non posse, illi remanserunt? An aliis licet, et
recte licet, in meo metu sibi nihil timere; mihi uni
necesse erit et meam et aliorum vicem pertimescere?

9   An, quia non condemnavi sententia mea duo consules, sum reprehendendus? Eos igitur ego potissimum
damnare debui, quorum lege perfectum est, ne ego
indemnatus atque optime de re publica meritus damnatorum poenam sustinerem? Quorum etiam delicta
propter eorum egregiam in me conservando voluntatem

non modo me, sed omnis bonos ferre oporteret, eorum optimum consilium ego potissimum per eos in meam pristinam dignitatem restitutus meo consilio repudiarem? At quam sententiam dixi? Primum eam, quam populi sermo in animis nostris iam ante defixerat, deinde eam, quae erat superioribus diebus agitata in senatu, denique eam, quam senatus frequens tum, cum mihi est adsensus, secutus est, ut neque adlata sit a me res inopinata ac recens, nec, si quod in sententia vitium est, maius sit eius, qui dixerit, quam omnium, qui probarint. At enim liberum senatus iudicium propter metum non fuit. Si timuisse eos facis, qui discesserunt, concede non timuisse eos, qui remanserunt; sin autem sine iis, qui tum afuerunt, nihil decerni libere potuit, cum omnes adessent, coeptum est referri de inducendo senatus consulto; ab universo senatu reclamatum est. Sed quaero, in ipsa sententia, quoniam princeps ego sum eius atque auctor, quid reprendatur. Utrum causa novi consilii capiendi non fuit, an meae partes in ea causa non praecipuae fuerunt, an alio potius confugiendum fuit nobis? Quae causa maior quam fames esse potuit, quam seditio, quam consilia tua tuorumque, qui facultate oblata ad imperitorum animos incitandos renovaturum te tua illis funesta latrocinia † binum *per* annonae causam putasti? Frumentum provinciae frumentariae partim non habebant, partim in alias terras, credo, propter aviditatem venditorum miserant, partim, quo gratius esset tum, cum in ipsa fame subvenissent, custodiis suis clausum continebant, ut subito novum mitterent. Res erat non in opinione dubia, sed in praesenti atque ante oculos proposito periculo, neque id coniectura prospiciebamus, sed iam experti videbamus. Nam cum ingravesceret annona, ut iam plane inopia ac fames, non caritas timeretur, concursus est ad templum Concordiae factus senatum illuc vocante Metello *consule*. Qui si verus fuit ex dolore hominum et fame, certe consules causam suscipere, certe senatum aliquid consilii capere oportuit; sin causa fuit annona, seditionis quidem instimulator et concitator tu fuisti, nonne id agendum nobis omnibus fuit, ut materiem subtraheremus furori tuo? Quid? si utrumque fuit, ut et fames stimularet homines et tu in hoc ulcere tamquam inguen exsisteres, nonne fuit eo maior adhibenda medicina, quae et illud nativum et hoc oblatum malum sanare posset? Erat igitur et praesens caritas et futura fames; non est satis; facta lapidatio est. Si ex dolore plebei nullo incitante, magnum malum; si P. Clodi inpulsu, usitatum hominis facinerosi scelus; si utrumque, ut et res esset ea, quae sua sponte multitudinis animos incitaret, et parati atque armati seditionis duces, videturne ipsa res publica et consulis auxilium implorasse et senatus fidem? Atquin utrumque fuisse perspicuum est; difficultatem annonae summamque inopiam rei frumentariae, ut homines non iam diuturnam caritatem, sed ut famem plane timerent, nemo negat; hanc istum otii et pacis hostem causam arrepturum fuisse ad incendia, caedes, rapinas nolo, pontifices, suspicemini, nisi videritis. Qui sunt homines a Q. Metello, fratre tuo, consule in senatu palam nominati, a quibus ille se lapidibus adpetitum, etiam percussum esse dixit? L. Sergium et M. Lollium nominavit. Quis est iste Lollius? Qui sine ferro ne nunc quidem tecum est, qui te tribuno pl., nihil de me dicam, sed qui Cn. Pompeium interficiendum depoposcit. Quis est Sergius? Armiger Catilinae, stipator tui corporis, signifer seditionis, concitator tabernariorum, damnatus iniuriarum, percussor, lapidator, fori depopulator, obsessor curiae. His atque eius modi ducibus cum tu in annonae caritate in consules, in senatum, in bona fortunasque locupletium per causam inopum atque *imperitorum* repentinos impetus comparares, cum tibi *salus esse* in otio nulla posset, cum desperatis ducibus decuriatos ac descriptos haberes exercitus perditorum, nonne providendum senatui fuit, ne in hanc tantam materiem seditionis *iacta* ista funesta fax adhaeresceret?

8   Fuit igitur causa capiendi novi consilii. Videte nunc, fuerintne partes meae paene praecipuae. Quem tum Sergius ille tuus, quem Lollius, quem ceterae pestes in lapidatione illa nominabant, quem annonam praestare oportere dicebant? nonne me? Quid? ope-
10 rarum illa concursatio nocturna non a te ipso instituta me frumentum flagitabat? Quasi vero ego aut rei frumentariae praefuissem aut compressum aliquod frumentum tenerem aut in isto genere omnino quicquam aut curatione aut potestate valuissem. Sed
15 homo ad caedem inminens meum nomen operis ediderat, inperitis iniecerat. Cum de mea dignitate in templo Iovis optimi maximi senatus frequentissimus uno isto dissentiente decrevisset, subito illo ipso die carissimam annonam nec opinata vilitas consecuta est.
20 Erant, qui deos immortales (id quod ego sentio) numine suo reditum meum dicerent comprobasse; non nulli autem illam rem ad ipsam rationem coniecturamque revocabant; qui, quod in meo reditu spes otii et concordiae sita videbatur, in discessu autem coti-
25 dianus seditionis timor, iam pacue belli depulso metu commutatam annonam esse dicebant; quae quia rursus in meo reditu facta erat durior, a me, cuius adventu fore vilitatem boni viri dictitabant, annona flagitabatur. Ego denique non solum ab operis tuis inpulsu
30 tuo nominabar, sed etiam depulsis ac dissipatis tuis copiis a populo Romano universo, qui tum in Capitolium convenerat, cum illo die minus valerem, in senatum nominatim vocabar. Veni expectatus; multis iam sententiis dictis rogatus sum sententiam; dixi rei
35 publicae saluberrimam, mihi necessariam. Petebatur a me frumenti copia, annonae vilitas; possem aliquid in ea re necne, ratio non habebatur. Flagitabar

bonorum expostulatione, inproborum convicia sustinere non poteram. Delegavi amico locupletiori, non quo illi ita de me merito onus illud inponerem (succubuissem enim potius ipse), sed quia videbam id, quod omnes, quod nos de Cn. Pompeio polliceremur, id illum fide, consilio, virtute, auctoritate, felicitate denique sua facillime perfecturum. Itaque sive hunc di immortales fructum mei reditus populo Romano tribuunt, ut, quem ad modum discessu meo frugum inopia, fames, vastitas, caedes, incendia, rapinae, scelerum impunitas, fuga, formido, discordia fuisset, sic reditu ubertas agrorum, frugum copia, spes otii, tranquillitas animorum, iudicia, leges, concordia populi, senatus auctoritas mecum simul reducta videatur, sive egomet aliquid adventu meo, consilio, auctoritate, diligentia pro tanto beneficio populi Romani praestare debui: praesto, promitto, spondeo (nihil dico amplius, hoc, quod satis est huic tempori, dico) rem publicam annonae nomine in id discrimen, quo vocabatur, non esse venturam. Num igitur in hoc officio, quod fuit praecipue meum, sententia mea reprehenditur? Rem maximam fuisse summique periculi non solum a fame, sed etiam a caede, incendiis, vastitate nemo negat, cum ad causam caritatis accederet iste speculator communium miseriarum, qui semper ex rei publicae malis sceleris sui faces inflammaret.

Negat oportuisse quicquam uni extra ordinem decerni. Non iam tibi sic respondebo ut ceteris, Cn. Pompeio plurima, periculosissima, maxima mari terraque bella extra ordinem esse commissa; quarum rerum si quem paeniteat, eum victoriae populi Romani paenitere. Non ita tecum ago; cum iis haec a me haberi oratio potest, qui ita disputant, se, si qua res ad unum deferenda sit, ad Cn. Pompeium delaturos potissimum; sed se extra ordinem nihil cuiquam dare; quod Pompeio datum sit, id se pro dignitate hominis ornare et tueri solere. Horum ego sententiam ne laudem, impedior Cn. Pompei triumphis, quibus ille, cum esset extra ordinem ad patriam defendendam vocatus, auxit nomen populi Romani imperiumque honestavit, constantiam probo, qua mihi quoque utendum fuit, quo ille auctore extra ordinem bellum cum Mithridate Tigraneque gessit. Sed cum illis possum tamen aliquid disputare; tua vero quae tanta inpudentia est, ut audeas dicere extra ordinem dari nihil cuiquam oportere? Qui cum lege nefaria Ptolomaeum, regem Cypri, fratrem regis Alexandrini, eodem iure regnantem causa incognita publicasses populumque Romanum scelere obligasses, cum in eius regnum, bona, fortunas latrocinium huius imperii inmisisses, cuius cum patre, avo, maioribus societas nobis et amicitia fuisset, huius pecuniae deportandae et, si ius suum defenderet, bello gerendo M. Catonem praefecisti. Dices: 'Quem virum! sanctissimum, prudentissimum, fortissimum, amicissimum rei publicae, virtute, consilio, ratione vitae mirabili ad laudem et prope singulari!' Sed quid ad te, qui negas esse verum quemquam ulli rei publicae extra ordinem praefici? Neque in hoc solum inconstantiam redarguo tuam, *sed etiam* in ipso Catone. Quem tu in eo *negotio* non pro illius dignitate produxeras, sed pro tuo scelere subduxeras, quem tuis Sergiis, Lolliis, Titiis ceterisque caedis et incendiorum ducibus obieceras, quem carnificem civium, quem indemnatorum necis principem, quem crudelitatis auctorem fuisse dixeras, ad hnnc honorem et imperium extra ordinem nominatim rogatione tua detulisti et tanta fuisti intemperantia, ut illius tui sceleris rationem occultare non posses; litteras in contione recitasti, quas tibi a C. Caesare missas diceres 'CAESAR PULCHRO', cum etiam es argumentatus amoris esse hoc signum, *quod* cognominibus tantum uteretur neque adscriberet 'PRO CONSULE' aut 'TRIBUNO PLEBI'; dein gratulari tibi, quod M. Catonem *a* tribunatu tuo removisses *et* quod ei dicendi in posterum de extraordinariis potestatibus libertatem ademisses. Quas aut numquam tibi ille litteras misit aut, si misit, in contione recitari noluit. At, sive ille misit, sive tu finxisti, certe consilium tuum de Catonis honore illarum litterarum recitatione patefactum est. Sed omitto Catonem, cuius eximia virtus, dignitas et in eo negotio, quod gessit, fides et continentia tegere videretur inprobitatem et legis et actionis tuae; quid? homini post homines natos turpissimo, sceleratissimo, contaminatissimo quis illam opimam fertilemque Syriam, quis bellum *cum* pacatissimis gentibus, quis pecuniam ad emendos agros constitutam ereptam ex visceribus aerarii, quis imperium infinitum dedit? Cui quidem cum Ciliciam dedisses, mutasti pactionem et Ciliciam ad praetorem item extra ordinem transtulisti; Gabinio pretio amplificato Syriam nominatim dedisti. Quid? homini taeterrimo, crudelissimo, fallacissimo, omnium scelerum libidinumque maculis notatissimo, L. Pisoni, nonne nominatim populos liberos multis senatus consultis, etiam recenti lege generi ipsius liberatos vinctos et constrictos tradidisti? Nonne, cum ab eo merces tui beneficii pretiumque provinciae meo sanguine tibi esset persolutum, tamen aerarium cum eo partitus es? Itane vero? tu provincias consularis, quas C. Gracchus, qui unus maxime popularis fuit, non modo non apstulit a senatu, sed etiam, ut necesse esset quotannis constitui per senatum decretas, lege sanxit, eas lege Sempronia per senatum decretas rescidisti, extra ordinem sine sorte nominatim dedisti non consulibus, sed rei publicae pestibus; nos quod nominatim rei maximae paene iam desperatae summum virum saepe ad extrema rei publicae discrimina delectum praefecimus, a te reprehendemur? Quid tandem? si, quae tum in illis rei publicae tenebris caecisque nubibus et procellis, cum senatum a gubernaculis *deiecisses*, populum e navi exturbasses, ipse archipirata cum grege praedonum inpurissimo plenissimis velis navigares — si, quae tum promulgasti, constituisti, promisisti, vendidisti, perferre potuisses, ecqui locus orbi terrarum vacuus extraordinariis fascibus atque imperio Clodiano fuisset? Sed excitatus aliquando Cn. Pompei (dicam ipso audiente, quod sensi et sentio, quoquo animo auditurus est) excitatus, inquam, aliquando Cn. Pompei nimium diu reconditus et penitus apstrusus animi dolor subvenit subito rei publicae civitatemque fractam malis, imminutam ac debilitatam, abiectam metu ad aliquam spem libertatis et pristinae dignitatis erexit. Hic vir extra ordinem rei frumentariae praeficiendus non fuit? Scilicet tu helluoni spurcatissimo, praegustatori libidinum tuarum, homini egentissimo et facinerosissimo, Sex. Clodio, socio tui sanguinis, qui sua lingua etiam sororem tuam a te abalienavit, omne frumentum privatum et publicum, omnis provincias frumentarias, omnis mancipes, omnis horreorum clavis lege tua tradidisti; qua ex lege primum caritas nata est, deinde inopia. Inpendebat fames, incendia, caedes, direptio, inminebat tuus furor omnium fortunis et bonis. Queritur etiam inportuna pestis ex ore inpurissimo Sex. Olodi rem frumentariam esse ereptam, summisque in periculis eius viri auxilium inplorasse rem publicam, a quo saepe se et servatam et amplificatam esse meminisset! Extra ordinem ferri nihil placet Clodio? Quid? de me quod tulisse te dicis, patricida, fratricida, sororicida, nonne extra ordinem tulisti? An de peste civis, quem ad modum omnes iam di atque homines iudicarunt, conservatoris rei publicae, quem ad modum autem tute ipse confiteris, non modo indemnati, sed ne accusati quidem, licuit tibi ferre non legem, sed nefarium privilegium lugente senatu, maerentibus bonis omnibus, totius Italiae precibus repudiatis, oppressa captaque re publica; mihi populo Romano inplorante, senatu poscente, temporibus rei publicae flagitantibus non licuit de salute populi Romani sententiam dicere?

27 Qua quidem in sententia si Cn. Pompei dignitas aucta
est coniuncta cum utilitate communi, certe laudandus
essem, si eius dignitati suffragatus viderer, qui meae
saluti opem et auxilium tulisset. Desinant, desinant
homines isdem machinis sperare me restitutum posse
labefactari, quibus antea stantem perculerunt. Quod
enim par amicitiae consularis fuit umquam in hac
civitate coniunctius, quam fuimus inter nos ego et
Cn. Pompeius? quis apud populum Romanum de illius
dignitate inlustrius, quis *in* senatu saepius dixit? qui
tantus fuit labor, quae simultas, quae contentio, quam
ego non pro illius dignitate susceperim? qui ab illo
in me honos, quae praedicatio de mea laude, quae re-
28 muneratio benivolentiae praetermissa est? Hanc nostram coniunctionem, hanc conspirationem in re publica
bene gerenda, hanc iucundissimam vitae atque officiorum
omnium societatem certi homines fictis sermonibus et
falsis criminibus diremerunt, cum idem illum, ut me metueret, me caveret, monerent, idem apud me mihi illum
uni esse inimicissimum dicerent, ut neque ego ab illo,
quae mihi petenda essent, satis audaciter petere possem
neque ille tot suspicionibus certorum hominum et scelere
exulceratus, quae meum tempus postularet, satis prolixe
29 mihi polliceretur. Data merces est erroris mei magna,
pontifices, ut me non solum pigeat stultitiae meae,
sed etiam pudeat, qui, cum me non repentinum aliquod tempus meum, sed veteres multo ante suscepti
et provisi labores cum viro fortissimo et clarissimo
coniunxissent, sim passus a tali amicitia distrahi me
neque intellexerim, quibus aut ut apertis inimicis obsisterem aut ut insidiosis amicis non crederem. Proinde
desinant aliquando me isdem inflare verbis: 'Quid sibi
iste volt? nescit, quantum auctoritate valeat, quas
res gesserit, qua dignitate sit restitutus? Cur ornat
30 eum, a quo desertus est?' Ego vero neque me tum
desertum puto, sed paene deditum, nec, quae sint in
illa rei publicae flamma gesta contra me neque quo

modo neque per quos, patefaciundum mihi esse arbitror. Si utile rei publicae fuit haurire me unum pro omnibus illam indignissimam calamitatem, etiam hoc utile est, quorum id scelere conflatum sit, me occultare et tacere. Illud vero est hominis ingrati tacere, itaque libentissime praedicabo, Cn. Pompeium studio et auctoritate aeque *atque* unum quemque vestrum, opibus, contentione, precibus, periculis denique praecipue pro salute mea laborasse. Hic tuis, P. Lentule, 12 cum tu nihil aliud dies et noctes nisi de salute mea cogitares, consiliis omnibus interfuit, hic tibi gravissimus auctor ad instituendam, fidelissimus socius ad comparandam, fortissimus adiutor ad rem perficiendam fuit, hic municipia coloniasque adiit, hic Italiae totius auxilium cupientis inploravit, hic in senatu princeps sententiae fuit, idemque cum *** dixisset, tum etiam pro salute mea populum Romanum opsecravit. Quare 31 istam orationem, qua es usus, omittas licet, post illam sententiam, quam dixeram de annona, pontificum animos esse mutatos; proinde quasi isti aut de Cn. Pompeio aliter, atque ego existimo, sentiant aut, quid mihi pro expectatione populi Romani, pro Cn. Pompei meritis erga me, pro ratione mei temporis faciendum fuerit, ignorent aut etiam, si cuius forte pontificis animum, quod certo scio aliter esse, mea sententia offendit, alio modo sit constituturus aut de religione pontifex aut de re publica civis, quam eum aut caerimoniarum ius aut civitatis salus coëgerit.

 Intellego, pontifices, me plura extra causam dixisse, 32 quam aut opinio tulerit aut voluntas mea; sed cum me purgatum vobis esse cuperem, tum etiam vestra in me attente audiendo benignitas provexit orationem meam. Sed hoc compensabo brevitate eius orationis, quae pertinet ad ipsam *causam* cognitionemque vestram; quae cum sit in ius religionis et in ius rei publicae distributa, religionis partem, quae multo est verbosior, *praetermittam*, de iure rei publicae dicam. Quid est 33 enim aut tam adrogans quam de religione, de rebus divinis, caerimoniis, sacris pontificum collegium docere conari aut tam stultum quam, si quis quid in vestris libris invenerit, id narrare vobis aut tam curiosum quam ea scire velle, de quibus maiores nostri vos solos et consuli et scire voluerunt? Nego potuisse iure publico, legibus iis, quibus haec civitas utitur, quemquam civem ulla eius modi calamitate adfici sine iudicio; hoc iuris in hac civitate etiam tum, cum reges essent, dico fuisse, hoc nobis esse a maioribus traditum, hoc esse denique proprium liberae civitatis, ut nihil de capite civis aut de bonis sine iudicio senatus aut populi aut eorum, qui de quaque re constituti indices sint, detrahi possit. Videsne me non radicitus evellere omnis actiones tuas neque illud agere, quod apertum est, te omnino nihil gessisse iure, non fuisse tribunum pl., hodie esse patricium? Dico apud pontifices, augures adsunt; versor in medio iure publico.

Quod est, pontifices, ius adoptionis? Nempe ut is adoptet, qui neque procreare iam liberos possit et, cum potuerit, sit expertus. Quae deinde causa cuique sit adoptionis, q^{u}ae ratio generum ac dignitatis, quae sacrorum, quaeri a pontificum collegio solet. Quid est horum in ista adoptione quaesitum? Adoptat annos viginti natus, etiam minor, senatorem. Liberorumne causa? At procreare potest; habet uxorem, suscipiet ex ea liberos; exheredabit igitur pater filium. Quid? sacra Clodiae gentis cur intereunt, quod in te est? quae omnis notio pontificum, cum adoptarere, esse debuit. Nisi forte ex te ita quaesitum est, num perturbare rem publicam seditionibus velles et ob eam causam adoptari, non ut eius filius esses, sed ut tribunus pl. fieres et funditus everteres civitatem. Respondisti, credo, te ita velle. Pontificibus bona causa visa est; adprobaverunt. Non aetas eius, qui *adoptabat*, est quaesita, ut in Cn. Aufidio, M. Pupio, *quorum* uterque nostra memoria summa senectute alter Oresten, alter Pisonem adoptavit, quas adoptiones sicut alias innumerabiles hereditates nominis, pecuniae, sacrorum secutae sunt. Tu neque Fonteius es, qui esse debebas, neque patris heres neque amissis sacris paternis in haec adoptiva venisti. Ita perturbatis sacris, contaminatis gentibus, et quam deseruisti et quam polluisti, iure Quiritium legitimo tutelarum et hereditatium relicto factus es eius filius contra fas, cuius per aetatem pater esse potuisti. Dico apud pontifices; nego istam adoptionem pontificio iure esse factam, primum quod eae vestrae sunt aetates, ut is, qui te adoptavit, vel filii tibi loco per aetatem esse potuerit vel eo, quo fuit, deinde quod causa quaeri solet adoptandi, ut et is adoptet, qui, quod natura iam adsequi non potest, legitimo et pontificio iure quaerat, et ita adoptet, ut ne quid aut de dignitate generum aut de sacrorum religione minuatur, illud in primis, ne qua calumnia, ne qua fraus, ne qui dolus adhibeatur; ut haec simulata adeptio filii quam maxime veritatem illam suscipiendorum liberorum imitata esse videatur. Quae maior calumnia est quam venire imberbum adulescentulum bene valentem ac maritum, dicere se filium senatorem populi Romani sibi velle adoptare; id autem scire et videre omnes, non ut ille filius instituatur, sed ut e patriciis exeat *et* tribunus plchis fieri possit, idcirco adoptari, neque id obscure; nam adoptatum emancipari statim, ne sit eius filius, qui adoptarit? Cur ergo adoptabat? Probate genus adoptionis; iam omnium sacra interierint, quorum custodes vos esse debetis, iam patricius nemo relinquetur. Cur enim quisquam vellet tribunum pl. se fieri non licere, angustiorem sibi esse petitionem consulatus, in sacerdotium cum possit venire, quia patricio non sit is locus, non venire? Ut cuique aliquid acciderit, quare commodius sit esse plebeium, simili ratione adoptabitur. Ita populus Romanus brevi tempore neque regem sacrorum neque flamines nec Salios habebit nec ex parte dimidia reliquos sacerdotes neque auctores centuriatorum et curiatorum comitiorum, auspiciaque populi Romani, si magistratus patricii creati non sint, intereant necesse est, cum interrex nullus sit, quod et ipsum patricium esse et a patriciis prodi necesse est. Dixi apud pontifices istam adoptionem nullo decreto huius collegii probatam, contra omne pontificum ius factam pro nihilo esse habendam. Qua sublata intellegis totum tribunatum tuum concidisse.

Venio ad augures, quorum ego libros, si qui sunt reconditi, non scrutor; non sum in exquirendo iure augurum curiosus; haec, quae una cum populo didici, quae saepe in contionibus responsa sunt, novi. Negant fas esse agi cum populo, cum de caelo servatum sit. Quo die de te lex curiata lata esse dicatur, audes negare de caelo esse servatum? Adest praesens vir singulari virtute, constantia, gravitate praeditus, M. Bibulus; hunc consulem illo ipso die contendo servasse de caelo. 'Infirmas igitur tu acta C. Caesaris, viri fortissimi?' Minime; neque enim mea iam quicquam interest exceptis iis telis, quae ex illius actionibus in meum corpus inmissa sunt. Sed haec de auspiciis, quae ego nunc perbreviter attingo, acta sunt a te: Tu tuo praecipitante iam et debilitato tribunatu auspiciorum patronus subito extitisti, tu M. Bibulum in contionem, tu augures produxisti, *a* te interrogati augures responderunt, cum de caelo servatum sit, cum populo agi non posse, tibi M. Bibulus quaerenti se de caelo servasse respondit idemque in contione dixit ab Appio, tuo fratre, productus te omnino, quod contra auspicia adoptatus esses, tribunum non fuisse. Tua denique omnis actio posterioribus mensibus fuit, omnia, quae C. Caesar egisset, quod contra auspicia essent acta, per senatum rescindi oportere; quod si fieret, dicebas te tuis umeris me *custodem* urbis in urbem relaturum. Videte hominis amentiam *** per suum tribunatum Caesaris actis inligatus teneretur. Si et sacrorum iure pontifices et auspiciorum religione augures totum evertunt tribunatum tuum, quid quaeris amplius? an etiam apertius aliquod ius populi atque legum? Hora fortasse sexta diei questus sum in indicio, cum C. Antonium, collegam meum, defenderem, quaedam de re publica, quae mihi visa sunt ad illius miseri causam pertinere. Haec homines improbi ad quosdam viros fortes longe aliter, atque a me dicta erant, detulerunt. Hora nona illo ipso die tu es adoptatus. Si, quod in ceteris legibus trinum nundinum esse oportet, id in adoptione satis est trium esse horarum, nihil reprehendo; sin eadem observanda sunt, indicavit senatus M. Drusi legibus, quae contra legem Caeciliam et Didiam latae essent, populum non teneri. Iam intellegis omni genere iuris, quod in sacris, quod in auspiciis, quod in legibus sit, te tribunum pl. non fuisse. At ego hoc totum *non* sine causa relinquo. Video enim quosdam clarissimos viros principes civitatis aliquot locis iudicasse te cum plebe iure agere potuisse; qui etiam de me ipso, cum tua rogatione funere elatam rem publicam esse dicerent, tamen id funus, etsi miserum atque acerbum fuisset, iure indictum esse dicebant; quod de me civi ita de re publica merito tulisses, funus te indixisse rei publicae, quod salvis auspiciis tulisses, iure egisse dicebant. Quare licebit, ut opinor, nobis eas actiones non infirmare, quibus illi actionibus constitutum tribunatum *tuum* comprobaverunt.

Fueris sane tribunus pl., tam fueris, inquam, lege, quam fuit hic ipse *P.* Servilius, vir omnibus rebus clarissimus atque amplissimus; quo iure, quo more, quo exemplo legem nominatim de capite civis indemnati tulisti? Vetant leges sacratae, vetant XII tabulae leges privatis hominibus inrogari; id est enim 'privilegium'. Nemo umquam tulit; nihil est crudelius, nihil perniciosius, nihil, quod minus haec civitas ferre possit. Proscriptionis miserrimum nomen illud et omnis acerbitas Sullani temporis quid habet, quod maxime sit insigne ad memoriam crudelitatis? Opinor poenam in cives Romanos nominatim sine indicio constitutam. Hanc vos igitur, pontifices, indicio atque auctoritate vestra tribuno pl. potestatem dabitis, ut proscribere possit, quos velit? Quaero enim, quid sit aliud *nisi* proscribere 'VELITIS IUBEATIS, UT M. TULLIUS IN CIVITATE NE SIT, BONAQUE EIUS UT MEA SINT.' Ita enim re, etsi aliis verbis, tulit. Hoc plebei scitum est, haec lex, haec rogatio est? hoc vos pati potestis, hoc ferre civitas, ut singuli cives singulis versiculis e civitate tollantur? Equidem iam perfunctus sum; nullam vim, nullum impetum metno; explevi animos invidorum, placavi odia inproborum, saturavi etiam perfidiam et scelus proditorum; denique de mea causa, quae videbatur perditis civibus ad invidiam esse proposita, iam omnes urbes, omnes ordines, omnes di atque homines iudicaverunt. Vobismet ipsis, pontifices, et vestris liberis ceterisque civibus pro vestra auctoritate et sapientia consulere debetis Nam, cum tam moderata iudicia populi sint a maioribus constituta, primum ut ne poena capitis cum pecunia coniungatur, deinde ne inprodicta die quis accusetur, ut ter ante magistratus accuset intermissa die, quam multam inroget aut iudicet, quarta sit accusatio trinum nundinum prodicta die, quo die indicium sit futurum, tum multa etiam ad placandum atque ad misericordiam reis concessa sint, deinde exorabilis populus, facilis suffragatio pro salute, denique etiam, si qua res illum diem aut auspiciis aut excusatione sustulit, tota causa iudiciumque sublatum sit: haec cum ita sint in iure, ubi crimen est, ubi accusator, ubi testes, quid indignius quam, qui neque adesse sit inssus neque citatus neque accusatus, de *eius* capite, liberis, fortunis omnibus conductos et sicarios et egentis et perditos suffragium ferre et eam

legem putari? Ac, si hoc de me potuit, quem honos, (18)
quem dignitas, quem causa, quem res publica tuebatur, (46)
cuius denique pecunia non expetebatur, cui nihil oberat
praeter conversionem status et inclinationem communium temporum, quid tandem futurum est iis, quorum
vita remota ab honore populari et ab hac inlustri
gratia est, pecuniae autem tantae sunt, ut eas nimium
multi egentes sumptuosi nobiles concupiscant? Date 47
hanc tribuno pl. licentiam et intuemini paulisper animis iuventutem et eos maxime, qui inminere iam
cupiditate videntur in tribuniciam potestatem; collegia
medius fidius tribunorum pl. tota reperientur hoc
iure firmato, quae coëant de hominum locupletissi-
morum bonis, praeda praesertim populari et spe largitionis oblata.

At quid tulit legum scriptor peritus et callidus?
'VELITIS IUBEATIS, UT M. TULLIO AQUA ET IGNI IN-
TERDICATUR'? Crudele, nefarium, ne in sceleratissimo
quidem civi sine iudicio ferundum! Non tulit, 'UT
INTERDICATUR.' Quid ergo? 'UT INTERDICTUM SIT.'
O caenum, o portentum, o scelus! hanc tibi legem
Clodius scripsit spurciorem lingua sua, ut interdictum
sit, cui non sit interdictum? Sexte noster, bona venia,
quoniam iam dialecticus *es* et haec quoque liguris,
quod factum non est, ut sit factum, ferri ad populum
aut verbis ullis sanciri aut suffragiis confirmari potest?
Hoc tu scriptore, hoc consiliario, hoc ministro omnium 48
non bipedum solum, sed etiam quadripedum inpurissimo rem publicam perdidisti; neque tu eras tam ex-
cors tamque demens, ut nescires Clodium esse, qui
contra leges faceret, alios, qui leges scribere solerent;
sed neque eorum neque ceterorum, in quibus esset
aliquid modestiae, cuiusquam tibi potestas fuit; neque
tu legum scriptoribus isdem potuisti uti, quibus
ceteri, neque operum architectis neque pontificem ad-
bibere, quem velles, postremo ne in praedae quidem
societate *mancipem* aut praedem [socium] extra tuorum

gladiatorum numerum aut denique suffragii latorem
in ista tua proscriptione quemquam nisi furem ac
sicarium reperire potuisti. Itaque, cum tu florens ac
potens per medium *forum* scortum populare volitares,
amici illi tui te uno amico tecti et beati, qui se populo commiserant, ita repellebantur, ut etiam Pala-
tinam tuam perderent; qui in indicium venerant, sive
accusatores erant sive rei, te deprecante damnabantur.
Denique etiam ille novicius Ligus, venalis adscriptor
et subscriptor tuus, cum M. Papiri, sui fratris, esset
testamento et indicio inprobatus, mortem eius se velle
persequi dixit; nomen Sex. Properti detulit, accusare
alienae dominationis scelerisque socius propter calumniae metum non est ausus. De hac igitur lege dicimus, quasi iure rogata videatur, cuius quam quisque
partem tetigit digito, voce, praeda, suffragio, quocumque venit, repudiatus convictusque discessit?

Quid, si iis verbis scripta est ista proscriptio, ut
se ipsa dissolvat? est enim: 'QUOD M. TULLIUS FAL-
SUM SENATUS CONSULTUM RETTULERIT.' Si igitur
rettulit falsum senatus consultum, tum est rogatio,
si non rettulit, nulla est. Satisne tibi videtur a senatu
iudicatum me non modo non ementitum esse auctoritatem eius ordinis, sed etiam unum post urbem conditam diligentissime senatui paruisse? Quot modis
doceo legem istam, quam vocas, non esse legem?
Quid? si etiam pluribus de rebus uno sortitore tulisti,
tamenne arbitraris id, quod M. Drusus in legibus
suis plerisque, innocens ille vir, M. Scauro et L.
Crasso consiliariis non optinuerit, id te posse, hominem *plenum* facinorum et stuprorum omnium, Decumis et Clodiis auctoribus optinere? Tulisti de me,
ne reciperer, non ut exirem, quem tu ipse non poteras
dicere non licere esse Romae. Quid enim diceres?
damnatum? Certe non. Expulsum? Qui licuit? Sed
tamen ne id quidem est scriptum, ut exirem; poena
est, qui receperit, quam omnes neglexerunt; eiectio

nusquam est. Verum sit; quid? operum publicorum exactio, quid? nominis inscriptio tibi num aliud videtur esse ac meorum bonorum direptio? praeterquam quod ne id quidem per legem Liciniam, ut ipse tibi curationem ferres, facere potuisti. Quid? hoc ipsum, quod nunc apud pontifices agis, te meam domum consecrasse, te monumentum fecisse in meis aedibus, te signum dedicasse, eaque te ex una rogatiuncula fecisse, unum et idem videtur esse atque id, quod de me ipso nominatim tulisti? Tam hercule est unum, quam 52 quod idem tu lege una tulisti, ut Cyprius rex, cuius maiores huic populo socii atque amici semper fuerunt, cum bonis omnibus sub praeconem subiceretur et exules Byzantium reducerentur. 'Eidem', inquit, 'utraque de re negotium dedi.' Quid? si eidem negotium dedisset, ut in Asia cistophorum flagitaret, inde iret in Hispaniam, cum Romam decessisset, consulatum ei petere liceret, cum factus esset, provinciam Syriam optineret, quoniam de uno homine scriberet, una res esset? Quodsi iam populus Romanus de ista re con- 53 sultus esset et non omnia per servos latronesque gessisses, nonne fieri poterat, ut populo de Cyprio rege placeret, de exulibus Byzantiis displiceret? Quae est, quaeso, alia vis, quae sententia Caeciliae legis et Didiae nisi haec, ne populo necesse sit in coniunctis rebus conpluribus aut id, quod nolit, accipere aut id, quod velit, repudiare?

Quid? si per vim tulisti, tamenne lex est, aut quicquam iure gestum videri potest, quod per vim gestum esse constet? An, si in ipsa latione tua capta iam urbe lapides iacti, si manus collata non est, idcirco tu ad illam labem atque eluviem civitatis sine summa vi pervenire potuisti? Cum in tribunali Aurelio 21 conscribebas palam non modo liberos, sed etiam ser- 54 vos ex omnibus vicis concitatos, vim tum videlicet non parabas; cum edictis tuis tabernas claudi iubebas, non *vim imperitae* multitudinis, sed hominum bone-

storum modestiam prudentiamque quaerebas; cum
arma in aedem Castoris comportabas, nihil aliud, nisi
uti ne quid per vim agi posset, machinabare; cum
vero gradus Castoris convellisti ac removisti, tum, ut
modeste tibi agere liceret, homines audaces ab eius
templi aditu atque ascensu reppulisti; cum eos, qui
in conventu virorum bonorum verba de salute mea
fecerant, adesse iussisti eorumque advocationem manibus, ferro, lapidibus discussisti, tum profecto osten-
disti vim tibi maxime displicere. Verum haec furiosa vis vaesani tribuni pl. facile superari frangique
potuit virorum bonorum vel virtute vel multitudine.
Quid? cum Gabinio Syria dabatur, Macedonia Pisoni,
utrique infinitum imperium, ingens pecunia, ut tibi
omnia permitterent, te adiuvarent, tibi manum, copias,
tibi suos spectatos centuriones, tibi pecuniam, tibi
familias compararent, te suis sceleratis contionibus
sublevarent, senatus auctoritatem inriderent, equitibus
Romanis mortem proscriptionemque minitarentur, me
terrerent minis, mihi caedem et dimicationem denun-
tiarent, meam domum refertam viris bonis per amicos
suos complerent proscriptionis metu, me frequentia
nudarent virorum bonorum, me praesidio spoliarent
senatus, pro me non modo pugnare amplissimum ordinem, sed etiam plorare et supplicare mutata veste
prohiberent, ne tum quidem vis erat? Quid igitur
ego cessi, aut qui timor fuit non dicam in me? fac
me timidum esse natura, quid? illa tot virorum fortissimorum milia, quid? nostri equites Romani, quid?
senatus, quid? denique omnes boni, si nulla erat vis,
cur me flentes potius prosecuti sunt quam aut incre-
pautes retinuerunt aut irati reliquerunt? An hoc
timebam, si mecum ageretur more institutoque maiorum, ut possem praesens sustinere? Utrum, si dies
dicta esset, indicium mihi fuit pertimescendum an sine
iudicio privilegium? Iudiciumne? Causa tam turpis
scilicet, homo, qui eam, si iam esset ignota, dicendo

non possem explicare. An quia causam probare non poteram? Cuius tanta bonitas est, ut ea ipsa non modo se, sed etiam me absentem per se probarit. An senatus, an ordines *omnes*, an ii, qui cuneta ex Italia ad me revocandum convolaverunt, segniores me praesente ad me retinendum et conservandum fuissent in ea causa, quam ipse iam parricida talem dicat fuisse, ut me ab omnibus ad meam pristinam dignitatem exspectatum atque revocatum queratur? An vero in iudicio periculi nihil fuit; privilegium pertimui, ne, mihi praesenti si multa inrogaretur, nemo intercederet? Tam inops autem ego eram ab amicis aut tam nuda res publica a magistratibus? Quid? si vocatae tribus essent, proscriptionem non dicam in me ita de sua salute merito, sed omnino in ullo civi comprobavissent? An, si ego praesens fuissem, veteres illae copiae coniuratorum tuique perditi milites atque egentes et nova manus sceleratissimorum consulum corpori meo pepercissent? qui cum eorum omnium crudelitati scelerique cessissem, ne apsens quidem luctu meo mentes eorum satiare potui. Quid enim vos uxor mea misera violarat, quam vexavistis, raptavistis, omni crudelitate lacerastis? quid? mea filia, cuius fletus assiduus sordesque lugubres vobis erant iucundae, ceterorum omnium mentes oculosque flectebant, quid? parvus filius, quem, quamdiu afui, nemo nisi lacrimantem confectumque vidit, quid fecerat, quod eum totiens per insidias interficere voluistis? quid? frater meus, qui cum aliquanto post meum discessum ex provincia venisset neque sibi vivendum nisi me restituto putaret, cum eius maeror, squalor incredibilis et inauditus omnibus mortalibus miserabilis videbatur, quotiens est ex vestro ferro ac manibus elapsus! Sed quid ego vestram crudelitatem exprobro, quam in ipsum me ac meos adhibuistis, qui parietibus, qui tectis, qui columnis ac postibus meis hostificum quoddam et nefarium omni imbutum odio bellum intulistis? Non enim te arbitror, cum post meum discessum omnium locupletium fortunas, omnium provinciarum fructus, tetrarcharum ac regum bona spe atque avaritia devorasses, argenti et supellectilis meae cupiditate esse caecatum; non existimo Campanum illum consulem cum saltatore collega, cum alteri totam Achaiam, Thessaliam, Boeotiam, Graeciam, Macedoniam omnemque barbariam, bona civium Romanorum condonasses, alteri Syriam, Babylonem, Persas, integerrimas pacatissimasque gentes, ad diripiendum tradidisses, illos tam cupidos liminum meorum et columnarum et valvarum fuisse. 61 Neque porro illa manus copiaeque Catilinae caementis ac testis tectorum meorum se famem suam expleturas putaverunt; sed ut hostium urbes, nec omnium hostium, verum eorum, quibuscum acerbum bellum internicivumque suscepimus, non praeda adducti, sed odio solemus excindere, quod, in quos propter eorum crudelitatem inflammatae mentes nostrae fuerunt, cum horum etiam tectis et sedibus residere aliquod bellum semper videtur ***

24
62 Nihil erat latum de me; non adesse eram iussus, non citatus afueram; eram etiam tuo iudicio civis incolumis, cum domus in Palatio, villa in Tusculano, altera ad alterum consulem transferebatur † senatus consules vocabant, columnae marmoreae ex aedibus meis inspectante populo Romano ad socrum consulis portabantur, in fundum autem vicini consulis non instrumentum aut ornamenta villae, sed etiam arbores transferebantur, cum ipsa villa non praedae cupiditate (quid enim erat praedae?), sed odio et crudelitate funditus everteretur. Domus ardebat in Palatio non fortuito, sed oblato incendio; consules epulabantur et in coniuratorum gratulatione versabantur, cum alter se Catilinae delicias, alter Cethegi consobrinum fuisse 63 diceret. Hanc ego vim, pontifices, hoc scelus, hunc furorem meo corpore opposito ab omnium bonorum cervicibus depuli omnemque impetum discordiarum,

omnem diu collectam vim improborum, quae inveterata
compresso odio atque tacito iam erumpebat nancta
tam audacis duces, excepi meo corpore. In me uno
consulares faces iactae manibus tribuniciis, in me
omnia, quae ego quondam rettuderam, coniurationis
nefaria tela adhaeserunt. Quodsi, ut multis fortissimis
viris placuit, vi et armis contra vim decertare voluissem,
aut vicissem cum magna internicione inproborum, sed
tamen civium, aut interfectis bonis omnibus, quod
illis optatissimum *erat*, una cum re publica concidissem.
Videbam vivo senatu populoque Romano celerem
mihi summa cum dignitate reditum nec intellegeham
fieri diutius posse, ut mihi non liceret esse in
ea re publica, quam ipse servassem. Quodsi non
liceret, audieram et legeram clarissimos nostrae civitatis
viros se in medios hostis ad perspicuam mortem
pro salute exercitus iniecisse; ego pro salute universae
rei publicae dubitarem hoc meliore condicione esse
quam Dccii, quod illi ne auditores quidem suae gloriae,
ego etiam spectator meae laudis esse potuissem?
Itaque infractus furor tuus inanis faciebat impetus.
Omnem enim vim omnium sceleratorum acerbitas mei
casus exceperat; non erat in tam immani iniuria
tantisque ruinis novae crudelitati locus. Cato fuerat
proximus. Quid ageres? non erat, ut, qui mihi socius
laboris fuerat, idem esset iniuriae. Quid posses? extrudere
ad Cypriam pecuniam? Praeda perierit. Alia
non deerit; hinc modo amandandus est. Sic M. Cato
invisus quasi per beneficium Cyprum relegatur. Eiciuntur
duo, quos videre inprobi non poterant, alter
per honorem turpissimum, alter per honestissimam
calamitatem. Atque ut sciatis non hominibus istum,
sed virtutibus hostem semper fuisse, me expulso,
Catone amandato in eum ipsum se convertit, quo
auctore, quo adiutore in contionibus ea, quae gerebat
omnia quaeque gesserat, se et fecisse et facere dicebat;
Cn. Pompeium, quem omnium iudicio longe prin-

cipem esse civitatis videbat, diutius furori suo veniam daturum non arbitrabatur. Qui ex eius custodia per insidias regis amici filium hostem captivum surripuisset et ea iniuria virum fortissimum lacessisset, speravit isdem se copiis cum illo posse confligere, quibuscum ego noluissem honorum periculo dimicare. et primo quidem adiutoribus consulibus; postea fregit foedus Gabinius, Piso tamen in fide mansit. Quas iste tum caedes, quas lapidationes, quas fugas fecerit, quam facile ferro cotidianisque insidiis, cum iam a firmissimo robore copiarum suarum relictus esset, Cn. Pompeium foro curiaque privarit domumque conpulerit, vidistis. Ex quo iudicare potestis, quanta vis illa fuerit oriens et congregata, cum haec Cn. Pompeium terruerit iam distracta et extincta..

Haec vidit in sententia dicenda Kalendis Ianuariis vir prudentissimus et cum rei publicae, cum mihi, tum etiam veritati amicissimus, L. Cotta, qui legem de meo reditu ferendam non censuit; qui me consuluisse rei publicae, cessisse tempestati, amiciorem vobis ceterisque civibus quam mihi extitisse, vi, armis, discriptione hominum ad caedem instituta novoque dominatu pulsum esse dixit; nihil de meo capite potuisse ferri, nihil esse iure scriptum aut posse valere, omnia contra leges moremque maiorum temere, turbulente, per vim, per furorem esse gesta. Quodsi illa lex esset, nec referre ad senatum consulibus nec sententiam dicere sibi licere; quorum utrumque cum fieret, non oportere, ut de me lex ferretur, decerni, ne illa, quae nulla esset, esse lex iudicaretur. Sententia verior, gravior, melior, utilior rei publicae nulla esse potuit. Hominis enim scelere et furore notato similis a re publica labes in posterum demovebatur. Neque hoc Cn. Pompeius, qui ornatissimam de me sententiam dixit, vosque, pontifices, qui me vestris sententiis auctoritatibusque defendistis, non vidistis, legem illam esse nullam, atque esse potius flammam temporis

interdictum sceleris, vocem furoris, sed prospexistis, ne quae popularis in nos aliquando invidia redundaret, si sine populi iudicio restituti videremur. Eodemque consilio M. Bibuli, fortissimi viri, senatus sententiam
5 secutus est, ut vos de mea domo statueretis, non quo dubitaret, quin ab isto nihil legibus, nihil religionibus, nihil iure esset actum, sed ne quis oreretur aliquando in tanta ubertate inproborum, qui in meis aedibus aliquam religionem residere diceret. Nam legem qui-
10 dem istam nullam esse, quotienscumque de me senatus sententiam dixit, totiens indicavit, quoniam quidem scripto illo istius sententiam dicere vetabatur. Atque hanc rem par illud simile, Piso et Gabinius, vidit; homines legum iudiciorumque metuentes, cum frequen-
15 tissimus senatus eos, ut de me referrent, cotidie flagitaret, non se rem improbare dicebant, sed lege istius impediri. Erat hoc verum; nam impediebantur, verum ea lege, quam idem iste de Macedonia Syriaque tulerat. Hanc tu, P. Lentule, neque privatus neque consul
20 legem esse umquam putasti. Nam tribunis pl. referentibus sententiam de me designatus consul saepe dixisti; ex Kalendis Ianuariis, quoad perfecta res est, de me rettulisti, legem promulgasti, tulisti; quorum tibi, si esset illa lex, nihil liceret. At etiam Q. Me-
25 tellus, collega tuus, clarissimus vir, quam legem esse homines alienissimi a P. Clodio iudicarent, Piso et Gabinius, eam nullam esse frater P. Clodi, cum de me ad senatum tecum una rettulit, indicavit. Sed vero isti, qui Clodi leges timuerunt, quem ad modum
30 ceteras observarunt? Senatus quidem, cuius est gravissimum indicium de iure legum, quotienscumque de me consultus est, totiens eam nullam esse indicavit. Quod idem tu, Lentule, vidisti in ea lege, quam de me tulisti. Nam non est ita latum, ut mihi Romam
35 'venire liceret', sed ut 'venirem.' Non enim voluisti id, quod licebat, ferre ut liceret, sed me ita esse in re publica, magis ut arcessitus imperio populi

Romani viderer quam *ad* administrandam civitatem
restitutus.

72 Hunc tu etiam, portentosa pestis, exulem appellare
ausus es, cum tantis sceleribus esses et flagitiis notatus,
ut omnem locum, quo adisses, exilii simillimum red-
deres? Quid est enim exul? Ipsum per se nomen
calamitatis, non turpitudinis. Quando igitur est turpe?
Re vera, cum est poena peccati, opinione autem hominum etiam, si est poena damnati. Utrum igitur peccato meo nomen subeo an re indicata? Peccato? Iam
neque tu id dicere andes, quem isti satellites tui
'felicem Catilinam' nominant, neque quisquam eorum,
qui solebant. Non modo iam nemo est tam imperitus,
qui ea, quae gessi in consulatu, peccata esse dicat, sed
nemo est tam inimicus patriae, qui non meis consiliis
28 patriam conservatam esse fateatur. Quod enim est in
73 terris commune tantum tantulumve consilium, quod
non de meis rebus gestis ea, quae mihi essent opta-
tissima et pulcherrima, iudicarit? Summum est populi Romani populorumque et gentium omnium *ac*
regum consilium senatus; decrevit, ut omnes, qui rem
publicam salvam esse vellent, ad me unum defendendum venirent, ostenditque nec stare potuisse rem
publicam, si ego non fuissem, nec futuram esse ullam,
74 si non redissem. Proximus est huic dignitati ordo
equester; omnes omnium publicorum societates de meo
consulatu ac de meis rebus gestis amplissima atque
ornatissima decreta fecerunt. Scribae, qui nobiscum
in rationibus monumentisque publicis versantur, non
obscurum de meis in rem publicam beneficiis suum
indicium decretumque esse voluerunt. Nullum est in
hac urbe collegium, nulli pagani aut montani, quoniam plebei quoque urbanae maiores nostri conventicula
et quasi concilia quaedam esse voluerunt, qui non
amplissime non modo de salute mea, sed etiam de
75 *dignitate* decreverint. Nam quid ego illa divina atque
immortalia municipiorum et coloniarum et totius

Italiae decreta commemorem, quibus tamquam gradibus mihi videor in caelum ascendisse, non solum in patriam revertisse? Ille vero dies qui fuit, cum te, P. Lentule, legem de me ferente populus Romanus ipse vidit sensitque, quantus et quanta dignitate esset! Constat enim nullis umquam comitiis campum Martium tanta celebritate, tanto splendore omnis generis hominum, aetatum, ordinum floruisse. Omitto civitatium, nationum, provinciarum, regum, orbis denique terrarum de meis in omnis mortalis meritis unum iudicium unumque consensum; adventus meus atque introitus in urbem qui fuit? Utrum me patria sic accepit, ut lucem salutemque redditam sibi ac restitutam accipere debuit, an ut crudelem tyrannum, quod vos Catilinae gregales de me dicere solebatis? Itaque ille unus dies, quo die me populus Romanus a porta in Capitolium atque inde domum sua celebritate laetitiaque comitatum honestavit, tantae mihi iucunditati fuit, ut tua mihi conscelerata illa vis non modo non propulsanda, sed etiam armanda fuisse videatur. Quare illa calamitas, si ita est appellanda, excussit hoc genus totum maledicti, ne quisquam iam andeat reprehendere consulatum meum tot, tantis, tam ornatis iudiciis, testimoniis, auctoritatibus comprobatum. Quodsi in isto tuo maledicto probrum non modo mihi nullum obiectas, sed etiam laudem inlustras meam, quid te aut fieri aut fingi dementius potest? Uno enim maledicto bis a me patriam servatam esse concedis, semel, cum id feci, quod omnes boni censent immortalitati, si fieri potest, mandandum, tu supplicio puniendum putasti, iterum, cum tuum multorumque praeter te inflammatum in bonos omnis impetum meo corpore cxeepi, ne eam civitatem, quam servassem inermis, armatus in discrimen adducerem.

Esto, non fuit in me poena ulla peccati; at fuit iudicii. Cuius? quis me umquam ulla lege interrogavit, quis postulavit, quis diem dixit? Potest igitur damnati poenam sustinere indemnatus? est hoc tribunicium, est populare? Quamquam ubi tu te popularem, nisi cum *pro* populo fecisti, potes dicere? Sed, cum hoc iuris a maioribus proditum sit, ut nemo civis Romanus aut sui potestatem aut civitatem possit amittere, nisi ipse auctor factus sit, quod tu ipse potuisti in tua causa discere (credo enim, quamquam in illa adoptatione legitime factum est nihil, tamen te esse interrogatum, anctorne esses, ut in te P. Fonteius vitae necisque potestatem haberet ut in filio), quaero, si aut negasses aut tacuisses, si tamen id xxx curiae iussissent, num id iussum esset ratum? Certe non. Quid ita? Quia ius a maioribus nostris, qui non ficte et fallaciter populares, sed vere et sapienter fuerunt, ita conparatum est, ut civis Romanus libertatem nemo possit invitus amittere. Quin etiam, si decemviri sacramentum in libertatem iniustum iudicassent, tamen, quotienscumque vellet quis, hoc in genere solo rem iudicatam referri posse voluerunt; civitatem vero nemo umquam ullo populi iussu amittet invitus. Qui cives Romani in colonias Latinas proficiscebantur, fieri non poterant Latini, nisi erant auctores facti nomenque dederant; qui erant rerum capitalium condemnati, non prius hanc civitatem amittebant, quam erant in eam recepti, quo vertendi, hoc est mutandi, soli causa venerant. Id autem ut esset faciundum, non ademptione civitatis, sed tecti et aquae et ignis interdictione adigebantur. Populus Romanus L. Sulla dictatore ferente comitiis centuriatis municipiis civitatem ademit; ademit eisdem agros. De agris ratum est; fuit enim populi potestas; de civitate ne tamdiu quidem valuit, quamdiu illa Sullani temporis arma valuerunt. An vero Volaterranis, cum etiam tum essent in armis, L. Sulla victor re publica reciperata comitiis centuriatis civitatem eripere non potuit, hodieque Volaterrani non modo cives, sed etiam optimi cives fruuntur nobiscum simul hac civitate.

onsulari homini P. Clodius eversa re publica civitatem adimere potuit concilio advocato, conductis operis non solum egentium, sed etiam servorum, Fidulio principe, qui se illo die confirmat Romae non fuisse? Quodsi non fuit, quid te audacius, qui eius nomen *in aes* incideris? quid desperatius, qui ne ementiendo quidem potueris anctorem adumbrare meliorem? Sin autem is primus scivit, quod facile potuit, *qui* propter inopiam tecti in foro pernoctasset, cur non iuret se Gadibus fuisse, cum tu te fuisse Interamnae probaveris? Hoc tu igitur, homo popularis, iure munitam civitatem et libertatem nostram putas esse oportere, ut, si tribuno pl. rogante, 'VELITIS IUBEATISNE', Fidulii centum se velle et inhere dixerint, possit unus quisque nostrum amittere civitatem? Tum igitur maiores nostri populares non fuerunt, qui de civitate et libertate ea iura sanxerunt, quae nec vis temporum nec potentia magistratuum nec rerum iudicatarum *auctoritas* nec denique universi populi Romani potestas, quae ceteris in rebus est maxima, labefactare possit? At tu etiam, ereptor civitatis, legem de iniuriis publicis tulisti Anagnino nescio cui Menullae pergratam, qui tibi ob eam legem statuam in meis aedibus posuit, ut locus ipse in tanta tua iniuria legem et inscriptionem statuae refelleret, quae res municipibus Anagninis ornatissimis multo maiori dolori fuit, quam quae idem ille gladiator scelera Anagniae fecerat. Quid? si ne scriptum quidem umquam est in ista ipsa rogatione, quam se Fidulius negat scivisse, tu autem ut acta tui praeclari tribunatus hominis dignitate cohonestes, auctoritatem amplecteris — sed tamen, si nihil de me tulisti, quo minus essem non modo in civium numero, sed etiam in eo loco, in quo me honores populi Romani collocarunt, tamenne eum tua voce violabis, quem post nefarium scelus consulum superiorum tot vides iudiciis senatus, populi Romani, Italiae *totius* honestatum, quem ne tum quidem, cum

aberam, negare poteras esse tua lege senatorem?
Ubi enim tuleras, ut mihi aqua et igni interdiceretur?
quod C. Gracchus de P. Popilio, Saturninus de Metello
tulit. Homines seditiosissimi de optimis ac fortissimis
civibus, non ut esset interdictum, quod ferri non poterat, tulerunt, sed ut interdiceretur. Ubi cavisti, ne
meo me loco censor in senatum legeret? quod de
omnibus, etiam quibus damnatis interdictum est, scriptum est in legibus. Quaere haec ex Clodio, scriptore
legum tuarum, iube adesse; latitat omnino, sed, si requiri iusseris, invenient hominem apud sororem tuam
occultantem se capite demisso. Sed si patrem tuum,
civem medius fidius egregium dissimilemque vestri,
nemo umquam sanus exulem appellavit, qui, cum de
eo tribunus pl. promulgasset, adesse propter iniquitatem illius Cinnani temporis noluit, eique imperium
est abrogatum — si in illo poena legitima turpitudinem non habuit propter vim temporum, in me,
cui dies dicta numquam est, qui reus non fui, qui
numquam sum a tribuno pl. citatus, damnati poena
esse potuit, ea praesertim, quae ne in ipsa quidem
rogatione praescripta est? Ac vide, quid intersit
inter illum iniquissimum patris tui casum et hanc fortunam condicionemque nostram. Patrem tuum, civem
optimum, clarissimi viri filium, qui si viveret, qua
severitate fuit, tu profecto non viveres, L. Philippus
censor avunculum suum praeteriit in recitando senatu.
Nihil enim poterat dicere, quare rata non essent, quae
erant acta in ea re publica, in qua se illis ipsis temporibus censorem esse voluisset; me L. Cotta, homo
censorius, in senatu iuratus dixit se, si censor tum
esset, cum ego aberam, meo loco senatorem recitaturum fuisse. Quis in meum locum iudicem subdidit,
quis meorum amicorum testamentum discessu meo
fecit, qui mihi non idem tribuerit, quod [et] si adessem, quis me non modo civis, sed socius recipere
contra tuam legem et iuvare dubitavit? Denique uni-

versus senatus multo ante, quam est lata lex de me, 'gratias agendas' censuit 'civitatibus iis, quae M. Tullium' — tantumne? immo etiam: 'civem optime de re publica meritum, recepissent.' Et tu unus pestifer civis eum restitutum negas esse civem, quem eiectum universus senatus non modo civem, sed etiam egregium civem semper putavit? At vero, ut annales populi Romani et monumenta vetustatis locuntur, Kaeso ille Quinctius et M. Furius Camillus et C. Servilius Ahala, cum essent optime de re publica meriti, tamen populi incitati vim iracundiamque subierunt, damnatique comitiis centuriatis cum in exilium profugissent, rursus ab eodem populo placato sunt in suam pristinam dignitatem restituti. Quodsi his damnatis non modo non inminuit calamitas clarissimi nominis gloriam, sed etiam honestavit (nam, etsi optabilius est cursum vitae conficere sine dolore et sine iniuria, tamen ad immortalitatem gloriae plus adfert desideratum esse a suis civibus quam omnino numquam esse violatum), mihi sine ullo indicio populi profecto, cum amplissimis omnium iudiciis restituto maledicti locum aut criminis optinebit? Fortis et constans in optima ratione civis P. Popilius semper fuit; tamen eius in omni vita nihil est ad laudem inlustrius quam calamitas ipsa. Quis enim iam meminisset eum bene de re publica meritum, nisi et ab improbis expulsus esset et per bonos restitutus? Q. Metelli praeclarum imperium in re militari fuit, egregia censura, omnis vita plena gravitatis; tamen huius viri laudem ad sempiternam memoriam temporis calamitas propagavit. Quodsi [et] illis, qui expulsi sunt inique, sed tamen legibus, reducti inimicis interfectis rogationibus tribuniciis, non auctoritate senatus, non comitiis centuriatis, non decretis Italiae, non desiderio civitatis, iniuria inimicorum probro non fuit, in me, qui profectus sum integer, afui simul cum re publica, redii *cum maxima dignitate te vivo, fratre tuo altero* consule reducente, altero praetore quiescente, tuum scelus meum probrum putas esse oportere? Ac, si me populus Romanus incitatus iracundia aut invidia e civitate eiecisset idemque postea mea in rem publicam beneficia recordatus se collegisset, temeritatem atque iniuriam suam restitutione mea reprehendisset, tamen profecto nemo tam esset amens, qui mihi tale populi iudicium non dignitati potius quam dedecori putaret esse oportere. Nunc vero cum me in indicium populi nemo omnium vocarit, condemnari non potuerim, qui accusatus non sim, denique ne pulsus quidem ita sim, ut, si contenderem, superare non possem, contraque a populo Romano semper sim defensus, amplificatus, ornatus, quid est, quare quisquam mihi se ipsa populari ratione anteponat? An tu populum Romanum esse illum putas, qui constat ex iis, qui mercede conducuntur, qui inpelluntur, ut vim adferant magistratibus, ut obsideant senatum, optent cotidie caedem, incendia, rapinas? quem tu tamen populum nisi tabernis clausis frequentare non poteras, cui populo duces Lentidios, Lollios, Plaguleios, Sergios praefeceras. O speciem dignitatemque populi Romani, quam reges, quam nationes exterae, quam gentes ultimae pertimescant, multitudinem hominum ex servis, ex conductis, ex facinerosis, ex egentibus congregatam! Illa fuit pulchritudo populi Romani, illa forma, quam in campo vidisti tum, cum etiam tibi contra senatus totiusque Italiae auctoritatem et studium dicendi potestas fuit. Ille populus est dominus regum, victor atque imperator omnium gentium, quem illo clarissimo die, scelerate, vidisti tum, cum omnes principes civitatis, omnes ordinum atque aetatum omnium suffragium se non de civis, sed de civitatis salute ferre censebant, cum denique homines in campum non tabernis, sed municipiis clausis venerunt. Hoc ego populo, si tum consules aut fuissent in re publica aut omnino non fuissent, nullo labore tuo praecipiti furori atque impio sceleri restitissem. Sed publicam causam contra vim armatam sine publico praesidio suscipere nolui, non quo mihi P. Scipionis, fortissimi viri, vis in Ti. *Graccho*, privati hominis, displiceret, sed Scipionis factum statim P. Mucius consul, qui in gerenda re [publica] putabatur fuisse segnior, gesta multis senatus consultis non modo defendit, sed etiam ornavit; mihi aut te interfecto cum consulibus aut te vivo et tecum et cum illis armis decertandum fuit. Erant eo tempore multa etiam alia metuenda; ad servos medius fidius res publica venisset; tantum homines impios ex vetere illa coniuratione inustum nefariis mentibus bonorum odium tenebat.

Hic tu me etiam gloriari vetas; negas esse ferenda, quae soleam de me praedicare, et homo facetus inducis etiam sermonem urbanum ac venustum, me dicere solere esse me Iovem, eundemque dictitare Minervam esse sororem meam. Non tam insolens sum, quod Iovem esse me dico, quam ineruditus, quod Minervam sororem Iovis esse existimo; sed tamen ego mihi sororem virginem adscisco, tu sororem tuam virginem esse non sisti. Sed vide, ne tu te soleas Iovem ducere, quod tu iure eandem sororem et uxorem appellare possis. Et quoniam hoc reprehendis, quod solere me dicas de me ipsum gloriosius praedicare, quis umquam audivit, cum ego de me nisi coactus ac necessario dicerem? Nam, si, cum mihi furta, largitiones, libidines obiciuntur, ego respondere soleo meis consiliis, periculis, laboribus patriam esse servatam, non tam sum existimandus de gestis rebus gloriari quam de obiectis confiteri. Sed, si mihi ante haec durissima rei publicae tempora nihil umquam aliud obiectum est nisi crudelitas eius unius temporis, cum a patria perniciem depuli, quid? me huic maledicto utrum non respondere an demisse respondere decuit? Ego vero etiam rei publicae semper interesse *putavi me illius* pulcherrimi facti, quod ex auctoritate

At id nec propositum ullum fuit, et, si fuisset, duplicata gloria discessissem. Bonorum mihi praesidium defuisse? Falsum est. Me mortem timuisse? Turpe est. Dicendum igitur est id, quod non dicerem nisi coactus (nihil enim umquam de me dixi sublatius adsciscendae laudis causa potius quam criminis depellendi), dico igitur, et quam possum maxuma voce dico: Cum omnium perditorum et coniuratorum incitata vis duce tribuno pl., consulibus auctoribus, adflicto senatu, perterritis equitibus Romanis, suspensa ac sollicita tota civitate non tam in me impetum faceret quam per me in omnis bonos, me vidisse, si vicissem, tenuis rei publicae reliquias, si victus essem, nullas futuras. Quod cum indicassem, deflevi coniugis miserae discidium, liberorum carissimorum solitudinem, fratris absentis amantissimi atque optimi casum, subitas fundatissimae familiae ruinas; sed his omnibus rebus vitam anteposui meorum civium remque publicam concidere unius discessu quam omnium interitu occidere malui. Speravi, id quod accidit, me iacentem posse vivis viris fortibus excitari; si una cum bonis interissem, nullo modo posse rem publicam

recreari. Accepi, pontifices, magnum atque incredi- 97
bilem dolorem; non nego neque istam mihi adscisco
sapientiam, quam non nulli in me requirebant, qui
me animo nimis fracto esse atque adflicto loquebantur.
5 An ego poteram, cum a tot rerum tanta varietate
divellerer, quas idcirco praetereo, quod ne nunc quidem
sine fletu commemorare possum, infitiari me esse hominem et communem naturae sensum repudiare? Tum
vero neque illud meum factum laudabile nec bene-
10 ficium ullum a me in rem publicam profectum dicerem, siquidem ea rei publicae causa reliquissem,
quibus aequo animo carerem, camque animi duritiam
sicut corporis, quod cum uritur, non sentit, stuporem
potius quam virtutem putarem. Suscipere tantos 37
15 animi dolores atque ea, quae capta urbe accidunt 98
victis, stante urbe unum perpeti et iam se videre
distrahi a conplexu suorum, disturbari tecta, diripi
fortunas, patriae denique causa patriam ipsam amittere, spoliari populi Romani beneficiis amplissimis,
20 praecipitari ex altissimo dignitatis gradu, videre prae-
textatos inimicos nondum morte complorata arbitria
petentis funeris — haec omnia subire conservandorum
civium causa atque ita *pati*, ut dolenter feras et sis
non tam sapiens quam ii, qui nihil curant, sed tam
25 amans tuorum ac tui, quam communis humanitas postulat, ea laus praeclara atque divina est. Nam qui
ea, quae numquam cara ac iucunda duxit, animo
aequo rei publicae causa deserit, nullam benivolentiam
insignem in rem publicam declarat; qui autem ea
30 relinquit rei publicae causa, a quibus cum summo
dolore divellitur, ei cara patria est, cuius salutem
caritati anteponit suorum. Quare, dirumpatur licet 99
ista furia atque **, audiat haec ex me, quoniam lacessivit: Bis servavi *rem publicam*, qui consul togatus
35 armatos vicerim, privatus consulibus armatis cesserim.
Utriusque temporis fructum tuli maximum, superioris,
quod ex senatus auctoritate et senatum et omnis bonos

meae salutis causa mutata veste vidi, posterioris, quod et senatus et populus Romanus et omnes mortales et privatim et publice iudicarunt sine meo reditu rem publicam salvam esse non posse.

100 Sed hic meus reditus, pontifices, vestro iudicio continetur. Nam, si vos me in meis aedibus collocatis, id quod in omni mea causa semper studiis, consiliis, auctoritatibus sententiisque fecistis, video me plane ac sentio restitutum; sin mea domus non modo mihi non redditur, sed etiam monumentum praebet inimico doloris mei, sceleris sui, publicae calamitatis, quis erit, qui hunc reditum potius quam poenam sempiternam putet? In conspectu prope totius urbis domus est mea, pontifices; in qua si manet illud non monumentum virtutis, sed sepulcrum inimico nomine inscriptum, demigrandum mihi potius aliquo est quam habitandum in ea urbe, in qua tropaea de me et de re publica videam constituta. An ego tantam aut 101 animi duritiam habere aut oculorum inpudentiam possim, ut, cuius urbis servatorem me esse senatus omnium adsensu totiens iudicarit, in ea possim intueri domum meam eversam non ab inimico meo, sed ab hoste communi et ab eodem *aedem* extructam et positam in oculis civitatis, ne umquam conquiescere possit fletus bonorum? Sp. Maeli regnum adpetentis domus est complanata, et, quia illud 'aequum' accidisse populus Romanus 'Maclio' indicavit, nomine ipso 'Aequimaeli' iustitia poenae comprobata est. Sp. Cassi domus ob eandem causam *est* eversa atque in eo loco aedis posita Telluris. In Vacci pratis domus fuit M. Vacci, quae publicata *est* et eversa, ut illius facinus memoria et nomine loci notaretur. M. Manlius cum ab ascensu Capitoli Gallorum impetum reppulisset, non fuit contentus beneficii sui gloria; regnum adpetisse est iudicatus. Ergo eius domum eversam duobus lucis convestitam videtis. Quam igitur maiores nostri sceleratis ac nefariis civibus maximam poenam constitui posse

arbitrati sunt, eandem ego subibo ac sustinebo, ut apud posteros nostros non extinctor coniurationis et sceleris, sed auctor et dux fuisse videar? Hanc vero, 102 pontifices, labem turpitudinis et inconstantiae poterit populi Romani dignitas sustinere vivo senatu, vobis principibus publici consilii, ut domus M. Tulli Ciceronis cum domo *M.* Fulvi Flacci ad memoriam poenae publice constitutae coniuncta esse videatur? M. Flaccus quia cum C. Graccho contra salutem rei publicae fecerat, ex senatus sententia est interfectus; eius domus eversa et publicata est; in qua porticum post aliquanto Q. Catulus de manubiis Cimbricis fecit. Ista autem fax ac furia patriae cum urbem Pisone et Gabinio ducibus cepisset, occupasset, teneret, uno eodemque tempore et clarissimi viri mortui monumenta delebat et meam domum cum Flacci domo coniungebat, ut, qua poena senatus adfecerat eversorem civitatis, eadem iste oppresso senatu adficeret eum, quem patres conscripti custodem patriae iudicassent. Hanc vero 39 in Palatio atque in pulcherrimo urbis loco porticum 103 esse patiemini, furoris tribunicii, sceleris consularis, crudelitatis coniuratorum, calamitatis rei publicae, doloris mei defixum indicium ad memoriam omnium gentium sempiternam? quam porticum pro amore, quem habetis in rem publicam et semper habuistis, non modo sententiis, sed, si opus esset, manibus vestris disturbare cuperetis, nisi quem forte illius castissimi sacerdotis superstitiosa dedicatio deterret.

O rem, quam homines soluti ridere non desinant, 104 tristiores autem sine maxumo dolore audire non possint! Publiusne Clodius, qui ex pontificis maximi domo religionem eripuit, is *in* meam intulit? Hunein vos, qui estis antistites caerimoniarum et sacrorum, auctorem habetis et magistrum publicae religionis? O di immortales! (vos enim haec audire cupio) P. Clodius vestra sacra curat, vestrum numen horret, res omnis humanas religione vestra contineri putat? Hic

non inludit auctoritati horum omnium, qui adsunt,
summorum virorum, non vestra, pontifices, gravitate
abutitur? Ex isto ore religionis verbum excidere aut
elabi potest? quam tu eodem ore accusando senatum,
quod severe de religione decerneret, inpurissime taeter-
rimeque violasti. Aspicite, pontifices, hominem religiosum et, si vobis videtur, quod est bonorum pontificum, monete eum modum quendam esse religionis;
nimium esse superstitiosum non oportere. Quid tibi
necesse fuit anili superstitione, homo fanatice, sacrificium, quod alienae domi fieret, invisere? quae autem
te tanta mentis inbecillitas tenuit, ut non putares deos
satis posse placari, nisi etiam muliebribus religionibus
te inplicuisses? Quem umquam audisti maiorum tuorum, qui et sacra privata coluerunt et publicis sacerdotiis praefuerunt, cum sacrificium Bonae deae fieret,
interfuisse? Neminem, ne illum quidem, qui caecus
est factus. Ex quo intellegitur multa in vita falso
homines opinari, cum ille, qui nihil viderat sciens,
quod nefas esset, lumina amisit, istius, qui non solum
aspectu, sed etiam incesto flagitio et stupro caerimonias polluit, poena omnis oculorum ad caecitatem
mentis est conversa. Hoc auctore tam casto, tam
religioso, tam sancto, tam pio potestis, pontifices, non
commoveri, cum suis se dicat manibus domum civis
optimi evertisse et eam isdem manibus consecrasse?
Quae tua fuit consecratio? 'Tuleram', inquit, 'ut
mihi liceret.' Quid? non exceperas, ut, si quid ius
non esset rogari, ne esset rogatum? Ius igitur statuetis esse unius cuiusque vestrum sedes, aras, focos,
deos penates subiectos esse libidini tribuniciae? in
quem quisque per homines concitatos inruerit, quem
impetu perculerit, huius domum non solum adfligere,
quod est praesentis insaniae quasi tempestatis repen-
tinae, sed etiam in posterum tempus sempiterna religione obligare? Equidem sic accepi, pontifices, in
religionibus suscipiendis caput esse interpretari, quae

voluntas deorum immortalium esse videatur; nec est ulla erga deos pietas sine honesta de numine eorum ac mente opinione, ut expeti nihil ab iis, quod sit iniustum atque inhonestum, *fas esse* arbitrere. Ho-
5 minem invenire ista labes tum, cum omnia tenebat, neminem potuit, cui meas aedis addiceret, cui traderet, cui donaret; ipse cum loci illius, cum aedium cupiditate flagraret ob eamque causam unam funesta illa rogatione sua vir bonus dominum se in meis bonis
10 esse voluisset, tamen illo ipso in furore suo non est ausus meam domum, cuius cupiditate inflammatus erat, possidere; deos immortalis existimatis, cuius labore et consilio sua ipsi templa tenuerunt, in eius domum adflictam et eversam per [vim] hominis scele-
15 ratissimi nefarium latrocinium inmigrare voluisse? Civis est nemo tanto in populo extra contaminatam 108 illam et cruentam P. Clodi manum, qui rem ullam de meis bonis adtigerit, qui non pro suis opibus in illa tempestate me defenderit. At qui aliqua se conta-
20 gione praedae, societatis, emptionis contaminaverunt, nullius neque privati neque publici indicii poenam effugere potuerunt. Ex his igitur bonis, *ex* quibus nemo rem ullam attigit, qui non omnium indicio sceleratissimus haberetur, di immortales domum meam
25 concupiverunt? Ista tua pulchra Libertas deos penates et familiares meos lares expulit, ut se ipsa tamquam in captivis sedibus collocaret? Quid est sanctius, 109 quid omni religione munitius quam domus unius cuiusque civium? Hic arae sunt, hic foci, hic di penates,
30 hic sacra, religiones, caerimoniae continentur; hoc perfugium est ita sanctum omnibus, ut inde abripi neminem fas sit. Quo magis est istius furor ab auribus 42 vestris repellendus, qui, quae maiores nostri religionibus tuta nobis et sancta esse voluerunt, ea iste non
35 solum contra religionem labefactavit, sed etiam ipsius religionis nomine evertit.

At quae dea est? Bonam esse oportet, quoniam 110

qnidem est aps te dedicata. 'Libertas', inquit, 'est.'
Eam tu igitur domi meae collocasti, quam ex urbe
tota sustulisti? Tu cum collegas tuos summa potestate
praeditos negares liberos esse, cum in templum Castoris aditus esset apertus nemini, cum hunc clarissimum virum summo genere natum, summis populi
beneficiis usum, pontificem et consularem et singulari
bonitate et modestia praeditum, quem satis mirari
quibus oculis aspicere audeas non queo, audiente populo Romano a pedisequis conculcari iuberes, cum
indemnatum *me* exturbares privilegiis tyrannicis in-
rogatis, cum principem orbis terrae virum inclusum
domi contineres, cum forum armatis catervis perditorum hominum possideres, Libertatis simulacrum in
ea domo collocabas, quae domus erat ipsa indicium
crudelissimi tui dominatus et miserrimae populi Romani
servitutis? Eumne potissimum Libertas domo sua
debuit pellere, qui nisi fuisset, in servorum potestatem
civitas tota venisset? At unde est inventa ista Libertas? Quaesivi enim diligenter. Tanagraea quaedam
meretrix fuisse dicitur. Eius non longe a Tanagra
simulacrum e marmore in sepulcro positum fuit. Hoc
quidam homo nobilis non alienus ab hoc religioso
Libertatis sacerdote ad ornatum aedilitatis suae deportavit. Etenim cogitarat omnes superiores muneris
splendore superare. Itaque omnia signa, tabulas, ornamentorum quod superfuit in fanis et communibus *locis*,
ex tota Graecia atque insulis omnibus honoris populi
Romani causa sane frugaliter domum suam deportavit. Is posteaquam intellexit posse se interversa
aedilitate a L. Pisone consule praetorem renuntiari,
si modo eadem prima littera competitorem habuisset
aliquem, aedilitatem duobus in locis, partim in arca,
partim in hortis suis, conlocavit; signum de busto
meretricis ablatum isti dedit, quod esset signum magis
*is*torum quam publicae libertatis. Hanc deam quisquam
*vi*olare audeat, [et] imaginem meretricis, ornamentum

sepulcri, a fure sublatam, a sacrilego conlocatam? haec me domo mea pellet, haec victrix adflictae civitatis rei publicae spoliis ornabitur, haec erit in eo monumento, quod positum est, ut esset indicium oppressi senatus ad memoriam sempiternam turpitudinis? O Q. Catule! (patremne appellem *ante* an filium? 113 recentior enim memoria filii est et cum meis rebus gestis coniunctior) tantumne te fefellit, cum mihi summa et cotidie maiora praemia in re publica fore putabas? Negabas fas esse duo consules esse in hac civitate inimicos rei publicae; sunt inventi, qui senatum tribuno furenti constrictum traderent, qui pro me patres conscriptos deprecari et populo supplices esse edictis atque imperio vetarent, quibus inspectantibus domus mea disturbaretur, diriperetur, qui denique ambustas fortunarum mearum reliquias suas domos comportari iuberent. Venio nunc ad patrem. Tu, Q. 114 Catule, M. Fulvi domum, cum is fratris tui socer fuisset, monumentum tuarum manubiarum esse voluisti, ut eius, qui perniciosa rei publicae consilia cepisset, omnis memoria funditus ex oculis hominum ac mentibus tolleretur. Hoc si quis tibi aedificanti illam porticum diceret, fore tempus, cum is tribunus pl., qui auctoritatem senatus, indicium bonorum omnium neglexisset, tuum monumentum consulibus non modo inspectantibus, verum adiuvantibus disturbaret, everteret idque cum eius civis, qui rem publicam ex senatus auctoritate consul defendisset, domo coniungeret, nonne responderes id nisi eversa civitate accidere non posse?

At videte hominis intolerabilem audaciam cum 44 proiecta quadam et effrenata cupiditate. Monimentum 115 iste umquam aut religionem ullam excogitavit? Habitare laxe et magnifice voluit duasque et magnas et nobiles domos coniungere. Eodem puncto temporis, quo meus discessus isti causam caedis eripuit, a Q. Seio contendit, ut sibi domum venderet; cum ille id

negaret, primo se luminibus eius esse obstructurum
minabatur. Adfirmabat Postumus se vivo illam domum
istius numquam futuram. Acutus adulescens ex ipsius
sermone intellexit, quid fieri oporteret; hominem
veneno apertissime sustulit; emit domum licitatoribus
defatigatis prope dimidio carius, quam aestimabatur.
Quorsum igitur haec oratio pertinet? Domus illa
mea prope tota vacua est; vix pars aedium mearum
decima ad Catuli porticum accessit. Causa fuit am-
bulatio et monumentum et ista Tanagraea oppressa
libertate Libertas. In Palatio pulcherrimo prospectu
porticum cum conclavibus pavimentatam trecentum
pedum concupierat, amplissimum peristylum, cetera
eius modi, facile ut omnium domos et laxitate et
dignitate superaret. Et homo religiosus cum aedis
meas idem emeret et venderet, tamen illis tantis
tenebris non est ausus suum nomen emptioni illi
adscribere. Posuit Scatonem illum, hominem sua virtute egentem, ut is, qui in Marsis, ubi natus est,
tectum, quo imbris vitandi causa succederet, iam nullum haberet, aedis in Palatio nobilissimas emisse se
diceret. Inferiorem aedium partem adsignavit non
suae genti Fonteiae, sed Clodiae, quam reliquit, quem
in numerum ex multis Clodiis nemo nomen dedit nisi
aut egestate aut scelere perditus. Hanc vos, pontifices,
tantam, tam variam, tam novam in omni genere
voluntatem, inpudentiam, audaciam, cupiditatem com-
probabitis?
'Pontifex', inquit, 'adfuit.' Non te pudet, cum
apud pontifices res agatur, pontificem dicere et non
collegium pontificum adfuisse, praesertim cum tribunus
pl. vel denuntiare potueris vel etiam cogere? Esto,
collegium non adhibuisti; quid? de collegio quis tandem adfuit? Opus erat enim auctoritate, quae est in
his omnibus, sed tamen auget et aetas et honos dignitatem; opus erat etiam scientia, quam si omnes consecuti sunt, tamen certe peritiores vetustas facit. Quia

ergo adfuit? 'Frater', inquit, 'uxoris meae.' Si auctoritatem quaerimus, etsi id est aetatis, ut nondum consecutus sit, tamen, quanta est in adulescente auctoritas, ea propter tantam coniunctionem adfinitatis
5 minor est putanda. Sin autem scientia est quaesita, quis erat minus peritus quam is, qui paucis illis diebus in collegium venerat? qui etiam tibi erat magis obstrictus beneficio recenti, cum se fratrem uxoris tuae fratri tuo germano antelatum videbat. Etsi in eo
10 providisti ne frater te accusare possit. Hanc tu igitur dedicationem appellas, ad quam non collegium, non honoribus populi Romani ornatum pontificem, non denique adulescentem quemquam *alium*, cum haberes in collegio familiarissimos, adhibere potuisti? Adfuit
15 is, si modo adfuit, quem tu inpulisti, soror rogavit, mater coëgit. Videte igitur, pontifices, quid statuatis 119 in mea causa de omnium fortunis, verbone pontificis putetis, si is postem tenuerit et aliquid dixerit, domum unius cuiusque consecrari posse, an istae dedicationes
20 et templorum et delubrorum religiones ad honorem deorum immortalium sine ulla civium calamitate a maioribus nostris constitutae sint. Est iuventus tribunus pl., qui consularibus copiis instructus omni impetu furoris in eum civem inruerit, quem perculsum
25 ipsa res publica suis manibus extolleret. Quid? si 46 qui similis istius (neque enim iam deerunt, qui imitari velint) aliquem mei dissimilem, cui res publica non tantum debeat, per vim adflixerit, domum eius per pontificem dedicaverit, id vos ista auctoritate con-
30 stituetis ratum esse oportere? Dicitis: 'Quem reperiet pontificem?' Quid? et *pontifex et* tribunus pl. idem esse non potest? M. Drusus, ille clarissimus vir, tribunus pl., pontifex fuit. Ergo, si is Q. Caepionis, inimici sui, postem aedium tenuisset et pauca verba
35 fecisset, aedes Caepionis essent dedicatae? Nihil 121 loquor de pontificio iure, nihil de ipsius verbis dedi*cationis, nihil* de religione, caerimoniis, non dicam

mulo me nescire ea, quae etiamsi scirem, dissimularem, ne aliis molestus, vobis etiam curiosus viderer; etsi effluunt multa ex vestra disciplina, quae etiam ad nostras aures saepe permanant. Postem teneri in dedicatione oportere videor audisse templi; ibi enim postis est, ubi templi aditus est [valvae]. Ambulationis postes nemo umquam tenuit in dedicando; simulacrum autem aut aram si dedicasti, sine religione loco moveri potest. Sed iam hoc dicere tibi non licebit, quoniam pontificem postem tenuisse dixisti. (47) Quamquam quid ego de dedicatione loquor aut quid de vestro iure et religione contra, quam proposueram, disputo? Ego vero, si omnia sollemnibus verbis, veteribus et traditis institutis acta esse dicerem, tamen me rei publicae iure defenderem. An, cum tu eius civis discessu, cuius unius opera senatus atque omnes boni civitatem esse incolumem totiens indicassent, oppressam taeterrimo latrocinio cum duobus sceleratissimis consulibus rem publicam teneres, domum eius, qui patriam a se servatam perire suo nomine noluisset, per pontificem aliquem dedicasses, posset recreata res publica sustinere? Date huic religioni aditum, pontifices; iam nullum fortunis communibus exitum reperietis. An, si postem tenuerit pontifex et verba ad religionem deorum immortalium composita ad perniciem civium transtulerit, valebit *in* iniuria nomen sanctissimum religionis; si tribunus pl. verbis non minus priscis et aeque sollemnibus bona cuiuspiam consecrarit, non valebit? Atqui C. Atinius patrum memoria bona Q. Metelli, qui eum ex senatu censor eiecerat, avi tui, Q. Metelle, et tui, P. Servili, et proavi tui, P. Scipio, consecravit foculo posito in rostris adhibitoque tibicine. Quid tum? num ille furor tribuni pl. ductus ex non nullis perveterum *temporum* exemplis frandi Metello fuit, summo illi et clarissimo viro? Certe non fuit. Vidimus hoc idem Cn. Lentulo censori tribunum pl. facere. Num qua

igitur is bona Lentuli religione obligavit? Sed quid ego ceteros? Tu, tu, inquam, capite velato, contioue advooata, foculo posito bona tui Gabini, cui regna omnia Syrorum, Arabum Persarumque donaras, conse-
5 orasti. Quodsi tum nihil est actnm, quid in meis bonis agi potuit? Sin est ratum, cur ille gurges helluatus tecum simul rei publicae sanguine ad caelum tamen extruit villam in Tusculano visceribus aerarii; mihi meas ruinas, quarum ego similem totam urbem
10 esse passus non sum, aspicere non licuit? Omitto Gabinium; quid? exemplo tuo bona tua nonne L. Ninnius, vir omnium fortissimus atque optimus, consecravit? Quod si, quia ad te pertinet, ratum esse negas oportere, ea iura constituisti in praeclaro tribunatu
15 tuo, quibus in te conversis recusares, alios everteres; sin ista consecratio legitima est, quid est, quod profanum in tuis bonis esse possit? An consecratio nullum habet *ius*, dedicatio est religiosa? Quid ergo illa tua tum obtestatio tibicinis, quid foculus, quid
20 preces, quid *verba* prisca voluerunt? ementiri, fallere, abuti deorum immortalium numine ad hominum *metum* timoremque voluisti? Nam, si est illud ratum (mitto Gabinium), tua domus certe, et quicquid habes aliud, Cereri est consecratum; sin ille ludus fuit, quid te in-
25 purius, qui religiones omnis pollueris aut ementiundo aut stuprando? 'Iam fateor', inquit, 'me in Gabinio nefarium fuisse.' Quippe vides poenam illam a te in alium institutam in te ipsum esse conversam. Sed, homo omnium scelerum flagitiorumque documentum,
30 quod in Gabinio fateris, cuius inpudicitiam pueritiae, libidines adulescentiae, dedecus et egestatem reliquae vitae, latrocinium consulatus vidimus, cui ne ista quidem ipsa calamitas iniuria potuit accidere, id in me infirmas et gravius esse dicis, quod uno adulescente
35 quam quod contione tota teste fecisti?

'Dedicatio magnam', inquit, 'habet religionem.' Nonne vobis Numa Pompilius videtur loqui? Discite

orationem, pontifices, et vos, flamines; etiam tu, rex, disce a gentili tuo, quamquam ille gentem istam reliquit, sed tamen disce ab homine religionibus dedito ius totum omnium religionum. Quid? in dedicatione nonne, et quis dedicet et quid *et* quo modo, quaeritur? 5 An tu haec ita confundis et perturbas, ut, quicumque velit, quod velit, quo modo velit, possit dedicare? Quis eras tu, qui dedicabas quo iure, qua lege, quo exemplo, qua potestate? ubi te isti rei populus Romanus praefecerat? Video enim esse legem veterem tribuni- 10 ciam, quae vetet iniussu plebis aedis, terram, aram consecrari; neque tum hoc ille Q. Papirius, qui hanc legem rogavit, sensit neque suspicatus est, fore periculum, ne domicilia aut possessiones indemnatorum civium consecrarentur. Neque enim id fieri fas erat, 15 neque quisquam fecerat, neque erat causa, cur prohibendo non tam deterrere videretur quam admonere.
128 Sed, quia consecrabantur aedes, non privatorum domicilia, sed quae sacrae nominantur, consecrabantur agri, non ita ut nostra praedia, si qui vellet, sed ut im- 20 perator agros de hostibus captos consecraret, statuebantur arae, quae religionem adferrent ipsi loco, quo essent consecratae, haec nisi plebes iussisset, fieri vetuit. Quae si tu interpretaris de nostris aedibus atque agris scripta esse, non repugno; sed quaero, 25 quae lex lata sit, ut tu aedis meas consecrares, ubi tibi haec potestas data sit, quo iure feceris. Neque ego nunc de religione, sed de bonis omnium nostrum,
50 nec de pontificio, sed de iure publico disputo. Lex Papiria vetat aedis iniussu plebis consecrari. Sit 30 sane hoc de nostris aedibus ac non de publicis templis; unum ostende verbum consecrationis in ipsa tua lege, si illa lex est ac non vox sceleris et crudelitatis
129 tuae. Quodsi tibi tum in illo rei publicae naufragio omnia in mentem venire potuissent, aut si tuus scriptor 35 in illo incendio civitatis non syngraphas cum Byzantiis *exulibus* et cum legatis Brogitari faceret, sed vacuo

animo tibi ista non scita, sed portenta conscriberet, esses omnia si minus re, at verbis legitimis consecutus. Sed uno tempore cautiones fiebant pecuniarum, foedera feriebantur provinciarum, regum appellationes venales erant, servorum omnium vicatim celebrabatur tota urbe discriptio, inimici in gratiam reconciliabantur, imperia scribebantur nova iuventuti, Q. Seio venenum misero parabatur, de Cn. Pompeio, propugnatore et custode imperii, interficiendo consilia inibantur, senatus ne quid esset, ut lugerent semper boni, ut capta res publica consulum proditione vi tribunicia teneretur. Haec cum tot tantaque agerentur, non mirum est, praesertim in furore animi et caecitate, multa illum et te fefellisse.

At videte, quanta sit vis huius Papiriae legis in 130 re tali, non qualem tu adfers sceleris plenam et furoris. Q. Marcius censor signum Concordiae fecerat idque in publico conlocarat. Hoc signum C. Cassius censor cum in curiam transtulisset, collegium vestrum consuluit, num quid esse causae videretur, quin id signum curiamque Concordiae dedicaret. Quaeso, pontifices, 51 et hominem cum homine et tempus cum tempore et rem cum re comparate. Ille erat summa modestia et gravitate censor, hic tribunus pl. scelere et audacia singulari. Tempus illud erat tranquillum et in libertate populi et gubernatione positum senatus, tuum porro tempus libertate populi Romani oppressa, senatus auctoritate deleta. Res illa plena iustitiae, sapientiae, (131) dignitatis (censor enim, penes quem maiores nostri, id quod tu sustulisti, indicium senatoriae dignitatis esse voluerunt, Concordiae signum volebat in curia curiamque ei deae dedicare), praeclara voluntas atque 131 omni laude digna; praescribere enim se arbitrabatur, ut sine studiis dissensionis sententiae dicerentur, si sedem ipsam ac templum publici consilii religione Concordiae devinxisset. Tu cum ferro, cum metu, cum edictis, cum privilegiis, cum praesentibus copiis perditorum, apsentis exercitus terrore et minis, consulum societate et nefario foedere servitute oppressam civitatem teneres, Libertatis signum posuisti magis ad ludibrium inpudentiae quam ad simulationem religionis. Ille in curia, quae poterat sine cuiusquam incommodo dedicari ** tu in civis optime de re publica meriti cruore ac paene ossibus simulacrum non libertatis publicae, sed licentiae collocasti. Atque ille tamen (132)ad collegium rettulit, tu ad quem rettulisti? Si quid deliberares, si quid tibi aut piandum aut instituendum fuisset religione domestica. tamen instituto ceterorum vetere ad pontificem retulisses; novum delubrum cum in urbis clarissimo loco nefando quodam atque inaudito instituto inchoares, referendum ad sacerdotes publicos non putasti? At, si collegium pontificum adhibendum non videbatur, nemone horum tibi idoneus visus est, qui aetate, honore, auctoritate antecellunt, cum quo *de* dedicatione communicares? Quorum quidem tu non contempsisti, sed pertimuisti dignitatem. 52 An tu anderes quaerere ex P. Servilio aut ex M. Lucullo, quorum ego consilio atque auctoritate rem publicam consul ex vestris manibus ac faucibus eripui, quibusnam verbis aut quo ritu — primum hoc dico: civis domum consecrares, deinde civis eius, cui princeps senatus, tum autem ordines omnes, deinde Italia tota, post cunctae gentes testimonium huius urbis atque imperii conservati dedissent? Quid diceres, o nefanda et perniciosa labes civitatis? 'Ades, Luculle, Servili, dum dedico domum Ciceronis, ut mihi praeeatis postemque teneatis!' Es tu quidem cum audacia, tum inpudentia singulari, sed tibi tamen oculi, voltus, verba cecidissent, cum te viri, qui sua dignitate personam populi *Romani* atque auctoritatem imperii sustinerent, verbis gravissimis proterruissent neque sibi fas esse dixissent furori interesse tuo atque in patriae parricidio exsultare. Quae cum videres, tum te ad tuum adfinem non delectum a te, sed relictum a ceteris

contulisti. Quem ego tamen credo, si est ortus ab
illis, quos memoriae proditum est ab ipso Hercule
perfuncto iam laboribus sacra didicisse, in viri fortis
aerumnis non ita crudelem fuisse, ut in vivi etiam
5 et spirantis capite bustum suis manibus inponeret;
qui aut nihil dixit nec fecit omnino poenamque hanc
maternae temeritatis tulit, ut mutam in delicto personam nomenque praeberet, aut, si dixit aliquid verbis
haesitantibus postemque tremibunda manu tetigit, certe
10 nihil rite, nihil caste, nihil more institutoque perfecit.
Viderat ille Murenam, vitricum suum, consulem designatum, ad me consulem cum Allobrogibus communis
exitii indicia adferre, audierat ex illo se a me bis
salutem accepisse, separatim semel, iterum cum uni-
15 versis. Quare quis est, qui existimare possit huic 135
novo pontifici primam hanc post sacerdotium initum
religionem instituenti vocemque mittenti non et lin-
guam obmutuisse et manum optorpuisse et mentem
debilitatam metu concidisse, praesertim cum ex col-
20 legio tanto non regem, non flaminem, non pontificem
videret fierique particeps invitus alieni sceleris cogeretur et gravissimas poenas adfinitatis inpurissimae
sustineret?

Sed ut revertar ad ius publicum dedicandi, quod $^{53}_{136}$
25 ipsi pontifices semper non solum ad suas caerimonias,
sed etiam ad populi iussa accommodaverunt, habetis
in commentariis vestris C. Cassium censorem de signo
Concordiae dedicando ad pontificum collegium rettulisse eique M. Aemilium pontificem maximum pro col-
30 legio respondisse, nisi eum populus Romanus nominatim praefecisset atque eius iussu faceret, non videri
eam posse recte dedicari. Quid? cum Licinia, virgo
Vestalis summo loco nata, sanctissimo sacerdotio prac-
dita, T. Flaminino Q. Metello consulibus aram et aedi-
35 culam et pulvinar sub Saxo dedicasset, nonne eam
rem ex auctoritate senatus ad hoc collegium Sex. Iulius praetor rettulit? cum P. Scaevola pontifex maxi-

mus pro collegio respondit, 'QUOD IN LOCO PUBLICO LICINIA, GAI FILIA, INIUSSU POPULI DEDICASSET, SACRUM NON VIDERIER.' Quam quidem rem quanta severitate quantaque diligentia senatus**, ex ipso senatus consulto facile cognoscetis. SENATUS CONSULTUM. 5
137 Videtisne praetori urbano negotium datum, ut curaret, ne id sacrum esset, et ut, si quae essent incisae aut inscriptae litterae, tollerentur? O tempora, o mores! Tum censorem, hominem sanctissimum, simulacrum Concordiae dedicare pontifices in templo inaugurato 10 prohibuerunt, post autem senatus in loco augusto consecratam iam aram tollendam ex auctoritate pontificum censuit neque ullum est passus ex ea dedicatione litterarum extare monumentum; tu, procella patriae, turbo ac tempestas pacis atque otii, quod in 15 naufragio rei publicae tenebris offusis demerso populo Romano, everso atque eiecto senatu dirueris, aedificaris, religione omni violata religionis tamen nomine contaminaris, in visceribus eius, qui urbem suis laboribus ac periculis conservasset, monumentum deletae 20 rei publicae collocaris, † ab aequitum nota doloris bonorum omnium sublato Q. Catuli nomine incideris, id sperasti rem publicam diutius, quam quoad mecum simul expulsa careret his moenibus, esse laturam?
(54) Ac si, pontifices, neque is, cui licuit, neque id, 25
138 quod fas fuit, dedicavit, quid me attinet iam illud tertium, quod proposueram, docere, non iis institutis

mus pontifex fuisse dicitur, acta esse constaret, aut si M. Horatius ille Pulvillus, qui, cum eum multi propter invidiam fictis religionibus inpedirent, restitit et constantissima mente Capitolium dedicavit, huius modi alicui dedicationi praefuisset, tamen in scelere religio non valeret; nunc valeat id, quod imperitus adulescens novus sacerdos sororis precibus, matris minis adductus ignarus, invitus, sine collegis, sine libris, sine auctore, sine fictore, furtim, mente ac lingua titubante fecisse dicatur? praesertim cum iste inpurus atque inpius hostis omnium religionum, qui contra fas et inter viros saepe mulier et inter mulieres vir fuisset, ageret illam rem ita raptim et turbulente, uti neque mens neque vox neque lingua consisteret? Delata tum res est ad vos, pontifices, et post omnium sermone celebrata, quem ad modum iste praeposteris verbis, ominibus obscenis, identidem se ipse revocans, dubitans, timens, haesitans omnia aliter, ac vos in monumentis habetis, et pronuntiarit et fecerit. Quod quidem minime mirum est, in tanto scelere tantaque dementia ne audaciae quidem locum ad timorem comprimendum fuisse. Etenim, si nemo umquam praedo tam barbarus atque immanis fuit, qui cum fana spoliasset, deinde aram aliquam in litore deserto somniis stimulatus aut religione aliqua consecraret, non horreret animo, cum divinum numen scelere violatum placare precibus cogeretur, qua tandem istum perturbatione mentis omnium templorum atque tectorum totiusque urbis praedonem fuisse censetis, cum pro detestatione tot scelerum unam aram nefarie consecraret? Non potuit ullo modo (quamquam et insolentia dominatus extulerat animos et erat incredibili armatus audacia) non in agendo ruere ac saepe peccare, praesertim illo pontifice et magistro, qui cogeretur docere ante, quam ipse didicisset. Magna vis est cum in deorum immortalium numine, tum vero in ipsa re publica. Di immortales suorum templorum custodem

ac praesidem sceleratissime pulsum cum viderent, ex
suis templis in eius aedes immigrare nolebant, itaque
istius vaecordissimi mentem cura metuque terrebant;
res vero publica quamquam erat exterminata mecum,
tamen obversabatur ante oculos extinctoris sui et ab
istius inflammato atque indomito furore iam tum se
meque repetebat. Quare quid est mirum, si iste metu
perterritus, furore instinctus, scelere praeceps neque
institutas caerimonias persequi neque verbum ullum
sollemne potuit effari?

Quae cum ita sint, pontifices, revocate iam animos
vestros ab hac suptili nostra disputatione ad universam
rem publicam, quam antea cum viris fortibus
multis, in hac vero causa solis vestris cervicibus
sustinetis. Vobis universi senatus perpetua auctoritas,
cui vosmet ipsi praestantissime semper in mea causa
praefuistis, vobis Italiae magnificentissimus ille motus
municipiorumque concursus, vobis campus centuriarumque
una vox omnium, quarum vos principes atque
auctores fuistis, vobis omnes societates, omnes ordines,
omnes, qui aut re aut spe denique sunt boni,
omne suum erga meam dignitatem studium et iudicium
non modo commissum, verum etiam commendatum
esse arbitrabuntur. Denique ipsi di immortales,
qui hanc urbem atque hoc imperium tuentur, ut esset
omnibus gentibus posteritatique perspicuum divino me
numine esse rei publicae redditum, idcirco mihi videntur
fructum ipsum reditus et gratulationis meae ad
suorum sacerdotum potestatem iudiciumque revocasse.
Hic est enim reditus, pontifices, haec restitutio in
domo, in sedibus, in aris, in focis, in dis penatibus
reciperandis. Quorum si iste suis sceleratissimis manibus
tecta sedesque convellit ducibusque consulibus
tamquam urbe capta hanc unam domum quasi acerrimi
propugnatoris sibi delendam putavit, iam illi di
penates ac familiares mei per vos in meam domum
mecum erunt restituti. Quocirca te, Capitoline, quem

propter beneficia populus Romanus Optimum, propter vim Maximum nominavit, teque, Iuno Regina, et te, custos urbis, Minerva, quae semper adiutrix consiliorum meorum, testis laborum extitisti, precor atque quaeso,
5 vosque, qui maxime *me* repetistis atque revocastis, quorum de sedibus haec mihi est proposita contentio, patrii penates familiaresque, qui huic urbi et rei publicae praesidetis, vos optestor, quorum ego a templis atque delubris pestiferam illam et nefariam flammam
10 depuli, teque, Vesta mater, cuius castissimas sacerdotes ab hominum amentium furore et scelere defendi cuiusque ignem illum sempiternum non sum passus aut sanguine civium restingui aut cum totius urbis incendio commisceri, ut, si in illo pacne fato rei publi-
15 cae obieci meum caput pro vestris caerimoniis atque templis perditissimorum civium furori atque ferro, et si iterum, cum ex mea contentione interitus bonorum omnium quaereretur, vos sum testatus, vobis me ac meos commendavi meque atque meum caput ea con-
20 dicione devovi, ut, si et eo ipso tempore et ante in consulatu meo commodis meis omnibus, emolumentis, praemiis praetermissis cura, cogitatione, vigiliis omnibus nihil nisi de salute meorum civium laborassem, tum mihi re publica aliquando restituta liceret frui;
25 sin autem mea consilia patriae non profuissent, ut perpetuum dolorem avolsus a meis sustinerem, hanc ego devotionem capitis mei, cum ero in meas sedes restitutus, tum denique convictam esse et commissam putabo. Nam nunc quidem, pontifices, non solum domo, de
30 qua cognostis, sed tota urbe careo, in quam videor esse restitutus. Urbis enim celeberrimae et maximae partes adversum illud non monumentum, sed vulnus patriae contuentur. Quem cum mihi conspectum morte magis vitandum fugiendumque esse videatis, nolite,
35 quaeso, eum, cuius reditu restitutam rem publicam fore putastis, non solum dignitatis ornamentis, sed etiam urbis patriae usu velle esse privatum. Non me

bonorum direptio, non tectorum excisio, non depopulatio praediorum, non praeda consulum ex meis fortunis crudelissime capta permovet; caduca semper et mobilia haec esse duxi, non virtutis atque ingenii, sed fortunae et temporum munera, quorum ego non tam facultatem umquam et copiam expetendam putavi quam et in utendo rationem et in carendo patientiam.
(147) Etenim ad nostrum usum prope modum iam est definita moderatio rei familiaris, liberis autem nostris satis amplum patrimonium paterni nominis ac memoriae nostrae relinquemus; domo per scelus erepta, per latrocinium occupata, per religionis vim sceleratius etiam aedificata quam eversa carere sine maxima ignominia rei publicae, meo dedecore ac dolore non possum.
Quapropter, si dis immortalibus, si senatui, si populo Romano, si cunctae Italiae, si provinciis, si exteris nationibus, si vobismet ipsis, qui in mea salute principem semper locum auctoritatemque tenuistis, gratum et iucundum meum reditum intellegitis esse, quaeso obtestorque vos, pontifices, ut me, quem auctoritate, studio, sententiis restituistis, nunc, quoniam senatus ita vult, manibus quoque vestris in sedibus meis collocetis.

M. TULLI CICERONIS
ORATIO DE HARUSPICUM RESPONSO
IN P. CLODIUM IN SENATU HABITA.

ARGUMENTUM.

Cum M. Cicero restitutionem suam reciperata etiam domo sua in Palatio perfectam esse putaret, numquam tamen odium, quod in eum conceperat P. Clodius, cessavit. Quam ob rem, cum prodigia multa in agro Latiniensi facta esse dicerentur eaque sic explicata ab haruspicibus essent, quasi numina deorum laesa essent eo, quod loca sacra pro profanis haberentur, hac ille explicatione, quae fortasse ab eo ipso quaesita erat, ita usus est, ut rem ad Ciceronis domum referret, quae cum Libertati dedicata fuisset, iam pro profana haberetur. Itaque et verbis audiente populo saepe in M. Tullium invectus est et ipsam eius domum evertere voluit; a T. Annio Milone tamen id perficere prohibitus est. Quae cum ita essent, etiam M. Tullius eos conatus omni opera impugnavit, et cum P. Clodius in senatu, cum senatus cum equitibus Romanis ageret, publicanorum causam omni modo impedire studeret, M. Cicero vehementissime in illum invectus erat, contra quem etiam P. Servilius verba fecerat. Cum tamen quidam senatores Ciceronem longius progressum esse dixissent, is hac, quae infra legitur, oratione itidem in senatu habita de illo haruspicum responso et de omni causa accuratius senatum edocere studet suamque rationem defendere. Eius modi orationem Ciceronem habuisse cum auctore Cassio Dione admodum probabile sit, tum huius ipsius, quae etiam nunc in manibus est, orationis ita mentionem fecerunt summi harum rerum existimatores, Q. Asconius Pedianus in Cic. orat. Cornelianam p. 61. 28 et 62. 21 (P. IV vol. III p. 247. 22 et 248. 6) et Quintil. V 11. 42, ut etiam singulos eius orationis locos notaverint. Quam ob rem, qui sine praeiudicata opinione hanc orationem legerit, facile intelleget etiam hanc orationem sine idonea causa pro suppositicia habitam esse.

Hesterno die, patres conscripti, cum me et vestra dignitas et frequentia equitum Romanorum praesentium, quibus senatus dabatur, magnopere commosset, putavi mihi reprimendam esse P. Cl di inpudicam inpudentiam, cum is publicanorum causam stultissimis interrogationibus impediret, P. Tullioni Syro navaret operam atque ei se, cui totus venierat, etiam vobis inspectantibus venditaret. Itaque hominem furentem exultantemque continui, simul ac periculum iudicii intendi; duobus inceptis verbis omnem impetum gladiatoris ferociamque compressi. Ac tamen ignarus ille, qui consules essent, exsanguis atque aestuans se ex curia repente proripuit cum quibusdam fractis iam atque inanibus minis et cum illius Pisoniani temporis Gabinianique terroribus. Quem cum egredientem insequi coepissem, cepi equidem fructum maximum et ex consurrectione omnium vestrum et ex comitatu publicanorum. Sed vaccors repente sine suo voltu, sine colore, sine voce constitit; deinde respexit et, simul atque Cn. Lentulum consulem aspexit, conoidit in curiae paene limine recordatione, credo, Gabini sui desiderioque Pisonis. Cuius ego de ecfrenato et praecipiti furore quid dicam? Potest gravioribus a me verbis volnerari, quam est statim in facto ipso a gravissimo viro, P. Servilio, confectus ac trucidatus? Cuius si iam vim et gravitatem illam singularem ac paene divinam adscqui possem, tamen non dubito, quin ea tela, quae coniecerit inimicus, quam ea, quae collega patris emisit, leviora atque hebetiora esse videantur.

Sed tamen mei facti rationem exponere illis volo, qui hesterno die dolore me elatum et iracundia longius prope progressum arbitrabantur, quam sapientis hominis cogitata ratio postulasset. Nihil feci iratus, nihil inpotenti animo, nihil non diu consideratum ac multo ante meditatum. Ego enim me, patres conscripti, inimicum semper esse professus sum duobus, qui me, qui rem publicam cum defendere deberent, servare possent, cumque ad consulare officium ipsis insignibus illius imperii ad meam salutem non solum auctoritate, sed etiam precibus vestris vocarentur, primo reliquerunt, deinde prodiderunt, postremo oppugnarunt praemiisque nefariae pactionis funditus una cum re publica oppressum extinctumque voluerunt, qui quae suo ductu et imperio cruento illo atque funesto supplicia neque a sociorum moenibus prohibere neque hostium urbibus inferre potuerunt, excisionem, inflammationem, eversionem, depopulationem, vastitatem, ea sua cum praeda meis omnibus tectis atque agris intulerunt. Cum his furiis et facibus, cum his, inquam, 4 exitiosis prodigiis ac paene huius imperii pestibus bellum mihi inexpiabile dico esse susceptum, neque id tamen ipsum tantum, quantum meus ac meorum, sed tantum, quantum vester atque omnium bonorum dolor postulavit. In Clodium vero non est hodie meum 3 maius odium, quam illo die fuit, cum illum ambustum religiosissimis ignibus cognovi muliebri ornatu ex incesto stupro atque ex domo pontificis maximi emissum. Tum, inquam, tum vidi ac multo ante prospexi, quanta tempestas excitaretur, quanta inpenderet procella rei publicae. Videbam illud scelus tam importunum, audaciam tam immanem adulescentis furentis, nobilis, volnerati non posse arceri otii finibus; erupturum illud malum aliquando, si impunitum fuisset, ad perniciem civitatis. Non multum mihi sane post ad odium ac- 5 cessit. Nihil enim contra me fecit odio mei, sed odio severitatis, odio dignitatis, odio rei publicae. Non me magis violavit quam senatum, quam equites Romanos, quam omnes bonos, quam Italiam cunctam; non denique in me sceleratior fuit quam in ipsos deos immor-

tales. Etenim illos eo scelere violavit, quo nemo
antea; in me fuit eodem animo, quo etiam eius familiaris Catilina, si vicisset, fuisset. Itaque eum numquam a me esse accusandum putavi, non plus quam
stipitem illum, qui quorum hominum esset, nesciremus,
nisi se Ligurem ipse esse diceret. Quid enim hunc
persequar, pecudem ac beluam, pabulo inimicorum
meorum et glande corruptum? Qui si sensit, quo se
scelere devinxerit, non dubito, quin sit miserrumus;
sin autem id non videt, periculum est, ne se stuporis
excusatione defendat. Accedit etiam, quod exspectatione omnium fortissimo et clarissimo viro, T. Annio,
devota et constituta ista hostia esse videtur; cui me
praeripere desponsam iam et destinatam laudem, cum
ipse eius opera et dignitatem et salutem reciperarim,
valde est iniquum. Etenim, ut P. ille Scipio natus
mihi videtur ad interitum exitiumque Carthaginis, qui
illam a multis imperatoribus opsessam, oppugnatam,
labefactam, paene captam aliquando quasi fatali adventu solus evertit, sic T. Annius ad illam pestem
comprimendam, extinguendam, funditus delendam natus
esse videtur et quasi divino munere donatus rei publicae. Solus ille cognovit, quem ad modum armatum
civem, qui lapidibus, qui ferro alios fugaret, alios
domi contineret, qui urbem totam, qui curiam, qui
forum, qui templa omnia caede incendiisque terreret,
non modo vinci, verum etiam vinciri oporteret. Huic
ego et tali et ita de me ac de patria merito viro
numquam mea voluntate praeripiam eum praesertim
reum, cuius ille inimicitias non solum suscepit propter
salutem meam, verum etiam adpetivit. Sed si etiam
nunc inlaqueatus iam omnium legum periculis, inretitus odio bonorum omnium, exspectatione supplicii
iam non diuturna implicatus feretur tamen haesitans
et in me impetum impeditus facere conabitur, resistam
et aut concedente aut etiam adiuvante Milone eius
conatum refutabo, velut hesterno die cum mihi stanti

tacens minaretur, voce tantum attigi legum initium et iudicii; consedit ille; conticui. Diem dixisset, ut iecerat; fecissem, ut ei statim tertius a praetore dies diceretur. Atque hoc sic moderetur et cogitet, si contentus sit iis sceleribus, quae commisit, esse *se* iam consecratum Miloni; si quod in me telum intenderit, statim me esse arrepturum arma iudiciorum atque legum.

Atque paulo ante, patres conscripti, contionem ha- 8
buit, quae est ad me tota delata; cuius contionis primum universum argumentum sententiamque audite. Cum riseritis impudentiam hominis, tum a me de tota contione audietis. De religionibus sacris et caerimo- 5
niis est contionatus, patres conscripti, Clodius; P., inquam, Clodius sacra et religiones neglegi, violari, pollui questus est! Non mirum, si hoc vobis ridiculum videtur; etiam sua contio risit hominem, quo modo ipse gloriari solet, ducentis confixum senati consultis, quae sunt omnia contra illum pro religionibus facta, hominemque eum, qui pulvinaribus Bonae deae stuprum intulerit eaque sacra, quae viri oculis ne inprudentis quidem aspici fas est, non solum aspectu virili, sed flagitio stuproque violarit, in contione de religionibus neglectis conqueri. Itaque nunc proxima 9
contio eius exspectatur de pudicitia. Quid enim interest, utrum ab altaribus religiosissimis fugatus de sacris et religionibus conqueratur an ex sororum cubiculo egressus pudorem pudicitiamque defendat? Responsum haruspicum hoc recens de fremitu in contione recitavit, in quo cum aliis multis scriptum etiam illud est, id quod audistis, 'LOCA SACRA ET RELIGIOSA PROFANA HABERI.' In ea causa esse dixit domum meam a religiosissimo sacerdote, P. Clodio, consecratam. Gaudeo mihi de toto hoc ostento, quod haud scio an 10
gravissimum multis his annis huic ordini nuntiatum sit, datam non modo iustam, sed etiam necessariam *causam esse* dicendi. Reperietis enim ex hoc toto

prodigio atque responso nos de istius scelere ac furore
ac de inpendentibus periculis maximis prope iam voce
Iovis optimi maximi praemoneri. Sed primum expiabo
religionem aedium mearum, si id facere vere ac sine
cuiusquam dubitatione potero; sin scrupulus tenuissi-
mus residere alicui videbitur, non modo patienti, sed
etiam libenti animo portentis deorum immortalium
religionique parebo.

Sed quae tandem est in hac urbe tanta domus ab
ista suspicione religionis tam vacua atque pura?
Quamquam vestrae domus, patres conscripti, ceterorumque civium multo maxima ex parte sunt liberae religione, tamen una mea domus iudiciis omnibus liberata
in hac urbe sola est. Te enim appello, Lentule, et
te, Philippe. Ex hoc haruspicum responso decrevit
senatus, ut de locis sacris religiosis ad hunc ordinem
referretis. Potestisne referre de mea domo? quae, ut
dixi, sola in hac urbe omni religione omnibus iudiciis
liberata est; quam primum inimicus ipse in illa tem-
pestato ac nocte rei publicae, cum cetera scelera stilo
illo impuro Sex. Clodi ore tincto conscripsisset, ne
una quidem attigit littera religionis. Deinde eandem
domum populus Romanus, cuius est summa potestas
omnium rerum, comitiis centuriatis omnium aetatum
ordinumque suffragiis eodem iure esse iussit, quo fuisset.

Postea vos, patres conscripti, non quo dubia res esset,
sed ut huic furiae, si diutius in hac urbe, quam delere
cuperet, maneret, vox interdiceretur, decrevistis, ut
de mearum aedium religione ad pontificum collegium
referretur. Quae tanta religio est, qua non in nostris
dubitationibus atque in maximis superstitionibus unius
P. Servili aut M. Luculli responso ac verbo liberemur?
De sacris publicis, de Indis maximis, de deorum penatium Vestaeque matris caerimoniis, de illo ipso
sacrificio, quod fit pro salute populi Romani, quod
post Romam conditam huius unius casti tutoris reli-
gionum scelere violatum est, quod tres pontifices

statuissent, id semper populo Romano, semper senatui, semper ipsis dis immortalibus satis sanctum, satis augustum, satis religiosum esse visum est. At vero meam domum P. Lentulus, consul et pontifex, P. Servilius, M. Lucullus, Q. Metellus, M'. Glabrio, M. Messalla, L. Lentulus, flamen Martialis, P. Galba, Q. Metellus Scipio, C. Fannius, M. Lepidus, L. Claudius, rex sacrorum, M. Scaurus, M. Crassus, C. Curio, Sex. Caesar, flamen Quirinalis, Q. Cornelius, P. Albinovanus, Q. Terentius, pontifices minores, causa cognita, duobus locis dicta, maxima frequentia amplissimorum ac sapientissimorum civium adstante omni religione una mente omnes liberaverunt. Nego umquam post sacra constituta, quorum eadem est antiquitas quae ipsius urbis, ulla de re, ne de capite quidem virginum Vestalium, tam frequens collegium iudicasse. Quamquam ad facinoris disquisitionem interest adesse quam plurimos (ita est enim interpretatio illa pontificum, ut eidem potestatem habeant iudicum), religionis explanatio vel ab uno pontifice perito recte fieri potest (quod idem in iudicio capitis durum atque iniquum est), tamen sic reperietis, frequentiores pontifices de mea domo quam umquam de caerimoniis virginum indicasse. Postero die frequentissimus senatus te, consule designato, Lentule, sententiae principe, P. Lentulo et Q. Metello consulibus referentibus statuit, cum omnes pontifices, qui erant huius ordinis, adessent, cumque alii, qui honoribus populi Romani antecedebant, multa de collegii indicio verba fecissent omnesque idem scribendo adessent, domum meam indicio pontificum religione liberatam videri. De hoc igitur loco sacro potissimum videntur haruspices dicere, qui locus solus ex privatis locis omnibus hoc praecipue iuris habet, ut ab ipsis, qui sacris praesunt, sacer non esse iudicatus sit? Verum referte, quod ex senatus consulto facere debetis. Aut vobis cognitio dabitur, qui primi de hac domo sententiam

dixistis et eam religione omni liberastis, aut senatus
ipse iudicabit, qui uno illo solo antistite sacrorum
dissentiente frequentissimus antea indicavit, aut, id
quod certe fiet, ad pontifices reicietur, quorum auctoritati, fidei, prudentiae maiores nostri sacra religiones- 5
que et privatas et publicas commendarunt. Quid ergo
ii possunt aliud indicare, ac iudicaverunt? • Multae
sunt domus in hac urbe, patres conscripti, atque haud
scio an paene cunctae iure optimo, sed tamen iure
privato, iure hereditario, iure auctoritatis, iure man- 10
cipi, iure nexi; nego esse ullam domum aliam privato
eodem quo quae optima lege, publico vero omni
praecipuo et humano et divino iure munitam; quae
primum aedificatur ex auctoritate senatus pecunia
publica, deinde contra vim nefariam huius gladia- 15
toris tot senati consultis munita atque saepta est.
 8 Primum negotium isdem magistratibus est datum
anno superiore, ut curarent, ut sine vi aedificare mihi
liceret, quibus in maximis periculis universa res
publica commendari solet; deinde, cum ille saxis et 20
ignibus et ferro vastitatem meis sedibus intulisset,
decrevit senatus eos, qui id fecissent, lege de vi, quae
est in eos, qui universam rem publicam oppugnassent,
teneri. Vobis vero referentibus, o post hominum memoriam fortissimi atque optimi consules! decrevit idem 25
senatus frequentissimus, qui meam domum violasset,
contra rem publicam esse facturum. Nego ullo de
opere publico, de monumento, de templo tot senatus
exstare consulta quot de mea domo, quam senatus
unam post hanc urbem constitutam ex aerario aedifi- 30
candam, a pontificibus liberandam, a magistratibus
defendendam, a iudicibus poeniendam putarit. P. Valerio
pro maximis in rem publicam beneficiis data domus
est in Velia publice, at mihi in Palatio restituta; illi
locus, at mihi etiam parietes atque tectum; illi, quam 35
ipse privato iure tueretur, mihi, quam publice magi-
stratus omnes defenderent. Quae quidem ego si aut

per me aut ab aliis haberem, non praedicarem apud
vos, ne nimis gloriari viderer; sed cum sint mihi
data a vobis, cum ea adtemptentur eius lingua, cuius
ante manu eversa vos mihi et liberis meis manibus
5 vestris reddidistis, non ego de meis, sed de vestris
factis loquor nec vereor, ne haec mea vestrorum beneficiorum praedicatio non grata potius quam adrogans
videatur. Quamquam, si me tantis laboribus pro com- 17
muni salute perfunctum ecferret aliquando ad gloriam
10 in refutandis maledictis hominum improborum animi
quidam dolor, quis non ignosceret? Vidi enim hesterno
die quendam murmurantem, quem aiebant negare ferri
me posse, quia, cum ab hoc eodem impurissimo parricida rogarer, cuius essem civitatis, respondi me pro-
15 bantibus et vobis et equitibus Romanis eius esse,
quae carere me non potuisset. Ille, ut opinor, inge-
muit. Quid igitur responderem? (quaero ex eo ipso,
qui ferre me non potest) me civem esse Romanum?
Litterate respondissem. An tacuissem? Desertum nego-
20 tium. Potest quisquam vir in rebus magnis cum invidia versatus satis graviter inimici contumeliis sine
sua lande respondere? At ipse non modo respondet,
quidquid potest, cum est lacessitus, sed etiam gaudet
se ab amicis, quid respondeat, admoneri.
25 Sed quoniam mea causa expedita est, videamus 9
nunc, quid haruspices dicant. Ego enim fateor me et 18
magnitudine ostenti et gravitate responsi et una atque
constanti haruspicum voce vehementer esse commotum; neque is sum, qui, si cui forte videor plus quam
30 ceteri, qui aeque atque ego sunt occupati, versari in
studio litterarum, his delecter aut utar omnino litteris,
quae nostros animos deterrent atque avocant a religione. Ego vero primum habeo auctores ac magistros religionum colendarum maiores nostros, quorum
35 mihi tanta fuisse sapientia videtur, ut satis superque
prudentes sint, qui illorum prudentiam non dicam
assequi, sed, quanta fuerit, perspicere possint, qui

statas sollemnisque caerimonias pontificatu, rerum bene
gerundarum auctoritates augurio, fatorum veteres prae-
dictiones Apollinis vatum libris, portentorum expia-
tiones Etruscorum disciplina contineri putaverunt; quae
quidem tanta est, ut nostra memoria primum Italici
belli funesta illa principia, post Sullani Cinnanique
temporis extremum pacue discrimen, tum hanc recentem urbis inflammandae delendique imperii coniurationem non obscure nobis paulo ante praedixerint.

19 Deinde, si quid habui otii, etiam cognovi multa homines doctos sapientisque et dixisse et scripta de
deorum inmortalium numine reliquisse; quae quamquam divinitus perscripta video, tamen eius modi sunt,
ut ea maiores nostri docuisse illos, non ab illis didicisse videantur. Etenim quis est tam vaecors, qui
aut, cum suspexit in caelum, deos esse non sentiat et
ea, quae tanta mente fiunt, ut vix quisquam arte ulla
ordinem rerum ac necessitudinem persequi possit, casu
fieri putet aut, cum deos esse intellexerit, non intel-
legat eorum numine hoc tantum imperium esse natum
et auctum et retentum? Quam volumus licet, patres
conscripti, ipsi nos amemus, tamen nec numero Hispanos nec robore Gallos nec calliditate Poenos nec
artibus Graecos nec denique hoc ipso huius gentis
ac terrae s domestico nativoque sensu Italos ipsos ac
Latinos, ed pietate ac religione atque hac una sapientia, quod deorum numine omnia regi gubernarique
perspeximus, omnis gentis nationesque superavimus.

10
20 Quare, ne plura de re minime loquar dubia, ad-
hibete animos et mentes vestras, non solum aures,
ad haruspicum vocem admovete: 'Quod in agro
Latiniensi Auditus est strepitus cum fremitu.'
Mitto haruspices, mitto illam veterem ab ipsis dis
immortalibus, ut hominum fama est, Etruriae traditam
disciplinam; nos nonne haruspices esse possumus?
Exauditus in agro propinquo et suburbano est stre-
pitus quidam reconditus et horribilis fremitus armorum.

Quis est ex gigantibus illis, quos poëtae feruut bellum dis immortalibus intulisse, tam impius, qui hoc tam novo tantoque motu non magnum aliquid deos populo Romano praemonstrare et praecinere fateatur? De ea re scriptum est: 'POSTILIONES ESSE IOVI, SATURNO, NEPTUNO, TELLURI, DIS CAELESTIBUS.' Audio, quibus dis violatis expiatio debeatur, sed hominum quae ob delicta, quaero. 'LUDOS MINUS DILIGENTER FACTOS POLLUTOSQUE.' Quos ludos? Te appello, Lentule, (tui sacerdotii sunt tensae, curricula, praecentio, ludi, libationes epulaeque ludorum) vosque, pontifices, ad quos epulones Iovis optimi maximi, si quid est praetermissum aut commissum, adferunt, quorum de sententia illa eadem renovata atque instaurata celebrantur. Qui sunt Indi minus diligenter facti, quando aut quo scelere polluti? Respondebis et pro te et pro collegis tuis, etiam pro pontificum collegio, nihil cuiusquam aut neglegentia contemptum aut scelere esse pollutum; omnia sollemnia ac iusta ludorum omnibus rebus observatis summa cum caerimonia esse servata.

Quos igitur haruspices ludos minus diligenter factos pollutosque esse dicunt? Eos, quorum ipsi di immortales atque illa mater Idaea te, te, Cn. Leutule, cuius abavi manibus esset accepta, spectatorem esse voluit. Quodni tu Megalesia illo die spectare voluisses, haud scio an vivere nobis atque his de rebus iam queri *non* liceret. Vis enim innumerabilis incitata ex omnibus vicis collecta servorum ab hoc aedile religioso repente *e* fornicibus ostiisque omnibus in scaenam signo dato inmissa inrupit. Tua tum, tua, Cn. Lentule, eadem virtus fuit, quae in privato quondam tuo proavo; te, nomen, imperium, vocem, adspectum, impetum tuum stans senatus equitesque Romani et omnes boni sequebantur, cum ille servorum eludentium multitudini senatum populumque Romanum vinctum ipso consessu et constrictum spectaculis atque impeditum turba et angustiis tradidisset. An, si ludius constitit

aut tibicen repente conticuit, aut puer ille patrimus
et matrimus si tensam non tenuit, si lorum omisit,
aut si aedilis verbo aut simpuvio aberravit, ludi sunt
non rite facti, eaque errata expiantur, et mentes
deorum immortalium ludorum instauratione placantur;
si ludi ab laetitia ad metum traducti, si non inter-
missi, sed perempti atque sublati sunt, si civitati
universae scelere eius, qui ludos ad luctum conferre
voluit, exstiterunt dies illi pro festis paene funesti,
dubitabimus, quos ille fremitus nuntiet ludos esse
pollutos? Ac si volumus ea, quae de quoque deo
nobis tradita sunt, recordari, hanc Matrem magnam,
cuius ludi violati, polluti, paene ad caedem et ad
funus civitatis conversi sunt, hanc, inquam, accepimus
agros et nemora cum quodam strepitu fremituque
peragrare. Haec igitur vobis, haec populo Romano
et scelerum indicia ostendit et periculorum signa pate-
fecit. Nam quid ego de illis ludis loquar, quos in
Palatio nostri maiores ante templum in ipso Matris
magnae conspectu Megalesibus fieri celebrarique voluerunt, qui sunt more institutisque maxime casti, sol-
lemnes, religiosi, quibus ludis primum ante populi
consessum senatui locum P. Africanus iterum consul
ille maior dedit, ut eos ludos haec lues impura pol-
luerit? quo si qui liber aut spectandi aut etiam
religionis causa accesserat, manus adferebantur, quo
matrona nulla adiit propter vim consessumque servorum. Ita ludos eos, quorum religio tanta est, ut
ex ultimis terris arcessita in hac urbe consederit, qui
uni ludi ne verbo quidem appellantur Latino, ut vocabulo ipso et adpetita religio externa et Matris magnae
nomine suscepta declaretur — hos ludos servi fecerunt, servi spectaverunt, tota denique hoc aedile servorum Megalesia fuerunt. Pro di immortales! qui
magis nobiscum loqui possetis, si essetis versaremini-
que nobiscum? Ludos esse pollutos significastis ac
plane dicitis. Quid magis inquinatum, deformatum,

perversum, conturbatum dici potest quam omne servitium permissu magistratus liberatum in alteram scaenam immissum, alteri praepositum, ut alter consessus potestati servorum obiceretur, alter servorum totus esset? Si examen apium Indis in scaenam caveam*ve* venisset, har^uspices acciendos ex Etruria putaremus; videmus universi repente examina tanta servorum immissa in populum Romanum saeptum atque inclusum et non commovemur? Atque in apium fortasse examine nos ex Etruscorum scriptis haruspices, ut a servitio caveremus, monerent. Quod igitur ex aliquo diiuncto diversoque monstro significatum caveremus, id cum ipsum sibi monstrum est, et cum in eo ipso periculum est, ex quo periculum portenditur, non pertimescemus? Istius modi Megalesia fecit pater tuus, istius modi patruus? Is mihi etiam generis sui mentionem facit, cum Athenionis aut Spartaci exemplo ludos facere maluerit quam C. aut Appi Claudiorum? Illi cum ludos facerent, servos de cavea exire iubebant; tu in alteram servos immisisti, ex altera liberos eiecisti. Itaque, qui antea voce praeconis a liberis semovebantur, tuis Iudis non voce, sed manu liberos a se segregabant. Ne hoc quidem tibi in mentem veniebat, Sibyllino sacerdoti, haec sacra maiores nostros ex vestris libris expetisse? si illi sunt vestri, quos tu impia mente conquiris, violatis oculis legis, contaminatis manibus adtrectas. Hac igitur vate suadente quondam defessa Italia Punico bello atque *ab* Hannibale vexata sacra ista nostri maiores adscita ex Phrygia Romae conlocarunt; quae vir is accepit, qui est optimus populi Romani iudicatus, P. Scipio, femina autem, quae matronarum castissima putabatur, Q. Claudia, cuius priscam illam severitatem [sacrificii] mirifice tua soror existimatur imitata. Nihil te igitur neque maiores tui coniuncti cum his religionibus neque sacerdotium ipsum, quo est haec tota religio constituta, neque curulis aedilitas, quae maxime hanc tueri religionem solet, permovit, quo minus castissimos ludos

omni flagitio pollueres, dedecore maculares, scelere
obligares? Sed quid ego id admiror? qui accepta pecunia Pessinuntem ipsum, sedem domiciliumque Matris
deorum, vastaris et Brogitaro Gallograeco, impuro
homini ac nefario, cuius legati te tribuno dividere in
aede Castoris tuis operis nummos solebant, totum illum
locum fanumque vendideris, sacerdotem ab ipsis aris
pulvinaribusque detraxeris, omnia illa, quae vetustas,
quae Persae, quae Syri, quae reges omnes, qui Europam Asiamque tenuerunt, semper summa religione
coluerunt, perverteris; quae denique nostri maiores
tam sancta duxerunt, ut, cum refertam urbem atque
Italiam fanorum haberemus, tamen nostri imperatores
maximis et periculosissimis bellis huic deae vota facerent eaque in ipso Pessinunte ad illam ipsam principem arăm et in illo loco fanoque persolverent.
Quod cum Deiotarus religione sua castissime tueretur,
quem unum habemus in orbe terrarum fidelissimum
huic imperio atque amantissimum nostri nominis, Brogitaro, ut ante dixi, addictum pecunia tradidisti. Atque
hunc tamen Deiotarum saepe a senatu regali nomine
dignum existimatum, clarissimorum imperatorum testimoniis ornatum tu etiam regem appellari cum Brogitaro iubes. Sed alter est rex indicio senatus per nos,
pecunia Brogitarus per te appellatus * * * alterum
putabo regem, si habuerit, unde tibi solvat, quod ei
per syngrapham credidisti. Nam cum multa regia
sunt in Deiotaro, tum illa maxime, quod tibi nummum
nullum dedit, quod eam partem legis tuae, quae con-
gruebat cum iudicio senatus, ut ipse rex esset, non
repudiavit, quod Pessinuntem per scelus a te violatum et sacerdote sacrisque spoliatum recuperavit, ut
in pristina religione servaret, quod caerimonias ab
omni vetustate acceptas a Brogitaro pollui non sinit
mavoltque generum suum munere tuo quam illud
fanum antiquitate religionis carere. Sed ut ad haec
haruspicum responsa redeam, ex quibus est primum

de ludis, quis est, qui id non totum in istius ludos praedictum et responsum esse fateatur?

Sequitur de locis sacris religiosis. O impudentiam miram! de mea domo dicere audes? Committe vel consulibus vel senatui vel collegio pontificum tuam. Ac mea quidem his tribus omnibus iudiciis, ut dixi antea, liberata est; at in iis aedibus, quas tu Q. Seio, equite Romano, viro optimo, per te apertissime interfecto tenes, sacellum dico fuisse *et* aras. Tabulis hoc censoriis, memoria multorum firmabo ac docebo; agatur modo haec res, quod ex eo senatus consulto, quod nuper est factum, referri ad vos necesse est, habeo, quae de locis religiosis velim dicere. Cum de domo tua dixero, in qua tamen ita est inaedificatum sacellum, ut alius fecerit, tibi tantum modo sit demoliendum, tum videbo, num mihi necesse sit de aliis etiam aliquid dicere. Putant enim ad me non nulli pertinere magmentarium Telluris aperire. Nuper id patuisse dicunt, et ego recordor. Nunc sanctissimam partem ac sedem maximae religionis privato dicunt vestibulo contineri. Multa me movent, quod aedes Telluris est curationis meae, quod is, qui illud magmentarium sustulit, mea domo indicio pontificum liberata secundum fratrem suum iudicatum esse dicebat; movet me etiam in hac caritate annonae, sterilitate agrorum, inopia frugum religio Telluris, et eo magis, quod eodem ostento Telluri postilio deberi dicitur. Vetera fortasse loquimur; quamquam hoc si minus civili iure perscriptum est, lege tamen naturae communi iure gentium sanctum est, ut nihil mortales a dis immortalibus usu capere possint. Verum tamen antiqua neglegimus; etiamne ea neglegemus, quae fiunt cum maxime, quae videmus? L. Pisonem quis nescit his temporibus ipsis maximum et sanctissimum Dianae sacellum in Caeliculo sustulisse? Adsunt vicini eius loci; multi sunt etiam in hoc ordine, qui sacrificia gentilicia illo ipso in sacello stato loco anniversaria

factitarint. Et quaerimus, di immortales quae loca
desiderent, quid significent, de quo loquantur? A Sex.
Serrano sanctissima sacella suffossa, inaedificata, oppressa, summa denique turpitudine foedata esse nescimus? Tu meam domum religiosam facere potuisti?
qua mente? Quam amiseras. Qua manu? Qua distur-
baras. Qua voce? Qua incendi iusseras. Qua lege?
Quam ne in illa quidem impunitate tua scripseras.
Quo pulvinari? Quod stupraras. Quo simulacro? Quod
ereptum ex meretricis sepulchro in imperatoris moni-
mento conlocaras. Quid habet mea domus religiosi,
nisi quod impuri et sacrilegi parietem tangit? Itaque,
ne quis meorum imprudens introspicere tuam domum
possit ac te sacra illa tua facientem videre, tollam
altius tectum, non ut ego te despiciam, sed tu ne
aspicias urbem eam, quam delere voluisti.

Sed iam haruspicum reliqua responsa videamus.
'ORATORES CONTRA IUS FASQUE INTERFECTOS.' Quid
est hoc? De Alexandrinis esse video sermonem; quem
ego non refuto. Sic enim sentio, ius legatorum, cum
hominum praesidio munitum sit, tum etiam divino
iure esse vallatum. Sed quaero ab illo, qui omnis
indices tribunus e carcere in forum effudit, cuius arbitrio sicae nunc omnes atque omnia venena tractan-
tur, qui cum Hermarcho Ohio syngraphas fecit, ecquid
sciat unum acerrimum adversarium Hermarchi, Theo-
dosium, legatum ad senatum a civitate libera missum
sica percussum, quod non minus quam de Alexandrinis indignum dis immortalibus esse visum certo
scio. Nec confero nunc in te unum omnia. Spes
maior esset salutis, si praeter te nemo eset impurus;
plures sunt; hoc et tu tibi confidis magis et nos
prope iure diffidimus. Quis Platorem ex Orestide, quae
pars Macedoniae libera est, hominem in illis locis
clarum ac nobilem, legatum Thessalonicam ad nostrum,
ut se ipse appellavit, 'imperatorem' venisse nescit?
quem ille propter pecuniam, quam ab eo extorquere

non poterat, in viucla coniecit et medicum introuisit suum, qui legato, socio, amico, libero foedissime et crudelissime venas incideret. Secures suas cruentari scelere noluit; nomen quidem populi Romani tanto scelere contaminavit, ut id nulla re possit nisi ipsius supplicio expiari. Quales hunc carnifices putamus habere, qui etiam medicis suis non ad salutem, sed ad necem utatur?

Sed recitemus, quid sequatur. 'FIDEM IUSQUE IU- 17 RANDUM NEGLECTUM.' Hoc quid sit, per se ipsum non 36 facile interpretor, sed ex eo, quod sequitur, suspicor de tuorum indicum manifesto periurio dici, quibus olim erepti essent nummi. nisi a senatu praesidium postulassent. Quare autem de iis dici suspicer, haec causa est, quod sic statuo, et illud in hac civitate esse maxime inlustre atque insigne periurium et te ipsum tamen in periurii crimen ab iis, quibuscum coniurasti, non vocari.

Et video in haruspicum responsum haec esse sub- 37 iuncta: 'SACRIFICIA VETUSTA OCCULTAQUE MINUS DILIGENTER FACTA POLLUTAQUE.' Haruspices haec locuntur an patrii penatesque di? Multi enim sunt, credo, in quos huius maleficii suspicio cadat. Quis praeter hunc unum? Obscure dicitur, quae sacra polluta sint? Quid planius, quid religiosius, quid gravius dici potest? 'VETUSTA OCCULTAQUE.' Nego ulla verba Lentulum, gravem oratorem ac disertum, saepius, cum te accusaret, usurpasse quam haec, quae nunc ex Etruscis libris in te conversa atque interpretata dicuntur. Etenim quod sacrificium tam 'vetustum' est quam hoc, quod a regibus aequale huius urbis accepimus? quod autem tam 'occultum' quam id, quod non solum curiosos oculos excludit, sed etiam errantis, quo non modo inprobitas, sed ne inprudentia quidem possit intrare? quod quidem sacrificium nemo ante P. Clodium omni memoria violavit, nemo umquam adiit, nemo neglexit, nemo vir aspicere non horruit.

quod fit per virgines Vestales, fit pro populo Romano,
fit in ea domo, quae est in imperio, fit incredibili
caerimonia, fit ei deae, cuius ne nomen quidem viros
scire fas est, quam iste idcirco Bonam dicit, quod in
tanto sibi scelere ignoverit. Non ignovit, mihi crede,
non. Nisi forte tibi esse ignotum putas, quod te indices emiserunt excussum et exhaustum, suo indicio
absolutum, omnium condemnatum, aut quod oculos,
ut opinio illius religionis est, non perdidisti. Quis
enim ante te sacra illa vir sciens viderat, ut quisquam poenam, quae sequeretur id scelus, scire posset?
An tibi luminis obesset caecitas plus quam libidinis?
Ne id quidem sentis, coniventes illos oculos abavi
tui magis optandos fuisse quam hos flagrantis sororis?
Tibi vero, si diligenter attendes, intelleges hominum
poenas deesse adhuc, non deorum. Homines te in re
foedissima defenderunt, homines turpissimum nocen-
tissimumque laudarunt, homines prope confitentem
indicio liberaverunt, hominibus iniuria tui stupri in-
lata in ipsos dolori non fuit, homines tibi arma alii
in me, alii post in illum invictum civem dederunt,
hominum beneficia prorsus concedo tibi iam maiora
non esse quaerenda; a dis quidem immortalibus quae
potest homini maior esse poena furore atque dementia?
nisi forte, in tragoediis quos volnere ac dolore corporis cruciari et consumi vides, graviores deorum immortalium iras subire quam illos, qui furentes indu-
cuntur, putas. Non sunt illi eiulatus et gemitus
Philoctetae tam miseri, quamquam sunt acerbi, quam
illa exultatio Athamantis et quam senium matrici-
darum. Tu cum furiales in contionibus voces mittis,
cum domos civium evertis, cum lapidibus optimos
viros foro pellis, cum ardentis faces in vicinorum
tecta iactas, cum aedes sacras inflammas, cum servos
concitas, cum sacra ludosque conturbas, cum uxorem
sororemque non discernis, cum, quod ineas cubile,
non sentis, tum baccharis, tum furis, tum das eas

poenas, quae solae sunt hominum sceleri a dis immortalibus constitutae. Nam corporis quidem nostri infirmitas multos subit casus per se, denique ipsum corpus tenuissima de causa saepe conficitur; deorum tela in impiorum mentibus figuntur. Quare miserior es, cum in omnem fraudem raperis oculis, quam si omnino oculos non haberes.

Sed, quoniam de iis omnibus, quae haruspices commissa esse dicunt, satis est dictum, videamus, quid idem haruspices iam a dis immortalibus dicant moneri. Monent, 'NE PER OPTIMATIUM DISCORDIAM DISSENSIONEMQUE PATRIBUS PRINCIPIBUSQUE CAEDES PERICULAQUE CREENTUR AUXILIOQUE DIVINI NUMINIS DEFICIANTUR, † QUA RE AD UNUM IMPERIUM PECUNIAE REDEANT EXERCITUSQUE APULSUS DEMINUTIOQUE ACCEDAT.' Haruspicum verba sunt haec omnia; nihil addo de meo. Quis igitur [hanc] optimatium discordiam molitur? Idem iste, nec ulla vi ingenii aut consilii sui, sed quodam errore nostro; quem quidem ille, quod obscurus non erat, facile perspexit. Hoc enim etiam turpius adflictatur res publica, quod ne ab eo quidem vexatur, ut tamquam fortis in pugna vir acceptis a forti adversario vulneribus adversis honeste cadere videatur. Ti. Gracchus convellit statum civitatis, qua gravitate vir, qua eloquentia, qua dignitate! nihil ut a patris avique Africani praestabili insignique virtute, praeterquam quod a senatu desciverat, deflexisset. Seentus est C. Gracchus, quo ingenio, qua eloquentia, quanta vi, quanta gravitate dicendi! ut dolerent boni non illa tanta ornamenta ad meliorem mentem voluntatemque esse conversa. Ipse L. Saturninus ita fuit effrenatus et paene demens, ut actor esset egregius et ad animos imperitorum excitandos inflammandosque perfectus. Nam quid ego de P. Sulpicio loquar? cuius tanta in dicendo gravitas, tanta iacunditas, tanta brevitas fuit, ut posset, vel ut prudentes errarent, vel ut boni minus bene sentirent, perficere dicendo. Cum his conflictari et pro salute patriae cotidie dimicare erat omnino illis, qui tum rem publicam gubernabant, molestum; sed habebat ea molestia quandam tamen dignitatem. Hic vero, de quo ego ipse tam multa nunc dico, pro di immortales! quid est, quid valet, quid adfert, ut tanta civitas, si cadet, quod di omen obruant! a viro tamen confecta videatur? qui post patris mortem primam illam aetatulam suam ad scurrarum locupletium libidines detulit, quorum intemperantia expleta in domesticis est germanitatis stupris volutatus; deinde iam robustus provinciae se ac rei militari dedit atque ibi piratarum contumelias perpessus etiam Cilicum libidines barbarorumque satiavit; post exercitu L. Luculli sollicitato per nefandum scelus fugit illim Romaeque recenti adventu suo cum propinquis suis decidit, ne reos faceret, a Catilina pecuniam accepit, ut turpissime praevaricaretur. Inde cum Murena se in Galliam contulit, in qua provincia mortuorum testamenta conscripsit, pupillos necavit, nefarias cum multis scelerum pactiones societatesque conflavit. Unde ut rediit, quaestum illum maxime fecundum uberemque campestrem totum ad se ita redegit, ut homo popularis fraudaret improbissime populum idemque vir clemens divisores omnium tribuum domi ipse suae crudelissima morte mactaret. Exorta est illa rei publicae, sacris, religionibus, auctoritati vestrae, iudiciis publicis funesta quaestura, in qua idem iste deos hominesque, pudorem, pudicitiam, senatus auctoritatem, ius, fas, leges, iudicia violavit. Atque hic ei gradus — o misera tempora stultasque nostras discordias! P. Clodio gradus ad rem publicam hic primus fuit et aditus ad popularem iactationem atque adscensus. Nam Ti. Graccho invidia Numantini foederis, cui feriendo, quaestor C. Mancini consulis cum esset, interfuerat, et in eo foedere improbando senatus severitas dolori et timori fuit, eaque res illum fortem et clarum virum a gravitate patrum desciscere coëgit. C. autem Gracchum mors fraterna, pietas, dolor, magnitudo animi ad expetendas domestici sanguinis poenas excitavit. Saturninum, quod in annonae caritate quaestorem a sua frumentaria procuratione senatus amovit eique rei M. Scaurum praefecit, scimus dolore factum esse popularem. Sulpicium ab optima causa profectum Gaioque Iulio consulatum contra leges petenti resistentem longius, quam voluit, popularis aura provexit. Fuit in his omnibus causa, etsi non iusta (nulla enim potest cuiquam male de re publica merendi iusta esse causa), gravis tamen et cum aliquo animi virilis dolore coniuncta; P. Clodius a crocota, a mitra, a muliebribus soleis purpureisque fasceolis, a strophio, a psalterio, a flagitio, a stupro est factus repente popularis. Nisi eum mulieres exornatum ita deprendissent, nisi ex eo loco, quo eum adire fas non fuerat, ancillarum beneficio emissus esset, populari homine populus Romanus, res publica cive tali careret. Hanc ob amentiam in discordiis nostris, de quibus ipsis his prodigiis recentibus a dis immortalibus admonemur, arreptus est unus ex patriciis, cui tribuno pl. fieri non liceret. Quod anno ante frater Metellus et concors etiam tum senatus principe Cn. Pompeio sententiam dicente excluserat acerrimeque una voce ac mente restiterat, id post discidium optimatium, de quo ipso nunc monemur, ita perturbatum itaque permutatum est, ut, quod frater consul ne fieret obstiterat, quod adfinis et sodalis clarissimus vir, qui illum reum non laudarat, excluserat, id is consul efficeret in discordiis principum, qui illi unus inimicissimus esse debuerat, eo fecisse auctore se diceret, cuius auctoritatis neminem posset paenitere. Iniecta fax est foeda ac luctuosa rei publicae; petita est auctoritas vestra, gravitas amplissimorum ordinum, consensio bonorum omnium, totus denique civitatis status. Haec enim certe petebantur, cum in me cognitorem harum omnium rerum illa

fiamma illorum temporum coniciebatur. Excepi et
pro patria solus exarsi, sic tamen, ut vos isdem ignibus circumsaepti me primum ictum pro vobis et fu-
mantem videretis. Non sedabantur discordiae, sed
etiam crescebat in eos odium, a quibus nos defendi
putabamur. Ecce isdem auctoribus, Pompeio principe,
qui cupientem Italiam, flagitantes vos, populum Romanum desiderantem non auctoritate sua solum, sed etiam
precibus ad meam salutem excitavit, restituti sumus.
Sit discordiarum finis aliquando, a diuturnis dissensionibus conquiescamus. Non sinit eadem ista labes;
eas habet contiones, ea miscet ac turbat, ut *modo se
his*, modo vendat illis, nec tamen ita, ut se quisquam,
si ab isto laudatus sit, laudatiorem putet, sed ut eos,
quos non amant, ab eodem gaudeant vituperari. Atque
ego hunc non miror (quid enim faciat aliud?); illos
homines sapientissimos gravissimosque miror, primum
quod quemquam clarum hominem atque optime de re
publica saepe meritum impurissimi voce hominis violari facile patiuntur, deinde si existimant perditi hominis profligatique maledictis posse, id quod minime
conducit ipsis, cuiusquam gloriam dignitatemque violari, postremo quod non sentiunt, id quod tamen mihi
iam suspicari videntur, illius furentis ac volaticos impetus in se ipsos posse converti. Atque ex hac nimia
non nullorum alienatione a quibusdam haerent ea tela
in re publica, quae quamdiu haerebant in uno me,
graviter equidem, sed aliquanto levius ferebam. An
iste nisi primo se dedisset iis, quorum animos a vestra
auctoritate seiunctos esse arbitrabatur, nisi eos in caelum suis laudibus praeclarus auctor extolleret, nisi
exercitum C. Caesaris (in quo fallebat, sed eum nemo
redargueret), nisi eum, inquam, exercitum signis infestis in curiam se inmissurum minitaretur, nisi se
Cn. Pompeio adiutore, M. Crasso auctore, quae faciebat,
facere clamaret, nisi consules causam coniunxisse
secum, in quo uno non mentiebatur, confirmaret, tam

crudelis mei, tam sceleratus rei publicae vexator esse potuisset? Idem posteaquam respirare vos a metu caedis, emergere auctoritatem vestram e fluctibus illis servitutis, reviviscere memoriam ac desiderium mei vidit, vobis se coepit subito fallacissime venditare; tum leges Iulias contra auspicia latas et hic et in contionibus dicere, in quibus legibus inerat curiata illa lex, quae totum eius tribunatum continebat, quam caecus amentia non videbat; producebat fortissimum virum, M. Bibulum; quaerebat ex eo, C. Caesare leges ferente de caelo semperne servasset. Semper se ille servasse dicebat. Augures interrogabat, quae ita lata essent, rectene lata essent. Illi vitio lata esse dicebant. Ferebant in oculis hominem quidam boni viri et de me optime meriti, sed illius, ut ego arbitror, furoris ignari. Longius processit; in ipsum Cn. Pompeium, auctorem, ut praedicare est solitus, consiliorum suorum, invehi coepit; inibat gratiam a non nullis. Tum vero elatus *est* spe posse se, quoniam togatum domestici belli extinctorem nefario scelere foedasset, illum etiam, illum externorum bellorum hostiumque victorem adfligere; tum est illa in templo Castoris scelerata et paene deletrix huius imperii sica deprensa; tum ille, cui nulla hostium diutius urbs umquam fuit clausa, qui omnis angustias, omnis altitudines moenium obiectas semper vi ac virtute perfregit, opsessus ipse est domi meque non nulla imperitorum vituperatione timiditatis meae consilio et facto suo liberavit. Nam, si Cn. Pompeio, viro uni omnium fortissimo, quicumque nati sunt, miserum magis fuit quam turpe, quamdiu ille tribunus pl. fuit, lucem non aspicere, carere publico, minas eius perferre, cum in contionibus diceret velle se in Carinis aedificare alteram porticum, quae Palatio responderet, certe mihi exire domo mea ad privatum dolorem fuit luctuosum, ad rationem rei publicae gloriosum. Videtis igitur hominem per se ipsum iam pridem adflictum ac iacentem perniciosis

optimatium discordiis excitari, cuius initia furoris
dissensionibus eorum, qui tum a vobis seiuncti videbantur, sustentata sunt. Reliqua iam **praecipitantis**
tribunatus etiam post tribunatum obtrectatores eorum
atque adversarii defenderunt, ne a re publica rei publicae pestis removeretur, restiterunt, etiam ne causam
diceret, etiam ne privatus esset. Etiamne in sinu
atque in deliciis quidam optimi viri viperam illam
venenatam ac pestiferam habere potuerunt? quo tandem decepti munere? 'Volo', inquiunt, 'esse, qui in
contione detrahat de Pompeio.' Detrahat ille vituperando? Velim sic hoc vir summus atque optime
de mea salute meritus accipiat, ut a me dicitur; dicam
quidem certe, quod sentio. Mihi medius fidius tum
de illius amplissima dignitate detrahere, cum illum
51 maximis laudibus ecferebat, videbatur. Utrum tandem
C. Marius splendidior, cum eum C. Glaucia laudabat,
an cum eundem iratus postea vituperabat? An ille
demens et iam pridem ad poenam exitiumque praeceps foedior aut inquinatior in Cn. Pompeio accusando
quam in universo senatu vituperando fuit? quod quidem
miror, cum alterum gratum sit iratis, alterum esse tam
bonis civibus non acerbum. Sed ne id viros optimos
diutius delectet, legant hanc eius contionem, de qua
loquor; in qua Pompeium ornat an potius deformat?
Certe laudat et unum esse in hac civitate dignum
huius imperii gloria dicit et significat se illi esse
amicissimum et reconciliationem esse gratiae factam.
52 Quod ego quamquam quid sit nescio, tamen hoc
statuo, hunc, si amicus esset Pompeio, laudaturum
illum non fuisse. Quid enim, si illi inimicissimus
esset, amplius ad eius laudem minuendam facere potuisset? Videant ii, qui illum Pompeio inimicum esse
gaudebant ob eamque causam in tot tantisque sceleribus conivebant et non numquam eius indomitos
atque ecfrenatos furores plausu etiam suo proseque-
bantur, quam se cito inverterit. Nunc enim iam lau-

dat illum, in eos invehitur, quibus se antea venditabat. Quid existimatis eum, si reditus ei gratiae patuerit, esse facturum, qui tam libenter in opinionem gratiae inrepat? Quas ego alias 'optimatium discordias' a dis immortalibus definiri putem? nam hoc quidem verbo neque P. Clodius neque quisquam de gregalibus eius aut de consiliariis designatur. Habent Etrusci libri certa nomina, quae in id genus civium cadere possint. 'DETERIORES, REPULSOS', quod iam audietis, hos appellant, quorum et mentes et res sunt perditae longeque a communi salute diiunctae. Quare, cum di immortales monent de optimatium discordia, de clarissimorum et optime meritorum civium dissensione praedicunt; cum principibus periculum caedemque portendunt, in tuto conlocant Clodium, qui tantum ahest a principibus quantum a puris, quantum ab religiosis. Vobis, o clarissimi atque optimi cives, et vestrae saluti consulendum et prospiciendum vident. Caedes principum ostenditur; id, quod interitum optimatium eequi necesse est, adiungitur; ne in unius imperium res recidat, admonemur. Ad quem metum si deorum monitis non duceremur, tamen ipsi nostro sensu coniecturaque raperemur. Neque enim ullus alius discordiarum solet esse exitus inter claros et potentis viros nisi aut universus interitus aut victoris dominatus ac regnum. Dissensit cum Mario, clarissimo cive, consul nobilissimus et fortissimus, L. Sulla; horum uterque ita cecidit victus, ut victor idem regnaverit. Cum Octavio collega Cinna dissedit; utrique horum secunda fortuna regnum est largita, adversa mortem. Idem iterum Sulla superavit; tum sine dubio habuit regalem potestatem, quamquam rem publicam recuperarat. Iuest hoc tempore baud obscurum odium, atque id insitum penitus et inustum animis hominum amplissimorum; dissident principes; captatur occasio. Qui non tantum opibus valent, nescio quam fortunam tamen ac tempus expectant; qui sine controversia plus possunt, ei fortasse non numquam consilia ac sententias inimicorum suorum extimescunt. Tollatur haec e civitate discordia; iam omnes isti, qui portenduntur, metus extinguentur, iam ista serpens, quae tum hic delitiscit, tum se emergit et fertur illuc, conpressa atque illisa morietur. Monent enim eidem, 'NE OCCULTIS CONSILIIS RES PUBLICA LAEDATUR.' Quae sunt occultiora quam eius, qui in contione ausus est dicere iustitium edici oportere, iuris dictionem intermitti, claudi aerarium, iudicia tolli? nisi forte existimatis hanc tantam conluvionem illi tantamque eversionem civitatis in mentem subito in rostris cogitanti venire potuisse. Est quidem ille plenus vini, stupri, somni plenusque inconsideratissimae ac dementissimae temeritatis; verum tamen nocturnis vigiliis, etiam coitione hominum iustitium illud concoctum atque meditatum est. Mementote, patres conscripti, verbo illo nefario temptatas aures nostras et perniciosam viam audiendi consuetudine esse munitam.

Sequitur illud: 'NE DETERIORIBUS REPULSISQUE HONOS AUGEATUR.' 'Repulsos' videamus, nam 'deteriores' qui sint, post docebo. Sed tamen in eum cadere hoc verbum maxime, qui sit unus omnium mortalium sine ulla dubitatione deterrimus, concedendum est. Qui sunt igitur 'repulsi'? Non, ut opinor, ii, qui aliquando honorem vitio civitatis, non suo, non sunt adsecuti. Nam id quidem multis saepe optimis civibus atque honestissimis viris accidit. 'Repulsi' sunt ii, quos ad omnia progredientes, quos munera contra leges gladiatoria parantes, quos apertissime largientes non solum alieni, sed etiam sui, vicini, tribules, urbani, rustici reppulerunt. Hi ne honore augeantur, monent. Debet esse gratum, quod praedicunt, sed tamen huic malo populus Romanus ipse nullo haruspicum admonitu sua sponte prospexit. 'Deteriores' cavete; quorum quidem est magna natio, sed tamen eorum omnium hic dux est atque princeps. Etenim, si unum hominem deterrimum poëta praestanti aliquis ingenio fictis conquisitisque vitiis deformatum vellet inducere, nullum profecto dedecus reperire posset, quod in hoc non inesset, multaque in eo penitus defixa atque haerentia praeteriret. Parentibus et dis immortalibus et patriae 27 nos primum natura conciliat; eodem enim tempore et suscipimur in lucem et hoc caelesti spiritu augemur et certam in sedem civitatis ac libertatis adscribimur. Iste parentum nomen, sacra, memoriam, gentem Fonteiano nomine obruit, deorum ignis, solia, mensas, abditos ac penetrales focos, occulta et maribus non invisa solum, sed etiam inaudita sacra inexpiabili scelere pervertit idemque earum templum inflammavit dearum, quarum ope etiam aliis incendiis subvenitur. Quid 58 de patria loquar? qui primum eum civem vi, ferro, periculis urbe, omnibus patriae praesidiis depulit, quem vos patriae conservatorem esse saepissime iudicaritis, deinde everso senatus, ut ego semper dixi, comite, duce, ut ille dicebat, senatum ipsum, principem salutis mentisque publicae, vi, caede incendiisque pervertit, sustulit duas leges, Aeliam et Fufiam, maxime rei publicae salutares, censuram extinxit, intercessionem removit, auspicia delevit, consules sceleris sui socios aerario, provinciis, exercitu armavit, reges qui erant, vendidit, qui non erant, appellavit, Cn. Pompeium ferro domum compulit, imperatorum monimenta evertit, inimicorum domus disturbavit, vestris monimentis suum nomen inscripsit. Infinita sunt scelera, quae ab illo in patriam sunt edita; quid? quae in singulos cives, quos necavit, socios, quos diripuit, imperatores, quos prodidit, exercitus, quos temptavit? Quid vero? 59 ea quanta sunt, quae in ipsum se scelera, quae in suos edidit! Quis minus umquam pepercit hostium castris quam ille omnibus corporis sui partibus? quae navis umquam in flumine publico tam vulgata omnibus quam istius aetas fuit? quis umquam nepos tam libere est cum scortis quam hic cum sororibus volutatus?

quam denique tam immanem Charybdim poëtae fingendo exprimere potuerunt, quae tantos exhaurire gurgites posset, quantas iste Byzantiorum Brogitarorumque praedas exorbuit, aut tam eminentibus canibus Scyllam tamque ieiunis, quam quibus istum videtis, Gelliis, Clodiis, Titiis, rostra ipsa mandentem?

Quare, id quod extremum est in haruspicum responso, providete, 'NE REI PUBLICAE STATUS COMMUTETUR.' Etenim vix haec, si undique fulciamus iam labefacta, vix, inquam, nixa in omnium nostrum umeris cohaerebunt. Fuit quondam ita firma haec civitas et valens, ut neglegentiam senatus vel etiam iniurias civium ferre posset. Iam non potest. Aerarium nullum est, vectigalibus non fruuntur, qui redemerunt, auctoritas principum cecidit, consensus ordinum est divolsus, iudicia perierunt, suffragia descripta tenentur a paucis, bonorum animus ad nutum nostri ordinis expeditus iam non erit, civem, qui se pro patriae salute opponat invidiae, frustra posthac requiretis. Quare hunc statum, qui nunc est, qualiscumque est, nulla alia re nisi concordia retinere possumus; nam ut meliore simus loco, ne optandum quidem est illo impunito; deteriore autem statu ut simus, unus est inferior gradus aut interitus aut servitutis. Quo ne trudamur, di immortales nos admonent, quoniam iam pridem humana consilia ceciderunt. Atque ego hanc orationem, patres conscripti, tam tristem, tam gravem non suscepissem, non quin hanc personam et has partis honoribus populi Romani, vestris plurimis ornamentis mihi tributis deberem et possem sustinere, sed tamen facile tacentibus ceteris reticuissem; sed haec oratio omnis fuit non auctoritatis meae, sed publicae religionis. Mea fuerunt verba fortasse plura, sententiae quidem omnes haruspicum, ad quos aut referri nuntiata ostenta non convenit aut eorum responsis commoveri necesse est. Quodsi cetera magis pervulgata nos saepe et leviora moverunt, vox ipsa

deorum immortalium non mentes omnium permovebit?
Nolite enim id putare accidere posse, quod in fabulis
saepe videtis fieri, ut deus aliqui delapsus de caelo
coetus hominum adeat, versetur in terris, cum hominibus conloquatur. Cogitate genus sonitus eius, quem
Latinienses nuntiarunt, recordamini illud etiam, quod
nondum est relatum, quod eodem fere tempore factus
in agro Piceno Potentiae nuntiatur terrae motus horribilis cum quibusdam monstris metuendisque rebus.
Haec eadem profecto, quae prospicimus impendentia,
pertimescetis. Etenim haec deorum immortalium vox, 63
haec paene oratio iudicanda est, cum ipse mundus,
cum maria atque terrae motu quodam novo contre-
miscunt et invisitato aliquid sono incredibilique praedicunt. In quo constituendae nobis quidem sunt procura-
tiones et obsecratio, quem ad modum monemur. Sed
faciles sunt preces apud eos, qui ultro nobis viam
salutis ostendunt; nostrae nobis sunt inter nos irae
discordiaeque placandae.

Lightning Source UK Ltd.
Milton Keynes UK
UKHW051809200219
337443UK00013B/284/P